上海交通大学
人文社会科学成果文库

中国公共关系史

余明阳
薛可 著

（1978—2018）

The History of
Public Relations in China

上海交通大学出版社
SHANGHAI JIAO TONG UNIVERSITY PRESS

内容提要

本书采用历史和逻辑相结合的研究方法,全面论述了从 1978 年中国公共关系萌芽到 2018 年新时代下蓬勃发展的中国公共关系理论与实践 40 年的发展历程。全书分为 11 章,一方面,从历史学的研究角度,主要论述了中国公共关系从萌芽到繁荣发展进程中的特点、风格、走势、构架;另一方面,从系统论的研究视角,结合公共关系理论在改革开放、商业中的应用、公关教育、形象传播等维度,具体探讨了公共关系理论、公共关系实务、公共关系教育、公共关系管理、公共关系传播和国际交流等不同层面的发展历程,系统展示了中国公共关系改革开放 40 年来的成果。

书中所收录 40 年来的重大会议、学术成果、实践活动、教育进程、规章规范等,对中国公共关系学界、业界,以及政府相关部门的工作具有重要的参考价值。

图书在版编目(CIP)数据

中国公共关系史/ 余明阳,薛可著. —上海:上
海交通大学出版社,2020
ISBN 978 - 7 - 313 - 20008 - 2

Ⅰ.①中… Ⅱ.①余… ②薛… Ⅲ.①公共关系学—
发展史—中国 Ⅳ.①C912.3 - 092

中国版本图书馆 CIP 数据核字(2018)第 195924 号

中国公共关系史(1978—2018)
ZHONGGUO GONGGONG GUANXISHI(1978—2018)

著　　者:余明阳　薛　可
出版发行:上海交通大学出版社　　　　　　　　地　　址:上海市番禺路 951 号
邮政编码:200030　　　　　　　　　　　　　　电　　话:021 - 64071208
印　　制:上海天地海设计印刷有限公司　　　　经　　销:全国新华书店
开　　本:710 mm×1000 mm　1/16　　　　　　印　　张:34
字　　数:625 千字
版　　次:2020 年 3 月第 1 版　　　　　　　　　印　　次:2020 年 3 月第 1 次印刷
书　　号:ISBN 978 - 7 - 313 - 20008 - 2
定　　价:98.00 元

前　言

　　"公共关系"是一个舶来词，其英文为"Public Relations"，缩写为 PR，简称"公关"。公共关系在英文原意中有多种指代，其中最常见的有公共关系现象、公共关系活动、公共关系职业和公共关系学科四种意涵。

　　公共关系作为一种社会现象自人类诞生就已经存在了，而作为"活动"的公共关系是指一个组织根据自身的需要去采取措施为组织创造良好的公共关系状态所进行的实践活动①。早在 20 世纪 20 年代公共关系学科形成以前就自发地形成，例如中国古代的"商鞅变法""郑和下西洋"等。然而，作为一种职业则是从 1903 年艾维·李（Ivy L. Lee）开办第一家宣传顾问事务所，成为向客户提供劳务而收取费用的第一个职业公共关系人开始，到今天不过百余年的历史；在 1923 年，爱德华·伯尼斯（Edward L. Bernays）以教授的身份首次在纽约大学讲授公共关系课程，同年出版了被称为公共关系理论发展史的"第一个里程碑"的专著——《公众舆论的形成》（*Crystallizing Public Opinion*），自此以后公共关系开始成为一门学科，距今则不到 100 年的时间。

　　公共关系是一门融合社会学、传播学、心理学、管理学、经济学、政治学等的交叉边缘学科，关于公共关系概念的表述非常多，其中"管理职能论""传播沟通论""社会关系论""现象描述论"和"表征综合论"成为历史上较具有代表性的含义表述。通过对既有理论观点的综合考察，我们发现组织形象是公共关系理论的核心概念，据此，可以勾勒出公共关系的具体含义：公共关系是社会组织为了塑造组织形象，通过传播、沟通手段来影响公众的科学与

---

　　①　张龙祥主编 . 中国公共关系大辞典［M］. 北京：中国广播电视出版社，1991.

艺术①。

　　作为这一意义的公共关系，一般认为：现代公共关系产生于 20 世纪初的美国，它是当时美国及资本主义社会的基本矛盾以及经济、政治、科学技术、文化等诸多条件综合作用的结果，是社会发展到一定阶段的必然产物，是社会文明进步的必然结果②。

　　时至今日，公共关系已发展成为一门完整的社会学科，一种专门的职业，它的历史大致可以分为以下四个阶段。

一、"公众受愚弄"时期（巴纳姆时期）

　　公共关系活动发端于 19 世纪中叶在美国风行一时的报刊宣传代理活动。19 世纪 30 年代左右，新闻报刊业在美国得到了社会各界的关注，开始有了长足的进步，形成了一场较大规模的"报刊宣传运动"。当时的一些政治组织和企业发现利用报刊宣传自己的主张、美化自己的形象有意想不到的效果，于是纷纷雇佣一些能在报刊上发表文章的记者和与新闻界有关系的人员为本组织/企业展开宣传，挖空心思"制造新闻"，丝毫没有职业道德的顾忌。报纸为了扩大发行量，也推波助澜，以"编造"的"新闻"吸引读者、以离奇的故事引起公众的好奇和对自己的注意。在这方面最为突出的人物是报刊宣传员费尼斯·巴纳姆（Phineas T. Barnum）。他的工作信条是："凡宣传皆好事。"完全不把公众放在眼里。这一时期的报刊宣传活动已带有一定的组织性和较为明确的目的性，其范围已不仅仅限于政治领域、思想宣传领域，而且扩大到经济领域，与谋求经济利益的愿望紧密结合在一起。这种或把新闻媒介视为工具，利用公众的信任"愚弄公众"的做法，引起了社会各界的不满。报纸杂志率先刊载揭露实业界那些"强盗大王"的恶劣丑闻。据统计，1903—1912 年，有两万多篇揭丑文章发表，同时还有社论和漫画，这就是美国近代史上著名的"清垃圾运动"（又称为"扒粪运动""揭丑运动"）。

二、现代公共关系职业化时期（艾维·李时期）

　　艾维·李是美国佐治亚州一个牧师的儿子，毕业于普林斯顿大学，曾就读于哈佛大学法学院。他早年作为记者受雇于美国报业大王赫斯特的《纽约世界

---

① 熊源伟，余明阳. 公共关系学［M］. 合肥：安徽人民出版社，1990.
② 李兴国. 公共关系实用教程［M］. 北京：高等教育出版社，2000.

报》。1903 年，他开办了第一家宣传顾问事务所，成为向客户提供劳务而收取
费用的第一个职业公关人。现代公共关系职业化由此发端。该机构一成立就生
意兴隆，顾客盈门，其客户包括当时美国许多大企业乃至纽约市长塞思·洛。
1906 年，艾维·李向新闻界发表了具有里程碑意义的《原则宣言》，全面阐明
了他的事务所的宗旨："我们的计划，是代表企业单位及公众组织，对与公众
有影响且为公众乐闻的话题，向报界和公众提供迅速而准确的消息。"这就是
所谓企业管理的"门户开放原则"。这阐明了他的信条："公众必须被告知。"
他认为，一家公司、一个组织要获得好的声誉，就必须把实情告诉公众；如果
实情的披露对公司、组织不利，那么就应该调整公司或组织的行为；企业与其
员工和社会关系的紧张及出现摩擦，主要是由于企业管理人员采取保守秘密的
做法，妨碍了意见和消息的充分沟通。同时，他积极协助企业管理人员改革旧
的政策和做法，尤其是改善对待员工和公众的态度，使企业的一言一行，都能
迎合公众和新闻媒介的需求。他先后被多家大型公司，如美国电话电报公司、
洛克菲勒财团、宾州铁路公司、无烟煤公司等聘请，负责处理劳动纠纷和社会
摩擦，取得了令人瞩目的成就。

在艾维·李的推动下，工商企业开始改变对待公众的态度。部分企业家开
始意识到，与公众关系的好坏，直接影响企业的兴衰成败，必须采取门户开放
的开明经营态度和方式，与员工和社会保持良好的联系。艾维·李作为"公共
关系之父"，不仅首创了"公共关系"这一专门的职业，而且，他提出的"说
真话""公众必须被告知"的命题将"公共利益与诚实"带进了公共关系领域，
使公共关系这门学科从对一些简单问题的探讨上升为探求带有某些规律性的原
则和方法，大大推动了这门学科的发展。

三、现代公共关系学理论化时期（爱德华·伯尼斯时期）

公共关系职业化的发展，使公共关系由简单零碎的活动上升为较为系统完
整的专业活动，并逐渐形成了公共关系的原则与方法，从而使公共关系立于学
科之林，成为一门独立的学科。

出身维也纳的奥地利裔美国人爱德华·伯尼斯是著名心理学家弗洛伊德
（Sigmund Freud）的外甥。1923 年，他以教授的身份首次在纽约大学讲授公
共关系课程，同年出版了被称为公共关系理论发展史"第一个里程碑"的专
著——《公众舆论的形成》。在书中，伯尼斯首先详尽阐述了"公共关系咨询"
这一概念，同时提出了公共关系的原则、实务方法和职业道德守则等。1928
年，他出版《公众舆论的形成》一书；1952 年，他又出版了《公共关系学》教

科书。

伯尼斯的主要贡献在于,他把公共关系学理论从新闻传播领域中分离出来,并对公共关系的原理与方法进行较为系统的研究,使之系统化、完整化,最终成为一门独立完整的新兴学科。伯尼斯不仅是一位公共关系理论家,同时又是一位公共关系的实践家。他与妻子合作进行公共关系咨询,接受过多位美国总统和实业界巨头的委托,运用公共关系实务成功地帮助他们塑造了良好的社会形象。有人评价道:"他同公共关系这门学科的发展方向保持一致,并且考虑得更深远、更全面。"伯尼斯在理论上做出的贡献,对于公共关系学科的形成和进一步发展具有里程碑式的意义。伯尼斯公共关系思想的一个重要特点就是他提出了"投公众所好"的主张。他认为,在一定科学理论指导下的劝说活动有着巨大的威力,因而他非常注重运用各门社会科学的研究方法和研究成果。

四、"双向对称"时期(斯科特·卡特李普时期)

继伯尼斯之后,1937年,雷克斯·哈罗(Rex F. Harlow)博士在斯坦福大学开设了公共关系课程。1947年,波士顿大学成立了第一所公共关系学院,培养公共关系学士及硕士。许多公共关系领域的论著也相继出版。

第二次世界大战以后,国家间的经济、技术和劳务合作日趋频繁和紧密。但由于不同民族和国家之间在交往过程中存在语言文字、思想文化、社会制度和风俗习惯等方面的障碍,客观上要求必须有一批公共关系的专业人员从中斡旋,进行有效的沟通与协调。正如《公共关系手册》(*Public Relations Handbook*)指出的,"打算进入外国市场的美国商人发现,他们当务之急是公共关系的问题",因为"对外关系的交恶,十有八九不是出于利益的冲突,而是语言、文化、传统等方面的隔阂"。一个社会组织要想在世界范围内有所发展,必须要和发生利益关系的一方相互了解、相互信任、相互支持,最终才能共同发展。1952年,美国的斯科特·卡特李普(Scott M. Cutlip)、阿伦·森特(Allen H. Center)共同出版了权威性的公共关系专著《有效的公共关系》(*Effective Public Relations*),论述了"双向对称"的公共关系模式,在公共关系的目标上将组织和公众的利益置于同等重要的位置,在方法上坚持组织与公众之间的双向传播与沟通。此书不断再版,成为公共关系的畅销书,在美国被誉为"公共关系的圣经",该书的作者也成为享有声望的理论权威。

至此,公共关系正式进入学科化阶段。一门充满时代特征的、具有强大实用性的新兴学科以其崭新的身姿崛起于学科之林。

　　第二次世界大战后，美国的"公共关系热"波及全球。20世纪40年代进入加拿大、西欧及日本等经济较发达的国家/地区；50年代进入澳大利亚、新加坡、巴西、中国香港、中国台湾等地；进入70年代，公共关系已经扩及世界大多数国家/地区。

　　1978年，中共十一届三中全会将改革开放的春风吹遍中国大地，中国由此开始了史无前例的巨大变革。改革使人们的思想观念发生了巨大转变，开放引进了西方现代文明的丰富成果。改革开放为中国公共关系的发展提供了丰沃的土壤①。机遇和挑战与之俱来。"改革"以大浪淘沙的气势除去中国公共关系的历史重负，"开放"以海纳百川的胸怀引进西方公共关系，从此，现代公共关系理念随着外国投资、人才技术、管理制度的引进，由南向北，由深圳、广州（珠三角地区）逐步影响到中国东部沿海城市。一些合资企业尤其是中外合资酒店率先进行公共关系实践，在企业内部设立公共关系部门。由此，掀起了中国公共关系事业发展的第一个浪潮。

　　弹指一挥间，2018年是中国改革开放40周年。40年历程中，原本稚嫩的中国公共关系历经风雨，伴随着时代奔涌前进的浪潮茁壮成长、发展壮大。

　　我们可以清楚地观察到，本土专业化的公关公司如雨后春笋般不断涌现，公关业界不同领域公司的定位愈加细分，系统的行业体系悄然形成。随着蓝色光标登陆资本市场，中国公共关系队伍不断壮大，并深入各行各业，伴随着大批中国企业发展。以新媒体、移动互联、大数据等新兴技术的发展让公共关系的演绎形式更为多元化。

　　我们可以清晰地看到，北京奥运会、上海世博会等全球范围内的标志性事件让中国政府公共关系受到世界瞩目，"一带一路"倡议的深入推进及重大国际会议的"主场外交"策略让大国外交形象更为深入人心，而以汶川大地震等为代表的危机事件的处理让危机公关日益受到各界的重视。上至国家层面，下至百花齐放的个体公关让中国公共关系成为世界公关界的焦点。

　　我们也可以深切地感受到，40年间中国公共关系的教育体系更加成熟，包含本硕博、大专、职业教育、自考、培训、资格考试等形式的公共关系教育体系已然形成，应运而生的公共关系专著、教材、杂志等层出不穷，中国公共关系教育在普及中迅速提高，在引进中不断发展。同时，各层级的公共关系协会组织相继成立，让国内公关界的同行间对话更加顺畅，让中国公关界与国际同行交流更加频繁、更加深入。

　　40年，在历史长河中仅是沧海一粟，然而这足以使一种职业悄然兴起，

---

　　① 崔义中．中国公共关系学［M］．西安：陕西人民出版社，1993．

并迅速成长为一个被政府认可且拥有广阔前景的崭新行业。公共关系，这门年轻的学科现已遍地开花并散发出迷人的魅力。各行各业开始注重形象管理，追求无形资产、企业文化、品牌影响、全员公共关系。中国的公共关系走过了一段从无到有，从弱到强，从不自觉到自觉，从分散发展到逐步规范，从误解到理解的曲折历程。公共关系业递进式的发展并非凭空而起，它不仅仅得益于世界公共关系业的发展与壮大，也得益于历史的推进，是公共关系选择了发展中的中国，也是中国选择了公共关系，改革开放的中国需要公共关系，这是历史的抉择。尽管公共关系落户中国是那么地姗姗来迟，但我们沿着历史的脚步去感受公共关系的真谛，去探索公共关系发展的未来，仍不失为一件有意义的事。

在本书撰写过程中，我们采用了历史和逻辑相统一的研究方法。一方面，站在历史发展的背景下，回顾中国公共关系从最初的萌芽到如今的繁荣发展一路走来的风风雨雨；另一方面，结合公共关系在多层次、多社会层面的发展运用，具体探讨公共关系实务、公共关系理论、公共关系教育、公共关系传播和公共关系国际交流等不同纬度上的发展，以此勾勒出中国公共关系发展的历史图景。

目 录
Contents

第一章
春暖大地：中国公共关系的萌芽
(1978—1984)

本章主题词：真理标准问题大讨论　中共十一届三中全会　改革开放
经济特区

　　1978—1984 年是中国改革开放的第一个阶段，伴随着"解放思想—农村改革—对外开放"三个主驱动轮的驱动，中国的改革开放也正式起步。公共关系作为一门现代管理艺术，在改革开放大方针确定后相对宽松环境中开始萌芽。20 世纪 70 年代末 80 年代初，公共关系在受到港台地区影响较大的深圳经济特区零星出现。其间，1980 年中港合资的深圳蛇口华森建筑设计顾问公司成立，为中国内地第一家具有公共关系性质的专业公司；1982年，深圳竹园宾馆成立公共关系部，开展以招徕顾客、扩大影响为目标的服务性公共关系活动，成为中国内地第一家设立公共关系部的企业。紧接着，广州、汕头、佛山、北京等地的中外合资企业公共关系部陆续出现，特别集中在宾馆、饭店等行业①。今天，我们对公共关系在中国的历史加以追根溯源，可以追溯至中共十一届三中全会前的那场关于"真理标准问题的大讨论"。

---

① 　王福庆. 公共关系部在饭店中的任务 [J]. 旅游学刊, 1986 (1): 74 - 77.

第一节　时代背景：真理标准问题大讨论与中共十一届三中全会

一、真理标准问题大讨论：中国公共关系发展的思想准备

提到中国改革开放、解放思想，就不得不说到 1978 年我国当时的一场关于"真理标准问题"的大讨论。尽管它在政治上的意义已为世人所了解，但它对于人们思想意识的解放，乃至对中国公共关系发展的影响，还可以做进一步的挖掘。

1978 年 5 月 10 日，中央党校内部刊物《理论动态》第 60 期首先发表经胡耀邦审定的《实践是检验真理的唯一标准》一文。1978 年 5 月 11 日，《光明日报》刊登题为《实践是检验真理的唯一标准》的特约评论员文章。当日，新华社转发了这篇文章。12 日，《人民日报》《解放军报》同时转载[①]。文章论述了马克思列宁主义"实践第一"的观点，正确地指出任何理论都要接受实践的考验，指出马克思主义的理论并不是一堆僵化不变的教条，它要在实践中不断增加新的内容。

文章引发了关于检验真理标准问题的大讨论。1978 年 8—11 月，中央党政军各部门、全国绝大多数省、市、自治区和大军区的主要负责同志都发表文章或讲话，一致认为，坚持实践是检验真理的唯一标准这一马克思主义的原则，具有重大的现实意义[②]。

这场讨论，冲破了"两个凡是"的思想束缚，推动了全国性的马克思主义思想解放运动。从某种意义上讲，"实践是检验真理的唯一标准"成为改革开放以来最响亮、最具关键意义的口号。"文化大革命"期间，一句顶一万句的"最高指示"成了检验真理的唯一标准，从来没人敢提出：用什么检验"最高指示"？"实践是检验真理的唯一标准"这一口号的提出为具有划时代意义的中共十一届三中全会的召开作了重要的思想准备，在党和国家的历史进程中产生了重大而深远的影响。

真理标准问题的大讨论在新中国改革开放中的历史性影响毋庸置疑，同时它使得历经几千年封建社会禁锢的中国人民解放了思想，为中国公共关系之后

[①] 改变国运的"真理大讨论"［EB/OL］. 2010 - 04 - 08/2019 - 01 - 06，http：//news. sohu. com/20100408/n271401893. shtml.

[②] 尹永钦，杨峥晖. 巨变：1978 年——2004 年中国经济改革历程［M］. 北京：当代世界出版社，2004.

的引入消除了思想上的障碍。

首先，它自身是对公共关系的不自觉运用。

在当时的历史环境中，为了打破"两个凡是"对人们思想的束缚，恢复党的实事求是的原则，邓小平、胡耀邦等领导为此次大讨论做出大量努力。在真理标准问题讨论刚开始时，邓小平就给当时的中央宣传部长打招呼，要求不要设禁区、下禁令，不要破坏刚开始形成的生动活泼的局面。这给当时的舆论环境营造了良好的氛围，使得之后的讨论得以顺利进行。

此后，邓小平先后到东北三省、海军党委和天津，阐述实践是检验真理唯一标准的问题，推动了这一问题的讨论。他的一系列讲话和谈话是对真理标准问题讨论最强有力的支持①。

1978年8月4日，新华社和《人民日报》公开报道中共黑龙江省委表态支持真理标准问题讨论。从1978年8月4日至11月8日，有20个省、市、自治区的主要负责人公开发表谈话或文章。他们的讲话和有关活动作为新闻在报纸上刊登、在电台上广播，这掀起了全国范围内对此次讨论的舆论高潮。通过大众媒体使得此次讨论波及全国，并形成强大的舆论压力，这对在中共十一届三中全会前确定"实践是检验真理的唯一标准"的论点起到关键性作用。

关于真理标准问题的大讨论

① 尹永钦，杨峥晖.巨变：1978年——2004年中国经济改革历程［M］.北京：当代世界出版社，2004.

这场关于真理标准的讨论运用了公共关系的做法，并取得了良好的社会效果。在一定意义上，它自身也可以被看作是一场政府的公共关系活动。

其次，它产生的社会影响，为今后公共关系的引入做了良好铺垫，也为公共关系这一新型的事物在中国培育了使其生根发芽的土壤。

真理标准问题大讨论后，党的实事求是的思想路线得以恢复。经过解放思想、实事求是思想的洗礼后，随着国家工作重心转向经济建设，许多新鲜的事物不断涌现或从国外引进。也正是在这一时期，公共关系作为现代管理科学和操作方法被引进了中国内地一些沿海地区。

二、中共十一届三中全会：中国公共关系发展的体制准备

1978 年 12 月 18—22 日，中共十一届三中全会的召开标志着中国经济体制市场化改革（又称市场取向改革）正式起步。全会实现了一次历史性的伟大转折，纠正了长期以来"左倾"的错误，把党和国家的工作重心转向现代化经济建设，提出了经济体制改革的任务。全会要求，要"根据新的历史条件和实践经验，采取一系列新的重大措施，对经济管理体制和经营管理方法着手认真的改革"[①]。全会批判了"两个凡是"，充分肯定必须完整地、准确地掌握毛泽东思想的科学体系，高度评价关于实践是检验真理的唯一标准问题的讨论，确定了解放思想、实事求是、团结一致向前看的指导方针；果断地停止使用"以阶级斗争为纲"这个不适用于社会主义社会发展的口号，作出把工作重点转移到社会主义现代化建设上来和实行改革开放的决策；制定了关于加快农业发展的策略；提出了加强社会主义民主和健全社会主义法制的任务；审查和解决了党的历史上一批重大冤假错案，重新评价了一些重要领导人的功过是非。全会还增选了中央领导机构的成员；决定成立中央纪律检查委员会。这些具有重大意义的转变标志着党重新确立了马克思主义的思想路线、政治路线和组织路线，开始形成了以邓小平为核心的第二代中央领导集体，我国进入了社会主义现代化建设的新时期。

中共十一届三中全会以后，党中央确定了"对内搞活、对外开放"的基本国策，中国从封闭、半封闭型经济开始转向积极利用国际环境的开放型经济，冲破了"左"的思想和自给自足的经济观念的束缚，纠正了把自力更生和对外开放对立起来的错误认识，在利用国内国外两种资源、开拓国内国外两个市场方面取得了显著成效。1979 年 4 月召开的中央工作会议，确定了"调整、改

---

① 《中国共产党第十一届中央委员会第三次全体会议公报》(1978 年 12 月 22 日通过)。

中共十一届三中全会

革、整顿、提高"的新八字方针，把改革开放放在重要位置上，在吸收外资、引进技术和先进的管理方法等方面取得了显著成果。

总的来说：① 开放增加了信息源，扩大了透明度；② 开放使人们突破了封闭式的思维方式；③ 开放使人们对资本主义社会有了全面而科学的了解；④ 开放促进了意识形态的发展，为建设有中国特色社会主义理论的创立，提供了实践经验[①]。

正是在这样的社会背景下，公共关系这个"舶来品"才得以在中国大地上生根、开花、结果。

第二节　成功引入：中国公共关系的地域转移

一、公共关系引入的路线规划：从港台到内地

现代公共关系思想和公共关系实践进入内地，与 20 世纪 60 年代我国香港、台湾地区的公共关系的繁荣发展是分不开的。

早在 60 年代的香港与台湾地区，由于其政治经济发展的特殊性，较早地接受了公共关系思想的洗礼。1963 年，一些跨国公司的分公司纷纷把母公司

---

① 何颖，石昆明 . 中国公共关系兴起、发展的分析与思考［J］. 攀登，1994（2）.

的体制和管理方式引进香港和台湾，企业的公共关系部迅速壮大，公共关系理论和实务迅速流行开来。台湾地区《世界日报社》社长成舍我先生创办的世界新闻学校率先引入了公共关系课程。在香港地区 1963 年出现了第一家专业的公共关系公司——韦特公共关系公司。1975 年台湾的魏景蒙先生创办了第一家中国人自办的公共关系专业公司"联合国际公司"。60—70 年代香港和台湾地区的公共关系已进入职业化阶段。特别是在香港地区，一些跨国公司在其分公司内部设立公共关系机构，聘用受过专业训练的人员从事公共关系工作，他们开展的公共关系活动一般具有比较高的水平。此后，各类企业纷纷设立了自己的公共关系部门，社会上涌现出一批公共关系专业公司，公共关系从业人员迅速增加，公共关系以其独特的社会作用在香港获得了认可。

正当香港与台湾地区公共关系事业红火之时，内地的政治及经济形势也正在悄然发生了一些变化。公共关系是于 20 世纪 70 年代末 80 年代初，伴随着我国的对外开放而引入的。经过解放思想、实事求是思想的洗礼后，随着国家工作重心转向经济建设，许多新鲜的事物被创造出来或从国外介绍进来。深圳与香港仅一水之隔，两地在改革开放后有大量的经济、社会往来。公共关系率先在沿海改革开放最早的深圳特区的一些外商独资或中外合资企业中出现，紧接着在广东、汕头、佛山、北京等地的中外合资企业中公共关系部也开始陆续出现，主要集中在宾馆、饭店等行业，公共关系部在这些行业中的作用尤其出色。公共关系在内地的最初发展是从酒店业开始的，这是由于酒店业本身作为一种新型的服务行业，有其特殊的营运模式的。

1984 年，广州的中国大酒店、花园酒店、东方宾馆、白天鹅宾馆等企业的服务部门设立公共关系部。而中外合资的广州中国大酒店和北京长城饭店，凭借成熟的公共关系操作经验，向内地引入了完整意义上的公共关系运作，演绎了一个个精彩的中国特色的公共关系经典案例，使两家高档宾馆蜚声海内外①。

【相关链接】

长城饭店的公共关系运作②

1983 年，中国第一家五星级宾馆，也是第一家中美合资的宾馆——北京长城饭店正式开张营业。开业伊始，面临的首要问题就是如何招揽顾客。按照

---

　① 小平与广东实践：三大酒店神话 [EB/OL]. 2004 - 08 - 13/2019 - 01 - 06, http：//news.sohu. com/20040813/n221511605. shtml.

　② 张志军，魏丽君. 长城饭店的公共关系工作 [J]. 旅游学刊，1989（1）：54 - 56.

通常的做法，应该在中外报刊、电台、电视台做广告等。这笔费用十分昂贵，国内电视广告每30秒需数千元，每天需插播几次，一个月需要几十万元。但由于北京长城饭店的主要客户来自香港、澳门和台湾地区及海外各国，这就需要对外的宣传，而香港电视台每30秒钟的广告费最少是3.8万港元，若按照内地方式插播，每个月需几百万元人民币。至于外国的广告费，一个月下来更是天文数字。一开始，北京长城饭店也曾在美国的几家报纸上登过几次广告，后来因为经费不足，收效又不佳，只得停止广告攻势。

广告攻势虽然停止了，北京长城饭店宣传自己的公共关系活动却没有停止，他们只不过是改变了策略。

北京市为了缓解八达岭长城过于拥挤之苦，整修了慕田峪长城。当慕田峪长城刚刚修复、准备开放之际，北京长城饭店不失时机地向慕田峪长城管理处提出由他们来举办一次招待外国记者的活动，一切费用都由北京长城饭店负担。双方很快便达成了协议。在招待外国记者的活动中，有一项内容是请他们游览修整一新的慕田峪长城，目的当然是想借他们之口向国外宣传新的慕田峪长城。这一天，北京长城饭店特意在慕田峪长城脚下准备了一批小毛驴。毛驴是中国古代传统的代步工具，既能骑，也能驮东西。如果长城、毛驴被这些外国记者传到国外，更能增加中国这一东方文明古国的神秘感。这次北京长城饭店准备的毛驴，除了提供给愿意骑的记者外，大部分用来驮饮料和食品。当外国记者们陆续来到山顶之际，主人们从毛驴背上取下法国香槟酒，在长城上打开，供记者们饮用。长城、毛驴、香槟、洋人，记者们觉得这个镜头对比太鲜明了，连连叫好，纷纷举起了照相机。照片发回各国之后，编辑们也甚为动心。于是，第二天世界上很多报纸都刊登了慕田峪长城的照片。北京这家以长城命名的饭店名声也随之大振。

通过这次活动，北京长城饭店的公共关系经理，一位当过记者的美国小姐，尝到了通过编辑、记者的笔头、镜头，把长城饭店介绍给世界各国，不仅效果远远超过广告，而且还可少花钱的甜头。于是，精明的公共关系小姐心中盘算着举办一次更大规模的公共关系活动。

机会终于来了。1984年4月26日到5月1日，美国总统里根将访问中国。北京长城饭店立即着手了解里根访华的日程安排和随行人员。当得知随行来访的有一个500多人的新闻代表团，其中包括美国的三大电视广播公司和各通讯社及著名的报刊之后，北京长城饭店的这位公共关系经理喜出望外，她决定把早已酝酿的一系列公关活动有步骤地付诸实施。

首先，争取把500多人的新闻代表团请进饭店。他们三番五次免费邀请美国驻华使馆的工作人员来长城饭店参观品尝，在宴会上由饭店的总经理征求使馆对服务质量的意见，并多次上门求教。在这之后，他们以美国投资的一流饭店，应该接待美国的一流新闻代表团为理由，提出接待随同里根的新闻代表团的要求，经双方磋商，长城饭店如愿以偿地获得接待美国新闻代表团的任务。

其次，在优惠的服务中实现潜在动机，长城饭店满足代表团提出的所有要求。为了使代表团各新闻机构能够及时把稿件发回国内，长城饭店在楼顶上架起了扇形天线，并把客房的高级套房布置成便利发稿的工作间。对美国的三大广播电视公司，更是给予特殊的照顾。将富有中国园林特色的"艺亭苑"茶园的六角亭介绍给CBS公司、将中西合璧的顶楼酒吧"凌霄阁"介绍给NBC公司、将古朴典雅的露天花园介绍给ABC公司，分别当成他们播放电视新闻的背景。这样一来，长城饭店的优点，尽收西方各国公众的眼底。为了使收看、收听电视、广播的公众能记住长城饭店这一名字，饭店的总经理提出，如果各广播电视公司只要在播映时说上一句"我是在北京长城饭店向观众讲话"，一切费用都可以优惠。富有经济头脑的美国各电视广播公司自然愿意接受这个条件，暂当代言人、做免费的广告，把长城饭店的名字传向世界。

有了这两步成功的经验，长城饭店又把目标对准了高规格的里根总统的答谢宴会。要争取到这样高规格的答谢宴会是有相当大难度的，因为以往像这样的宴会，都要在人民大会堂或美国大使馆举行，移到其他地方尚无先例。他们决定用事实来说话。于是，长城饭店在向中美两国礼宾司的首脑及有关执行部门的工作人员详细介绍情况、赠送资料的同时，把重点放在了邀请各方首脑及各级负责人到饭店参观考察上，让他们亲眼看一看长城饭店的设施、店容店貌、酒菜质量和服务水平，不仅在中国，即使是在世界上也是一流的。到场的中美官员被事实说服了，当即拍板，还争取到了里根总统的同意。

获得承办权之后，饭店经理立即与中外各大新闻机构联系，邀请他们到饭店租用场地，实况转播美国总统的答谢宴会，收费可以优惠，但条件当然是：在转播时要提到长城饭店。

1984年4月28日，答谢宴会举行的那一天，中美首脑、外国驻华使节、中外记者云集长城饭店。电视上在出现长城饭店宴会厅豪华的场面时，各国电视台记者和美国三大广播电视公司的节目主持人异口同声地说："现在我们是在中国北京的长城饭店转播里根总统访华的最后一项活动——答谢宴会……"在频频的举杯中，长城饭店的名字一次又一次地通过电波飞向了世界各地，长城饭店的风姿一次又一次地跃入各国公众的眼帘。里根总统的夫人南希后来给长城饭店写信说："感谢你们周到的服务，使我和我的丈夫在这里度过了一个愉快的夜晚。"

通过这一成功的公共关系活动，北京长城饭店的名声大振。各国访问者、旅游者、经商者慕名而来；美国的珠宝号游艇来签合同了；美国的林德布来德旅游公司来签合同了；几家外国航空公司也来签合同了。后来，有38个国家的首脑率代表团访问中国时，都在长城饭店举行了答谢宴会，以表示自己像里根总统一样对访华的重视和成功。从此，北京长城饭店的名字传向全球，这得益于长城饭店公共关系运作的成功。

二、公共关系引入的突破切入：深圳经济特区

深圳，毗邻香港，以这个地理优势作为中国改革开放的窗口的确是独一无二的。但是，深圳特区的发展并非一帆风顺。深圳特区的建设是从荒山野岭的蛇口起步的，其中之艰辛可想而知。在"招商局蛇口工业区"建立之初，建设者们喊出了"时间就是金钱，效率就是生命"的口号，但就是这个当今深入人心的口号却在当时招来全国一片抗议之声。中央电视台播出的《激情年代》就反映了这段真实的历史。现在，"时间就是金钱，效率就是生命"的标语牌依然屹立在蛇口工业区，已经成为特区精神的标志之一。

早期深圳经济特区

（资料来源：新浪新闻 http://k.sina.com.cn/article_6481337254_182515ba600100anp8.html）

到了1984年，深圳特区已经初具规模，特区良好的改革体制和开放的社会氛围使得各种港资公司进驻深圳投资，相应地也带来了他们的管理技术。也

正是在这个时候，公共关系这门新兴的融传播学与管理学等学科于一体的现代管理科学和操作方法开始引进内地的沿海地区。之后在广州、北京，当地一批中外合资经营和外商独资经营的企业，参考深圳的模式，直接按照境外模式设立了专门的公共关系部。

深圳经济特区是成功的。多年来，深圳不但为香港顺利回归祖国、尽早实现深港衔接，作出了巨大贡献，发挥了任何其他地区所无法替代的作用，同时在中国公共关系发展的进程中担负了窗口和试验田的作用，在中国公共关系发展的历程中，创造了一个又一个的中国公共关系首创举措。继 1980 年中港合资的深圳蛇口华森建筑设计顾问公司率先成为我国第一个公共关系性质的专业公司和 1982 年深圳竹园宾馆设立中国内地第一个公共关系部后，1985 年深圳市总工会开办了第一个公共关系培训班；1985 年深圳大学开设了中国大陆第一个公共关系专业；1989 年深圳大学联合杭州大学（浙江大学）、兰州大学、中山大学、复旦大学在深圳举办第一届全国高等院校公共关系教学研讨会，再到 1990 年，深圳大学以其在中国内地率先开设公共关系专业教育的这一辉煌业绩，荣获国际公共关系协会 "世界最佳公共关系金奖"，实现了中国公共关系学界国际公共关系大奖 "零" 的突破①。

三、公共关系引入的现实需要：体制变革呼唤

（一）经济改革现实的需要

1978 年 10 月开始在四川省 6 个企业试点扩大企业经营自主权。1979 年 7 月国务院发布了关于扩大企业自主权的 5 个文件。到 1982 年底，推行经济责任制的全民所有制工业企业占 80%，商业企业占 35%②。1983 年 6 月和 1984 年 10 月先后进行了两步 "利改税"。1984 年 5 月国务院发出文件，从 10 个方面扩大企业自主权。扩大企业的经营自主权，增强企业活力，实行严格的经济核算，认真执行按劳分配原则，把企业经营好坏同职工的物质利益挂钩。这样，企业作为一个独立的经济实体，和一个开放系统，立即面临着一系列前所未有的新问题：企业再也不能仅仅为完成国家计划而生产，而要为满足消费者的需要而生产；企业再也不能单纯地根据上级的指示进行决策，而要根据瞬息万变的市场信息，根据消费者的需求、愿望来进行决策；企业再也不能只是

---

① 公关关系教育在中国 [EB/OL]. 2011 - 10 - 28/2019 - 01 - 06，http://www. doc88. com/p - 91790482988. html.

② 中国共产党对社会主义市场经济体制创新的主要历程 [EB/OL]. 2015 - 07 - 07/2019 - 01 - 06，http://www. doc88. com/p - 6466686956957. html.

坐等国家计划调拨的原材料，也再不能依赖国家的所谓统购统销来推销自己的产品，而要靠自己去开拓原材料和产品的供销渠道和市场营销网络；企业再也不能继续摆官商的架子，而要通过营销、广告、宣传以及各种社会活动来与公众保持广泛的联系。

所有这一切都需要公共关系。值得特别提出的是随着社会主义市场经济的建立，"卖方市场"朝着"买方市场"转变，企业需要依照市场经济的规律办事。

在买方市场条件下，消费者在消费过程拥有更多的优势，他们可以根据质量、价格、服务、品牌等去购买所需的商品。

因此，企业必须通过发展良好的相互感情关系，能更有效地维持市场发展，这就直接促进了公共关系的兴起。

（二）政治体制改革，呼唤重视沟通协调的政府公共关系

经济体制的改革要求政治体制作相应的改革。政治体制改革的目标是建立高度的社会主义民主政治制度，而建立这一制度的一条重要途径，就是要在政府和人民群众之建立起一座信息沟通与交流的桥梁，以增加政治的透明度、公开性以及增强人民群众的参政议政意识。政府与民众的信息交流，实际上是公共关系的一种表现。

在公共关系学看来，政府亦是社会组织，政府的公众就是人民群众，政府如何通过传播活动来达到与人民群众相互了解和相互合作的目标，就是政府公共关系的活动内容。为此，各种社会组织必须学会利用公共关系的原理、法则，运用沟通技术，履行民主责任，在尊重他人民主的同时，维护自身的民主权利。从政府的角度讲，新的经济、政治体制仍然要求"从群众中来，到群众中去"，要求把基层的群众当作公众（"公众是上帝""领导者是人民的公仆"），而不是当作一群只能服从、只能听命的生物个体。公众是有自身独特利益的。他们的利益与政府的利益休戚相关，不尊重公众的利益，就是不尊重政府自身。

目前，中国政府公共关系正稳步发展，政府明星工程、城市形象建设、勤政廉政建设、精神文明工程等逐渐深入人心。可以预见，随着政治体制改革的深入和民主化进程的加快，公共关系将会发挥越来越重要的作用。

（三）文化变革，呼唤体现开放趋势的公共关系

当今世界，任何一个国家都不能孤立地存在，处于封闭状态。中国实行改革开放以来，国家间的交往、交流、合作日渐增多，市场经济的进一步发展，与国际市场接轨，将更增加这种交往、交流与合作。

邓小平说："社会主义要赢得与资本主义相比较的优势，就必须大胆地吸

收和借鉴人类社会创造的一切文明成果，吸收和借鉴当今世界各国包括资本主义发达国家的一切反映现代社会生产规律的先进经营方式、管理方法。"①

改革开放之前，虽然我国已经开始进入工业文明时代，但中国的社会关系大多仍停留在乡土关系的水平上。由于没有法人的存在和公众观念，因而改革开放前的社会关系还不是真正意义上的市场关系。改革开放使我国与境外的文化、思想、科技、学术交流与日俱增，国人大开眼界。人们真正看到，在这个"地球村"生存的不同文化的人越来越分不开了。因此，只有在相互尊重、相互接触中才能求生存、求发展。

于是，人们不仅研究国家内部的组织与公众应怎样和谐相处，而且开始研究不同的文化之间如何实现跨文化沟通。同时，需要研究如何从乡土关系进到市场关系，进到跨文化关系；由以礼维持的人际关系推进到以法维持的公共关系。文化变革与文化融合对公共关系发展提出了更高的要求，同时把"内求团结，外求发展"的公共关系理论推向了新的境界。

第三节　开犁破土：中国公共关系的发展回眸

一、中国公共关系的开犁破土

中国在计划经济体制下，经历了"文化大革命"等浩劫，经济到了崩溃的边缘，这个时期的中国需要的是解放思想，发展生产力②。1978年中共十一届三中全会为中国公共关系的发展开犁破土。

经济决定政治，经济政治共同决定思想文化，人们在政治生活中处于何种地位、发生什么样的作用、对社会政治进程产生什么影响，归根结底是由他们在社会经济生活中的地位决定的。思想文化变革的决定因素和重要力量在于生产力与生产关系的矛盾运动，社会制度和文化发展的方向往往依托于此，改革开放对中国思想文化的变迁起着翻天覆地的影响。改革开放后，中国政府大刀阔斧展开经济、政治体制的改革。20世纪70年代末80年代初，由我国在沿海地区首先实行对外开放政策，公共关系作为一种新的经营管理思想传入中

---

① 社会主义要赢得与资本主义相比较的优势［EB/OL］. 2017 - 01 - 11/2019 - 01 - 06, http：//cpc. people. com. cn/n1/2017/0111/c69113 - 29016071. html.

② 廖心文. 从计划经济体制向社会主义市场经济体制的转变：试论毛泽东、邓小平对我国经济体制的探索［EB/OL］. 2013 - 09 - 06/2019 - 01 - 06, https：//www. wxyjs. org. cn/wxzj＿1/dbzb/201309/t20130906＿144608. htm.

国。社会制度、社会价值观念和生活方式的重大变迁折射在公共关系中，体现为普通民众的思想更为开放，对于文化层次的追求更加丰富，更容易认识、接受甚至引领思想文化的深层次发展。评估社会公众的态度，确认与公众利益相符合的个人或组织的政策与程序，拟定并执行各种行动方案，提高主体的知名度和美誉度，改善形象，争取相关公众的理解与接受作为公共关系基本的职能定义等更能够被主体人群广泛理解和接受。

二、公共关系萌芽时期特点和铺垫意义

公共关系在中国发展的引进萌芽时期主要是把境外的公共关系思想意识、实践经验以及某些具体做法引入中国，对公共关系的功能或作用有了初步认识，并且开始尝试开展公共关系活动。这一时期，公共关系最早出现在酒店等服务型企业，多为一些迎来送往的活动，所以有人认为这一时期中国的公共关系是"接待型公共关系"。但当时的情境下，公共关系的出现在整个中国大陆的影响还仅是特区或者沿海开放地区的新鲜事物。姑且不说普通的民众，连一些企事业单位也不了解公共关系活动，只是主观地认为它是一种搞关系的活动。

中国经历了几千年的封建教化，东方文化中多重视人际关系而忽视公共关系，从封建宫廷的斗争到封建社会的愚民政策无不反映出对公共关系的忽视。长期的不健全的法制以及民主氛围的缺失，使得人们更重视人与人之间的"关系"，各种扭曲变形的关系学越演越烈，而公共关系在中国的发展却举步维艰①。

几千年的封建思想的影响，使得处于改革开放初期的中国政治环境的民主程度还不高，经济上的商品化还不够发达，物质文化还不能满足需求。在这样的历史环境下，以邓小平为首的中央领导层大胆进行改革，通过真理标准问题的讨论打破了人民思想上的禁忌，同时中共十一届三中全会又为中国公共关系扫除了制度上的障碍，对于刚刚由封闭走向开放的中国人来说，能够以积极的态度接受外国的思想观念和经验技术，就已经是明显的进步。虽然此时人们对公共关系的了解和认识仅限于表面现象，开展的公共关系活动多采取简单照搬或模仿外国的做法，中国公共关系在这一时期的发展相当稚嫩，但这对于有着几千年封建文化的中国来说却意义重大，它为中国公共关系之后的发展做了铺垫准备。

---

① 李书巧. 改革开放与中国政治文化的发展［D］. 河南大学，2003.

第二章
蓓蕾初绽：中国公共关系的起步
（1985—1987）

本章主题词：有计划的商品经济　首个国营企业公共关系部　市长电话
深圳大学首开公共关系专业　大亚湾核危机公关

第一节　时代背景：有计划的商品经济的提出

一、有计划的商品经济的提出

1984 年 10 月召开的中共十二届三中全会做出了《关于经济体制改革的决定》，明确指出社会主义经济是有计划的商品经济。在农村第一步改革取得成功和城市局部改革的探索进展顺利的基础上，以城市为重点的整个经济体制的全面改革已成为社会主义现代化建设事业发展的必然趋势。进一步贯彻执行对内搞活经济，对外实行开放的方针，加快以城市为重点的整个经济体制改革的步伐①。

有计划的商品经济是在生产资料公有制基础上对商品生产和交换进行计划调节的社会主义经济体制。中共中央《关于经济体制改革的决定》第一次明确提出社会主义经济"是在公有制基础上的有计划的商品经济"，突破了把计划经济同商品经济对立起来的传统观念。社会主义有计划商品经济的发展，要求在国家的宏观经济决策和企业的微观经济活动中都尊重价值规律的作用，逐步

---

① 中国共产党第十二届中央委员会第三次会全体. 中共中央关于经济体制改革的决定 [J]. 经济体制改革，1984 (5).

1984 年计划商品经济的提出

（资料来源：http://m.sohu.com/a/231514247_762553）

形成计划经济与市场调节有机结合的调控模式，运用计划调节和市场调节的双重功能，对社会经济运行进行调控。这样，既能促使企业提高经济效益，又能保证国民经济按比例协调发展。有计划商品经济理论的提出，是中国经济体制改革的有益探索，起到了解放思想的作用。

20 世纪 50—70 年代，中国共产党认为社会主义经济是计划经济，商品经济在总体上、在主要点上被认为是与社会主义不相容的东西。其间，虽提出过社会主义商品经济问题，但被政治因素打断了。经过严重的挫折和长期的反复思考、探索，直到 80 年代才认识到社会主义经济是有计划的商品经济，不能把商品经济与社会主义割裂开来和对立起来。这是在社会主义经济理论上的重大突破，成了中国改革传统社会主义经济模式的理论依据。商品经济的充分发展是社会主义经济发展不可逾越的阶段。只要存在具有不同经济利益的经济实体，存在不同的所有制形式，存在社会分工，就只能实行商品经济；人为地取消和限制商品经济，只能导致生产力的破坏。发展商品经济，是实现生产社会化、现代化的基本手段和条件。发展商品经济可以打破自然经济的束缚，促进生产的专业化分工和协作的发展；能够促进经济效益的提高，有利于充分而合理地利用经济资源和人力资源；能够增强社会主义经济的活力。社会主义商品经济的体制是一种计划调节与市场调节相结合的体制，在社会主义商品经济体制中，计划和市场的作用范围都是覆盖全社会的。建立在公有制基础上的社会主义商品经济为在全社会自觉保持国民经济的协调发展提供了条件，使计划调节与市场调节这两种形式和手段有机地结合起来这种可能变成现实。有计划的商品经济的观点使人们对社会主义的看法发生了革命性的改变。

这些巨大的变革使中国的 20 世纪 80 年代成为一个充满了新奇、变化和激情的时代。许多新鲜的事物被创造出来或从国外介绍进来，公共关系作为现代管理科学和操作方法先是零星出现在沿海地区的中外合资企业，之后就迅速在全国范围内铺开，呈现出由南向北、由东向西，由服务行业向工业企业，由外资企业向国有企业，由企业组织向政府组织逐步发展的格局。

二、商品经济与公共关系

公共关系是商品经济和市场发展的产物。19 世纪末 20 世纪初至今，商品经济和市场发展大致经历了"生产—销售导向""市场—需求导向"和"社会—文化导向"三个阶段①。在不同的发展时期，经营管理思想和行为模式，亦即市场文化均发生了深刻的变革，且直接决定着公共关系的产生和发展方向及基本模式。因此，就当前中国而言，公共关系是社会组织或企业引入的一种新的价值观念，构建的一种新的行为方式，创造的一种新的市场文化和生存环境。

有计划商品经济这一新体制的建立引起了以阶级结构、职业结构及各种社会组织与体制构成社会结构的变迁。个体经营者的大量涌现，新兴的第三产业的出现，新的企业集团的诞生，许多"横向团体"的破土而出，对开辟新的生产领域，搞活经济，拓宽就业途径，促进企业的设备、管理体制和管理方法的改变等方面，为公共关系在我国发展创造了一个新环境。而面对商品经济发展的新形势，长期以来习惯了国家统购包销体制的企业，刚从旧体制中解脱出来，就立即要面对优胜劣汰的严峻考验，面对选择性强的买方市场，如何协调与消费者的相互利益，扩大企业在社会公众中的影响，自然成为每个企业加强竞争能力的重要因素。商品经济的发展加速了生产和流通的社会化，生产和流通的每个环节分工越来越细，不同环节之间的配合协调也显得越来越重要，企业在脱离了国家包办一切的旧体制后，在生产和流通中遇到一系列前所未有的矛盾，需要正确对待处理。由此产生了如何树立企业形象，为社会公众服务，赢得社会公众支持的问题。这要求企业发展公共关系，任用受过专业训练的通晓政策法规、社会民意、时尚潮流的人处理公共关系以及股东等各方面的协调工作，减少组织或企业与社会的摩擦，帮助其顺利进行生产、工作和实现流通，保证整体目标的实现。

---

① 何颖. 社会主义市场经济条件下公共关系发展探析 [J]. 青海师范大学学报（哲学社会科学版），1999 (1)：9 - 14.

第二节 蹒跚起步：大型国营 企业公共关系的起步

一、市场呼唤公共关系的润滑助推

各种社会关系的总和构成了商品经济的社会基础，商品经济离不开社会关系的运筹。随着市场的开放，社会分工越来越细，协作关系日趋重要和复杂，整个社会经济呈现出综合性、相关性、多变性的特点，组织或企业在这种相互制约、相互作用的社会经济的环境中，作为开放型的主体，必须处理好错综复杂、纵横交错的社会关系，才能保证其顺利发展，从而对开展公共关系提出了迫切地需要。市场经济的先决条件是市场的不断发育和完善，市场的核心是商品的供求关系，随着我国市场经济的发展，人民生活水平的提高，对商品质量、式样、服务等提出越来越高的要求。在这种形势下，企业的生存与发展必须依赖于社会公众的关心和支持。这在客观上就要求企业树立良好的信誉，提高知名度。开展公共关系，增强企业的知名度和美誉度，已成为企业经营不可缺少的重要资源。

市场经济始终伴随着竞争，个别劳动与社会必要劳动之间的矛盾、价值与使用价值的矛盾，决定了竞争存在的客观必然性。市场经济愈是发展，竞争越是激烈；同时竞争又成为推动市场经济发展的强大的动力。优胜劣汰是竞争发展的普遍规律，企业的生存与发展是与竞争的成败联系在一起的。在市场经济条件下，企业之间的竞争表现在市场、商品、服务等诸多方面，但实质上是对顾客之争，谁能争得更多的顾客，谁就能在竞争中求得发展。因此取得用户的满意就成为竞争的焦点。在很大程度上靠服务竞争将是今后发展的趋势。正是基于这种需要，企业提高了开展公共关系的自觉性。

随着公共关系运作的逐步成熟，企业家们认识到了公共关系不能简单等同于接待，且与广告相比更具有其独特意义。商品广告就是推销产品，以单纯的经济效益为目标，而公共关系却是以社会效益带动经济效益的实现，推销企业形象为目标。于是，在激烈的市场竞争之中，既能减少营利性组织的推销意味，又能赢得广大消费者赞誉的公共关系便理所当然地成为企业推销产品的一种有效的工具，成为一种最经济实惠的"广告"。日益严酷的市场竞争，迫使老总们不能不在感喟"好酒也怕巷子深"的同时，顺理成章地使公共关系实务走上了为促销鸣锣开道之路。"公共关系作秀、销售随后"的做法在一段时间内甚为流行，公共关系仿佛成了市场的敲门砖，一些心浮气躁、醉心计谋的中国企业家在市场这个变化纷呈的舞台上演出了一幕幕公共关系促销闹剧。当然，喧闹之间并不缺乏精彩。

二、大型国营企业的公共关系起步

1984 年 9 月，广州白云山制药厂率先设立公共关系部，在开展公共关系实务方面进行了大胆而有益的尝试，为我国大型国营企业的公共关系活动开了先河，成为中国公共关系史上具有里程碑意义的事件。之后北京王府井百货大楼也设立了公共关系机构，为加强该公司与社会公众的联系起了重要的作用[①]。

广州白云山制药厂

(资料来源：http：//health．sohu．com/s2005/6800/s225986780．shtml)

1984 年 12 月 26 日，《经济日报》以之为示范的典型而予以报道，发表长篇通讯《如虎添翼——记广州白云山制药厂的公共关系工作》，并配发了题为《认真研究社会主义公共关系》的社论，阐述了对引进并发展公共关系具有原则性和指导性的意见。接着，《光明日报》《广州日报》《北京日报》《文汇报》等 35 家报刊先后载文报道或评论公共关系。许多报道和评论文章都具体介绍

---

① 林达志．从广州白云山制药厂的实践经验看企业公共关系部的职能［J］．企业经济，1985（11）：41－42．

了我国新兴的公共关系事业的发展现状，阐述了公共关系在当代中国兴起与发展的必然性和紧迫性。《认真研究社会主义公共关系》社论的发表标志着公共关系在中国开始受到重视。同时，《经济日报》作为官方性质的权威报纸对公共关系予以肯定，这就确定了中国公共关系的合法性地位。同时，新闻媒介的报道对于人们正确地认识、了解和接受公共关系以及公共关系在中国的传播也起到了积极的作用①。

白云山制药厂运用公共关系手段进行信誉投资，提高了企业的声誉，塑造了良好的企业形象，使消费者在心理上产生认同及信赖，进而在商品市场上取得成功。这实际上是顺应了市场变化的规律，在当时的社会文化环境中认清局势，为该厂赢得了一个最佳的市场环境。

三、白云山药厂的象征意义

白云山制药厂作为大型国营企业开始设立公共关系部，这是经济体制改革后企业大胆尝试新型管理制度的新举措。对公共关系最初的尝试使得企业取得了经济和社会效益的双赢，也揭开了国营企业开展公共关系活动的序幕。这在当时为公共关系观念的形成创造了良好的社会氛围。但我们还是要看到，当时的企业内部公共关系部的设置还只是在低水平的接待和媒体公共关系上，企业公共关系部的职能并没有完全发挥出来②。

实际上，企业的公共关系部是组织内部的公共关系机构，隶属于组织的专门从事公共关系工作的职能部门或专职机构③。它的职能如下：

（1）它是一个协调部门，积极开展促使各职能部门或机构协调化的工作，增强组织内部各职能部门或机构的向心力，创造出组织的最佳整体功能。

（2）它担负着组织内部、外部的信息收集、处理和反馈，是组织的"情报部"和"外交部"。通过对组织内外部信息的收集处理，协调组织内外部的信息融通，创造良好的企业外部形象和内部员工的认知评价。

（3）它具有咨询功能，相对于其他职能部门或机构而言，往往最靠近组织的核心领导层，为组织高层提供咨询意见，是组织的"参谋部"。

从这一意义上出发，白云山制药厂的公共关系部没有完全发挥其组织内部公共关系部门的职能，但是该企业公共关系部的设立意味着在中国的国营企业

---

① 梁世彬. 试论公共关系［J］. 国际经贸探索，1985（3）：23－26.

② 林达志. 从广州白云山制药厂的实践经验看企业公共关系部的职能［J］. 企业经济，1985（11）：41－42.

③ 张龙祥. 中国公共关系大辞典［M］. 北京：中国广播电视出版社，1993.

中可以开展公共关系。之后《经济日报》的社论更是通过它确认了中国公共关系的合法性地位。它的象征意义大于其实际意义，因为此举只是对境外的模仿，对真正意义上的公共关系运作还是一知半解。这之后，公共关系的影响力随着广州作为改革开放重镇的强势影响力，迅速在中国的沿海开放地区和内地一些地方传播。

我们看到，起步阶段的中国公共关系主要是把国外的公共关系运作模式、运作程序、管理经验及具体做法引入中国。由于当初人们对公共关系缺乏认识和了解，公共关系的运用多采取简单搬用或模仿外国公共关系的做法。但对改革开放的中国人来说，能以新的思想观念接受外国的经验技术，在当时已经是一种创举。

【相关链接】

中国首个国有企业公共关系部

1984年，作为一家国有大型企业，广州白云山制药厂率先挂出了国内第一块国有企业公共关系部的招牌，并注资120万元，开展公共关系活动。1984年12月26日《经济日报》刊载了题为《如虎添翼——记广州白云山制药厂的公共关系工作》的长篇通讯，报道了白云山制药厂的公共关系工作，并编发了《认真研究社会主义公共关系》的社论。接着，《文汇报》《北京日报》《世界经济导报》《广州日报》等35家报纸杂志先后载文报道或评论公共关系，阐述评析了公共关系在中国兴起发展的必然性和必要性。

广州白云山制药厂在20世纪80年代初，还只是一个生产单一产品"穿心莲"的乡办小厂，生产设备极其简陋，年产值不到20万元，这个厂到90年代已发展成为生产医药品种达数百种，年产值超亿，上缴利税过千万元的大型骨干企业。

白云山制药厂是我国国营企业中率先设立公共关系部的企业。作为一个营利性组织，该厂注重以公共关系求发展，每年拨出总产值的1%作为"信誉投资"，这笔投资为白云山药厂带来了巨大社会效益和经济效益。

该厂的公共关系部负责与社会各界建立并保持良好的关系，主持关系到企业信誉的各项公共关系事务，包括向社会开放工厂，向来访者播放企业录像，奉送精美宣传品，带领客人游览厂区，介绍科学制药方法等。通过医药刊物和学术界、卫生界进行信息交流，通过邮购药品的来往书信同顾客进行思想交流，通过遍布全国的八百多个销售网点及时反馈公众需求和意见，获得了公众的支持和信任。

　　白云山制药厂十分重视信誉投资。该厂充分利用大众传播为企业树立形象，着重抓球场广告和电视广告，采取"有奖问答"等形式在报纸上刊登公共关系广告。也曾利用广州街头出现的双层"巴士"，做车身广告；该厂还扩大"免费广告"渠道，设专职人员与新闻界联系，经常撰稿给新闻界，对来访记者热情接待并主动、如实地反映情况，并经常邀请新闻单位工作人员出席企业重大活动。

　　白云山制药厂还投资举办多种形式的公共关系专题活动，赞助社会福利事业和文艺、体育、教育事业。资助广州足球队，组建广东省第一个轻歌剧团，在国内首创企业办文体事业的先例。还邀请厂内外颇具名气的老药师、讲师、研究人员、经济师、离退休的管理人员组成顾问团，通过顾问团加强与研究部门、竞争对手的联系，不仅获得了许多珍贵的医药信息，还在很大程度上提高了白云山制药厂的声誉，增强了公众对该厂药品的信赖。

　　白云山制药厂很快发展成为全国三大制药企业之一，该厂以信誉投资赢得经济效益的公共关系战略，引起了国内许多企业的关注和仿效[1]。

第三节　公关初探：外国公共关系公司进驻中国

一、专业公共关系公司内涵初探

　　公共关系公司是指由具有一定专业特长的公共关系专家及专业人员组成的，专门从事公共关系咨询或接受客户委托为其开展公共关系活动、提供相关服务性工作的营利性组织[2]。专业的公共关系公司运用专门的知识、技能和经验，为企业提供公共关系咨询或执行公共关系活动。

　　公共关系公司依其业务领域的不同，规模也各不相同。当代最大的专业公共关系公司可以拥有数千名成员，而小型的公共关系工作室性质的公司可能只有几个成员，从事特定的工作或服务特定行业的客户。依各个公司规模和提供的服务大致包括以下几类公司：

（一）公共关系综合服务公司

公共关系综合服务公司指拥有多方面的人才和技术，能够面向各行各业提

　　① 熊源伟. 公共关系案例［M］. 合肥：安徽人民出版社，1993.
　　② 黄昌年，赵步阳主编. 公共关系学［M］. 上海：上海交通大学出版社，2003.

供各种公共关系服务的机构。其服务项目包括：为客户制定公共关系工作计划和实施方案；代客户撰写新闻稿件并疏通媒体关系；代客户办理新闻发布会或展览会；为客户收集信息和提供资料；帮助客户评估组织形象和组织行为；帮助客户编写各种公共关系刊物；代理客户的公共关系广告业务；设计企业或组织的标志或招牌；帮助或代表客户与有关方面举行谈判；策划各种形式的公共关系专题活动。这类公司拥有较为强大的专家队伍，实力也较为雄厚，同时知名度较高，拥有的社会资源也很丰富，收费会相对高一点。

（二）公共关系专项业务公司

公共关系专项业务公司指专门提供某一类或某一方面的公共关系服务，或只面向某一种或某几种特定行业提供公共关系服务业务的机构。这类公司多是小型的公司，它们提供的服务范围也较小。比如：专门提供传播服务的文化传播公司，专为医院提供公共关系咨询服务的医院公共关系公司等。与提供综合的公共关系服务的公司相比，专项公共关系公司它的活动规模、活动范围、活动能力、人财物条件均有限。但这类公司具有自己的优势，它们专门从事某种行业公共关系工作或者专门面向某种特定行业提供公共关系服务，在特定的行业公共关系和部门公共关系活动中拥有丰富的经验和特殊的风格，其收费标准比提供公共关系综合服务的公司低，这样也可以拥有自己的市场，对客户产生一定的吸引力，能在一定场合和范围内与提供公共关系综合服务的公司展开竞争。

（三）与广告公司合营的公共关系公司

与广告公司合营的公共关系公司指把提供广告服务与提供公共关系服务联系起来，或借助于广告业务开展公共关系服务的机构。

与广告公司联营的专业公共关系借助广告公司的技术力量和经验为客户提供层次更高的信息咨询服务，或借助于广告公司的媒介和传播网络，为客户开展更有成效的传播沟通活动。

二、外国公共关系公司进驻中国

20 世纪 80 年代的中后期，随着中国改革开放的逐渐深入和社会主义市场经济的迅速发展，公共关系在中国呈现出蓬勃兴起的局面，国外的知名公共关系公司纷纷进驻[①]。

HILL+KNOWLTON
STRATEGIES
伟达公共关系公司

---

① 吴白雪. 跨国公共关系公司在中国——关于中国公关业的一次实证研究 [J]. 国际安全研究，2002（2）：44 - 50.

1984 年 10 月，世界第二大公共关系公司伟达公共关系公司（Hill
Knowlton）率先在北京设立办事处。1985 年世界上两家最有影响的公共关系
公司——伟达公司和博雅公司（Burson Marsteller）先后进入中国；1985 年，
被媒体誉为"中国公共关系之父"的法国人杜孟（Serge Dumont）在中国创
办了第一家中外合资的公共关系公司——中法公共关系（Interasia）①。

1985 年 8 月 31 日，世界最大的公共关系公司——博雅公司与中国新华社
下属中国新闻发展公司签订协议，共同为在中国从事贸易的外国机构提供公共
关系服务，中国新闻发展公司为此特别设立了中国环球公共关系公司，独家代
理博雅公司及其客户在中国国内的公共关系事务。同时，博雅公司也可以通过
环球公共关系公司的介绍，代理中国企业的海外公共关系事务②。

中国环球公共关系公司是中国第一家公共关系
公司。

20 世纪 80 年代中期，这些著名的跨国公共关
系公司开始尝试进入中国市场是基于如下战略考
虑的：

（1）中国改革开放后的良好发展前景。中共十一届三中全会以后改革所带
来的开放，打破了因封闭造成的固化，迅速地开拓了中国民众的视野，也使得
中国以新的姿态走进国际社会，引起了国际社会的热切关注和强烈反响。国际
上有远见的公共关系从业人士看到了中国领导层改革的决心，更看到了中国市
场强大的潜力。

（2）维系其原有的跨国客户。改革开放后，尤其是有计划的商品经济提出
后，中国大量引入外资发展社会主义建设。为了吸引国际资本流入，在
1979—1988 年的 10 年中，中国采取了一系列措施改革投资环境，其中包括制
定实施了 400 多个涉外经济法规，与 23 个不同社会制度的国家签订了投资保
护协定，从法律上保护外国投资者。一些知名的跨国企业，如可口可乐等进驻
中国。为其提供公共关系服务的专业公共关系公司，不愿意放弃其优质客户在
中国的业务，也顺势而动尝试进驻中国。

（3）在华市场争夺新的外资客户。出于对改革开放后的中国的不了解，许
多知名公共关系公司在对于是否或者何时进入中国市场采用谨慎的做法。这就
使得一批有胆识的国际公共关系业人士看到了在中国市场上大量已经入驻的外
资客户急需公共关系服务的空白市场。

① 陈向阳. 中国公共关系服务市场发展之我见［J］. 国际公关，2011（3）：90-90.
② 戚娟娟. 博雅公关的"中国激情"［J］. 中国企业家，2002（5）：52-54.

（4）发展其全球业务网络。中国拥有世界上 1/4 的人口，疆土面积也排在世界的第四名。加之，改革开放后，中国积极跟随世界的脚步，尝试与世界上其他国家和地区建立贸易往来，初步建立了一个世界范围的销售网络。在国际上影响较大的公共关系公司看到中国在世界上的影响逐步增强，出于拓展自身业务，完善全球业务网络的考虑进入中国。

（5）着眼未来的中资客户。中国经济规模逐步增大，一批优秀的大中型企业将成为这些跨国公共关系公司潜在的客户。

第四节　大胆尝试：政府公共关系的引入

一、改革开放与政府公共关系

政府公共关系，是指政府机关在特定社会环境中，通过大众传播来协调公众关系的科学管理。其目的就是要建立、维持和发展政府与公众之间关系的总体协调，确保政府的施政方针能够顺利贯彻，并通过完成政府的基本任务，发展国家、社会和公众的整体利益，树立公正、廉洁、高效、务实、创新，全心全意为人民服务的好形象，提高政府的美誉度。要实现上述目的，开展政府公共关系是必要的措施。

我国随着经济体制的转换和政治体制改革的深入推进，政府职能和管理模式必然随之发生变化，这使政府公共关系的职能作用日益显得重要。在新的经济体制下，政府要成功、有效地履行其职能，就必须充分发挥政府公共关系的职能作用。政府公共关系为政府职能的顺利执行打开了通道，它有利于协调社会各方面的利益，完善政府同企业及各类经济实体的关系，争取公众对政府各项政策及改革措施的理解与支持，创造良好的社会关系环境，提高政府的管理效能。

二、新中国政府公关帷幕拉开

作为社会活动现象的一种，中国的政府公共关系早在古代社会就已经存在了，只不过当时还处于一种萌芽状态。1949 年后，虽然中国政府很少用到"公共关系"这一术语，但是却十分注重运用各种传播方式来树立自身的良好形象，以赢得国内外公众的理解支持与合作。特别是中共十一届三中全会以后，随着改革开放的进一步深入，政府公共关系开始逐步走上正轨。中国政府公共关系在经济市场化、政治民主化、社会利益和价值观念等多元化等方面快速发展的大背景下，实现了一次又一次的历史蜕变。

中国的政府公共关系活动大体上是在 80 年代后期开始兴起的。1983 年 9 月 18 日，时任沈阳市市长的李长春，首先开通了中国第一部市长公开电话。之后，重庆、西安、郑州、广州、太原、北京、深圳、厦门、南京、成都、海口等相继效仿。

三、政府公共关系的作用揭示

充分发挥政府公共关系职能是政府走向民主化的内在需要。政治民主化是社会主义制度的本质要求，是社会主义社会的基本特征。政治民主化的表现就是人民群众通过广泛参与政治过程行使当家做主的权利。政治民主化的主要内容可以概括为两方面：一方面最大限度地吸引广大人民群众参与国家管理；另一方面使政府在管理和决策中的一切政府行为符合广大人民群众的意愿和要求。政府公共关系的职能为这两方面内容的实现创造了条件和可能，政府公共关系可以通过"双向"信息交流，各种传播手段，更为真实、广泛地了解和汇集人民的意愿，反映公众的呼声，获得公众更为广泛的理解和支持，从而调动人民群众的积极性和创造性，以及参政议政的自觉性。

充分发挥政府公共关系职能是保持社会稳定的迫切需要。稳定是发展和改革的前提。在社会主义初级阶段，正确处理改革、发展同稳定的关系，保持稳定的政治环境和社会秩序，具有极为重要的意义。没有稳定，什么事也干不成。中国正处于体制转轨时期，各种矛盾比较突出。而人们观念的转变尚需要一个过程，因而，保持社会稳定具有重大的现实意义。保持稳定的任务在于：消除群众的各种疑虑和误解，缓和或化解各种矛盾与冲突，以减少或消除可能发生的动荡，形成一种稳定、和谐的社会政治局面。要做到这一点，除了要依靠政府的各项决策的正确、措施得力和实践中进展顺利外，还需要政府公共关系的工作，来宣传、解释、说明政府决策意图和配套措施，以争取群众的理解与支持，以免引起群众的误解和不安，从而达到维护社会安定大局的要求。

充分发挥政府公共关系职能有利于对外开放。对外开放是我国一项长期的基本国策。面对经济、科技的全球化趋势，中国要以更加积极的姿态面向世界，完善全方位、多层次、宽领域的对外开放格局。对外开放不仅是经济开放，也包括政治、文化、信息方面的开放；不仅是国与国的开放，也意味着地区与地区之间、部门与部门之间的开放。在这种全方位、多层次、宽领域的对外开放格局中，国家、地区、部门要建立和发展同外部世界的联系和合作。首先是必须了解对方，同时让对方了解自己。要达到相互了解以至信任的目的，就需要发挥政府公共关系的职能作用①。

这一时期，党和政府为适应社会主义现代化建设的需要，采取一系列措施来进一步密切公众的关系，如为调查研究公众意见而实行的信访、举报、合理化建议、民意测验等，都产生了良好的社会效果。政府公共关系就是协调公众在思想、行动和利益各方面的总体关系，通过完成政府的工作，发展社会和公众的整体利益。以经济建设为中心。注重社会效益应该是政府公共关系的出发点和最终归宿。因此政府公共关系要为领导决策服务。有效地开展政府公共关系离不开主要领导的大力支持。为取得政府领导的大力支持，公共关系部门必须为政府领导作好参谋。公共关系是以信息为基础的科学管理。公共关系部既是各种资料储存中心，又是信息搜集和发布中心，在同社会公众频繁的交往中，它掌握着有关公众和政府大量的一手材料，有为领导决策提供咨询和服务的条件。政府公共关系部还是社会环境监测中心和发展趋势预报中心，它还有着引导和教育公众的任务。

同时，政府的领导决策也只有在最全面、最充实、最可靠的信息的基础上才能保证其正确性。正确的决策才能得到公众的拥护，才能够实现政府工作的目标。根据公共关系的"双向对称"理论，公共关系不但是组织向公众传递其信息，同时，又通过收集公众反馈的信息，不断对公共关系政策、方法进行调整。从这一层面上来讲，公共关系也必须与时俱进，它只有通过不断调整以适应社会大变革的需求，方能成为一棵长青之树永盛不衰。正因为科学技术不断地向前发展，引起了社会变革，从而最终推动了公共关系不断向前发展。

第五节　首开先河：深圳大学首开公共关系专业：公共关系教育之起步

由于公共关系进入中国的时间不长，合格的公共关系人才十分欠缺，迫切需要通过公共关系教育培养更多适应社会需要的公共关系从业人员。此时的公共关系教育具体地说，就是要造就数以万计的具有现代科学技术和经营管理知识、具有开拓能力的公共关系经理和公共关系部长；造就数以万计的工业、农业、商业等各行各业有文化、懂技术、业务熟练的公共关系工作者；造就数以万计的能够适应现代科学文化发展和新技术革命要求的公共关系教育工作者、

---

① 陈锐. 市场经济条件下我国政府公关发展研究 [D]. 成都：四川师范大学，2003.

科研工作者。

一、公关教育及各式培训兴起

中国内地学者自发推动的公共关系教育开始于"公共关系知识"讲座。1985 年 1 月深圳市总工会举办的公共关系培训班是中国有史以来公共关系培训第一班，开创了中国公共关系教育的先河。此后全国各地其他城市公共关系讲座陆续开设。1985 年 4 月，北京师范大学开设公共关系讲座；1985 年 6 月，北京大学研究生院举办公共关系讲座。1985 年下半年中山大学与广州青年经济协会、广州财贸管理干部学院联合举办了三期公共关系讲习班。之后，全国各地的大专院校、企业和社会团体，也相继在不同的地区和范围内开办了各种形式的公共关系培训班。这些培训活动对于公共关系知识的传播和普及起到了积极的推动作用，培养了一大批当时社会急需的公共关系人才[1]。

自 80 年代中期开始，公共关系的培训异常活跃，这一阶段公共关系的教育培训开始初具规模，规范化、系统化的正规职业教育和学历教育逐步形成。

二、公共关系专业教育的展开

80 年代中后期，中国公共关系教育开始起步。而中国公共关系教育从无到有的引入主要有两种方式：一是由高校参照境外公共关系教育的模式，直接设立或者独立引进。如深圳大学、中山大学、复旦大学、兰州大学等高校均采用此种做法，这也是当时我国引入公共关系教育的主流形式。二是由境外、海外学者到我国高校协助开设公共关系课程，推动公共关系教育，如厦门大学及后来的外国语类大学借助外国专家设置的公共关系教育。鉴于当时国内环境和办学条件，采用这种移植引入法的学校较少[2]。

1985 年 9 月，深圳大学在中国率先设置了公共关系专业。作为地处当时中国最大的经济特区的深圳大学，从办学起就肩负着"试验田"的重任[3]。当时深圳大学大众传播系在香港浸会大学林年同教授的全力协助下，以香港教授为主，整合国内复旦大学、暨南大学、北京电影学院、北京广播学院（今中国传媒大学）等名校师资，开设了与国际名校接轨的公共关系课程，并同步推出

---

① 余明阳. 中国公共关系教育 20 年综述 [J]. 公关世界，2006（9）：6-8.

② 纪华强. 中国公共关系教育二十年 [M] //宋超，赵凯. 深水静流. 上海：复旦大学出版社，2009.

③ 方宏进. 公共关系在中国十年的发展——历程、问题及前景 [J]. 深圳大学学报（人文社会科学版），1990（4）：31-39.

公共关系专业、函授，学员多达 10 万人。从此，公共关系专业进入高校。1990 年，深圳大学以其在中国内地率先开设公共关系专业教育的这一辉煌业绩，荣获国际公共关系协会"世界最佳公关金奖"，实现了中国公共关系学界国际公共关系大奖零的突破。熊源伟教授代表深圳大学赴加拿大多伦多领奖，并与特别嘉宾、公共关系泰斗爱德华·伯尼斯合影留念。

　　从此，公共关系教育在一些省市的高校，特别是成人自考、夜大、职大等逐步开展起来，并形成相当规模。此后，中山大学、复旦大学、杭州大学（今浙江大学）、兰州大学、南京大学、清华大学、北京大学、中国科学技术大学、国际关系学院、厦门大学等上百所大学相继开设公共关系课程，从而使公共关系这种全新的思想观念和理论知识在高等学校得到迅速传播和普及。公共关系专业教育也正逐渐明确自己在整个公共关系专业人才培养中的定位，并逐渐形成了具有全日制、业余、在线等多种的、规范的培养教育模式。

【相关链接】

90 年代初国内公共关系教育与课程设置

（一）中国某业余大学公共关系专业课程设置计划

　　培养目标：

　　经过三年在职学习，能较系统地掌握公共关系学的基础理论，具有新闻传播学、管理学、社会学、心理学、经济学等多方面知识，并能较有效地运用公共关系技术，操持公共关系实务，成为能进行有效的公共关系工作的大专层次的社会主义的公共关系人才。

　　学制：

　　三年，总课时 1 680 个（每周两个半天、两个晚上上课，14 课时）。

　　指导思想：

　　（1）引进国外公共关系理论和技术必须与我国客观实际相结合，博采众长，融会贯通，始终注意以我为主，逐步做到自成一家。

　　（2）以经济领域中的公共关系实务为主，充分利用本校现有的通用文科与经济管理学科的人才的条件，掌握并研究有关新学科。

（二）深圳大学公共关系专业课程设置大纲

　　深圳大学专业的设置起步较早，发展较快。深圳大学大专层次的正规公共关系教育，全日制为二年，夜大为三年，这是我国第一所培养公共关系专业人才的学校。现在深圳大学公众传播专业的公共关系课程设置已日渐成熟。

　　（1）基础课：经济管理类，包括管理学、经济学和市场营销学；语言文字类，包括中文写作、新闻采访、英文等；社会科学类，包括计算机应用等。

（2）专业基础课：包括传播学、广告管理学、企业文化、组织环境学、动作语言学、媒介学等。

（3）专业课：包括公共关系原理、公共关系实务、演讲、谈判、摄影、社会调查技术以及表演类课程。传播实务（含编辑、摄影、影视制作等）140课时；社会科学概论60课时；广告学60课时；谈判术与演讲术60课时。

（4）选修课：共两类10门，每人必须选修五门，280课时。A类（以下六门中，必须选修三门）：经济法规60课时；商品经济基础40课时；中国经济地理40课时；市场与消费60课时；国外公共关系原著选读80课时；财务分析80课时。B类（以下四门中，必须选修两门）：民俗与礼仪40课时；国际经济法60课时；实用美学40课时，电脑使用原理60课时。另有20课时为毕业论文和毕业设计的指导和写作，60课时为公共关系实习活动。毕业实习另拟。

（三）上海某公共关系培训班授课安排

（1）公共关系学概论

（2）公共关系学实务与技能

（3）传播学

（4）宣传与宣传心理学

（5）社会学与社会心理学

（6）广播与广告艺术

（7）社会调查方法论

（8）市场经营学

（9）管理学及相关专题讲座

（10）世界经济

（11）金融调研

（12）游说与谈判技巧

（四）合肥某公共关系培训班授课安排

（1）公共关系概论

（2）公共关系与社会主义企业

（3）当今世界经济格局

（4）公共关系与领导艺术

（5）公共关系口才与谈判

（6）公共关系心理学

（7）论企业知名度的提高

（8）新闻传播学

（9）人际交往及其他艺术

（10）公众及公众问题

（11）公共关系礼仪

（12）公共关系问答

（五）南京某公共关系培训班课程设置

（1）公共关系与公共关系学

（2）新闻采访

（3）摄影知识及技巧

（4）音乐欣赏

（5）人体美术

（6）交际及礼仪

（7）宾客接待

（8）演讲与口才

（9）公共关系写作

（10）市场经营策略

（六）香港某短期公共关系职业班课程设置

（1）公共关系概论

（2）公共关系分析

（3）年度报告的准备与上报

（4）宣传的艺术

（5）广告的艺术

（6）产品营销

（7）协作意识及礼仪

三、公共关系教育的稳序跟进

中国高校的公共关系专业自深圳大学首开以来的发展取得了令人瞩目的成就，目前国内高校公共关系大多设置在传媒学院、人文学院、经济管理学院下。2011 年教育部将公共关系列入《全国普通高校本科专业目录》，意味着公共关系学走上独立发展的途径。国内 75 所教育部直属高校都有面向本科生的公共关系学必修课程或选修课程。

管理学基础、公共关系原理、公共关系实务、公共关系调查与策划、公关语言艺术、公关心理学、公关礼仪、公关策划及实施、社会调查等具体课程的设置开办以及各校的主要特色课程和实践环节的产生极大程度丰富了复合型公共关系人才的培养方案。随着时代的发展，公众看待公共关系教育已经有了翻天覆地的变化，从原先的片面狭隘转变为认可和接受。

公共关系教育未来将朝着基础化、专业化、独立化的方向发展并逐渐与其他相关联学科整合。公共关系教育也开始细分，如分为政治公共关系、企业公共关系、新闻公共关系、法律诉讼公共关系等。上海的公共关系学教育处在全国的领先行列，复旦大学、华东师范大学、上海交通大学、同济大学、上海师范大学、上海外国语大学、上海第二工业大学等开设的公共关系专业均赢得良好的社会口碑；"高校公共关系学专业奖学金"是由上海市公共关系协会于2013年设立的一项专项奖学金，每年的奖学金总额30万元用以夯实公共关系事业的人才储备，奖励上海市高校公共关系专业全日制在校优秀本科生和研究生。

第六节　迎刃而解：危机公关的最初成功应用

一、大亚湾核电站的兴建与核危机的出现

改革开放的良好环境吸引了境内外大批企业涌入珠江三角洲。中国的经济驶上了快车道。经济的高速发展，致使能源供应日显滞后。

大亚湾核电站

（资料来源：第一财经，https://www.yicai.com/news/5327319.html? open _ source = weibo _ search）

摆在面前的局势是严峻的。广东省资源贫乏，水力发电无路可行，若依靠火力发电，按当时的消耗能力，仅维系一座 1 000 万人口城市的正常运转，每年就需耗煤 370 万吨，这意味着火力发电厂的大炉膛，每天仅从数千里之外运输来的煤炭就得张口吞噬 200 多节车皮，同时每年还将排放数以百万吨计的废渣和废气①。无论从环保、经济还是运输能力等角度考虑都难以承受。

能源短缺这一问题不仅在中国存在，世界各国也同样被这一问题困扰。而作为一种经济、安全、可靠、清洁的新能源，发展核电无疑是解决能源紧张的首选方案。80 年代是世界核电发展的高峰时期。随着能源危机的进一步加剧，发展核电成了世界各国的共识。早在 20 世纪 70 年代末，广东省就在酝酿建设核电站这件大事。时任广东省委常委、广东省委书记处副书记王全国提出了建设核电站的构想，这一构想得到中央领导和广东省委的大力支持。1982 年，国家正式批准了大亚湾核电站项目。翌年，大亚湾核电站厂址选定并获批准，位于深圳市东部大亚湾畔，距深圳市直线距离约 45 公里，离香港约 50 公里，符合国际上对核电站距主要供电城市距离的规定。

1985 年 1 月 19 日，邓小平亲自接见了参加广东核电合营有限公司合同签字仪式的香港中华电力有限公司董事局主席罗•嘉道理（Kadoorie）勋爵一行。1985 年 1 月 26 日，广东核电合营有限公司，正式宣告成立。

大亚湾核电工程刚刚开始建设不久，发生了一件意想不到的事。继 1979 年美国三里岛事件后，1986 年 4 月 26 日苏联又发生了切尔诺贝利核电站核泄漏事故。欧洲一家新闻社报道说，苏联切尔诺贝利核电站所发生的核泄漏这一事故已造成了 2 000 人死亡②。这次事故造成的放射性污染遍及苏联 15 万平方公里的土地，由于放射性烟尘的扩散，整个欧洲也都被笼罩在核污染的阴霾下，核污染给人们带来的精神上、心理上的不安和恐惧更是无法统计，新闻媒体的推波助澜，一时间使世界舆论哗然。尤其是发表正式消息过晚，致使流言四起，谣言广为传播，引发了不安。中国建设大亚湾建核电站之举也成为香港各界讨论的热门话题。香港各报特地辟出版面，对此广泛报道，最后形成了一股反对在大亚湾修建核电站的社会舆论。香港公众还为此组织了专门机构，并发起香港各界 100 万人的签名运动③。

面临舆论的压力，中国政府有关部门究竟应该怎么办？如何平息这场舆

① 李鹰翔. 大亚湾核电站危机公关的前前后后 [J]. 中国电业，2014（4）：86 - 89.
② 当年的切尔诺贝利核电站泄漏事故到底严重到了什么程度？［EB/OL］. 2018 - 06 - 08/2019 - 01 - 06，http：//sh. qihoo. com/pc/9752f35da775aa117? sign＝360_e3936 9d1.
③ 大亚湾不是切尔诺贝利 ［EB/OL］. 2012 - 02 - 16/2019 - 01 - 06，https：//wenku. baidu. com/view/b4c2c77feffdc8d376eeaeaad1f34693dbef1060. html.

论，关系政府形象这一重大问题，不能不认真对待。这时，有人理直气壮地提出：我们是在自己的土地上修建核电站，任何人无权干涉。虽然这种观点有一定道理。但是随后也有人提出不同意见，认为产生这种不利舆论的原因通过调查已得知有两点：一是我们对大亚湾核电站的修建缺乏宣传，致使香港公众不了解有关情况而产生了误解；二是客观上受到了苏联切尔诺贝利核电站核泄漏"冲击波"的影响，人们产生"核恐怖"心理。处理这种公共关系危机应采取全面的公共关系宣传，以"软处理"的方式化解这种不利舆论。于是中国政府相关部门决定采取如下对策：

（1）全面了解这种不利舆论产生的原因、衍生和辐射的范围，以及已经产生和将要产生的影响。

（2）立即组建核电站公共关系处，由一位高级工程师任处长，以增强公共关系宣传的针对性。

（3）通过新华社、中新社等新闻媒介如实报道苏联切尔诺贝利核电站事故调查及援救工作开展情况，并及时详尽报道了调查结果，主要是由于操作人员不慎所造成，并非技术问题。

（4）由具有权威的核科学家和核电专家在香港举办关于核电站知识的讲座。在宣传中，他们针对香港公众所担心的问题，给予了耐心的解释和说明。

二、公共关系的成功运用与核危机的化解

同时，政府有关部门策划了一些有针对性的公共关系传播活动，大大缓解了公众的核恐惧心理，成功地引导了公众舆论。

（1）组织香港有关人士参观大亚湾核电站基地及设施，增加了工程决策、设计、施工、管理及技术等方面的透明度。

（2）中央有关领导会见香港赴京请愿团，向香港公众做了认真的解释和说明工作，沟通了信息与情感，让香港公众代表感到政府对此是襟怀坦白的，从而增强了香港公众对我们的信任感，打消了对政府的误解。

（3）相关部门与香港一家有影响、有信誉的公共关系公司合作在日本的广岛举办了和平利用原子能的展览会，宣传核知识和中国政府对核电站建设的一贯态度。

通过以上一系列公共关系活动的开展，一场反对修建大亚湾核电站的危机就此平息。

这次危机的处理是中国有关政府部门首次运用公共关系的方法，成功进行危机公关的活动。从这次危机的化解可以看来，以公共关系角度解决问题的方

式有两大步骤：一是信息落实，二是信息传播。所谓信息落实，就是使以信息方式存在的问题获得实际上的解决，即解决实际问题。所谓信息传播，就是将信息落实的情况向公众传达。信息落实是基础，信息传播是必要手段。如果你想更有效地解决组织面临的公共关系问题，必须遵循这个基本思路，步步落实，从而完善地解决问题。仅有信息传播或信息落实都是片面的，是不能彻底解决问题的。没有信息传播，社会组织难以在更大的范围里塑造形象；没有信息落实，不可能从根本上摆脱困境，达到塑造良好形象的目的。如果说信息传播是"务虚"，那么信息落实就是"务实"。正如西方公共关系专家所言，PR＝DO GOOD＋TELL THEM，公共关系人员必须懂得什么是最根本的，应该从根本处着手解决问题。

这次对核电站建设危机的化解，是中国政府相关部门有效地运用了公共关系的管理方法，对已经发生的危机进行分析、处理、控制、化解、转化，从而实现了社会各方面的一致认同。这些与前一阶段中国公共关系的引入和探索发展是分不开的。这次危机的化解也说明公共关系作为一种新兴的管理技术是富有成效的[1]。

第七节　小荷露尖：上海市公共关系协会成立：地方性行业组织出现

一、公共关系事业的标志性新阶段

1986年1月，中山大学公共关系研究会、广州青年经济研究协会、广州经贸管理干部学院共同发起成立了中国内地第一个公共关系民间团体——广东地区公共关系俱乐部，这是中国第一个公共关系机构，标志着中国公共关系事业进入一个新的阶段[2]。

1986年11月第一家由官方组织的公共关系机构——上海市公共关系协会在上海联谊俱乐部诞生。上海市前市长汪道涵任名誉会长，时任上海市委常委、市政协副主席的毛经权担任会长，揭开了上海公共关系行业发展的序幕。

协会成立伊始，上海公共关系协会名誉会长汪道涵建议协会以"沟通信息、增进理解、加强联系、促进合作"为宗旨，得到协会同仁的一致赞同。随

---

① 改革开放总设计师播下的一颗种子：大亚湾核电站［EB/OL］. 2009 - 04 - 10/2019 - 01 - 06, http：//www. cnei. info/943551/4228665. html.

② 张鹏.《上海公共关系三十年发展报告》(1986 - 2016)［J］. 公关世界，2017 (15)：118 - 119.

后协会确定了自身的基本任务：为企业与政府、企业与企业之间起到桥梁的沟通作用；为公共关系从业人员的培训和提高创造条件，为他们之间的互相交流提供平台；开展各项高层次、多渠道、多形式的公共关系活动，促进各企事业单位与政府及媒体间的联系；培训公共关系人员，提高专业水平，推进公共关系事业的发展。

上海公共关系协会

二、大时代微沟通：行业发展的序幕

上海公共关系协会的成立，揭开了上海公共关系行业发展的序幕。上海市公共关系协会始终贴近时代的脉搏，围绕上海的经济建设和社会发展，不断推动上海公共关系事业的发展。协会通过举办各种层次的培训班，培养了大量公共关系人才；通过经常举办讲座、研讨会、沙龙等活动，不断提高公共关系从业人员的专业水平；通过举办先进公共关系工作者和优秀公共关系案例的评选，推动社会各行各业进一步增强公共关系意识；协会还举办各种活动，促进各类企事业单位之间以及他们与政府部门和媒体之间的沟通、交流与合作，产生了良好的社会经济效益。

后续微信、微博、微视频等产业链条的发展和完善，媒体环境的变迁带来了公关思维和传统行业沟通模式的挑战，这就需要以不断的创新、转型去融入、适应。基于这样的时代背景考虑，协会在后续的发展中认真酝酿、筹备各类别开生面的沟通模式手段，针对新环境、新问题提出解决方案，为整个公关行业业界提供了视角多元、深入探讨的平台，力图塑造大时代下的微妙精细沟通模式，专注多元全面发展。

【相关链接】

中国公共关系界元老：毛经权先生[①]

作为公共关系行业的元老，毛经权先生与其他前辈一样，是"半道出家"的。他曾长期从事教育工作，在同济大学执教 20 年，后又担任上海铁道大学教授、副校长多年。1981—1982 年，他赴美国伯克利加州大学深造。回国后，他长期在上海市党政机关工作，曾任上海市人民政府教育卫生办公室主任，市委常委、统战部长，市政协第六、七、八届副主席。

中国公共关系界元老毛经权

（资料来源：http：//www.foundationcenter.org.cn/guanli/html/2011-1/18370.html)

毛经权先生结缘公共关系，是一个偶然的机会。1985 年，他担任上海市委统战部长没多久，接待了一位来自美国的客人——美国耶鲁大学教授、著名

---

① 本刊记者. 访上海公关领军主帅毛经权 [J]. 公关世界，2006 (3)：10-12.

新闻评论家、美籍华人赵浩生先生。赵教授是最早向世界介绍新中国的美国记者，退休后致力于中美文化的交流，与毛经权有很多共同语言。赵教授在谈话中提到了在美国有一门被广泛运用于各个社会领域尤其是经济活动中的管理科学——公共关系。毛经权听了赵教授的介绍后，对公共关系产生了浓厚的兴趣，于是特意托朋友到复旦大学借了一本当时美国的公共关系经典著作的英文原著《有效公共关系》来阅读。

通过这本书，毛经权对公共关系有了比较全面和具体的了解，同时他又查阅了一些相关资料。对公共关系学科进行了一段时间的研究后，他意识到，改革开放后的中国以经济发展为中心，正是需要引进"公共关系"的时候。

毛经权开始在上海乃至全国宣传公共关系知识。最初是通过上海的《解放日报》，他与该报记者密切配合，以接受记者采访的形式将"公共关系"的作用和性质做了详细的说明，在《解放日报》上进行了大篇幅的报道，立刻引起了社会各界的关注；随后，他又在《文汇报》上发表了一篇题为《发展公共关系学》的署名文章，在上海掀起了一股"公共关系"热潮；同时，他在社科院、统战部等场所开办了许多公共关系知识的讲座，每次都吸引了上百人前来听讲；1986年，在理论结合实践的基础上，他主编的《公共关系学》一书由浙江教育出版社出版，得到了社会的肯定和欢迎。

通过毛经权的大力宣传推广，公共关系这门现代组织管理科学和沟通艺术在上海得到了广泛认可，上海公共关系行业也正是启蒙于这一时期，很多人开始关心公共关系并尝试从事这个当时还很稚嫩的行业。

在这种背景下，毛经权感到必须有一个组织来推动，才能将这项事业继续下去。1986年11月6日，中国内地第一家公共关系协会——上海市公共关系协会在上海联谊俱乐部诞生。汪道涵任名誉会长，时任上海市委常委、市政协副主席的毛经权担任会长。

19年来，毛经权会长忠实地实践当初确立的宗旨和基本任务，协会成立以来，始终贴近时代的脉搏，围绕上海的经济建设和社会发展，不断推动上海公共关系事业的发展①。

---

① 乃风．毛经权：20年领跑上海公关业［J］．国际公关，2005（6）：19-23.

第三章
茁壮成长：中国公共关系的快速发展
(1988—1991)

本章主题词：中国公共关系协会成立　公关走进中南海　公关小姐
中国公共关系道德准则

第一节　时代背景："国家调节市场，
市场引导企业"

一、公共关系在中国发展的奔流浪潮

　　1987年10月25日—11月1日，中共第十三次全国代表大会在北京召开。会上审议通过《沿着中国特色的社会主义道路前进》的报告。报告提出新的经济运行机制应当是"国家调节市场，市场引导企业"的机制。国家运用经济手段、法律手段和必要的行政手段，调节市场供求关系，创造适宜的经济和社会环境。但是情况并没有朝人们设想的方向发展。伴随着改革的成就和经济的发展，许多深层次的矛盾也趋于尖锐。这些尖锐的矛盾，当时有人称之为"四过一乱"，即：过旺的社会需求，过快的工业发展速度，过多的信贷和货币投放，过高的物价涨幅和经济秩序混乱。1988年9月—1991年年底，中国把改革和建设的重点放到治理经济环境和整顿经济秩序上来。

　　在国民经济发展状况的背景下，从1987—1991年，公共关系在中国的发展进入了一个全面引进的高潮时期，专业性公共关系公司、公共关系协会如雨后春笋般纷纷建立起来，同时，公共关系教育培训以及公共关系理论研究也发展迅速。1987年6月，全国权威性的公共关系社团组织——中国公共关系协

会在北京正式成立。许多企业内部的公共关系部开始运作，并取得了较大的成果。从 1988 年起，全国公共关系组织联席会议相继在杭州、西安、广州等地召开。1988 年 1 月，中国第一家公共关系专业性报纸——《公共关系报》在杭州创刊。1989 年 1 月，中国第一份公共关系杂志——《公共关系》在西安创刊。上述活动，把公共关系在中国的发展第一次推向了高潮。

二、公关市场的短暂回落和理性发展

在中共十三届三中全会确定在随后的两年中把改革和建设的重点放到治理经济环境和整顿经济秩序上来后，中国的公共关系市场也出现短期的回落，之后进入 90 年代的理性回归发展时期。

作为经济运作的主体的企业是经济改革的排头兵，在市场运行的过程中，发挥着重要的作用。如何响应国家的号召，理性处理好各种社会关系，构建适应的市场和社会环境是企业方不得不慎重考虑的议题。市场拓宽了人们的交际范围，使得社会关系复杂化，加强公共关系工作意义重大。

三、公共关系多角度建设作用和长远影响

公共关系为企业营造优良的发展环境，保证企业自主发展。在社会化大生产中，一个组织或企业其存在与发展，必须依赖外部环境强有力的支持；同时，企业内部成员关系也随着发展日渐复杂化、微妙化。作为企业，如果不能妥善处理这内外的关系，不用说发展，连生存都会成为问题。公共关系具有极强的协调功能。公共关系做得好，不仅能使企业内部齐心协力，还能使企业在市场经济中如鱼得水，健康发展。

公共关系有助于企业增强适应市场竞争的能力，促进企业发展。生产市场需要的高质量的产品，产品无疑是竞争的根本。为了适应这种竞争使产品呈现的高、精、尖趋势，企业只有实行集团化、社会化大生产，进行专业化的分工与合作，才能使生产上水平，产品上档次。然而，企业仅仅着眼于单一的产品开发与生产是不够的。必须建构与市场经济相衔接的内外并举、连动发展的机构，塑造整体形象使企业能形成一个"内求团结，外求发展"、公关意识较强、全员素质较高、价值取向和文化传统都能相容的共同体。市场经济面前，没有一成不变的产品，却有可供重复销售的产品——服务、声誉和企业形象。公共关系的功能正在于：它不仅能推动企业开发、生产附加值和新价值颇高的产品，以满足市场需求，而且还能塑造企业形象和产品形象，增强企业适应市场

竞争的能力。

公共关系能够全方位地提高企业的知名度和美誉度，建立企业与公众双方认知与理解，信任与合作的关系。没有跨国、跨地界的信息与物质的沟通与交流，是不会产生现代意义的市场经济的，从公共关系角度审视，没有信息传播便没有公共关系。但是，公共关系之于信息，并非是刻板的依赖。在市场经济以信息传播为先导的过程中，公共关系对信息具有能动作用，能以其独有的活力与技巧，通过联络感情，广结人缘，使信息形成"热线"，并通过信息加工，施加影响，使其增值。因此，市场经济因交换所产生的互补效应，是无法用纯粹的产品和简单的价格来衡量的，其价值的内涵也不是单纯的买卖关系所能概括的，需要在企业与公众之间，首先运用公共关系双向沟通，促成双方的认知与理解，信任与合作。

公共关系促进市场经济秩序的规范化，维护社会的整体利益。在经济体制改革后，企业以独立的经营者身份和法人资格，堂堂正正步入市场，从事不受行政干预，在法律允许范围内并受法律保护的经营活动。这是在完全公开、公平、公正的条件下发生的市场行为。尽管这种行为的有序性尚需规范，市场发育不良有待进一步培育。但是，市场经济构成要素的优化配置，供需关系网络的组合建立，都必须以遵循市场经济规律为前提，在生产经营活动中，引进公共关系机制，以诚信互惠的企业行为，抵制不正当的竞争和庸俗关系，强化市场经济法制化，维护市场经济正常秩序和社会整体利益。可见，公共关系作为市场经济运作的机制，取代权力关系干预市场经济运作的机制，取代权力关系干预市场经济的定势并非是人为的。事实证明：公共关系切入市场运行较之权力关系单向管束相比，其效果是显著的，这两种关系主体地位的变更当是必然的[①]。

第二节 崭新篇章：中国公共关系协会成立

一、中国公共关系协会的诞生

1987 年 6 月 22 日，中国公共关系协会（CPRA）由公共关系领域相关的政府部门、新闻媒体、科研机构、企事业单位等的专家学者、行业从业人员自

---

① 何颖. 社会主义市场经济条件下公共关系发展探析［J］. 青海师范大学学报(哲学社会科学版)，1999（1）：9－14.

发成立，是经民政部核准登记的全国性、学术性、广泛性的非营利性社会组织。协会业务由国家新闻出版广电总局主管。薄一波任名誉主席，《经济日报》原总编安岗任主席，刘群任秘书长。协会宗旨是遵守宪法、法律、法规、政策，遵守社会道德风尚，促进中国公共关系事业的发展，努力为会员、企业和政府服务，为完善社会主义市场经济，实现中华民族伟大复兴作出应有的贡献。

中国公共关系协会自成立以后，致力于开拓和发展中国的公共关系事业，积极参与国际公共关系活动，弘扬中华民族文化，积极开展行业自律、资源整合、国际交流与合作、人才培训、理论研究等方面的工作，对促进公共关系事业的发展起到了重要的推动作用。中国公共关系协会拥有众多国内外资深教授和业界专家队伍，与国内外相关组织、著名院校合作，举办职业认证和专业培训等；编著业界专业书籍、教材，提供各类国家权威培训，促进行业整体素质提高。中国公共关系协会通过举办各类讲座、论坛，为会员和行业提供及时的信息服务；通过举办各类活动，为不同行业之间、企业之间、国内与国际之间增进相互了解；为中国企业走向世界，为海外信息、人才、技术、资金进入中国提供服务①。

中国公共关系协会的成立，标志着公共关系在中国得到了正式确认和接受，公共关系事业的发展进入了一个崭新的时期。中国公共关系协会肩负着联络、协调、引导与推动全国各地公共关系事业和组织的任务。与此同时，还在经济技术开发、艺术交流等方面专设机构，取得了显著成就。

中国公共关系协会

紧接着，深圳、北京、浙江、天津、南京、武汉、陕西、四川等地先后成立了省市一级的公共关系协会、学会、研究会和俱乐部等社团组织。此后，全国各省、直辖市、自治区以及若干大中城市相继成立地方性的公共关系群众社团和学术组织。这些学术团体积极开展公共关系的研究活动。这些学会在 80 年代中期积极发展会员，进行公共关系基本知识的培训与传播，对于推进公共关系事业的普及，促进公共关系职业的规范化，完善公共关系学科化作出了卓越贡献②。

---

① 邢颖. 中国公共关系二十年：理论研究文集［M］. 北京：北京大学出版社，2007.
② 何春晖. 中国公关的回顾与瞻望［EB/OL］. 2013 - 08 - 26/2019 - 01 - 06，http：//www. docin. com/app/p？id=693848861.

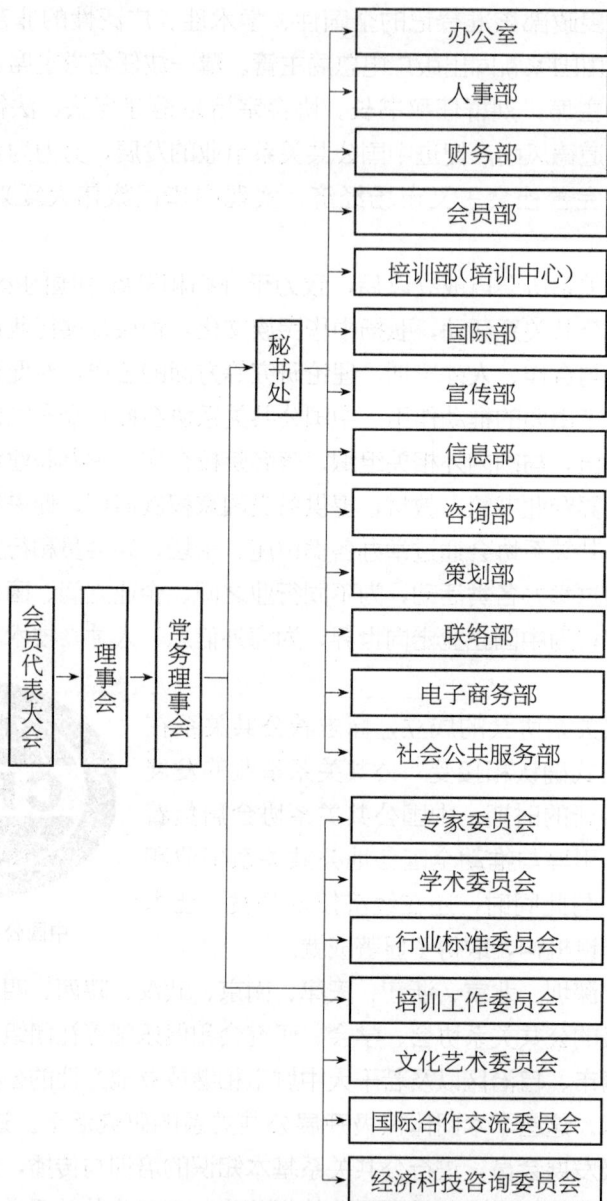

中国公共关系协会组织框架图

（资料来源：中国公共关系协会）

　　中国公共关系协会的业务范围涵盖广泛，积极倡导行业自律，加强行业的社会责任感；组织研究公共关系理论和实践问题，开展公共关系知识教育培训，普及和提高公共关系知识和能力；积极参与国际公共关系活动，传播中国声音、树立中国形象；积极开展文化艺术交流活动，传播中华民族优秀文化，弘扬民族文化精神。主要职能有如下六点：

（1）理论发展：加强公共关系理论研究，加强对国内外公共关系最新动态的收集研究，积极为政府的有关决策献计献策，提供指导意见；

（2）标准制定：制定公共关系行业标准、职业道德准则，协助国家政府有关部门做好从事公共关系人员的业务考核和职称评定工作，对公共关系行业进行深入调查研究，向政府有关部门反映行业情况、问题、意见和要求，配合政府部门做好公共关系行业自律工作；

（3）网络搭建：建立公共关系传媒宣传网络，组织出版作品及行业发展状况信息数据等有关出版物，普及公共关系知识，推广研究成果；

（4）培训教育：开展公共关系职业教育培训工作，开展公共关系基本知识的教育普及工作，培养公共关系专业人才，打造公共关系人才队伍；

（5）服务提供：接受委托，为国内外组织、企事业单位、个人提供公关策划、信息、咨询等服务，充分发挥中介服务作用；

（6）交流活动：发展公共关系对外交流不断扩大中国公共关系事业的国际影响，接受政府有关部门委托项目，承办公共关系活动。

二、中国公共关系协会的主要活动

中国公共关系协会是中国出现的第一个全国性的公共关系组织。第一次由专业的公共关系组织在全国组织公共关系活动，促进中国公共关系理论研究和实务运作的发展。中国公共关系协会在促进会员交流、理论研究、制定道德标准、开展专业培训和提供咨询服务等方面发挥了很大的作用。

（一）促进会员交流

中国公共关系协会成立以后，就肩负着联络、协调、引导与推动全国各地公共关系事业和组织的任务。同时，还在经济技术开发、艺术交流等方面专设机构，取得了显著成就。在全国范围内开展公共关系组织间、会员间的交流活动，为全国公共关系界的人士在相互融通资讯、促进公共关系发展等提供了很好的平台。中国公共关系协会通过举办各类讲座、论坛，为会员和行业提供及时的信息服务；通过举办各类活动，使不同行业之间、企业之间、国内与国际之间增进相互了解；为中国企业走向世界，为海外信息、人才、技术、资金进入中国提供服务。

（二）理论研究

1987年6月，中国公共关系协会成立以后，协会内部拥有众多国内外资深教授和业界专家队伍，与国内外相关组织、著名院校合作，举办职业认证和专业培训等；编著业界专业书籍、教材，提供各类国家权威培训，促进行业整体素质提高。中国公共关系协会组织大量的公共关系理论研究倡导行活动。比如，1990 年 12 月由中国公共关系协会、《人民日报》《市场报》联合举办的首届全国公共关系研讨优秀论文"玉环杯"颁奖大会和新闻发布会在人民大会堂举行。中国公共关系协会副主席徐虹霞在北京人民大会堂主持首届全国公共关系研讨优秀论文"玉环杯"颁奖。大会期间，接受《公共关系》杂志记者采访时谈到，在现阶段，应当怎样开展公共关系学的研究，以及在公共关系上还有哪些值得注意的问题。

第三节　全新突破：公共关系走进中南海

一、政府公共关系的特殊性

政府公共关系是以各级政府为主体，以广大公众为客体的一种特殊类型的公共关系。政府公共关系活动是指政府为了更好地管理社会事务、争取公众对政府工作的理解和支持、塑造良好的形象，在公共关系思想（意识、观念）或指导下运用传播手段与社会公众建立、协调、改善关系的政府行为。政府公共关系的特殊性主要表现在以下两个方面：第一，构成要素的性质特殊。公共关系主体具有层次性、权威性和唯一性，可分为中央政府和地方政府。公共关系客体具有广泛性、复杂性和相对性，可分为外部公众、内部公众和辖区公众。政府掌握着大量的传播工具，政府与辖区公众之间具有上级与下级的严密组织关系，因此，政府公共关系的传播条件具有优越性、严密性和迅速性的特点。第二，目标任务特殊。政府公共关系的主要目标是提高政府的美誉度。中国政府公共关系的宗旨是全心全意为人民服务，通过广泛周到的社会服务满足公众的物质利益和精神需求，树立"廉洁、勤政、务实、高效"的政府形象。①

二、政府公共关系的局部发展与整体推进

从 20 世纪 80 年代中期开始，政府公共关系发展较为迅速，如：天津市政府开展的一系列政府公共关系活动被奉为当时政府公共关系的典型；沈阳市政府 1984 年 4 月也专门成立了接待办公室公共关系处等。此外，一些政府官员

---

① 赵伟鹏. 政府公共关系理论与实践［M］. 天津：天津人民出版社，2000.

著书立说，论述政府公共关系的理论原则、活动特点等。但是，中国公共关系事业特别是政府公共关系事业的发展极不平衡，传统的中国文化心态特别是经济方式、管理体制上的弊端，阻碍了公共关系事业的发展，造成了中国公共关系发展左右掣肘、四方受制的尴尬局面，政府公共关系的发展也处于深浅快慢不一的境地。

1988年4月，沈阳市政府设立了接待办公室公共关系处，作为市委和市政府的公共关系专职机构，专门负责与中央国家机构和兄弟单位以及邀请来访的港澳台同胞、海外侨胞等高层次人士的联络工作，并搜集市民对政府机构的看法，以打通关系、疏通渠道、沟通信息、寻求谅解、增进友谊、建立信誉、树立形象。

1989年9月，中共中央办公厅和国务院办公厅主办的中南海业余大学开设公共关系课，北京公共关系学会会长明安香接受邀请，系统讲授政府公共关系。这说明，我国高层领导者开始重视公共关系在政府职能运作上的作用。公共关系课程在中南海业余大学的开设，也推动了各级政府部门开展公共关系活动，重视政府公共关系发展。1990年4月12日，全国政策咨询工作会议在北京闭幕。江泽民、李鹏等领导会见了出席会议的代表并讲了话。会议提出，政府系统的决策咨询机构要加强研究工作，为各级政府的科学决策当好参谋。会议期间，国务院发展研究中心主任马洪作了《加强政策咨询研究工作，为民主的科学决策服务》的报告。这些都反映了政府部门对公共关系开始重视起来，为政府公共关系的发展起推动作用。

而在当时，不得不承认的是，普遍来讲，许多官员的政府公共关系观念还相当淡薄，既没有认识到政府公共关系活动的重要性，更谈不到将其上升为一种价值观和管理哲学，渗透到政府工作人员的日常行为之中。首先，表现在缺乏自觉利用传媒手段进行形象投资、形象管理、形象塑造的观念。政府形象，主要指政府及工作人员在民众心目中的美誉度大小，是政府获得民众欢迎、接纳、信任的程度。固然，政府工作具有权威性与政策性，但无论是从民主政治的大气候还是从政府公共关系的"小环境"来看，所谓的权威性及政策性都必须建立在民众信赖政府的基础之上，政府的形象如何，直接关系到党和政府的威信及工作的成败。许多政府工作人员心目中没有形象意识，对现代传媒的重大作用了解不够，又十分缺乏应有的传播技巧，表现在决策和行动中则是对自觉进行形象投资和形象塑造重视不够。其次，公共关系观念的淡薄还表现在缺乏为公众服务的观念，门难进、脸难看、话难听、事难办的现象时有发生。一些领导干部更多考虑其权威性和政策性，习惯于高高在上，发号施令，不愿踏踏实实为群众为社会奉献，通过自己的工作为群众带来满意和方便，用热诚的服务去赢得好感和信赖。更有甚者，将手中的权力作为群众办事的路障进行"关、卡、压"，严重败坏了政府的形象。第三，缺乏协调观念，表现为不善于调节、平衡和统一各种不同的关系、不同的利益、不同的要素，不懂得"兼顾""统筹""缓冲"和必要的"调和""折中"的意义和价值。目光短浅，思路狭隘，经常陷入难以协调的矛盾中。

三、政府公共关系的改善与培训内容

如何改革政府公共关系？除了加强对高层政府官员的公共关系培训，以提高其政府公共关系意识外，及时地了解社情民意，重视公众舆论，建立和完善有效的渠道也是必需的。

首先，疏通信访渠道。要进一步发挥信访工作的窗口和桥梁作用。不能认为这是群众在给政府找麻烦，应把它看作是公众直接与有关部门和领导的主动沟通，是送上门来的群众工作，是政府了解民意的一条重要渠道，发挥政府公共关系职能作用的好形式。信访工作的程序应更规范化、制度化，并成为工作人员日常工作的行为准则。信访工作还应配备具有良好思想素质及公共关系业务能力的人员专职负责，除办理群众来信及接待来访之外，形式应向多样化发展，可采用市长电话、专项热线、市长专邮等方式，或建立行政首长接待日等专访接待制度，使老百姓能与政府官员直接沟通。

其次，领导加强基层访问，实地考察。要继续发扬我党了解民意的这一好传统，并将其制度化，使政府的有关人员经常深入基层，了解信息，倾听民意，迅速解决问题，树立政府开放高效的形象。

再次，仿效国外的经验，进行民意测验。这是将民意的了解和分析建立在更为科学基础之上的方法。美国已有不少专业性的民意测验机构，为政府和其他社会组织提供服务。实践证明，民意测验对掌握公众舆论倾向、了解组织公共关系工作状况、预测组织发展趋势大有益处，所以政府的每项事关民生的重大政策或措施在出台之前，应通过民意测验了解公众的基本意见和态度，使决策依据更可靠。为了使民意测验的结果更客观公正，这项工作应由中立的专业调查研究机构来进行。但目前国内这类机构较少，仅有的一些，也常因工作人员素质不高、缺乏调研技术或实践经验，要么不会，要么不善于运用科学的、规范的抽样调查手段，要么套用国外现成的图表、数据，使民意测验的客观公正性减弱。

最后，加强对基层官员的政府公共关系培训，提高其公共关系能力。公共关系最基本的技巧是交流沟通能力，其中首要的是口头与文字沟通能力，其次

是人际交往术。政府良好传媒形象的塑造，有赖于政府工作人员纯熟的交流沟通技巧。但是，中国文化的传统普遍看重一个人怎样做，而不是一个人怎样说，尤其是不重视"推销式"的演讲，羞于表现自我、宣传自我，致使许多政府官员在面对公众演说时常感拘谨，接受媒体采访时紧张、呆板，不能应付自如。

在人际交往方面，中国人的基本文化心态是重情轻理，一些政府工作人员也注重人缘、血缘、地缘、业缘、道缘的人情伦理关系的影响，重情、重礼，遵循情感逻辑办事而非依理性逻辑办事，所以在处理人际关系、社会关系时人情化、情绪化倾向较明显，易使政府公共关系带上极强的"私关"色彩。

政府公共关系手段简单、生硬，缺乏公共关系技巧会造成政府形象的恶化和其他不良的社会效果，专业化、规范性的公共关系业务能力是现代政府公共关系行为中比较弱的一个环节。通过系列的公共关系培训，使政府公务人员认识公共关系、提高公共关系能力是有必要的。

第四节　方兴未艾：企业公共关系的发展

一、公共关系的热潮与企业的跟风

到 1988 年，与当时中国经济的"狂热"相呼应，人们以对待改革开放的热情和春天般的豪情拥抱公共关系，使中国出现了规模空前的"公共关系热"，形成了中国公共关系历史上第一个"公共关系潮"。

80 年代的市场氛围让一大批的企业家明白了"声誉"的价值，以公共关系为核心的企业形象的树立才能使公众从买商品的讨价还价中真正发展为"爱你（企业到商品）没商量"。回馈社会、致力慈善几乎成为企业发展到一定阶段后的普遍行为。这一时期，大多数的企业都设立公共关系部，采取各种方式开展公共关系活动。而企业也的确从其开展的活动中受益。

比如，1989 年，6 个商场逐鹿郑州之时，亚细亚商场便是在公共关系促销活动中脱颖而出。亚细亚在举办了"儿歌大奖赛"，广泛传播了"你拍一，我拍一，我到亚细亚坐电梯"这样脍炙人口的儿歌之后，又拨款组建"亚细亚艺术团"，到全国各地巡回演出，并在周年纪念活动中连续推出《亚细亚感谢您》文艺晚会，免费赠送顾客入场券。而更让全郑州市民叹为观止的是亚细亚的迎宾式：每天早晨开门前半小时，全场各商品部人员列队商场门口做早操，然后由 17 位天安门国旗班的学员表演包括 127 个动作的"班教练"，9 点整，商场

亚细亚商场

（资料来源：中国广播网，http：//hn. cnr. cn/jjpd/tppd/200804/t20080424_504771872. html）

经理和各部主任则站在大门两旁恭请"上帝"光临。亚细亚的公共关系促销活动从改善销售环境着手，待顾客如朋友，视服务为代劳，拉近了商家与顾客的距离，自然也拉近了与高效益的距离①。

二、公共关系助推成就知名企业

这一时期，正是通过对公共关系的良好运用，成就了一大批知名企业。当年的健力宝公司和青岛海尔公司的发展很大程度上也是得益于其公共关系的开展成功。当时的中国公共关系在企业组织中的作用主要表现在以下几个方面：

一是提高产品质量和服务质量：企业具有良好形象的关键是做好自身的本职工作，向社会提供优质产品和优良服务。要树立全员公共关系的思想，运用客户满意（CS，Customer Satisfaction）理论，培训员工，增强员工的素质，帮助员工面对变革，不断学习新知识，不断充电，使组织成为学习型组织，以优质产品和优良服务为公众和社会服务。

二是积极开拓市场：企业的中心任务是扩大生产，取得更大的经济效益，要达到此目的，必须要有广阔的市场。因此，企业在致力发展生产的同时，也

---

① 邢颖."亚细亚现象"——商业文化与公共关系创造性地融合［J］. 北京市财贸管理干部学院学报，1994（1）：34-35.

应规划自己的辅助任务。它主要包括市场教育、售前—售中—售后服务、消费咨询、社会培训等公共关系活动。

三是塑造和推广良好的企业形象：企业要在社会中生存发展，具有良好的组织形象是前提。要把树立形象的任务渗透到企业管理中，提升企业的人员形象、管理形象、产品形象、服务形象，运用 CIS 战略（CI 是英文 Corporate Identity 的缩写，字面意思是"团体的同一性或个性""企业或机构的识别"。CI 在发展的过程中不断得以完善，逐渐形成了 Corporate Identity System，即"企业的识别系统"，即人们通常所说的 CIS 战略。[①] 一般由三大要素组成：理念识别［Mind Identity］、活动识别［Behavior Identity］、视觉识别［Visual Identity］，三个要素是相互联系的统一整体），由里而外，由浅入深地全方位地塑造企业形象。并运用各种媒介，推广企业形象，促进公众对企业的组织和产品的了解、好感和信任，提升市场的竞争力。

四是增强企业凝聚力：建立和完善企业内部的传播沟通渠道，使企业内部全体员工在双向交流、信息共享的基础上增强企业的向心力、凝聚力。办好企业报刊，完善合理化建议制度，重视内部沟通，培养企业文化。

于是，公共关系成了一种长线的或非长线的软投资，赢得了不太生硬的回报。这也就是为什么丰田公司要花巨资去进行交通安全宣传，以及许许多多的企业用公共关系去实现精神到物质的转换、社会效益到经济效益的转换的原因。

但企业形象塑造不可能一蹴而就，公共关系活动更非什么灵丹妙药。企业只有本着一颗回报社会的真诚爱心，不断投入到实际行动中去，才能真正从整体上改善企业形象，让这种形象成为企业最大的财富，而非昙花一现，得之即失。

在对公共关系理论的接受与公共关系实务的操作规程中，不管动机如何，人们已经深切地体会到成败的关键取决于公众，公众的合作与否将决定企业的生存与发展。公众是公共关系的起点，也是公共关系的归宿。

三、企业形象塑造的行为主体作用

西方的公共关系是在对公众的价值与地位的认识中开始它不平静的历史进程的。从西方公共关系发展史上几个代表人物提出的口号中可以发现公共关系形成的过程，也就是对公众的尊重从被迫到自觉的过程。从"凡宣传皆好事"

---

① 汪秀英. 企业 CIS 战略的策划与实施 ［M］. 北京：首都经济贸易大学出版社，2000.

"公众必须被告知"到"公共关系要投公众所好""团体与公众的沟通必须是双向的""公众就是上帝"，才真正让人们意识到公共关系服务的对象不是别的，正是人自己。值得庆幸的是中国的企业家已将公众摆到了与效率、时间相提并论的地位上。积极也好，无奈也罢，"公众就是上帝"已成为一种普遍的共识。

人是企业之本，是企业形象塑造主体。企业的发展与美好形象的塑造，需要全体员工的共同努力。企业员工是一群有着多种需要的人，他们需要改善物质生活，需要照顾家庭，需要感情与激励，需要得到信任，需要与社会交往。作为社会的人，具有受激励的潜能，他们一旦得到关心、尊重、激励，就会把自己的利益和企业的命运紧密相连，对企业充满信心和责任感，从而释放出巨大的能量。对此，中国企业家们的认识，也走过了并不坦直的道路。

公众的舆论对企业来说是致命的利器也是雄起的跳板。公共关系让企业努力自己"做好"并善于"告诉"公众。消费者是企业所要面对的最大公众，与消费者建立情感沟通，是企业塑造良好形象的基础，因而进入市场，先得进入消费者的情感世界。

公共关系是一门很生动的行为科学，任何教条主义的东西要不得，任何庸俗化的东西更是应该舍弃。公共关系从业人员应深切了解公共关系的精义：以舆论作用于人际环境。至于做什么那是道德问题，而如何做则是技术问题。由此出发，融会贯通，娴熟于心，灵活运用，随机应变，公共关系的魅力自是不言而喻。①

【相关链接】

巧用体育公共关系②

广东健力宝集团公司，原是一家名不见经传的小酒厂。健力宝公司的美誉度、雄厚财力是由三次大规模的公益赞助活动促成的。1984年冬天，健力宝创始人冒险赞助了12支国家队的专用饮料，年纯利润不足5万元的三水酒厂，总赞助却花了25万元。但是，它的效益在1985年见到了成效——产值达到5 000万元。这就是冒险的结果，不过，也仅仅是开始。

1984年的洛杉矶奥运会，健力宝再以雄厚的经济实力提供赞助。在第23届洛杉矶奥运会中，中国女排连续横扫当年的"东洋魔女"日本队和美国女

---

① 谢万能. 浅议公共关系对企业的作用［J］. 广东农工商职业技术学院学报，1995（s1）：28‐32.
② 明山."健力宝"旗开得胜之秘诀［J］. 中外管理，1994（6）：31‐31.

健力宝集团

（资料来源：新浪，http://finance.sina.com.cn/roll/20070227/15011232471.shtml）

排。在日本记者侦察中国女排成功的奥秘时，中国姑娘却一人端着一听白罐子红字的饮料轻轻吸吮，"健力宝"三个红色大字赫然在目。次日，日本《东京新闻》刊出了一条令人瞠目结舌的新闻：《中国靠"魔水"加快出击》。

奥运会成就了健力宝，让健力宝这一中国魔水风靡世界赛场，也让李经纬对体育营销的狂热一发不可收拾。随后几年，健力宝不停地在免费赠送，无偿提供。3年中，健力宝赞助各种体育比赛700万元；并频频亮相奥运会、亚运会和全运会。要赞助扬名、树立形象，就需要企业花钱。企业家们已经逐渐体会到优秀的企业形象本身就是一笔巨大的财富。从80年代中期健力宝公司用纯金易拉罐奖励奥运健儿到如今的"十点利""太一工程"，公共关系促销的形式与内容日趋丰富、日渐生动。1987年，在广东举办的第六届全运会上，健力宝创始人大手笔赞助全运会250万元，这在当时，无疑是一个天文数字。然而，这一年健力宝的产值飞跃到13亿元。短短三年时间，健力宝成了中国饮料业的巨人。鼎盛时期的健力宝，曾经占到整个三水市工业总产值的45%。这种成功，无不闪烁着健力宝人的智慧，但归根结底，这种成功还是公共关系的成功。

健力宝通过体育公共关系，在中国人心中植下了"民族产业"的深厚情结。"健力宝"通过体育，将处于边缘化的公共关系，带到了一个无与伦比的高度，为中国的企业进行公共关系营销，提供了宝贵的理论依据和经典实战案例。

第五节　两翼齐飞：外资公关公司和
本土公关公司

一、外资公共关系公司抢滩登陆

20世纪90年代，是外资公共关系公司抢滩中国市场的年代。自1984年、1985年美国的伟达、博雅挺进中国市场后，有相当一段时间外资公共关系公司在中国大陆的市场开拓基本维持在2—3家。1991年，伟达受中国政府所聘，负责在美国国会游说，争取美国给予中国最惠国待遇，成为第一家服务中国政府的外国公共关系公司。之后，由于中国公共关系市场有所发展，生机初显，一大批外资公共关系公司又纷纷杀进，像美国爱德曼、奥美、福莱、罗德、凯旋行驱、英国宣伟等。这些公共关系公司纷纷与中资公司建立联营关系，或在一些发达地区设立办事机构和业务点。他们很多是出于自身战略发展的需求进驻中国市场，因为开放的中国是他们发展全球业务网络的良好市场，同时，发展中的中国不仅可以维系原有跨国客户还可以争取到新的外资国际客户，并且又可以带出未来的中资客户。

这些外资公共关系公司为拓展中国市场，积极导入公共关系新观念，着力于公共关系专业宣传，比如：有意识地通过举办公共关系研讨会、研修班、新闻发布会等形式，对媒介、企业、政府和社会公众进行公共关系专业知识的传播和教育，让业内人士了解了像"认知管理""危机和问题管理""财经传播""高科技传播"等一些公共关系的新观念。同时，外资公共关系公司通过自身的实践，引进了公共关系的最先进的国际职业操作规范和标准，特别是一些先进技术手段的广泛运用，向中国的客户展现了极高的专业服务水准，让人们看到了公共关系更灿烂的未来。尤其是一些著名的公共关系公司代理一些著名跨国公司在中国市场运作的成功案例，让业内人士和中国客户备受鼓舞。这极大地推进了中国公共关系市场的形成，并对中国公共关系市场的专业化、职业化、国际化起到了积极的影响和作用①。国际公共关系公司无论是年营业额还是员工人数均保持稳定发展，平均年增长率估计达到15％；奥美、凯旋先驱、宣伟、安可等公司发展速度较快；国际公共关系公司继续巩固北京、上海、广州三地办事机构并加快业务开发，并加强了全国网络建设。

---

① 何春晖. 中国公共关系的回顾与展望［J］. 中国传媒报告，2002（2）.

二、本土公共关系公司在夹缝中求生

专门化的公共关系公司经过前十年风雨的洗礼，开始步入了自我整顿自我提高时期。相对于营销学教育、广告，中国的公共关系实践开展得比较晚，原隶属于新华社的环球公共关系公司是中国第一家本土公共关系公司，也是当时在中国公共关系市场最活跃的公共关系公司。

20 世纪 80 年代中至 90 年代初是知识普及期，全国上下掀起了普及公共关系知识、学习研究公共关系理论的热潮；一大批企业公共关系部门建立起来，一些国际著名公共关系公司相继登陆，他们为中国引入了专业公共关系的全新概念和操作方式，也催发了中国专业公共关系公司的出现。

1990 年 4 月 12 日，全国政策咨询工作会议在北京闭幕。江泽民、李鹏等领导会见了出席会议的代表并讲话。会议提出，政府系统的决策咨询机构要加强研究工作，为各级政府的科学决策当好参谋。会议期间，国务院发展研究中心主任马洪做了《加强政策咨询研究工作，为民主的科学的决策服务》的报告。此后，大量的公共关系公司像雨后春笋般冒出，其中大多是缺乏实力挂羊头卖狗肉的空头公司。

三、公共关系市场惨淡经营

自 1984 年伟达进驻中国，之后博雅、中法公共关系公司高调进驻中国大陆后，整个 80 年代几乎就这么几家公共关系公司，更没有本土公共关系公司的身影。进入 90 年代，一些外资继续进驻中国，本土公共关系公司也开始零星起步。公共关系市场尚未真正形成。

一面是企业的公共关系活动开展得如火如荼，一面却是专业公共关系公司的惨淡经营和专业公共关系市场的冷清。形成这种局面的主要原因如下：

（一）当时的中国市场是典型的卖方市场：卖方始终处于优势地位，买方处于劣势地位

中共十一届三中全会前，政治上"以阶级斗争为纲"，加上 10 年的"文化大革命"，国民生产在近 20 年内可谓停滞不前。改革开放后，人民群众对各种生活物资的需要很大，但 80 年代市场总体还是供给短缺，需求得不到满足。80 年代初，国家对物价实行了严格的集中统一管理，物价上涨幅度虽比较低，但供给严重短缺，实际上是隐性通货膨胀，随着 80 年代中后期市场作用范围的不断扩大，受国家管制的物价种类逐年减少，物价开

始大幅上涨①。而在 80 年代中后期，由于物价放开，激烈的买者竞争表现为卖者任意哄抬物价，买者潮水般抢购。

80 年代具有典型卖方市场特征决定了企业更重视生产。即便是大中型的国营企业投入资金用于公共关系活动，也多出于提高企业自身知名度的目的。而大多数这样的企业在这一时期均设立了自己的公共关系部门，他们通过对外国公共关系的简单模仿，引入一些公共关系运作的流程，也基本上可以满足企业提高知名度的要求。当然，也有一些大型的企业内部的公共关系部门已不能满足其发展的需要时，会转而与跨国公共关系公司合作。

（二）本土公共关系人才缺乏

中国引入公共关系较晚，公共关系教育虽然在高校中积极开展，但真正在公共关系实务界做出成绩的却很少。在最初的外资公共关系公司中，高层的公共关系策划人员也多为外国人，本土公共关系从业人员的培育还需要一段时间。本土公共关系人才的缺乏，使得整个 80 年代无一家本土公共关系公司出现。

（三）企业公共关系的意识还停留在广告水准

公共关系意识是指经过公共关系实践和公共关系知识积累以后，对公共关系活动经验的高度概括与升华，是一种自觉的公共关系观念②。自《经济日报》报道广州白云山制药厂设立公共关系部，塑造良好的企业形象，取得较好的经济效益后，公共关系在很多企业的眼中成为时髦的字眼。大量企业纷纷效仿，设立公共关系部。但此时企业的公共关系意识仅停留在公共关系可以让企业在媒体上的曝光率提高，使更多的消费者认识自己，为企业作免费广告的水平上。这时企业公共关系部的主要业务就是对外接待来宾，向媒体输送新闻稿件等低水平的公共关系操作上，这在当时中国人刚刚接触公共关系，新闻媒体总量较小，信息噪声较小的 80 年代末 90 年代初还是取得一定的宣传效果的。所以，企业方也不太注意引入外部公共关系公司为其进行整体策划工作。

但是，随着经济的进一步发展，这些基础性的公共关系行为已不能满足企业的发展需要。那么，专业的公共关系公司与企业内部的公共关系部门在职能上有哪些不同呢？

（1）从服务水平看，专业公共关系公司可提供较为全面的服务，在公共关系调研、公共关系策划、公众事务等有较高的专业水平。

（2）从与社会的联系看，专业公共关系公司的经营是以整个社会为舞台，在社会联系方面也有自己的优势；而组织内部的公共关系部则对本行业、本组

---

① 李劲松. 论 20 世纪 80 年代以来我国市场类型的演变 [J]. 中央财经大学学报，2001（5）.
② 张龙祥. 中国公共关系大辞典 [M]. 北京：中国广播电视出版社，1993：17.

织的公众了解更为深入。

（3）从意见受重视程度看，专业公共关系公司较公共关系部容易为组织决策层重视和接受。

（4）从服务的及时性看，组织自身的公共关系部门在紧急情况下可以做出快速的决策和反应。

（5）从费用开支看，中小社会组织如果设立比较健全的公共关系部门，独自承担所有的公共关系事务，其实并不经济合算；反之，大型社会组织把所有的公共关系工作都委托给公共关系公司，同样也未必合算。

这也是当时几家跨国公共关系公司可以维持下来，但本土公共关系市场并没有成熟的一个原因。但是，跨国公共关系顾问公司带来了先进的服务理念和实务经验，对中国市场起到了很好的示范效应和教育作用，同时也培养了一批专业化的公共关系顾问队伍。公共关系顾问公司在提供市场活动等服务的同时，注重专业发展研究和专业人员的训练，不断提升服务质量和服务手段，经营规模和客户群体得到迅猛发展。专业服务经营的财富效应吸引了一大批优秀人才加入这一服务市场，伴随着这一市场的发展而学习、成长，共同推动中国公共关系市场的发展。

公共关系业的迅速发展是中国走向市场经济的产物，也是全球经济一体化和市场竞争的必然结果。企业对社会公众影响力的实现和提高，需要依靠媒体宣传和公众活动策划。企业通过媒介的介绍、传播，和观众的交流、沟通和互动，在公众面前树立并强化公司的品牌形象，在市场竞争中赢得先机。而在这一系列活动安排中，专业公共关系公司是企业的好帮手。

第六节 快速兴起：公共关系理论研究及教育

一、学界公共关系理论研究试水

在学界，学者们也以同样的热情投身于公共关系研究。当时的中国社会科学院新闻研究所就组织了专门的"公共关系课题组"，针对中国"社会主义公共关系"进行研究。1984年11月，中国社会科学院新闻研究所成立公共关系课题组，开始进行中国社会主义公共关系学前瞻性研究，并着手编写《公共关系学概论》。这是国内最早开始的公共关系研究。

1986年11月，由中国社会科学院编著、科学普及出版社出版的《塑造形象的艺术——公共关系学概论》是我国最早的一部全面系统论述公共关系理论和实践的专著①。它对推动我国公共关系事业的发展发挥了重大的作用，从而对我国的改革开放和经济建设，对建设有中国特色的社会主义事业产生积极的影响。此后，大量的公共关系译著、专著、教材、辞典纷纷面世。同年12月，王乐夫、廖为建等人的专著——《公共关系学》问世。1986年12月，曹小元等编著的《企业公共关系必读》出版。

这一时期，公共关系学界开始尝试针对当时的社会需求，结合中国的国内情况，探索如何在社会主义初期发展"中国社会主义公共关系"。虽然，1986年只有三本公共关系领域的书籍出版，但这三本书开拓了中国公共关系界人士的视野，填补了中国公共关系理论界学术研究的空白。在之后短短的几年内，有关公共关系方面的书籍如雨后春笋般出现。

1987年，郭惠民、居易等出版的《公共关系译文集》，深圳大学熊源伟等对国外案例的翻译，上海外国语大学翻译的《公共关系与实践》等，都对当时公共关系理论在中国大陆的传播发挥了重要的作用。

同时，弗兰克·杰弗金斯（Frank Jefkins）著《公共关系学》②，斯科特·卡特李普等著的国外公共关系著作在中国大陆陆续翻译出版。理论界掀起了一股研究公共关系的热潮。

在公共关系的迅速兴起时期，具有中国特色、适合中国国情的公共关系理论尚未建立起来，而引进的国外的公共关系理论又不能有效地指导中国的公共关系实践，这种理论落后于实践而导致的偏差与误解，使得公共关系领域出现了机械模仿、良莠不分、鱼龙混杂等现象。这些现象不同程度地影响了公共关系事业在我国的正常发展。但同时也应该看到，这一时期在理论研究方面取得的成绩和进展，在实践领域积累的经验和教训，为公共关系在后来的稳步发展奠定了基础。

二、专业会议助力理论研讨

（一）国内公共关系会议的召开

80年代中后期，随着我国公共关系教育和实践的迅速发展，一大批学者结合中国的政治、经济和文化的特点来探索学科的一些重大理论问题。尤其是在中国公共关系协会的推动下，每年都召开公共关系理论与实践问题的研讨会。

---

① 公共关系学在中国的发展［EB/OL］. 2016 - 12 - 20/2019 - 01 - 06，https：//www. docin. com/p - 1814338747. html.

② 何修猛. 现代公共关系学(第三版)［M］. 上海：复旦大学出版社，2015.

1988 年 5 月，在北京召开了由中国环球公共关系公司和博雅公共关系公司联合主办的首届国际公共关系专业研讨会。从 1988 年起，全国公共关系组织联席会议相继在杭州、西安、广州等地召开。1988 年 12 月，全国第一次省市公共关系组织联席会议在杭州举行。1989 年 11 月 1—7 日，首届中国沿海开放城市经济技术开发区公共关系工作年会在天津召开。来自大连、烟台、青岛、连云港、南通、宁波、福州、广州、天津等沿海开放城市经济技术开发区的代表与会。

1989 年 12 月 15—20 日，由深圳大学、杭州大学（浙江大学）、兰州大学、中山大学、复旦大学发起，深圳大学大众传播系主办的全国高等院校公共关系教学研讨会在深圳大学举行。来自 23 个省份 50 多所高等院校的 90 名代表出席会议。会议研讨了公共关系专业的课程设置，原则通过了《公共关系教学大纲》。大会交流了经验、研讨了我国公共关系教育界的现状、发展的趋势和高等公共关系教育的各个方面的问题。会议加强了学术成果的交流与传播，对研究的深化和完善，公共关系的国际化、专业化、职业化发展起到了促进作用。这次会议是对我国公共关系发展十年来的研究和总结，它标志着我国公共关系学界研究和教育发展走向规范、蓬勃发展的新时期。全国高校公共关系教学研讨会，到 1998 年共召开了五届研讨会。当时全国性公共关系教育组织还没有成立，这些会议的召开促进了全国高等学校公共关系教育信息与经验的交流，积极推动了公共关系教育事业的发展。

（二）公共关系国际交流

随着全球化进程的加快，随着中国市场的进一步放开，中国与国外交流的愈加频繁，中国公共关系界也走出了国门，与国外公共关系界进行进一步的交流与合作。我国公共关系界与国际公共关系界的联系、交流和合作活动逐渐增多，为"让世界了解中国，让中国走向世界"开辟了新途径。中国公共关系协会和一些省、市共公共关系协会做了许多工作，加强与国外公共关系界的交流。

1. 国内出访和国外来访

在这方面国际公共关系协会做出此典范，该组织每年在世界不同地区召开两次研讨会，在较高的层次上进行理论探讨和交流。首届大会于 1958 年在比利时首都布鲁塞尔举行的。

1988 年 4 月，国际公共关系协会在澳大利亚墨尔本举行的第 11 届世界公共关系大会上，中国应邀首次派出深圳大学三位公共关系专家钟文、熊源伟、方宏进参加，受到与会各国代表的热烈欢迎，并申请加入国际公共关系协会，当即获得协会总部批准。在大会闭幕式上国际公共关系协会主席阿兰·萨杜

（Alan Sadou）宣布："作为本届大会的重要成果之一，国际公共关系协会中国分会正式成立。"它标志着中国的公共关系进入了国际公共关系领域。

1987年初，英国公共关系专家萨姆·布莱克（Sam Black）应邀到深圳访问；年底，国际公共关系协会主席保罗·库普（Paul Coupe）也应邀前往深圳，向蛇口公共关系协会赠送了国际公共关系协会雅典公共关系道德准则证书。1989年1月22日和23日，"今日公共关系"国际交流会议在曼谷举行，中国公共关系界三位代表钟文、范东生和魏强在会上做了精彩发言，引起与会者极大兴趣。

2. 公共关系会议的召开

1989年4月19—22日，在联合国计划开发署的支持下中国公共关系公司和中国国际经济技术交流中心在北京联合举办了1989年国际公共关系研讨会。来自12个国家和地区的专家学者、经济界人士以"公共关系与企业发展"为议题进行了研讨。

这些活动均扩大了中国公共关系界与国际公共关系的沟通范围，建立了一些合作途径，促进了中国公共关系与国际公共关系的"接轨"。

三、我国首所公共关系学院成立

1987年，国家教委（教育部）正式把公共关系列入行政管理、工业经济、企业管理、旅游经济、市场营销、广告学、新闻学等专业的必修课。之后全国大约有300所大学开设了公共关系课程，本科课程教育已逐步发展成为中国高等公共关系教育中覆盖面最广的教育形式。像复旦大学、中山大学、兰州大学、杭州大学（浙江大学）等均是较早引入公共关系这门学科的大学。

1989年6月20日，黑龙江公共关系协会被省政府编制委员会批准副厅级建制，常设机构秘书处为正处级单位。该会创办的我国第一所公共关系学院——黑龙江省公共关系专科学校（大专）于当年9月25日正式开学。

随着改革开放形势的发展，公共关系工作在社会上越来越受到人们的重视。许多部门，特别是经济界的一些机构纷纷邀请公共关系专家、学者讲授公共关系知识，介绍公共关系工作经验。各种各样的培训也是此起彼伏，这些培训也推动了当时公共关系的社会教育。

1989年2月，费孝通在接受《人民日报》记者采访时，倡议在北京大学开设公共关系课程。时隔不久，北京大学与香港中文大学在北京联合举办了公共关系讲习班，学员来自全国几十所高等院校从事公共关系教学的教授及实际工作者。1989年明安香应邀为公安部、机电部等部门讲解公共关系。同年底，中南海业余大学请他讲公共关系课，在两个月里每周讲一次，"中办"和"国办"的许多处级以上的干部听了他的课。公共关系是一种高水平管理技术，公共关系在社会上的知名度提高了，提高的速度超出了想象。推广和普及公共关系的团体如雨后春笋般出现。许多省（区）、市、县建立了公共关系协会或学会①。

四、公共关系教材的应需而生

与实务界模仿外国模式引入公共关系一样，第一代的公共关系教材多是1986—1990年吸收引进国外公共关系理论汇编而成的。这批教材应社会公众对公共关系知识的需求而产生。

其中，80年代末、90年代初出版的一系列优秀公共关系教科书，如：深圳大学熊源伟等的《公共关系学》、复旦大学居延安等的《公共关系学》、中山大学廖为建的《公共关系学简明教程》等。这些代表性著作有的获得省部级优秀社科成果奖励，有的被列入教育部规划教材或高等教育精品教程，发行广、影响大，为我国公共关系学科研究起步奠定了基础。1990年，深圳大学开始出版总计11种的中国第一套公共关系教材"当代传播与公共关系系列"，包括《公共关系原理》《公共关系实务》《公共关系案例》《公共关系素质论》等，许多内容填补了公共关系研究的空白。

第七节　行业共识：公共关系非主流传播的主流影响与准则的出台

媒介是指使主题和客体双方发生关系或联系的人或事物。公共关系的媒介主要指新闻机构，主要包括报纸、广播、电视、通讯社、网站等。在社会分工中，新闻媒介是专门从事向社会公众传播信息的。就新闻媒介作为组织的外部公众而言，它一方面是组织的公共关系对象——公众，另一方面又负有将组织的信息扩散、传播到社会上去的责任。由于新闻媒介具有信号传播功能，将直接关系到组织的信息扩散及组织在公众舆论中的形象，所以媒介关系就很自然地在组织外部公共关系事务中占据很重要的地位②。

---

① 公共关系不是拉关系学 [J]. 党的建设，1989（04）：41.
② 袁凯锋，刘敏编. 公共关系学 [M]. 沈阳：东北大学出版社，2009.

而这一时期，中国大陆还没有专门的公共关系媒体，人们对公共关系的理解也多来自 1984 年 12 月 26 日《经济日报》刊载的题为《如虎添翼——记广州白云山制药厂的公共关系工作》的长篇通讯，和《认真研究社会主义公共关系》这篇社论。这一时期，国内各种新兴事物大量涌现，尽管公共关系作为一种新的管理手段在沿海地区开展得如火如荼，但在缺乏专业传播媒体，也无其他辅助传播渠道的情况下，国人尤其是内陆地区对公共关系的理解仅只是道听途说，据说当时中部省份一个地方政府部门的人给广州一家酒店的公共关系部来函联系工作，把"公共关系"写成"攻关"，成为一时笑谈①。

80 年代末 90 年代初，公共关系的运作主体媒介的作用越来越重要。同时，公共关系业界人士开始尝试开办专业媒体，用以传播公共关系知识、普及公共关系概念。同时，一些电视剧、电视纪录片、各种公共关系活动也开始关注公共关系这一新兴事物，在普及公共关系概念上发挥的作用较主流的专业媒体更为广泛。

一、专业公共关系出版物问世

80 年代末 90 年代前期，随着公共关系在中国的起步，在 1986 年明安香等学者的《公共关系学——塑造形象的艺术》出版之后，一大批公共关系著作相继问世。同时，各种公共关系报刊等相继问世。最早问世的一张公共关系专业报纸是由浙江省公共关系协会主办的《公共关系报》，1988 年 1 月 31 日在杭州创刊；1989 年 1 月 25 日，陕西省公共关系协会和中国公共关系专业委员会联合主办的《公共关系》杂志在西安面世；同年，《公共关系导报》在青岛创刊，它们构成了中国公共关系业界的"两报一刊"。中国公共关系事业的发展与 80 年代中期火热的公共关系学术成果的翻译、出版、推介有直接关系，同时也与公共关系报刊的陆续推出有关。

据不完全统计，1989 年全国公开、内部发行的公共关系报刊达三十余种②。专业性的公共关系传播媒介的发展，极大地推动了公共关系的普及和公共关系向纵深的发展。《北京公共关系报》、山西的《公共关系杂志》等多家正式或非正式的公共关系出版物相继创办。据《中国公共关系大辞典》统计，到 1992 年，专业性的公共关系报已发展到 29 种多。专业性的公共关系传播媒介的发展，极大地推动了公共关系的普及和公共关系向纵深的发展。

---

① 广州中国大酒店的公共关系 [EB/OL]. 2018 - 02 - 17/2019 - 01 - 06，https：//max. book118. com/html/2018/0216/153465458. shtm.
② 张龙祥. 中国公共关系大辞典 [M]. 北京：中国广播电视出版社，1993.

比较有代表性的有：1990 年广州市公共关系协会成立之初创刊的《广州公共关系》杂志，前身为《广州公共关系报》和《公共关系通讯》，每两个月出版一次。广州市公共关系协会的内部刊物《广州公共关系》，是协会传播现代公共关系理念、介绍国内外公共关系资讯，会员交流公共关系信息及公共关系经验的平台，是广州公共关系行业专业发展的助推器。在广州市政协（主管机构）、协会各会员单位以及各界公共关系人士的关心和支持下，《广州公共关系》茁壮成长，为广州市的经济、文化和社会发展作出了应有的贡献。

20 世纪 80 年代末 90 年代初，由于中国的公共关系教育呈现"狂热"态势，各种公共关系出版物大量涌现。这种狂热的态度对于公共关系的普及是有积极意义的，但不切实际的放大公共关系职能，脱离需求的扩展公共关系人才培养规模，缺乏创造性的公共关系教材编写，必定导致狂热过后的低谷。而此时的公共关系专业报刊的发展方面，尽管读者偏好和报纸特长都没变，但整个市场萎缩了。除《公关世界》杂志以外，之后，各地的公共关系报纸纷纷停办。连在公共关系界享有盛誉，被称为"两报一刊"的全国公开发行的"两报"——浙江的《公共关系报》、青岛的《公共关系导报》（后者还被评为1992 年度经济类十佳报纸）也不得不停办了。市场极度萎缩，再也支撑不起哪怕"一张"全国公开发行的公共关系报纸，也可以说，那个全国性的细分市场消失了。

二、广播电视的公共关系传播

电视的特点是综合使用了图像、声音、文字等多种传播手段，因此现场感十足，传播实效性快，受众范围广，娱乐性强。总体上看，其传播效果是非常强大的。但是同广播一样，电视节目的即时、不易保存的特点，致使观众选择的余地很小，观众接受电视节目的时间和空间及设备都受到较大的限制；另外，电视的制作、转播和播放的费用很高，公共关系人员在使用这种媒体时，常常需要很大的资金投入[1]。

电视传媒是当今社会最具影响力的大众传媒，电视中的各类新闻节目、娱乐节目、专题节目都可能是搭乘公共关系信息的有效平台。公共关系人员应该在娴熟地了解和掌握电视媒体制作基础上，根据不同的栏目、节目特性，把与本组织有关的公共关系信息"恰当地"纳入节目中去，既配合了电视台的工作，为其提供了合适的节目素材，又自然合理的通过电视台这一平台向社会大

---

[1] 李磊. 公共关系实务 [M]. 北京：中国广播电视出版社，2004.

众传播了有关组织的信息，达成了"双赢"效果。这里的关键是公共关系人员有没有知识与能力把本组织的公共关系信息输出与电视台各类节目的制作需要有机自然的联合在一起。从这个角度上说，公共关系人员必须成为媒体专家，了解电视台各类节目运作的规律与要求，有很强的媒体报道感，能够从组织的相关信息中敏锐"嗅出"电视台需要的素材和报道"由头"。媒介不仅是公共关系运作中不可缺少的载体，它同时也成为公共关系的普及发展的平台。

1990年，上海市公共关系协会与上海电视台联合摄制电视专题片《公关在上海》。该片主要反映公共关系这门新型学科在上海的逐步兴起和发展，反映了上海市公共关系协会成立以来所组织的大型公共关系活动及本市企事业单位如何运用公共关系手段为企业经营和产品经销服务，提高企业经济效益的典型事例。通过电视专题片的形式普及公共关系概念，比先前单纯地利用公共关系出版物更喜闻乐见，老百姓也更能够尽快了解这种新兴的管理技术。

"两报一刊"在公共关系业界及学界的影响巨大，但真正使中国老百姓了解公共关系的乃是1989年广东电视台开播的24集电视连续剧《公关小姐》。

《公关小姐》是我国首次将公共关系职业形象搬上荧幕。也是中国大陆最早的反映改革开放、最早反映公共关系行业的电视连续剧、最早反映女性和女性群体生活的电视连续剧。1991年5月28日，第十一届中国电视剧"飞天奖"在广州揭晓，《公关小姐》荣获三等奖，之后又获得第九届全国"大众电视金鹰奖"优秀长篇连续剧奖等众多奖项。

《公关小姐》以80年代初期公共关系在酒店业的发展为历史背景，选取了中国公共关系业早期从业人员为主角。广州的中国大酒店首任公关部经理美籍华人田士玲小姐和第二任公关经理常玉萍小姐的公关业绩，在《公关小姐》中得到了生动再现。该剧既有效地传播及普及了公共关系的观念和知识，也展现了早期的中国公共关系历史。

《公关小姐》也是一部反映改革开放成就的主旋律电视剧，广州本土电视剧在与香港电视剧和中央电视台电视剧的竞争中，选取了通俗与严肃之间的"第三条道路"。《公关小姐》角度相当精巧，把主角设计成一个来自香港的公共关系人士，这样一部吸取了香港电视剧优点的都市言情剧同时具有主旋律电视剧的特点。

这部电视剧在一定程度上，客观地描绘了早期酒店公共关系从业者的工作状态，使得普通老百姓基本上了解了公共关系从业者的工作内容以及需要具备的能力等。从此之后，老百姓对公共关系有了最直观的感性认识。

作为电视剧，故事情节的冲突性要求使得该片在关注酒店公共关系运作的同时，用艺术化的夸张手法掺杂了多位男女之间的感情纠葛，夹杂着不属于公共关系具体运作范畴的社会世态与不良习气，这使得观众在观看的同时，把戏剧化的荧幕形象和现实的公共关系从业人员画上等号，一定意义上也使公共关系陷入了说不清道不明的尴尬之地，在不经意间给公共关系在中国的发展带来了负面影响，很多人误以为公共关系就等于漂亮的脸蛋加时髦的打扮，经常出入酒吧舞厅的繁华生活，但这只能算是公共关系发展中的一个小小杂音。随着市场经济的发展，随着公共关系实务在各个领域中不断显现，人们对公共关系的认知有了新的提高。

1988 年 11 月 1—3 日，中国公共关系协会深圳办事处筹办的深圳公关小姐、公关先生首届全国邀请赛在深圳会堂举行。来自全国 12 个省市代表队的120 名代表经过两天的准决赛，有 9 名公关先生、16 名公关小姐进入了总决赛。决赛选手先后通过了公共关系专业知识对答、英文会话的测试后，又先后进行了个人特长表演和风度表演。最后，由著名学者张启人、王驰、田开慧，著名演员邵华、耿莲凤等 8 人组成的评委会，评选出公关先生冠、亚、季军及公关小姐冠、亚、季军。他们分别是：公关先生冠军何斌（深圳南海酒店队）、亚军张国强（深圳队）、季军李鲁宁（南京队）；公关小姐冠军罗晓音（深圳队）、亚军徐坚（深圳南海酒店队）、季军胡洁（南京队）①。

当时的比赛十分低调，但因为是第一次，还是吸引了不少的关注。许多人认为这次选公关先生、公关小姐只是个幌子，实则是选美。更有人指斥这次大赛是对公共关系的曲解和嘲弄。当时的深圳市政府思想解放，对此采取了宽容和不予干涉的态度，才使大赛得以顺利进行。这次大赛至少在一定程度上，宣传了公共关系事业②。

今天来看，这次比赛在普及公共关系、推广公共关系发展方面还是有一定积极意义的。它宣传了公共关系，加深了国人对公共关系概念的了解。同时，也给公共关系从业人员一个展示自我风采的平台。只是这次比赛的内容本身能否反映出实际的公共关系从业者的能力，或者说，公共关系从业者所具备的能力是否可以在一场比赛中展现出来是有待商榷的。

比赛中选手们的个人特长表演、风度表演等仅是公共关系从业者工作中所需能力的一小部分。公共关系从业者并非像电视艺术中描绘的那样，天天灯红酒绿、迎来送往。其实，公共关系工作一方面是一个智力型的工作，另一方面

---

①　唐文. 公关小姐向新闻界微笑［J］. 新闻记者，1989（10）：33 - 35.
②　"公关小姐"与"公关谋略"［J］. 社会，1991（5）：41 - 41.

又是一份琐碎繁杂的工作，并没有公众想象的那样刺激或神秘。其实，公关部成立之初，公关小姐要做的无非是广告宣传、信息发布、决策咨询以及宾客联络等工作。但是，那时"公关部"以及它的"公关小姐"对许多国人来说，还很是陌生。老百姓看到的酒店业公共关系从业人员的形象多是被高度艺术抽象化了的。在实际的公共关系工作中，譬如酒店业公共关系从业者的日常事务是整理国内外报刊报道的酒店业信息，做成剪报，提供给酒店高层领导阅览。日复一日，忙忙碌碌。

一般来说，合格的公共关系人员应努力使自己具备以下几方面的能力：

（一）表达能力

这包括口头表达能力与书面表达能力。

口头表达能力，就是通常所说的口才。口头表达是公共关系工作中实现信息双向交流沟通最主要、最直接、最迅速的传播手段：有在特定场合对公众发表专题讲话，以争取公众，创造和导向舆论的演讲形式；也有在人际交往中与个别公众面对面沟通，进行解释、说服等的交谈形式；还有为争取组织利益而与其他组织采取的谈判形式。为此，公共关系人员要掌握口头表达的规律和艺术，能充分借助面部表情、动作体态等辅助语言，增强口头表达的说服力、亲和力和感染力。

书面表达能力，就是写作能力、文字能力。公共关系人员在工作中涉及写作的范围非常广，从日常的信件函牍、公文告示到公共关系计划、调查报告、总结报告，从新闻稿、演讲词、广告语到公共关系手册、公共关系策划书，都需要公共关系人员有熟练的文字功夫和写作技巧。因此，公共关系人员要熟练掌握包括新闻、信函、计划、总结、分析报告等各种类型文体，同时要注重严谨的思维逻辑和朴实流畅的文风。

（二）社交能力

公共关系人员工作的大量内容是直接面对各方面、各类型的社会公众，去迅速建立双向的有效沟通，赢得好感、认同与合作。这就要求公共关系人员必须具备较强的与人打交道的本领即社交能力。只有这样，公共关系人员才能在各种社交场合从容应付，广交朋友，广结良缘，树立自己的良好形象，也为组织赢得更多的发展机会。

（三）组织管理能力

公共关系人员要善于调动、组织和协调组织内外公众的力量和关系；善于制定公共关系工作的日常计划和专题计划，并适当有效地组织实施与评价；善于组织和参与各种有关的、常见的会议与活动，并恰当有效地选择和运用多种传播手段，推动组织预期目标的实现与完成。

（四）自控应变能力

公共关系人员的公共关系活动时常会遇到各种意想不到的突发事件和问题，要能做到镇定自若、头脑清醒、正确判断、机智应变，圆满解决问题。

（五）创新能力

公共关系工作在某种程度上讲就是以变促变，不同时间、不同地点、不同对象，同一内容的工作方式也会不尽相同。因此，公共关系人员的工作是一种富于创造性、创新性、开拓性的工作，它要求公共关系人员思维活跃，激情勃发，摒弃陈规与陋习，不断开创公共关系工作的新境界。

三、《中国公共关系职业道德准则》的出台

公共关系以其特有的专业技术和专业人员，在社会各类组织的决策和运作中发挥前所未有的影响力，在相当的程度上影响着社会组织与决定其生存、发展的社会公众环境之间的生态状况。因此，某职业道德问题逐渐成为世人关注的问题。这一职业所应承担的社会责任也越来越大，面临越来越大的职业道德困境和压力。

道德是指的"一定社会为了调整人们之间以及个人和社会之间的关系所提倡的行为规范的总和。它通过各种教育和舆论的力量，使人们具有善与恶，荣誉与耻辱，正义与非正义等概念，并逐渐形成一定的习惯和传统，以知道和控制自己的行为"①。

道德与法规不同，对人的行为规范不具有强制性。但道德不仅涉及法律所规定的"什么是对、什么是错"的问题，也涉及"什么是好、什么是坏"的问题。公共关系学者唐·怀特（Don Wright）就曾指出：道德不是指"做对的事"，而是指"做好的事"。根据怀特的观点，在公共关系中做出道德选择的关键是：判断对于一个组织来说采取什么样的行动是好的，是有益的。卡特彼勒公司（Caterpillar Tractor）的企业道德法则中阐释了同样的观点："法律是最低的准线。道德的商业行为应当用比法律更高的标准来约束自己。"②

职业道德是人们在职业生活中应遵守的基本道德，是从事一定职业的人在工作岗位上同社会中的其他成员发生联系的过程中逐渐形成和发展起来的，是一般社会道德在职业生活中的具体体现③。良好的职业道德操行规范，应当与

---

① 宋原放．简明社会科学词典［M］．上海：上海辞书出版社，1982.

② 卡特彼勒的《行为准则》［EB/OL］．2015 - 02 - 09/2019 - 01 - 06，https：//www. caterpillar. com/zh/company/code - of - conduct. html.

③ 宋原放．简明社会科学词典［M］．上海：上海辞书出版社，1982.

社会、文化总体上作为规范来接受的道德价值观始终保持一致。各行各业都把有关正当操行和共同认同的观念准则转换成正式的职业道德准则和专业操行。职业道德规范一般会以"职业公约、职业守则"等的文件形式公布。这些职业道德规范条文一旦形成，就会转过来指导各行各业的专业实践，以便全体成员自律和社会监督，并作为规范行为的实施和制裁依据。注重职业道德规范的执行，对保护委托人应有的利益，承担应有的社会责任，取信于社会，保护自身职业，保护职业的专业特权等具有重要意义和价值。

四、公共关系中的道德抉择模型①

（一）道德抉择的"陶罐模型"

关于大的抉择的"陶罐模型"是由哈佛大学神学院的拉尔夫·波特（Ralph Potter）提出来的。他认为道德抉择有四个步骤：说明现状；确认价值；选择适用的原则；选择忠诚于哪个（些）利益相关者。

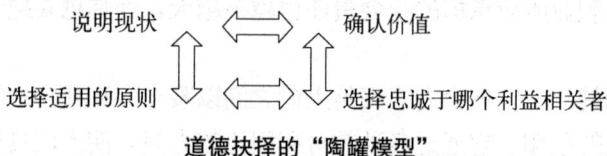

道德抉择的"陶罐模型"

波特认为，如果每个人在面对道德两难困境时都能积极地思考这四个方面，那么他们肯定能做出更好的抉择。

（二）公共关系道德抉择的可能性模型②

公共关系道德抉择的可能性模型基本上考虑到了影响道德抉择的因素。如，个人、人际、团队、组织、其他组织、外部公众、法律、公共关系政策、文化信仰以及价值观等。这些基本因素一起影响着一个人对于一个道德问题的最初认知，以及其后认知到的选择和结果。同时，这些基本因素也决定了一个人会运用何种义务论或目的论的原则、会如何评价各个可能的结果以及如何评价各个利益相关者的重要性。

这一模式也揭示道德抉择的过程。如，当一个人考虑他现有的选择和义务论的原则（如：决不说谎）时，他会得出某种价值判断；而当他评价各个可能

---

① Markp. McElreath. *Managing Systematic and Ethical Public Relations Campaigns*, 2nd ed. USA：Times Mirror Higher Education Group, 1997.
② Markp. McElreath. *Managing Systematic and Ethical Public Relations Campaigns*, 2nd ed. USA：Times Mirror Higher Education Group, 1997.

的结果、忠诚以及自然主义的原则（如：成本收益分析）时，他又会得出另外一种价值判断。只有同时考虑以上因素——义务论和自然主义后，一个人才能做出一个道德判断。道德判断构成了一个人行动的倾向和动机。采取行动后，实际的结果就产生了。这个结果最终又会汇入现状中的限制条件，成为下一轮抉择的影响因素。更重要的是，获知结果的个人此时会得到某些经验和教训。

　　这一模型的意义在于，如果进一步发展、开发这一模型，使其中的各个因素变得具体和可以量化，各个因素之间的联系也就可以被准确估计，这一模型就不仅可以用来解释公共关系中的道德抉择，还可以用来预测道德抉择。

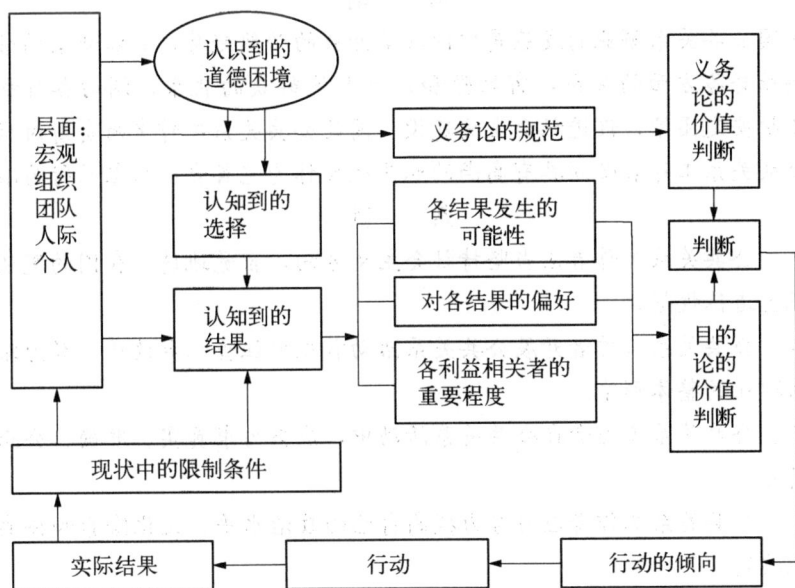

公共关系道德抉择的可能性模型

五、中国公共关系职业道德的发展

　　1989 年 9 月 25—29 日，全国省市公共关系组织第二次联席会议在西安举行。来自 24 个省份的 160 多位代表出席。会议通过了《中国公共关系职业道德准则》草案。这个草案是以中国社会公认的道德规范和公共关系实际为出发点，并借鉴《雅典准则》《威尼斯准则》以及国外一些有参考价值的文件写成的。虽然它还有待进一步完善，而且在文字表述上带有当时社会背景的色彩，但就其诞生而言，无疑是中国公共关系事业发展史上的一件大事。

在已成文的公共关系职业准则中，《国际公共关系职业道德准则》的影响较大，很多国家的公共关系组织都采用这一准则。1991 年 5 月，全国公共关系组织第四次联席会议在武汉召开，70 多位代表集中讨论了如何运用公共关系，促进经济发展等问题，并通过了《中国公共关系职业道德准则》。

【相关链接】

《中国公共关系职业道德准则》

（1991 年 5 月 23 日第四届全国省市公共关系组织联席会议通过）

总　　则

中国公共关系事业的发展是中国改革开放的必然趋势，它以新型的管理科学协调社会各方面的关系，密切党和广大人民群众的联系，调动各种积极因素，维护安定团结，促进社会主义建设。因此公共关系工作者肩负着时代的使命。公共关系工作者必须具有高尚的职业道德作为完善自身形象的行为准则。

条　　款

一、公共关系工作者应当坚持社会主义方向，自觉地遵守我国的宪法、法律和社会道德规范。

二、公共关系工作者开展公共关系活动首先要注重社会效益，努力维护公共关系职业的整体形象。

三、公共关系工作者在公共关系活动中，应当力求真实、准确、公正和对公众负责。

四、公共关系工作者应当努力提高自己的政治水平、文化修养和公共关系的专业技能。

五、公共关系工作者应当将公共关系理论联系中国的实际，以严肃认真、诚实的态度来从事公共关系学教育。

六、公共关系工作者应当注意传播信息的真实性和准确性，防止和避免使人误解的信息。

七、公共关系工作者不能有意损害其他公共关系工作者的信誉和公共关系实务。对不道德、不守法的公共关系组织及个人予以制止并通过有关组织采取相应的措施。

八、公共关系工作者不得借用公共关系名义从事任何有损公共关系信誉的活动。

九、公共关系工作者应当对公共关系事业具有高度的责任感。不得利用贿赂或其他不正当手段影响传播媒介人员真实、客观的报道。

十、公共关系工作者在国内外公共关系实务中应该严守国家和各自组织的有关机密。

附　　则

本准则将根据实际情况予以调整和修改。其解释、修改、终止权属全国省市公共关系组织联席会议。

第四章
姹紫嫣红：中国公共关系的延伸拓展
（1992—1996）

本章主题词：社会主义市场经济体制　睦邻外交　招商引资　CIS
全国十年杰出企业公关评优　希望工程　停刊风波

1991 年 5 月—1996 年 4 月，中国的公共关系在茁壮成长之后步入了延伸拓展的第四阶段。在这一阶段，国家针对前一时期的"经济过热"进行治理。中国公关界也对自身的发展进行了反思。除了继续对国外公共关系思想等的引进外，中国公共关系开始结合自身状况在实践和探索中奋勇前进。在发展中，由于对公共关系内涵欠缺真正的了解，公关界再度出现了过度的"公关热"，创意点子满天飞，甚至认为公共关系"包治百病"。

随着经济体制改革的不断深化，党和政府颁布、实施了更多有关改革的方针、政策和措施。要求各类公共关系的人员及组织通过公共关系职能争取公众对改革的方针、政策和措施的理解、支持和合作。开放搞活必然会给我们的社会生活带来许许多多的新问题和新现象。这些新现象既是对我国公共关系业的挑战，又是我国公共关系事业腾飞的新契机。

第一节　时代背景：亚太受世界瞩目，
中国市场经济发芽

公共关系作为一种现代的管理技术是现代社会发展的必然产物，被引入中国后，历经了近十年的发展，进入 90 年代初期，公共关系结合中国社会历史背景开始了在中国本土化的过程。

1992 年 10 月 12 日，江泽民在中共十四大上庄严宣布：中国经济体制改革的目标是建立社会主义市场经济体制。这是中国 14 年改革开放实践和认识深化的必然产物，是中国特色社会主义理论建设的进一步拓展。它也带来了社会科学事业的繁荣和发展，这其中包括了公共关系的兴旺和发展。

一、亚太地区备受瞩目，促进公共关系的发展

20 世纪 90 年代初期，亚太地区越来越成为国际舆论关注的焦点。一方面，整个亚太地区表现出高度的经济活力和巨大的发展潜力，尤其是西太平洋沿岸地区经济蓬勃发展，使其在世界上的地位迅速上升。另一方面，亚太地区在战后较长时期内政治上相对稳定。冷战结束后，和平与发展已成为世界的主旋律，各个国家和地区都在致力于本国、本地区的经济发展。1989年 11 月 5—7 日，亚太经济合作会议首届部长级会议的举行，标志着亚太经济合作组织的成立。1991 年 11 月，中国以主权国家身份，中国台北和香港以地区经济体名义正式加入亚太经合组织。亚太经济合作组织的成立凝聚着亚太地区对经济发展与共同繁荣的美好愿景，也是亚太地区旺盛经济活力的表现之一。

与此同时，邓小平在 1992 年南巡讲话中，提出了衡量改革成败得失的标准，即"三个有利于"标准：是否有利于发展社会主义社会的生产力、是否有利于增强社会主义国家的综合国力、是否有利于提高人民的生活水平。邓小平南巡讲话科学地总结了中共十一届三中全会以来改革实践的基本经验，从理论上回答了多年来困扰和束缚人们思想的许多重大问题。尤其是对社会主义可不可以开展市场经济这个长期以来的争论不休的话题，作了一个清楚、透彻、精辟的回答，使广大干部群众进一步摆脱了错误思想的禁锢。

二、市场经济体制理论对中国公共关系业的指导意义

1987 年 3 月 8 日，邓小平在接见外宾时指出，保持"国内安定团结的政治局面""有领导有秩序地进行社会主义建设"是实现"三步走发展战略"的重要条件之一。1989 年 2 月 26 日，他又提出："中国的问题，压倒一切的是需要稳定。没有稳定的环境，什么都搞不成，已经取得的成果也会失掉。"1990 年 12 月 24 日，他再次强调："我不止一次讲过，稳定压倒一切，人民民主专政不能丢。"党的第三代中央领导集体，更将"稳定""改革""发展"作为我国改革开放和社会主义现代化建设事业三个有机统一的组成部分进行考

虑：稳定是前提，改革是动力，发展是目标[①]。

所以，90 年代，"稳定压倒一切"保证了经济保持前进的步伐，抵挡了诸如 1998 年金融危机等风险，中国走上健康、快速的发展道路。这些对中国公共关系的发展，同样具有重大影响。

20 世纪 90 年代，中国全面完成现代化建设第二步战略目标任务。在这一阶段，受世界经济环境和自身一些客观因素等的影响，经济出现了"过热"和"过疲"的现象，发展曲曲折折。但政府积极有效的宏观调控，使经济仍保持了较高的增长速率，总体运行态势良好，GDP 增长率一直保持在 10% 左右。1990—1995 年，GDP 平均增长率达 11.98%，其中 1992 年、1993 年、1994年三年，增长率都超过了 12%。特别是 1992 年，GDP 增长率达 14.1%，工业总产值增长率达 25.1%[②]，处于典型的经济"过热"状态。

过高的增长率引发了一系列问题。这一时期中国企业经济效益下滑，企业亏损面和亏损额同时增加，财政困难加剧，银行信贷规模猛增，货币超量发行。对这种非正常的发展速度，中央政府果断采取了措施进行调控，通过整顿金融秩序，控制投资规模，国民经济成功实现了"软着陆"。1995 年以后，经济增长速度渐趋平缓。此后三年，GDP 平均增长率降为 8.29%[③]。

1992 年初，邓小平南巡时更加明确地指出，计划经济不等于社会主义，资本主义也有计划；市场经济不等于资本主义，社会主义也有市场。计划和市场都是经济手段。从而在理论上冲破了多年来对市场经济的束缚，为中国建立社会主义市场经济体制创造了理论基础。

1992 年 10 月，中共第十四次代表大会召开。会议创造性地提出我国经济体制改革的目标是建立社会主义市场经济体制，以利于进一步解放和发展生产力。社会主义市场经济体制，就是要使市场在社会主义国家宏观调控下对资源配置起基础作用。社会主义市场经济理论的提出标志着社会主义经济理论的历史性飞跃。这一理论不但辩证回答了计划和市场的关系、突破了传统认识，同时也为 90 年代中国改革开放指明了方向。

1993 年八届全国人大一次会议将《宪法》第 15 条修改为"国家实行社会主义市场经济"。

1993 年 11 月 14 日，中共十四届三中全会通过了《中共中央关于建立社会主义市场经济体制若干问题的决定》，把中共十四大提出的建立社会主义市

---

① 人民网. "稳定压倒一切" [EB/OL]. 1993 - 04 - 01/2019 - 01 - 06, http：//cpc. people. com. cn/GB/64162/64170/4467121. html.

② 李金华. 20 世纪 90 年代中国经济发展评析 [J]. 开放时代，2001 (2)：8 - 10.

③ 李金华. 20 世纪 90 年代中国经济发展评析 [J]. 开放时代，2001 (2)：8 - 10.

场经济体制的目标和原则具体化、系统化，勾画了新经济体制的基本框架，对有关的重大问题，都做出了明确的原则性规定，社会主义市场经济的理论和相关实践大大向前推进。

1995 年 9 月，中共十四届五中全会明确了到 2010 年建立和完善社会主义市场经济体制的历史任务，为中国发展社会主义市场经济作出了重大的战略部署：到 20 世纪末，经过三个阶段，初步建立起社会主义市场经济新体制。

从 1991 年到 1996 年短短的五年时间内，稳定的政治环境、逐步完善的市场经济体制理论，为中国公共关系的发展提供了良好的生长环境，促使中国公共关系事业的发展状况出现了明显的变化。市场经济竞争性和优胜劣汰的竞争法则促使中国公共事业自身进行快速革新。正因如此，中国公共关系才能在经济快速发展、政治稳定的社会环境中摸索自己的发展道路。

第二节　行业新象：文化节层出不穷，招商引资纷至沓来

在中国，中国共产党代表各族人民的根本利益，各级政府官员是人民的公仆，因此，党和政府始终以"全心全意为人民服务"为宗旨，有着重视公共关系，宣传公共关系的历史传统。美国博雅公共关系公司总裁就曾赞扬中国共产党的第一代领袖们确实是精明的公共关系实践家①。应该说，我们的政府公共关系有优良的历史传统。但是，在 20 世纪 90 年代前期，我们对如何发展有中国特色的社会主义政府公共关系的研究还远远不够，既没有立足国情认真总结传统的"公共关系经验"，又缺乏将现代"公共关系精神"进行真正中国化的探索。

一、政府公共关系激情退后的自我审视

中国政府的公共关系，从初期的"舶来主义"到 80 年代末的"狂热跟风"，从亚运会的成功举办到第一次申奥的失败。发展到 90 年代前期，政府公共关系逐步探索走向职能化、专业化、规范化的发展道路。

---

① 武敏中. 试论我国政府公共关系的现状及发展趋势［J］. 山西大学学报（哲学社会科学版），1997（2）：48-51.

（一）政府公共关系职能化

政府公共关系的职能即政府公共关系在政府活动中担当的基本职责和具有的功能作用，它规定着政府公共关系活动的目标和方向，主要涉及政府管理什么、怎样管理、发挥什么作用等问题。

政府公共关系的职能很多，归结起来主要有六大职能，即决策咨询职能、信息交流职能、舆论引导职能、沟通协调职能、形象塑造职能和公众服务职能[1]。

90年代前期，中国政府对其自身公共关系的职能化作了不懈的努力。

1990年2月18日，国务院发布《法规、规章备案规定》。该规定是为了维护社会主义法制的统一，加强对法规、规章的监督和管理而制定的。

1992年，邓小平视察南方讲话，十四大确定中国要由计划经济体制向社会主义市场经济体制转变，都要求必须进行政府职能的重大调整，继续进行政府机构改革，并尽快建立已被拖延几年的公务员制度。

1993年3月，八届全国人大一次会议决定进行改革开放后第三次较大规模的中央政府机构改革。

90年代，正是我国改革开放社会经济蓬勃发展的时期，在发展机会和市场竞争并存的条件下，政府对社会公众的依赖性越来越强，政府的公共关系业务量越来越大，对公众传播资源的投入越来越多，这就需要在政府的管理行为和管理职能中形成相应的公共关系工作机制，以适应和整合复杂多变的公共环境。因此，政府公共关系职能化是必然趋势。

（二）政府公共关系专业化

政府公共关系包括政府组织在公众传播沟通活动中进行的决策、计划、组织、指挥、控制、协调和监督，政府公共关系能帮助提高政府的美誉度，塑造政府的良好形象。因此，主体的专业性和权威性成为不可忽视的问题。

政府公共关系的主体有广义和狭义之分：

（1）广义上的主体指各级政府机关及全体公务员。

（2）狭义上的主体是指公共关系性质很强的政府机构。

为了避免外界对政府部门公共关系的误解和敌意，政府机构的公共关系部门和官员往往采用比较含蓄的名称和头衔，例如新闻处、秘书处、宣传部和外交官等。这些主体虽然没有以公共关系命名，实际上已经是具体负责某一方面的政府公共关系工作的职能部门。1993年8月14日，国务院出台了《国家公务员暂行条例》。这些都为中国行政管理教育的发展提供了很好的历史机遇，

---

① 刘金同，杨专志，刘水国．公共关系实务［M］．北京：清华大学出版社，2006．

同时也面临严峻的挑战。从此，中国行政管理教育进入到一个全新的阶段，这也标志着我国政府公共关系进入了职业化的发展道路。

1995 年 1 月 9 日，新华社报道，1995 年全国各级国家行政机关将整体推进公务员考试录用制度。省、市、县、乡四级政府补充工作人员，一律实行考试录用。1995 年 7 月，中央、国家机关面向社会公开招考 495 名工作人员和国家公务员[①]。这次招考首次打破地域和身份限制，由过去规定的必须具有"全民所有制职工"身份改为凡具有北京市城镇居民户口并符合规定的资格条件的人员都可以报考。

政府公务员以政府的名义工作，其工作能力、服务态度、廉洁情况以及办事效率都会直接影响到政府的整体形象。因此，不仅公共关系职能部门的公务员要从事公共关系工作，政府内部的每一个人都应具备较强的公共关系专业性，自觉把公共关系理念和精神融于本职工作中。唯有如此，才能服从政府领导，支持政府工作。

（三）政府公共关系意识有待提高

90 年代前期，中国政府公共关系的意识还处于萌芽时期。

1990 年，中共中央批转《全国村级组织建设工作座谈会纪要》，要求全国各地增加村务公开程序并接受村民监督。这是村务公开的兴起，政务公开第一步。但总体来说，90 年代前期的政府内部及外部公关意识都尚还淡薄，公关事务主要融于其他政务之中。

1995 年 1 月 16 日，以解决城乡剩余劳动力就业安置问题为宗旨的"温暖工程"创立暨捐款仪式在北京举行。该工程由全国人大常委会副委员长孙起孟倡导，主要是通过各种形式的职业教育培训、职业指导和介绍，为社会富余劳动力提供服务、帮助。

1995 年 10 月，广东省湛江市在全国率先开展以机关、企事业单位党支部为主体的"城市扶贫工程"，原则上每个党支部扶持一户贫困户。

虽然公共关系在中国引起了一股"热浪"，但许多政府官员的公共关系观念尚未成型，既没有认识到政府公共关系活动的重要性，更谈不到将其上升为一种价值观和管理哲学，渗透到政府工作人员的日常行为之中。

首先，政府部门缺乏自觉利用传媒手段进行形象投资、形象管理、形象塑造的观念。政府形象，主要指政府及工作人员在民众心目中的美誉度大小，是政府获得民众欢迎、接纳、信任的程度。政府工作固然具有权威性与政策性，

---

① 中国网.中国人大·政府大事记(1995—1999) [EB/OL].2003-02-25/2019-01-06. http：//www.china.com.cn/zhuanti2005/txt/2003-02/25/content_5273683.htm.

但无论是从民主政治的大气候还是从中国特色的社会主义政府公共关系的"小环境"来看，所谓的权威性及政策性都必须建立在民众信赖政府的基础之上。政府的形象如何，直接关系到党和政府的威信及工作的成败。许多政府工作人员心目中没有形象意识，对现代传媒的重大作用了解不够，又十分缺乏应有的传播技巧，表现在决策和行动中则是对自觉进行形象投资和形象塑造重视不够。

其次，当时的政府缺乏协调观念，表现为不善于调节、平衡和统一各种不同的关系、不同的利益、不同的要素，不懂得"兼顾""统筹""缓冲"和必要的"调和""折衷"的意义和价值。目光短浅，思路狭隘，经常陷入难以协调的矛盾中①。

二、中国特色公共关系形式

改革开放以来，一种具有中国特色的新的公共关系现象在中国产生了，通过办"节"办"会"开展公共关系互动。

20世纪80年代末到90年代中期，全国各地兴起一股办"节"办"会"热。比如，潍坊的国际风筝节、淄博的陶瓷琉璃艺术节、吐鲁番的葡萄节、景德镇的瓷都节、哈尔滨的冰雪节、漳州的水仙花节、青岛的啤酒节、自贡的灯会等，不胜枚举。拿浙江来说，有建德的新安江之夏艺术节，长兴的农民文化节，嵊县的越剧文化节，桐庐的华夏中药节，绍兴的黄酒节、书法节，上虞的葡萄节，慈溪、余姚的杨梅节，衢州的丫柑节，温岭的海鲜节，宁波的国际旅游食品节等②。

"节""会"是一种新兴的经济文化现象，一种很好的宣传手段，也是一种新兴的公共关系现象。这些"节""会"卓有成效地扩大其举办地在海内外的知名度和影响，大大增加了国际和国内公众对他们的了解，有力地促进了贸易洽谈和当地经济的发展。

各地在办"节""会"的过程中，都十分注意运用大众传播媒介，展开宣传攻势，尽力扩大影响范围。他们往往把各界知名人士、中央和地方有代表性的新闻单位的记者，甚至邀请了众多国外的记者。或举行新闻发布会，或请记者参加节会的各项活动。当地的经济成就、乡土文化、名优特产、旅游资源等各种"宝贝"都拿了出来，请客人看、听、尝，供记者采访。这样，通过新闻

---

① 武敏中. 试论我国政府公共关系的现状及发展趋势［J］. 山西大学学报（哲学社会科学版），1997（2）：48-51.
② 张龙祥. 中国公共关系大辞典［M］. 北京：中国广播电视出版社，1993.

山东潍坊国际风筝节

（资料来源：腾讯网，https：//new. qq. com/omn/20180130/20180130G0FO9S. html）

哈尔滨冰雪节

（资料来源：新华网，http：//photo. china. com. cn/2019—01/06/content _ 74345240 _ 2. htm）

媒介，这些"宝贝"被广为宣传、介绍了出去。例如绍兴的黄酒节，不仅被
《人民日报》和本省媒体，以及香港、澳门地区的部分媒体报道，而且由新华
社向世界各地播发了电讯稿，广为宣传。这增加了绍兴与外界的联系，以此提

升了绍兴的知名度，扩大其对外合作的范围。

"文化搭台，经济唱戏"——各地办"节"办"会"不仅繁荣了文化，而且有力地促进了经济发展。中原一带的经销商本来不知道衢州有好桔，参加"丫柑节"后便纷纷订货。"节""会"成了启动市场、促进经济的"发动机"。

90年代初的中国公共关系还很青涩，虽然这些"节""会"不是在十分完备的公共关系理论指导下进行的实践，但是已经能够初步体现当时政府与企业的公共关系意识的提高，且为后来的城市公关等打下了良好的基础，我们可以认为这些"节""会"是早期的城市公关雏形，而"节""会"的成功，也为政府和社会的公共关系后期发展增强了信心。

三、外交新高潮带来招商引资新景象

（一）开展睦邻外交，打破西方制裁

20世纪90年代初期，为扭转局面，争取主动，党中央为外交工作确定了两个重点：一是开展睦邻外交，稳定和积极发展同周边国家的关系，加强同第三世界国家的团结与合作；二是打破西方国家的制裁，恢复和稳定同西方发达国家的关系。

90年代初，江泽民等党和国家领导人积极开展外交活动。1993年李鹏在《政府工作报告》中指出："积极发展同周边国家的睦邻友好关系，争取和平安宁的周边环境，是我国外交工作的重点。"江泽民在十五大报告中申明："要坚持睦邻友好。这是我国的一贯主张，绝不改变。"1990—1992年，睦邻外交取得了丰硕成果。中国同印度尼西亚恢复了外交关系，同越南实现了关系正常化，同印度改善了关系。此外还与沙特阿拉伯、新加坡、文莱、以色列、韩国等23个国家建立了外交关系，形成了新中国成立后的第二次建交高潮。我国不仅实现了同所有周边国家关系的全面改善和发展，还同世界其他地区一些重要国家的关系取得突破，且同第三世界国家的关系也有进一步发展。

中国政局迅速恢复稳定，经济持续发展，对外交往日益扩大。在这种情况下，西方国家对中国的制裁实施了不到一年就开始松动。在此期间，中美关系虽仍处于低谷，但两国高层一直保持着接触，美国对华最惠国待遇也没有中断。1993年11月，首次亚太经合组织领导人非正式会议在美国西雅图举行。借此机会，江泽民和克林顿举行了正式会晤，这是自1989年夏季以来两国首脑的首次会面。

（二）招商引资新景象

由于政府的大力培育和引导，广大人民群众对繁荣经济、改善生活的强烈愿望和高涨热情，中国吸收外资的进展越来越快，促使国家的经济与社会面貌发生了巨大变化。外商投资企业成为我国各种经济成分中的一个重要组成部分。

1990 年，中国宣布开发上海浦东，从而带动长江三角洲和沿江地区开发。1992 年初，邓小平视察南方发表谈话以后，外商投资形式发生了急剧变化。在党中央决定加快开发沿海和内陆地区，加快发展第三产业的推动下，外商投资从沿海到内地，投资领域从第二产业到第一、第三产业，投资方式从办单个企业到集团投资、成片开发和股票上市。跨国公司的投资兴趣愈来愈高。从 90 年代初发展到今天，中国已颁布大量涉外经济法规，并与一百多个国家签订了政府间的投资保护协定与避免双重征税协定。中国的全方位、多渠道、多层次的对外开放格局，由此开始日趋成熟，外资投资企业获得了巨大的发展空间。

尤其是 1992 年，在邓小平南方讲话精神的激励下，全年共批准外商投资项目 48 764 个，合同外资金额 581 亿美元，超过了前 13 年的总和。进入 1993 年以来，外商来华投资势头不减，这一年前 6 个月批准外商投资项目 43 000 多个，合同外资金额近 590 亿美元，相当于 1992 年全年水平，比 1992 年同期分别增长 2.3 倍和 3 倍。到 1993 年上半年为止，全国累计批准 13.4 万个项目，合同外资金额接近 1 700 亿美元，实际投入外资达 437 亿多美元。在吸引外商投资上的巨大进展，给我国的社会经济带来了显著的效益[①]。

第三节　西方模式：企业迎 CIS 热潮，公关实践异彩纷呈

一、企业迎来 CIS（企业形象识别）热潮

20 世纪 90 年代初期，公共关系在中国的发展进入对稳定、成熟的时期。在这一时期，公共关系的发展受到党和国家领导人的重视。在这一环境下，公共关系实践活动由自发走向自觉，全国有一大批公共关系专家、学者分别主持、策划、操作企业公共关系和企业 CIS 等企业上面的公关实践。在企业公关层面，企业内部公共关系和外部公共关系都有了较明显的起步。企业外部公共

---

① 商务部. 2013 中国外商投资报告［EB/OL］. 2013 - 12 - 11/2019 - 01 - 06. http：//wzs. mofcom. gov. cn/article/ztxx/201312/20131200421820. shtml.

关系指企业与消费者、大众传播媒介、社区、协作单位、政府机关及竞争对手等外部公众之间的关系①。在这些关系中，企业与消费者的关系是企业外部公共关系的重点，企业与竞争对手的关系则是企业外部公共关系的焦点。能否正确处理企业与外部公众的关系是衡量一家企业素质的基本标准之一，也是一家企业能否获得成功的先决条件之一。而因为企业是社会经济活动的基本单位，其生产经营活动既有其相对的独立性，又是整个社会活动的有机组成部分。尤其随着社会生产力水平的不断提高，在生产、交换、分配、消费乃至社会生活的各个领域，企业与社会各个方面都发生着极为密切且日益广泛的联系，因此处理好企业与外部公众的关系有着重要意义。

当时一些学者较为成功地在研究和实践中运用了 CIS 理论，深圳大学余明阳、中山大学廖为建、国际关系学院郭惠民、北京联合大学李兴国等国内公关学科奠基者都直接参与企业 CI 策划，其中"CI 少帅"余明阳组建了一支前后超过 300 人的策划团队，服务乐百氏、雅戈尔、德力西、波司登等众多品牌。郭惠民曾专门考证 CIS 之"Corporate"不单指企业而泛指一切法人机构，因而政府亦需要导入 CIS。中国人民大学涂光晋和程曼丽、厦门大学纪华强等皆将 CIS 理论纳入公关教学重点内容②。

CI 少帅余明阳教授

（资料来源：安泰经管学院新闻，http：//emba. sjtu. edu. cn/news/flash/22014. html）

---

① 张龙祥．中国公共关系大辞典［M］．北京：中国广播电视出版社，1993.
② 胡百精．合法性、市场化与 20 世纪 90 年代中国公共关系史纲——中国现代公共关系三十年（中）［J］．当代传播，2013（5）：4 - 9.

（一）"太阳神"CIS导入

进入90年代，由政府主导的重复投资、建设和生产，使企业之间的实质区别缩小。受变化多端的消费市场和主流媒体的影响，作为中国市场主体，部分企业萌生了自我意识并实现了自我觉醒，以期寻找一种有效途径来展示自我形象，通过差异化传播来凸显自身的优势。

1992年，日本CIS之父中西原南先生到中国传播CIS理念，恰好适应了当时企业的外部公共关系需求，掀起了国内企业的CIS热，日本60年代工业高速成长时兴起的CIS运动景象得以重现。CIS对产品形象、企业形象及城市形象的理论与实务的介绍、研究、运用和推广，推动了中国产品、企业、城市品牌建设的发展，促成了中国公共关系发展的第二次高潮。

在此期间，健力宝、海尔、万家乐、科龙和TCL等企业先后成为"吃螃蟹的人"。海尔的"海尔兄弟"形象是一个成功的创意。海尔学习和借鉴了日本企业出资拍摄动画片的做法，拍摄了《海尔兄弟》，在社会上产生了广泛的影响力。"海尔兄弟"因而成为中国家电行业一时最为亮丽、最具人性化和最具国际化审美风格的品牌形象。

1995年的《海尔兄弟》

（资料来源：界面，https：//news.ctoy.com.cn/show-32795.html）

【相关链接】

"太阳神"CIS的成功导入

1988年，制药工程师怀汉新辞去公职，筹集5万元办了一个小工厂，名字非常响亮——太阳神。谁也不曾料到，5 年后，这三个字成了妇孺皆知的品牌，而怀汉新也创造了中国保健品行业一段前无古人的传奇。怀汉新的"太阳神"有很多"第一"和"之最"：它的出现标志着保健品在中国市场成为一个独立的产业，实施了"中国 CIS 第一案"。经广州"新境界广告公司"CIS 设计后，一个全新的太阳神企业形象识别系统出来了：用象征太阳的红色圆形与太阳神（Apollo）首写字母 A 的黑色三角构成，命名"太阳神"，并将厂名、商品名、商标全部统一。用单纯的圆与三角构成了对立与统一并存的图案，以此来表达企业向上升腾的意境，同时体现"人为中心"的企业经营理念。

太阳神 LOGO

该企业标识富有现代气息且能体现企业内涵，一经使用，便如鹤立鸡群般从众多平庸简陋的国产品牌中脱颖而出。之后，太阳神集团从集团名称开始，一步一步导入并完善形象战略，提出了"关怀人的一生，爱护人的一生"的企业理念，该企业拟定出了 1 000 多条规定、礼仪以及各种专业操作程序，有了较为完善的视觉识别、行为识别与理念识别系统，并增加了听觉识别系统，具有企业自己的形象歌、升旗曲等音乐。而在集团开始跨行业经营的同时，又推出了行业识别系统。每一个分支机构、每一个下属单位，都形成了自己的一套 CIS 运作法规。

1994 年世界杯期间长达 45 秒的《睡狮惊醒篇》电视广告开启中国审美主义广告之先河。太阳神的两大拳头产品（生物保健口服液与猴头菇口服液）在 1993 年巅峰时期创下的 63% 的市场占有率的纪录，其销售额远远超过同一时期的海尔和联想。太阳神的品牌资产一度高达 26 亿元。

太阳神 CIS 系统成功的导入在中国掀起了企业形象策划风暴，通过新闻的炒作，CIS 系统被渲染成企业发迹的绝代宝典，引得数以百计的企业前来广东取经。直到今天，仍有很多企业把企业商标的形象管理和传播作为品牌管理的重兴。

从太阳神的 CIS 战略案例中我们不难发现，在公共关系传播手段和技术尚不十分发达的 90 年代的中国，一个成功的 CIS 策划能给企业带来怎样丰厚的经济效益和社会效益。

世纪之交，美的、科龙、海信、TCL、金正、夏新和华帝等品牌或是修正或是重新设计标识，也都取得了良好的市场效果。

（二）企业外部公众

企业外部公众指在企业组织外部并且与企业有一定联系的个人、群体或组织。企业外部公众与企业内部公众相比，其范围广泛，人员构成复杂，在数量上不易准确估计，变异性强。不同企业，由于产品不同、服务对象、企业性质、生产技术特点等的不同，因而各自联系的外部公众也不尽相同。但就一般企业而言，面对的外部公众构成基本相似，主要有：

（1）消费者公众。消费者是企业服务的对象，是最重要的外部公众之一。

（2）大众媒介公众。包括所有的新闻和宣传机构，这是特殊的外部公众。

（3）社区公众。包括企业所在地的机关、单位、学校、医院、居民等。

（4）企业协作者公众。包括与企业在生产、技术、经营、管理等方面有密切联系的组织、个人和团体，如原材料、能源、零部件供应者，大专院校、科研单位、专业协会等。

（5）政府公众。包括各级地方政府机关、工商管理机关、税务、司法、统计、审计等部门。

对于不同企业，应分析并确定自己的一般公共关系对象和重点公共关系对象，以针对性制定不同的公共关系策略。

（三）"白云山"利用危机事件树立品牌形象

危机在给社会和企业带来损失的同时，也可能给企业带来启示和机遇，企业危机过后，如果能够吸取经验和教训，发现自身弊端、看到自身应该改进的地方，采取措施为今后的发展扫除障碍，那么，危机就有可能成为企业的转机。社会危机则更能给企业带来一个向社会展示自己企业形象、企业理念、企业力量和企业责任心得机会，在社会危机事件中，企业如果能有良好的表现，将会对企业有很大助益。

广州白云山制药厂总经理贝兆汉1991年访问香港时，从电视里看到广州暴雨成灾，一位五保户老人的房子漏水。他马上拿起电话，通知公关部派人携带"白云山"生产的防水材料，赶赴老人家里修房。广东电视台为此做了报道。企业的这一行为，不仅在公众面前树立了"白云山"的形象，还成功地推销了"白云山"的防水材料。

这是90年代初期企业利用社会危机事件进行公关的一个典型案例，广州白云山制药厂利用这次危机事件，向社会展示了一个有责任心、有公益心的企业形象，与广州白云山制药厂本身的企业形象相符合，同时在当时的环境下，从众多同类品牌中脱颖而出，加深了公众对该企业的印象。

二、企业的自我审视

在公关理论的影响下，企业有了初步的外部公关意识的同时，也逐渐形成了内部公关意识。企业内部公共关系指企业为了求得自身的生存和发展，协调内部公众关系而进行的工作。企业内部公共关系的根本目标是内求团结，激励士气，为提高企业产品质量和生产效率创造有利的内部关系环境①。其具体内容：

(1) 正确处理内部各种矛盾，加强内部团结一致。

(2) 密切纵横联系，使得上下级之间、各职能部门之间在各尽其责的前提下，互相理解、配合和支持。

(3) 增强内部公众的责任感和自信心，焕发工作热情和主动精神。

(4) 增强内部公众的向心力和归属感，强化其对企业的感情。

20 世纪 90 年代前期，一部分的企业老板开始意识到企业内部公共关系的重要性，于是大力发展企业文化，一些企业开始对员工进行内部培训。

90 年代迅速崛起的西安杨森制药有限公司就是其中典型代表之一，在其企业发展历程上，镌刻着一条条辉煌的纪录：1990 年全面投产，次年即迈入全国 500 家最大工业企业行列，并荣获 1991 年全国生产型十佳合资企业第 4 名；1992 年、1993 年连续摘取全国十佳合资企业桂冠，1994 年获全国十佳合资企业第 2 名；从 1990 年到 1994 年，累计销售 26.02 亿元，累计上缴税金 3.2 亿元，其金额可再建 2.2 个西安杨森，此外还给股东分红 3 亿元。西安杨森以其骄人业绩向人们昭示：在中国西部同样能够建立一流的合资企业。西安杨森公司副总裁庄详兴先生是新加坡人，他认为作为合资企业，管理方式、财务制度、人事制度等都可以是西方式的，但是操作方式得是东方式。只有将两种文化融为一体，企业才会获得成功。与此同时，这种融合也表现在公共关系工作中。为此，他在公司的销售队伍中创造了被称为"鹰文化"的团队行为准则，并举办了雄鹰（红军精神）培训团。企业文化的形成大大增强了职工的使命感和凝聚力。西安杨森公司的成功与其尊重国际合作规律，注重公共关系形象，并致力于创造一个良好的企业内外部发展环境的战略是分不开的②。

三、全国十年杰出企业公关评优的历史性转折

1991 年 5 月 5 日，全国十年杰出企业公关评优颁奖会暨全国公关工作会议、企业公关交流会在北京召开。许多大中型企业的厂长、经理、公关人员从理论和实践的结合上就"走中国式企业公关道路""公共关系与企业发展"等

① 张龙祥．中国公共关系大辞典［M］．北京：中国广播电视出版社，1993.
② 李磊．公共关系实务［M］．北京：中国广播电视出版社，2004.

问题进行了较为深刻的探讨。从这次活动获奖的 39 家企业的情况来看，企业公关有其名也有其实。

1991 年 7 月 5 日，江苏人民广播电台开辟"公关一角"专栏，连续介绍企业公共关系个案并进行分析。

1991 年 12 月 10—12 日，全国首届明星企业公关演讲复赛在北京举行，来自全国 12 个省、市、自治区的 40 个企业代表参加复赛。

1991 年 7 月 18 日，由上海公关协会、《解放日报》《文汇报》《新民晚报》、上海人民广播电台、上海电视台联合举办的 1990 年上海市优秀公关实例评选活动结果正式揭晓。18 家企事业单位分获优秀公关实例金、银、铜奖。

1995 年 11 月，第五届全国企业创新与公关策划研讨会在秦皇岛召开，大会主题为企业策划与现代企业制度。

【相关链接】

全国十年杰出企业公关评优大会：
中国公共关系界第一次历史性盛会

1991 年 5 月，全国十年杰出企业公关评优颁奖会暨全国公关工作会议、企业公关交流会在北京召开。这是中国公关界第一次历史性盛会。

全国 30 余家公共关系协会负责人赶赴北京，"白云山""健力宝""黄河电器"等大中型企业的代表赶赴北京。

大会定于 5 月 5 日开幕。在此前给中央首长的请柬已经发出去，但高层领导的反应不得而知，公关界翘首以盼。

5 月 4 日上午，组委会办公室，本次活动的两位前主任委员——熊源伟、魏强守候在电话机旁。10 时零 5 分，电话铃响，中共中央政治局常委李瑞环办公室来电："中国十年杰出企业公关评优颁奖大会的召开，是一件好事。我因事不能到会，特电话祝贺，中国公共关系事业的发展，是中国改革开放的必然趋势，它以新兴的管理科学，协调社会各方面关系，密切党和广大人民群众的联系，调动各种积极因素，维护安定团结，促进社会主义建设。我相信，在进行十年规划和'八五'计划的奋斗中，中国的公共关系事业一定会有一个更好的发展前景。"

下午，中顾委副主任薄一波给大会发来贺词："公共关系在我国还是一项新事业，它是伴随着改革开放而发展起来的。搞好这项工作，对于扩大信息交流、促进商品流通、沟通企业联系、建立新型人际关系都有着积极的作用。"中顾委委员杨成武为大会题词："发展公关事业，促进经济繁荣。"

消息传开，代表们奔走相告，欣喜之情溢于言表。

5月5日9时30分，北京人民大会堂。中国十年杰出企业公关评优颁奖大会隆重开幕，首次全国公关工作会议同时召开。中国公共关系协会主席安岗主持大会。刘澜涛、陈锡联出席大会，台湾地区公关界代表专程到会祝贺。首都各大新闻媒体竞相报道大会盛况。

第四节　萌芽起步：政策指引改革，
深化非营利组织公关

西方经济学界认为：社会经济结构应该划分为三大部门：第一部门为政府，第二部门为营利企业组织，第三部门为非营利组织。这就是所谓的现代社会的"三元结构"。

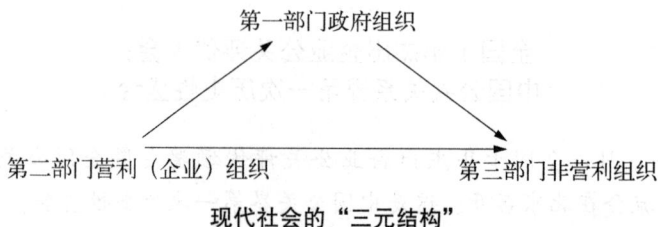

现代社会的"三元结构"

非营利组织是在公众支持下，以实现公共目标而存在的组织。包括学校、慈善组织、宗教组织、合作团体、社区组织、市民俱乐部以及许多其他组织。20世纪90年代初期的医院、学校主体还是非营利组织，其公关发展尚处在起步阶段，而一些其余非营利组织的公关关系意识初见雏形。

一、无竞争时代下的医院公共关系

中国的医疗机构分为营利性和非营利性两大类。营利性医疗机构，以营利为主要目的，主要包括中外合资医院、股份制医院和私立医院，它们的医疗服务价格开放，依法自主经营，照章纳税。非营利性医疗机构是指为社会公众利益服务而设立和运营的医疗机构，不以营利为目的。非营利医疗机构又分为两类：一是政府举办的主要提供基本医疗服务并完成政府交办的其他任务的医疗机构；另一类是社会捐资兴办，企事业单位、社会团体和其他社会组织举办的医疗机构，这一类非营利性医疗机构主要提供基本医疗服务。

中国早期医院以公立医院为主，多为非营利性机构。中国公立医院的市场营销观念比较落后。1980 年，广州医科大学第一医院与香港、澳门地区资源合作，兴建了全国第一家合资医院——珠江华侨医院，为境外人士提供特需医疗服务，开创了与外资合作办医和涉外医疗服务的先河。

20 世纪 90 年代前期，医疗机构的公共关系在萌芽中起步。医疗卫生改革使医院管理的内容不断扩展，从 20 世纪 90 年代初期的"总量控制，结构调整"，到后期推行的"三医"联动改革。这个时期也是民营医疗机构的起步阶段，同时国营医院的改革还没有启动，整个医疗市场处于卖方市场，医疗资源缺乏，老百姓找不到合适的医院治疗疑难病症，信息渠道不通畅，全面的医疗信息发布渠道还未形成。中国较早系统地论述医院公共关系著作，是 1991 年经济管理出版社出版发行的《实用医院公共关系学》。1992 年 9 月，国务院下发《关于深化卫生改革的几点意见》。据此，卫生部按"建设靠国家，吃饭靠自己"的精神，要求医院在"以工助医、以副补主"等方面取得新成绩。

医疗保健机构公共关系主要对象有内部职员、医护人员、患者及其家属、社区公众、社区新闻媒介、捐助人、投资者以及政府机构等。在这些公共对象中最为关键的是患者及其家属。一家医疗机构形象的好坏、社会舆论的褒贬，首先取决于患者及其家属对医院服务的满意程度。政府和捐助人也主要是从医院形象及满足患者需求的能力、解决某些社会医疗保健问题的方式来决定其投资的①。

随着人们生活水平的全面提高，人们对医疗服务的需求也在发生剧烈变化。这种变化不仅仅是量的增加，还伴随着质量、结构、层次的变化，社会公众对医疗费用支出的不断增长，逐渐表现出强烈的不满。种种的现象和矛盾使得中国的医疗机构的公共关系在 90 年代走上了自我整顿和快速发展的道路。医院公共关系的目标是树立一个具有良好的医生和设施资源、规范的管理、完善的服务的组织形象。一方面增强内部的凝聚力，另一方面在社会上提高医院知名度，拓展医院服务，营造可持续发展环境。

二、教育改革带来的公关关系发展

中国一直将教育视为一种公共事业。20 世纪 90 年代前期，中国的基础教育和高等教育还是不允许营利的。在基础教育方面，国家颁布了义务教育法，教育是一种义务而受教育则是一种权利。高等教育是在国家投资的经济基础上

---

① 纪华强，杨金德. 公共关系的基本原理与实务 [M]. 厦门：厦门大学出版社，1999.

构筑起来教育体系，办学主体是政府。

（一）"科教兴国"发展战略的提出

改革开放以来，在邓小平理论的指导下，中国确立了社会主义建设必须依靠教育的战略方针，首次将教育摆到了优先发展的战略地位。90 年代，以江泽民为核心的第三代中央领导集体提出科教兴国，进一步采取了一系列重大措施推动教育的改革与发展。中共十四大以来，中国制定了一系列关于教育发展和改革的重大决策，明确提出，必须把经济建设转移到依靠科技进步和提高劳动者素质的轨道上来，真正把教育摆在优先发展的战略地位，努力提高全民族的思想道德和科学文化水平。1993 年，党中央和国务院发布了《中国教育改革和发展纲要》；1994 年，召开了全国教育工作会议，进一步动员全党全社会认真实施《纲要》；1995 年在全国科学大会提出了"科教兴国"的发展战略，该战略的提出奏响了教育体制改革的新乐章。

（二）加强自身形象建设　逐步完善管理体制

学校公共关系的重点是协调好与主要公众的关系，包括政府关系、股东关系、教师关系、学生关系、社区关系、媒介关系、企业关系等。高等院校根据自身的目的、受众、范围等因素选择适合的媒体，把学校的发展动态、最新的科研成果、教学改革情况，以及学校硬件和软件的建设状况等有特色的内容及时地传播给特定的公众对象，使社会对高校的科研能力、教学水平、特色专业及教学现状有较为具体的了解，形成有利的社会舆论。高等院校还可以借助人际传播进行宣传。例如，高校定期举行校友联谊会，校友与在校师生之间经常进行信息的交换，一方面可以增强学校的亲和力，另一方面还可以扩大本校在社会中的影响，提高公众对高校的认可程度。这种利用人际传播的公共关系实践凭借人与人之间情感的接近，可强化社会公众对高校的好感。同时，学校的品牌保护意识也很重要。例如，武汉大学通过商标注册，依法享有"武大"商标的专用权，任何未经学校同意，以"武大"名义从事教育、科研的行为均属侵权①。

90 年代初，在国家宏观指导下，由地方负责、分级管理的基础教育体制进一步完善，普及义务教育的进程加快。地方政府对当地经济、科技和教育发展进行统筹规划，在城区积极进行社区教育试点，探索现代企业教育制度和城市教育管理新体制；同时，积极实施农业、科技和教育相结合的"燎原计划"，促进了农村地区普通教育、成人教育和职业教育的协调发展②。1996 年 3 月 12

---

① 赵小宁．试论高等院校的营销活动［J］．教育探索，2001（4）．

② 教育部．陈至立：改革开放二十年的我国教育［EB/OL］．2015 - 06 - 30/2019 - 01 - 06．http：//old. moe. gov. cn//publicfiles/business/htmlfiles/moe/moe＿90/200408/3161. html.

日，国家教委等四部委联合制定《农村教育集资管理办法》。规定农村教育集资应根据当地经济、教育发展水平和群众承受能力，坚持依法、自愿、量力、专款专用原则。教育集资可通过资金、实物和劳务等方式进行。

高等学校的科研工作发展迅速，成为我国科技事业的重要组成部分。据1996年统计，高等学校建设国家重点实验室101个，国家工程和工程技术研究中心27个，开展科技研究课题50万余项，科技成果转化创造了显著的经济和社会效益[①]。教育的国际合作与交流不断扩大。1992—1996年，中国向103个国家和地区派出各类留学人员9.8万人，接收152个国家来华留学人员13.7万人[②]。

三、非营利社团公共关系活动涌现

中国社会改革开放以来，在社会生活方面最为引人瞩目的变化之一，就是出现了为数众多的"社会团体"。

20世纪90年代前期，随着市场经济体制的建立，大规模的慈善机构纷纷成立，并成功地开展了多项引起全社会高度关注的公共关系行动。例如，1989年，中国青少年发展基金会开始实施名为"希望工程"的社会公益项目。它旨在集社会之力，捐资助学，保障贫困地区失学孩子受教育的基本权利。那张名为《大眼睛》的希望工程宣传标志曾感动无数人，而希望工程也成为90年代中国最有影响的公益项目之一。这项"功在当代，利在千秋"的公益活动改变了无数失学儿童的未来。1995年，由中国人口福利基金会、中国计划生育协会和中国人口报社联合发起的救助贫困母亲的"幸福工程"在人民大会堂宣布启动。作为发起人和组委会主

希望工程海报　《大眼睛》
（资料来源：中国共青团网，http://www.ccyl.org.cn/download/playbill/200611/t20061127_805.htm）

---

① 戴军，穆养民，李兴鑫，等. 高校科技创新体系的内涵结构与建设思路［J］. 西北农林科技大学学报（社会科学版），2003，3（5）：71 - 75.

② 教育部. 陈至立：改革开放二十年的我国教育［EB/OL］. 2015 - 06 - 30/2019 - 01 - 06. http://old.moe.gov.cn/publicfiles/business/htmlfiles/moe/moe_90/200408/3161.html.

任，当时 74 岁高龄的王光美女士在之后的 11 年里一直多方奔走。在她的努力下，仅发起后的 10 年内，"幸福工程——救助贫困母亲行动"在全国设立了 389 个项目点，累计投入资金 3.1 亿元，救助贫困母亲及家庭 15.4 万户，惠及人口 69.5 万①。

中国红十字会成立于 1904 年，至今已走过百年历程，其主要工作是推动无偿献血及非亲捐献骨髓、社会服务、备灾救灾等。它的各级组织遍布全国，根据 2018 年 6 月官网信息显示，中国红十字会设有 7 个专门委员会、35 个分会，影响波及全世界。1993 年，《红十字会法》颁布，这为中国红十字会"保护人的生命和健康，发扬人道主义精神"的目标提供了更好的法律保障。

90 年代初期，非营利组织的公关实践开始活跃的同时，以个人名义成立的基金会开始初露头角。1988 年，成龙成立了以自己名字命名的慈善基金会，目的是为了帮助贫苦孩子、残疾人士、老年人和那些在科学以及艺术领域颇有追求的学生。这些年来，捐钱捐物，代言慈善机构，都能看见成龙的身影。

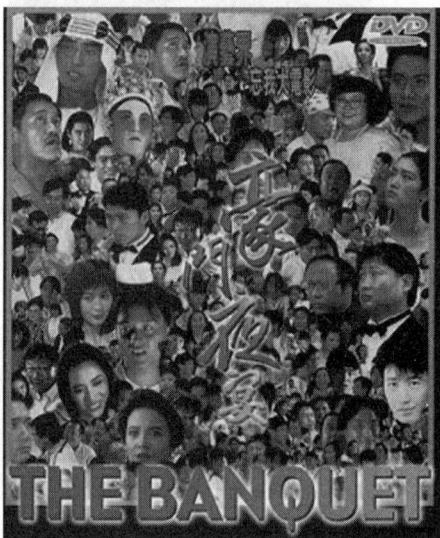

1991 年版《豪门夜宴》影片
（资料来源：娱乐定格，http://freezentertainment. blogspot. com/2016/07/blog - post _ 7. html）

社会各其他类型的团体组织也纷纷开展了公共关系活动。1991 年，中国华东地区遭遇重大水灾。香港演艺界为赈灾筹款组织了大汇演，并义拍了名为《豪门夜宴》的影片。当时，这部由 200 多位香港明星参与拍摄的影片引起了轰动，被列为"1991 年香港十大娱乐新闻"。据统计，1991 年 7 月 11 日—12 月 31 日，中国共接受境内外的捐赠合计 23 亿元人民币，相当于国家正常年份灾民生活救济费的 2.3 倍②。在 90 年代以前的中国社会行善者是不愿意被宣扬的，可是到了 90 年代中期，人们打开电视、翻开报纸，扑面而来的都是关于慈善义演、慈善晚宴、慈善舞会、慈善品酒会的报道。

① 中国政府网. 开展救助贫困母亲行动 ［EB/OL］. 2006 - 09 - 23/2019 - 01 - 06. http://www. gov. cn/ztzl/fupin/content _ 396688. htm.
② 凤凰网. 共和国抗击 91 年洪灾启示录 ［EB/OL］. 2008 - 11 - 20/2019 - 01 - 06. http：//phtv. ifeng. com/program/tfzg/detail _ 2008 _ 11/20/1073244 _ 0. shtml.

　　1996 年 7 月 9 日，美国、加拿大、泰国非营利机构专家代表团来中华慈善总会访问，总会会长崔乃夫以及总会常务理事、理事等 20 余人与代表团就非营利组织发展问题进行了座谈和交流。这次国际性的交流为中国社团的发展注入了新鲜的血液、建立了与世界沟通的桥梁。

　　90 年代初期的非营利组织公共关系活动以希望工程和红十字会为代表，影响深远。与此同时，知名个人与企业、娱乐圈等也开始参与到非营利社团活动中，非营利组织的公关活动兴起，有与国际接轨的初步征兆。

第五节　理论崛起：公关著作更丰富，教育向立体化延伸

　　20 世纪 90 年代前期，是我国的公共关系理论研究和公共关系教育的高速发展阶段。而这期间的科研成果主要是在公共关系实践及教学培训的基础上取得的。几年里，大大小小各种类型的公共关系学术研讨会、业务交流会接连不断。这阶段也出现了对旅游公共关系、铁路公共关系、商业公共关系、政府公共关系、工会公共关系、军队公共关系等专门化实践领域进行研究的趋势。

一、公共关系著作

　　20 世纪 90 年代为公共关系理论普及期，全国上下掀起了普及公共关系知识、学习研究公共关系理论的热潮。

　　公共关系在中国发展的初期，中国大陆公共关系理论研究主要是以对西方公共关系学科理论知识的引借与阐释为主。在这段时期，大量的公共关系译著、专著、教材、辞典问世。据不完全统计，截至 1994 年初有超过 300 种①。从客观意义上说绝大多数教科书也起到了宣传普及的良好作用，促进了当时对公共关系理论在中国的传播。但是，这种引进是学科初始阶段的"舶来"引进，对于公共关系的更纵深的研究较为缺失，以至于当时的公共关系行内人一直呼吁公共关系要摆脱"蛋炒饭，饭炒蛋，炒来炒去蛋炒饭"的低层次循环。

---

　　①　何春晖. 公共关系的起源与发展［EB/OL］. 2012 - 04 - 20/2019 - 01 - 06. http：//www. doc88. com/p - 918702345473. html.

1993 年 8 月，中国的第一部公共关系巨著 550 万字的《中国公共关系大辞典》问世。吴学谦、邵华泽为之作序。邵华泽在序言中所言："可以预料《中国公共关系大辞典》将对推动我国公共关系事业的发展发挥重大的作用，从而对我国的改革开放和经济建设，对建设有中国特色的社会主义事业产生积极的影响。"

《中国公共关系大辞典》1993 年版

二、公共关系社团诞生

1990 年 7 月，中国公共关系协会委托中国公共关系研究所组织召开了首届全国公共关系理论研讨会。此后，1990—1996 年，由中国公共关系协会主持召开的历次公共关系理论研讨会，主要是围绕当时出现的公共关系问题，公共关系如何为实现社会发展服务等议题来展开研讨。从提交的论文内容来看，研讨已涉及公共关系应用的社会各领域和公共关系理论、实务研究的各个层面。

这阶段的研究成果主要集中体现在会后出版的论文集中：《公关与社会发展》（1990）、《公关与改革开放》（1991）、《公关与经济建设》《中国公关特色初探》（1992）、《公关与市场经济》《中国公关特色再探》（1993）、《公关与市场文化》（1994）、《公关策划之道》（1995）、《品牌竞争的公关战略》（1996）。前五次的理论研讨会，着重解决中国公共关系发展的大方向，中国公共关系特色等重大的理论问题，探讨西方公共关系理论与中国传统文化融合的基础，挖掘并整理在中国的传统文化中蕴藏的公共关系管理思想元素和实践经验。此后的理论探讨，逐步从宏观大论转向实际应用、咨询策划、管理实务操作，以及公共关系与产品品牌、企业形象、城市形象等领域，促进中国公共关系理论研究进一步与中国具体实际相结合。但从总体上看，这阶段理论研究事业基本仍集中于国内问题，研究方法基本上是传统的文献研究方法，大多局限于对问题性质的分析与观点的阐述[①]。

---

① 纪华强. 中国大陆公共关系理论演绎［J］. 国际公关，2005（4）.

三、公共关系教育发展中的浮躁现象

公共关系作为一门综合性极强的边缘型、交叉型学科，由于生源、课时、师资等限制，学历公共关系教育、非学历公共关系教育以及不同层次的公共关系教育体现在办学的目标和任务上都有不同的侧重。1994 年经国家教委批准中山大学创办了我国第一个公共关系本科专业，同时在行政管理专业的硕士点招收公共关系研究方向的硕士研究生，这不仅填补了公共关系专业本科和硕士研究生学历教育的空白，从而也形成了中国高校从研究生、本科、专科、成人教育到函授培训班等多层次、多形式的公共关系教学与培养的体系。从而使中国公共关系在学科化建设上迈上一个新的台阶。中国公共关系教育事业已开始逐步走向正规化、系统化和立体化的高层次学历教育阶段。

尽管如此，90 年代前期的中国公共关系教育仍然处于浮躁发展阶段。1991—1996 年，中国内地公共关系领域掀起了一股 CIS 的热潮。与某些传统的非应用型专业相比，公共关系专业在就业方面有较大优势，受到学生的青睐。

90 年代前期，中国内地公共关系教育声势浩大，但隐患颇多。绝大部分院校只能采取“以人设课”的方式，造成公共关系专业课程结构严重不合理；公共关系专业教师缺乏实战经验，导致公共关系实务课程的质量不高、效果不好；公共关系领域研究滞后，从国外僵硬移植的教材难以适应中国国情；更有甚者，把办公共关系专业作为创收手段，盲目追求招生数量等。这个时期培养的公共关系毕业生数量很多，但多数没有进入公共关系行业工作，可见其公关教育成效很低。

由于中国在 80 年代公共关系理论引进过于盲从，实务总结简单，影响了中国公共关系事业的发展。为改变这种现状，推进公共关系的发展，1990 年，深圳大学开始出版总计 11 种中国第一套公共关系教材“当代传播与公共关系系列”，包括《公共关系原理》《公共关系实务》《公共关系案例》《公关素质论》等著作，许多内容填补了公共关系研究的空白。1993 年 8 月，中国广播电视出版社出版了全球总容量最大的公共关系书籍《中国公共关系大辞典》[①]。由时任中国公共关系协会学术委员会主任与常务副主席的翟向东先生主编，与中国公共关系协会学术委员会联袂编著的《中国公共关系教程》于 1994 年

---

① 余明阳. 中国公共关系教育 20 年综述［J］. 公关世界，2006（9）：6－8.

3月由中国商业出版社出版①。复旦大学居延安等的《公共关系学》、中山大学廖为建等的《公共关系学》、安徽人民出版社出版的熊源伟等的《公共关系学》等，这些代表性著作为我国公共关系学科研究起步奠定了基础。

四、公共关系教育立体化延伸

（一）公共关系学历教育

90年代前期的中国内地公共关系学历教育包含中专、大专（高职）、本科、硕士与博士几个层次，基本建立了较为完善、相互衔接的学历教育体系。学历教育分为公共关系专业教育和非公共关系专业教育（课程教育）。承担学历教育的机构包括教育部直属重点高校、普通高校、夜大、电大、自考、函大、民办大学等。

1. 大专专业教育

1985年9月，深圳大学设立了中国内地首家大专层次的公共关系专业。从此，大专学历公共关系教育在一些省市的高校，特别是成人自考、夜大、职大等逐步开展起来，并形成一定规模。1991年，深圳大学以其率先创办专科公共关系专业教育这一项目，获国际公共关系协会首届"世界最佳公关"金奖。今天，大专层次的公共关系专业教育也正逐渐明确自己在整个公共关系专业人才培养中的定位，并逐渐形成了具有全日制、业余、在线等多种的、规范的培养教育模式。

2. 本科课程教育

截至80年代末，全国大约有300所大学开设了公共关系课程②，本科课程教育已逐步发展成为中国高等公共关系教育中覆盖面最广的教育形式。

3. 本科专业教育

中山大学在1994年设置公共关系本科专业，成为中国内地首家有权授予公共关系专业学士学位的高校。这标志着我国公共关系学科教育地位的确立，中国公共关系教育开始走向正规化、规范化、高层次的发展新阶段。

4. 研究生专业教育

1994年，中山大学开始在行政管理专业硕士点招收公共关系研究方向的研究生。此后，厦门大学、国际关系学院等多所重点高校先后在传播学、国

---

① 余明阳. 公关理论走向成熟——评《中国公共关系教程》［J］. 公关世界月刊，1994（7）：8-9.

② 谭昆智. 公关原理与案例剖析［M］. 北京：清华大学出版社，2008：11-12.

际新闻、国际关系等硕士点正式招收公共关系方向研究生。这种规范的公共关系硕士培养计划的推行，揭开了中国内地高层公共关系教育的序幕。这些公共关系硕士点的建立，标志着中国内地高层公共关系教育进入一个新的发展阶段。

（二）公共关系非学历教育

非学历职业教育包含党校、干校、职教等提供的公共关系课程教育，以及高校、协会、企业提供的公共关系职业资格培训、各级公共关系师资培训、企业内部的公共关系培训、各类公共关系专业技能和专业知识培训以及各种公共关系专题讲座等，其职业资格认证培训有严格的由初级、中级到高级的培训要求和规范。

1. 普及性的社会教育

中国内地学者自发推动的公共关系教育开始于"公关知识"讲座。包括各协会、学会、学校、组织的各类中短期的培训班及专题全员公共关系培训讲座。1985 年 1 月深圳市总工会举办的公共关系培训班是中国公共关系培训第一班。此后，全国各地其他城市公共关系讲座陆续开设。

2. 全国性的公共关系教育专业组织

1995 年，中国高教学会下设的"公共关系教育专业委员会"在西安成立。这些组织的建立，对进一步整合国际、中国内地及台湾、香港、澳门地区等地的公共关系教育资源，沟通高校与业界，构筑高层公共关系教育平台发挥了举足轻重的作用。

90 年代初期的公共关系教育虽然经历了浮躁发展的阶段，但由于学界对于矫正公共关系发展路线的努力以及国家对于教育发展的促进，公共关系教育模式初步成型，公共关系课程的开设以及非学历公共关系教育的兴起，都为后期公共关系教育打下了良好的基础。

第六节 社团繁荣：两行业协会建立，公关活动精彩

进入 90 年代，中国公共关系组织纷纷利用自身优势，参与到整个公共关系业的规范化管理进程中，开始发挥出越来越重要的作用。中国公共关系协会和中国国际公共关系协会在促进公共关系学术水平提高方面发挥了很大作用。

一、两大协会开创公关繁荣景象

公共关系社团是指从事公共关系事业的团体和个人，自发联合组建的非官方的、非营利性群众组织或群众团体，主要开展公共关系理论研究和公共关系实践活动。包括公共关系协会、公共关系学会、公共关系研究会、公共关系专业委员会、公共关系联谊会和公共关系俱乐部等①。

在众多的公共关系社团中，公共关系协会是最主要的也是最常见的一种。公共关系协会是从事公共关系研究与实践的非营利性民间学术性团体。公共关系学会成立的目的在于促进公共关系事业的发展；提高公共关系的职业标准；使工商业、政府机构、社会团体组织的实际工作获得好处；通过一系列的教育活动、信息交流方案和实践项目，为公共关系人员提供良好的交流机会和自我改进机会。

公共关系协会的主要职责是通过非正式联系及协会会议帮助会员了解世界各国与地区的发展趋势和公共关系相关问题，提高会员对公共关系在事业发展中的重要性的认识，开展公共关系管理的研究工作。中国公共关系协会的宗旨是：在四项基本原则指导下，发展具有中国特色的社会主义公共关系事业，为社会主义物质文明和精神文明建设服务。

中国公共关系的协会主要有两种类型，一种是按照地区进行分类的地域性公共关系协会；另一种是按照各个行业进行分类的行业性公共关系协会。截至90年代末，地域性的公共关系协会已经发展到七十多个②，中国公共关系行业组织已初具规模。

1991年4月26日，中国国际公共关系协会在北京成立。前任美国大使柴泽民任会长，并提出"让世界了解中国，让中国走向世界"的宗旨和"知道、协调、服务、监督"的工作方针，自此掀开了中国公共关系业发展的新篇章。中国国际公共关系协会成立以来，一直致力于加强中国公关界与国际公关界的联系和交流，尤其致力于建立接受世界各国商业性公共关系业务的渠道，有助于国内企业认识和了解国际市场并为国内企业提供国际公共关系服务，更为中国培养和输送国际公共关系人才创造环境，同时为国际社会了解中国公共关系业的市场发展的潜力提供了机会。从此，中国的公共关系事业日益走向规范化、职业化，学术理论水平不断提高，公共关系实践发展不断进步。

---

① 赵宏中.公共关系学（第3版）[M].武汉：武汉理工大学出版社，2005.
② 公关视界.中国公共关系发展简史 [EB/OL].2016－03－31/2019－01－06. http：//www.ggsjzzs.com/news/show.php? itemid=2407.

此外，80 年代末成立的中国公共关系协会成立以来积极倡导行业自律，加强行业的社会责任感；组织研究公共关系理论和实践问题，开展公共关系知识教育培训，普及和提高公共关系知识和能力；积极参与国际公共关系活动，传递中国声音、树立中国形象；积极开展文化艺术交流活动，传播中华民族优秀文化，弘扬民族文化精神。努力把中国公共关系协会建设成为政府决策的智库，社会认可、公众信任的社会组织。

二、公共关系协会的主要活动

（一）联络交流与理论研究

自 1993 年起，中国国际公共关系协会每两年举行一届中国最佳公共关系案例大赛，而且每一届的获奖案例均汇集成册，由复旦大学出版社出版，对公共关系实务进行研究、总结和探讨。该活动的举办有效地促进了公共关系从业人员不断提高项目策划和实际操作水平。

1994 年 9 月 6 日，中国公共关系市场高级研讨会在京举办。同年《中国经营报》刊登"中国公共关系市场探索"专版，掀起中国公共关系市场讨论热潮。

（二）制定职业道德标准

公共关系强调从业人员的道德规范，以塑造社会组织和个人的良好形象。这是衡量公共关系协会正规化的重要标准。世界各地区的公共关系协会都非常重视制定公共关系职业道德标准。1989 年 9 月，在西安召开的第二届全国省市公共关系联席会议上，拟订《中国公共关系职业道德准则（草案）》，并于 1991 年 5 月 23 日在第四届全国省市公共关系组织联席会议上正式通过。

（三）开展专业培训

公共关系社团非常重视培训专业人才。为培养公关人才，中央电视台和一些公共关系协会举办了"企业公共关系"电视讲座；此外，中国国际公共关系协会多次邀请世界著名公共关系专家来华授业解惑，如前国际公共关系协会主席——英国公共关系权威萨姆·布莱克教授，美国的公共关系专家格鲁尼格教授等均应邀来华讲学。萨姆·布莱克教授访华后，先后两次在英国《公共关系》季刊撰文盛赞中国公共关系业发展之快，并称中国有 10 万人从事公共关系，50 万人学习公共关系[①]。可见这些活动起到了传播知识、培养人才的作用，同时对中国公共关系走向世界、世界了解中国公共起到了极大的推动作用。

---

① 彭奏平，谢伟光. 公共关系实务 [M]. 北京：清华大学出版社，2004：28.

（四）编辑出版刊物

组织和编辑出版公共关系书籍和刊物是宣传公共关系知识的重要手段。90年代初，国外各类公共关系书籍、公共关系期刊品类繁多。而在中国，有《公关报》《公关导报》《公关之友》等报纸近20种，除《公关》《公关世界》外还有各种形式的行业杂志近10种，公共关系书籍400多种，但和国外比，数量和种类上均相对较少，不过较之前已有了巨大进步。

（五）提供咨询服务

各种公共关系协会应该把向社会提供公共关系咨询服务、维护公共关系工作者的权益、协调各类组织的关系与行动作为自己不可推卸的责任。有义务向公众宣传和介绍公共关系的基本知识，并且为会员和公众提供公共关系技巧和管理方面的深造机会。

90年代前期，行业的快速发展和协会组织不懈的努力，使公共关系理念传进千家万户，这很大程度上是改革开放的成果，正如李瑞环所说"中国公共关系事业发展是中国改革开放的必然趋势"[①]。

第七节　重新启动：专业报刊停刊潮，电视成公关新媒介

一、公共关系专业报刊的停刊风波

80年代末到90年代前期，随着"公关热"的到来，在明安香等人的《公共关系学——塑造形象的艺术》出版之后，一大批公共关系著作相继问世。《北京公共关系报》《公共关系杂志》等多家正式或非正式的公共关系报刊相继创办。根据《中国公共关系大辞典》，到1992年，专业性的公共关系报已发展到29种。专业性的公共关系传播媒介的发展，极大地推动了公共关系的普及和公共关系向纵深的发展。

20世纪90年代初，由于中国的公共关系教育呈现"狂热"态势。这种狂热的态度对于公共关系的普及是有积极意义的，但不切实际的放大公共关系职能，脱离需求的扩展公共关系人才培养规模，缺乏创造性的公共关系教材编写，必定导致狂热过后的低谷。尽管早在1992年就有人呼吁"公关热的冷思考"，但依然无法遏制"浮躁"的势头，最终，20世纪90年代中期公共关系

---

① 彭秦平，谢伟光. 公共关系实务 [M]. 北京：清华大学出版社，2004：28.

发展步入理性调整时期。而此时的公共关系专业报刊市场萎缩，除《公关世界》杂志以外，各地的公共关系报纸纷纷停办。连在公共关系界享有盛誉，被称为"两报一刊"的全国公开发行的"两报"——浙江的《公共关系报》、青岛的《公共关系导报》也停刊了。

　　此时，专业公共关系报刊的公共关系活动也在调整中继续前行。1993年4月，中国国际公共关系协会第一届理事会第三次会议提出了"开拓、建立和发展中国公关市场"的战略构想；7月15日，柴泽民会长在《公共关系报》头版又发表了题为《中国公共关系市场——一个值得研究的新课题》的文章，引起了中国公共关系市场的热烈讨论，对本地公共关系市场的建设和发展产生了重大的推动作用。1993年10月和1994年9月，中国国际公共关系协会与《公共关系报》（浙江）合作推出了"中国公共关系市场"和"公关实务界人士眼中的中国公共关系市场"两个专版；1994年9月，与中国环球公共关系公司合作举办了"中国公共关系市场高级研讨会"；同年11月，与《中国名牌》杂志推出了"机遇、策略与发展——中国公共关系市场特别报道"。不过，在90年代后期的行业整顿的过程中，《公共关系报》最终还是停办了。

【相关链接】

90年代前期比较具有代表性的专业报刊

　　1990年广州市公共关系协会成立之初创刊的《广州公关》杂志，其前身为《广州公关报》和《公关通信》，每两个月出版一次。广州市公共关系协会的内部刊物《广州公关》，是协会传播现代公共关系理念、介绍国内外公共关系资讯，会员交流公共关系信息及公共关系经验的平台，是广州地区公共关系行业专业发展的助推器。在广州市政协（主管机构）、协会各会员单位以及各界公共关系人士的关心和支持下，《广州公关》茁壮成长，为广州市的经济、文化和社会发展作出贡献。1993年在石家庄创刊的《公关世界》杂志由中国公共关系协会、中国国际公共关系协会与河北省国际国内公共关系协会

《公关世界》1995年第9期

共同创办。《销售与市场》是中国市场领域最具影响力、权威性的营销实战期刊。自 1994 年创刊以来，坚持"实用性、专业性、权威性、国际性"的办刊方针和市场定位，以全新的理念切入市场，紧扣中国经济生活主旋律，与中国企业同频共振。它由海内外顶级研究学者和国内著名企业经理人两个层面构成的专家型作者队伍，有力地支撑了"过程、方法、细节"的办刊理念。《商界》杂志创刊于 1994 年 1 月，是以宣传人文精神为本，倡导优秀商业文化和弘扬积极人生哲学的商业财经月刊，同时也是当时中国比较权威的招商杂志。

二、公共关系顾问市场的春雷觉醒

20 世纪 90 年代，虽然公共关系专业报刊在中国市场上进入了整顿时期，但是，其他社会机构并没有轻视公共关系的发展前景。很多政府组织、行业协会、企业、媒体等通过报刊，如企业内刊、专业杂志等开设公共关系专栏或者进行公共关系活动。

1991 年 8 月，上海市公共关系协会、《解放日报》、上海社会科学院联合举办了《700——上海形象》研讨会。上海市公共关系协会会长毛经权、上海社会科学院副院长夏禹龙、《解放日报》副总编余建华等出席了会议。会上，老上海代表唐振常、文化局局长孙滨、旅游局副局长张包镐、铁路局总经济师胡志超、作家秦瘦鸥等上海各界人士，围绕城市科技、城市建设、城市交通、城市环境、城市旅游、城市文化等各个问题展开研讨。《解放日报》新闻专版对此进行了重点报道。

1991 年 11 月，上海市公共关系协会与《新民晚报》共同举办"影星"杯公关知识竞赛活动。

1994 年 9 月 6 日，"中国公共关系市场高级研讨会"在京举办。同年《中国经营报》刊登"中国公共关系市场探索"专版，掀起中国公共关系市场讨论热潮。1996 年 6 月 4 日，《中国经营报》上推出了"中国公关业——一个生机勃勃、尚待规范的大市场"专版。

这些讨论极大地促进了本地公共关系顾问市场的发展，公共关系顾问市场由此觉醒。

三、电视成为新型的公共关系媒介

电视是 20 世纪 90 年代初最具社会影响力的大众传媒。公共关系人员应该在娴熟地了解和掌握电视媒体制作基础上，根据各个不同的栏目、节目特性，把与本组织有关的公共关系信息"恰当的"纳入节目中去，既配合了电视台的工作，为其提供了合适的节目素材，又自然合理地通过电视台这一平台向社会大众传播了有关组织的信息，取得"双赢"效果。这里的关键是公共关系人员有没有知识与能力把本组织的公共关系信息输出与电视台各类节目的制作需要有机自然的联合在一起。从这个角度上说，公共关系人员必须成为媒体专家，了解电视台各类节目运作的规律与要求，有很强的媒体报道感，能够从组织的相关信息中敏锐"嗅出"电视台所需要的素材和报道"由头"[①]。

1990年，上海市公共关系协会与上海电视台联合摄制电视专题片《公关在上海》。该片主要反映公共关系这门新型学科在上海的逐步兴起和发展，反映了上海市公共关系协会成立以来所组织的大型公共关系活动及本市企事业单位如何运用公共关系手段为企业经营和产品经销服务，提高企业经济效益的典型事例。

1992年4月，首届上海公共关系精英电视大赛在上海电视台举行，此后的各种公共关系评奖、比赛纷至沓来，从某种意义上说，中国公共关系教育进入了社会层面。

1995年9月，为迎接第四届国际妇女大会召开，上海市公关协会、《上海公关》杂志和上海教育电视台"阅读上海"栏目共同举办了为期半年的"公关风采录"，每周三次向公众开播，一展上海公共关系人员的风采。

1995年3月20日，《中外优秀公关案例精选》10集电视系列片在北京电视台连续播出，引起社会广泛关注。

电视栏目方面：1993年5月1日，中央电视台开办了"东方时空"栏目，这个45分钟的杂志型新闻节目播出伊始就产生了广泛影响，改变了中国观众在早间不收看电视节目的习惯，被认为"开创了中国电视改革的先河"。1994年4月1日，中央电视台的又一个大型新闻互动栏目"焦点访谈"开播，多年来为人们所关注和喜爱，选择"政府重视、群众关心、普遍存在"的选题，坚持"用事实说话"的方针，反映和推动解决了大量社会进步与发展过程中存在的问题。

20世纪90年代前期，在社会主义市场经济体制逐步完善，经济快速发展的背景下，随着整个公共关系行业浮躁过后的理性反思，透过媒体我们从侧面清晰地看到整个公共关系市场发展的弊端和潜在需求，从而促进了公共关系市场进一步的延伸和拓展。

---

① 李磊. 公共关系实务［M］. 北京：中国广播电视出版社，2004.

第八节　国际视野：国内外交流频繁，
公关新趋势引关注

自 1992 年，清华大学的李希光教授与美国宾州大学的刘康教授合作出版《妖魔化中国的背后》一书以后，如何塑造与维护国家形象这样一个极为重要的战略问题便摆在了国人的面前。由于全球化进程的快速发展，国与国之间的交往，各个民族之间的往来，国家间商务、文化、政治交流的日益频繁，树立并维护一个国家、一个民族、一种文明的形象和整体声誉，加强与内外信息沟通交流等问题便凸显出来了。正是这个国际大背景之下，国际性的公共关系活动被提上了各国的议事议程①。

一、让世界了解中国，让中国走向世界

国际公共关系界的交流与合作主要是指世界各国公共关系组织、公共关系人员之间的联系、交往、沟通和协作。1955 年成立的国际公共关系协会就致力于开展这方面国际公共关系工作，以推动国际公共关系事业向前发展。

20 世纪 90 年代以后，随着改革开放的深入，中国公共关系的发展，中国公共关系市场逐步拓展，我国的公共关系国际交流进入了一个崭新的发展阶段，中国的声音出现在了国际公共关系的舞台上。

中国国际公共关系协会 1991 年成立以来，本着"让世界了解中国，让中国走向世界"的宗旨，致力于加强中国公关界与国际公关界的联系，每两年一届的中国国际公共关系交流大会就是很好的实践之一。这为国内公关界认识和了解国际公共关系市场，为国内企业提供国际公共关系服务，培养和输送国际公共关系人才创造了特定的氛围和环境，也为国际社会了解中国公共关系业的市场发展的潜力提供了机会。

与此同时，国外一些大型公共关系公司的高级管理人员陆续来华访问，他们与中国公关界接触和交流的侧重点在了解中国公共关系市场的发展程度，探讨在中国市场上进一步发展的机会。

---

① 李磊. 公共关系实务［M］. 北京：中国广播电视出版社，2004.

二、国际公共关系会议及活动

随着世界各国交往的密切，国家间的各种非政府性质的会议的召开越来越频繁，人们通过各种类型的国际会议，加强彼此间的交往和了解，促进不同国家、不同团体间的信息横向交流，展示了各自不同的风貌和文化理念。同时，国际性的会议也为会议召开所在国、与会者和主办方提供了一个向全世界展示自己的公共关系水平的良好机会。鉴于这种会议极具新闻报道价值，是吸引海外媒体尤其是所在各国媒体广泛报道的大好时机，因而受到了普遍的重视，亦成为专业国际公共关系传播公司、主办单位最为主要的一种国际公共关系活动业务。

国际公共关系协会每三年举办一次的世界公共关系大会，通常都有来自世界各地千名左右的公共关系界人士参加。而它每年两次的理事会和各种专业研讨会，与会者也有达数百人之多。1992 年 5 月在香港和深圳蛇口召开的该年上半年度的国际公共关系协会理事会和"走向亚太世纪"的专业研讨会，吸引了 30 多个国家和地区的 170 多位公关界人士和国内的 150 多位公关界、企业界代表参加，盛况空前，被该年度国际公共关系协会主席称为"国际公共关系协会发展史上的一个里程碑"[①]。大量的国际性公共关系协会对于加强世界各国公关界的相互联系、促进专业交流、增进彼此了解，起到了积极的作用。

国际公共关系协会自 1990 年起还开始组织了一年一度的世界最佳公关金奖大赛。我国公关界以多种方式参与到大赛中，作为参赛者、作为获奖者、或作为评委，中国公关界以更积极的态度参与国际公关界的活动。1993 年的大赛有 33 个国家和地区的 168 个公共关系项目参赛，其中 14 个国家的 30 个案例获得大赛金奖；1994 年大赛有 29 个国家和地区的 143 个公共关系项目参赛，其中 17 个国家的 47 个案例获得大赛金奖[②]。这样的国际性案例评比活动有利于加强世界各国公共关系事务经验的交流，也有助于提高各国公共关系从业人员的业务水平。这无疑也是一种收益颇多的国际公共关系活动。

1991 年 7 月，深圳大学大众传播系组织参加了 1990 年世界公关最佳金奖评选活动，参评项目"在中国创立并推进公关教育"，获得"特别公关项目金奖"，开启中国公共关系教育获得国际认可的先河。

---

① 郭惠民. 国际公共关系教程［M］. 上海：复旦大学出版社，1996.
② 郭惠民. 国际公共关系教程［M］. 上海：复旦大学出版社，1996.

90 年代，国际上的一些公共关系报刊上，也可以见到更多关于中国公共关系的报道。如此频繁的接触，积极的交流，使得中国公共关系的发展成为国际公关界人士关注的焦点之一。

三、营销公关、绿色公关、危机公关成为国际新趋势

90 年代，公共关系的作用不再仅仅局限于作为社会组织的一种管理功能。它越来越在人类社会的一些重大问题上发挥着积极的作用。同时，国际公共关系的发展出现了一些新的内容和动向。

（一）营销公关与整合营销传播

90 年代以来，国际公共关系实践的一大发展趋势是与企业密切相关的市场营销，公共关系与市场营销两大功能整合运作，形成"营销公关"的新概念。此前，人们热衷于将市场营销与公共关系作为两种不同的管理功能予以区分，实际上公共关系在企业及其产品的市场营销方面有着十分重要的作用。营销公关既是对公共关系所提供的营销作用的进一步肯定，又是市场营销与公共关系嫁接、合成后产生的健康的第二代①。

正如公共关系专家所言："广告诉求至人心，公关诉求至人脑；广告动之以情，公关晓之以理。"② 越来越多的跨国公司及外商都在对外宣传时调整自身的营销战略，不断削减广告费用以加大公共关系活动的投入。据行业内人士统计分析，运用公共关系所取得的传播投资回报率约为一般传统广告的 3 倍③。

整合营销传播（Integrated Marketing Communication）兴起于商品经济最发达的美国，是一种实战性极强的操作性理论。它的内涵是："以消费者为核心重组企业行为和市场行为，综合协调地使用各种形式的传播方式，以统一的目标和统一的传播形象，传递一致的产品信息，实现与消费者的双向沟通，迅速树立产品品牌在消费者心目中的地位，建立品牌与消费者长期密切的关系，更有效地达到广告传播和产品营销的目的。"④

整合营销传播理论主张把一切企业的营销和传播活动，如广告、促销、公关、新闻、直销、CI、包装、产品开发进行一元化的整合重组让消费者从不同

---

① 郭惠民. 国际公共关系教程［M］. 上海：复旦大学出版社，1996.
② 谢红霞. 营销与公关的商业价值及整合［J］. 商业时代，2005（17）：32 - 33.
③ 郭洪. 品牌营销学［M］. 成都：西南财经大学出版社，2006.
④ 梅花网. 电影产业"整合营销"理念的兴起［EB/OL］. 2010 - 06 - 13/2019 - 01 - 06. http：// www. meihua. info/a/55110.

的信息渠道获得对某一品牌的一致信息，以增强品牌诉求的一致性和完整性。对信息资源实行统一配置、统一使用，提高资源利用率。这使得营销和传播活动有了更加广阔的空间，可以运用的传播方式大大增加了①。这一创新理论的提出对国际公共关系理论的发展具有重大的意义。

（二）环保运动和绿色公关

在国际公共关系的新发展中，绿色公关是其中的新亮点。宣伟公司1990年所做的世界公共关系市场调查显示，就各专业公共关系领域而言，未来发展速度最快的将会是绿色公关。

随着经济的发展，各国的工业水平有了突飞猛进的提高。与此同时，人类社会不得不面临一系列日益严重的环境问题，如臭氧层的耗损加大、土壤的流失、森林面积锐减、沙漠化扩大等，这些问题的出现直接威胁着人类的生存和发展，与人类社会的共同命运密切相关。

为了在国际公共关系的领域里推动绿色公关实务的发展，早在1991年11月，国际公共关系协会就在内罗毕召开的理事会上通过了《关于环境和发展传播的内罗毕准则》，该准则对从事与环境问题有关的公共关系工作的公共关系人员提出了一系列要求。1991年和1992年世界最佳公关金奖大赛上，美国保护臭氧层工业联合会实施的保护全球环境的信息交流的公共关系项目和肯尼亚的非洲医疗研究基金会针对艾滋病传播开展的促进边境社会医疗保健运动，受到国际公关界评委和联合国官员的好评，1994年1月，国际公共关系协会又出版了第九号金皮书《可持续发展时代的环境传播》。这一金皮书全面论述了环境公共关系在当今人类社会发展中的重要作用，对环境公关实务的地位给予了颇高的评价。正如该文件最后所指出的，"可持续发展时代要求公共关系专业人员不断关注环境问题，因此他们会发现自己的环境责任在增强，这方面的机会在增多……公共关系能在解决环境问题上发挥它的有益作用"②。

（三）危机公关与问题管理

90年代的危机公关，作为一种专业公共关系实务早已进入了国际公共的领域，并正在成为国际公共关系的一项重要的内容。就企业而言，危机的出现往往只涉及企业的员工、股东、产品和消费者。但国际危机问题从自然灾害、毒气泄漏、放射性物质泄漏、核弹的研究到电脑黑客及恐怖分子活动，类型众多而且复杂，对全世界造成的影响和危害巨大。同时，由于传播信息业的发展，尤其是当互联网时代到来，一个地方的危机事件能在非常短的时间内传播

---

① 陈小拉．"整合营销传播"理论解读［EB/OL］．2012-05-21/2019-01-06．http：//www.ceconline.com/sales_marketing/ma/8800063956/01/．

② 郭惠民．国际公共关系教程［M］．上海：复旦大学出版社，1996．

到世界的任何角落，进而，对所在的国家和地区的形象和名誉产生相当大的影响。因此，国际危机公关的发展引起全球各类公众的极大关注。

90年代，问题管理作为一种专业公共关系实务，在国际公共关系领域已有了它的一席之地。问题管理的公共关系实践最早出现在70年代的美国石油工业中。90年代越来越多的国外组织通过开展问题管理的工作，预测社会各种经济和政治问题将给企业带来的影响，并尽早采取必要的行动，以在引导这些问题向着积极的方向发展上发挥作用。问题管理主要表现为组织对社会环境变化的一种主动和积极的反应，它丰富了公共关系这一管理职能的内容①。

①　郭惠民. 国际公共关系教程［M］. 上海：复旦大学出版社，1996.

第五章
四海一家：中国公共关系国际化进程
(1997—1999)

本章主题词：邓小平理论　香港回归　澳门回归　CS　医疗改革
互联网　中国国际公共关系大会

20 世纪 90 年代中后期，在中国公共关系协会和中国国际公共关系协会的推动下，中国公共关系走上了职业化、规范化、专业化、国际化的发展道路。

1996 年 4 月，中国国际公共关系协会举办了首届中国国际公共关系大会（即友谊宾馆会议），这种全国性的中外专业交流活动，极大地推进了中国公共关系业的专业化发展。本次会议的召开反映了中国公共关系理论探索研究视野在扩大，并走向国际化，关注国际公共关系研究前沿的发展趋势。

与此同时，公共关系活动多以策划公共关系活动为主，摆脱了 80 年代认为公共关系就是"迎来送往"的误解，更重视创意策划，90 年代中后期公共关系呈现出"策划型公关"的新特征。

第一节　时代背景：邓小平理论的确立与
中国特色社会主义

一、邓小平理论的确立与公共关系事业理论基础的奠定

1997 年 9 月 12—18 日，中共十五大在北京召开。这次大会的主题是：高举邓小平理论伟大旗帜，把建设有中国特色社会主义事业全面推向 21 世纪。

中共十五大高举邓小平理论伟大旗帜，总结了中国改革和建设的新经验，

把邓小平理论确定为党的指导思想，把依法治国确定为治国的基本方略，把坚持公有制为主体、多种所有制经济共同发展，坚持按劳分配为主体、多种分配方式并存，确定为中国在社会主义初级阶段的基本经济制度和分配制度，党对建设有中国特色的社会主义事业的跨世纪发展做了全面部署。

改革开放以来，特别是中共十五大以来，各级地方党政机关在公共服务、行政改革、政治透明、基层民主、科学决策、公民参与、法治建设、扶贫帮困等诸多方面进行了许多大胆的改革与创新。而在此基础上进行的公共关系理论与实践的全面开展，更是深受人民群众的欢迎，有力地推动了社会主义政治文明建设。

二、稳定政治环境下的中国公共关系发展与茁壮成长

90年代中后期，"稳定压倒一切"保证了经济在复杂多变的国际环境中前进的步伐，抵挡了诸如1998年金融危机等风险，使中国走向健康、快速的发展道路。这对中国公共关系的发展，同样具有重大影响。稳定的政治环境，为中国公共关系的发展提供了良好的生长环境，摸索自己的发展道路。在坚持"发展就是硬道理"的基础上，中国经济稳步前进。而此时的中国公共关系，也紧扣经济发展的脉搏，在历经了简单模仿、大量的理论引入之后，人们从狂热的公共关系万能论中走出来，思索在中国社会环境中如何发展公共关系，中国的公共关系在90年代末期开始新的沉淀，并逐渐形成自己的发展脉络。

三、迅猛发展的物质手段提供——快速发展的新闻传媒

90年代中后期，媒体技术加速发展，人们可以接触到的媒介资源越来越多，这在客观上促进了以传播为手段的公共关系的发展。以前那种一两种媒体独霸世界的时代已经一去不复返了。媒体的多样性和多元性，以及内容的极大丰富性，赋予受众更大的选择能动性和自由度。

20世纪90年代中后期，随着互联网技术的发展，引发了传播领域的第五次革命——网络传播，它不仅为现代公共关系提供了具有全新功能的传播媒体，而且为公共关系活动的开展提供了新理念和新视角。竞争使媒体与接受者的关系由原来的教育与被教育、指导与被指导，甚至命令与被命令的关系变为服务与被服务的关系。高科技的媒介发展让公共关系有了更为宽阔的舞台，为中国公共关系的发展提供了必要的物质手段。

第二节 港、澳回归：政府国际
公共关系进入新阶段

20 世纪 90 年代中后期，在打破西方制裁之后，中国国际公共关系主要面临三项任务：一是应对多极化趋势带来的国际关系的种种变化；二是反对各种霸权主义和强权政治，维护世界和平，推动建立更加公正合理的国际政治经济新秩序，以维护世界各国、特别是广大发展中国家的权益；三是应对经济全球化趋势和高科技迅速发展给中国带来的影响。1998 年，江泽民明确指出，在国际经济领域中，一个引起人们普遍关注的趋势，就是经济全球化。经济全球化趋势和以信息技术为代表的高科技迅猛发展，导致综合国力的竞争日趋激烈。

一、公共关系助力祖国统一

在中国共产党的领导下，中国全面执行了既定的各项外交基本政策，并根据国际形势的变化和新的实践丰富和发展了它们的内涵。中国外交独立自主的特性更加鲜明，突出表现在：

第一，始终把国家的主权和安全放在第一位，决不允许任何国家干涉内政。在涉及国家利益和国家主权的问题上，不屈服于外来压力；对损害中国根本利益、侵犯中国主权的行动，中国政府进行了竭尽全力的斗争。

第二，坚持根据国情，自主决定开放的领域和速度。面对日益明显的经济全球化趋势，一方面坚持扩大开放，积极参与国际经济合作与竞争，充分利用经济全球化带来的各种有利条件和机遇；另一方面又对可能遇到的风险保持清醒认识，加强防范，切实维护国家经济安全。

第三，坚守真正的不结盟。在参与处理国际事务时，从中国人民和世界人民的根本利益出发，根据事情本身的性质，决定自己的政策立场。坚持反对霸权主义和强权政治；在国际共产主义运动中不扛旗，在发展中国家不当头。

在 20 世纪 90 年代，中国通过坚持不懈的努力，通过对话、协商和谈判，解决或缓和了与其他国家之间长期存在的一些分歧和争端，为稳定国际关系大局，维护地区和世界和平作出了重大贡献。除了对话渠道外，还重视公众议政活动的开展，主要利用报纸、杂志、广播、电视等大众媒介，围绕公众关心的热点问题，动员公众献计献策。

香港和澳门的顺利回归，是中国按照"一国两制"方针，通过谈判解决历史遗留问题的成功范例。中国政府于 1997 年 7 月 1 日，对香港恢复行使主权；1999 年 12 月 20 日，又对澳门恢复行使主权。这一时期，我国同一些邻国在解决历史遗留的边界问题上也取得重大进展。中俄两国经过谈判，1991—1999 年先后达成五项边界协定和议定书。

【相关链接】

97 香港回归、99 澳门回归

1997 年，全世界的目光聚焦到中国。1997 年 7 月 1 日零点，中华人民共和国国旗和香港特别行政区区旗在香港升起，经历了百年沧桑的香港回到祖国的怀抱，中国政府开始对香港恢复行使主权。

1997 年 6 月 30 日，国家主席江泽民率中国政府代表团抵达香港，出席香港政权交接仪式，这是中国最高领导人首次踏上香港的土地。同日，中央军委主席江泽民发布《中国人民解放军驻香港部队进驻香港特别行政区的命令》，命令中国人民解放军驻香港部队进驻香港特别行政区，于 1997 年 7 月 1 日零时开始履行防务职责。中国人民解放军驻香港部队进驻香港欢送大会在深圳隆重举行。中共中央政治局常委、中央军委副主席刘华清代表党中央、中央军委向即将启程的驻港部队官兵表示欢送，并发表重要讲话。

6 月 30 日午夜至 7 月 1 日凌晨，中英两国政府香港政权交接仪式在香港会议展览中心新翼五楼大会堂隆重举行。6 月 30 日 23 时 42 分，交接仪式正式开始，中方国家主席江泽民、国务院总理李鹏、国务院副总理兼外交部长钱其琛、中央军委副主席张万年、香港特别行政区首任行政长官董建华，英方查尔斯王子、首相布莱尔、外交大臣库克、离任港督彭定康、国防参谋长查尔斯·格思里，同时步入会场登上主席台主礼台。1997 年 7 月 1 日零时，中华人民共和国国旗和中华人民共和国香港特别行政区区旗在香港升起。零时 4 分，中华人民共和国主席江泽民庄严宣告：根据中英关于香港问题的联合声明，两国政府如期举行了香港交接仪式，宣告中国对香港恢复行使主权。中华人民共和国香港特别行政区正式成立。这是中华民族的盛事，也是世界和平与正义事业的胜利。经历了百年沧桑的香港回归祖国，标志着香港同胞从此成为祖国这块土地上的真正主人，香港的发展从此进入一个崭新的时代。这也是 90 年代我国政府国际公共关系的一座里程碑。

1999 年 12 月 20 日，澳门顺利回归，这是继香港回归之后，祖国统一大业的道路上又一重要里程碑，也是 90 年代我国外交工作中的又一件大事。在"一国两制""澳人治澳"、高度自治的方针指引下，澳门会更美好。

1997 年香港回归

（资料来源：人民网，http：//politics. people. com. cn/GB/8198/70654/70659/4796248. html）

1999 年澳门回归

（资料来源：中国网，http：//www. china. com. cn/photo/zhuanti/guangyin/2008 - 11/17/content _ 16777297. htm）

二、全方位、多层次外交格局

中国政府的公共关系发展到 90 年代中期，逐步走向国际化、规范化。

（一）致力于发展新型大国关系

稳定并发展同大国、尤其是发达国家的关系，对于中国的现代化建设、对于维护世界的和平与发展具有重要意义。90 年代中期，中国领导人提出，要积极致力于发展以不结盟、不对抗、不针对第三方为主要特征的新型大国关系。

俄罗斯是中国最大的邻邦。1991 年年底苏联解体，中俄随即建交，实现了从中苏关系到中俄关系平稳过渡。两国关系从此进入相互尊重，睦邻友好的新阶段。1992 年，中俄宣布结为友好国家。1996 年，中俄宣布"决心发展平等信任的、面向 21 世纪的战略协作伙伴关系"。1997 年，两国签署《关于世界多极化和建立国际新秩序的联合声明》；2001 年，两国签署《中俄睦邻友好合作条约》。中俄两国认真总结了历史经验与教训，认为社会制度和意识形态的差异不应妨碍双方关系的发展，双方都应尊重对方的发展道路。两国有强烈的意愿，成为好邻居、好伙伴、好朋友，十几年来双方在政治、经济等领域的交流与合作进一步扩大。

中国领导人一贯用战略眼光和长远观点来审视中美关系，坚持以中美三个联合公报作为发展双方关系的基础，主张按照相互尊重、平等协商、求同存异的精神，正确处理两国间的分歧，积极寻求共同利益的汇合点。1997 年 10 月，江泽民对美国进行国事访问。这次访问结束了中美关系长达 8 年的困难局面，为面向新世纪的中美关系确定了框架和发展方向，双方宣布将共同致力于建立面向 21 世纪的建设性战略伙伴关系，这在当时不仅符合两国人民的根本利益，也有利于亚太地区乃至整个世界的和平稳定发展。

中国同西欧的关系自 1991 年基本恢复正常之后，进入了稳步发展的阶段。中国与西欧各国首脑频繁互访，有力地推动了双方关系的发展。1997 年，中法两国决定建立面向 21 世纪的全面伙伴关系。1998 年，中英两国也宣布建立全面伙伴关系。欧盟作为重要的地区性组织，也先后采取一系列有利于中欧关系发展的举措。1998 年，中国—欧盟首次领导人会晤在伦敦举行，双方发表联合声明，强调中欧愿意建立面向 21 世纪的长期稳定的建设性伙伴关系。随后，欧盟决定把对华关系提升到与美、日、俄同等重要的水平，加强中欧政治对话和经贸等领域的合作与交流。在双方共同努力下，中国同欧洲国家在各个领域的合作均显示出良好的前景。

中国和日本是一衣带水的邻邦。1998 年，江泽民对日本进行国事访问，这是中国国家元首历史上首次访问日本。中日领导人就新世纪两国关系的发展达成共识，宣布建立致力于和平与发展的友好合作伙伴关系。中日关系的发展总体顺利，双方在各个领域的友好交流与互利合作不断取得进展。与此同时，中国同其他地区的发达国家如加拿大、澳大利亚、新西兰等国的关系也取得了令人满意的成果。

（二）稳定周边，加强同第三世界的合作

积极发展同周边国家的睦邻友好关系，维护和平与稳定，促进共同发展，是中国外交的重要目标之一。90年代初，中国同周边所有国家实现关系正常化，此后，同周边国家的关系不断深化。

1996年，中国成为东盟全面对话伙伴国。1997年底，双方发表了《中国—东盟首脑会议联合声明》，确定了双方建立面向21世纪的睦邻互信伙伴关系的目标和指导双方关系的原则。1997年亚洲金融危机爆发后，中国坚持履行人民币不贬值的承诺，并通过双边和多边渠道向有关国家提供援助，受到国际社会的广泛赞誉。此外，90年代末之后的一段时间内，中国和越南、老挝、柬埔寨等国家双边关系也得到很大发展。

巩固和发展与南亚各国的友好合作关系是中国稳定周边的重要组成部分。1996年11月，江泽民实现了中印建交以来中国国家元首的首次访印。访印期间，江泽民提出了中国与南亚各国共同构筑面向未来的长期稳定的睦邻关系的五点主张。两国决定在和平共处五项原则基础上建立面向未来的建设性合作伙伴关系。随后，中国和巴基斯坦也宣布共同构筑面向21世纪的全面合作伙伴关系。

苏联解体后，各加盟共和国成为独立国家。1992年初，中国与中亚五国建交。1996年4月，中国、俄罗斯、哈萨克斯坦、吉尔吉斯斯坦、塔吉克斯坦五国元首在上海签署了关于在边境地区加强军事领域信任的协定；次年4月，又在莫斯科签署了相互裁减军事力量的协定。"上海五国"机制是当代国际关系中一次重要的外交实践，首创了以相互信任、裁军与合作安全为内涵的新型安全观，提供了以大小国家共同倡导、安全先行、互利协作为特征的新型区域合作模式。

中国关注朝鲜半岛的和平与稳定，一贯主张朝鲜南北双方通过对话改善关系。另外，中国同蒙古的关系也一直朝着长期稳定的方向发展。在实施稳定周边战略的同时，中国也加强了同非洲、拉美等世界上其他地区发展中国家在各个领域的友好合作关系。

中国同非洲以及西亚地区国家的关系继续朝着全面、稳定的方向发展，高层往来频繁，对话与合作显著加强。与此同时，同拉丁美洲各国的友谊也不断发展，相互了解日益加深，经贸关系稳步扩大。

（三）积极拓展多边外交树立大国形象

90 年代，中国在多边外交领域日趋活跃，取得了令人瞩目的成就。

反对霸权主义和强权政治，维护广大发展中国家的权益，是中国在多边外交活动中遵循的一个重要原则。冷战结束后，面对西方国家在多边外交领域以种种借口干涉发展中国家内政的做法，中国始终坚持尊重国家主权和独立、不干涉别国内政和平等互利等原则，与广大发展中国家密切合作、相互支持，对国际关系中的各种霸道行径进行了有效的抵制和斗争。对于联合国等组织旨在促进南北对话、加强南南合作的一系列有益工作，中国都给予支持并积极参加。中国同 77 国集团建立了行之有效的合作关系，并作为观察员参加了不结盟运动。

建立国际政治经济新秩序是国际关系的重大议题。冷战结束后，这个问题更加突出。中国主张和平共处五项原则、联合国宪章的宗旨和原则以及其他公认的国际法准则，应成为国际新秩序的政治基础。中国高度重视联合国在国际事务中的地位和作用。作为安理会常任理事国，中国认真履行有关职责，为维护国际和平与安全、为推动重大地区冲突的公正、合理解决，作出了自己的贡献。为解决人类共同面临的一系列重大国际问题，中国还广泛参加了联合国各专门机构的工作，广泛参与多边经济、社会领域的各项活动，促进国际合作。

20 世纪 90 年代，中国多边外交活动的一项重要内容是进行加入世界贸易组织的谈判。

20 世纪 90 年代，中国以开放的姿态发起和参加了一系列地区多边组织。中国明确表示支持在平等参与、协商一致、求同存异、循序渐进的基础上开展多形式、多层次、多渠道的地区对话与合作，积极推进与周边国家建立多边信任措施，维护地区安全与稳定，促进地区经济发展。

经过多年的外交公共关系努力，我国已基本建立起全方位、多层次的对外工作格局。特别是 20 世纪 90 年代下半期，这项工作取得了长足的进展。在构筑面向新世纪的对外关系格局时，我们既考虑到同大国和同发达国家的关系，也考虑同周边国家和广大发展中国家的关系；既重视发展与各国的双边关系，也积极开展多边外交活动[①]。

三、政府日益关注形象建设

政府形象是政府公共关系学的核心问题。政府形象是城市形象的一个重要

---

① 瞭望新闻周刊. 外交成就——中国外交成就令人瞩目 [EB/OL]. 2004 - 07 - 30/2019 - 01 - 05. http：//news. sohu. com/20040730/n221286360. shtml.

构成部分，在城市形象建设中处于主导地位。政府的良好形象是一个政府治理国家或治理城市的根本条件。因为政府既是城市形象建设的主体，是城市形象建设的倡导者、领导者和组织者，同时也是城市形象的重要载体、重要标志。政府的形象构成包括 8 个方面：即政策形象、组织形象、人员形象、环境形象、宣传形象、标识形象、文化形象、社区形象①。国内外公众对一座城市的认知和评价，最终会归结为对领导和管理这一城市的政府的认知与评价。

1990 年 6 月 28 日，杨尚昆签署主席令，颁布《中华人民共和国国旗法》。该法是为了维护国旗的尊严，增强公民的国家观念，发扬爱国主义精神而制定的。同时，也是以法律保护和树立我国政府的标识形象的一项重要举措。

90 年代，中国全面推行改革开放，从而对政府形象提出了新的特别的要求，政府公共关系的引入可以把政府形象更好地公之于众，使民众知晓政府，理解政府，从而更好地推动社会全面发展。

1998 年年底，在纪念中共十一届三中全会 20 周年时，中央不仅组织各种学习，也通过丰富多样的文艺演出来歌颂改革开放后的伟大成就，取得了良好的宣传效果。

1999 年 7 月 23 日，中国城市形象工程国际研讨会在京隆重举行，诸多政府官员、协会领导、专家学者参加了会议，推进了全国城市形象工程建设。

当国家或某一地区出现事故或遇到危机时，当代的政治家需从幕后走向前台。西方国家的政治家很懂得利用公众传播这一重要的传播媒介来宣传他们的改革措施，并且非常注意树立他们在公众中的形象。中国政治家在公众中的形象，也开始注重直接对话以及有声形象与屏幕形象的塑造，这种公关形象的设计不仅有利于个人，也有利于国家。如 1998 年 7 月长江流域的世纪大洪水，中国领导人多次通过电视屏幕，及时地把党中央抗洪救灾的决心和军民奋战在抗洪前线的情形告诉人民群众，中国共产党领导人民抗洪救灾的胜利，谱写了中国历史上的又一光辉篇章。同年香港为了推出"动感香港"的 98 新形象，香港特区半官方的旅游协会破天荒地联合所有商业电台和电视台一起作SHOW，开展声势浩大的形象宣传；主动邀请各国记者到港采访，提高香港在世界各地的曝光率；实行旅游大使计划，让出外留学的香港学子将香港旅游录像带到国外去推销香港等。这些对于政府形象的间接或直接宣传都是 90 年代末初具政府形象意识的政府形象宣传最早的实践。

---

① 廖为建. 论政府形象的构成与传播［J］. 中国行政管理，2001（3）：36 - 37.

第三节　重心转变：企业公共关系
从 CIS 变革为 CS

　　20 世纪 90 年代中后期，随着越来越多的国际商务运作模式被引进，专业公共关系公司渐渐被人所熟知。外国企业成功经验之一就是企业的公共关系活动大都由专业公司操作，借鉴此经验，国内企业对公共关系公司的需求增长；而随着竞争的激烈，国内企业意识到，公共关系对树立企业形象、促进企业发展、化危机为商机起着举足轻重的作用，企业对公共关系需求开始增长。此时，国内的企业领导普遍接受了"内求团结，外求发展"的理念，这意味着公共关系意识进入了企业管理者的头脑。

一、CIS 理论的神坛跌落

　　CIS 理论带来了一批公关神话，并一度使公共关系行业寻求到了十分具有实践指导意义的操作性理论，CIS 理论适应当时经济发展与市场需求，且符合随着物质发展带来的人的个性化需求。CIS 理论一度引起公共关系热潮，它带领公共关系行业走出 80 年代末的形象低谷，赋予公共关系新的生机。它化解了当时西方公共关系理论与中国本土不相融的窘境，为之提供了在本土进行研究、教学和实践的具体"下手处"。"CIS 像一根救命稻草，让这个行业有点实质性的事可干，或可大有作为"[1]。

　　好景不长，广东太阳神等一批 CIS 神坛上的明星企业在 90 年代中后期陷入困境，CIS 理论的辉煌化为泡影。深圳大学熊源伟曾经反思说："CIS 的要点是企业的个性。导入 CIS 是企业意识的改革，是体质的改善，是设计的延续和升华。如果把 CIS 仅仅局限在识别系统，那就是一个危险的误区。"[2] 只停留在形象、标识等表层的实践绝非企业的活力源头，一些企业实际上陷入了重视表面功夫而不注重企业个性追求的误区。然而误区总是令人着迷，在 CIS 最时髦的时候，很多乡镇企业都花钱设计 CIS，"随后把 CIS 放在抽屉里，根本用不着。"

---

　　① 胡百精. 合法性、市场化与 20 世纪 90 年代中国公共关系史纲——中国现代公共关系三十年（中）[J]. 当代传播，2013（5）.
　　② 胡百精. 合法性、市场化与 20 世纪 90 年代中国公共关系史纲——中国现代公共关系三十年（中）[J]. 当代传播，2013（5）.

　　1997 年，以服务闻名全国的郑州"亚细亚"在疯狂扩张中背负巨债，迅猛崛起后又轰然坍塌；1998 年，央视广告标王山东秦池酒厂的供应、销售和资金链断裂，从巅峰滑落泥潭之骤变令人瞠目结舌；1999 年，点子大王何阳亦因诈骗罪锒铛入狱 12 年，他此前的"1 800 多家企业策划杰作"亦遭全面质疑[①]。

一代标王秦池酒

（资料来源：搜狐，http：//www. sohu. com/a/208869309 _ 363412）

　　即将步入新世纪，而 CIS 带来的公关热潮却逐渐散去，一些负面新闻给了当时盲目跟风的企业当头一棒，并回归理性，寻找更为本源的东西。

二、企业公共关系部涌现

　　1998 年以后，越来越多的企业开始从 CIS 热潮中冷静下来，认真思考企业内部公共关系与管理的问题，很多企业加大对自身的企业文化建设和宣传，加强对内部员工的培训，完善企业内部的管理流程。企业内部公共关系走上了规范化、正规化的理性发展道路。

　　企业自觉投入资金培养公共关系队伍，进行公共关系人才的建设。当时的一部分企业领导自身有明确的公共关系思想，将企业公共关系作为企业管理和

---

　　① 胡百精. 合法性、市场化与 20 世纪 90 年代中国公共关系史纲——中国现代公共关系三十年（中）[J]. 当代传播，2013（5）.

经营的必不可少的组成部分，直接抓公共关系工作，将公关意识融入企业决策。如湛江市复印机工业公司的领导就亲手抓全员公共关系意识的培养，在大小会议上宣讲；亲手编写教材做专题讲座；选择适当的公共关系教材发至中层干部，组织他们自学；使公共关系意识深入全体干部和职工的思想。

于是，全国各地企业的公共关系部门如雨后春笋般出现。他们从事务部门分离出来，成为独立的机构。各行各业出现了各种各样的公共关系的职能部门，这些部门尽管名称各异（公关宣传部、公关营销部、公关策划部、公关发展部等），但功能大同小异，都不同程度的发挥着公共关系的功能①。虽然，当时的公共关系部门还达不到专业化程度，但已融管理、宣传、推销于一身，这无疑是符合公共关系总的原则的。这些组织成立了具有公共关系功能的机构，或在某些已有的机构中扩充了公共关系功能，企业越来越重视运用公共关系手段来保障和促进自身的发展。

三、企业公共关系新视点

中国企业公共关系开展 CS 活动，是 90 年代中后期中国企业公共关系的重要走向。当时，企业已经从"少品种大量生产"的 70 年代和"多品种少量生产"的 80 年代，进入到"变种变量生产"的 90 年代。因为大环境变化，越来越多的企业努力寻找有效的经营途径，把忠诚地为客户服务奉为准则，确立了以市场顾客为导向的经营哲学。因此，90 年代企业公共关系的视点，是开展 CS 活动，提升企业在激烈竞争中的抗衡能力，导入"义利合一"的思想，从而获得持久的发展②。

"CS"是 Customer Satisfaction 英文的缩写字母，CS 活动就是"让顾客满意活动"，这是 90 年代全球普遍奉行的理念。

日本不少公司的墙壁上都贴着写有"CS"字样的宣传画。索尼、丰田等公司，早在 1989 年初就均成立了以总经理为首的"顾客满意委员会"，为中级管理人员开办"让顾客满意"培训班，并要求他们定期到"顾客接待中心"等服务窗口直接听取消费者的意见。

美国学者的调查也表明，每有一名通过口头或书面直接向公司提出投诉的顾客，就约有 26 名保持沉默地感到不满意的顾客③。这 26 名顾客每一个人都会对另外 10 名亲朋好友造成消极影响，而这 10 名亲朋好友中，约 33％的人

---

①　何春晖. 中国公共关系的回顾与瞻望 [J]. 中国传媒报告，2002（2）.

②　张龙祥. 中国公共关系大辞典 [M]. 北京：中国广播电视出版社，1993.

③　张永琴. 论 CS 营销策略在旅游企业顾客管理中的运用 [J]. 江苏商论，2008（15）：25－26.

会再把这个坏消息传给另外 20 个人，换言之，只要有 1 名顾客不满意，就会产生 $1 \times (26 \times 10) + (10 \times 33\% \times 20)$ 即 326 人的不满意。因此，现代企业家清醒地认识到："顾客满意"就是经营，让顾客回到经营的起点上来。产品从工厂产出，如何实现本身价值是"第一次竞争"，而产品的咨询、送回、服务和安装等则是"第二次竞争"。CS 活动要求企业必须注重产品的这两次竞争。

产品的"第一次竞争"实际是产品形象的竞争，它依靠产品的视觉设计取胜，包括产品的品牌、商标、包装和造型等设计工程。如，产品"牌子"，它一旦受到顾客的偏爱，便会成为"名牌"，这就是企业的无价之宝。

如果说产品的"第一次竞争"是产品的审美价值，则产品的"第二次竞争"就是产品的附加价值。美国营销学家里维特曾说："未来的关键，不在于工厂能生产什么产品，而在于产品能提供多少附加值。"[1] CS 活动在这一层面的宗旨是最大限度地使顾客得到满足。

从现代人的消费心理来看，产品本身的实用价值固然重要，然而，产品所体现的审美价值和附加价值，将是左右其购买行为的最后抉择。顾客购买"产品"，实质上是在购买他从"产品"中期望获得的一系列利益和满足。我国经济体制的改革，突破了单一的计划经济运行而引进了市场机制。对每一个企业来说，如何适应市场变化，增强企业活力，关键在于变经营者第一位为顾客第一位。这种"顾客至上"的经营意识，其核心是使顾客满意。"顾客满意"则集中表现在顾客重复购买的程度。这种"重复购买"，不仅仅体现在顾客满意而由此产生的个体直线效应上，更重要的是体现在由一名顾客的满意而产生的"326 名顾客"的群体网状效应上。

海尔就是 CS 理念的很好的践行者，海尔"真诚到永远"的广告语，被消费者广为传颂。海尔人用汗水书写了种种服务传奇：1994 年的无搬动服务、1995 年三免服务、1996 年先设计后安装服务、1997 年的五个"一"服务、1998 年的星级服务一条龙，其核心内容是从产品的设计、制造到购买，从上门设计到上门安装，从产品使用到回访服务，不断满足用户新的要求，并通过具体措施使开发、制造、售前、售中、售后、回访六个环节的服务制度化、规范化。

1999 年海尔专业服务网络通过 ISO9000 国际质量体系认证；2000 年星级服务进驻社区；2001 年海尔空调的无尘安装；2003 年海尔推出了全程管家365 服务。10 年间，海尔的服务经历了 10 次升级，每次升级和创新都走在了

---

① 宋恒家. 服务是开拓市场最有效的手段 [J]. 科技致富向导，2006（8）：38 - 38.

同行业的前列①。

从海尔的成功案例我们可以看到在 90 年代后期，人们对于高品质高服务质量的产品或企业有相当好感，因而也更青睐这类品牌。当时的公司想要有所发展，提升服务质量并使之成为产品卖点之一是一个很好的选择，企业立足客户的公共关系模式由此开始带来新的发展，直至今日，"顾客至上"的理念仍然为人认可。

第四节　中国特色：非营利组织公共关系更符合国情

20 世纪 90 年代中后期，公共关系事业经过近 10 年的"冲浪"，开始步入稳步发展时期，公共关系作为一种管理功能被引入各行各业，从一开始仅限在服务行业进入到了各种形式的企业和经济实体，并扩展到各种社会组织和行业，如社会团体、企业、学校和政府部门。一种形象管理即无形资产管理的理念已广为所知。人们开始重视运用公共关系的手段来加强对组织的公众关系和公众舆论的管理。随着社会的转型，越来越多的非营利组织涌现，开始在社会发展中扮演起越来越重要的角色，非营利组织为越来越多的人所关注。

一、依托政府助力的非营利组织

非营利组织致力于提供各种社区服务，从事有价值的事业，代表众多团体利益，更代表市民组织和几百万志愿者的利益。1998 年夏天，在长江流域特大洪灾的抗洪斗争中和台湾地区 9·16 大地震的抗震救灾中，非营利组织展现出巨大能量，在短期内募集到的资金与组织的人力，几乎与政府所投入的经费不相上下②。纵观 20 世纪 90 年代，我国所有非营利组织中公共关系实践最为成功的是希望工程。

（一）我国非营利组织的活动领域

随着改革开放政策的全面推行，中国的经济、政治、社会生活以及文化观念发生了巨大的变化。这种变化很快反映到我国的非营利组织的发展中来。进

---

① 中国管理传播网. 营销 20 年：海尔家电开辟服务营销新途径 [EB/OL]. 2005 - 01 - 07/2019 - 01 - 05. http：//info. homea. hc360. com/2005/01/071600243907. shtml.

② 唐卓. 非营利组织及其在社会发展中的作用和存在的问题 [J]. 宁夏党校学报，2003（3）：91 - 94.

入 90 年代以后，中国政府确立了市场经济体制，而且明确了"小政府、大社会"的改革目标。经济体制的转轨和政府职能的转变为民间组织的发展提供了较为宽广的空间。经过一段时间的调整以后，随着市场经济的迅猛发展，公民个人以及其他社会力量投资兴办学校、医疗机构、社会福利机构、演艺机构等。非营利性社会服务组织的蓬勃兴起使非营利组织的发展在 90 年代中期出现了一个新的高潮①。

为了全面掌握我国非营利组织的基本情况，清华大学的非营利组织研究所从 1999 年起，着手在全国范围内进行较大规模的非营利组织调研。在 2000 年组织了一次大规模的问卷调查。根据调研的统计，中国非营利组织的活动领域分布如下表所示②。可以看到，教育类非营利组织是其中很重要的组成部分。

中国非营利组织的活动领域分布表

活 动 分 类	比例（%）	活 动 分 类	比例（%）
文化、艺术	34.62	动物保护	3.12
体育、健身、娱乐	18.17	社区发展	17.04
俱乐部	5.31	物业管理	6.17
民办中小学	1.99	就业与再就业服务	15.85
民办大学	1.13	政策咨询	21.88
职业、成人教育	14.19	法律咨询与服务	24.54
调查、研究	42.51	基金会	8.62
医院、康复中心	10.54	志愿者协会	8.16
养老院	7.03	国际交流	11.47
心理咨询	9.75	国际援助	3.32
社会服务	44.63	宗教团体	2.52
防灾、救灾	11.27	行业协会、学会	39.99
扶贫	20.95	其他	20.56
环境保护	9.95		

（注：为多项选择）

（二）90 年代后期，"官方色彩"浓重的中国非营利组织公共关系

20 世纪 90 年代开始，由于市场的进一步开放，企业作为独立经营者的重

---

① 王名，贾西津. 中国 NGO 的发展分析 [J]. 管理世界，2002（8）：30-43.

② 邓国胜. 非营利组织评估 [M]. 北京：社会科学文献出版社，2001.

要性被确定，社会和国家开始形成新的利益机构关系，社会稳定成为政治活动的重要目标，社会动员和参与的基础不可避免地被过度政治化了。在这种背景下，国家和非营利组织的关系也就变得微妙起来。

非营利组织的发展无疑推动了基层民众的自治意识①。但基层的民众参与却必须通过政府权力机构组织才能完成，它并非是完全自发的、自下而上的社会运动。因此，在中国非营利性组织研究很难将公和私分开来进行。

与此同时，如何在现行体制中，借用体制资源在稳定的组织架构下逐步建立具有中国特色的非营利组织行政体系，扩大民众在市民社会空间的活动自由，是当时中国非营利组织发展所必须考虑的问题。

根据清华大学的非营利组织研究所自 1999 年在全国范围内进行较大规模的非营利组织调研的问卷调查结果分析，当时中国非营利组织的发展呈现如下特点和最新变化②：

（1）地区分布不均衡。根据 1996 年中国基本单位普查资料，东部发达地区的社团数量较多，如江苏省、上海市、浙江省的社团数量分别占全国社团总量的 70％以上。而西部贫困地区的社团数量相对较少，如宁夏、青海等地的社团数量仅占全国社团总量的 1％以下。从社团从业人员的分布看，人数最多的上海市，占全国社团从业人员总量的 8.8％，而最低的宁夏、青海则不到 1％。因此形成了东部发达地区多，西部贫困地区少，从业人数也有很大差距的局面。

（2）活动范围有限。大多数组织只在特定区域内展开活动。据调查显示，全国 68.7％的非营利组织活动范围在一个市、区、县范围之内，跨省活动的只有总体的 6.3％，活动范围涉及港、澳、台地区或国外的为 6.1％。有 70.7％的非营利组织没有任何与海外的联系。

（3）非营利组织的规模一般不大，人员结构较为合理。调查显示，71.5％组织的专职人员在 1—9 个，许多组织雇用兼职人员，但较少使用志愿人员；普遍来说，非营利组织员工里有一定比例的年轻人（30 岁以下占 30％），但总的来说还是中年人居多（30—59 岁和 60 岁以上的员工占到近 70％）；文化程度以高中、中专和大专为主（占 59.1％）；员工中来自政府机关和事业单位转岗、分流、离退人员较多；近一半的非营利组织负责人有在政府部门任职的经历；人员构成专业化程度低，且优秀人才转向企业或国外机构的流动性较大。

（4）非营利组织主要的收入来源依赖政府，且财务制度不够健全。由各级

①　唐卓. 非营利组织及其在社会发展中的作用和存在的问题 [J]. 宁夏党校学报，2003（3）.
②　邓国胜. 非营利组织评估 [M]. 北京：社会科学文献出版社，2001.

政府提供的财政拨款和补贴占到 50%，政府以项目为引导的经费支持占 3.6%；除政府资金外，非营利组织其他主要的收入来源依次是：会费收入（21.2%）、经营性收入（6%）、企业赞助和项目经费（5.6%）。其他诸如募捐收入、资本运作收入、其他基金会赞助、国际组织和国外政府资助等方面的收入来源，合计不到 5%，总体上资金规模较小，收入结构单一；在财务制度上，一半以上的非营利组织通过内部审计或不通过审计作定期的财务报告，只有 14.7% 的组织通过注册会计师等外部审计进行规范的年度财务报告，而 10.5% 的非营利组织没有年度财政报告制度。

以上调研结果既反映了中国非营利性组织的当时的特点，也体现了它们在组织制度建设、资料来源状况和组织能力建设等方面存在的问题。当时的非营利性组织有相当大一部分是由传统的事业单位、人民团体和社会团体转制而来的。这些单位和组织大多数挂靠政府部门，依靠政府的拨款，行使政府的一部分职能，实际上是官方色彩很浓的准政府组织[1]。

（三）中国非营利组织公共关系的发展：挑战与机遇并存

20 世纪 90 年代后期，中国的政治、经济、文化、社会生活等方面都发生了巨大的变化，为非营利性组织的发展创造了良好的外部条件，其社会团体发展迅速，数量猛增。然而，中国非营利组织仍然处于在生长发育阶段，尚未成熟。中国民政部部长李学举曾指出，和发达国家乃至一些发展中国家相比，中国的公益事业还相对滞后。中国经济与社会发展不相协调，"是严峻的挑战，也是中国公益事业的发展机遇"[2]。

曾有人笑谈：中国许多营利组织不盈利，而一些非营利组织却在赚大钱。营利组织以盈利为目标，却会因经营不善，导致血本无归，甚至破产；非营利组织存在的目的不是盈利，却因管理有方，收入往往大于支出而盈利，使其组织可持续发展，不断发展壮大。虽然，非营利组织所强调的是：其宗旨不是为了盈利，但是他们存在的目的不是为了盈利并不等于他们不可能盈利。与此同时，包括学校、医院、慈善组织、宗教组织、合作团体等非营利组织更注重自身的社会形象塑造和公益资金的筹集，他们寻求政府、营利企业、个人等合作伙伴，共同进行非营利组织的公共关系活动，以筹集更多资金。自此，我国的非营利组织公共关系的发展走上了在探索中前进的道路。

1998 年 10 月，国务院颁布《民办非企业单位登记管理暂行条例》，同时，修订了《社会团体登记管理条例》。1998 年 8 月，颁布《公益事业捐赠法》。

---

① 王方华，周洁如. 非营利组织营销［M］. 上海：上海交通大学出版社，2005.

② 王方华，周洁如. 非营利组织营销［M］. 上海：上海交通大学出版社，2005.

随着一系列法律规范的颁布和执行，非营利组织在我国的发展正在逐步走上法制化的道路。这同样为我国非营利组织公共关系发展提供了正规、积极、健康的法律保障。

整个 90 年代，我国非营利组织公共关系发生了里程碑式的变化。各种迹象表明，非营利部门的公共关系活动在不断地增加。中国青少年发展基金会"希望工程"的成功实施，直接为 230 多万贫困地区孩子提供了救助，修建了 8 000 多所希望小学[1]；爱德基金会 16 年间逐步在中国大陆 30 个省（直辖市）实施农村发展、医疗卫生、教育、社会福利、防盲治盲、特殊教育和救灾等项目，成效显著；中国妇女发展基金会在短短两年多时间内，集资 1.5 亿元，在西部地区修建水窖 8 万余口，小型供水工程近 1 000 处，受益群众近 78 万人[2]。

希望工程 LOGO   爱德基金会   中国妇女发展基金会

同时，例如监督机制的匮乏、政府行政的干扰、资助的误区等因素也在制约着非营利组织公共关系的开展。

二、医疗公共关系市场竞争格局

中国的公立医院，由于其公益性、非营利性及产权特征，是典型的非营利组织。政府对非营利性医院的医疗行为、业务范围和服务价格也有较多的干预，以保证它能为广大人民群众提供费用比较低廉的基本医疗服务。在市场经济条件下，争取盈利是非营利医院实现特定社会目标的重要手段。中国目前对医疗机构实行分类管理，对两类医疗机构有不同的税收和价格政策。非营利性医疗机构仍然在我国医疗的服务体系中占主导地位，中国现有的医院绝大多数为非营利性医院。

---

① 大公报. 中国非政府组织多元发展 [EB/OL]. 2008-04-26/2019-01-05. http：//www. vnexpo. org/swzxshow. asp? id=1650.

② 大公报. 中国非政府组织多元发展 [EB/OL]. 2008-04-26/2019-01-05. http：//www. vnexpo. org/swzxshow. asp? id=1650.

（一）外资医疗机构抢占市场

改革开放以来，越来越多的外资、合资的民营医院在中国的医疗服务市场上落地生根。1997 年，由美中互利工业公司和中国医学科学院共同创办的中国的第一家中美合作医院——北京和睦家医院开业，该院为全社会提供全方位的国际标准医疗保健服务。这些外资及合资医疗机构带来了先进的管理理念和优质的人性化的服务，给中国公立医院的生存和发展提出了十分严峻的挑战。人们对医疗机构的消费已不再局限于"坐堂候诊""有病找医生开药方"，对心理、日常保健等方面的需求也在增加。同时由于知识经济的到来，高新技术的飞速发展，卫生费用不断上涨，政府对卫生的投入相对萎缩，迫使我国公立医院寻求新的筹资渠道，节省费用开支并设法合理地利用有限的医疗资源。许多医疗机构也转而运用市场营销手段指导其管理的活动，它们开发产品线，改进急救病房，进行科研，制定公共关系计划，向公司进行电话销售访问等，取得了一定的成效。

（二）医疗改革拉开序幕

1997 年，中共中央、国务院《关于卫生改革与发展的决定》的出台，拉开了医药卫生体制整体改革的大幕。随后，1998 年底国务院，《关于建立城镇职工基本医疗保险制度的决定》总体方案出台，确定要同步推进城镇职工基本医疗保险制度、医疗机构和药品生产流通体制三项改革（即三改并举）。1999年，我国各级卫生部门坚持以邓小平理论和中共十五大精神为指导，认真贯彻中共中央、国务院《关于卫生改革与发展的决定》，继续深化卫生改革，进一步提高卫生服务质量与水平，促进卫生事业健康发展。

（三）90 年代后期，医疗机构公共关系步入快速发展阶段

当时中国医院处于全面发展阶段，民营医院数量也快速增加，传媒业的发展和互联网的兴起，都促使医疗市场竞争局面开始形成。医疗广告媒介也从当初单纯的报纸、杂志增加到广播、电视、路牌、互联网，广告形式也多样化。这个时期，经济效益成为主导因素。广告违规现象开始凸显，医疗危机公共关系意识开始形成，老百姓对广告的认知度开始下降，医疗广告投诉案件逐渐增多，有关行政部门也开始重视相关问题。此后，一系列能够创造效益的新事物，诸如点名手术、特殊护理、特殊病房等在医疗系统全面开花。1993 年 10月 31 日，第八届全国人民代表大会常务委员会第四次会议通过《中华人民共和国红十字会法》，强调为了保护人的生命和健康，发扬人道主义精神，促进和平进步事业，保障红十字会依法履行职责；1997 年 12 月 29 日，第八届全国人民代表大会常务委员会第二十九次会议通过《中华人民共和国献血法》等法律，充分体现了 90 年代我国的医疗机构体制的逐步完善，社会公共关系活

动的逐步加强，与新闻媒介的合作也在不断扩大。

在服务意识与医疗机构建设方面，深圳市于 1996 年成立了国内首批社区卫生服务中心（简称"社康中心"），并自此展开了社康中心的创建工作。社康中心是社区居民家门口的公立医疗机构，在其服务模式上实现了从以疾病为中心向以人为中心的转变，从以医院为基地向以社区为范畴的转变，从"坐堂行医"到主动上门服务、连续跟踪与随访服务对象的转变。社康中心的医疗服务比医院更加主动、更加以人为本。与此同时，很多医院根据患者的需求来确定应该在何处设立分院或急诊处，分析一项新的服务能否吸引足够的患者，研究如何招募优秀的医生、护士、建立社区声望，争取得到更多的赞助。越来越多的医院行政管理人员积极参加市场营销研讨班，掌握更多的营销知识和本领，不断开发的服务项目。90 年代后期的医疗机构公共关系已经全面的步入正轨，并走向了快速发展的道路。

三、知识中心经济大力协助发展

1996 年，在制定国民经济和社会发展"九五"计划和 2010 年远景目标的过程中，提出了中长期教育发展目标的总体思路。1997 年，中共十五大报告明确提出："发展教育和科学，是文化建设的基础工程。培养同现代化要求相适应的数以亿计高素质的劳动者和数以千万计的专门人才，发挥我国巨大人力资源的优势，关系到 21 世纪社会主义事业的大局。"并就跨世纪中国教育的发展的改造进行了具体的部署。1998 年 3 月 19 日，朱镕基总理在九届全国人大一次会议记者招待会上宣布，科教兴国是本届政府的最大任务，并宣布中央将成立国家科技教育领导小组。

因此，在 20 世纪 90 年代后期，以制造业为中心的经济转向以知识为中心的经济。由于知识变得越来越重要，高等教育也就备受关注。无论对于个人还是用人机构来说，高等教育打造的人才都日渐从"奢侈品"变为"生存的必需品"。本科学历已经成为能否得到高技能工作岗位的衡量标准。个人经济比人类历史上任何一个时代都更要取决于其接受教育程度，掌握了专业技能和巨大学习能力的人就能获得前所未有的经济成功，那些没有受过良好教育的人则会发现他们面临就业劣势[①]。

无论从满足社会对人才的需要、个人职业发展的需要，还是从高等院校树

---

① 蒋凯. 从"奢侈品"到"生存的必需"——世界银行关于发展中国家高等教育的新观点 [J]. 全球教育展望，2002（6）：65 – 69.

立良好的品牌形象、提高学校的竞争力、扩大社会的影响力、维持自身长期的发展等方面来看，高等院校进行公共关系活动都是非常必要的。

（一）20 世纪 90 年代后期，学校公共关系发展现状

90 年代中后期，高等教育管理体制改革和布局结构调整方面取得了重大突破，部门办学、条块分割的局面得到了根本性扭转；办学体制改革不断深化，社会力量办学长足发展，外资已悄悄渗入到民办教育领域；学校内部管理体制改革向纵深发展；招生考试和毕业生就业制度改革有了新的进展；国际交流合作、后勤社会化改革全面展开；高校高新技术产业化工程进程加快；现代远程教育工程有了较大推进，教育信息化和教育技术现代化建设阔步前进。

各地逐步形成政府办学与社会各界参与办学相结合的新体制。义务教育主要由政府来办，同时鼓励其他社会力量按照国家法律办学，积极引导社会力量面向劳动力和人才市场需要兴办职业教育和成人教育。

1999 年 7 月 24 日，教育部、中科院、安徽省签署共建协议，推进中国科学技术大学发展成为世界知名高水平大学。截至 90 年代末，我国已有 600 多所高校实行中央部门与地方政府共建共管、合并、划转地方管理，大型企业和科研机构参与办学或以多种形式联合办学。

中国教育教学改革的根本目的在于全面贯彻教育方针，全面提高教育质量，为社会主义物质文明和精神文明建设服务。90 年代后期，各地区大力推行中小学素质教育的综合改革；在高等教育教学改革方面，制订并实施《面向 21 世纪教学内容和课程体系改革计划》。高等学校、中等职业学校招生缴费和毕业生就业制度的改革，改变了多年来由国家"包学费""包分配"的局面。以财政拨款为主、多渠道筹措教育经费的体制改革同步进行。各级政府依据《教育法》，为使政府教育财政拨款逐年增长并高于同年财政经常性收入的增长比例，做出了很大的努力，同时，对多渠道筹措教育经费的制度和方式进行了改革，包括征收教育税费、收取非义务教育阶段学杂费、发展校办产业，以及鼓励社会捐资、集资和设立教育基金等。1997 年，全面实行缴费上学制度的改革，国家配套实行专项或定向奖学金和贷学金，并对家庭困难的学生实行学费"减、缓、免"政策。毕业生就业制度的改革，在国家政策指导下，从一定范围的"供需见面、双向选择"到逐步建立人才市场，实现毕业生自主择业①。

与此同时，国际教育交流合作方面也得到了加强。例如，1999 年 3 月 15

---

① 教育部．陈至立：改革开放二十年的我国教育［EB/OL］. 2015 - 06 - 30/2019 - 01 - 05. http：//old. moe. gov. cn//publicfiles/business/htmlfiles/moe/moe _ 90/200408/3161. html.

日，教育部设立"中国语言文化友谊奖"。该奖授予在汉语教学、汉学研究及中国语言文化传播方面作出突出贡献的外国友人。每三年评选颁发一次，由教育部颁发或委托中国驻外机构等颁发①。

广泛利用传媒是高校公共关系活动最基本的方式。任何一种产品，无论是有形的还是无形的，其促销活动都离不开与消费者的沟通与理解。高等教育的最终消费者是社会与用人机构，社会与用人机构的倾向会对高等教育的直接消费者产生影响。因此，高等院校的促销活动应当以提升公关形象为目的，提高自己的知名度和美誉度。这种知名度和美誉度的提高是接受检验的结果。而高校与公众之间的相互了解离不开传播活动和公众活动。公共关系是非营利组织促销的一种基本方式②。

1998年8月4日，"长江学者奖励计划"启动。长江学者奖励计划是教育部和香港爱国实业家李嘉诚及其领导的长江基建有限公司共同筹资设立的。"长江学者奖励计划"包括在我国高校建立特聘教授制度和设立长江学者成就奖两项内容。建立特聘教授制度，即计划在3—5年内在全国高等学校国家重点建设学科中设置300—500个特聘教授岗位。特聘教授在任期内享受每年10万元岗位津贴③。长江学者成就奖即对任期内取得重大成就，作出重大贡献的特聘教授给予重奖。这是学校与企业共同进行公共关系的一则典型案例，通过和企业的双向沟通与合作，不仅为学校引来了高级人才，而且为学校解决了部分资金问题，同时企业也通过本次公共关系活动扩大了自身的社会影响力，提升了品牌形象。

（二）20世纪90年代后期，学校公共关系发展成果

在90年代中后期，在学校公共关系的大力助推之下，教育工作取得了一个又一个成功。

普及九年义务教育的工作有计划、有步骤地实施，到20世纪末，全国85％的人口所在地区将普及九年义务教育和扫除青壮年文盲，这是90年代教育发展的"重中之重"。1997年，小学学龄儿童入学率达到98.9％，初中阶段（12—14周岁人口）毛入学率达到87.1％。全国92％以上的人口地区普及了小学教育，65％以上的人口地区普及了九年义务教育④。

1995—2000年"国家贫困地区义务教育工程"启动，中央政府专款加上

---

① 中国政府网. "中国语言文化友谊奖"设置规定［EB/OL］. 2012 - 11 - 15/2019 - 01 - 05. http：//www. gov. cn/fwxx/bw/jyb/content _ 2267051. htm.

② 王方华，周洁如. 非营利组织营销［M］. 上海：上海交通大学出版社，2005.

③ 人民网. 1998年8月4日长江学者奖励计划全面启动［EB/OL］. 2003 - 08 - 01/2019 - 01 - 05. http：//www. people. com. cn/GB/historic/0804/2558. html.

④ 中国侨网. 中国教育事业［EB/OL］. 2005 - 05 - 01/2019 - 01 - 05. http：//www. chinaqw. com/node2/node116/node124/node185/userobject6ai111709. html.

地方政府配套资金共计 100 亿元，用于支持贫困地区普及义务教育。

中等职业教育发展较快，高中阶段教育在持续增长中调整了结构。中等职业教育在校学生数占高中阶段在校学生总数的比例，由 1992 年的 46.7% 上升到 1997 年的 56% 以上，总规模在 1996、1997 年连续两年超过 1 000 万人，基本上改变了高中阶段教育结构单一的状况。1997 年普通高中在校生达到 850 万人，整个高中阶段（15—17 周岁人口）毛入学率从 1990 年的 26% 上升到 40.6%[1]。

高等教育总体规模扩展很快，结构有所改善。1997 年普通高校 1 020 所，成人高校 1 107 所，共有本科、专科在校生 589.8 万人，比 1990 年增长 58.2%；在校研究生总数达 17.6 万人，比 1990 年增长 89%。每 10 万人口中有大学生 482 人，18—21 岁人口大学入学率达到 7.6%，初步形成了多种层次、多种形式、学科门类基本齐全的高等教育体系[2]。

占中国人口 9% 的 55 个少数民族的教育得到迅速发展。1997 年，各级各类普通学校中少数民族在校学生近 1 800 万人[3]。各级政府逐步增加少数民族教育经费，对有特殊困难的少数民族地区采取倾斜政策和措施。民族教育为加速中国民族地区经济和社会发展发挥着重要作用。

学前教育和特殊教育稳步发展。在学前教育方面，1997 年全国有幼儿 18.3 万所，在园幼儿（包括学前班）2 519 万人，幼儿毛入园率达到 40% 以上[4]。全国共有特殊教育学校 1 440 所，在校生总规模达 34 万[5]。除了设立特殊教育学校外，凡能适应正常学习的残疾少年儿童，都可进入普通中小学随班就读，多种形式的特殊教育正在不断扩大。

师范教育和教师队伍建设不断加强。通过正规师范学校教育和各种在职培训，全国小学和初中教师的学历合格率显著提高，分别从 1992 年的 82.7% 和 55.6% 上升到 1997 年的 93.1% 和 84.8%[6]。依照《教师法》，全国各地开始实施教师资格制度，推行"百万校长培训计划"，进一步提高学校管理水平。同时，依法实行教师比照国家公务员工资待遇的制度；启动"安居工程"，落实

① 中国侨网. 中国教育事业 [EB/OL]. 2005 - 05 - 01/2019 - 01 - 05. http：//www. chinaqw. com/node2/node116/node124/node185/userobject6ai111709. html.
② 中国侨网. 中国教育事业 [EB/OL]. 2005 - 05 - 01/2019 - 01 - 05. http：//www. chinaqw. com/node2/node116/node124/node185/userobject6ai111709. html.
③ 中国侨网. 中国教育事业 [EB/OL]. 2005 - 05 - 01/2019 - 01 - 05. http：//www. chinaqw. com/node2/node116/node124/node185/userobject6ai111709. html.
④ 中国侨网. 中国教育事业 [EB/OL]. 2005 - 05 - 01/2019 - 01 - 05. http：//www. chinaqw. com/node2/node116/node124/node185/userobject6ai111709. html.
⑤ 中国侨网. 中国教育事业 [EB/OL]. 2005 - 05 - 01/2019 - 01 - 05. http：//www. chinaqw. com/node2/node116/node124/node185/userobject6ai111709. html.
⑥ 中国侨网. 中国教育事业 [EB/OL]. 2005 - 05 - 01/2019 - 01 - 05. http：//www. chinaqw. com/node2/node116/node124/node185/userobject6ai111709. html.

教职工住房优先和优惠政策，健全教师内部奖励机制，为稳定教师队伍创造了很好的条件。

第五节　网络时代：互联网加速
公共关系国际化进程

公共关系在本质上追求组织通过传播手段与公众建立良好关系并与公众共享利益①。90 年代中后期，媒体技术的发展，使人们可以接触到的媒介资源越来越多，这在客观上促进了以传播为手段的公共关系的发展。

信息时代的到来，资讯泛滥，人们的注意力已经成为稀缺资源，"眼球"争夺战已成为媒体竞争的焦点。如何吸引更多的人关注自己，偏爱自己，从而吸引更多的客户来投放广告是当今媒体生存与发展的关键问题②。这就要求媒体在树立自身良好的品牌形象的同时加强与社会各界的沟通与合作，逐步完善内部运行机制。

一、传统媒体垄断过后的公共关系之战

在市场经济形势下，各大媒体原先所具有的垄断优势已经被打破，没有哪一种媒体可以强迫受众接受，即使是电视。人们的选择余地也越来越大，所以媒介也必须挖空心思来争取受众。

90 年代中期，客户排队做广告的时代已经悄然退场，晚报、都市报发展一浪高过一浪，报纸竞争出现新格局，同时更加激烈。如何抢占市场份额、如何吸引专业人才、如何增加资金来源成为报纸媒体发展的首要任务。报纸属于新闻媒体这一特殊产业，不但要像其他企业那样缴纳各种税收，还要承担当地党政部门的一些硬性摊派，如赞助文艺团体、购买体育场看台包厢、参建文化发展基金等。1997 年政府提出，到 2000 年底，国家将不再对多数新闻媒体实行税收的"先征后退"政策，引发众多媒体的担忧。正是由于出现以上这些情况，新闻媒体普遍面临着发展资金不足的困难，从而强烈要求有新的资金投入。

1993 年，由唐·E. 舒尔兹（Don E. Schultz）提出的整合营销传播理论

---

① 何春晖. 中国公共关系的回顾与展望 [J]. 中国传媒报告，2002（2）.

② 李东晓. 中国电视媒体的公关 ［EB/OL］. 中华传媒学术网，2005－8－26/2007－6－2，http：//www. chinapr. com. cn/web/Disquisition/.

（IMC）传入中国。从此，我国的各大媒体走上了整合营销的道路。《华西都市报》首次把各类基本营销因素，整合为城市大众化报纸抢占市场的营销组合模式。1996年，报社为全年订户买了5 000元人身保险；1997年，给全年订户买4 000元财产保险；1998年，给半年订户送一份"特别消费卡"，可在百多家消费场所享受优惠；1999年，季节折扣和送消费卡之外，还送套装饮品和购传呼机优惠券等。这一系列的活动大幅拉动了《华西都市报》的发行量。为庆贺创刊，《华西都市报》策划了一台"少儿精品歌舞文艺晚会"，由四川电视台录制播出，给初生的报纸做了一次长达几小时的电视广告①。

90年代中期，中国的报纸出现集团化的新趋势。1996年5月，中共中央宣传部批准建立的中国第一个报业集团——广州日报报业集团成立。正如国家新闻出版署在1996年1月15日《关于同意建立广州日报报业集团的批复》中所言："《广州日报》经过几年的思想理论、物质条件、运行机制等方面的准备，已经具备了较有影响的传媒实力，较灵活通畅的发行能力，在社会效益和经济效益两个方面都取得了较好的成绩。由《广州日报》组建中国首家报业集团，条件已经成熟。为此同意《广州日报》作为报业集团试点单位。"

在法律法规方面，媒体组织是政府、企业宣传工作的组成部分，在社会主义物质文明和精神文明建设中发挥着重要的作用。为认真贯彻党的十四届六中全会精神，把握广告宣传正确的导向，正确引导群众消费，《中华人民共和国广告法》自1995年2月1日开始施行。《中华人民共和国广告法》的实施，以及1997年2月1日颁发的《出版管理条例》为中国规范广告活动，在促进广告业的健康发展，保护消费者的合法权益，维护社会经济秩序，发挥广告公共关系在社会主义市场经济中的积极作用迈出了里程碑的一步。

【相关链接】

"凤凰卫视"的公共关系之路

凤凰卫视从1996年开播到之后十年的时间里，已经发展成为覆盖亚太、欧美、北非，众多国家和地区的全球性电视媒体，其惊人的发展速度被国内的电视界奉为神话。然而，成就的取得并非某单一方面的功劳，而是综合因素的作用，公共关系是其中之一，也是十分重要的一个因素。凤凰卫视公共关系活

---

① 张立伟. 都市报市场营销组合——华西都市报的实践与思考［J］. 新闻与传播研究，1999（4）：62-68.

动的开展是从上到下的，从总裁开始到节目策划、编导、主持人甚至一般的工作人员都参与其中。1996 年，凤凰卫视在北京广播学院设立"凤凰奖学金"，又于次年向北京广播学院捐款一百万元人民币，设立"凤凰研究生教育发展基金"。1999 年 8 月，随着千禧年的到来，凤凰卫视全力打造了跨世纪的重大采访活动——"千禧之旅"。凤凰卫视将这次活动目的定为"是播撒和平友谊、探索文明发展之旅；是一个文明古国对其他文明古国的拜会；是现代文明对古老历史的回访。"因此，受到国内政府机构热切关注，并被国内多家媒体连续报道，其影响力和宣传效果是不言而喻的①。

凤凰卫视重大采访活动"千禧之旅"

（资料来源：百度百科，https：//baike.baidu.com/item/%E5%8D%83%E7%A6%A7%E4%B9%8B%E6%97%85/3500059? fr=aladdin）

二、新媒体、新理念、公共关系新时代

20 世纪 90 年代中期，互联网渐露锋芒，通过网络的力量，个人即可成为广义上的信息传播者和发布者，从而改变人们接收信息的方式和途径。随着互联网技术引入中国，引发了传播领域的第五次革命，它不仅为现代公共关系提

---

① 李东晓．中国电视媒体的公关 ［EB/OL］．中华传媒学术网，2005－8－26/2007－6－2，http：//www.chinapr.com.cn/web/Disquisition/．

供了具有全新功能的传播媒体，而且为公共关系活动的开展提供了新的理念和新的视角。组织借助于网络技术开展公共关系活动，必将带来网络公共关系（PR Online）的新时代①。

网络正逐步成为公共关系操作中最重要的传播工具之一。公共关系工作要充分发挥网络的优势，就需要了解网络传播的性质和特点，熟练掌握网络传播的策略与技巧，将其与公共关系传播交流工具很好地结合起来。就当时来说，网络公共关系主要涉及以下方面的工作：创建组织内部网络；创建组织网站；进行在线宣传，发布新闻公告和网络广告；通过加入邮件列表和新闻组等，建立网络媒体联络网；举办网上展览会和网上新闻发布会；为公众提供定制服务等②。人们已经开始尝试在新科技服务支持下进行更为细致的公关实践。

互联网把全世界的计算机连接起来，从而形成了一个巨大无比的信息数据库，其信息含量之多是传统媒介不可相比的。中国的第一个商业性的网络广告出现在 1997 年 3 月，所利用的传播网站是 Chinabyte，广告表现形式为 468×60 像素的动画旗帜广告。Intel 和 IBM 是国内最早在互联网上投放广告的广告主③。

1997 年 7 月 5 日，中国国际公共关系协会接通互联网，标志着协会的信息化建设正式起步。

网络论坛受到广泛关注。BBS（Bulletin Board System），即电子公告牌。网络论坛所设的多个讨论区的内容都是人们日常关心的，而且范围广，从国家大事到日常生活，应有尽有。讨论的方式是"交互式"的，一种意见发表后，常会有赞同或反对的意见紧随其后，甚至引起许多人的探讨和争议。

由于 BBS 是一个信息传播的广阔空间和有效载体，如何结合 BBS 本身的特点，加强 BBS 的建设，显得十分重要。加强网络论坛的监管，有利于为公共关系的发展建立健康的环境。比如《人民日报》网络论坛有包括遵守中华人民共和国有关法律法规，不得发布诽谤、虚假、色情、暴力、迷信、破坏民族团结、危害国家安全、泄露国家秘密的言论等管理条例。由于网友参与网络论坛是匿名的，人们利用网络论坛的目的也不相同，并且，也不能排除个别人别有用心，因此，加强对网络论坛的监管是必须要做的一项工作④。

---

① 公共关系学问题库［EB/OL］. 2005 - 7 - 9/2007 - 6 - 6，http：//olclass. shtvu. edu. cn/iclass200601/kecheng.

② 公共关系学问题库［EB/OL］. 2005 - 7 - 9/2007 - 6 - 6，http：//olclass. shtvu. edu. cn/iclass200601/kecheng.

③ 方美琪. 电子商务设计师教程［M］. 北京：清华大学出版社，2005：287.

④ 于乐飞，翟年祥. 公共关系教程［M］. 合肥：安徽大学出版社，2004.

与此同时，互联网的产生和发展，一方面，扩大了媒体公共关系的渠道，加快了中国公共关系国际化的进程；另一方面，也加大了媒体市场的竞争力。

第六节　本土公共：中国公共关系
　　　　行业出现井喷盛况

公共关系业的迅速发展是中国走向市场经济的产物，也是全球经济一体化和市场竞争的必然结果。企业对社会公众影响力的提高，需要依靠媒体宣传和公众活动策划。企业通过媒介的介绍、传播，和观众的交流、沟通和互动，在公众面前树立并强化公司的品牌形象，在市场竞争中赢得先机。在这一系列活动安排中，专业公共关系公司是企业的好帮手。

中国公共关系市场经历了一个从无到有、从分散发展到逐步规范、从国内化到国际化的过程。90 年代中期，一些导入 CIS 的企业经历了昙花一现的繁荣，随着一些企业经营出现问题，风靡一时的 CIS 热骤然降温。就在这时，全球 IT 业奇迹的出现，中国 90 年代中后期兴起一批服务于 IT 业的专业公共关系公司。

一、互联网经济大潮促成行业井喷

专门化的公共关系公司经过前十年风雨的洗礼，开始步入自我整顿、自我提高时期。相对于营销和广告，中国的公共关系实践开展得比较晚，原隶属于新华社的环球公共关系公司是中国第一家本土公共关系公司，也是当时在中国公共关系市场最活跃的公共关系公司。

20 世纪 80 年代中期至 90 年代初期是知识普及期，全国上下掀起了普及公共关系知识、学习研究公共关系理论的热潮；一大批企业公共关系部门建立起来，一些国际著名公共关系公司相继进入，他们为中国大陆引入了专业公共关系的全新概念和操作方式，也催发了中国专业公共关系公司的出现。

真正促使中国本土公共关系行业爆发的是互联网经济大潮，它的产生实际上是在 IT 行业与广告业之间。有些 IT 记者参加了公共关系公司组织的活动后，突然发现了外资公共关系公司已经遗弃的一个"金矿"：向企业提供新闻宣传服务，收取劳务费用，凭借着对中国传媒状况和 IT 圈的了解，再加上广阔的人脉，多年做记者练出的笔杆子和嘴皮子，他们在当时的市场环境中抢得了资源和能力的先机。由于行业进入门槛不高，一时诞生了不少公司。其中相当一部分在当前的行业内仍然颇具影响力，如蓝色光标、海天网联、道康（Dotcom）等公司，从他们的名字上就可看出互联网大潮的鲜明痕迹。但是，本土公共关系公司立足的新闻宣传服务只是西方公共关系公司业务之中技术含量最低的基本业务之一。如果要从其发展阶段来看，充其量只是公共关系发展史上的幼年时期①。

1990 年 4 月 12 日，全国政策咨询工作会议在北京闭幕。江泽民、李鹏等领导会见了出席会议的代表并发表讲话。会议提出，政府系统的决策咨询机构要加强研究工作，为各级政府的科学决策当好参谋。会议期间，国务院发展研究中心主任马洪作了《加强政策咨询研究工作，为民主的科学的决策服务》的报告。此后，名目繁多的公共关系公司纷纷出现，其中大多是缺乏实力"挂羊头卖狗肉"的空头公司。据报道，当时全国注册的公共关系公司有 2 000 家之多②，但由于自身人才的匮乏、公共关系市场的不成熟，以及运作的不规范，许多注册公司在 90 年代上半期，纷纷关门倒闭或转业，而生存下来的一些中资公共关系公司开始转型，逐渐向专业化、市场化、职业化发展，在公共关系市场上确立了自己的地位。据中国国际公共关系协会 2000 年行业调查显示，中资公共关系公司规模大多以中小型为主，小型公共关系公司员工都只有 10 人以下，中型公共关系公司在 20 人左右。全行业具有三个以上长期客户、员工人数超过 20 人的专业公共关系公司数目估计达到 100 家左右，专业公司从业人数超过 5 000 人。本地公共关系公司继续高速增长，平均年增长率超过 30％。蓝色光标、迪思、海天网联等公司经营业绩突出，年营业额达到 4 000 万元人民币，员工人数达到 80 人左右。2000 年度中国公共关系市场（不包括港澳台地区）继续保持快速增长势头，整个行业年营业额估计接近 15 亿元人民币，年增长率 50％。全国 80％以上的专业公共关系公司仍集中在北京、上海、广州和深圳，其市场份额估计占全国的 70％以上③。

90 年代中后期，中资公共关系公司专业程度逐步提高，服务对象既有外国客户，又有国内客户，大多局限在外国客户。客户行业前三位：IT、一般消费品、医疗保健，90％以上的公司涉及 IT 客户服务并为主要服务对象，主要客户仍以外国客户为主，保持在 90％以上的比例④。但中资 IT 客户、医保客

① 一线营销策划公司. 公关公司的前世今生 [EB/OL]. 2018 - 05 - 07/2019 - 01 - 05. http://www. esune. com/view/678. html.

② 彭泰平，谢伟光. 公共关系实务 [M]. 北京：清华大学出版社，2004：29 - 30.

③ 彭泰平，谢伟光. 公共关系实务 [M]. 北京：清华大学出版社，2004：29 - 30.

④ 彭泰平，谢伟光. 公共关系实务 [M]. 北京：清华大学出版社，2004：29 - 30.

户、金融客户服务需求开始增加，计算机软硬件、通信产品、网站成为 IT 客户的三大服务领域，网站类市场宣传服务是当时一个亮点。服务形式主要有整合营销传播、一般媒体宣传、大型活动管理。国际公共关系公司以品牌管理见长，而本地公司更推崇整合营销传播，为客户提供包括广告、会议、培训、宣传品制作等在内的综合服务。很多公共关系公司通过几年的发展，服务开始系统化、立体化，往往代理客户整体形象的定位、策划、传播实施，在公共关系、广告、CI、营销等领域全面开花。由于许多中资公司规模小，因而机制相对灵活，经营成本也低。同时因其相对于外资公司在国情和市场特点的把握方面更有优势，所以在市场上也很有竞争优势。本地公共关系公司在服务质量、服务技术、整体素质以及服务收费等方面缩短了与国际公共关系公司的差距，本地公司以执行力量、服务质量和创新能力作为竞争武器。到 2000 年，国际公共关系公司长期客户月代理费均超过 8 000 美元，而本地公共关系公司基本上不超过 6 000 美元，当然也有个别本地公司月代理费达到 8 000 美元[①]。

一般来说，跨国公共关系公司是综合性服务机构，其服务手段表现为媒介关系、企业传播和战略咨询，而本土公共关系公司服务手段主要表现为媒介关系、事件管理和营销传播。在国际领域，公共关系人员扮演着传播管理者和传播技术者两种角色，但大多数本土公共关系公司的业务仅限于传播技术层面的运作，与跨国公司不在同一起跑线上。

二、专业公共关系公司国际化进程

20 世纪 90 年代的中国一直在为加入世贸组织而努力，加入 WTO，对中国和世界经济的发展，对中国和世界公共关系业的发展都产生了重大影响。这种影响表现在中国公共关系市场国际化趋势上尤其明显。

（一）跨国公司本土化需求加速国际化进程

伴随着中国加入 WTO 的脚步的临近，有越来越多的跨国公司进入中国开展自己的业务。而面对如此庞大中国市场，摆在跨国公司面前的首要问题是如何进行"本土化"运作。跨国公司的商业性活动离不开有效的公共关系宣传活动，这类公共关系活动由于其组织的外来背景而具有某种"跨文化传播"、跨社会体制传播的特点，所以必须与以往的商业性公共关系宣传活动有所不同，才能完成其沟通联络、协调发展的公共关系目标。正是在这样的大环境下，本

---

① 彭泰平，谢伟光. 公共关系实务 ［M］. 北京：清华大学出版社，2004：29 - 30.

土公共关系公司快速走上了国际化发展的道路。与此同时，本土公共关系公司与外资公共关系公司的合作与交流进一步深入。

　　实际上，根据中国国际公共关系协会调查显示，1999 年在华外资公共关系公司已达 50 家，世界排名前 20 的公共关系公司已有近一半已进入中国市场①。1995 年 6 月 2 日，在北京的中外八大公共关系公司曾联合签署《对在中国开展公共关系业务的职业标准立场》，其中包含七家外资或合资公共关系公司，这些公司的规模在行业内均名列前十②。

【相关链接】

联合利华"本土化"公共关系运作

　　作为世界上最大的跨国公司之一的联合利华公司的两位总裁，截至 1998 年 6 月，从来没有同时出访过一个国家。"本土化"是联合利华在中国发展的最终目标。1998 年，当联合利华公司进入中国市场的第 12 个年头来临的时候，"本土化"问题不可避免的再次提到了联合利华决策者的议事日程上。通过与中国环球公共关系公司的成功合作，于 1998 年 6 月 10 日下午 3 时，国务院总理朱镕基接见了联合利华的两位总裁。会谈期间，联合利华方面表达了在中国长期投资的信心，同时就"本土化"进程中的一些问题与朱总理交换了看法。并和当晚在人民大会堂宴会厅由联合利华举办丰盛的晚宴，招待中国有关政府机构的负责人、中方合作单位代表及社会知名人士。同时，两位总裁还宴请了联合利华的退休职工，表达关爱之情。同时，联合利华公司出资 200 万元人民币，资助 125 名贫困大学生③。在人民大会堂举行的捐助仪式上，联合利华的两位总裁将奖学金颁发给了贫困大学生代表。此外，两位总裁在天安门前与中国少年儿童共同品尝"和路雪"，同时邀请在京主要新闻单位的摄影记者到现场采访。此后，联合利华的两位总裁接受中央电视台《世界经济报道》栏目的专访，利用中央电视台金牌经济栏目集中发布联合利华的声音，可以系统的阐述联合利华对中国发展的长远设想，全面表达了"本土化"的意愿。联合利华运用了包括政府公共关系、媒体公共关系、公益活动等一系列的公共关系活动，成功地打开了中国的市场，拿到了打开消费者内心的一把钥匙，这种公

---

　　①　中国国际公共关系协会. 中国公共关系业 1999 年度行业调查报告［EB/OL］. 2009 - 04 - 03/2019 - 01 - 05. http：//www. cipra. org. cn/templates/T _ Second/index. aspx？nodeid＝9&page＝ContentPage&contentid＝420.

　　②　中国工商. 苏国京初露锋芒：我要为中国公关正名！［EB/OL］. 2003 - 04 - 28/2019 - 01 - 05. http：//tech. sina. com. cn/it2/2003 - 04 - 28/1416181742. shtml.

　　③　宋常桐. 公共关系与现代礼仪［M］. 清华大学出版社，2004：238 - 239.

共关系模式值得各大企业学习和研究。

（二）中国专业公共关系公司业务趋向国际化

随着世界各国交往的密切，国家间各种非政府性质的会议的召开越来越频繁，人们通过各种类型的国际会议，加强了彼此间的交往和了解，促进了不同国家、不同团体间的信息交流，展示了各自不同的风貌和文化理念。同时，国际性的会议也为会议召开所在国、与会者和主办方提供了一个向全世界展示自己的公共关系进程的良好机会。国家间的重要会议极具新闻报道价值，是吸引海内外媒体广泛报道的大好时机，因而受到了普遍的重视，亦成为专业国际公共关系传播公司、主办单位最为主要的一种国际公共关系活动业务。

中国的专业公共关系公司发展趋向有两种模式，一种是纯中资式的，一种是合资式的，他们的服务对象有所不同。90 年代中期，中资公共关系公司的绝大多数客户均是国内客户。但这种情况到了 90 年代末已经发生了很大的变化，中资公共关系公司的外资客户比例大大提高，像世界著名的跨国公司，如微软、康柏、惠普、诺基亚、摩托罗拉的许多公共关系业务已置于中资公共关系公司名下。同时，一些合资公共关系公司增加，中外公共关系公司合作倾向更加明显，这种联手更多带动国内的一些著名企业走向世界，创国际品牌闯国际市场。当时，那些较早进入中国市场的外资公共关系公司已经在四处寻找合作伙伴，希望开拓中资客户在海外的业务，像爱德曼公司早在 1996 年就与大连、沈阳成都等一些地方公司开展联营业务。他们拿到的第一批中资客户业务往往是在海外上市的中国企业的财经传播业务①。

【相关链接】

惠普总裁"中国行"

1999 年，中国惠普有限公司宣布，惠普公司董事长、总裁兼首席执行官路·普莱特先生于 5 月 25—27 日访问中国。惠普公司希望把这次中国之行搞得有声有色，不但能把惠普公司想要传达的信息——包括对中国市场的长期承诺、正在酝酿的惠普公司重组计划以及接班人问题等，全部传播出去，而且要让路·普莱特先生本人感到其中国行非常有价值，非常令人难忘。因此，惠普公司委托爱德曼国际公关（中国）有限公司为这次访华活动提供公共关系方面

---

① 周兴. 浅谈公共关系的未来发展 [EB/OL]. 2009 - 10 - 21/2019 - 01 - 05. https://wenku. baidu. com/view/7e89bb6fa98271fe910ef98f. html.

的支持与服务。与此同时，1999 年中美两国正就中国加入世界贸易组织（WTO）一事加紧谈判。正是这种大背景下，国家经贸委培训司在 1999 年 4 月推出了"世纪变革中的企业经营管理——世界 500 强企业系列讲座"。惠普公司正是抓住了此次契机，通过公共关系运作国家经贸委培训司决定在青岛举办一次讲座，并邀请惠普公司路·普莱特先生与海尔集团总裁张瑞敏先生作为主讲人。这次讲座联合中央电视台《经济半小时》节目，采用电视现场讨论和对话的方式对全国进行播放，惠普公司运用公共关系的力量快速成功地向外界传达了自己的信息。

第七节　国际进程：中国国际公共
关系大会成里程碑

1996 年 4 月，中国国际公共关系协会举办了首届中国国际公共关系大会（即友谊宾馆会议），这种全国性的中外专业交流活动，极大地推进了中国公共关系业的专业发展。在"中国国际公共关系大会"上，虽然国内公共关系发展的问题仍然是会议最重要的议题，但从研讨的议题上来看，已涉及卓越公共关系、大营销中的公共关系问题、政府公共关系问题、财经传播、危机管理、议题管理、效果评估、整合传播等公共关系理论前沿问题；调查研究、内容分析、个案研究等现代研究方法逐渐被重视；现代公共关系的管理运作模式、操作性工具研究等已开始进入实务研究的领域；此次会议的召开表现出我国公共关系理论探索研究视野在扩大，并逐渐国际化，逐步贴近国际公共关系研究前沿的发展趋势。

一、各种研讨会雨后春笋相继出现

90 年代中后期，全国性的中外交流活动，极大地推进了中国公共关系业的专业发展，成为行业中最重要的会议。

1996 年 7 月，中国国际公共关系协会与中国科协等单位联合举办"中国中西部投资洽谈研讨会"，吸引了 1 000 多位中外企业及政府代表参加，这是中国首次举办针对中国中西部开放的国际会议[①]。

---

① 中国公共关系行业大事记［EB/OL］. 2011 - 09 - 17/2019 - 01 - 05. https：//wenku. baidu. com/view/1ad438124431b90d6c85c7d7. html.

廖为建教授（右二）与格鲁尼格教授等人参加 "友谊宾馆会议"，并友好交流

（资料来源：品牌联盟网，http：//pr. brandcn. com/gongguanjingying/160503_401235. html）

1997 年 6 月 10 日，中国国际公共关系协会第二次会员代表大会在北京人民大会堂隆重举行。会议明确了协会全国性公共关系专业组织性质和地位，提出了协会今后的发展战略和主要任务。

1997 年 11 月下旬，中国国际公共关系研讨会暨浙江省公共关系协会成立十周年庆典活动在杭州举行。

1999 年 1 月，"高层晚餐聚会" 活动每月定期举办，吸引了来自政府司局级领导和著名企业家的积极参与，成为企业和政府之间良好的沟通平台。

与此同时，海峡两岸公共关系的交流活动也取得了明显的进展。1997 年 4 月18—22 日，"首届海峡两岸公关学术及实务研讨会"在台北举办，大陆 10 位专业人士赴台交流①。中国国际公共关系协会副秘书长郭惠民在会上发表了 "中国公关咨询业——国际化与本土化"的演讲，引起台湾同行的注意。由台湾出版的《海峡两岸公共关系理论暨实务研讨会论文集》共收录海峡两岸 20

---

① 中国公共关系行业大事记［EB/OL］. 2011 - 09 - 17/2019 - 01 - 05. https：//wenku. baidu. com/view/1ad438124431b90d6c85c7d7. html.

多位学者的论文①，是这阶段出版的质量较高的学术成果。由于海峡两岸关系的起落，这阶段对台湾公共关系、台湾的"海外"公共关系活动，特别是对美国的"两院"游说活动的研究，是这阶段发展出来的一个新的研究领域。

中国国际公共关系协会副秘书长郭惠民

（资料来源：广东外语外贸大学新闻与传播学院新闻，http：//xwxy. gdufs. edu. cn/info/1028/2386. htm）

二、公共关系协会催化职业化发展

各种公共关系协会应该把向社会提供公共关系咨询服务、维护公共关系工作者的权益、协调各类组织的关系与行动作为自己不可推卸的责任。有义务向公众宣传和介绍公共关系的基本知识，并且为会员和公众提供公共关系技巧和管理方面的深造机会。

1997 年底至 1998 年初，中国国际公共关系协会进行年度公共关系行业调查，并发布行业调查报告。该报告从行业规模、经营情况、业务发展，以及行业发展前景等诸多方面进行了较详细的分析和研究，其数据和基本观点为公共关系行业的发展提供了有效的参考。

1998 年 3 月，协会又与劳动出版社合作拍摄 10 集公共关系教学录像片

---

① 纪华强. 中国大陆公共关系理论演绎［J］. 国际公关，2005（4）：27 - 28.

《现代企业公关》，这是国内首部用于公共关系教学的录像片，极大地普及了企业公共关系方面的专业知识。

1998年8月7—10日，全国公共关系职业审定委员会第三次会议暨第一次扩大会议在上海召开。

1999年1月4日，国家职业分类大典和职业资格委员会办公室致函中国国际公共关系协会，中国公共关系协会决定成立国家职业资格工作委员会公共关系专业委员会。该委员会是一个专家性组织，在国家职业资格工作委员会的指导下工作。

1999年5月，国家劳动和社会保障部正式将"公关员"作为一种新职业列入《中华人民共和国职业分类大典》。这标志着国家正式承认"公关"这一职业。从此，高层次的公共关系职业教育培训已被提升到中国内地公共关系教育的议程上来。这些都为中国公共关系业职业化、规范化的发展打下良好的基础。

据中国国际公共关系协会1999年第一期《通信》发布的公共关系调查，截至当年全国共有100多家公共关系协会或学会，浙江和江苏两省拥有的数量最多，各有公共关系协会或学会8家，其次为河北和河南两省，各有公共关系协会、学会6家。全国共有全国性的协会两家，省级公共关系协会28家，地市级70家。这些学会在80年代中期积极发展会员，进行公共关系基本知识的传播，对于推进公共关系事业的普及，促进公共关系职业的规范化，完善公共关系学科化作出了卓越贡献①。

---

① 纪华强. 中国大陆公共关系理论演绎［J］. 国际公关，2005（4）：27-28.

第六章
根深叶茂：中国公共关系职业化进程
（2000—2001）

本章主题词：跨世纪　"三个代表"　公关员　博鳌论坛　99 财富论坛
报业集团化　中美关系

第一节　时代背景：新世纪公共关系
　　　　市场不断开拓

江泽民在亚太经济合作组织领导人非正式会议上的讲话中深刻指出："把一个什么样的世界带到 21 世纪，这是我们这一代领导人必须认真探索和解决的重大问题""作为新旧世纪之交的领导人，历史注定我们要承担这样的责任"。21 世纪初，中国的公共关系发展在跨世纪、"三个代表"的提出、中国加入世贸组织、中美关系日益改善等一系列的背景下，呈现出一片欣欣向荣的景象。

在这一阶段，围绕"经济全球化时代公共关系""中国公关走进 WTO"等主题展开的研讨，力求积极探索如何更加成熟、更加规范、更加先进地在WTO 规则体系下进一步促进自身的发展，提高在国际公共关系业中的竞争力。与此同时，政府公共关系、网络公共关系、国际公共关系成为公共关系理论与实践研究和探索的重点。

一、"三个代表"提出的现实意义

2000 年，由江泽民提出的中国共产党"始终代表先进生产力的发展要求，

始终代表中国先进文化的前进方向，始终代表中国最广大的人民根本利益"的
科学总结，它以新思想、新观点、新论断丰富和发展了马列主义、毛泽东思想
和邓小平理论。

　　江泽民"三个代表"重要思想，是在国内外发生重大变化的背景下提出
的：一是世界多极化、经济全球化的趋势加速发展；二是世界社会主义运动出
现严重挫折；三是在新的世纪，党承担着领导中华民族实现伟大复兴的重任。
"三个代表"思想的实质，或者说核心，就是要求中国共产党在新的历史条件
下，继续保持自己的先进性，继续赢得人民的拥护和支持，继续保持和巩固执
政党地位。这一重要论述，从根本上进一步回答了在充满希望和挑战的 21 世
纪，要建设一个什么样的党和怎样建设党的问题，是在新的条件下全面加强党
的建设的伟大纲领。它为加强中国共产党的建设提供了强大的思想武器，同时
也为中国社会主义公共关系事业进一步的指明了实践方向及理论基础。

二、WTO 背景下的中国公共关系挑战与机遇并存

　　世纪之交，经济全球化进程加速进行。经济全球化影响着世界经济的进
程，当然也影响着中国经济的未来。特别是经过 15 年的漫长谈判，中国在
2001 年加入被称为"经济联合国"的世界贸易组织，这标志着中国经济进一
步融入全球经济，也标志着中国的对外开放进入了一个全新的阶段。

2001 年中国加入 WTO

（资料来源：新浪新闻，http：//news. sina. com. cn/c/sd/2009 - 09 - 15/070618651649. shtml）

　　加入世贸组织给中国经济带来了难得的历史机遇。21世纪，中国经济必将全面地融入经济全球化的洪流之中，成为世界经济的重要组成部分。当然，我们在看到加入WTO对中国经济的发展机遇和推动作用的同时，更要看到加入WTO以及经济全球化对中国经济提出的严峻挑战①。

　　（一）经济挑战

　　中国人均国内生产总值远低于世界平均水平，仍属于低收入国家，企业竞争能力弱，人民生活水平仍处于温饱型向小康型过渡的过程中。加入WTO后，大量外资涌入后将收购市场前景较好的企业，并迫使竞争能力弱的大批企业破产，将带来严重的失业问题。从长远看，十多亿人口的就业和生活的改善，将是长期困扰中国经济的大问题。

　　（二）争夺市场的挑战

　　加入WTO，预示着中国将进一步向全世界打开自己的大门，进一步降低关税，减少关税壁垒，向外国资本、跨国公司开放更多的投资领域和市场，预示着更多的外国商品和服务涌入国内，导致中国市场竞争加剧，原有的市场份额重新分配。来自国外的竞争，使几乎每一个产业或每一家企业都会受到不同程度的冲击，经济运行的复杂性也将前所未有地增加。

　　（三）争夺人才的挑战

　　中国人口众多，但高质量的人才并不多，中国加入WTO以后，外国资本和跨国公司将会以高薪聘用、委以重任、出国培训、组合报酬等种种优厚条件，以及科学高效的人才管理方式与中国企业甚至中国政府争夺人才，这将加重中国企业人才流失的困难处境，尤其是国有企业将在人才竞争中处于劣势。

　　（四）金融市场上的挑战

　　加入WTO后，外国资本大量进入中国。但中国金融市场发展状况难以抵御国际资本的冲击。中国的银行大量的坏账存量和低收益——成本比使它无法承受市场风险；金融市场规模较小，巨额外资的流入流出会造成巨大的市场波动。中国在利用外资上也存在两个突出问题：一是"市场换技术"策略不够成功。由于技术转让的过程存在着严重的信息不对称问题，中国出让的市场份额很大，而真正得到的先进技术却很少。二是跨国公司来华进行直接投资的产业结构不合理。中国在高档次产业上吸收的外资相当有限，这不仅因为来华进行直接投资的跨国公司将其首要战略目标定位在占有中国国内的消费市场上，而且也因为中国在高档产业上的积累有限，无法与外来资本在高档次产业上竞

---

① 李京文．经济全球化与21世纪的中国经济［J］．中共天津市委党校学报，2000（3）：36-39.

争。结果是外国直接投资以一般制造业为主，外资企业与中资企业在国内市场上竞争激烈。

从中国的经济基础讲，长期处于短缺经济的中国市场第一次全面的供过于求，买方市场形成，公众的地位从本质上得到提高，并升到前所未有的高度。双轨制中的计划部分越来越少，市场的比重越来越大。从营销学的角度讲市场就是消费者，公众是否购买决定了企业是否能生存，工人是否下岗，国民经济能否发展。研究公众意愿有了决定性的意义。这是公共关系大发展的物质前提。

2000 年，中国经济扭转了连续几年增长速度下降的趋势，年经济增长的速度达到 8％。但在这一年时间里，社会状况并没有随着经济增长而好转。

在这样的历史背景下，90 年代末中国公共关系业仍然取得了骄人的成绩。整个公共关系业的营业额，1997 年为 2 亿元，1998 年为 4 亿元，1999 年 10 亿元，2000 年 15 亿元，行业平均年增长率超过 50％①。这象征着中国公共关系业经过之前的曲折发展和积累，随着专业水准的逐渐提高、市场服务的不断细分以及行业规模的形成，一个具有远大发展前景的产业复苏了。

公共关系的质变源于时代的质变。如果说中共十一届三中全会确定改革开放，使中国的公共关系经历了从无到有的质变，那么，2000 年是中国公共关系大发展的另一个转折点。

三、中国公共关系迈着大步逐浪波澜壮阔的新世纪

在社会上，公共关系职业已成为受人瞩目、令人羡慕的时髦行业。在企业界成为企业家重要的经营管理哲学。正如日本的奥村纲雄所指出的"公共关系的学问，发源美国。回顾当初的美国，公共关系还只是企业家手上的小玩具。后来才发展成企业家所必须采用的政策，乃至变成企业家的重要哲学了"②。

经过 10 多年的磨炼，随着中外公共关系市场的逐步接轨，市场运作的游戏规则更加健全和规范，中国公共关系业彻底摆脱了之前的阴影，真正走出公共关系就是所谓"笑脸相迎"的低层次的漩涡，并在经历 90 年代浮躁过后的反思，大踏步地迈入新世纪公共关系实务专业化、职业化、国际化的轨道。具体表现为：

---

① 中国国际公共关系协会. 中国公关业 2000 年度调查报告［EB/OL］. 2004 - 07 - 22/2019 - 01 - 03. https：//wenku. baidu. com/view/31117d4ae45c3b3567ec8b7a. html.
② 池田喜作. 最新公共关系实务［M］. 徐允方，译. 台北：文冈图书公司，1979.

（一）公共关系实务从内容到形式得到极大的丰富

公共关系从企业公共关系、政府公共关系，发展到各行各业，高科技公共关系、时尚公共关系、环境公共关系、艺术公共关系、体育公共关系等。公共关系技巧更为丰富多彩，包括一般的新闻发布、媒介宣传、市场推广的营销公共关系，以及政府关系协调，大型活动策划等。

（二）专业服务进一步细分，更加到位

公共关系公司从简单项目执行发展到向高层次整合策划和顾问咨询方面转变。公共关系公司的业务操作规范更加国际化、标准化，服务水准也纳入国际统一的标准体系中。从某种程度上讲，中国公共关系的规范化进程即中国公共关系业的国际标准化进程。

（三）专门化的公共关系公司备受各级组织青睐

针对不同行业组织的专门化公共关系公司层出不穷，比如金融公共关系公司、通信公共关系公司、旅游公共关系公司等。这种专门化的公共关系服务公司给组织带来更为详尽到位的全方位服务。人们就像离不开法律顾问一样离不开公共关系公司，由此而生的公共关系咨询业成为新世纪公共关系业的新的增长点。咨询业表现出来的强劲的智力劳动的价值得到尊重和高度重视①。

第二节　职业进程：中国公共关系职业化认定及发展

20 世纪 90 年代末，经过 20 年的改革开放而发展起来的中国经济取得了举世瞩目的成绩，社会安定团结，经济高速增长，国际合作不断加强。经济全球化和中国加入世贸组织促进了中国市场经济的繁荣和发展，也带来了各行各业的全面发展。中国公共关系职业因改革开放而生，随市场经济而发展。中国公共关系业作为一个新兴的职业和行业开始得到政府的关注和重视，经过十多年的曲折发展，从无到有，由小到大，在一批公共关系先驱的执着追求和倡导推动下，中国公共关系终于真正的走上了职业化发展的道路。

一、中国公共关系职业认定的进程

在社会各界的推动下，公共关系事业的实体结构已遍及全国。从业人员达

---

① 周兴. 浅谈公共关系的未来发展 [EB/OL]. 2009 - 10 - 21/2019 - 01 - 03. https：//wenku. baidu. com/view/7e89bb6fa98271fe910ef98f. html.

10 万以上，但从业人员的职业身份一直未得到正式确认①。

公关员职业资格认证是为了推进中国公共关系业的职业化、专业化和规范化发展，提高从业人员的地位而设立的。公关员职业资格认证是劳动就业制度的一项重要内容，也是一种特殊形式的国家考试制度。它是指按照国家制定的职业技能标准或任职资格条件，通过政府认定的考核鉴定机构，对劳动者的技能水平或职业资格进行客观公正、科学规范的评价和鉴定，对合格者授予相应的国家职业资格证书②。

21 世纪初，随着经济全球化和加入世界贸易组织，国内市场进一步开放，开放的市场环境，国外企业进入带来的竞争，中国企业迈出国门的渴望，都使得我国企业面临着巨大的竞争压力，在国内市场竞争压力加大，国外市场屡屡碰壁的情况下，我国企业开始注意到政府公共关系的重要性；在国家经济发展水平不断提高，国家综合实力不断加强的情况下，中国政府开始渴望树立良好的国际形象，由此产生了对公共关系的需求。在这种情况下，我国公共关系职业化迫在眉睫。只有建立职业资格认证，才能大面积地选拔公共关系人才，同时，提升公共关系从业人员的职业形象。

国家劳动和社会保障部为适应上述形势发展的需要，于 1997 年 11 月 15日成立了由中国国际公共关系协会牵头领导的国家公共关系职业审定委员会（后改称"国家职业资格工作委员会公共关系专业委员会"），对公共关系职业进行调研、论证工作，将公共关系专业人员统称为"公关员"，并于 1999 年正式起草了《公关员国家职业标准》，并通过专家鉴定。1999 年 5 月，国家劳动和社会保障部出版的《中华人民共和国职业分类大典》将"公关员"作为一门新职业列入该大典的第三类职业，这标志着国家正式承认"公共关系"这一职业。1999 年 7 月 21 日，国家职业资格工作委员会公共关系专业委员会组织编写的《公关员职业培训和鉴定教材》在北京通过国家鉴定。

20 世纪末的准备工作为中国公共关系职业资格认证做好了充分准备，进入 21 世纪以来，我国正式开始了中国公共关系职业资格认证之路。2000 年3 月 16 日，国家劳动和社会保障部部长张左己签署了《中华人民共和国国家劳动和社会保障第 6 号令》，将"公关员"列入 90 个持证上岗的职业之一，并于2000 年 7 月 1 日开始实施。

为了促进公共关系行业的职业化发展，我国进行了相关的公共关系职业资

---

① 彭奏平，谢伟光. 公共关系实务［M］. 北京：清华大学出版社，2004：31.
② 公关员考试简介［EB/OL］，2012 - 10 - 17/2018 - 07 - 12，http：//www.docin.com/p - 500610641.html.

格认证。21 世纪以来，公共关系职业资格认证体系得以不断完善。

2000 年 12 月，正规化职业教育启动。2000 年 12 月 3 日，首次公共关系员职业资格统一考试在全国范围进行，24 个省、直辖市、自治区的 6 713 名公共关系职业工作者参加了职业资格考试，有 4 957 名获得了初、中、高级职业资格证书。通过率 73.89%①。中国有了第一批由劳动与社会保障部颁发职业资格证书的公共关系员。中国公共关系职业有了质的飞跃，这标志着我国的公共关系开始真正走上职业化和行业化的道路，不久之后真正意义上的职业公共关系人不断涌现。这不仅促进公共关系职业的成熟发展，并极大地推进了中国公共关系业纳入国际化运作轨道后步伐，同时为中国经济真正融入全球一体化经济发挥了巨大作用。

80 年代，美国有杂志就将公共关系列为最热门的 20 个职业之一。1999 年 9 月，美国在线依然将公共关系经理列为 20 大热门职业之一（排名第十）。《北京晚报》1999 年也将专业公共关系列为 21 世纪中国最热门的职业之一②。世界排名前十位的公关公司先后进驻中国，1999 年大陆有网络公司愿意出年薪 18 万聘公共关系经理，有的公关策划专家一个暑假可带团做 8 个项目，这并不是"天方夜谭"。这说明公共关系市场广阔，关键看我们能否满足市场的要求③。

随着公共关系职业的认定，公共关系资格考试的规范化，公共关系市场更为成熟，中国公共关系职业化迈入新时代。

二、中国公共关系人才竞争白热化

随着中国公共关系市场的成熟，公共关系教育的规范化，公共关系市场的国际化，公共关系人才的竞争将更为激烈。一方面，公共关系作为一项智力产业，专业化智力劳动的价值得到前所未有的尊重；另一方面，由于市场经济体制的发展，各类组织均已改变了以往那种大而全的组织管理架构，并接受了资源稀缺的市场新观念，这促使组织在开展公共关系活动的时候，考虑吸纳最优秀的公共关系的人才加盟，让组织有限的传播资源取得最大的效益。同时公共关系市场的发展与不断完善，激活了公共关系人才市场。实际上，公共关系人才的争夺战已打响，一些外资公共关系公司为开拓中国市场，利用高工资、高待遇想尽一切办法从中资公共关系公司挖人才。

---

① 谭昆智. 公关原理与案例剖析 [M]. 清华大学出版社，2008：14.
② 李兴国. 中国公共关系回顾与展望 [J]. 公关世界，2000 (5)：4—7.
③ 李兴国. 中国公共关系回顾与展望 [J]. 公关世界，2000 (5)：4—7.

据中国国际公共关系协会 2000 年度行业调查显示，国际公共关系公司紧缺人才的前三位是：高级咨询顾问、高级管理人员、客户经理。本地公共关系公司紧缺人才的前三位是：高级文案、客户经理、高级管理人员。国际公共关系公司人才选拔标准强调为客户沟通能力、外语水平、文案写作能力，而本地公共关系公司人才选拔标准强调为客户沟通能力、公共关系工作经验、外语水平，并且非常强调能适应高强度、有挑战性的工作。市场的要求大大促进中国公共关系事业的健康发展，也造就了中国公共关系的人才市场的早日形成。当然，在发展中同样存在行业不正当竞争的现象，但公平、公开、公正的基本规则同样会在激烈的竞争中得到确立和维护，公共关系从业人员恪守职业道德，加强行业自律，这是公共关系业自身形象和信誉的保证①。

2000 年，中国国际公共关系大会通过的《新世纪中国公关宣言》提出"振兴公关，教育为本"。加之中国加入 WTO，国内公关界与国外公关界的联系更加密切，无论是政府、企业，还是非营利组织，对公共关系的需求进一步加大。我国需要更多的公共关系专业人员来填补人才的缺口。因此，作为政府公共关系、企业公共关系、非营利组织公共关系的后备力量，我国对公共关系人才的教育也就愈加重视。

新世纪的公共关系人员除了必备扎实的基础理论和娴熟的技能外，还必须在公共关系学的某个领域才华出众。"术有专攻"成为之后公共关系从业人员的发展方向。

三、公共关系政策法规与职业道德

（一）公共关系政策法规

1. 开展公共关系活动应以政策和法律为准绳

国家的政策和法律，是开展公共关系活动的准绳。

公共关系活动是由组织向公众开展的互动。在中国，任何公民都得遵守国家的政策和法律。任何组织都是由公民组成的，都要服从国家的政策和法律。因为政策和法律代表国家和人民的根本利益。

国家的政策和法律，一方面保障和维护公共关系的正当活动。遵守政策和法律，公共关系活动就可以大力开展，诸如公共关系联谊会、公共关系协会等，都可以开展活动；另一方面，国家的政策、法律，限制和制裁公共关系工作人员不正当活动，如果违反了政策，要受到纪律的处分；如果触犯了法律，

---

① 彭奏平，谢伟光. 公共关系实务 [M]. 北京：清华大学出版社，2004：38.

既要受到法律的制裁。所以开展公共关系活动，决不能违法乱纪，损害国家、集体和他人的利益。公共关系工作人员开展活动，必须以政策和法律为准绳。

2. 按政策和法律的规定办事

公共关系应该是用关系而不枉法，讲交情而不损公，一切活动按照国家政策和法律的规定办事①。必须做到：

（1）懂得政策和法律。必须认真学习政策和法律，树立政策观念和法律意识，知道哪些事情可以做，哪些事情不能做，自觉维护和遵守国家的政策和法律。

（2）遵守政策和法律。按照政策和法律的规定行事，凡符合国家政策和法律的事就办，不符合国家政策和法律的事就坚决不办。决不能有章不循，有纪不守，有法不依，目无法纪，自行其是。

（3）同违法乱纪行为做斗争。公共关系工作人员，不仅要自己懂法、守法，规范遵守国家的政策和法律，还要维护国家的政策和法律，同违反国家政策和法律的行为做斗争。

（二）公共关系职业道德

21世纪初，公共关系以其特有的专业技术和专业人员，在社会各类组织的决策和运作中发挥前所未有的影响力。在相当程度上影响和决定着社会组织的生存与发展。

1999年，国家劳动和社会保障部正式认可公共关系职业，在其"公关员"职业资格标准中对公共关系职业道德规范提出了8条原则性的规定，即奉公守法，遵守公德；爱岗敬业，忠于职守；坚持原则，处事公正；求真务实，高效勤奋；顾全大局，严守机密；维护信誉，诚实有信；服务公众，贡献社会；精研业务，锐意创新。

公共关系强调从业人员的道德规范，用以塑造社会组织和个人的良好形象。这是衡量公共关系协会正规化的重要标准，也用以约束公共关系从业人员的相关行为。

第三节　世纪实践：中国国际公共关系实现新突破

21世纪，中国对外政治经济文化交流日趋频繁，经济全球化进程也加快。

---

① 公共关系的基本原则［EB/OL］. 2013 - 12 - 03/2019 - 01 - 03. https：//wenku. baidu. com/view/05531bb7ec3a87c24028c494. html.

同时，跨国性的争议和摩擦必然骤增，中国公共关系也走向世界各地。

1999 年 12 月 2 日，国务院做出决定要求各地各部门全面推进依法行政，从严治政，建设廉洁、勤政、务实、高效政府①。这标志着政府公共关系职能有了更加清晰的目标和方向，正在逐步完善，走向成熟。

一、博鳌亚洲论坛：实现高端对话平台

作为市场经济的产物，当公共关系发展成为一门成熟的学科以后，公共关系的理念、活动和功能的触角便开始向政治领域、文化领域、国际外交领域延伸，从而使公共关系国际间的传播成为必然。国际间的公共关系传播活动有着重大的意义，它提供了各国间相互学习与了解各国文化的宝贵机会，在保护各国独特的文化遗产的同时，为全球一体化进程的健康发展提供观念上、文化上、实践上的共通经验。

2001 年 2 月 27 日，来自亚洲、大洋洲国家和地区的政要在海南博鳌参加象征着新亚洲繁荣、稳定与和谐的博鳌亚洲论坛成立大会。此后，平等、互惠、共赢、共存之新亚洲曙光，在博鳌升起，为古老的亚洲大地带来勃勃生机。该论坛的创立是一项里程碑似的成就，是亚洲合作的催化剂。

博鳌亚洲论坛是一个非政府、非营利的国际组织，于 1998 年由菲律宾前总统拉莫斯、澳大利亚前总理霍克及日本前首相细川护熙发起。在中国和其他有关国家政府的支持下，经过各方面的共同努力，"博鳌亚洲论坛"的构想成为现实。博鳌亚洲论坛致力于通过区域经济的进一步整合，推进亚洲国家实现发展目标。

博鳌亚洲论坛立足亚洲，从亚洲的利益和观点出发，研究亚洲地区经济和社会发展领域的一些重大问题，同时着眼全球，在将亚洲会员作为基础会员的同时，吸纳全球其他地区的会员。通过论坛，建立一个强有力的国际网络，为促进亚洲各国之间的经济合作与交流以及亚洲各国经济与全球经济之间的融合，提供建设性的意见和建议。

论坛除定期举办非官方的亚洲经济最高级会议和其他相关会议外，还通过经济技术交流、国际培训和人力资源开发等方式，落实论坛提出的各类建议，实践论坛提出的经济发展思想，促进亚洲经济与全球经济的交流与融合。

博鳌亚洲论坛的成立，是亚洲区域合作发展史上的一件大事，是 21 世纪伊始中国公共关系的一项重大举措。

---

① 国务院. 关于全面推进依法行政的决定 [J]. 科技与法律，1999（4）：126-127.

【相关链接】

博鳌亚洲论坛成立背景

亚洲幅员辽阔，人口众多，历史悠久，对人类文明作出过重要贡献，但大多数亚洲国家却在近代遭受了西方的侵略与殖民统治。这是亚洲历史上的第一次失落，曾经引发人们对整个亚洲大陆命运的思考。

而两次世界大战以后，亚洲国家的民族民主革命风起云涌，各国先后摆脱西方列强的殖民统治，获得了民族独立，引起整个世界对亚洲大陆的关注。

半个世纪以来，亚洲各国通过自己的努力，在经济与社会发展方面取得了显著的成就，特别是20世纪后二三十年，亚洲经济总体发展迅速，东亚经济实现了腾飞，创造了"东亚奇迹"，并成为世界上最具经济发展活力的地区之一，亚洲的崛起似乎成为不争的事实，"亚洲价值"和"东亚模式"受到广泛重视。

但90年代末的金融危机，却打击了发展中的亚洲经济，引发了对"亚洲价值"和"亚洲模式"的重新思考和对21世纪整个亚洲前景的关注。

这种思考和关注不同于以往，是在经济全球化和区域经济一体化迅速发展的时代背景下。亚洲国家虽然已经在发展区域经济合作方面做出了各种努力，但亚洲地区相互间的贸易和投资比例不高；产业结构互补性较差，出口产品较为单一、雷同，合理的区域性国际分工远未形成；企业合作的广度和深度有待加强。

面对金融危机的打击和其他经济板块的竞争，越来越多的亚洲国家认识到国际投资和贸易形成方式乃至整个世界经济秩序的不平等性，金融、投资和技术转移的不平等性，以及全球化带来的利益和损失的不平等性，认识到经济全球化对于具有丰富多样性的亚洲来说，既带来了新的发展机遇，也带来了严峻的挑战，需要及时寻求趋利避害的对策。越来越多的亚洲国家从欧洲经济一体化和北美自由贸易区进一步发展的事实中，从亚洲组织程度差、经济区域化滞后的状态中，从目前国际多边合作机制中缺少亚洲板块的声音这一事实中强烈意识到，亚洲地区只有加强对话、协调与合作，才能提升本地区的整体竞争力。

在这样的背景下，1998年几位亚洲国家的前政要在马尼拉正式提出"亚洲论坛"的构想，得到了亚洲各国和各界人士的响应和支持。

1999年10月，菲律宾前总统拉莫斯、澳大利亚前总理霍克来华通报亚洲论坛构想。中国也表达了支持态度。

2000年11月，在博鳌举行的亚洲论坛专家学者会议上，来自亚洲各国的代表坐在了一起，甚至"长期以来一直在苦苦对抗的两个南亚邻国——印度和巴基斯坦"在会议上也"发出了同样的声音"（孟加拉国议会荣誉议员曼索尔·满穆语）。

二、与世界牵手：国际公共关系经典实例

20世纪90年代，随着我国社会主义市场经济体制的建立和完善，政企分开、政事分开、政社分开是中国由计划走向市场的过程中，经济组织结构和社会组织结构发生的三大根本性变革。从社会组织体系发展看，改革导致了社会主体的分化，打破了原有的单一的行政整合模式，从而为社团的发展提供了组织空间。分化后的组织体系需要建立新的互动关系，需要广泛的非行政的联结纽带，社团正是作为建立这种新的社会整合关系的载体获得了发展的必然性。在这一背景下，作为"社会"领域主要活动主体（核心部分）的社团组织获得了前所未有的发展机遇。

如果说评选"财富500强"是《财富》杂志的一项创举，那么每年挑选世界经济热点问题举办财富全球论坛则为颇具远见、魄力和创意的公共关系实例[①]。

1999年9月27—29日，财富全球论坛在上海成功召开。在此之前财富论坛已举办了4届，分别在新加坡、巴塞罗那、曼谷和布达佩斯。1999年这一盛世恰好选择了中华人民共和国成立50周年的前夕，《财富》不仅选中了上海这个当时中国最具经济潜力和活力的城市作为论坛召开的地点，还以"中国——未来50年"作为论坛主题，吸引了全球商界、政界、学界各领域的精英人物参与讨论。奥美公共关系公司有幸成为财富论坛的合作伙伴，协助世界上最优秀的商业杂志进行99财富论坛的新闻媒体宣传工作。

（1）出席此次99财富论坛的各国媒体人数为历届之最，是自香港回归以来，亚太地区媒体参与人数最多的活动之一。奥美公关公司通过其全球各洲的公司网络组织邀请了17个国家和地区的300多位记者前来报道。

（2）论坛的媒体工作运用了多种最新的通信和网络技术手段，成功满足了电视、报纸、杂志、广播以及新崛起的网络媒体，在报道和设备上的需求。

（3）在历届论坛和同类大型国际活动中，首次使用互联网技术协助安排媒体的采访事宜，并通过此网络第一时间将信息传达给与会者。

（4）同时，奥美公关公司也帮助《财富》了解中国的作业方式，协同《财

---

① 公关世界编辑部. 第四届中国最佳公关案例大赛征集案例［J］. 公关世界，1999（6）：47.

富》同中国和上海市政府以及其他十多个工作组织设立好工作框架，理顺彼此间的沟通渠道。

历届财富论坛都通过恰当选择论坛的地点、时间和主题来吸引全球商界和政界要员的踊跃参与。99 财富论坛通过一系列的公共关系活动，不仅激发新思维并促成合作伙伴关系，扩大财富全球论坛在商界的影响力和权威性，让全球各国、大众媒体、商业媒体更好地了解《财富》的编辑人员、风格内容和方针，从而体现《财富》杂志的前瞻性和领导地位；而且，通过中国政府的大力支持和东道主上海市政府各部门的紧密合作，为创造未来中国市场的商机铺平道路。可谓新世纪公共关系营销又一创新之举。

三、中美关系的改善营造良好国际环境

21 世纪伊始，中国加入 WTO。从十几年前的"复关"，到 1999 年的中美谈判，坚冰终于突破，中国政府、企业、公关界，面临世界的市场，有太多的问题要研究，太多的公众要面对，太多的关系要协调。中国公共关系任重道远。这是公共关系大发展的国内外环境。

在促进国际关系方面公共关系功不可没。90 年代初，中美关系一波三折，70 年代"耶鲁大学教授代表团"访华，以各种方式向美国公众介绍中国发展的国际公共关系协会发起人之一的赵浩生分外焦虑。而此时，亚太经济为世界看好，中国经济发展水平，位列亚太前沿，成为世界投资的热点。他有感于美国媒体对中国铺天盖地的歪曲报道，而几乎听不到中国的声音，故每次来华期间，都细心观察，尽心体会，先后写了《如何向美国新闻媒体做工作》《说"游说"》诸文，并做了多项的公共关系活动，以此改善中美关系[①]。

美国耶鲁大学教授赵浩生

（资料来源：360 百科，https：//m. baike. so. com/doc/5841655 - 6054487. html? from＝gallery）

---

① 人民网. 朱镕基对赵浩生送的"礼物"很欣赏（2）［EB/OL］. 2012 - 04 - 26/2019 - 01 - 03. http：//book. people. com. cn/GB/108221/17756915. html.

中国领导人坚持以中美三个联合公报作为发展双方关系的基础，主张按照相互尊重、平等协商、求同存异的精神，正确处理两国间的分歧，积极寻求共同利益的汇合点。回顾 90 年代末到 21 世纪初的中美关系，从布什上台，南海撞机，一直到中国加入 WTO，APEC 会议和美国反恐战争全面展开，经历了一条起伏不定，一度走向对抗边缘，而后逐渐转危为安的曲折道路。美国大选和白宫易主，中美关系又一次面临严峻考验。1997 年 10 月，江泽民对美国进行国事访问。这次访问结束了中美关系长达八年的困难局面，为面向新世纪的中美关系确定了框架和发展方向，双方宣布将共同致力于建立面向 21 世纪的建设性战略伙伴关系。布什就任后，于 2001 年 10 月和 2002 年 2 月两次访问中国，两国最高领导人就推进中美关系达成重要共识。十几年来，中美关系几经风雨，但总的趋势是不断向前发展的。中美两国保持并发展健康、稳定的关系不仅符合两国人民的根本利益，也有利于亚太地区乃至整个世界的和平、稳定与发展。

四、国际公共关系交流大步迈入 21 世纪

（一）国内出访

如果说 1988 年，朱传贤作为第一名国际公共关系协会会员参加了大会，深圳大学三位公共关系专家钟文、熊源伟、方宏进被批准加入国际公共关系协会，国际公共关系协会中国分会的正式成立，朱传贤荣任国际公共关系协会理事兼中国总干事长，这些是中国进行国际公共关系交流的开端的话。那么，21世纪中国与国际的公共关系交流就显得非常平凡和普通了。

随着国际公共关系协会中国分会的成立，中国开始了公共关系国际交流的步伐。深圳大学大众传播系参加了 1990 年世界公关最佳金奖评选活动，成为20 世纪中国公关界的一个创举。2000 年 10 月下旬，中国国际公共关系协会组织"中国公关业代表团"一行 10 人首次访问美国，参加在美国芝加哥举办的世界公共关系大会，并在会上发表演讲，这是中国公共关系在国际舞台上的又一次重要亮相。

以参加世界公共关系大会作为良好开端，中国国际公共关系协会进行了多次出访，迈出了推动中国公共关系界与国际公共关系界接轨的步伐。2001 年10 月 14—17 日，中国国际公共关系协会举办中国国际公共关系大会，在德国柏林希尔顿饭店举办了 2001 届国际公关大会。2002 年 10 月 13—15 日，国际公关协会中国主席沈家模教授赴埃及开罗出席国际公关协会 2002 年理事会暨"日新月异的全球环境下中国公关的重要性"公共关系理论会，会上沈教授做

了题为《依靠现代科技推动国际公关事业的发展》的演讲，受到了与会各国代表的关注①。

另外，我国在公共关系教育领域也加强了国际交流与合作。2000 年以后，美国、欧洲、大洋洲已有十几所大学与国内高校联合办学，其中不乏华盛顿大学（2001 年与复旦大学合作）这样排名在前 20 名的一流大学。专业上以 MBA 和市场营销为主，也有传播学等热门学科②。

2001 年 1 月，华夏出版社出版了明安香教授翻译的斯科特·卡特里普等著的第 8 版《有效的公共关系》，实现了公共关系出版物与国际同步。

（二）国外来访

中国经济的崛起，让整个国际社会把目光投向中华大地。如果说 2000 年 10 月，中国公共关系代表团的出访是"走出去"的话，那么，自 2000 年世界公关大会以后，中国成为国际公关界的必到之处。

由于中美关系的进一步改善，中国公关界与美国公关界在 21 世纪的头几年的公关交流十分频繁。2001 年，中国公关界开始迎接来自美国的访问。2001 年 4 月 19 日，李道豫会长会见了来访的美国在线—时代华纳董事会成员一行。5 月 10 日，"马可·波罗奖"颁奖典礼举办。中国国际公共关系协会受美国志愿者协会委托，为对中美关系建设作出突出贡献的美国辉悦顾问公司总裁颁发了"马可·波罗奖"。

除了国际公共关系协会之外，还有不少区域性的公共关系组织在推动国际公共关系事业发展上也发挥着相当重要的作用。这些区域性公共关系组织包括：欧洲公共关系联盟、非洲公共关系联合会和泛太平洋公共关系联合会、亚洲公共关系联合会、泛美公共关系联合会等③。

第四节　教育正规：新世纪公共关系教育的新特点

1999 年 5 月，"公关员"这一职业正式为国家确立。从此，高层次的公共关系职业教育培训也被提升到中国内地公共关系教育的议程上来。

2000 年，CIPRA 在 2000 中国公共关系大会上发表了《新世纪中国公关业宣言》，从行业规范、技术提升、人才培养等方面为新世纪中国公共关系业的发展提出了原则性建议，这一宣言成为中国公共关系业新世纪发展的纲领性

① 公关世界编辑部. 2002 年中国公关十项要闻［J］. 公关世界，2003（2）：3.
② 余明阳. WTO：中国公关业面临新机遇［J］. 公关世界，2002（1）：9-11.
③ 郭惠民. 国际公共关系教程［M］. 上海：复旦大学出版社，1996.

文件。

一、职业化进程带动公共关系教育正规化

90 年代末，随着 CIS 热的降温，公共关系教育粗放、毕业生就业难、公共关系教育层次不高等问题逐渐暴露出来，从而导致公共关系专业生源骤减。中国内地公共关系教育进入了相对理性、平稳的发展阶段。特别是 2000 年以后，中国内地本科公共关系教育开始稳步发展[①]。

本科专业教育不断完善，公共关系已被越来越多的学科列入专业教育范畴，成为专业学位必修课、主修课或选修课。以培养研究型公共关系人才为导向的研究生教育得到重视，公共关系专科及高职教育也得到了稳步的发展，公共关系职业培训与职业资格认证体系逐步完善。

20 世纪 90 年代中后期，公共关系在中国的发展开始由高潮步入低谷。这一时期，对大学本科专业设置进行调整时，取消了公共关系这一本科专业，这对当时满怀激情的公共关系专家、学者来说，无疑是当头一棒。

进入 21 世纪，公共关系学科建设重新复苏，但是，公共关系学三个部分的发展并不平衡。公共关系史的研究比较落后，没有一部完整的公共关系史专著。公共关系理论研究也相对薄弱，特别是核心理论部分还不够完善。公共关系实务方面则比较活跃，政府公共关系、企业公共关系、体育公共关系、医院公共关系、媒体公共关系等方面的著作产量甚丰。

自 1999 年职业大典颁布以来，政府、企业、媒体都更加重视公共关系，学校也关注到这个情况，因此，更多学校开始开设公共关系课程。

截至 1999 年底，据不完全统计，全国大专院校中，开设公共关系课程的已有 1 000 多所，而开设公共关系本科及专科的也有 30 多所[②]。此外，各地一些电视大学、职工大学、党校、函授大学等，也开设公共关系课程或专题讲座。至于一些企业委托或聘请公共关系专业教师、专家为他们培训员工，那就更是非常普遍了。

在此背景上，1999 年公共关系自考由部分省市开设升格为全国统一考试；教育部将原本由技校开展的高等职业教育推向普通高校，使公共关系这种职业性很强的专业教育有了更广阔的发展空间；中央党校也将公共关系课由讲座升为计划内的课程。一些企业参与公共关系教育，这成为 1999 年的一个亮点，

---

① 本刊编辑部. 中国公关教育二十年 [J]. 国际公关，2006（5）：72-76.
② 彭泰平，谢伟光. 公共关系实务 [M]. 北京：清华大学出版社，2004：24.

中国寰球公共关系公司、广州方圆公关公司等参与公共关系职业标准指定和教材编写审定，红桃 K 等企业获得国家职业工作委员会的授权主持当地公关员的培训①。

此外，浙江大学等高校导入 CIS，连一些理工科院校也开始重视公共关系，例如 1999 年有两所航天高校也成立了公共关系协会，并开办了公共关系公司，公共关系教育呈立体化②。

总体来说，世纪之交的公共关系教育发展较为平稳，公共关系开始迈入系统化教育的进程，教育界对公共关系的重视程度有所上升，总体来讲处于理性发展阶段。

二、部颁公共关系教材问世

让公共关系专业得到官方认可是公共关系教育界多年的梦想，也是 1989 年第一届全国公共关系教学研讨会的目标之一。自 1999 年公共关系职业正式确立起，中国陆续出版了一些优秀的、正规的"部颁"教材。劳动部《公关员》职业培训的教材 1999 年首次亮相，人事部全国人才流动中心也出版了系列教材。

此时，教育部组织编写的公共关系高职高专系列教材、成教教材、自考系列教材已经出版。其中，李兴国的《公共关系实用教程》作为中国面对在校日校生的第一本高职高专教材于 2000 年 8 月问世，并于当年 12 月第二次印刷。余明阳主编的《公共关系学》（教育部部颁教材）也于 2000 年在广东高等教育出版社出版，构成中国部颁教材的南北呼应的格局。

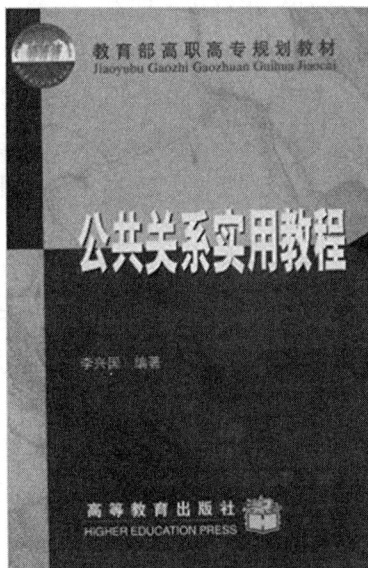

李兴国 2000 年 8 月出版的
《公共关系实用教程》
（资料来源：亚马逊，https：//www.amazon.cn/dp/B0011CE2W8）

---

① 李兴国. 新世纪中国的公共关系回顾与展望［EB/OL］. 2003－08－27/2019－01－03. http：//www.xici.net/d13236924.htm.

② 李兴国. 新世纪中国的公共关系回顾与展望［EB/OL］. 2003－08－27/2019－01－03. http：//www.xici.net/d13236924.htm.

三、师资队伍建设走向正规化、年轻化、高学历化①

公共关系教育作为党的教育事业的重要组成部分，认真贯彻、体现"三个代表"的要求，即坚持公共关系教育的正确方向；充分发挥公共关系教育在素质教育中的重要作用；发挥公共关系教师在公共关系教学中教书育人的独特功能②。经历了十几年的风风雨雨，世纪之交的公共关系师资队伍建设走向正规化、年轻化、高学历化。

（1）正规化表现在：1999 年，中国有了"公共关系专业"的"正教授"，在职称系列中达到最高层次。教育部有关部门授权有关的委员会对公共关系师资进行了培训，并派代表出席相关培训活动。这是 1989 年以来多次公共关系教学会议未能实现的。

（2）年轻化表现在：随着一些老教师退休，一些新兴力量补充进了公共关系师资队伍。这在 1999 年的一些师资培训班上可以明显地看到这一点。

（3）高学历化表现在：经过 15 年的发展，公共关系教师队伍中不仅有硕士、博士，在 1999 年公共关系教师中的博士后也已"出站"。一些教师出国进修、作访问学者，出席会议，开阔了眼界，这些进步使教师队伍整体素质得到提高。

联系实际是此时公共关系教育的重要特色。随着我国公共关系的发展，公共关系教育已经摆脱了单纯引进理论的时代，此时的公共关系教育更加注重理论与实践相结合。教师能够通过对身边案例的分析和讲解来立体地阐述公共关系的原理和特性。90 年代初，作为经验介绍的教学法已普遍受到关注与采用。教师亲自参加公共关系策划，导入 CIS 等实践活动的逐渐增多，有些原来只能参与策划的教师已经可以独立操作一些项目了。这些活动越来越得到社会的认可，有的教师被聘为企业的常年顾问，2000 年下旬，深圳大学的余明阳博士到某集团担任总裁，直接投入到企业的管理与运作，这些行为促进公共关系教学的发展。

公共关系教师的能力也越来越得到社会的认可。例如：1998 年《中外管理》杂志曾刊文说：余明阳、李兴国、李强是中国公共关系策划的代表人物；2001 年《中国策划》杂志评比出 2000 年最具影响力的中国策划人中，余明阳、李兴国、韩进军等榜上有名；《中国策划人》网站介绍了 14 位著名策划

---

① 李兴国. 中国公共关系回顾与展望［J］. 公关世界，2000（5）：4－7.
② 赵安民. 体现"三个代表"要求发挥公关教育的功能［J］. 山西高等学校社会科学学报，2002，14（5）：105－107.

人，公关界就占了4位半，余明阳、李兴国、崔秀芝、居易，还有目前不再以公共关系为主业的孔繁任。在2000年11月4日开幕的首届中国策划艺术成果博览会上，公共关系界成了获奖的主流。比如，章琦的海南椰子节，李兴国、李德怀的CIS策划，陈放的千年庆典系列大策划等15项，关于"上市"，整合营销的策划案例占7项、企业文化1项、其他若干。

四、全面发展的跨世纪人才的培养

在90年代学校公共关系的大力发展之下，教育工作取得了一个又一个的辉煌成就。

学校公共关系的目标包括确立高于一般社会认知水平和道德水准的组织形象，建立学校良好的信誉。具体任务包括：对内协助学校理清思路、确立发展战略，调整专业、改善管理、提高教学质量，处理好领导、教师、职工、学生之间的各种关系，以期形成内部合力；对外唤起公众对学校的关注与支持，以利于引进资金、扩大生源、推进就业，协调好与政府、兄弟院校、股东、合作伙伴、社区的关系，为学校争取一个良好的外部环境；此外还要对教职工进行培训，发挥全员公共关系的作用，也要搞好对学生的公共关系教育，使他们毕业后能很快融入社会、服务于社会。

面对新世纪的挑战和国际竞争的紧迫形势，国家在"十五"计划中已明确指出，教育改革和发展必须在关注世界教育发展趋势的同时，紧紧围绕经济发展和社会进步的总体目标，坚持适度超前发展，走改革创新之路，面向现代化、面向世界、面向未来，着力推进素质教育，促进学生德、智、体、美、劳全面发展。这一举措无疑使我国的学校公共关系事业迈向了快速发展的国际化的道路。

1997年，中共十五大报告又明确提出，"发展教育和科学，是文化建设的基础工程。培养同现代化要求相适应的数以亿计高素质的劳动者和数以千万计的专门人才，发挥我国巨大人力资源的优势，关系到21世纪社会主义事业的大局"，并就跨世纪中国教育的发展的改造进行了具体的部署。1999年，党中央、国务院批转了教育部制《面向21世纪教育振兴行动计划》，颁发了中共中央、国务院《关于深化教育改革、全面推进素质教育的决定》，提出了深化教育改革、全面推进素质教育的战略任务。与此同时，普及九年义务教育的工作正在有计划、有步骤地实施。

随着社会的发展，社会风气、道德伦理、青少年犯罪问题等开始凸显。因此，公众比以往任何时代对学校教育都寄予了更大的期望和更高的要求。日常教育、成人教育、科学研究规模日趋扩大，教育成本猛烈上升，学校肩负的社会责任和经济负担更加沉重。在学校内部，教师地位不高、不稳定，士气低落；教学设备、教学手段及教材陈旧；学生学习兴趣下降、教学质量难以提升。加之学校中的色情、暴力、酗酒事件时有发生，学潮及代沟等加重了人们对学校的误解，影响着学校与内、外公众的沟通和人际关系。

学校正越来越多地受到外界的抨击，常常成为新闻媒介批评的对象。冲突、误解和沟通的困难，进一步加深了学校教育的危机。为改变这种不利的状况，学校振作起来，重塑自身良好形象，以获取公众更多的理解与更多的道义和物质支持，重建公众对学校教育的信心。学校的公共关系比以往时候的责任都更为重大①。

第五节　理论脉搏：跨世纪的公共关系理论新发展

跨世纪的中国公共关系理论研究呈现出立足本土，放眼世界的良好发展态势。1999 年，尽管 1990 年以来每年召开全国公共关系理论研讨会因协会整顿未能召开，隔年召开的国际公共关系大会正好轮空。但是，公共关系理论研究还是在稳步前进。例如从《公关世界》全年 405 篇文章看，22 个栏目涉及公共关系的方方面面，包含基础理论探索、案例、经验、教育、人物、历史、广告、海外信息等，相当丰富。有对 21 世纪展望的，内容开始涉及知识经济，WTO，互联网；有对 CIS、CS 理论的进一步探讨与公共关系技巧培养；有大量的国内案例和国内的外企案例，体现了中国人务实的特色。专家们的专题讲座与对话也大量涉及时代与现实问题②。

一、继续提高理论素养的诉求

跨世纪时期，中国公共关系理论队伍尚不算庞大，且很多公关理论直接嫁接国外理论，对于相关理论在中国本土的应用以及变化研究还不是特别深入，公共关系理论队伍理论素养急需进一步提升，特别是加强马克思主义的辩证思维，系统科学的思维，普通逻辑思维，提倡联系地、发展地、全面地看问题，

① 纪华强，杨金德．公共关系的基本原理与实务［M］．厦门：厦门大学出版社，1999.
② 李兴国．中国公共关系回顾与展望［J］．公关世界，2000（5）：4-7.

系统地、分层地剖析问题，使用同一律、排中律来表述观点。不要任意归谬，以偏概全。例如，断言是"追求知名度美誉度害了亚细亚。"① 讲"咨询"重要，就说"CIS 是外表的东西，策划只能解决一时的问题，而真正能解决问题的只能是咨询。"② 再如，同样是论述 CIS 和 CS，有人从使两者完美结合的角度论述，但是相当的多人是割裂看的，他们认为 CS 重要，就说"CIS 是 40—50 年代的产物，CS 是 90 年代的产物，CIS 过时了"③，甚至提出"名牌是虚的，形象是空的，公共关系是片面的，只有服务是实的……"④ 这些说法不够科学。伴随着网络时代的到来，与公共关系密切相关的网络思维已逐渐浮现，公共关系人员提高自己的素质已成为当务之急。

二、处理好继承与创新的关系

继承就是要站到巨人的肩膀上，了解已有的科研成果，善于利用已有的科研成果。这样才能避免低水平重复循环。

"创新是一个民族进步的灵魂，是国家兴旺发达的不竭动力。"公共关系作为崭新的领域更应该时刻以创新为己任。但是目前离期望还有较大的差距。

80 年代以来，公共关系研究提倡要深化，要联系实际；公共关系教学要正规化；公共关系职业要专业化；等等。进入新世纪，则应多想一想怎么深化？怎么正规化？怎么专业化？

要研究新问题解决新问题，提高自我，奉献社会。例如，中国的买方市场形成了，消费者公共关系怎么搞？中国要进入 WTO 了，企业公共关系怎么搞？跨国关系怎么协调？如此之多的企业股份制了，中国的股东关系怎么搞？股东大会怎么开？知识经济来临了，怎样培养创新型的人才？"非物质化经济""速度经济""注意力经济"的概念我们是吸纳还是反对？"速度管理""概念销售"提出了，应该怎样对待？日本的雇工终身制垮了，中国的一些工人下岗了，员工公共关系怎么弄？网络时代到来了，公共关系怎样利用这一现代化的手段？怎样用网络搞调查？怎样处理虚拟社区的公共关系？北京、上海这些金户口的大都市为吸引人才放宽了户口政策，其他地区怎样留住和争夺人才？等等⑤。

---

① 李兴国. 中国公共关系回顾与展望 [J]. 公关世界，2000 (5)：4-7.
② 李兴国. 中国公共关系回顾与展望 [J]. 公关世界，2000 (5)：4-7.
③ 李兴国. 中国公共关系回顾与展望 [J]. 公关世界，2000 (5)：4-7.
④ 李兴国. 中国公共关系回顾与展望 [J]. 公关世界，2000 (5)：4-7.
⑤ 李兴国. 新世纪中国的公共关系回顾与展望 [EB/OL]. 2003-08-27/2019-01-03. http://www. xici. net/d13236924. htm.

三、继续走好科普的发展道路

这里的科普有两层含义，其一，公共关系自身的科普；其二，为科学与公众架桥梁。

（一）公共关系自身的科普需要持续、坚定地进行下去

从现实看，15 年的公共关系教育还远远不够，例如：大学生是求知欲望最强的知识群体，但 1999 年的调查"中国公关大学生知多少？"表明，79.3％的大学生对公共关系"认识模糊"或"不关心"。一般公众就更可想而知了[①]。公共关系的科普既要在业内科普，更要到业外去科普，利用大众传播媒介，公关界以外的媒介，使更多的人了解公共关系。

（二）公共关系为科学与公众架桥梁

"隔行如隔山"。随着科学的迅猛发展，一般公众对于科学的了解难度加大些，许多新产品不知是干什么的，甚至买了也不会用，使科技专利难以形成大批量生产。公共关系应在知识与经济之间架一座桥梁，给科技带来产出给公众带来方便[②]。

第六节　百花齐放：各领域公共关系应用相得益彰

21 世纪初，公共关系在中国的发展虽然还存在地区上的不平衡，具体操作也有水平高低的差别，但总的表现还是在不断进步中。如以北京、上海、广州、深圳等地为例，可以说，这些地区的许多公共关系活动，从创意、策划到具体的方法、手段，其水平都是亚洲先进水平。总而言之，经过 20 年的公共关系实践，中国公共关系事业已经有了长足进步，并已取得了巨大成就。

随着专业水准的逐渐提高、市场服务的不断细分以及行业规模的形成，一个新兴而具有远大发展前景的产业走入新时代。

面对 21 世纪的到来，社会团体为了壮大自身的队伍，搞好组织内部公共关系，争取广泛的社会认同和支持，以及募集经费等，认识到了公共关系的重

---

① 李兴国. 新世纪中国的公共关系回顾与展望 [EB/OL]. 2003 - 08 - 27/2019 - 01 - 03. http：//www. xici. net/d13236924. htm.

② 李兴国. 新世纪中国的公共关系回顾与展望 [EB/OL]. 2003 - 08 - 27/2019 - 01 - 03. http：//www. xici. net/d13236924. htm.

要性，通过与政府、企业、个人及媒体的合作积极展开了一系列的公共关系活动。19世纪90年代末到21世纪初的社会团体公共关系步入了成熟发展的道路，其中比较活跃的当属公共关系行业协会及各大慈善机构。

一、慈善机构完善法律法规建设

我国慈善机构"官办"色彩浓厚，民间慈善组织发展受到制约。社会不断爆出资金被挪用、受损失的新闻，导致捐赠者包括企业和个人对慈善机构失去信任，这也影响了中国慈善事业的发展。为应对声誉危机，社团组织展开了相应的公关活动。

随着国际国内形势的发展，政府按照市场经济发展规律的要求转变职能，社团对政府的依附性进一步减弱，那些"自治、自强、自主"的组织成为中国社团的主体[1]。同时，促进提高社团成员的素质，加大工作监督力度，完善法律法规的建设成为了重中之重。

1999年6月28日，全国人大常委会通过了《公益事业捐赠法》——中国历史上第一部直接规范捐赠行为，涉及有关优惠政策的社会捐赠法律出台。该法对企业、自然人的社会捐赠以及受赠、捐赠财产的使用和管理以及捐赠的税收优惠做出了详细的规定，进一步规范了公司企业的捐赠和受赠行为，从法律上确立了捐赠人、受赠人和受益人的合法权益，将社会生活中的捐赠纳入了法治轨道，推动了我国企业公益捐赠事业的健康发展，人间善举从爱心走向理性。

二、公共关系协会：新世纪的桥梁

进入21世纪以来，中国各公共关系组织没有忘记其"努力为政府服务"的使命。中国公共关系协会、中国国际公共关系协会和地方公共关系协会一如既往地履行其服务政府的职责。

（一）由"三个代表"引发的公共关系行业重要议题大讨论

从1997年开始，中国国际公共关系协会展开了中国公共关系行业调查，调查在每年初进行，这些行业发展基本数据对指导行业健康发展发挥了非常积极的作用。中国公共关系协会的这一举措是对各地公共关系协会的一个指导，也为各地的政府、企业、非营利组织、公共关系公司提供了完整的行业数据。

---

[1]　社团发展与统一战线工作的思考［EB/OL］，2006 - 4 - 24/2007 - 3 - 2，http：//www.docweb.cn/Article/b/i/33309.html。

1998 年 12 月，"中国公共关系业工作会议"首次在北京召开，该会议由各公共关系公司主要负责人参加，发布上一年度行业调查报告，分析当前市场状况，预测未来的行业发展。该会议于每年 2 月或 3 月举办。

跨入 21 世纪，中国国际公共关系协会继续举办每年的例行活动。与此同时，我国继续进行从 1988 年开始举办的这一联系全国各地公共关系协会的纽带式会议——全国公共关系组织联席会议，会议在加强各公共关系组织间联系的同时，顺应时势，对当时的重要话题展开讨论。

2000 年 8 月，第十三届全国公共关系组织联席会就公关界如何运用"三个代表"的思想武装自己，如何在西部大开发战略中发挥作用等重大问题进行了探讨。2001 年 6 月 25—29 日，第十四届全国公共关系组织联席会在乌鲁木齐市召开，该会议探讨了公共关系工作如何在西部开发中发挥重要作用等议题。

为了对接中央战略部署，促进国家与地方公共关系协会的联系，2001 年，中国国际公共关系协会与上海市公关协会牵头主办了"经济全球化时代的公关论坛"，与贵州省公关协会牵头主办了"关注西部经济发展经验工作交流会"，与成都国际公共关系协会牵头主办了"西部开发经济技术合作交流会"，这些论坛或者交流会的召开，促进了地方的深化改革和经济发展。

（二）加大公共关系意识和公共关系观念的宣传力度

为了加大公共关系观念的宣传推广，各公共关系协会和行业组织通过举办各种大型活动来进行全民的公共关系教育，与此同时，对公共关系业的发展产生了积极的作用。

20 世纪 90 年代末，中国公共关系协会克服重重困难，召开两次理论研讨会：一次是 1997 年在苏州召开的学术委员会四届一次扩大会议，探讨中国公共关系基本理论的若干问题；另一次是 2000 年在济南召开的公共关系理论与培训工作研讨会。前一次会偏重探讨学术问题，围绕着中国公共关系的核心概念、定义、定位、职能等问题上各家争鸣，扩大共识，以求在中国公共关系理论建设上迈出一大步。后一次会针对中国公共关系已成为国家的一门新兴的职业和面对中国即将入世的新形势，探讨如何把握新机遇和有效培养高素质复合型公共关系人才问题。

新世纪的来临，由于公共关系越来越受到政府、企业和非营利组织的重视，对公共关系的培训也越来越多。2001 年以来，据浙江省公共关系协会统计，经培训获得国家职业资格证书的高、中级公关员、秘书、推销员 2 066 人①。我国

---

① 浙江省公共关系协会。周行. 浙江省公共关系协会 17 年工作实践引发的思考［EB/OL］. 2016‑12‑02/2019‑01‑03. http://www. zjpra. com/down_show. aspx? id＝237.

各公共关系协会在提供会员服务的同时，更是逐步展开各种各样的培训项目，在为自己提供经费来源的同时，满足了市场对公共关系培训的需求。

三、医疗改革在探索中前行

医疗卫生改革使医院管理的内容不断扩展，从 20 世纪 90 年代初期的"总量控制，结构调整"到后期推行的"三医"联动改革，再到 20 世纪初营利性医院和外资医院的出现，医院管理的内容随着改革的进程在不断丰富，医院竞争的对象也在不断增加。

医院要适应不断变化的政策环境和运行环境，必须在组织架构上改变上下对应式的组织模式，以医院发展的外部要求和医院运行的内在需要来重新设置自身的组织架构，确保组织在有效管理的基础上，

浙江省公共关系协会颁发的公关职业经理人证书

（资料来源：明德学校，http://www.0573px.com/class - 4 - 6/info - 3430.html）

具有高效性和灵活性，同时在市场经济条件下，医院运作和发展需要进行行政部门的调整。一些医院成立了专门的公共关系部门，这一方面可以全力帮助医院树立良好鲜明的社会形象，向社会推介医院的医疗和服务特色；另一方面也可以通过与国内外同行的交流合作，获取各类有益信息，通过与社会的交流，赢得各界的支持和相对稳定的医疗市场。

科学、规范、有序的管理，可以减少事故，避免医患纠纷，防范公共关系危机。强化内部管理是公共关系工作卓有成效的基本保障，是最好的公共关系措施。

四、报业集团化的迅速整合

在多元化竞争的过程中，不同的报纸因为历史传统、所处地域、办报方针、经营策略等方面的差异，出现了非均衡发展的态势。报业逐渐由粗放型向集约型发展，出现集团化的趋势。

一般来讲，参与组建报团的竞争者需要具备五个条件：有影响的传播实

力；雄厚的经济实力；充足的人才实力；过硬的技术实力；通畅的发行实力。其中最重要的是（政治）影响力和经济实力。所以，报业集团总体是以省市党委或国家重要部门的机关报为核心，有经济实力的晚报为补充，跨越中央、省、市三级，依托大城市，向周边地区辐射①。

《广州日报》LOGO

90 年代中期，在内部条件成熟与外部政策支持的双重力量推动下，1996 年 5 月中共中央宣传部批准建立第一个报业集团——广州日报报业集团。此后我国的各大媒体纷纷走上了集团化发展的道路，截至 2000 年底，全国报业集团已发展到 26 家②。

1997 年，中国没有新的报业集团出现，而 1998 年组建了 5 家报业集团，这绝非偶然。1997 年，无论是政府还是其他报社，都在静观广州日报报业集团的发展。在广州日报报业集团的发展初见成效后，南方日报报业集团、羊城晚报报业集团、经济日报报业集团、光明日报报业集团和文汇新民报业集团才于 1998 年先后成立。

1999—2002 年，中国报业集团化呈高峰发展，不仅表现在集团数量上，还表现在经营质量上。

河南日报报业集团、沈阳日报报业集团、大众日报报业集团、解放日报报业集团、重庆日报报业集团、成都日报报业集团等 32 家报业集团在短短 4 年内组建，平均一年就有 8 家报业集团成立，速度可谓惊人。到 2003 年 8 月，又有 3 家向着集团化的方向迈进。

经济实力的壮大促成了报业集团真正意义的发展高峰。这一阶段，报业集团的经济收入普遍大幅度提高。深圳特区报业集团 1998、1999、2000 年的广告营业额分别为 3.8 亿、6.1 亿、7.2 亿元，平均增幅高达 30％以上③。文汇新民报业集团所属报纸已经占上海报纸总量的一半以上。1999 年，四川日报报业集团是四川省直属企业的纳税大户，纳税额名列第 7，2000 年纳税额排名就上升到第 3 名④。

报业市场上形成了一批具有典型示范意义的报业集团，包括广州日报报业集团、南方日报报业集团、北京日报报业集团、文汇新民报业集团、大众报业集团和哈尔滨日报报业集团等。这些报业集团通过实践摸索，形成了各具特色

---

① 李良荣，张克旭. 新形势下的报业集团与报业竞争 [J]. 传媒评论，2000 (6)：20-22.

② 罗建华. "入世"三年：中国报业集团发展观察 [J]. 中国报业，2005 (6)：21-25.

③ 中国网. 传媒集团化的背景和概况 [EB/OL]. 2019-01-03. http://www.china.com.cn/chinese/zhuanti/baokan/444510.htm.

④ 中国网. 传媒集团化的背景和概况 [EB/OL]. 2019-01-03. http://www.china.com.cn/chinese/zhuanti/baokan/444510.htm.

的集团经营机制和市场战略，为其他报业集团提供了丰富的市场经验，比如南方日报报业集团的多品牌战略、哈尔滨日报报业集团的多元化经营等。

与此同时，报业集团的经营思路更开阔、公共关系手段更先进。按现代企业制度的原则开展集团经营与管理，成为各报业集团的共同指导思想，集团的资本运作比以往放得更开。2000年，羊城晚报报业集团成功兼并了广州化学纤维公司，获得了位于广州市未来的中心区域的一块18万平方米的土地资源。此外，集团属下的在港合作企业"羊城报业广告有限公司"及其内地机构与李嘉诚旗下的香港上市公司 tom.com 公司合作，"羊城报业广告有限公司"以70％的股权置换 tom.com 公司的2.36亿港元的资产①。其他报业集团也不断有新的资本举动。

羊城晚报报业集团 LOGO

报业集团整合，其公共关系的发展可以更高效有序，且更无须借助外力的发展。此外，报业集团的整合意味着传媒产业的变动，相应的与传媒产业息息相关的公共关系产业也受到影响，世纪之交，种种变化都为公共关系行业带来新的挑战。

五、企业公共关系的新课题

据中国国际公共关系协会资料统计，2000年中国国内有三个以上长期客户、职工人数超过20人的公共关系公司已经达100余家，从业人员5 000人以上。一些优秀的本土公共关系公司，如蓝色光标、时空视点、海天网联等公司业绩骄人，年营业收入达4 000万人民币②。

蓝色光标 LOGO　　　时空视点 LOGO

与此同时，随着商品经济的发展，市场竞争日趋激烈，也给常规的公共关系工作提出了新的挑战。因此，新课题强调企业的全员公共关系意识，它要求企业的每个职工都有强烈的为企业增辉的意识，如果每个职工都有强烈的为企

---

① 中国网. 传媒集团化的背景和概况［EB/OL］. 2019 - 01 - 03. http：//www. china. com. cn/chinese/zhuanti/baokan/444510. htm.

② 公共关系事业发展的历史沿革［EB/OL］. 2016 - 10 - 17/2019 - 01 - 03. https：//max. book118. com/html/2016/1017/59541848. shtm.

业形象增辉的意识，并以此为荣，该企业一定会蒸蒸日上。全员公共关系是
"组织内部公关的最高境界"。全员公共关系意识一旦形成，一定会给企业的
发展带来勃勃生机，从而促进企业经济效益的提高①。

　　跨入 21 世纪，危机公关、问题管理作为专业公共关系也会受到企业的日
益重视。另外，随着中国改革开放新阶段的到来，企业相继转换经营机制，企
业如何处理好与股东、金融界的关系，摆到企业公共关系工作的议事日程上
来。金融公关、股东公关以及市场公关、营销公关成为企业公共关系工作的新
课题和企业公共关系跨世纪的发展趋势。

　　① 孟建强. 中国公共关系现状与前景 ［EB/OL］. 2000 - 07 - 03/2019 - 01 - 03. http：//www.
emkt. com. cn/article/12/1210. html.

第七章
海纳百川：中国公共关系的
"大公关"时代
(2002—2004)

本章主题词：WTO　申奥　申博　APEC 会议　城市形象　电子政务
危机公关

第一节　时代背景：开启"入世"与
"办赛"的新时代

21 世纪的第一个 10 年，中国经济年平均增长率为 10.5%，国内生产总值由世界第 6 位上升到第 2 位，对外贸易总额由第 7 位上升到第 2 位[①]；产业结构优化升级，农业基础不断加强，中西部地区发展加快，各具特色的区域发展格局初步形成；各项社会事业蓬勃发展，城乡居民收入大幅提高。中国经济实力、综合国力、人民生活水平迈上新台阶，国家面貌发生了翻天覆地的变化。

中国政府扩大改革开放，以更加积极开放的态度向国际社会展现大国的公关形象。在这个时期内，中国也发生了众多具有国际影响的大事，2001 年 6 月，亚太经合组织成员国贸易部长会议在上海召开、当月，上海合作组织在上海成立；同年 7 月，北京赢得 2008 年奥运会的主办权；同年 12 月，中国正式加入世界贸易组织；2002 年 12 月，上海赢得 2010 年世博会主办权……

---

① 外交部. 温家宝在 2011 年夏季达沃斯论坛上讲话（全文）[EB/OL]. 2000 - 04 - 12/2019 - 01 - 01. http：//news. cntv. cn/china/20110915/106276. shtml.

"加入 WTO"与"办赛"成为 21 世纪初期政府公共关系的一大特征，中国公关关系的舞台越来越大。

一、中国公共关系融入有利的国际环境

2001 年 12 月 11 日，经历了长达 15 年的谈判后，中国终于加入了 WTO。中国加入 WTO，为中国开辟了新的天地，也对公共关系产生深远的积极影响。加入 WTO 给中国公共关系业带来了巨大的机遇。中国经济和市场体制与国际接轨，大批外资涌入中国市场，中国企业不但要面临国际竞争还要走向海外，政府职能部门进一步深化改革，行政、司法、立法体系逐步完善，这一切为中国公共关系业的发展提供了机会。

加入 WTO 使中国真正步入经济全球化进程，国际公共关系的领先观念和规范动作，使发展不到 20 年的年轻的中国公共关系业面临更大的压力。但随着越来越多的中外公共关系从业人员同场角逐，竞争也会带来合作和交流，国际化和本土化并进是加入 WTO 后中国公共关系业发展的主要趋势，中国公共关系从业人员会由此学到很多国际公共关系经验，从而在很大程度上提升中国公共关系业的职业化水准。加入 WTO 也将使中国市场更进一步和更全面地对外开放。加入 WTO 后，更多的外资企业，尤其是中小外资企业进入中国，它们没有相对固定的公共关系代理公司，但又需要公共关系服务，为此中国公共关系业者有更多的机会，去发挥自己的优势，以自身特色竞争赢得业务，在当地市场中占据一席甚至是重要的位置①。

因此，在本国市场上，由于国内市场的竞争加剧，外资企业良好的管理水平、科技水平和服务水平吸引一部分的中国消费者，在这种情况下，本国的优势企业只有运用自身的地域优势，提高自身的公共关系运作水平，才可能应对越来越多跨国企业的竞争；国际市场上，市场竞争相当残酷，只有最优秀的本国企业才能在国际竞争中生存下来，为了更好地了解国际市场，就需要展开针对国际市场的符合国际规则的公共关系活动，为了促进与国际消费者的沟通，彼时的公共关系运作水平是远远不够的。由此来看，WTO 给中国公共关系界提供了一个良好的国际环境，同时也是有风险的国际环境，只有把握国际环境的有利因素，才能更好地发挥公关业的作用。

---

① 董盟君．中国公共关系业，充满希望和机会的时刻［EB/OL］．人民网，2000 - 6 - 24.

二、国家赛事、国际展览与国际会议的更高要求

2001 年 7 月 13 日，北京成功申办了 2008 年奥运会，北京申奥的胜利也是中国政府公共关系的胜利。北京申奥的公共关系主体是中国，是北京。在一年多后的 2002 年 12 月 3 日，上海在 5 个候选城市中脱颖而出，成功获得了 2010 年世博会的主办权，在这次成功的政府公共关系过程中，公共关系的主体是上海。实际上，在 2001 年 10 月 18 日，在上海就如期举行了 APEC 会议，各国领导人汇聚在上海一起讨论世界经济发展和反恐怖主义等重大问题，并取得了圆满成功。这次会议本身就是一次成功的国际公共关系活动，树立了上海乃至中国的良好国际形象。

由此可见，这一系列国际性研讨会与国际性盛会的举办，为一个国家、一个城市带来了强大的经济活力。这种经济活力引发了新一轮的关注热潮，这本身就是旨在宣传国家和城市形象的国际公共关系。通过申办大型的国际博览会，来宣传国家或城市的形象，无疑是进行国家和城市形象塑造的最佳途径之一。由于北京奥运会和上海世博会的国际性，北京和上海被放置在全球大环境下，吸引了来自世界各地的目光，北京和上海进行公共关系活动的对象不仅仅是中国国内民众，更是走出国门，面向全世界。

2001 年 APEC 会议最大的成果在于提供了各个国家之间的协调和沟通的平台，另外，这次会议也为中国加入 WTO 进行了又一次国际公共关系活动。可以说，虽然论坛本身没有谈判，却起到了四两拨千斤的作用。同时，上海作为连续九年 GDP 两位数增长的城市主办 APEC 会议，也显示出了上海是经济全球化健康发展的一支重要力量。无论对于上海，还是对于中国，都无疑是一次成功的国际公共关系。

中国顺利加入 WTO、北京申奥成功、上海成功举办 APEC 会议等重大事件对中国公共关系市场发展产生非常积极的影响。国际公共关系公司纷纷看好中国市场，试探进入中国市场；本地公共关系公司如雨后春笋般冒出，除北京、上海、广州等原有市场外，一些发达的省会市场和二三级城市公共关系市场日趋活跃[①]。

2008 年北京奥运会以及 2010 年的上海世博会等大型活动为中国公共关系行业的发展创造巨大的商机。一方面，政府日益重视利用重大事件有效塑造并宣传国家形象；另一方面，可口可乐、麦当劳等知名企业借奥运之"风"而流

---

① 参见陈向阳的行业调查报告：《中国公关业 2001 年度调查报告》。

行于世界每个角落的成功案例也使越来越多的企业意识到抓住奥运的"麦克风"与世界沟通，向世界宣传自己的巨大威力。组织对公共关系服务需求的增加以及人们公共关系意识的提高也为公共关系机构带来发展的契机。

第二节　政府公关：从幕后走到台前

一、政府开始重视城市形象塑造

进入 21 世纪以来，成功的政府公共关系案例不胜枚举，中国政府已经充分认识到政府公共关系的重要性，并最大限度地发挥了政府公共关系的积极作用。

2001 年 12 月 27 日，上海市优秀公共关系案例评选中，浦东新区政府与黄浦区建委两个公共关系项目获得上海市优秀公共关系金奖。据悉，政府公共关系项目获奖，在全国也是头一回。专家评论说，其意义远远超过了获奖本身。它表明，政府越来越注重对自身形象的塑造。注重沟通与互动，成为一个现代政府的重要标志①。

通过塑造政府或城市形象来进行公共关系，实际上是一次政府的外部公共关系。政府外部公共关系的最终目标对象是公众，政府外部公共关系的主要内容则包括政府公共政策的制订和推广、政府公共形象管理、政府公共产品推广、政府管理者形象树立、政府应对突发性社会事件等内容。政府进行外部公共关系的目的是树立良好的政府形象，树立公众心目中的"服务型政府""透明政府"。

所谓城市形象，是一个城市重要的无形资产，是人们对一个城市整体的主观看法和观念。它是通过大众传媒、个人经历、人际传播、记忆以及环境等因素共同作用而形成。从 20 世纪 90 年代开始，中国的城市化进程明显加速。这个世界上最大的农业国，正在步入城市化国家的行列。

2001 年 5 月 10 日，在香港《财富》论坛闭幕的庄严时刻，特区行政长官董建华向与会代表隆重推出了"香港品牌——飞龙标志"，这也是一种政府外部公共关系的手段。中国公共关系行业组织对政府公共关系在城市形象建设中的作用给予了充分的肯定。《公关世界》翟汝磊也撰文表示，政府作为人类政治、经济、文化中心，其协调发展离不开政府的领导和管理，城市形象塑造始

---

① 政府公共关系走向前台 [N]．中国青年报，2002 - 1 - 11.

终离不开政府的领导，离不开政府公共关系的贯彻和实施[1]。可以肯定的是，21 世纪将是政府充分运用政府公共关系手段，开展城市形象塑造的世纪。

为了塑造城市形象，各地政府通过举办活动、举办会展等方式来进行城市形象塑造，各地政府近年来更是十分热衷于举办会展、打造城市名片、媒体塑造的方式等手段来进行城市形象塑造。

首先，各大城市政府通过宏观指导来塑造城市形象。举例而言，海南市政府在全民的配合下，通过系统打造"健康岛"品牌，在更高层次上开发和利用无形资源，目的就是要造一个全新的海南形象；福建通过环境形象塑造来树立福建城市形象；天津经济技术开发区通过招商引资和举办会展来塑造城市形象；成都通过旅游公共关系来塑造"东方伊甸园"的城市形象；安徽通过建设"社会信用体系"来打造"信用安徽"的城市形象；上海通过上海形象代言人姚明来塑造上海城市形象[2]；武汉通过城市形象宣传片《武汉水云间》塑造武汉城市形象[3]；佛山通过深挖旅游资源和政府牵头，塑造佛山"国际知名旅游城市"的形象；北京市旅游局借奥运会的东风，在伦敦举办大型说明会，塑造北京城市形象。从 2004 年开始，全国掀起了一股塑造城市形象的热潮。

其次，各大城市十分热衷于通过举办活动的方式来进行城市形象塑造。为了塑造城市形象，一些城市就结合当地文化特色，创造性地开展了以经济和文化交流为目的、形式多样的政府公共关系活动。例如，大连市政府连续举办了"大连国际服装节""中赏槐会""大连市马拉松比赛""大连东北三省暨商品交易会"等大型活动；张家港市政府也策划并实施了一系列公共关系活动，如"秋季商品交易会""出口商品和投资洽谈会""名牌战略研讨会"；深圳市政府举办了"文博会""高新技术成果交易会"等大型会展，为了实施"文化立市"的战略，深圳市文化局开展了读书月、创意 12 月、市民文化大讲堂、中外文艺精品演出季、大剧院艺术节、深圳平面设计展、深圳国际水墨画双年展等公共关系活动，还在深圳机场摆放了专门的宣传彩页，其中，就包括了介绍各种活动的《深圳文化地图》。另外，还有山东的国际风筝节、哈尔滨的啤酒节等。

许多中心城市和省会城市纷纷兴建现代化的大型展馆，着力培育"会展经济"。此时，中德合资、位于浦东、室内展览面积达 20 万平方米的上海国

---

① 翟汝磊．政府公共关系在城市形象建设中的现实意义 [J]．公关世界，2006.

② 2004 年 10 月 13 日，由上海城市形象代言人姚明担任主角、公益出演的上海城市形象片"无数个姚明，好一个上海"，向海内外的近 200 家新闻媒体首映。纪录这一城市形象片诞生全过程的纪录片也同时推出。

③ 2004 年国庆期间，由武汉市广播电视局摄制的城市形象宣传片《武汉水云间》将作为开篇之作亮相于中央电视台第 4 套节目新办栏目《华夏掠影——城市形象》。

际博览中心开工，南京、厦门、成都也相继建成了大型的现代化展馆，以北京、上海、广州、武汉、深圳、大连、沈阳等城市为中心的全国性展览网络逐渐形成。以深圳为例，2005 年 7 月，深圳市贸工局向深圳会展中心下发了《关于实行品牌展会排期保护的通知》，对深圳市展览面积在 2 万平方米以上的品牌展会予以保护。高交会、文博会、消费品采购大会、机械展、光博会、安博会、珠宝展、全国电子展（春季）、钟表展、服交会以及每年两届的深圳国际家具展、华博礼品展、房地产交易会等 16 个品牌展会率先受到保护①。

　　然而，在国家和地方政府致力于国家和城市形象塑造的同时，民众素质却受到了国际社会的质疑。"中国人，便后请冲水""请安静""请不要随地吐痰"……这种仅以简体中文标出的警示牌，在中国人出境游的主要目的地国——法国、德国、日本、泰国、新加坡等地频繁出现。当大批游客成为中国的"最新出口品"时，"中国人"却成了不文明、粗鲁的代名词。

　　乱丢垃圾、乘公交车抢座、排队加塞、大庭广众脱鞋脱袜或赤膊袒胸、吃自助餐多拿多占、遇有纠纷恶语相向……2006 年 9 月 22 日，中央文明办和国家旅游局公布了从网上征集的 10 类"中国公民出国（境）旅游常见不文明行为"，以上行为全部榜上有名②。

　　虽然各地城市都在通过各种形式进行城市形象塑造，但是，有的问题还是存在的，比如，随地吐痰、随地扔垃圾、乘公交车抢座、排队加塞等情况。因此，在进行国家和城市形象塑造的同时，只有从根本上提高民众自身的素质，才更有利于城市形象的塑造。随着"2008 奥运会""2010 世博会"的盛大开幕，只有中国民众共同努力，发扬讲文明、懂礼貌的优良传统，塑造良好的市民素质，用实际行动告诉全世界，北京不仅仅是中国的首都，也是好客的北京，因为北京人的热情；上海不仅仅是国际化的大都市，也是互利的上海，因为上海人的高明；深圳不仅仅是改革开放的窗口，也是活力的深圳，因为深圳人的年轻。

　　尼可洛·马基雅维利（Niccolò Machiavelli）曾经说过：一个独立的共和国的成败取决于其民众的品质。城市营销的成败无疑也取决于人民，如果一个城市的人民的潜意识里都根植了源于城市的自豪感，这个城市就成功了 99%。可以说，城市营销的成败取决于人民。当一个城市的人民对自己所居住的城市有了自豪感，城市在营销行动中就拥有了更足的底气和更强大的竞争力。

---

① 深圳抓大放小保护品牌会展 [N]．市场报，2005 - 7 - 13.
② 李玉国．谁在玷污中国国家品牌 [EB/OL]．全球品牌网，2006 - 10 - 20.

【相关链接】

上海：政府公共关系走向前台

在企业公共关系如火如荼的时候，政府公共关系也浮出水面。

2001年12月27日，上海市优秀公共关系案例评选中，浦东新区政府与黄浦区建委两个公共关系项目获得上海市优秀公共关系金奖。

公共关系专家对浦东新区政府获奖项目"浦东开发开放10年回顾与展望"给予了很高的评价。区委宣传部副部长华信祥是项目的主要实施人之一。他介绍，通过这个项目，成功地向世界传递了下面的信息：

浦东的投资环境进一步优化，不仅包括高速增长的经济，也包括符合国际惯例的运行规则。

今天的浦东概念，实际包含3个层次：地理概念，浦东处在长江和太平洋沿岸T字形交叉口，条件优越；经济概念，浦东代表高速增长、运转规范的经济区域；政治概念，浦东是上海现代化建设的缩影，是中国改革开放和形象的标志。

2000年12月，一位中央党校省部级班学员说，浦东的10周年宣传攻势可真大，在北京就感受到了。2001年6月的一次浦东海外招聘会上，原计划2000人的规模，结果竟有4000人参加。

良好的政府公共关系，为浦东带来了直接的财富效应。在全球经济一片低迷的情况下，浦东的综合经济、外商投资和商品进出口额保持高速增长，并以崭新的城市面貌成功地接受了APEC2001年会的考验。

谈及实施这个项目的初衷，华信祥说，浦东新区政府调研发现，10年开发、开放极大地提高了浦东的国内、国际知名度。但究其认识的深度、广度，尚有欠缺，国外直接投资仍有很大潜力，海外主流社会仍需更多了解浦东。因此，活动从一开始，就运用现代公共关系理念，坚持在"品牌化、连续性、针对性"上下功夫，时时不忘突出浦东的品牌效应。

作为"中国改革开放的重点，上海现代化建设的缩影"，浦东在任何场合都重点突出这一点。通过媒体报道、系列研讨、庆祝联欢、各界人士看浦东等活动，制造了一个又一个舆论高潮。活动延续了近两个月，而晨曦中的黄浦江畔矗立的东方明珠和金茂大厦，更成了浦东的地标。

华信祥说："这幅照片是经过精心选择的，与浦东的定位非常吻合。因此，我们在很多场合，反复使用，从而使人们无论是在世界哪个地方，一看到这幅图画，马上就会想起这是上海，这是浦东，就像20世纪30年代的一样。"

黄浦区建委的获奖项目是："延安路高架动迁"。它则凸显了公共关系在沟通公众与政府关系上的重要作用。

俗话说，动迁难，难于上青天。延安路高架工程动迁任务艰巨，东段工程黄浦区指挥部承担的任务，全长2.6公里，沿线有2 809户居民、282家单位、4户个体户，占到全部东段问题的2/3以上。如果政府不能获得动迁方的理解与配合，势必困难重重。因此，指挥部经过精心策划之后，把工作重点放在与群众沟通上。结果，仅用两个多月就顺利完成了任务。

作为一个新生事物，政府公共关系从幕后走向前台，其实在浦东也经历了一个认识过程。华信祥对此深有感触。以前，当地官员对此认识也不很深，后来在国外考察时发现，美国的各级政府都专门设有公共关系官员，专门负责推介政府形象，沟通民众与政府的关系。公共关系在政府事务中起到了相当重要的作用。

从1995年开始，浦东新区政府就每年邀请境外记者前来浦东采访报道，让在浦东投资的中国公司现身说法。现在，这已成为浦东的常设项目。2001年，浦东新区政府光接待境外记者就达260多人次。

同时，他们聘请专业公共关系公司帮助打理，进行浦东形象包装。每年，浦东都编辑一本《浦东概览》，还出版了浦东发展白皮书。

浦东新区政府也十分强调公共关系的针对性。去年，英国《金融时报》花了16个版面对浦东进行全方位报道，在全球都引起反响。很多留学生激动地打电话说，国际著名媒体拿出如此多的版面来报道中国，前所未有。而浦东新区却没有花钱。

华信祥部长说，这是因为我们在政府公共关系中，找到了一个各方利益的平衡点、结合点、共同点。

今年，一个更新的想法正在酝酿当中，就是浦东新区政府准备花巨资聘请国际一流公共关系公司对浦东进行全方位包装，以吸引更多的投资。

记者获释，在浦东新区人大常委会，官员的公共关系沟通能力已经成了衡量政绩的一个指标。华信祥同时也是新区人大常委。他说，入世以后，政府也面临转型，如果缺乏与社会各界的沟通能力，那么一个官员的能力是不完整的。

作为与公众沟通的强有力手段，公共关系正越来越受到各级政府的重视。众所周知，前不久，北京申奥成功，良好的公共关系功不可没。

事实上，政府公共关系，不仅被当成政府从事管理活动的一个重要方法，也被看成是社会政治生活民主化程度的一把标尺。政府公共关系从幕后走向前台，折射出一个信号，一个现代化的政府是一个互动的政府，是一个注重民众参与沟通的政府。

二、政府公共关系人才培训的先河开启

对政府内部人员的培训，实际上是政府内部公共关系的内容。政府内部公共关系是指政府机构和公职人员的关系，内部公职人员之间的关系，政府同级职能部门之间的关系。政府内部公共关系是对政府机构内部人员的教育和管理。如果放松了对政府内部工作人员的教育和管理，就有可能出现有损政府威望的现象，从而失去社会公众的信任，影响政府的公共关系状态。

为了顺应全球化的大趋势，顺应改革开放进一步深化的大环境，中国政府积极申请并成功加入WTO，也申办大型的国际会议，希望借此提高中国在国际上的地位，树立中国良好的国家形象。为了树立良好的国家形象，政府也大力塑造自身的政府形象，这就迫切需要引入政府公共关系，而在进行外部公共关系和国际公共关系之前，只有搞好政府内部公共关系，才能为外部公共关系和国际公共关系提供不竭动力。

实际上，中国政府对政府内部公共关系给予高度重视，对政府内部公共关系的重视，就是对政府凝聚力的重视，即通过各种方式加强政府的自身建设。早在20世纪末，国务院就颁发了《关于全面推进依法行政的决定》，提出了要"全面推进依法行政，从严治政，建设廉洁、勤政、务实、高效政府"①，进入21世纪以来，每年的国务院政府工作报告都提出要加强政府的自身建设，2004年9月16日，中国共产党十六届中央委员会第四次全体会议（简称十六届四中全会）审议通过《中共中央关于加强党的执政能力建设的决定》，提出要把党"建设成为求真务实、开拓创新、勤政高效、清正廉洁的执政党"，把党建提高到一个新的高度。

为了建设一个"行为规范、公正透明、勤政高效、清正廉洁"的政府，为了适应政府转型的需要，树立"服务型政府"的良好形象，在内部公共关系方面，中国政府从思想和行动两个方面做出了一系列努力和探索。在政府内部公共关系方面，政府工作人员就是政府的"形象代言人"，代表了一个国家、城市、地区或部门的形象。

为此，中国政府开始对其内部工作人员进行公关培训。据《公共关系报》报道：国家机关工作委员会在举办的国家各部委机关党委书记理论研讨班上，邀请国际关系学院王朝文先生讲授"公共关系与党的工作"。这标志着公共关系真正步入了高层党务工作领域。如果说从那个时候开始，政府开始注重在国

---

① 国务院．关于全面推进依法行政的决定［R］．1999．

家机关干部中普及公关知识的话，那么，面向政府公关人才的培训就是真正意义上的政府内部人才培训的开端。2004 年 12 月 13 日，"PR1000"工程在复旦大学正式启动，它的主要培训目标是地级市以上的秘书长及办公厅负责人①。至此，中国首次出现专门针对政府公关人员的培训。

自此，中国政府开始了对其内部工作人员的培训，2006 年 1 月 12 日，由中国国际公共关系协会与国家人事部中国高级公务员培训中心合作开展的"公务员公共关系专业培训"，在中国高级公务员培训中心卫星课堂举办。来自中央国家机关的公务员和事业单位的工作人员，全国各省、市党政机关和企事业单位的有关人员通过"中国国家人事人才培训网"的卫星远程培训学院参加了公共关系专业的培训。

随着中央提出的构建社会主义和谐社会总体目标，公共关系在社会的危机管理、新闻发言人制度、区域形象等方面发挥着重要的作用，也得到了越来越多的各级政府部门和事业单位的重视，有些政府部门和事业单位还相应建立了公共关系的职能部门，以更好地运用公共关系的理念和方法，加强服务与管理。为落实中央人才强国战略，培养高素质的公共关系管理人才，充分发挥其在公共管理中的作用，中国高级公务员培训中心和中国国际公共关系协会，围绕各自职能，共同研发了一套集课程培训、资质认证等于一体的公共关系专业培训计划，目的就是要提高公务员的公关素质，提升公务员运用公共关系专业加强行政管理和公共服务的水平，以适应国家政治体制改革的需要②。

三、全面实施"电子政务"与政府内部公共关系促和谐

自 20 世纪末，40 多个部委的信息主管部门共同倡议发起了"政府上网工程"以来，中国政府便开始了其电子政务建设，这是政府进行内部公共关系的一种方式，在 21 世纪初得到了广泛的应用。关于电子政务，目前有很多种说法，例如：电子政府、网络政府、电子信息化管理等。严格地说，所谓电子政务，就是政府机构应用现代信息和通信技术，将管理和服务通过网络技术进行集成，在互联网上实现政府组织结构和工作流程的优化重组，超越时间和空间及部门之间的分隔限制，向社会提供优质和全方位的、规范而透明的、符合国际水准的管理和服务③。根据国家政府所规划项目，中国电子政务主要包括以

---

① 所谓"PR1000"，是指用三年的时间，采用多种办学方式，特别是与海外合作办学的形式，为全国培养 1 000 名公共关系高端人才。

② CIPRA. 公务员公共关系专业培训课正式启动 [EB/OL]. 中国公关网，2006‐1‐17.

③ 中国网 [EB/OL]. 2003，http：//www.china.com.cn/chinese/zhuanti/356328.htm.

下三个方面的内容，即政府间的电子政务、政府对企业的电子政务和政府对公民的电子政务。为了加强政府机构和公职人员、内部公职人员、政府同级职能部门之间的联系，中国政府开展了政府网站建设和政府间的电子政务建设。

（一）通过全面建设政府网站开展政府内部公共关系

2006年1月1日，中央政府门户网站正式开通，标志着中国政府网站的框架体系基本形成。2006年7月19日，CNNIC发布的第18次中国互联网统计报告显示，中国网站总数约为788 400个，其中，CN下网站数量342 419个，占网站总数比例的43.4%，在CN下网站中，GOV. CN下网站数11 978个，占CN网站数的3.5%（见下图）①，2007年1月16日，"第五届（2006）中国政府网站绩效评估结果发布暨经验交流会"在北京召开。会议进一步指出，2006年中国政府网站的平均拥有率已达到85.6%，部委网站拥有率达96.1%②，目前中国政府网站正处在内容导向的关键发展阶段。

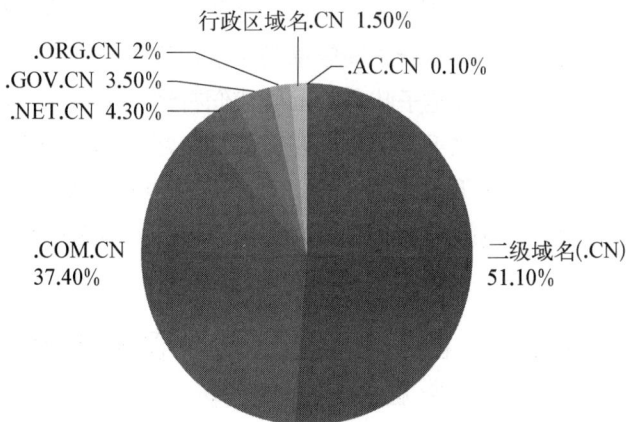

按类别划分得 CN 下百分比

截至2006年6月，96%的国务院部门建成了政府网站，约90%的省级政府、96%的地市级政府、77%的县级政府都拥有了政府网站。一个从中央、各部委到省、地、县各级政府及其职能部门的政务网站体系架构已经初步建立③。

---

① 国际域名包括：.com（商业机构），.net（网络服务机构），.org（非营利组织）；国内域名包括：.cn（国内顶级域名），.com.cn（商业机构），.net.cn（网络服务机构），.org.cn（非营利组织），.gov.cn（政府机关）。

② 王晓易. 中国政府网站处内容导向阶段平均拥有率达85.6%［EB/OL］. 2007 - 01 - 11/2019 - 01 - 01. http：//news. 163. com/07/0111/14/34IHM7IN000120GU. html.

③ 王汝林. 政府网站建设呈现六大态势［EB/OL］. 中国信息化网站，2007 - 3 - 6.

（二）通过政府间电子政务建设开展政府内部公共关系

2002 年，国信办成立之时就着手起草《信息公开条例》，2004 年发布的《关于加强信息资源开发利用工作的若干意见》又明确了"公开是原则，不公开是例外"的基本原则，但是，除了上海、广州等少数城市外，多数城市也没有把政府信息公开作为电子政务建设的重点，甚至有意抑或无意地抵制政府信息公开①。实际上，电子政务信息公开受阻是有原因的，原国家信息中心副主任，中国信息协会常务副会长胡小明认为，主要是三个方面的原因。首先，缺少足够的激励，政府信息开放从建立和谐社会的长远目标来看非常重要，从地区经济的短期增长则看不出明显的效果；其次，政府信息封闭给一些干部或部门留下了从中获利的机会，在一些行政许可的审批过程中，信息不开放有利于某些工作人员索要好处费，全部过程都透明这个好处费就得不到了；再次，信息开放存在着政治风险，凡没有开放的信息一律视为保密信息，泄密将受到严处。

随着电子政务建设的不断深入，中国政府就开始了政府内部公共关系的步伐，希望通过对政府内部、政府之间信息的共享，达到政府内部、政府之间良好沟通的目的。然而，通过电子政务的发展我们看到，虽然，中国的政府网站已经达到了一定的数量和水平，但是，在发挥其良好沟通的作用方面，电子政务尚未实现这一愿望。由于各种各样的原因，要做到政府内部的完全沟通，政府还有很长的路要走。这就需要政府公共关系不遗余力地发挥作用。

第三节　国际公关：成为中国政府和企业的必然选择

一、中国政府开启国际公共关系进程

国际公共关系是指某一特定组织在国际政治、经济、科技、文化及其他活动中，遵循和运用公共关系原则与方法针对国际公众开展的，旨在加强相互间交流、合作、理解、信任，并同时传播组织形象的活动。政府国际公共关系实际上就是政府在国际政治、经济、科技、文化及其他活动中，针对国际公众展开的外交。曾经担任驻外大使工作的李道豫，是中国国际公共关系协会的第二

---

① 电子政务公开咋这么难［EB/OL］.信息化网站，2006 - 11 - 17.

任会长，《国际公关》就把他称为"国与国之间沟通的公关员"①。

中国政府从申奥失利到成功，体会到了政府公共关系的重要性。中国政府加入WTO，为国际公共关系提供了良好的契机。广阔的国际市场，为中国提供了更加宽广的平台。加入WTO，让中国政府面对陌生的环境，不得不进行国际公共关系，同时，也体会到国际公共关系的重要性。加入WTO，让文化产业兴起，让文化贸易成为一个炙手可热的名词。加入WTO，放宽国内市场的同时，也加快了国内企业"走出去"的步伐。

不论是孔子学院在全球的成功开办，还是各类中国文化节的成功举办，都意味着我国已经把文化摆到了一个举足轻重的地位。加入WTO以来，中国愈加重视培植根深蒂固的中国文化，重视文化创新，力求使中国从文化资源大国发展为文化产业大国，并采取灵活有效的途径和渠道，努力将其作为整体文化品牌推向世界。

2001年11月，在党的十六大报告中提出积极发展文化产业的主张。在中央政府的大力倡导下，许多地方政府发展文化产业的热情高涨，据统计，全国所有的省都已经把文化产业列入"十一五"规划要重点发展的产业，其中有2/3的省份提出要建设文化大省，包括很多大省都提出要提出着力发展文化产业②。

在中国国内发展"文化产业"的同时，面对国际市场，中国积极地推动"文化走出去"战略。中国传统文化在开放和对外交往中不断勃发生机，也有力地推动了中国的国际形象塑造和提升。

正如中国文化部长孙家正指出的，在中央的关心和重视下，文化外交已经成为中国继经济、政治外交之后的第三大支柱，是中国总体外交的重要组成部分。他指出，在对外文化交流和文化贸易中，既要坚持中国的文化主权，保证中国的文化安全，又要不断扩大中华文化的影响，扩大中国文化产品与服务的出口份额。

为了促进"文化外交"，推动中国"和平崛起"形象的树立，中国开展了一系列的文化活动。包括2003年开始的"中法文化年""非洲主题年""中华文化非洲行"等活动，这些活动有力推动了中法、中非的友好合作关系发展。凝聚中国传统文化色彩的春节文化品牌，不断走进世界各地的千家万户。

---

　　①　侯明廷，李道豫. 资深外交官的公共关系情结［EB/OL］. 中国公共关系网，2005 - 6 - 14.
　　②　网易. 中国社科院预测"十一五"文化产业发展 5 大趋势［EB/OL］. 2006 - 01 - 11/2019 - 01 - 01. http：//news. 163. com/06/0111/12/276GJ2B20001124T. html.

　　其中，"中法文化年"就是"文化外交"理念的产物，这一历史性创意诞生于 1999 年和 2000 年，江泽民和希拉克在互访的时候共同确定举办中法文化年。2001 年 4 月，李岚清访问法国期间与法国外交部长签署了关于中法互设文化中心和互办文化年的《会谈纪要》。双方商定，2003 年 10 月至 2004 年 7 月，中国在法国举办文化年；2004 年秋季至 2005 年 7 月，法国在中国举办文化年。文化年涉及文学艺术、教育、科技、广播电视、图书出版、青年、体育、民族、宗教、建筑、环保等方面，共计 300 多个项目，是中国与法国沟通的最佳桥梁。

　　2003 年 10 月至 2004 年 7 月，中国文化年活动"北京文化周"的主要活动是香榭丽舍大街盛装大游行。"中国文化年"在法举办期间，欧洲乃至世界各国媒体对"中国文化年"进行了大量报道。有媒体称这一活动"体现了不断升温的中法关系"。《人民日报》援引拉法兰的话说："毫无疑问，'中法文化年'的意义已远远超出文化活动本身，进一步证明法中全面战略伙伴关系，证明我们有共同的决心迎接当今世界的各种挑战。"①

　　随后，2004 年秋季至 2005 年 7 月，法国文化年在华也实现了成功推广，法国巡逻兵飞行表演、让·雅尔北京音乐会、法国时尚 100 年设计展等系列活动给中国人民留下了深刻印象。法国文化部长指出，当今世界的和平建立在文化对话的基础上。"中法文化年"的举办恰逢其时，这是了解世界多样性的最佳途径，同时也充分显示了法国和中国的共同主张：尊重和捍卫文化的多样性，推动世界的多极化。他说，欧洲和世界都需要中国，中国也比以往任何时候都希望加强它在世界上的影响，同时中国也向世界传达出渴望和平与和谐的信息。

　　从 2003 年开始，中国举办了一系列的"中国文化节"活动。这类"文化节"活动宣传中国文化的同时，树立中国良好的国际形象。

　　在加拿大奥素幽士镇（OSOYOOS），2003 年 4 月 24 日—5 月 3 日，首次举办了"中国文化节"。通过展览、讲座、示范及工作坊等，向各族裔介绍中国书法、国画、围棋、拳术、音乐及中药等。

　　据当地华文媒体报道，华人书画家黎沃文获该镇艺术局的邀请，主持书法及国画讲座，并展出他最新的北美野花系列及书法作品。此外，该镇又邀请多位专业人士作示范表演。如李锦涛示范太极拳、蔡梅娟示范木兰拳、陈肖平示范花鸟画，韩玉新介绍围棋及中药，同时还展出陈肖平及刘渭贤的国画及

---

　　① 百度百科：中法文化年［EB/OL］. 2006 - 01 - 11/2019 - 01 - 01. https：//baike. baidu. com/item/中法文化年/1645884? fr=aladdin.

书法①。

为了加强与泰国的文化交流和沟通，2003 年 12 月 4—18 日，在泰国曼谷、清迈、廊开和洛坤府举行了"2003·中国西藏文化周"，这也是中国首次在东南亚地区举办以西藏为主题的大型综合性宣传活动。

在华盛顿，2003 年 9 月 21 日下午，华盛顿华人社区联盟、大华府侨学界等一百多个社团合办的"第五届中国文化节大游行"在美华埠隆重举行，绚丽壮观的游行队伍和多彩多姿的节目表演，吸引了众多的市民围观。

在俄罗斯的圣彼得堡，2003 年 8 月 20 日，"中国的世界遗产"大型图片展开幕，从而正式拉开了以文化交流为主要目的的圣彼得堡"中国周"活动的帷幕。"中国周"活动连续进行 8 天，为异国他乡的民众上演一出中国文化的盛宴。

2003 年，中国成功举办了一系列文化活动，这些活动得到了海外媒体的高度评价，加强了中国与国外的沟通和联系，用比较柔和的方式，让国外民众潜移默化地开始受到中国文化的影响，就像我们对"麦当劳""肯德基""必胜客""好莱坞大片""日本动画片""韩剧""披头士""麦当娜"习以为常一样，中国希望通过文化的推广，让国外的民众开始感受中国文化的魅力，让他们开始关注"姚明""章子怡""成龙""中国功夫""孔子学院""普通话""汉字""毛泽东""京剧""杂技"等，这一切，都是中国的文化吸引力。因此，21世纪的头 7 年，中国一直在进行中国文化推广。

2005 年，中国在美国华盛顿举行了最大的文化盛宴"中国文化节"，吸引了成千上万的美国民众，使中国成为人们关注的热点。华盛顿举办中国文化节的主要场所肯尼迪表演艺术中心被富有中国民族特色的剪纸、灯笼和中国节装扮得红红火火，看中国舞狮，听中国艺术家演奏的交响乐，感受中华民族歌舞的韵律，买几件正宗的中国小商品，成为周末华盛顿民众的一个时尚。

总而言之，为了树立中国"和平崛起"的国家形象，增强软实力，中国做出了很大努力。通过设置文化机构、开展文化活动等方式，中国文化已经逐渐为世界认可，因此，对于中国而言，通过文化这种公共关系手段，来树立良好的国际形象具有重大的意义。如果把中国和其他国家作为组织，两国的人民作为公众的话，那么，中国文化活动的成功举办就是对公共关系这个定义的完美诠释。同时，把一个国家作为传播主体，最终取得两种文化的交融，其立意之深刻和影响之深远，充分显示了公共关系作为一种管理工具的广泛性和重要性。"中法文化年""中国西藏文化周""中国文化节"的成功落幕，是中国开

---

① 中国文化节［EB/OL］. 中新网，2003 - 4 - 21.

展对外文化活动、进行文化外交的开端，而非结束。

【相关链接】

中 法 文 化 年

中法文化年（Les Années Chine-France）是由法国政府与中国政府合作举办的一系列大型文化交流活动，根据两国政府的协议，从 2003 年 10 月到 2004 年 7 月率先在法国举办中国文化年活动，从 2004 年 10 月到 2005 年 7 月则在中国举办法国文化年活动。两国的文化年涉及了多领域的广泛交流，举办的大小项目达到 300 多个，而活动中的亮点就包括了中国康熙时期文化展、三星堆文物展、中国中央民族乐团与巴黎国家交响乐团的合作演出、法兰西巡逻兵访华特技飞行表演、法国印象派画展和法国百年时尚展等。

背景

中法两国互办文化年活动，是在两国关系密切发展的政治大环境下才得以实现的。到 21 世纪初，中国与法国的政治关系已经非常密切，处于历史上最好的时期，这主要是由于两国所拥有的许多共同的政治立场与合作，这除了表现在共同支持反恐、反对伊拉克战争等问题上外，更重要的共同点是两国都支持多极化世界，反对由美国一国主宰的世界政治格局。中国作为正在崛起中的大国，很可能在未来成为一个能够与美国抗衡的国家；而法国则希望通过加快欧盟的一体化进程来创造另一股制衡力量。

而在经济交往方面，中国与法国的关系也很顺利。欧盟的一体化为中国提供了巨大的海外市场，2004 年欧盟已经超过日本和美国成为中国的第一大贸易伙伴。而法国则不断地向中国出售高新技术产品，例如空中客车飞机、法国高速铁路以及未来欧盟解禁后可能对华出售的武器。

共同的政治经济利益使得两个国家的关系更为紧密，高层的互访不断，也促进了民间的交流活动。此外由于两国都对自己的历史文化非常自豪，也使得文化交流在两国关系发展中占有特殊地位，这为文化年活动提供了契机。

举办过程

两国举办文化年活动是在 1999 年前中国国家主席江泽民访法以及 2000 年法国总统希拉克访华期间初步商定的；2001 年 4 月中国国务院主管文化事务的前副总理李岚清访问法国，与法国外交部长韦德里纳签署了有关举办文化年的《会谈纪要》，正式商定了文化年的举办时间。2001 年 6 月两国组建了中法文化年混合委员会，中方由文化部长和中外交流协会会长牵头，法方则由一名法兰西学院院士和法国文化部国际司司长负责，开始正式筹备文化年活动。混委会共举行了 5 次会议。

主要活动

（一）中国文化年

中国中央民族乐团演出：2004 年 10 月 6 日，作为中国文化年的启动音乐会，中央民族乐团在巴黎摩嘎铎尔剧院举行首场音乐会。之后该乐团又在法国各地巡回演出，共举行了 11 场中国民乐演出。

四川三星堆文物展：2004 年 10 月 8 日至 2005 年 1 月 4 日在巴黎市政厅举行，由四川省文化厅、中国国家文物局和巴黎市博物馆协会共同承办，展出了 1986 年至 2001 年期间中国考古专家在四川三星堆所发现的上百件青铜时代的文物，据考证这些文物的年代在公元前 1200 年至公元前 300 年之间。展览中最受关注的是青铜面具和青铜立人像。

《红色娘子军》芭蕾舞演出：10 月 8 日在里昂举行了首场演出，之后连演 5 场全部爆满，获得巨大反响。《红色娘子军》是中国中央芭蕾舞团的经典曲目，结合了西方芭蕾舞与中国民族文化特色，并且反映了中国特定的一段历史背景。当时正在法国访问的中国国务委员陈至立与里昂市长也共同观看了首场演出。

东方既白——20 世纪中国绘画展：2003 年 10 月至 12 月在法国国立非洲博物馆和大洋洲博物馆举行，共展出 80 多位中国当代画家的 140 多件作品，其中包括了油画、中国画等多种不同类型的画作。徐悲鸿、齐白石等多位大师作品也获选展出，而董希文的《开国大典》则是第一次在北京以外地区公开展出。

时尚中华 2004 春夏时装作品发布会：10 月 13 日在巴黎卢浮宫的勒诺特厅举行，6 位中国年轻时装设计师的 90 件女装作品得以在时装之都巴黎公开展示。这也是中国首次大规模地参与法国的时尚流行发布活动。

中国棋类表演与交流活动：10 月由 6 名中国棋界顶尖高手组成的中国文化年棋类代表团访问法国，参加中国象棋、国际象棋和围棋三大类棋艺表演和友好比赛。参加的棋手包括了中国象棋全国冠军、特级大师胡荣华、前国际象棋女子世界冠军谢军和围棋八段华以刚等。展示活动在巴黎中国城举行，除了中国象棋、国际象棋和围棋外，还展出了飞行棋、军棋、跳棋等中国民间的多种棋类游戏。棋手们还与法国青少年进行了友好比赛。

中国饮食文化节：2003 年 11 月 10 日至 2003 年 11 月 20 日在法国巴黎的多个宾馆、饭店举行，活动包括了中国国宴"钓鱼台菜"，精选了 20 道国宴菜点，由包括钓鱼台国宾馆总厨师长在内的 4 位中国烹饪大师主厨。此外还有中国名厨的专题讲座、中国茶酒文化展示和中法厨艺对抗赛等。

中国的世界遗产摄影展：由中国摄影家协会选稿的 300 多幅中国世界遗产摄影作品。

铁塔映红：在 2004 年 1 月 22 日春节期间，巴黎的埃菲尔铁塔首次用红色灯光打照；此外在大年初三，巴黎的 5 000 多名华人在香榭丽舍大街举行游行活动，中国方面则派出了阵容有 700 人的演出团参加游行并进行现场表演。这是中国文化年的最高潮。该活动同时也是庆祝中法两国建交 40 周年。

中国图书展：3 月 18 日，以"中国文学"为主题的 24 届法国图书沙龙在巴黎开幕，中国以主宾国的身份参加书展，商务印书馆、人民出版社等多家中国出版企业带来了 2 000 多种 3 万余册的图书，26 位中国作家也出席了沙龙，他们在沙龙举行期间举办了 15 场报告会和 38 场读者见面会。此外法国出版社也在沙龙举行前翻译了 70 多种中国图书介绍给法国读者。法国总统希拉克与中国驻法大使参观了中国展台，中国大使还向喜欢李白的希拉克赠送了一套 30 卷本的影印刻本《李翰林集》和一套分别刻有希拉克中文和法文名字的印章。

（二）法国文化年

让·米歇尔·雅尔北京音乐会：2004 年 10 月 10 日，法国电子音乐大师让·米歇尔·雅尔在北京紫禁城午门举行大型电子音乐会，揭开了法国文化年在中国的序曲。

法兰西巡逻兵飞行表演：随法国总统希拉克访华的法兰西巡逻兵特技飞行表演队 10 月在北京举行飞行特技表演，同场演出的还有中国八一跳伞队。

法国印象派绘画珍品展：2004 年 10 月起，法国巴黎奥塞博物馆等博物馆在中国的北京、上海、香港三个城市展出 51 幅法国印象派大师的珍品原作，其中包括了许多印象派的代表人物如克劳德、莫奈、爱德华·马奈、埃德加·德加、卡美尔·毕沙罗和保罗·塞尚等人的作品。其中最受关注的是马奈的代表作《吹笛子的少年》、德加的《舞蹈课》和莫奈的《卢昂大教堂》等。在画展开幕的当天，中国国家主席胡锦涛与来访的法国总统希拉克共同参观了画展。该展览每天限制访问量在 8 000 人。

法国时尚 100 年：该展览在北京、南京和深圳巡回展出，法国方面共带来了自 1900 年以来的 227 件设计精品，展品包括了时装、香水瓶、腕表、汽车、电器、茶具、家具、建筑模型等多种产品，其中不乏许多出自像克里斯汀·迪奥、伊夫·圣·洛朗等时尚设计大师之手的作品。展览期间还邀请了中国中央美术学院的教授等专家来到现场向参观者讲解，平均日访问量达到四五千人。

天坛，武器之殿：10 月 11 日中法两国的击剑队在北京天坛祈年殿前举行了一场中法击剑精英赛，比赛开始前先由两国演员进行剑术的表演，法国方面的演出是一部由大仲马小说《三个火枪手》改编的舞台剧，中国方面则表演了京剧《霸王别姬》和中国武术等内容。

"多一点光"艺术烟火表演：由法国烟火表演公司 Groupe F 为武汉、上海和成都观众所带来的音乐烟火表演。表演结合了焰火、爵士乐、舞蹈等多种艺术元素。

《希尔薇娅》中国巡演：世界著名古典芭蕾舞剧《希尔薇娅》从 9 月 30 日起率先在北京大学开始演出，由巴黎歌剧院芭蕾舞团与中国中央芭蕾舞团合作演出，除在北京外还在上海、香港与澳门举行公演。

法国文化在上海：不仅仅是在北京，上海也配合法国文化年举行了多个大型文化活动，其中包括了法国浪漫主义多媒体喜歌剧《游侠骑士》在上海的演出、"大师与经典——世界著名钢琴大师与法国夏纳交响乐团交响音乐会""法国创意艺术廊"现代艺术展以及法国熔点现代舞蹈团与上海戏剧学院合作的现代舞蹈 HIP—HOP 等。

法国电影节：2005 年 1 月起在北京等多个城市举行法国电影节，由法国电影联盟主办，分室内与室外的电影巡展。

巴黎交响乐团巡演：2004 年 10—11 月，由克里斯托夫·艾森巴赫担任总监的巴黎交响乐团在北京、上海、广州和香港举行了 4 场交响音乐会，演出曲目包括了盛宗亮的《月笛》、迪蒂耶的小提琴协奏曲《梦之树》，以及拉威尔的三部曲《达芙尼斯和克洛埃》《圆舞曲》和《波莱罗》等。

戴高乐将军纪念展：2004 年 10 月起分别在北京中华世纪坛和上海图书馆举行，通过图片、影像、声音等多媒体手段讲述戴高乐的一生，同时还展示了戴高乐身前的一些遗物，包括他的军装、制服和乘坐过的汽车等。展览由法国戴高乐基金会举办。

二、中国企业涉足国际公共关系道路

自中国加入 WTO 以来，中国企业借"走出去"的契机，大规模地进行了换标活动。2003 年 4 月 28 日，联想开始启用新标志——"Lenovo 联想"；2003 年 10 月 18 日，华旗资讯在北京日坛公园举办了"爱国者启用国际化标识 aigo 暨华旗资讯十周年"大会。随后，南京菲亚特换新标。腾讯也悄无声息地换掉了经典 QQ 标志，联想、华旗、夏新、用友、金蝶、铁通、菲亚特、普天、浪潮、联通、腾讯、华为的纷纷换标，甚至有人称 2006 年为"换标年"①。

---

① 杨加禄．2006，企业换标年？［EB/OL］．http：//blog. sina. com. cn/u/547ed38a010004g4.

部分企业更换标志

　　企业是社会生产力和科技进步的主导力量，企业公共关系是现代公共关系学研究的重要领域，也是中国公共关系实务运用最为广泛的领域①。企业公共关系的最终目的是树立企业良好形象，与此同时，促进业务发展、协调社会关系和增进社会效益。企业更换标志，有多方面的原因，其中一个原因就是使得标志更符合国际审美标准，开始迈出国际化的步伐。中国加入 WTO 之前，已经有许多企业走出国门，加入 WTO 之后，随着国与国之间的进一步开放，中国企业将更加容易进入国外市场，国内的优秀企业当然会奋起直追，开展国际公共关系，开启国际化道路。

　　进入 21 世纪以来，由于中国加入 WTO，对世界贸易组织做出了四个方面的承诺，即降低关税、减少和消除非关税壁垒、农业方面的承诺和服务业的开放。在关税方面，中国承诺：到 2005 年，把 15％的平均关税水平降到 10％。在减少和消除非关税壁垒，也就是进口配额、许可证问题方面，中国承诺：到 2005 年，全部取消 400 种进口配额。在农业方面，根据中国同美国达成的中美农业合作协定，中国承诺：取消对美国 7 个州的 TCK 小麦出口禁令；

---

① 黄昌年，赵步阳．公共关系学［M］．上海：上海交通大学出版社，2003.

放开美国 6 000 多家肉类加工厂对中国的出口等。在服务业方面，中国承诺：逐步放开银行、保险、旅游和电信等服务业市场。

正是因为这一系列承诺的兑现，中国市场进一步开放，对中国企业的考验也进一步加大，国内外企业在同一个市场同台竞技，中国企业面临着严峻的考验，面临着被外资企业并购的危机。2001 年 11 月，《关于上市公司涉及外商投资有关问题的若干意见》公布，允许外资通过受让非流通股收购国内上市公司股权。此后，上海贝尔阿尔卡特等通过向外资出让国有股权等方式组建的企业纷纷成立。

竞争的激烈让许多企业奋起直追，在政府的大力支持下，国际公共关系成为中国企业关注的热点之一。在这一时期，海尔、华为、中兴、联想、TCL等中国企业走出国门，走向世界。与此同时，由于中国对文化产业的重视，企业文化建设又重新浮出水面，再一次成为各大企业内部公共关系建设的焦点。在企业外部公共关系方面，由于消费者维权意识的加强，对产品的要求愈加严厉，特别是对食品安全问题的重视，导致一些企业不得不重视危机公关。

根据国内外形势的变化，中央提出"走出去战略"，鼓励各类企业大胆地、积极地以不同的形式走出去，包括到境外投资，开拓市场，扩大对外工程承包和劳务合作，带动产品、设备和技术出口，以弥补国内资源不足，并促进经济结构调整，拓展经济发展的空间。

在国家相关政策的支持下，中国企业开始争先开始"走出去"步伐，其实，早在 1996，华为就开始拓展东欧、俄罗斯市场。到 2004 年底，海外市场取得全面突破，全球拓展了 100 多个国家和地区[①]。

在中国经济环境日益看好的背景下，企业成功走出去的案例也越来越多，并有多家国有大型企业跻身全球 500 家大公司的行列，这些大型国有企业集团利用它们在资金、人才、市场和知识方面的优势，率先走出去，从事海外投资，并取得了成功，如中石油、中石化、中海油、中国有色总公司、海尔、联想、TCL 等知名企业。更值得赞赏的是有一些民营企业不甘落后，千方百计走出去，如万向、远大空调、新希望等。

2003 年 11 月，在桂林召开的亚太电协 2003 年 CEO 会议上，中国南方电网有限责任公司董事长袁懋振与泰国国家电力局总裁西蒂（Sitth）分别代表多方签署合作框架协议，将中泰 500 千伏直流输电工程项目作为区域合作的重点

---

① 史炜. "华为的冬天正在来临？"系列之二. [EB/OL]. 2006 - 03 - 04/2019 - 01 - 01. http：//it. sohu. com/s2006/3452/s244089463/.

项目列入议事日程。南方电网开始迈开"走出去"步伐。

2004 年 8 月 19 日，中国电信与 FLAG Telecom 正式签署了国际传输容量采购协议，在低价收购 17.7G 海缆容量基础上再次收购 30G 国际海缆容量。该协议的签署标志着中国电信创造了全球规模最大、成本最低的海缆容量收购记录，使其到北美方向的国际传输容量增长了 208%[1]，国际网络能力领先于国内其他电信运营商。这也为中国电信成功拓展海外业务奠定了基础。

实际上，中国企业"走出去"的过程就是中国企业对外开展国际公共关系的过程，国际公共关系在中国企业"走出去"过程中发挥的作用是不容忽视的。由于"走出去"战略的实施，中国有越来越多的企业开始在海外推广其产品和服务，或者建立行业合作关系，或者在海外资本市场融资上市。但在这个过程中，也出现了越来越多的问题：很多的企业在海外都遭遇到了目标市场对它们的品牌可信度、诚信、企业社会责任、知识产权甚至是意识形态方面的质疑或误会[2]。

这方面最明显的两个案例就是曾经被媒体连篇累牍地报道过的中海油竞购尤尼克失败和联想在美销售电脑受挫。中国很多制造业企业，如纺织，制鞋，汽车和其他很多小商品生产企业，在海外市场有的受到了反倾销，有的被担心产品质量不过关，有的被指责有侵犯海外同行知识产权的行为，还有的干脆直接被认为是对当地行业和就业市场的威胁而受到不同程度的抵制和打压。

在国际公共关系方面，只有认真调查国外的市场，针对国外消费者的特点，制定出适合海外消费者的营销方案，制定出针对国外不同政府的公共关系方案，特别是制定出一套针对海外媒体的公共关系方案。

2005 年，媒体报道海尔在美国试图收购美泰戈的时候，有美国记者打电话找到海尔在当地的所谓媒体联络人，本来是一个很好地向美国公众解释海尔立场的机会，但这位人士一问三不知，搞得这位记者撰文大呼中国企业缺乏沟通能力，成了一篇 100% 的负面报道[3]。

因此，在 21 世纪的头 10 年，在国际公共关系方面，媒体和政府方面仍然是中国企业应该重点考虑的问题，只有把这两个方面的国际公共关系做好，才能为中国优秀产品和优秀企业"走出去"铺好桥梁。

---

① 道客巴巴. 华为获中国电信总数超过 120 万线的巨额订单 [EB/OL]. 2004 - 08 - 01/2019 - 01 - 01. http：//www. doc88. com/p - 0116648627851. html.
② 联想启动政治危机公关　试解美国安全心魔 [J]. 中国经济周刊，2006（6）.
③ 中国企业的国际公共关系　先不用游说 [EB/OL]. 和讯传媒，2006 - 8 - 16.

第四节　非典时期：政府危机公关启动

一般来说，危机是指危及社会组织利益、形象、生存的突发性或灾难性的事故或事件。美国学者罗森塔尔（R. Rosenthal）和皮恩伯格（Pijnenburg）对危机的定义得到较为普遍的接受，他们认为，危机是"对一个社会系统的基本价值和行为准则架构产生严重威胁，并且在时间压力和不确定性极高的情况下，必须对其做出关键决策的事件"①。为何中国政府在开始进入了危机多发期？"理论界认为：根据一般规律，一个国家发展到人均 GDP 500—3 000 美元时，往往对应着人口、资源、环境、效率与公平等社会矛盾较为严重的瓶颈时期，比较容易造成社会失序、经济失调、心理失衡等问题，形成一些不稳定因素。现阶段中国正处于经济转轨和社会转型的过程中，改革开放触及深层次的体制性问题，再加上有些地方政府在工作上和作风上存在一些问题，因此，从领域、频次、规模、组织性等多个维度来看，中国目前处于危机事件的多发期"②。

全国人民抗击 "非典"

（资料来源：南方网，http：//news. southcn. com/gdnews/gdtodayimportant/200309240201. htm)

---

①　Rosenthal Uriel & Charles Michael T. , *Coping with Crisis: The Management of Disarsters*, *Riots and Terrorism*, Springfield：Charles C. Thomas, 1989.

②　薛澜，张强，钟开斌. 危机管理——转型期中国面临的挑战［M］. 北京：清华大学出版社，2003.

一、从公共关系危机到危机公关

2002 年 11 月 16 日，广东佛山发现第一例 SARS 病例，然而，由于其时正临春节、"两会"召开等，更由于应对突发事件的经验不足，相关部门既没有及时成立危机处理小组，尽快搜集并公布事实真相，也没有对百姓抢购板蓝根、食醋等流言进行辟谣，甚至在 2 月 12 日广东省卫生厅召开的新闻发布会上，出现新闻发言人对记者提问进行指责的现象，可以说基本失去了对议题设置的主动权，从而丧失了在危机潜在期进行危机公关的最佳期[①]。

三四月份危机进入突发期，政府的危机公关传播也进入了一个新的阶段，其标志事件就是 4 月 20 日卫生部召开的发布会。在这次发布会上，担任新闻发言人的是卫生部常务副部长高强。高强言谈稳健诚恳，符合新闻发言人的基本要求。更为重要的是，新闻发言人一改以前新闻发布会对事实真相遮遮掩掩的态度，对北京患病人数给以客观的公布，并首次承认"工作中也确实存在一些缺陷和薄弱环节""卫生部对北京市的防治工作指导检查也不够有力"。在随后的每天里，卫生部新闻办公室还定时向公众发布最新疫情报告。各级地方政府也纷纷由省长、市长出面，接受传媒采访，及时公布防治进展情况。这种开诚布公的态度，既是对公众知情权的尊重，也是政府危机公关的前提。由此可见，面对"非典"如此重大的危机，中国政府经历了一个从严密封锁到开诚布公的过程。

从整个过程来看，"非典"事件的危机公关可以分为两个阶段。第一个阶段是春节期间广东地区爆发 SARS 疫情，然而与疫情相关的信息是由个别媒体首先披露的，人们无法从政府的渠道获取相关信息，因此，各种流言、谣言迅速传播，很快引发了强烈的社会恐慌和抢购风潮。第二个阶段是积极运用公共关系阶段，并取得了很好的效果。

危机公关在处于危机多发期的中国是至关重要的。只有在关键时刻发挥作用的政府，才是值得民众信赖的政府。比如，"非典"期间，新加坡政府作为疫情较为严重的地区之一，新加坡政府妥善处理了这期间的危机，世界卫生组织（WHO）特地表彰了新加坡在防治非典中的优秀表现[②]。首先，新加坡政府利用各媒体及时发布新闻信息，抓住了治理混乱的最佳时机，在疫情初发的四月初政府就建立官方网站设置"非典"专题，专门发布疫情进展情况和政府应对措施。同时每周至少召开一次新闻发布会，这样就抓住了信息发布的主动

---

① 对抗非典，政府危机公关传播中的传媒角色 ［EB/OL］. 中国新闻传播学评论（CJR），2003 - 6 - 4.

② 从新加坡控非典看政府公共关系与媒体的有效互动 ［EB/OL］. 新浪网，2003 - 8 - 11.

权。对提高公众对各种信息的鉴别能力，抑制流言起到了很好的作用。其次，新加坡政府通过媒体凸显领导人的亲和力，2003 年 4 月 22 日，吴作栋以"您真诚的吴作栋"署名，在《联合早报》上用平等的姿态给全体新加坡人和在当地居住的人士发了一封言辞恳切，语言平实的公开信，吁请他们负起社会责任。最后，新加坡政府影响媒体的议程设置，塑造领导人勤政爱民的形象。新加坡官方网站、《联合早报》《海峡时报》报道了以下新闻：政府官员带头减薪，引领国民共渡难关；卫生部各成员走遍了新加坡所有的医院、菜场和交通测温站，对探视的病人家属和不配合的小贩、司机进行劝服。各主要新闻渠道互相配合，口风一致，共同营造出官员们的良好形象。

由此可见，在危机爆发的关键时刻，如果政府与媒体鼎力合作，则会取得良好的公共关系效果；然而，如果政府没有意识到危机公关的重要性，则可能错失处理危机的最佳时机。

二、如何进行危机公关

（一）电子政务：建立健全双向沟通交流机制

在中共十六大上，中共中央提出了"政治文明"这一重要概念，从一定程度上推动了各级政府逐渐走向透明施政。中国电子政务主要包括三个方面的内容，即政府间的电子政务、政府对企业的电子政务和政府对公民的电子政务。

为了加强政府外部公共关系，增强与公民的联系，实现透明施政。在 2007 年 1 月 11 日，由国务院办公厅、国务院信息化工作办公室主办，中国电子信息产业发展研究院承办的"第五届（2006）中国政府网站绩效评估结果发布暨经验交流会"上，中国电子信息产业发展研究院张向宏在发言中说，中国政府网站层级体系已经形成层级体系的四个层，顶层是 2005 年 1 月 1 日开通的中华人民共和国中央人民政府门户网站；第二层级是各副省级以上地方政府门户网站，以及国务院部委及直属机构网站；第三层级是各地市政府门户网站，以及副省级以上地方政府部门网站；第四层级是县级政府网站，地市级政府部门网站[1]。

通过电子政务建设，可以充分发挥媒体在危机管理中的积极作用。政府，是社会公权力的代表，代表人民管理社会公共事务；媒体，是社会公器，代表

---

[1] 我国政府网站形成 4 个层次体系　中国政府网位于顶层 [EB/OL]. 中国政府门户网站，2007 -3 - 2.

公众行使社会守望的职能。媒体是一种公共资源，理应最大限度地为增进公共福利而发挥最大效益，否则，就是公共资源的浪费，就是对公众知情权的漠视。因此，在危机管理中，媒体不仅可以及时监视可能导致危机发生的各种潜在因素，而且在危机过程中作为政府和公众的代言人，可以起到沟通信息、疏导情绪，起到积极的作用。

（二）通过媒体塑造良好政府形象

在设置舆论焦点中塑造政府危机管理的良好形象。美国传播学家麦库姆斯（M. McCombs）和肖（D. Shaw）认为，大众传媒具有一种为公众设置"议事日程"的功能，大众传媒作为"大事"加以报道的问题，同样也作为"大事"反映在公众的意识当中；传媒的新闻报道以赋予各种"议题"不同程度的显著性的方式，影响着人们对周围世界的"大事"及其重要性的判断。任何危机传播，总会形成一定的舆论焦点，影响人们的观念。在抗击"非典"的危机公关传播中，大众传媒为公众设置了这样几个议题：党和国家高度重视抗击 SARS危机、各地采取了积极的防治措施、医护人员做出极大牺牲、科研人员正在全力攻关、国际合作全面展开等。所有这些，其实正是政府在危机处理中采取的积极措施。这些措施，通过大众传媒传播的放大功能，深深地印在公众心中，树立起政府处理危机的良好形象。在这其中，大众传媒特别树立了钟南山、叶欣等典型，将这些正面的传播符号，强烈地根植于公众心中。

任何一件事情的解决都必须最终落到实处，任何公共关系技巧与策略都只能暂时安抚公众，延缓危机。因此，政府公共关系仍要以实际有效的工作为立足点。结合实际行动开展公共关系活动，真正妥善处理危机。

（三）建立和健全新闻发言人制度

解决像"非典"这样的突发危机的最好方法是建立突发事件应急机制，由于这一机制的缺乏，才导致中国政府在面临"非典"的时候出现了短暂的不知所措。为此，中国政府自非典以后开始建立和健全新闻发言人制度。

新闻发言人制度真正开始得到全面展开，得到政府和企业的重视，是在"非典"发生以后。从 2003 年开始，新闻发言人制度得到普及和推广。目前，国务院各部门已经全部建立了新闻发言人制度，北京、上海、四川、广东、云南、安徽、重庆、福建、山东、河南、吉林等地已经或正在制定和实施新闻发言人制度。

国务院新闻办公室主任蔡武表示，新闻发布和新闻发言人制度建设 2006年又向前迈进了一大步。政府新闻发布和新闻发言人制度进一步完善。国务院已有 74 个部门建立了新闻发布和新闻发言人制度，设立了 91 位新闻发言人。全国 31 个省份人民政府都已建立新闻发布和新闻发言人制度，共设立 52 位新闻发言人①。

另外，各地各部门新闻发言人积极组织开展多种形式的新闻发布，尽力为新闻媒体的采访报道提供优质服务，受到媒体和公众的充分肯定。特别是外交部、教育部、公安部、卫生部、国台办和上海市人民政府等新闻发言人定时、定点举行新闻发布会。权威信息发布的层级也有较大提高。

自国新办第一期全国新闻发言人培训班于 2003 年 9 月 22 日开课始，我国中央和地方政府全面展开了新闻发言人的培训。首先，省部级新闻发言人培训班纷纷开课，2003 年 12 月北京举办全国公安机关首期新闻发言人培训班。2004 年，宣传部、商务部、建设部、教育部等部门相继设班培训自己的新闻发言人；其次，各地方政府纷纷开办新闻发言人培训，2003 年 10 月 14 日，来自四川省级各部门的 59 人领取了由省委宣传部和省政府新闻办公室共同颁发的蓝色新闻发言人证书，成为四川省第一批省级部门新闻发言人。云南、海南、西藏、黑龙江等省也纷纷展开发言人培训②。

第五节　医院公关：医院开始关注危机公关

一、医疗改革引发医院对危机公关的关注

2000 年 2 月，国务院转发了国家体改委等八部门颁发的《关于城镇医疗卫生体制改革的若干意见的通知》，明确了医疗体制改革的具体思路，旨在在中国医疗卫生行业引入竞争机制，利用市场在资源配置中的基础作用，优化医疗卫生行业领域的资源配置，提高行业整体的运作效率。这一指导意见引发了中国医改的新一轮动作。

有的地方甚至发展到"卖医院"的地步，在江苏的宿迁市掀开了一个在以后被冠以完全"市场化"的医院改制——卖医院。5 年下来，除两家公立医院，宿迁其他 133 家公立医院均被拍卖，宿迁市政府自我评介"医疗事业基本实现政府资本完全退出"③。

然而，2003 年"非典"疫情在全国蔓延，中国开始反思公共卫生体系的

---

①　吴晶晶. 国务院已有 74 个部门建立新闻发布和发言人制度［EB/OL］. 2006 - 12 - 28/2019 - 01 - 01.http：//news. sohu. com/20061228/n247321029. shtml.

②　中国网. 新闻发言人培训班［EB/OL］. 2004 - 10 - 26/2019 - 01 - 01. http：//www. china. com. cn/zhuanti2005/txt/2004 - 10/26/content_5649372. htm.

③　中国新闻网. 卫生部：公立医院若严重乱收费院长一律先免职［EB/OL］. 2006 - 04 - 29/2019 - 01 - 01. http：//news. sohu. com/20060429/n243074968. shtml.

漏洞，进而开始检讨整个卫生事业。卫生部公布的第三次全国卫生服务调查数据显示：中国约有 48.9％的居民有病不就医，29.6％应住院而不住院①。2006年，哈尔滨医科大学附属第二医院（简称哈医大二院）天价医疗事件曝光，根据中新网报道，4 月，中国卫生部、国务院纠风办通报了中央纪委、监察部、卫生部和黑龙江省纪委联合调查组对哈医大二院有关违纪违法问题的查处情况，院长及书记均被撤职。卫生部表示，今后，凡公立医疗机构发生严重乱收费行为，对院长一律先免职，然后再根据调查情况，依法依纪做出相应处理②。这一事件的产生，成为媒体关注此类型事件的开端。

正是这股正义的力量，使得 2007 年"两会"提出了启动"新医疗改革方案"，全国政协委员、卫生部长高强说："医疗体制改革的目的就是要让公立医院回归公益性。"③ 两会期间，国务院医改发展报告指出，当前的一些改革思路和做法，都存在很大问题，其消极后果主要表现为，医疗服务的公平性下降和卫生投入的宏观效率低下。报告还说，现在医疗卫生体制出现商业化、市场化的倾向是完全错误的，违背了医疗卫生事业的基本规律④。此外，城镇医疗保险制度本身存在明显缺陷，发展前景不容乐观。中国医疗卫生体制期待变革。由此可见，中国政府已经慢慢在改变医疗改革的方向，媒体作为舆论引导者，也会更加关注公立和私立医院的医改问题。

经历了多年的坎坷和曲折，中国医疗改革终于恢复到正常的轨道上来。实际上，中国医疗改革的进程，就是医院公共关系的发展历程。从 20 世纪 80 年代医院公共关系的缺失，20 世纪 90 年代至 21 世纪初医院公共关系的偏向，到在"非典"疫情暴发的状况下，医改的转向引发了关于医改的争论，终于于 2007 年将医改扳回正轨，这一切都使得医院重新思考自己的公共关系出路。

二、从注重医院形象到注重危机公关过渡

在医院公共关系方面，早在 1988 年，广州军区总医院医务科委鲍学温就

---

① 中国新闻网. 卫生部：公立医院若严重乱收费院长一律先免职 [EB/OL]. 2006 - 04 - 29/2019 - 01 - 01. http：//news. sohu. com/20060429/n243074968. shtml.

② 中国新闻网. 卫生部：公立医院若严重乱收费院长一律先免职 [EB/OL]. 2006 - 04 - 29/2019 - 01 - 01. http：//news. sohu. com/20060429/n243074968. shtml.

③ 赵博，周婷玉，高凤，鲍学温. 中国将启动新医疗体制改革 保障"医疗公平" [EB/OL]. 新华网，2007 - 3 - 9.

④ 新京报. 中国医改工作基本不成功违背医卫基本规律 [EB/OL]. 2005 - 07 - 30/2019 - 01 - 01. http：//news. sina. com. cn/c/2005 - 07 - 30/01246564224s. shtml.

曾撰文表示，公共关系这一企业管理职能已开始成为医院管理科学需要重视和研究的新课题①。中国最早系统地论述医院公共关系著作，最早见于 1991 年，为经济管理出版社出版的《实用医院公共关系学》一书。

21 世纪的头几年，中国医院公共关系的重点仍然是塑造医院外部形象，通过组织会议、提高服务水平等方式来进行医院公共关系。以上海瑞金医院为例，它就提出了"医疗卫生体制改革影响下医院品牌的建设和推广项目"，2002 年 10 月 26—28 日，第二届中美 21 世纪医学论坛在上海召开。论坛由中美双方国家级专业协会和著名的大学、研究中心组织，包括美国医学会、世界医学会、上海中华医学会、中国科学院上海生命科学院、上海瑞金医院、上海第二医科大学、旅美专家协会医学会等单位。在上海瑞金医院的积极争取下，上海瑞金医院不仅成为论坛的主要组织者之一，同时获得了论坛的主承办权，执行机构是瑞金医院市场部。通过对公共关系活动的受众和活动目标的确定，上海瑞金医院制定了相应的公共关系活动的媒体（组合）策略和公共关系活动的组织与实施策略，并对公共关系活动的效果进行了评估。

瑞金医院媒体公共关系策略实施表

	7 月 25 日	9 月 28 日	10 月 22 日	10 月 29 日	12 月 1 日	12 月 30 日
会前第一轮预发新闻						
会前第二轮新闻发布						
会中跟踪报道、重点采访						
会后回顾性报道						

另外，各医院采取各种方式进行公共关系，举例而言，仁爱医院推出了夜门诊推广项目，为了进行夜门诊的推广，仁爱医院进行了项目调研，对医疗改革大背景下的市场环境进行分析，随后，展开了项目调研，对夜间门诊的效果进行了评价；接着，开始项目策划，通过目标的确立、目标公众的确定，制定出相应的传播策略，推出了媒体计划和预算费用表；最后，进行了项目的执行，制定了项目进度表，并通过媒体关注度和经济、社会效益对项目实施评估。

---

① 研究公共关系是医院管理职能的新课题 [J]．中国医院管理，1988（4）．

仁爱医院夜门诊推广项目进度表

时　　间	进　　　　度
2003 年 1 月 6 日	方案获得院方通过，开始筹备
2003 年 1 月 30 日	确定夜间门诊专家名单
2003 年 2 月 10 日前	仁爱医院及沪申五官科医院的夜门诊人员配置到位
2003 年 2 月 10 日	落实夜间门诊专家的后勤保障，并确定效益分配比例
2003 年 2 月 24 日	召开夜间门诊的新闻发布会
2003 年 2 月 25 日后	其他计划按媒体计划执行

　　在广州，广州市红会医院自 2001 年的"广州一日游"活动之后，2002 年，再次由医院公共关系部负责策划，为该院肾内科的 10 多位尿毒症病人组织了一次免费的"番禺宝墨园一日游"。而广医二院的做法是，从 2000 年开始，在华南地区甚至全国引起一时轰动的航空公司给护士培训项目，这也是广医二院的传统培训项目，每年加入广医二院的新护士都要到南方航空公司接受一系列的准空姐培训，这是医院提高服务质量的重要措施。从 2002 年 9 月份开始，市二医院就在全院推广"向梁毅文学习，树优良医德医风"的活动。医院希望通过梁毅文博士这个榜样，给全院职工树立一个生动的"偶像"，鼓励大家学习她的医术和医风。

　　然而，2003 年，"非典"疫情袭击全国，中国开始反思和检讨整个卫生事业。2004 年 10 月 15 日，新加坡公共医疗机构在对抗"非典"期间采取直接透明的信息传播策略，再度获得国际组织肯定，继世界卫生组织对政府在传达疫症防治信息方面给予高度评价后，陈笃生医院公共关系部门紧接着又在一项国际公共关系赛中，击败 237 个来自跨国企业对手，拿下该比赛中的最高荣誉①。这次获奖让所有同行开始关注在关键时刻发挥作用的重要性。

　　哈医大二院天价医疗事件的曝光和随后一系列医疗事件的曝光，到上海长江医院的"孕妇不孕症案"，到上海协和医院的被摘牌②，再到深圳人民医院的天价医药费，让医院逐渐注意到危机公关的重要性。虽然，随着中国的经济发展，今天的医院比之前有了很大的发展，添置了高、精、尖诊疗设备，开展了像试管婴儿、器官移植等高科技的手术，挽救了许多重症患者的生命，但医

---

①　林慧慧. 陈笃生医院获国际公共关系协会奖项［J］. 联合早报，2004 - 10 - 15.

②　2006 年 10 月 31 日，未婚女子王洪艳及其妹先后被上海协和医院医生祝新革诊断为"不孕症"，并实施"宫—腹腔镜联合术"。两人共花费 8 万元左右；2007 年 1 月 5 日，上海市药监局接到举报，对"协和"进行突击稽查，发现该院存有多项违规违法行为；2 月 6 日，上海市卫生局认定"协和"手术过程中存在违法违规之处，吊销上海协和医院《医疗机构执业许可证》。

院却出现了前所未有的医患关系紧张。如何化解这种危机，成为摆在政府、卫生主管部门、医院院长和全体医务人员面前的一个严峻话题。

一系列医疗事件曝光以后，许多医院开始反思。上海长江医院的"孕妇不孕案"发生后，有业内人士总结：主要教训在于医院危机公关能力太差。但是，如果把问题的症结归于此的话，同样作为业内的新星，"协和"的媒体运作水平被认为远超长江医院。在许多上海民营医院还停留在"电话号码＋服务项目"上时，协和医院已经率先有了品牌意识。电视上屡次出现的"妈妈，我来了"的可爱婴儿形象，让许多观众印象深刻。而协和的广告"干净"，也已成为上海媒体的共识。

在目前形势下，医院应该重视的不是通过媒体公共关系来掩盖自己已经犯下的错误，而是应该提前就具备危机公关的意识，摒除公共关系危机发生的一切可能。医疗机构应该重视通过媒体与民众的沟通，大胆地公开那些医院单方面无法解决的矛盾，让全社会都能理解这种矛盾，让大家都来关心矛盾的解决。应该用加强沟通、增进理解的态度对待媒体和广大民众，而不是用送红包等方法来规避、抵制媒体[①]。医院也应像企业单位有危机警报系统，应把处理医疗纠纷作为管理工作的重要部分，建立内外信息沟通渠道，及时妥善处理，确保医院形象、经济利益不受影响。

第六节　学校公关：活动开始频繁

学校公共关系（School Public Relations）是学校组织和目标公众之间结成的社会关系，包括学校与教职工、学生及其家长、政府、社区、媒体、特殊公众等的关系[②]。组织进行公共关系的目的是树立组织形象，学校进行公共关系的目的就是树立学校形象。此外，浙江大学等高校导入CIS，一些文科的经验发展到理工科院校，例如1999年有两所航天高校也成立了公共关系协会，办了公共关系公司，使公共关系教育立体化。

一、学校之间竞争的白热化促使公共关系受重视

回顾中国教育的发展历程，政府对教育的重视程度越来越高，1992年，

---

① 庄一强."天价医疗"凸显医院危机公关之弱［N］．医药经济报，2006-1-23.
② 张东娇．论学校公共关系管理模式与策略［J］．教育发展研究，2007（1）．

党的"十四大"提出"发展教育是实现我国现代化的根本大计"。1997年，中共十五大深刻阐明：把实施科教兴国战略和可持续发展战略"作为建设有中国特色社会主义事业，全面推向21世纪的经济社会发展战略"。教育首次成了领先于经济发展的"根本大计"，这在中国历史上还是破天荒第一次。进入21世纪以来，中国把教育放到了更加重要的位置，在2007年温家宝所作《政府工作报告》指出，教育是国家发展的基石，教育公平是重要的社会公平。要坚持把教育放在优先发展的战略地位，加快各级各类教育发展。优先发展教育的总体布局是，普及和巩固义务教育，加快发展职业教育，着力提高高等教育质量。

通过对中国学校数量的统计发现，中国学校的总体状况是——学校总数量越来越少，幼儿园、小学、初中、高中、成人学校呈现不同程度的下降趋势，大学、特殊学校和民办学校逐年增多①。

近年来，我国的学校数量发生了一些变化，进入21世纪以来，学前教育有所进展，幼儿园出现逐年上升的趋势；由于小学学龄人口的不断减少，小学数量呈现逐年减少的状态；随着"普九"计划的实现和学龄人口的不断减少，初中数量逐年小幅度减少；中国高中阶段教育经过2000—2004年的逐年减少之后，在2005年出现小幅上升的情况；随着国家扩招计划的实施，大学数量虽然占总学校数量比例不高，但是却呈现了逐年上升的态势；随着国家对残疾人教育的重视，中国特殊学校数量小幅度上扬；民办教育学校呈现出逐年增多的态势，正是因为这种情况，国家教育部从2003年开始，在"全国教育事业发展统计公报"中加入了民办学校的统计结果②。

近年来，由于院校之间竞争的加剧，中国学校数量逐年减少，而某些大城市的学生数量逐渐增多，造成了供不应求的局面，由于名师名校的吸引力，压缩了某些学校的生存空间，还产生了择校费等一系列问题。由于学校对外来工子女的排斥，由于某些城市对劳务工子女的高收费标准，导致许多学生身处辍学的边缘。一方面，学校的整合重组，使得学校数量逐年减少，另一方面，随着劳务工子女的进城务工，各大中城市的学位逐渐紧张，就让某些学生不得不选择民办高校就读。导致学校教育竞争加大，加之事业单位改革，许多学校变成了私立的学校，为了扩大生源，只好进行学校形象建设，途径就是通过公共关系来树立学校在家长和消费者心目中的形象。

①　新京报.中国医改工作基本不成功违背医卫基本规律［EB/OL］.2005-07-30/2019-01-01.http：//news.sina.com.cn/c/2005-07-30/01246564224s.shtml.
②　新京报.中国医改工作基本不成功违背医卫基本规律［EB/OL］.2005-07-30/2019-01-01.http：//news.sina.com.cn/c/2005-07-30/01246564224s.shtml.

二、公立学校更注重整体形象，内外公共关系并重

公立学校往往给人以"有保证"的感觉，既然学校是国家的，学校的师资力量自然很强，因此，大多数公立学校不需要煞费苦心展开生源大战，它们注重的是学校形象的树立。因此，公立学校往往通过校庆等公共关系方式，树立学校的良好社会形象，私立学校则偏向于运用广告等方式进行外部公共关系。

为了树立学校的良好形象，凝聚学校师生的力量，许多公立学校特别是高校通过校庆的机会来大力宣传，显示高校的气魄和实力，举例而言，香港理工大学（理大）为了庆祝其65周年校庆，以"六十五载耕耘创新，20万校友推动繁荣"为口号，在3—12月期间筹办超过60项庆祝活动，包括诺贝尔得奖人公开讲座，足球邀请赛、艺术节、服装展，以及国际学术会议及开放日等活动。为了展现理大作为高等院校人才济济及关怀社会的一面，及凝聚理大师生、校友的团结力量，理大以"理大画出彩虹"作为建校65周年大型庆祝活动的重点。在目标的确立和目标公众的确定之后，理大确定的公共关系策略是强化内部（校方管理层及各阶层代表）支持筹办校庆活动；以重量级嘉宾和精彩表演活动吸引参加者，营造校庆气氛，增加理大成员的归属感；透过活动筹募捐款给慈善团体，展示理大关怀社会的良好形象；策略性向媒体发布活动进展情况，以媒体赞助、广告及专访等形式宣传，从而达到最大的宣传效果[①]。

（一）越来越多高校采用校庆的方式来扩大其社会影响力，树立良好的学校形象

进入21世纪以来，越来越多的高校通过校庆的方式来对内部师生进行公共关系，即学校内部公共关系，与此同时，通过媒体的发布，对外部公众进行外部公共关系，通过取得各地民众的好感，来扩大自身的知名度，使得学校的地位进一步提高，形象进一步树立。

进入21世纪以来，采用这种做法进行公共关系的院校很多，在南京大学百年校庆期间，南京大学通过举办庆祝活动、开展学术交流活动、举办展览活动、举行奠基仪式等方式来进行百年校庆宣传，在此期间，举办的活动包括南京大学学生民乐团汇报演出、南京大学百年校庆文艺晚会、江苏九所高校百年庆典大会、庆祝南京大学建校100周年——俞丽拿、李坚母子小提琴、钢琴演奏会、美国夏威夷大学京剧演唱会等活动。另外，还有复旦大学百年校庆、暨南大学百年校庆、上海理工大学百年校庆、同济大学百年校庆等，在媒体公

①　陈向阳. 第六届最佳公共关系案例［M］. 合肥：安徽人民出版社，2005.

关系方面，不仅通过电视、报纸等媒体进行新闻发布，还建设了自己的百年校庆专题网站，采用这种方式进行公共关系宣传，树立院校在公众心目中的良好形象。一般而言，这类院校都希望树立教学力量雄厚、科研水平高的学校形象。由于这类庆典的增多，日前，中国学校庆典网开通，为学校庆典的举办提供了交流的平台。

总之，国家重点高校在百年校庆举办期间，通常会受到来自国家领导人、各方政要、企业界人士的关注，对于一所重点高校而言，这是凝聚校园师生力量、树立自身形象的最佳宣传时机。

（二）越来越多高校通过设立院校公共关系协会来组织公共关系活动

为了树立良好的形象，越来越多的学校开始甚至设立公共关系协会。举例而言，华南理工大学公共关系协会成立于 1993 年 4 月，它的口号是"不懂公共关系能做人，懂了公共关系做能人"，它的宗旨是"提高华工人的公共关系水平，树立华工人的美好形象"，华南理工大学公共关系协会定期举行许多精品创意活动，包括公共关系知识培训、礼仪培训、交谊舞蹈培训、企业参观和交流活动、校内各种活动的策划，并不定期地进行圣诞节系列活动、女生节系列活动、公共关系文化节系列活动等。2003—2004 年，华南理工大学公共关系协会举办了"祈福新村—魔鬼训练营活动""健牌 555"赞助开展 SHELL 策划精英挑战大赛、华工华农"可口可乐杯"圣诞活动、高校形象大使选拔赛、"MBM 素质拓展训练营"等活动。由此可见，华南理工大学公共关系协会发挥了企业公共关系部的作用，起到了联合内部、联系外界的作用。

近年来，中国越来越多院校通过其内部公共关系协会进行各种形式的宣传和推广，通过院校公共关系协会来加强与企业、政府的联系。采取这种做法的还有华南农业大学公共关系协会、广州大学公共关系协会、济南大学公共关系协会、内蒙古科技大学公共关系协会等高等院校。其中，华南农大公关协会成立于 1998 年，以"丰富会员公共关系知识，提高会员公共关系素质"为宗旨，有计划，有成效地举办公共关系、礼仪知识讲座，开展高校交流，举办公共关系形象大赛，公共关系知识技能竞赛以及与企业合作大型晚会活动；济南大学公共关系协会成立于 1997 年 7 月 17 日，协会的宗旨是"普及公共关系知识，培养公共关系人才，立足长远，服务同学"，济南大学的公共关系协会还有自己的组织结构图，由外联部、策划部、宣传部、实践部、秘书处、形象部六个部门组成，其目的就是加强与外界联系、进行学校形象宣传、加强与企业的合作；根据 2002 年 10 月 15 日通过的广州大学公共关系协会章程，广州大学公共关系协会主要承担研究公共关系理论、培养会员公共关系能力和水平、举办讲座和作品展览、组织参加社会实践、与学校其他协会沟通交流的任务。

通过以上院校公共关系协会宗旨、活动内容的分析，我们发现，院校公共关系协会大多成立于 20 世纪 90 年代末 21 世纪初，主要承担对内培训公共关系人才，对外加强与其他院校、企业、政府的交流，同时，进行协会和学校形象宣传，实际上，中国各大院校公共关系协会承担的就是政府公共关系处、企业公共关系部门、专业公共关系公司的作用，称得上是"小型的公共关系部门"。

总之，进入 21 世纪以来，中国各大公立院校主要是通过宣传自己的师资力量、科研实力和水平、举办校园庆典等方式进行政府、企业、媒体公共关系，而各私立院校主要是通过广告等形式展开其公共关系攻势，以求扩大其招生生源。

三、民办学校更加注重营销公共关系

许多民办学校为了扩大生源，展开了与名校抢饭碗的拉锯战。每年开学前，民办高校就开始展开生源战、规模战、资本战和广告战，通过各种方式开展公共关系。举例而言，每年高考前后，不少高校为了争取更好更多的生源，从招生人员走访中学到大众媒体的广告宣传，还有民办高校招生代理的极力推广活动，颇引人注目。

首先，民办学校的常用方式就是开展生源战，生源几乎决定了民办学校的生死存亡。2003 年 8 月中旬，正是北京民办高校招生的高峰期。北京火车站、北京西站成了最重要的阵地，各民办高校都派出了强大的招生队伍，有的高举着招生简章，有的高举着学校名称的红条幅，这些招生人员虽然名曰"接站人员"，但其实还有更重要的任务——抢生源。

其次，民办学校开展的比较多的就是规模战，今天的民办学校已经不同于以往，如果不具备一定的设备水平，是很难招到学生的，归根结底还是生源问题。民办大学目前比拼的已不仅仅是师资、课程设置等软件了，还包括了校园规模、现代化教学设备等硬件方面的内容，显然后者更能体现一个学校的实力。比如北京科技研修学院在短短三年内就发展到了万人规模，其核心就在于解决了校园校舍问题，解决了市场推广问题。

再次，民办学校通过大打资本战，来宣传自己的实力。北京吉利大学在校园硬件投资方面更是大手笔。据统计，吉利大学是目前国内民办大学里面直接投资，投资量最大的，投在土地上面的资金已达到了 4.5 亿元。据该校校长罗晓明介绍，目前学校在校土地面积是 1 600 亩地，有 32 万平方米的建筑，明年和后年两年将继续建设 28 万平方米，要达到 60 万平方米，土地面值要达到

3 000 亩①。

最后，民办学校运用得比较多的就是广告战，通过广告来告知公众自身的办学水平。举例而言，北京吉利大学的广告："中国高中生最向往的学校""入学就意味着就业""高达 5 万元的奖学金"等。

当然，并不是所有民办高校都会采取同样的措施来扩大生源，也有一些民办高校会采取一些比较高明的措施。据北京吉利大学罗校长介绍，吉利大学在前年便设立了宏志班，专门招收来自井冈山革命老区的学生，给他们三年读书时间，所有费用都减免；2003 年，他们曾推出一个承诺，即在"非典"过程当中，全国各地的医务人员，由于"非典"失去了宝贵生命，他们的子女报考北京吉利大学，就给予 10 万元的抚恤金。抚恤金本应是民政部门给的，吉利大学这样的举动，除有意要承担一定的社会责任的义务外，显然另一层用意还在于借此提升自己在学子中的社会形象。

国内民办教育的历史传承和国外私立大学是不一样的，国外企业家以回报社会的形式来开办教育，私立学校也大多以财团为法人，而国内的民办教育，由于政府完全没有投入，所以启动主要靠民营资本，维持运转靠收取学生学费。有的民办高校原来是靠集资或办学积累滚动发展起来的，要进一步发展和上规模就必须要不断增加投入，动辄几千万甚至上亿元，一般的学校并不具备这样的吸引力②。

当然，所谓学校，应该是个宁静的"传道授业解惑"的地方，在加强与外界联系的同时，也注重内部科研实力的加强。只有内外兼修，才能称为优秀的学校。

第七节　新的出路：媒体竞争加剧，公共关系成为重要出路

近年来，媒体的力量发展迅速，由于中国特别的舆论环境，媒体的公信力相对而言比较高，因此，媒体除了继续保持与政府的密切联系外，加强与其他媒体、企业、观众的联系。

① 百度文库. 中国民办高校市场竞争案例［EB/OL］. 2011 - 12 - 06/2019 - 01 - 01. https：//wenku. baidu. com/view/ab7dcbd3c1c708a1284a441a. html.
② 闫荣伟. 招生也大战——中国民办高校市场竞争案例［EB/OL］. 中国教育先锋网，2004 - 2 - 13.

一、电视节目套数增多，电视媒体展开公共关系

进入 21 世纪以来，中国电视台之间的竞争越来越激烈。近年来，随着有线、卫星和数字电视技术的推广以及广播电视内部体制机制改革的深化，中国电视业走上了高速发展的道路。截至 2002 年 3 月，中宣部与广电总局对全国电视媒体进行了整合。据国家广电总局《中国广播电视年鉴（2006）》的统计数据显示，截至 2005 年底，全国共设立电视台 302 座，广播电视台 1 932 座（其中有 1 759 个县级广播电视台在电视公共频道的预留时段内插播自办节目），教育电视台 50 座。共开办电视节目 1 279 套。全国有各类广播电视节目制作经营机构 1 944 家，其中持有《电视剧制作许可证（甲种）》的机构 125 家。另外，2005 年 12 月 8 日，经国家广电总局批准的首个全国性数字电视运营商正式成立，同时，北京已经开通 20 个付费频道①。从电视台数量的发展趋势来看，进入 21 世纪以来，中国电视台数量基本上得到了平稳控制，目前处于稳定的状态。

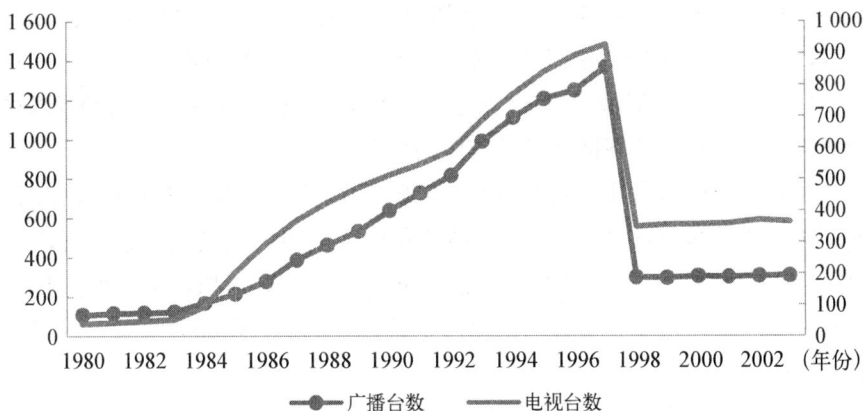

1980—2003 年中国广播电台和电视台机构发展情况②

然而，在广电节目套数方面，从总量上讲，广电的节目套数非常的大，根据中国广播电视协会秘书长助理高君昌的统计，2006 年，中国省级电视台频道数 241 个，栏目数 3 873 个。整个电视台拥有栏目数最多的是中央电视

---

① 李长春．宣传要为十一五目标提供强大精神支撑［EB/OL］. 2006 - 02 - 14/2019 - 01 - 01. http：//finance. sina. com. cn/media/yjwx/20060214/14292341154. shtml.

② 胡正荣，黄炜．新的尺度　新的变革——2005 年我国广播影视年度发展报告［M］．北京：中国传媒大学，2005.

台——共有 292 个栏目，其次是拥有 264 个栏目的上海电视台，最少的是拥有 34 个栏目的西藏电视台；不算单列频道的话，省级以上电视台平均频道拥有栏目数最多的电视台为上海电视台——24 个栏目，最少为云南电视台——9 个栏目；平均栏目数超过 20 个的电视台有两个，分别是广东电视台和上海电视台。由此可见，虽然电视台的数量有所下降，但是由于广电节目套数的增多，由于电视栏目数的大幅度增加，在这种情况下，运用公共关系手段加强与公众、其他媒体、企业、政府、国际之间的联系，进行公众公共关系、媒体公共关系、企业公共关系、政府公共关系、国际公共关系都显得尤为重要，只有进行良好的公共关系活动，才能在公众、企业、政府、国际上形成良好的媒体形象，促进自身的发展。

（一）电视媒体更加注重与其他媒体之间的沟通与合作，加强与其他媒体的联系

从 1958 年中国第一个电视台建成开播，直到 20 世纪末，无论是中央、省市的电视台，其运营都基本处于各自为政的状态。随着市场经济的日益发展，国家的投入逐年减少，电视台原有的经营方式已明显不能适应时代需求，甚至出现生存危机，一些地方电视台开始摸索新的经营模式①。然而，进入 21 世纪以来，为了促进电视台的跨区域发展，中国电视媒体加强了对外公共关系，促进各地电视媒体的联系。2003 年以来，国家电视产业政策环境逐渐宽松，这给不少电视台带来了开拓地区外市场的契机。

"江浙城市电视台经营协作组织"宣告了全国首个跨省城市电视台经营联盟的诞生。陆地教授认为："这种区域合作模式是最早出现也是最普遍的一种跨地区合作模式。"而所产生的能量是十分惊人的。"江苏城市电视台协作体收视区域人口一亿，去年购买节目的资金也达到一亿元，已成为全国节目市场最具实力的买家之一。"②

中国教育电视台张志君与陆地的观点不谋而合。他指出，电视台之间跨地域的合作是基于优势互补。比如西部的新疆、西藏、青海的卫星频道，由于各种原因经济效益上不去。而东部沿海的一些电视台虽然经营得不错，但没有"上星"的资格。双方合作，东部借西部的频道优势，西部借东部的资金、节目优势，东西部共同发展，达到一种双赢的结果③。

① 李韵. 中国电视业：风劲角弓鸣［N］. 光明日报，2006 - 3 - 27.
② 人民网. 中国电视业：风劲角弓鸣［EB/OL］. 2006 - 03 - 28/2019 - 01 - 01. http：// culture. people. com. cn/GB/22226/57597/57601/4244103. html.
③ 人民网. 中国电视业：风劲角弓鸣［EB/OL］. 2006 - 03 - 28/2019 - 01 - 01. http：// culture. people. com. cn/GB/22226/57597/57601/4244103. html.

（二）媒体更加注重受众公共关系，通过细分观众、让观众参与电视节目制作等方式加强与观众的沟通和联系

为了保持与观众的联系，媒体想尽一切办法细分观众，以适应每个观众的不同口味。另外，还想尽一切办法与观众互动，包括短信互动，游戏互动，甚至出现了专门的游戏频道等。

在细分观众方面，为了在几近饱和的电视市场上占得更多的份额，诸多电视台纷纷开始频道专业化。仅中央电视台就有新闻频道、综合频道、经济频道、文艺频道、体育频道、电影频道、电视剧频道、科教频道、戏曲频道、音乐频道、少儿频道、法制频道等十几个专业频道。各地方电视台的频道更是五花八门。与此同时，为了吸引更多的眼球，争取更多的受众，各频道针对不同人群、不同需求取向的栏目也风起云涌。仍以中央电视台为例，仅人物访谈类节目，就有《新闻会客厅》《面对面》《大家》《今晚》《音乐人生》等数十档。

（三）电视媒体更加注重政府、企业公共关系

政府与媒体的关系较为特殊，随着开放的深入，政府活动的多样开展，联系也越来越紧密。在政府举办的各种活动上，也总能看到电视媒体的身影。因此，我们可以说，电视媒体一如既往地进行着政府公共关系。

为了加强与企业的联系，许多电视台都会举办客户答谢会，感谢支持自己的企业，并同时进行广告招标。比如，中央电视台几乎每年都会举行答谢会，对广告客户表示感谢，也对次年的一些项目进行说明。

以 2005 年为例，广西电视台在南宁举行 2005 项目推介暨新春答谢会。广西电视台台长黄著诚在答谢会上感谢广西本土广告公司和合作单位 2004 年对广西电视台的支持；2005 年 11 月，重庆电视台举办了 2005 广告客户答谢会，邀请了六百多名嘉宾共游两江，共谋发展。除此之外，有的栏目也开始以类似的方式来加强与企业的交流，举例而言，浙江电视台《艺裳》栏目组就曾举办过这样的答谢会。

（四）电视媒体更加注重活动策划，开始注重国际公共关系

进入 21 世纪后，中国的电视台越来越重视活动策划，通过这种方式来聚集人气，加强公共关系。比如：2004 年中央电视台推出的年度经济人物评选、服装设计暨模特电视大赛、"感动中国"年度人物评选。电视广告盛典、中国电视体育奖、第四届"CCTV‐MTV"音乐盛典等一系列的大型活动，湖南卫视主办的一年一度的金鹰电视艺术节等，深圳电视台甚至就把 2004 年定位为"活动营销年"①。

---

① 李东晓. 中国电视媒体的公共关系 [J]. 有效营销，2007（3）.

在活动策划方面，凤凰卫视是这方面的高手，它总是不失时机地开展公共关系活动，举例而言，2001 年 5 月，为了支持北京申奥凤凰卫视组织的"北京—莫斯科"申奥远征活动，活动举行正值申奥城市选举结果产生的前两个月；2004 年 5 月，为纪念郑和下西洋 600 年，凤凰卫视与五洲传播中心共同举办历时八个月航海电视活动"凤凰号下西洋"。而此次活动的时间之早、规模之大，都远远超过了内陆媒体。

就国内电视台而言，不仅要与国内各兄弟电视台之间竞争，而且面临着凤凰卫视、星空卫视等外资电视媒体的强大压力。因此，媒体公共关系仅仅局限于中国境内是不够的，只有走出国门，提高国际竞争力，才是中国媒体公共关系的制胜关键。为此，许多电视媒体开始了其国际公共关系之路。

据国家广电总局提供的数据，全国共有 16 套外宣节目在北美和亚洲长城平台播出，包括中央电视台国际频道、英语频道、西法语频道、娱乐频道和戏曲频道，电影卫星频道节目制作中心的 2 套中国电影频道，北京电视台频道、山西黄河电视台、上海东方卫视频道、江苏电视台国际频道、福建海峡电视台、湖南卫视频道、广东南方电视台粤语外宣频道、深圳电视台新闻综合频道和厦门卫视频道①。

以中央电视台为例，在 CCTV - 4 中文国际频道的建设方面进行改革，节目质量，特别是新闻、文艺、专题类节目的质量明显提高。英文频道 CCTV - 9 通过与维亚康姆交换落地的方式全频道进入了美国，2003 年华盛顿、纽约、洛杉矶、旧金山、芝加哥等 10 个主要城市的 30 家高档酒店开始播出央视英文频道。此外，CCTV - 9 还通过新闻集团旗下的福克斯有线网在美国播出。时代华纳也将在自己的电视网络内向纽约、休斯敦、洛杉矶 3 个城市转播 CCTV - 9 的节目②。

二、网络发展迅猛，开始公共关系活动

(一) 网络发展势头的强劲，预示着网络公共关系的未来

毫无疑问，21 世纪是网络的世纪。互联网已全面融入了当代人的工作、学习、生活、娱乐、人际交往等领域，加速了不同媒体间影响力和市场份额的消长。

与平面媒体增长率下降形成鲜明对比的是，进入 21 世纪的中国的网络媒

---

① 人民网. 中国电视业：风劲角弓鸣 ［EB/OL］. 2006 - 03 - 28/2019 - 01 - 01. http：// culture. people. com. cn/GB/22226/57597/57601/4244103. html.

② 李韵. 中国电视业：风劲角弓鸣 ［N］. 光明日报，2006 - 3 - 27.

体迎来了史无前例的发展。尤其值得关注的是互联网广告，在报业广告大幅跳水的同时，互联网广告却迎来了春天。艾瑞市场咨询推出的《2004 年中国网络广告研究报告》显示，2004 年中国网络广告市场规模已达到 19 亿元，较 2003 年增长 75.9%；2005 年第二季度，网络广告仍然是一派红火。新浪、网易、搜狐三大门户网站的广告收入，无论是同比还是环比，均呈现持续性的上扬：网易第二季度广告服务营收比去年同期增长 30.8%，比一季度增长 18%；新浪第二季度广告营收较去年同期增长 31%；搜狐广告收入比去年同期增长 27%，比上一季度增长 14%①。

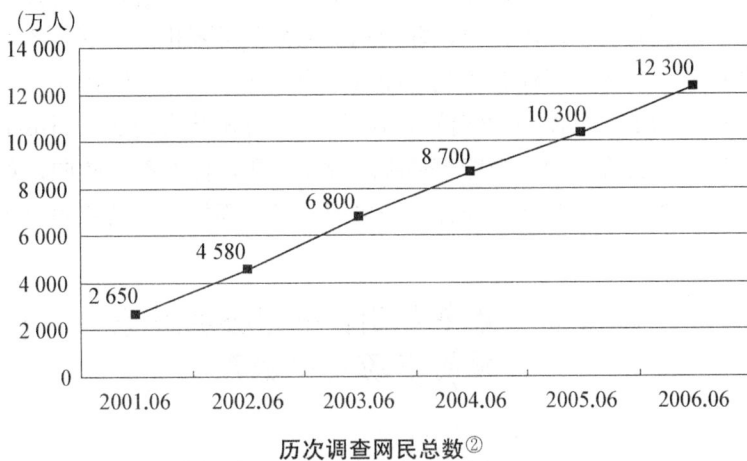

历次调查网民总数②

（数据来源：中国互联网络信息中心（CNNIC））

根据中国互联网络信息中心（CNNIC）于 2006 年 7 月公布的第 18 次《中国互联网络状况发展统计报告》，中国网民总人数为 12 300 万人，上网计算机总数约为 5 450 万台，中国网站总数约为 788 400 个。

根据对网民的调查，在网民的特征结构方面，男性、未婚、35 岁以下、大学本科以下学历、月收入在 2 000 元以下（含无收入）依然占据主要地位，所占比例分别为 58.8%、55.1%、82.3%、72.4%、78.0%，其中，男性、未婚、月收入在 2 000 元以下（含无收入）群体比例与上年同期相比有所下降，35 岁以下、大学本科以下网民比例同比有所上升；在职业方面，中学生网民的比例仍为最高，达到了 36.2%，其次是企业单位工作人员，占 28.9%，

①　吴海民. 中国媒体大变局京华时报的战略选择［EB/OL］. 2005 - 11 - 25/2019 - 01 - 01. http：//biz. 163. com/05/1125/14/23DN39M600020QEQ. html.

②　第 18 次《中国互联网络状况发展统计报告》［R］. CNNIC，2006.

排在第三位的是学校教师及行政人员，所占比例为 7.4%①。越来越多的人通过网络来获取资讯。

（二）网络媒体开始利用自身庞大的受众优势，开展公共关系活动

近年来，我国网络媒体的数量越来越多，除了搜狐、新浪等四大门户网站外，各个行业的网站数量呈现出逐年上升的趋势，因此，网络媒体除了进行新闻报道外，也开始开展在线互动、公众节目、线上发布会等公共关系活动。

此时的媒体公共关系情况：媒体更加注重与政府、企业、公众、社会的联系，甚至具备了走出国门的想法和实力。在这样的发展趋势下，21世纪的媒体不再只是单纯报道新闻的媒体，而是一个公共关系的中心，政府公共关系少不了它，企业公共关系离不开它，非营利组织公共关系也放不下它的关注，由于媒体现在的覆盖率已经遍布中国，而媒体也进入了一个"碎片化"时代。

在这种环境下，媒体必须保持自身的清醒，分辨社会现实，而不是企业只要给钱，什么广告都播放；政府相关部门只要施压，什么都不敢说；观众只要愿意，什么都敢播放。媒体作为舆论的导向，必须牢记自己的社会责任。

第八节　竞争加剧：中国公共关系顾问市场竞争激烈

进入21世纪以来，随着中国本土公共关系公司的战略转型，业务范围逐渐扩大，与外资公共关系公司同场竞争，共同促进。形成外资公共关系公司TOP10 和本土公共关系公司 TOP10 平分天下，许多本土小型公共关系公司在夹缝中生存的状态。

根据中国国际公共关系协会的调查，中国内地公共关系业的营业额呈现逐年上涨的态势，中国成为世界公共关系业新世纪的焦点。

1999年，中国公共关系业营业额大约是 10 亿元，专业公司从业人数超过3 000 人；2000 年，大约是 15 亿元，年增长率 15%，专业公司从业人数超过5 000 人；2001 年达到 20 亿元，比 2000 年增长了 33%；2002 年达到 25 亿元，比 2001 年增长了 25%；2003 年达到 33 亿元，比 2002 年上涨了 32%；2004年达到 45 亿元，比上年增长了 36%；2005 年达到 60 亿元，增长率为33.33%。总体而言，进入21世纪以来，呈现出逐年上涨的态势。

---

① 新浪网. 第十八次中国互联网络发展状况统计报告［EB/OL］. 2006 - 07 - 19/2019 - 01 - 01. https：//tech. sina. com. cn/focus/cnnic18/.

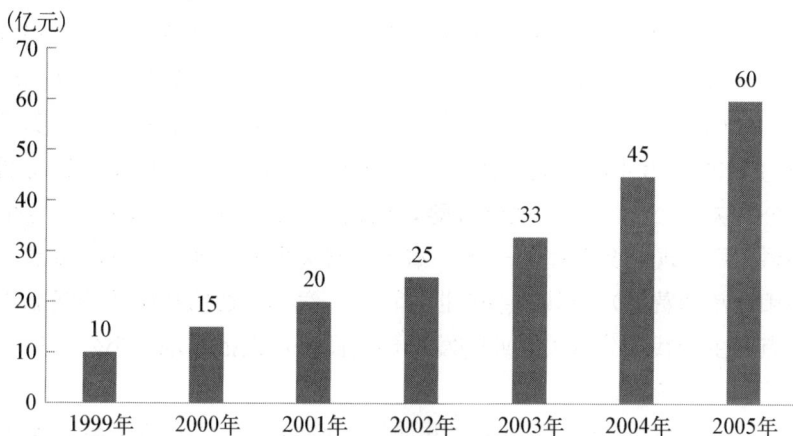

（亿元）

1999—2005 年中国内地公共关系业营业额①

在宏观经济转好、国企改革取得决定性胜利、市场机制逐步完善、政务公开、民主法制建设步伐加快的背景下，2001 年以来，中国公共关系业继续保持较快的增长，进入了其发展的第四个阶段——快速增长阶段②。

一、外资公共关系公司进驻加剧公共关系市场竞争

2001 年，由于美国网络经济泡沫的破灭，纳斯达克遭受重创，全球 IT 业尤其代表新经济的网络企业纷纷破产、倒闭，大批员工失业，全球经济出现严重衰退，而美国"9·11"事件更加重了市场的恐慌情绪，服务于企业、服务于市场的全球公共关系业直接受到巨大冲击③。2001 年中国公共关系业营业额增长率出现了小幅回落。但是，由于成功申办北京奥运会、胜利举办 APEC 会议、成功加入 WTO 等重大事件的发生，国际公共关系公司还是看好中国市场，纷纷寻找并且试探进入中国市场的各种途径。同时本土公共关系公司如雨后春笋般开张营业，除北京、上海、广州等原有市场外，一些发达的省会市场和二三级城市公共关系市场趋于活跃，但是，由于受到全球 IT 业衰退的影响，本土公共关系公司开始向财经传播、医疗保健公共关系以及消费品公共关系聚焦，同时，客户资源开始从外国客户转向国内客户，以中国上市企业为主，财经传播需求旺盛。

①　中国国际公共关系协会. 中国公共关系业年度调查报告 1999—2005 [R]. 2006.
②　中国国际公共关系协会. 中国公共关系业 2000 年度调查报告 [R]. 2000.
③　中国国际公共关系协会. 中国公共关系业 2001 年度调查报告 [R]. 2001.

2002 年，全球经济出现回暖，但受美国安然等事件的重大打击，继续在低谷徘徊，作为全球经济推动力的 IT 产业在整合过程中仍没有恢复元气；受此影响，全球公共关系业也出现了一系列的信用危机，业务明显下降，出现了负增加①。2002 年是外资公共关系公司开始实施本土化战略的年份，奥美收购西岸成为 2002 年度中国公共关系行业的一大新闻，国际公共关系公司通过收购本地公共关系公司实施本地化战略，成为一种发展趋势；2002 年也是本土公共关系公司实现业务转型的一年，本土公共关系公司实现了向消费品（耐用消费品和日常消费品）公共关系的业务转型，汽车、通信及快速消费品也成为市场热点，由于我国公共关系业的发展预期良好，大批本地中小公共关系公司在全国范围不断涌现。

2003 年，尽管上半年受到了"非典"的影响，但是公共关系业整体形势良好。外资公共关系公司继续占据高端服务市场的重要份额，并逐步占据政府和非营利组织服务市场，本土公共关系公司新的增长点是快速消费品，另外，医疗保健、房地产、金融、文化体育市场趋于活跃，本土公共关系公司逐步出现了整合的趋势，在奥美收购西案以后，嘉利收购博能开创了本土公共关系公司收购的先例，在这一年，蓝色光标分拆出蓝色印象和蓝色动力，从名字上看有走出 IT 领域的意义，另外，PFT 传播集团开始整合内部资源，福莱灵克和帕格索斯也结为战略联盟，公司之间的合作力度有所加大。值得注意的是，2003 年是中国咨询业市场全面开放的第一年，外资公共关系机构纷纷在华设立独资公共关系公司，在这一年，科闻 100 以第一家独资国际公共关系公司的身份进入中国市场。

2004 年，经历了 2003 年的市场开放之后，中国公共关系市场继续保持增长态势，创造了高达 36% 的年增长率。在这一年，外资公共关系公司继续其本土化战略，文化体育、制造业、政府、非营利机构等领域开始趋热。在这一年，本土公共关系公司积极开发本土客户，尽管外资客户仍占比较大的比重，但国内客户发展速度比较明显。

二、外资公共关系公司的本土化运作

20 世纪末，近 15 家外国著名公共关系公司进入中国市场，其中，世界排名前 20 名的公共关系公司有一半进入了中国。这些外资公共关系公司为了开拓中国市场，积极导入公共关系新理念，着力于公共关系专业宣传。

---

① 中国国际公共关系协会．中国公共关系业 2002 年度调查报告［R］．2002.

　　总结进入中国的外资公共关系公司在公共关系市场上的表现，可以用大显身手这四个字来形容。外资公共关系公司通过举办各种会议和培训班、新闻发布会等方式，对媒体、政府和社会公众进行新公共关系理念的传播，试图让中国公众、媒体和政府接受外资公共关系公司的理念；通过新的公共关系理念的挖掘，来创造新的盈利点；通过扩张和收购等方式来扩展自己的版图，扩大自己的影响力；通过人才的培养，进行知识储备；通过参选国内国际奖项，加强与国际的交流合作的同时，实施本土化战略的措施，来实现其争取中国和国际市场的雄心壮志。

　　（一）通过公共关系研讨会、研修班、新闻发布会等形式，对媒介、企业、政府和社会公众进行公共关系专业知识的传播和教育

　　外资公共关系公司经常创设一些新的公共关系理念系统，让业内人士了解像"认知管理""危机和问题管理""财经传播""高科技传播"等一些公共关系新观念[1]。通过这种方式，让中国公众、政府和企业了解新的公共关系理念，掌握新的公共关系知识，来进行公共关系的传播与教育。举例而言，在承办研讨会方面，2002 年 12 月，安可承办了欧盟亚洲投资交流年会，作为美国精信全球集团（Grey Worldwide）的下属企业，安可是一家全球著名的咨询机构。几乎同时，博达公司承办了"飞利浦半导体亚洲移动通信媒体论坛"，作为目前全亚洲（日本以外）规模最大的信息科技专业市场传讯集团，博达公司成功地举办了这次论坛；2004 年 11 月 28—30 日，伟达公共关系顾问公司与国务院新闻办、中国市长协会共同主办了首届中国市长突发事件及危机处理研讨班，这一研讨班，紧扣"政府公共关系"和"危机公关"两大主题。CIC 专业为客户监控并分析中文博客和网络留言板（BBS）信息。《中国医药健康网络口碑研究》首度将网络口碑研究和医药行业的传播经验合二为一，呈现给广大受众[2]。

　　（二）通过新的公共关系理念的宣传，为本土化战略作准备

　　由于外资公共关系公司掌握了全球公共关系的发展情况，所以，在顺应时势发展需要，不失时机地宣传公共关系理念方面，外资公共关系公司可谓不遗余力。以安可顾问有限公司为例，针对中国企业在加入 WTO 后，屡屡遭遇国外贸易壁垒的现状，安可开始将一个在国际上非常流行的企业理念传输给中国企业——专业顾问公司可以帮助企业开拓、适应新兴市场，并为解决贸易纠纷营造软环境。这类专业顾问公司不同于一般的公共关系咨询公司，业务只局限

　　① 何春晖. 中国公共关系的回顾与展望［R］. 2004 - 9 - 23.
　　② 爱德曼出版《中国医药健康网络口碑研究》［EB/OL］. 中国公共关系网，2007 - 3 - 6.

于推介产品或新闻发布，它们的"核心技术"是有着强大的与媒体和相关利益集团沟通的能力，直接或间接对出口市场或"当事"国家政府的贸易决策产生影响。凯旋则耗资开发了"凯旋公共关系策划流程（KPP）"，致力于制定公共关系工作的客观标准，使公共关系工作更加"有形化"。2003年9月，凯旋启动了"影响者关系管理"系统，2006年，爱德曼成为亚太首家定期发布播客的公共关系公司；同年，全球领先的公共关系公司之——万博宣伟公共关系顾问与KRC Research合作公布的一份最新"保护信誉"（Safeguarding Reputation TM）调查称，公司在危机降临声誉受损时，全球企业高管把近60%的责任归咎于首席执行官，调查结果并无显著地区差异，这份报告是在中国各类外资企业在华频频遭遇公共关系危机的情况下发布的，其影响力不言而喻。种种现象表明，外资公共关系公司在制造新的公共关系理念，解决时势带来的问题时，总是那么得心应手，不失时机。

（三）外资公共关系公司通过在各地设立代表处和收购的方式来开始本土化战略

实际上，从中国诞生第一家外资公共关系公司开始，它就没有停止其扩大版图的步伐。这种扩张的力度随着中国加入WTO和2008年奥运会的即将来临而达到顶峰。

2002年，是外资公共关系公司开始实施本土化战略的年份，在这一年，奥美成功收购西岸，成为2002年度中国公共关系行业的一大新闻，国际公共关系公司通过收购本地公共关系公司实施本地化战略，成为一种发展趋势。从2002年开始，外资公共关系公司通过收购的方式实施本土化战略已经成为各个公共关系公司竞相进行的常态。

2004年9月，欧洲易美济（EMG）公共关系顾问有限公司上海代表处成立；同年，高诚公共关系在京沪穗分别设立公司；Porter Novelli（简称PN）也通过与蓝色光标合作正式进入中国，其亚太区总监常驻北京。

PN首席执行官海伦（Helen Ostrowski）女士表示："中国公共关系行业正处于高速成长期，平均每年的增长率达到30%，这正是我们进入中国的良好时机。"① 对于此次合作，蓝色光标首席执行官赵文权认为："通过与PN的合作，蓝色光标将可以扩展自己的服务能力和范围，PN以其'以商业为中心的公共关系体系'而著称，这正是当前在中国的很多客户所迫切需要的，公共关

---

① 慧聪网. 全球公关巨头 PN 携手蓝色光标进入中国［EB/OL］. 2005 - 02 - 24/2019 - 01 - 01. http：//info. service. hc360. com/2005/02/24104210817. shtml.

系服务必须体现对客户最终商业目标的价值。"①

接下来，WE（Waggener Edstrcn）宣布收购总部位于香港的亚太地区公共关系传播网络术卓通信有限公司（Shout Holding Limited），双方合并后，术卓通信成为 WE 的亚洲业务基地。作为美国最大的私营公共关系公司之一、微软和迪士尼的"御用公共关系公司"，WE 在北京宣布收购香港公共关系传播公司术卓通信，流露出布局亚太、进军中国公共关系传播市场的雄心。

总之，各大外资公共关系公司开始纷纷开始其本土化战略步伐，随着外资独资公共关系公司的进一步成立，他们跃跃欲试，雄心勃勃，其竞争力之强大，让许多国内的本土中小型公共关系公司只能望其项背。

（四）外资公共关系公司通过在全球搜猎公共关系人才，同时进行本地人才的培养，为本土化战略储备人才

2003 年初，前美国联邦航空管理局局长加盟安可，这对安可来说，无疑增添了不少底气；而博雅则十分重视本地人才的培养，为其本土化战略做准备；万博宣伟作为全球最大的广告及市场营销集团 Interpublic Group of Companies（简称 IPG）中的一员，在北京、上海、广州设立办事处。虽然其彼时的客户大都是外资跨国集团，但是中国公共关系市场的快速增长和强劲潜力使万博宣伟对本土客户投入越来越多的精力，2003 年，为了开发本土市场，万博宣伟就任命刘希平为北京代表处经理，"我们的目标是本地客户占到一半"，万博宣伟中国区董事总经理刘希平如是说，万博宣伟（中国）加紧招兵买马开始了大规模的迅速扩张。

（五）外资公共关系公司与本土公共关系公司合作，展开本土化战略

为了扩大国际影响力，外资公共关系公司往往通过国际交流与合作，来增强自身的实力。2003 年 6 月，万博宣伟就曾助力英国投资局，2003 年底，科闻 100 签约 ARM 及 IBM PCD，通过与跨国公司的国际交流与合作，率先挺进华东；2004 年 3 月，日本电通公共关系与时空视点签署战略合作协议；2004 年 4 月，麦当劳指定凯旋先驱为在华公共关系代理公司。

由于国与国之间观念的差异存在很强的文化壁垒，语言是解决人与人之间交流的最好方式，语言也是解决国与国之间观念差异的最佳途径。因此，越来越多的跨国公司通过建立中文网站、聘请中国人担任 CEO、聘请中国员工、

① 慧聪网. 全球公关巨头 PN 携手蓝色光标进入中国［EB/OL］. 2005 - 02 - 24/2019 - 01 - 01. http：//info. service. hc360. com/2005/02/24104210817. shtml.

收购当地公共关系公司等方式来实现其本土化进程。

2004 年 1 月，福莱灵克公共关系咨询有限公司（FHL）与本土公共关系行业新锐帕格索斯传播机构建立战略联盟，以为各自代理的客户在国内市场提供更全面、更广泛的公共关系服务。2004 年 2 月，伟达中国公司正式推出中文网站，中文网站的建设为外资公共关系公司和中国公众、政府、企业之间建立其沟通的桥梁，成为外资公共关系公司进行外部公共关系的方法和手段；另外，外资公共关系公司不失时机地运用着合资、并购等管理手段，来进行其本土化战略。2004 年，奥美与福建奥华广告合资，随后奥美公共关系收购香港知名财经公共关系公司 iPR；奥姆尼康（Omnicom）控股中国尤尼森营销咨询公司……

这一场场并购与重组都证明，外资公共关系公司正在寻求适合它的最佳本土化运作方式，不论是进行资本运作，还是对本土企业的活动进行赞助，其最终目的都是加强与本土企业、政府之间的联系，建立其属于自己的外资公共关系公司中国化道路。

三、全球 IT 产业消退，本土公共关系公司转型开始

20 世纪，随着 IT 产业的兴起，许多大的 IT 企业都是寻求与本土公共关系公司的合作，比如 IBM、Intel、HP、联想、方正。这个时代的本土公共关系公司大多以 IT 企业作为主要合作对象，从这些本土公共关系公司的名字中可见一斑。那个时期成立的本土公共关系公司有蓝色光标、海天网联、时空视点、道康（Dotcom）等公司。在这个阶段，外资公共关系公司可谓节节败退。

然而，进入 21 世纪，由于 2001 年全球 IT 产业的消退引发了本土公共关系公司的转向经营。2002 年，可以说是本土公共关系公司的转型年，他们纷纷向消费品公共关系进行业务转型。经过了 21 世纪头几年的艰难转型，本土公共关系公司实现了其营业额的小幅增长。

2004 年，公共关系公司的数量从 1 500 家上升至超过 2 000 家，而入围公共关系行业前十名的国际和本土公共关系公司和上年相比基本没有变化，这说明新增的大部分都是规模较小的公司。据国际公共关系协会秘书长陈向阳介绍，排名前十位的国际公共关系公司和本土公共关系公司的营业额达到 9 亿，占总额 1/5，而剩下的公司分享剩余 4/5 的市场，在实力上远远落。因此，我们可以根据中国国际公共关系协会的统计方式，把排名前十的公共关系公司分为 TOP10 - intl 和 TOP10 - local 作统计。

（一）进入 21 世纪以来，Top10 - local 公共关系公司实现了从 IT 到消费品的战略转型，实现了营业额的稳定增长

Top10 公司年度情况[①]

单位：RMB 万元

类型 指标	TOP10 - intl 2004	TOP10 - local 2004	行业平 均 2004	TOP10 - intl 2005	TOP10 - local 2005	行业平 均 2005	年度变量
年营业收入	3 000	3 100	3 050	3 550	3 240	3 395	11.31%
员工规模	78	126	102	90	146	118	15.69%
人均营业收入	39	25	32	39	22	30.5	−4.70%
经营利润率	15%	18%	17%	12%	16%	14%	−3.00%
签约客户	15.8	14.8	15.4	20	14	17	10.00%
外资客户比重	86%	58%	72%	95%	59%	77%	5.00%
女性雇员比重	54%	64%	59%	65%	58%	62%	3.00%
员工年龄	29	27	28	31	28	29.5	1.5
劳动强度（周）	45	46	45.5	45	47	46	0.5
培训时间（年）	63	61	62	84	72	78	16
人员流动率	12.80%	13.80%	13%	17%	14%	16%	3.00%

根据中国国际公共关系协会"中国公共关系业 2005 年度调查报告"统计数据显示，Top10 - intl 平均年营业收入 RMB 3 550 万元，比上年度增长18%；Top10 - local 平均年营业收入 RMB 3 240 万元，比上年度增长 4.5%。Top10 公司行业平均营业收入增长 11.31%；员工规模继续快速增长（15.69%），Top10 - intl 公司平均员工人数由上年度的 78 人增加到 90 人，Top10 - local 由 126 人增加到 146 人，增速分别为 15.38% 和 15.87%；人均年营业收入仍保持较好的水平，其中 Top10 - intl 则与上年度持平（RMB 39万元/人），而 Top10 - local 则有所下降，由上年度的 RMB 25 万元/人降为2005 年的 RMB 22 万元/人。

通过以上分析我们发现，与 Top10 - intl 相比，在 2005 年，Top10 - local的平均年营业额虽然与 Top10 - intl 同样有所上升，但是上升幅度相对而言不如 Top10 - intl 高，而 Top10 - local 员工规模增速比 Top10 - intl 高，从而导致 Top10 - local 的人均年营业收入不但没有如 Top10 - intl 般持平，反而有所

---

① 中国公共关系业 2005 年度调查报告［R］. 中国国际公共关系协会，2006.

下降。由此可见，与外资公共关系公司相比，本土公共关系公司中的佼佼者仍然不如他们的发展势头强劲。这也许和政府、企业和其他机构对外资公共关系公司的信任有关。

2003年是公共关系行业极为不平静的一年：城市营销凭空而起，上海、广州开始邀请国际公共关系公司参加城市包装的公共关系竞标；而在18天卷走919万美元的皇马则上演了一场体育暴利秀，给中国公共关系公司上了一堂生动的体育公共关系课；政府由于"非典"时期信息紧锁而饱受非难，也在开始考虑如何进行政府公共关系。但是，本土公共关系公司依旧只是充当看客。在广受称赞的中国移动"动感地带"推广中，奥美一手包办，广告公共关系联动，可谓整合营销的范例。[①]

在这种情况下，本土公共关系公司除了努力开拓客户市场以外，还通过举办会议、举办节日、充当讲师等方式进行公共关系。2003年底，时代龙音承办了第五届高交会馆外活动；时空视点为博鳌亚洲医药论坛提供会议品牌传播服务；蓝色光标成功举办了第四届MarcoMedia节；2004年初，嘉利公共关系在英国伦敦开设海外分公司，以加强与国际客户的沟通能力，开始本土公共关系公司国际化的尝试。同年，时空视点受邀请在CIPRA高级公共关系专业人员培训班上讲课，它十分重视公共关系后备人才培养，时空视点还主张专业公共关系培训进校园、支持扶贫基金会公共关系专业化。另外，迪思怡桥联手打造一站式财经公共关系，际恒公共关系顾问机构举办了总结暨表彰大会。2004年，本土公共关系公司忙于各种公共关系宣传和对外扩张当中。同年4月，推出中国第一套海外版权公共关系系列丛书，得到业界人士的广泛赞誉。另外，灵智精实两高层加盟了PFT集团任职广告公司；蓝色光标新春年会暨10周年庆典在京举行；迪思传播集团举办成立10周年华诞嘉典，帕格索斯开展员工职业素质培训计划，道利公共关系启动了"中国企业公共关系咨询计划"，时代龙音《SGS认证标志使用指引》设计完稿；宏盟收购印度Gotocustomer公司多数股份。

（二）进入21世纪以来，本土其他中小型公司在夹缝中生存

2003年初，中国国际公共关系协会发布了行业调查报告，根据对北京、上海、广州三地市场的抽样统计估测，整个行业年营业总额达25亿元，总计1 000家公司，其中的40%来自2%的国际公司和本土TOP10，剩余98%的公司大多为生存而烦恼。

对于大多数本土公共关系公司来说，他们往往是两三个人凭借关系拉来一两

---

① 徐振锋. 中国本土公共关系公司的生存忧思［EB/OL］. 博客中国（Blogchina. com）.

个客户，自起炉灶做起来的小公司，他们普遍地是赚了一笔钱就销声匿迹，或是做了几年之后没有发生任何可喜的变化在苟延残喘，成为为生存而奋斗的小作坊。

　　总体而言，本土公共关系公司专业程度在逐步提高，他们服务对象既有外埠客户，又有内陆客户，大多局限在外国客户。客户对象的前三位为：IT、一般消费品、医疗保健；90％以上的公司涉及 IT 客户服务并成为主要服务领域；主要客户仍以外国客户为主，外国客户继续保持 90％以上的比例；但中资 IT 客户、医保客户、金融客户服务需求开始增加；计算机软硬件、通信产品、网站成为 IT 客户的三大服务领域，网站类市场宣传服务是 2000 年度的一个亮点；服务形式的前三位是：整合营销传播、一般媒体宣传、大型活动管理；国际公共关系公司仍以品牌管理见长，而本地公司更推崇整合营销传播，为客户提供包括广告、会议、培训、宣传品制作等在内的综合服务；很多公共关系公司通过这几年的发展，服务开始系统化、立体化，往往代理客户整体形象的定位、策划、传播实施，在公共关系、广告、CI、营销等领域全面开花。由于许多本土公共关系公司规模小，因而机制相对灵活，经营成本也低。同时凭借优于外资公司的熟悉国情和市场的特点，因而在市场上也有自己的优势。本地公共关系公司在服务质量、服务技术、整体素质以及服务收费等方面缩短了与国际公共关系公司的差距，并以执行力量、服务质量和创新能力作为竞争武器。

第九节　教育体系：逐步走向完善

　　20 世纪 90 年代，由于无法遏制"虚热"的势头，最终导致 20 世纪 90 年代以后的遇冷：大量公共关系专业停办；除《公关世界》杂志以外，各类公共关系报刊先后转向或停刊；"全国高校公共关系教学研讨会"继深圳、杭州、兰州、北京、武汉召开五届之后停办；不少教师脱离公共专业而"重操旧业"。中国公共关系教育界开始从狂热走向理性[①]。

　　进入新世纪，公共关系又开始了复苏。在 2000 年，中国国际公共关系大会通过的《新世纪中国公共关系宣言》称"振兴公共关系，教育为本"。由于中国加入 WTO，国内公共关系界与国外公共关系界的联系更加密切，无论是政府、企业，还是非营利组织，对公共关系的需求进一步加大，需要更多的公共关系专业人员来填补人才的缺口。因此，作为政府公共关系、企业公共关系、非营利组织公共关系的后备力量，国家对公共关系人才的教育也就愈加

---

① 　余明阳．中国公共关系 20 年综述［EB/OL］．博导教育网，2006 - 5 - 22.

重视。

在需求的驱动下，更多学校开始开设公共关系课程。按照教育法律和政策规定，依照受教育者是否获得国家承认的学历证书，将教育形式分为学历教育和非学历教育。所谓学历教育，是指受教育者经过国家教育考试或者国家规定的其他入学方式，进入国家有关部门批准的学校或者其他教育机构学习，获得国家承认的学历证书的教育形式。根据教育法等法律法规和国家有关规定，学历教育包括以下形式：小学、初中、高中、专科教育、本科教育、研究生教育等。非学历教育则只要是指职业教育、专业技术培训、终身教育等。

为了了解我国 21 世纪的公共关系教育情况，笔者就将公共关系教育分为公共关系学历教育和公共关系非学历教育进行分别阐述。

一、公共关系学历教育层次节节提升

进入 21 世纪，中国基本上形成了比较完善相互衔接的学历教育体系。在承担学历教育的机构方面，主要包括教育部直属重点高校、普通高校、夜大、电大、自考、函大、民办大学等。

（一）大多数学校开设了公共关系课程

公共关系学是一门研究社会组织与公众建立、协调、改善关系的原理、原则、方法以及规律并且探讨公共关系基础理论的应用问题的新兴学科[①]。公共关系学的研究内容，或者说研究范围，包括公共关系史、公共关系理论和公共关系实务三个部分。

进入 21 世纪，中国的公共关系学科建设重新复苏，大多学校都开设了公共关系课程，但是，公共关系学三个部分的发展并不平衡。一般来说，公共关系史的研究比较落后，至今还没有一部完整的公共关系史专著。公共关系理论研究也相对薄弱，特别是核心理论部分还不够完善。公共关系实务方面则比较活跃，政府公共关系、企业公共关系、体育公共关系、医院公共关系、媒体公共关系等方面的著作产量颇丰。

关于公共关系学科建设情况，中国高等教育学会公共关系教育专业委员会曾对全国部分高校公共关系专业的学科建设情况开展了专门调研，研究结果显示，我国目前已经有千余所高校陆续开展了公共关系选修课、必修课或进行公共关系教育培训，一大批高等学校设置了公共关系辅修专业，数十所高校设立了公共关系本科专业或公共关系专业方向，中山大学、中国传媒大学拥有公共

① 蒋春堂. 公共关系学教程［M］. 武汉：武汉大学出版社，2004.

关系专业硕士授予权，西南大学还在应用心理学专业点下招收了公共关系与组织文化方向博士研究生①。

在公共关系专业学科归属方面，调查显示，在过去的一段时间内，各高校对公共关系的学科归属存在明显差别，人才培养目标和规格也不尽相同。举例而言，中山大学政治与公共事务管理学院下设政治科学系、行政管理学系、社会学与社会工作系、国际关系学系和公共传播学系，其中，在行政管理硕士学位点设立了政府公共关系研究方向，而公共传播系的主干学科就是传播学和公共关系学，其培养目标是培养德、智、体全面发展，掌握现代公共关系专业知识和技能，懂管理、会传播、善策划的公共关系专业人才。湖南师范大学则是在社会学专业中分出公共关系方向。中国计量学院（今中国计量大学）在社会公共事业管理专业内设立公共关系方向，华南热带农业大学（今海南大学）在行政管理专业中设置公共关系方向，他们均是在一级学科下设公共关系专业方向。以西南大学为例，从挂靠自然辩证法专业点招收公共关系辩证法方向硕士研究生，到将方向改为公共关系与组织形象设计，2001年又将公共关系挂靠在应用心理学专业点下设公共关系与组织文化方向，2004年又在心理学专业点下招收公共关系与组织文化方向博士研究生。我国公共关系学科设置及其归属问题，还不十分明确。由此可见，公共关系的学科归属方面，全国高校没有统一的定论，这对学科的发展是不利的。

在高校公共关系课程设置方面，主要包括公共关系实务、公共关系理论、公共关系案例等，也有更多的学校开设了国际公共关系课程。随着中国加入WTO，对国际事务的了解成为一名公共关系专业学生必备的理论基础，因此，对国际公共关系的相关知识也越来越需要。然而，从另一个角度来说，彼时高校的课程设置仍处于初级探索阶段。

从1987年开始，国家教委（国家教育部）就已经正式把公共关系列入行政管理、工业经济、企业管理、旅游经济、市场营销、广告学、新闻学等专业的必修课。直到2006年，教育部终于批准设置公共关系为目录外专业（编号：110305W），至此，公共关系学得以正名，终于成为教育部正式批准设置的专业，学科属性逐渐清晰。

（二）《关于印发〈高等教育自学考试公共关系专业（独立本科段）考试计划〉的通知》，自考层次从专科向本科过渡

在自学考试方面，20世纪末，全国高等教育自学考试指导委员会就印发

---

① 林藩，郑小娟. 新时期公共关系人员素质略论［J］. 福建农林大学学报（哲学社会科学版），2011，14（2）：52-55.

了《高等教育自学考试公共关系专业（专科）考试计划》。进入 21 世纪，自考层次有所提高，我国在保证公共关系自学考试专科教育的基础上，更进一步展开了公共关系自学考试的本科教育。2003 年，全国高等教育自学考试指导委员会颁布了《关于印发〈高等教育自学考试公共关系专业（独立本科段）考试计划〉的通知》（考委［2003］5 号），在完善公共关系专科自学考试的基础上，填补了公共关系本科自学考试的空白。

为了贯彻落实《关于印发〈高等教育自学考试公共关系专业（独立本科段）考试计划〉的通知》，经河北省自学考试委员会批准，河北省自 2004 年下半年在全省开考高等教育自学考试公共关系专业，该专业分为独立本科段和高等教育专科层次①。随后，天津市、福建省、广东省将逐渐展开高等教育自学考试公共关系专业（独立本科段）。

（三）公共关系专科教育走向系统化、正规化

从 1985 年 9 月，深圳大学设立中国内地首家大专层次的公共关系专业开始，中国的高等院校公共关系教育已经走过了二十多个年头。至此，我国各地开始设立专门的公共关系学校培养大中专文凭的人才，大中专学历公共关系教育在一些省市的高校，特别是成人自考、夜大、职大等逐步开展起来，并形成相当规模。

大中专层次的公共关系专业教育也正逐渐明确自己在整个公共关系专业人才培养中的定位，并逐渐形成了具有全日制、业余、在线等多种的、规范的培养教育模式。

从事专科教育的学校有广东公共关系职业培训中心、长春公共关系学院、山东公共关系系专修学院等、西安国际公共关系学院、四川乐山市公共关系学校、淄博公共关系学校、浙江宁波公共关系培训学校、浙江嘉兴市攻关培训中心、江苏南京中华公共关系进修学院、山东省公共关系培训学院、沈阳国际公共关系学校、吉林公共关系专修学院、黑龙江公共关系专修学校、合肥市公共关系技工学校、哈尔滨学院公共关系学院等上百所院校②。

除了专门的公共关系学校外，从事公共关系专科教育的院校数不胜数，几乎每个城市都有从事公共关系专科教育的学校。但是，公共关系一般作为其他专业的主要课程，或者被挂靠在其他专业之上。举例而言，山东现代职业学院招收的公共关系大专生的专业方向就是"文秘与公共关系"，广东省侨港理工

---

① 自考将开考公共关系专业［N］. 燕赵都市报，2004-7-12.

② 哈尔滨学院公共关系学院由哈尔滨学院与黑龙江公共关系学院共同建立的具有独立法人资格的公有民办二级学院，列入全国普通高等学校教育与招生系列。黑龙江公共关系学院于 2006 年 2 月 8 日经黑龙江省教育厅批准终止办学（黑教法函［2006］27 号）。

学校的市场营销与会计专业就要求主修公共关系学。

（四）公共关系本科教育成为公共关系人才的主要疏通渠道

2000 年以后，中国内地本科公共关系教育开始稳步发展[1]。全国已经有中山大学、中国传媒大学、东华大学、上海外国语大学、上海第二工业大学等在内的学校全力培养公共关系专业本科生，另外上海师范大学、北京联合大学也申请开设公共关系本科专业。为培养既精通外语又掌握公共关系技能的复合型国际化公共关系人才，上海外国语大学也新增了公共关系学专业（英语、国际公共关系方向）[2]。

就这些高校公共关系专业设置的课程来看，既有公共关系专业必修的一些公共课程，也有因其所在院系以及拥有的师资背景而带特色的课程，如中山大学的公共关系专业设在政治与公共事务管理学院公共传播学系，东华大学将其设在人文学院公共管理系，中国传媒大学将其设在广告学院公共关系系。因公共关系学科的交叉学科性质，这些院系的行政管理、经济学、广告学等方面的课程对公共关系专业学生的培养起到了一定的方向性影响作用。但归结起来，这些公共关系专业的课程设置无非是走两条路线，一为传播，二为管理。这与国际上近年来公共教育的发展是接轨的[3]。

（五）我国开始进行公共关系研究生教育

实际上，早在 1994 年，中山大学便开始在行政管理专业硕士点招收公共关系研究方向的研究生。此后，厦门大学、国际关系学院等多所重点高校先后在传播学、国际新闻、国际关系等硕士点正式招收公共关系方向研究生。

2003 年底，经教育部批准，我国首个公共关系硕士点在复旦大学新闻学院新闻传播学科下建立，并开始培养公共关系方向博士研究生。复旦大学是国内目前唯一一家没有申请公共关系专业本科，直接开办公共关系硕士点的高校。复旦大学拥有一级学科自审权，这也就令复旦在学科设置上比其他院校拥有更大的自由度。

2004 年，中国传媒大学、中山大学均设立了公共关系学硕士点[4]。中国传媒大学的公共关系硕士点设在广告学院，有公共关系理论、公共关系实务、危机管理和新闻发言人四个方向[5]；中山大学的公共关系学硕士点设在政治与公

① 中国公共关系教育 20 年 [J]．国际公共关系，2006.

② 薛亚芳，缪迅．上外新增公共关系学专业 [N]．人才市场报，2006 - 4 - 27.

③ 郭惠民．再谈中国的公共关系教育 [J]．传播，2004.

④ 方夷敏，何晓钟．中山大学公共关系专业 10 周年论坛开幕 [N]．南方都市报，2004 - 12 - 27.

⑤ 中国传媒大学公共关系学 2006 级硕士研究生分专业培养方案 [EB/OL]．Easy 考研网，2006.

共事务管理学院公共传播学系，该专业以政府公共关系、工商企业公共关系和国际公共关系为主要发展方向。另外，中国人民大学也已经招收 2006 级公共关系与传播学专业在职研究生，厦门大学则是在传播学专业硕士点按三个研究方向招生：传播学方向、广告学方向、公共关系学方向。

随后，上海外国语大学、上海交通大学也开始招收、培养公共关系方向的博士生。这些公共关系硕士点的建立及公共关系方向博士研究生的培养，标志着中国内地高层次公共关系教育进入一个新的发展阶段。随着公共关系学科的确立，高端人才的培养将更加精细化，力求培养出公共关系人才中的精英。

二、公共关系非学历教育的范围扩大

所谓非学历教育，包含党校、干校、职教等提供的公共关系课程教育以及高校、协会、企业提供的公共关系职业资格培训、各级公共关系师资培训、企业内部的公共关系培训、各类公共关系专业技能和专业知识培训以及各种公共关系专题讲座等，其职业资格认证培训有严格的由初级、中级到高级的培训要求和规范。

为了更清晰地掌握公共关系非学历教育的基本情况，我们把它分为普及性的社会教育、职业教育、全国性的公共关系专业组织教育三个部分，分别进行阐述。

（一）首届高级公共关系专业人员培训班开课，培训教育走向更高层次

进入 21 世纪后，中国国际公共关系协会、上海市公共关系协会及其他省市协会频繁举办公共关系职业经理人短期、专题等培训班，其教育对象开始从一般社会青年、大学生，转向公共关系从业人员及国企、外企的中、高级管理人员。

中国国际公共关系协会近年来举办了若干紧贴时代主题的培训班和研讨班。2002 年 10 月，中国国际公共关系协会发展部和北京金财信顾问有限公司联合实施"高级公共关系专业人员系列培训项目"，举办了首届高级公共关系专业人员培训班。"高级公共关系专业人员系列培训项目"是"目前国内唯一一项针对公共关系专业人员、市场传播人员的、最具权威的培训产品，它的知识产权得到相关保护"[1]。从 2002—2004 年，中国国际公共关系协会举办了8 期专业培训，前三期均是对公共关系理论与实务进行全面阐述，从第四

---

[1] 首期高级公共关系专业人员培训班日前在京结业［EB/OL］. 中国公共关系网，2002 - 11 - 18.

期开始，历次培训的主题是整合时代的市场传播策略、企业传播与媒介关系、内部传播与政府关系、市场传播与危机管理、整合营销传播与客户管理。

2004年6月14日，中国国际公共关系协会与清华大学继续教育学院面对全国企、事业领导公共关系培训的合作协议在北京签订。合作协议的签订，标志着中国国际公共关系协会与清华大学继续教育学院联手打造的"卓越领导公共关系管理高级研修班"培训项目正式启动，使公共关系专业的培训迈向新的领域①。2004年12月17日，"卓越领导公共关系管理高级研修班"在清华大学继续教育学院正式开课。首期"卓越领导公共关系管理高级研修班"课程设计针对现代企事业家实际工作需要，融会贯通理论知识与实务案例，突出实务公共关系，主要课程包括企事业家的公共关系素养；品牌营销、财经公共关系、企事业形象战略、危机管理中的传播策略等②。

国际公共关系协会为了培养公共关系人才不懈努力的同时，地方政府和公共关系协会也做出了相当的努力。以上海为例，上海市公共关系协会不负"全国首个官方组织公共关系机构"的盛名，主办了多次贴合实际的培训。从2003年起，上海市公共关系协会已举办多期上海市紧缺人才工程公共关系经理培训班，前后有来自世界500强企业的多人接受培训。培训课程包括《公共关系原理》《公共关系策划原理》《公共关系案例写作》《广告传播》《政府公共关系》等。另外，因上海世博会公共关系人才紧缺的需要，2004年11月23日，成立于2004年8月的上海世博人才发展中心迈出实质性一步：与卢湾区（今黄浦区）合作开展"世博广告传媒专业人才资格认证"培训。作为首个世博专业人才培训项目，它为中国2010年上海世博会培养了众多高级广告创意人才③。

与此同时，公共关系顾问公司作为协办方，也展开了相关培训。例如，2004年10月29日至31日，由中国社科院新闻与传播研究所世界传媒研究中心、北京东方未名文化传播有限公司主办的第二期国企事业新闻发言人高级研讨班开课，课程内容包括发言人与企业形象塑造、企事业应对媒体的策略与技巧、如何做一名合格的企事业新闻发言人、危机事件的电视媒体沟通与案例分

---

① CIPRA与清华大学继续教育学院签署培训合作协议［EB/OL］. 中国公共关系网，2004 - 6 - 16.

② 叶沉. 国际首期"公共关系高级研修班"清华开课［EB/OL］. 中国公共关系网，2004 - 12 - 20.

③ 丁利民. 广告传媒：首个世博人才培训项目启动［EB/OL］. 新华网，2004 - 1 - 24.

析、危机事件的网络媒体沟通与案例分析、现场模拟新闻发言人答记者问等①。另外，厦门日报社广告中心特地联合中国第一公共关系培训机构Mediabank 盈媒社（北京），就企业关注的公共关系问题举办专题讲座。讲座主题包括新媒体环境下的企业公共关系管理、如何利用事件公共关系创造品牌名誉等②。东方未名传播研究中心主办，清华大学国际传播研究中心和中国发言人网（www. chinaspokesman. com）协办的发言人系列课程第五期在北京大学成功举办。

而高校作为学历教育基地，也并没有放弃非学历教育这个更加广阔的平台，为公共关系人才的培训也贡献了很大的一份力量。北京大学新闻与传播学院主办的国内一个公共关系的高端论坛——"北大公共关系讲堂"拉开序幕，以学术演讲等形式与北大学子和业界资深同行分享行业洞见。美国公共关系协会（PRSA）主席朱迪斯·R. 金（Judith Phair King）女士及公共关系全球联盟（GA）主席琼·瓦林（Jean Valin）先生等一行五人应中国国际公共关系协会的邀请，来华进行为期一周的访问，成为"北大公共关系讲堂"的第一批嘉宾③。北京大学新闻与传播学院邀请了北大知名教授、跨国公司新闻发言人、著名电视新闻主播、国际公共关系公司总监以及国内媒介资深人士等专家组成豪华讲师阵容，在百年学府为来自全国各地的大中型企业老总、负责公共关系传播的高层管理人员以及新闻宣传主管等学员提供为期三天的"危机公关与新闻发言人"职业化培训④。

（二）公共关系职业资格技能鉴定考试开考，公共关系职业教育全面展开

进入 21 世纪以来，中国公共关系职业教育全面展开。从 2000—2005 年，全国（统计不含上海）共有 82 053 名参加了职业资格技能鉴定，共有 63 698 名获得了初、中、高级职业资格证书。2004 年，国家职业资格工作委员会公共关系专业委员会颁发了《公共关系员国家职业新标准》，增设了高级公共关系师（国家一级）和公共关系师（国家二级）标准，进一步完善了公共关系从业人员的岗位资格培训和任职资格认证的国家标准和管理规范。2003 年 4 月，福建省职业技能鉴定指导中心表示，从 2003 年起，秘书、公共关系员、推销员、企业人力资源管理、物业管理员等国家职业资格全国统一鉴定须加试职业道德内容，占理论成绩的 20%⑤。这是对我国公共关系员职业资格考试的进一步

———————————

①　中国企（事）业新闻发言人高级研讨班（第二期）［EB/OL］. 中国公共关系网，2004 - 10 - 27.
②　中国公共关系万里行巡回演讲·厦门站启动［N］. 厦门日报，2005 - 1 - 13.
③　公共关系专家走进北大公共关系讲堂［EB/OL］. 中国国际公共关系协会，2005 - 3 - 10.
④　北大启动"危机公关与新闻发言人"培训计划［EB/OL］. 中国公共关系网，2005 - 4 - 6.
⑤　职业技能鉴定加考职业道德［N］. 海峡都市报，2003 - 4 - 16.

完善。

目前，大多数非学历公共关系教育都是属于这类短期、专题教育培训，教学工具灵活，教学形式多样化，其特点已基本能适应、满足于我国的社会性公共关系教育。

三、公共关系教材内容的丰富与完善

针对我国完整的教育系统，即专科、本科、硕士、自考、职业鉴定等教育层级，我国的教材发展随着教育的普及而发展。纵观 20 年来中国内地出版的公共关系学科教材的编辑出版，依据其质量变化发展基本可以划分为三代：吸收引进（1986—1990）、消化拓展（1990—1999）、规范创新（1999—　　）[①]。

在教材的特点方面，第一阶段即吸收引进阶段教材的特点是单本书居多，以教程、词典、手册、译著为主；第二阶段的特点是系列化，向纵深、横向行业拓展；第三阶段的特点是出现并继续出现一批部颁教材。

公共关系人才培养和教育普及化、规范化。各种社会办学满足了人们学习公共关系学并掌握其技能的需要，全国大部分高校开设了公共关系学课程，部分高校设立了公共关系大专或本科专业，公共关系方向的硕士生、博士生也开始培养，公共关系教材的出版令人目不暇接。

进入 21 世纪，中国开始出版了部颁的教材，其中，全国适用教材《公共关系学》由经济科学出版社公开出版。2004 年 1 月，中国人民大学出版社出版了李兴国教授主编的《公共关系学》（现代远程教育系列教材）。全国高等教育自学考试指导委员会组编的指定教材《公共关系策划（附：公共关系策划自学考试大纲）》（余明阳主编，线装书局出版），该书为全国高等教育自学考试指定教材《公共关系策划》（公共关系专业——专科段）的配套辅导用书。

2004 年 3 月 1 日，中国高等教育出版社出版了廖为建主编的《公共关系学》，该书是高等教育自学考试新闻专业《公共关系学》指定教材。

李兴国的《公共关系实用教程》作为我国面对在校日校生的第一本高职高专教材已于 2000 年 8 月问世，12 月第二次印刷，使公共关系教材从自考，夜大、电大又上了一个台阶。

在高职高专系列教材方面，根据中国高职高专教育网的报道，为了贯彻落

---

① 中国公共关系教育 20 年［J］．国际公共关系，2006（5）．目前，公共关系界对教材的划分大多采取这一方式，北京联合大学教授李兴国在其《新世纪中国的公共关系回顾与展望》中也是采取这一划分方式。

实第三次全国教育工作会议的有关精神，满足大力发展高等职业教育的需要，高等教育出版社将组织全国高职、高专及成人高校的优秀教师，推出教育部统一策划的"21世纪高职高专规划教材"。在这一系列教材中，也包括了公共关系方面的教材。如清华大学出版社出版的《公共关系理论与实务》，既可以作为高职高专层次财经类专业的教材、成人教育及员工培训教材，也可以作为职业技能鉴定（公共关系员）资格考试参考用书、公共关系爱好者和企业管理人员的业余读物。同为清华大学出版社出版的公共关系类教材还有彭奏平、谢伟光主编的《公共关系实务》①，严成根、王学武的著作《公共关系学》②；另外，针对高职高专的教材还有21世纪高等专科高等职业学校适用教材《公共关系》③、现代远程教育教材《公共关系学》④。

在职业培训教材方面，劳动部《公共关系员》职业培训教材1999年首次亮相，人事部全国人才流动中心也出版了系列教材。2007年起，国家劳动和社会保障部中国就业培训技术指导中心组织公共关系专家委员会编写的《国家职业资格培训教程——公共关系员（师）三、四、五级》正式启用。

2007年2月10日，国家职业资格培训教程——公共关系师、高级公共关系师教材编审会在宁波召开。从会上获悉，《公共关系师》教材将于年内出版，同时国家职业资格公共关系师和高级公共关系师也将启动培训和鉴定工作，向全社会推出。这预示着中国公共关系行业将完成人才结构上的完善，对行业发展起到不可估量的推动作用⑤。

与第一代和第二代教材相比，我国第三代教材呈现了以下几个方面的特点：首先，教材的编者范围进一步扩大。出现并继续出现一批部颁教材。其次，教材的内容进一步完善。教材中加入了国际公共关系的内容，而且编排方面，大都放得比较前。再次，教材的纸张进一步优化。教材也开始注重对自身的包装和公共关系。最后，教材的推广进一步加深。教材不仅仅注重写作内容的实践性，更注重的教材的推广。

总而言之，第三代教材进入正规化与创新升华阶段。在教材数量不断增多，教材内容进一步完善的同时，还存在可以改进之处。从教材出版的状况看，称得上精品的教材还不多，距离"创建适用中国内地公共关系教育教材的目标"相去甚远。"现阶段，我们应努力使教材更贴近中国的社会、经济、政

---

① 彭奏平，谢伟光. 公共关系实务［M］. 北京：清华大学出版社，2004.
② 严成根. 公共关系学［M］. 北京：清华大学出版社，2006.
③ 王培才. 公共关系［M］. 北京：中国科学技术出版社，2003.
④ 李兴国. 公共关系学［M］. 北京：中国人民大学出版社，2006.
⑤ 公共关系师高级公共关系师教材编审会在宁波召开［EB/OL］. 中国公共关系网，2007 - 2 - 13.

治、文化的实际，切合中国社会发展的需要。要倡导理论、教育研究专家与实务界专家携手合作，编写出具有较高学术理论水平、有丰富实践经验，并具有实际可操作性、具有中国特色的，能与国际高水平公共关系教材相媲美的力作"①。

---

① 中国公共关系教育 20 年［J］. 国际公共关系，2006（5）.

第八章
共谱新曲：中国公共关系发展的软实力竞争
（2005—2007）

本章主题词：社会主义新农村　创新型国家　和谐社会建设　城市化进程　品牌万里行　城市新公关　特色公关　危机公关　国家软实力与公共关系　公共关系未来展望

第一节　时代背景：时代新政策助推中国公共关系的发展

2006—2007 年，中国宏观经济社会发展继续呈现良好的发展态势。中共十六届六中全会通过了《中共中央关于构建社会主义和谐社会若干重大问题的决定》，和谐社会建设全面展开。在科学发展观的指导下，中国更加注重协调发展，国家对社会发展的投入显著增加，调节利益关系、化解社会矛盾等方面的工作快速推进，和谐社会建设取得明显进展：① 经济出现超周期高速稳定增长，宏观调控成果显著；② 人民生活水平继续提高，物价基本稳定；③ 新农村建设扎实推进，城市化加快，土地城市化过快趋势有所遏制；④ 就业形势较为平稳，民营经济成为就业增长的主渠道；⑤ 社会保障投入力度加大，城乡社会保障覆盖面扩大；⑥ 国家进一步明确公共教育政策，教育均衡发展进入操作层面；⑦ 医疗卫生体制启动新一轮改革，农村新型合作医疗继续发展；⑧ 基层社区建设力度加大，社会组织取得新的发展；⑨ 劳动关系的制度建设取得进展，协调劳资关系的工作稳步推进；⑩ 社会治安状况有所改善，安全生产监管取得成效；⑪ 中央反腐败力度加大，人民群众对政府的信心增强。

如果说上个阶段公共关系的发展是同加入 WTO、申办奥运会、申办世博会以及抗击"非典"等社会重大事件的发展相结合，属于大公关时代。那么从2005 年开始，中国的公共关系开始同政府活动紧密结合，成为国家软实力建设的重要组成部分。2006 年，在苏秋成会长、王大平秘书长的努力下，中国公共关系协会重建；中国国际公关协会副会长兼秘书长郑砚农说道：中共十六届四中全会提出"构建和谐社会主义"，国家软实力的建构已作为公共关系领域的一个崭新课题凸显出来。公共关系作为一个新兴的行业和一门独立的管理学科在推进中国社会进步中，在和谐社会和和谐世界的建设中发挥着独特的作用。那么，这一阶段的众多的标志性事件就走入笔者的视野。我国各界公共关系协会和组织无不体现了对于社会主义公共政策的关注，体现了各界公关协会与组织"服务政府"的理念。

一、社会主义新农村建设

建设社会主义新农村，是党中央在深刻分析国际国内形势、全面把握国家经济社会发展的阶段性特征的基础上，从党和国家事业发展的全局出发，确定的一项重大战略任务。为贯彻中共十六届五中全会提出的这一战略任务，2005年 1 月 30 日，党中央、国务院颁布《关于推进社会主义新农村建设的若干意见》，即中央 1 号文件；举办了省部级主要领导干部专题研讨班，胡锦涛和温家宝在班上发表了重要讲话；又在中央党校等五个干部教育基地举办了县委书记、县长专题培训班。这一系列紧锣密鼓的举措，表明建设社会主义新农村战略已经逐步付诸实施。

2006 年 5 月 22 日，微软 CEO 鲍尔默来华同政府进行公共交流，与信息产业部合作将目标对准了中国的社会主义新农村建设。加强与中国信息产业界的合作，通过软件、硬件、培训和技术交流手段，帮助中国企业提升创新能力，同时推动农村信息化。

2006 年 10 月 30 日，英特尔在广东省湛江市廉江县石井尾村举行发布会，宣布其捐助中国农村的计划，同时还展示了英特尔即将推出的"农村电脑"。英特尔公司董事会主席贝瑞特亲自到场，这在英特尔历史上还是首次。贝瑞特此行还展示了专门为中国农村开发的农村电脑原型。贝瑞特表示，这种电脑是基于与中国信息产业部等政府部门协作，开发出供中国农民使用的简单易用、经济实惠的电脑并与互联网连接。

2007 年 4 月，中国公共关系协会在北京举办了"公关促进农村建设"主题研讨会；6 月举办的公关学术年会和"中国公共关系二十年回顾与展望"，成为这时期协会工作的亮点。同时，下半年也围绕"和谐"主题举办了理论研讨会。

二、创新型国家的发展

1978 年 3 月，全国科学大会在北京召开，开始了科学的春天。邓小平在全国科学大会上讲话，提出了"科学技术是生产力""知识分子是工人阶级自己的一部分"的著名论断。而时隔 28 年之后的 2006 年 1 月 9 日，以胡锦涛为核心的党的第四代领导人在《全国科学技术大会上的讲话》中再次重申了科学技术的重要性，并提出了建设创新型国家的战略。这是"十一五"开局之年，党中央和国务院把握全局、放眼世界、面向未来做出的新的战略部署。

2006 年全国科学技术大会

党中央、国务院做出的建设创新型国家的决策，是事关社会主义现代化建设全局的重大战略决策，是一项极其广泛而深刻的社会变革。胡锦涛强调，建设创新型国家，核心就是把增强自主创新能力作为发展科学技术的战略基点，走出中国特色自主创新道路，推动科学技术的跨越式发展；就是把增强自主创新能力作为调整产业结构，转变增长方式的中心环节，建设资源节约型、环境友好型社会，推动国民经济又快又好发展；就是把增强自主创新能力作为国家战略，贯穿到现代化建设各个方面，激发全民族创新精神，培养全民族创新人才，形成有利于自主创新的体制机制，大力推进理论创新、科技创新，不断巩固和发展中国特色社会主义伟大事业。

（一）加快推进自主创新型社会建设，必须进一步解放思想

自主创新涉及政治、经济、科技、文化等社会生活的各个领域，首要的是观念创新、理论创新。改革开放以来中国经济社会发展之所以取得举世公认的伟大成就，靠的是解放思想、实事求是、与时俱进，以实践来检验一切。提高自主创新能力，把经济社会发展切实转入全面协调可持续发展的轨道，仍然需要我们解放思想，自觉地把思想认识从对马克思主义的教条式的理解中解放出来，从主观主义和形而上学的桎梏中解放出来，通过理论创新推动制度创新、体制创新、机制创新、科技创新、文化创新、方式方法创新以及其他各方面的创新。而作为公共关系学本身也是得益于思想的解放。

（二）加快推进自主创新型社会建设，必须把以人为本作为最有效的工作方法

首先，要善于相信人。与人为善，体谅人的个性特点，包容人的观念差异，为加深交流架起沟通的桥梁。其次，要真诚尊重人。不论学识、地位、年龄、民族、宗教等，从事何种工作，以对人的尊重赢取别人对自己的尊重。再次，要积极造就人。人与人之间的相处离不开公共关系的沟通与协调，要把以人为本作为最有效的工作方法，就要掌握公共关系这一良好的工具。

（三）加快推进自主创新型社会建设，必须不断提高履行职能的水平

一是思想观念要新。针对新形势、新任务对工作的新要求，不断探索工作的新思路、新途径、新规律，注意从工作中总结经验，使工作不断迈上新的台阶。二是围绕中心，服务大局，促进发展的形式要新。充分发挥视野开阔、思路宽广、位置超脱的优势，进一步增强抢抓机遇、加快发展的责任感、使命感、紧迫感，以共谋发展为主题进行政治协商，以服务大局为重点进行民主监督，以促进发展为目标进行参政议政，为经济发展和社会稳定贡献力量。三是工作思路要新。要用发展的眼光、发展的思路、发展的内容来解决前进中的困难和问题，把社会各界人士关于经济与社会发展的各种有深度的观察与分析、呼声与建议以理性的形式传递出来，提出具有前瞻性、科学性、可操作性的意见和建议，以引起有关方面的重视和吸纳，为党政领导决策提供有力依据，转化成促进社会经济全面发展的实效。四是工作方法要新。要坚持用科学的发展观统领政协工作，全面、正确认识新时期工作的特点和规律，提高运用科学理论分析和解决实际问题的能力，使各项工作真正体现时代性、把握规律性、富于创造性。在行动上，敢于实践，敢于争创一流业绩；在服务大局上，要有新

的作为；在自身建设上，要有新的进展。

因此，从上述分析中可以看出，创新型社会的建设所联动的各种因素与相关方面的建设与发展都离不开公共关系，需要公共关系为其顺利发展提供相应的支持与帮助。

（四）公共关系与创新型国家建设

创新型国家建设这一议题，很快进入了公共关系领域的研究视角，全国各地的组织进行了配套的研究与探索。

2006 年 4 月 20—23 日，安徽省公共关系学会第十二届年会暨学术研讨会在安徽科技学院召开。会议期间，到会的各位专家学者就公共关系学科发展建设和实践应用等问题展开了深入探讨，省委党校原副校长李稼蓬教授作了《论建设创新型国家》的报告，几位从事公共关系教育和实践一线的专家学者也分别发言，并结合经济社会发展的实际提出了相关对策。

2006 年 6 月 22—24 日，以"突破与创新"为主题的中国国际公共关系大会在北京召开。

2006 年 8 月 1—4 日，中国高等教育学会公共关系专业委员会在新疆阿克苏市召开研讨会，主题为"创新公共关系教学方法，大力提高公共关系质量"。

三、和谐社会的建设

（一）和谐社会概念的提出

2004 年 9 月 16—19 日中共十六届四中全会通过了《中共中央关于加强党的执政能力建设的决定》（以下简称《决定》），首次提出了"构建社会主义和谐社会"的历史任务。《决定》将其正式列为中国共产党全面提高执政能力的五大能力之一。

这一思想，在此前的中共十六大报告论述全面建设小康社会时已有体现，其中有两处比较明显：一是报告提出的到 2020 年我国将要实现的小康社会比 2000 年有 6 个"更加"，其中第 5 个"更加"就是"社会更加和谐"；二是报告第二部分论述"三个代表"重要思想时提出，随着改革的深入，我们要努力建立起"各尽所能，各得其所，和谐相处"的社会关系。而在处理各种社会关系就需要公共关系发挥其特有的功效。

（二）和谐社会的特点

我们所要建设的社会主义和谐社会，应该是民主法治、公平正义、诚信友爱、充满活力、安定有序、人与自然和谐相处的社会。这些基本特征是相互联系、相互作用的，需要在全面建设小康社会的进程中全面把握和体现。胡锦涛强调，构建社会主义和谐社会，同建设社会主义物质文明、政治文明、精神文明是有机统一的。要通过发展社会主义社会的生产力来不断增强和谐社会建设的物质基础，通过发展社会主义民主政治来不断加强和谐社会建设的政治保障，通过发展社会主义先进文化来不断巩固和谐社会建设的精神支撑，同时又通过和谐社会建设来为社会主义物质文明、政治文明、精神文明建设创造有利的社会条件。

可以从以下几个方面来理解和谐社会的建设：

1. 从九个方面、六项原则，勾勒和谐社会建设"路径图"

社会主义民主法制更加完善，依法治国基本方略得到全面落实，人民的权益得到切实尊重和保障；城乡、区域发展差距扩大的趋势逐步扭转，合理有序的收入分配格局基本形成，家庭财产普遍增加，人民过上更加富足的生活；社会就业比较充分，覆盖城乡居民的社会保障体系基本建立；基本公共服务体系更加完备，政府管理和服务水平有较大提高；全民族的思想道德素质、科学文化素质和健康素质明显提高，良好道德风尚、和谐人际关系进一步形成；全社会创造活力显著增强，创新型国家基本建成；社会管理体系更加完善，社会秩序良好；资源利用效率显著提高，生态环境明显好转；实现全面建设惠及十几亿人口的更高水平的小康社会的目标，努力形成全体人民各尽其能、各得其所而又和谐相处的局面。

社会和谐，是人类共同的美好理想。一代代中国共产党人为之上下求索，走过了不平凡的奋斗历程。十六届六中全会提出的和谐社会建设目标，既与党的十六大提出的全面建设小康社会的目标相衔接，又反映了民主法治、公平正义、诚信友爱、充满活力、安定有序、人与自然和谐相处的总要求，体现了既立足当前、又着眼长远，既量力而行、又尽力而为的科学态度。

"必须坚持以人为本""必须坚持科学发展""必须坚持改革开放""必须坚持民主法治""必须坚持正确处理改革发展稳定的关系""必须坚持在党的领导下全社会共同建设"。全会提出了构建和谐社会必须遵循的 6 项原则，涵盖了工作出发点和落脚点、工作方针、工作动力、工作保证、工作条件、领导核心和依靠力量。

这九个方面的奋斗目标和六项原则，共同构成今后一个时期中国和谐社会建设的"路径图"，为构建社会主义和谐社会指明了方向。

2. 多项措施力促和谐，群众利益成为重要着力点

城乡二元结构依然存在、不同区域发展差距不断拉大、社会事业发展"短腿"现象严重、生态环境保护形势严峻……针对这些影响社会和谐的突出矛盾和问题，全会提出了一系列富有针对性的政策措施。

中国要构建的社会主义和谐社会，是在中国特色社会主义道路上，中国共产党领导全体人民共同建设、共同享有的和谐社会——全会强调的这一观点，深刻揭示了中国和谐社会建设的领导核心、发展道路、实践主体和根本目的。

人民的权益得到切实尊重和保障，家庭财产普遍增加，人民过上更加富足的生活，覆盖城乡居民的社会保障体系基本建立，和谐人际关系进一步形成……全会提出的一系列要求和部署，始终贯穿着"以解决人民群众最关心、最直接、最现实的利益问题为重点"这根主线。

就业、教育、医疗等问题，与百姓生活息息相关。全会强调，要"实施积极的就业政策，坚持教育优先发展，加强医疗卫生服务"，让人们看到了更加注重民生的政策取向。

3. 六大制度建设，保障公平正义

公平正义是和谐社会的基本条件，制度是公平正义的根本保证。

六中全会公报强调，"必须加紧建设对保障社会公平正义具有重大作用的制度，保障人民群众在政治、经济、文化、社会等方面的权利和利益，引导公民依法行使权利、履行义务"。

（1）完善民主权利保障制度，依法实行民主选举、民主决策、民主管理、民主监督，保障人民享有广泛的民主权利。

（2）健全法律制度，维护社会主义法制的统一和尊严，树立社会主义法制的权威，加速构建与社会主义市场经济体制相适应的法律法规体系。

（3）完善司法体制机制，继续推进司法体制和工作机制改革，建立公正、高效、权威的社会主义司法制度，发挥司法维护公平正义的重要作用。

（4）健全公共财政制度，把更多的财政资金投向教育、卫生、文化、就业再就业服务、社会保障、生态环境、公共基础设施等公共服务领域。

（5）改革收入分配制度，着力提高低收入者收入水平，扩大中等收入者比重，有效调节过高收入，取缔非法收入，努力缓解地区之间和部分社会成员之间收入分配差距扩大的趋势。

（6）健全社会保障制度，适应社会发展的客观趋势，逐步建立覆盖城乡居民的社会保障体系。

4. 建设核心价值体系，巩固思想道德基础

建设和谐文化，是构建社会主义和谐社会的重要任务。

当前，我国正处于社会转型的关键时期。各种思潮相互激荡，思想道德建设任务繁重。加强未成年人思想道德建设、加强大学生思想政治教育、加强社会主义荣辱观教育。党的十六大以来，党中央先后做出一系列重大决策部署，不断深入推进和谐文化建设。

　　坚持马克思主义在意识形态领域的指导地位，牢牢把握社会主义先进文化的前进方向，倡导和谐理念，培育和谐精神，进一步形成全社会共同的理想信念和道德规范，打牢全党全国各族人民团结奋斗的思想道德基础——全会着眼于促进人与人、人与社会、人与自然的和谐，对和谐文化建设提出了明确要求。

　　"树立社会主义荣辱观""培育文明道德风尚""营造积极健康的思想舆论氛围""广泛开展和谐创建活动"。全会就一个时期的和谐文化建设做出了一系列全面、具体的部署。

　　社会主义核心价值体系，是建设和谐文化的根本。十六届六中全会在总结近年来思想道德建设经验的基础上，第一次明确提出了"建设社会主义核心价值体系"的重要观点，表明把和谐文化建设不断推向新的高度。

　　5. 创新社会管理体制，提高社会管理水平

　　加强社会管理，维护社会稳定，是构建社会主义和谐社会的必然要求。全会强调，必须创新社会管理体制，整合社会管理资源，提高社会管理水平，并对加强社会管理做出了具体部署。

　　改革开放以来，中国经济建设成就举世瞩目，但社会管理方面仍然存在不少突出问题。建立健全突发事件应急管理机制、不断增强社会减灾能力、促进政府依法行政、在决策中广泛听取公众意见。近年来，党和政府采取一系列重大措施，努力提高社会管理水平，取得了比较明显的成效。

　　社会管理体系建设是一项系统工程。推进社会主义和谐社会建设，要求我们必须适应社会发展的客观要求，不断创新社会管理体制，逐步形成经济社会相互促进、共同发展的良性协调机制。

　　全会指出，要健全党委领导、政府负责、社会协同、公众参与的社会管理格局，突出强调要"在服务中实施管理，在管理中体现服务"，体现了社会管理理念的深刻变化。

　　全会把"统筹协调各方面利益关系""完善应急管理体制机制""加强安全生产"等，列入一个时期社会管理的重要内容，反映了在利益关系多元化、各种矛盾相交织的关键阶段，社会管理工作重心的重大调整。

　　6. 激发社会活力，增进团结和睦

　　充满活力、团结和睦——这是和谐社会的重要特征。

　　"必须最大限度地激发社会活力，促进政党关系、民族关系、宗教关系、阶层关系、海内外同胞关系的和谐，巩固全国各族人民的大团结，巩固海内外中华儿女的大团结……"全会公报中的这段话，令人备感振奋。

　　创新是民族进步的灵魂，也是社会和谐的重要元素。

全会要求尊重劳动、尊重知识、尊重人才、尊重创造，强调要激发社会活力，"发挥人民群众的首创精神"，体现了人民群众是历史创造者的唯物主义历史观。

团结和睦是民族凝聚力的重要体现，也是和谐社会建设的重要内容。中国特色社会主义伟大事业，需要全体中华儿女的共同参与、共同建设。

全会强调，要"巩固和壮大最广泛的爱国统一战线，维护香港、澳门长期繁荣稳定，推进祖国统一大业，坚持走和平发展道路"，从建设和谐社会的高度，对统一战线，香港、澳门、台湾事务和外交工作提出了指导方针，勾勒了民族大团结、大联合、大发展的蓝图①。

（三）公共关系与和谐社会建设

公共关系的研究与发展越来越具有强烈的时代脉搏，能够抓住历史时期的重大发展，与自身的研究发展相结合。和谐社会成为社会全体关注的焦点，同时也是公共关系研究的焦点与着力点，充分体现了公共关系"服务政府"的作用。

中共十六届四中全会首次提出"构建社会主义和谐社会"，为中国公关业指明了更高的发展目标和方向。

2005年4月23日，浙江省公共关系协会召开了"公共关系与和谐社会"研讨会。

2005年4月27日，由复旦大学和中国国际公共关系协会联合成立的"国际公共关系研究中心"在北京召开了"构建和谐社会——公共关系新的责任与使命座谈会暨国际公共关系研究中心成立新闻发布会"。

2005年5月26—30日，中国高等教育学会公共关系专业委员会在江西南昌召开十周年庆典暨第七届学术年会，会议以构建社会主义和谐社会为主题。

2005年8月24日，中国公共关系协会学术委员会、《公关世界》杂志社联合举办了"公共关系与和谐社会理论研讨会暨2005年学术委员年会"。

2006年8月下旬，由中国公共关系协会学术委员会、《公关世界》杂志社联合主办，由辽宁省公共关系协会承办的"公共关系与社会主义荣辱观"理论研讨会在沈阳举行。会上深入探讨了社会主义荣辱观的基本概念和内涵、社会主义荣辱观与中华民族的传统美德、社会主义荣辱观与"三个代表"重要思想、社会主义荣辱观与全面建设小康社会。

---

① 孙承斌，邹声文，李亚杰. 从六中全会看和谐社会建设［EB/OL］. 新华社，http：//www.pladaily.com.cn/site1/2006ztpd/2006-10/12/content_613407.htm.

2006 年 10 月，第十届全国公关组织联席会则提出"坚持科学发展观，构建和谐社会，建立良好的社会形象，已成为政府机构公信力和企业竞争的核心问题"。

2006 年 11 月 2—3 日，中国国际公共关系协会与 AVAIL 公司共同主办"第六届中国企业与政府公共关系管理峰会"。

2006 年 12 月 7 日，宁波市公共关系协会也举行了"公共关系与和谐社会"主题研讨会。

2007 年围绕"构建和谐社会、促进经济发展"的主题，中国公共关系协会有计划、有针对性的组织学习、宣传、贯彻十六大精神的专题调研和高峰论坛。运用公关理论，促使其转化为生产力，为社会发展、市场发展和经济建设服务。

无独有偶，全国各种不同规格的公共关系协会与组织都在第一时间关注国家政策的变化发展，这不能不说是一种非常敏锐的视角。实际上，众多的公共关系活动与研究都在关注政府公关，探讨政府内部公关的发展，构建和谐社会主义制度下的公共关系。公共关系的研究与和谐社会主义的建设有着不可分割的关系。

第二节　时代特色：政府公关的新气象

一、城市化进程中的"社会公关"

20 世纪 90 年代中期以后，中国经济出现了从卖方市场向买方市场的转型。在人均 GDP 不足 800 美元的情况下，就出现了工业品严重过剩，投资和消费需求疲软，工厂开工不足等现象。究其原因，与整个国家的城市化严重滞后，农村人口过多，农民收入太低有直接关系。要扭转这种局面，必须大力推进农村人口向城市转移，提高城市化水平。可以说，转移农村人口，增加农民收入，扩大国内需求，是推进城市化的初衷。

（一）城市化进程的对策

1. 提高认识

要通过宣传媒体、组织培训等手段，使各级领导干部进一步提高和端正对城市化问题的认识。城市化作为一个重大战略被提出来，绝不仅是要搞好城市建设的问题，而主要的任务和目标，是通过推进城市化，来转移农村人口，增加农民收入，扩大消费需求，推进经济和社会全面发展。一定要按照统筹城乡经济社会发展的思路来认识和看待城市化问题，来推进城市化发展。

2. 理顺机制

城市化是一个系统工程，涉及方方面面，仅有一个主管部门是远远不够的。建议省市地方政府成立一个由分管农业的领导牵头，由公安、财政、民政、农业、土地、劳动、建设、计划、工商等部门参加的领导小组，统一协调该战略的实施。领导小组办公室建议设在农业部门或劳动部门。

3. 清理政策

为提高城市化水平，推进农村人口向城市转移，建议对现有的一些政策进行一次集中清理，包括户籍、土地、就业、保障、财政、教育、卫生、公共服务等方面的政策，凡是不利于农村劳动力自由流动，对进城农民歧视的政策，都要进行修正。

4. 加大措施

一是建立农民职业培训制度。农村青年接受完义务教育以后，应进行职业技能培训。培训的重点要放在如何进城就业上。为此要尽早在省、市、县各级建立起农民就业培训中心，为农民进城创造条件。二是建立"廉租房"制度，政府拿出一定的资源，建一些"廉租房"，以很低的价格租给进城农民，从而解决农民进得来、留不下问题。三是建立农民工的养老保险制度。政府要出台相关文件，规定凡用人单位，必须替所用农民工缴纳养老保险，以免除农民进城的后顾之忧。四是加快建立失地农民的生活保障制度。一方面，在征地过程中要尊重农民的土地产权，探索让农民获得长期收益的征地办法；另一方面，政府应从征地收入中提取一部分，建立失地农民的养老保险。真正让农民分享我国工业化和城市化发展的成果。

（二）城市化进程中公共关系的重要作用

城市化进程的发展，是同区域经济、区域品牌以及城市品牌的发展分不开的，与城镇化发展相结合。而城市化进程中的公共关系在一定意义上是政府的一种社会公关。一个城市、地区运用行政的力量调动各种社会资源，塑造城市良好的社会形象，城市硬件条件的建设与软性环境的构建，需要公共关系的协调与运筹。城市化进程中，少不了公共关系这一有力的工具。

二、"和平公关"

2005年3月28日—4月2日，台湾地区国民党副主席江丙坤率团访问大陆。他希望通过此访，增进海峡两岸经贸交流，缓和两岸的局势。江丙坤这次访问大陆，被喻为"破冰之旅"，意义重大。对国民党而言，江丙坤率团访大陆，得到热情招待，更达成了 12 项成果，国民党可说满载而归。国民党为江丙坤此行定调是："缅怀之旅"及"经贸之旅"。

2005 年 4 月 26 日—5 月 3 日，台湾地区国民党主席连战率团访问大陆。在召开名为"世纪首航，和平之旅"的记者会上连战表示，促进两岸和平是国民党一贯的政策与立场，这次出访大陆的"和平之旅"是基于人文关怀、和平理想，以个人身份进行访问，回应台湾人民的期待。他说，他对此行抱持的态度，是期待摆脱过去的历史纠缠，两岸共同努力，互惠互助、共存共荣、走向和平的未来。连战表示，他这次率团访问大陆，是为两岸和平略尽绵薄之力。他希望这次与中共领导人见面，能就两岸关切的议题即和平、经济、文化进行交流，并就各方面的议题交换意见。此次访问的路线是：南京——感恩之旅（4 月 26—27 日）：拜谒中山陵并题词；北京——和解之旅（4 月 28—29 日）：在北京大学演讲并答师生提问，与胡锦涛会面，召开记者会；西安——怀亲之旅（4 月 30 日—5 月 1 日）：走访母校后宰门小学，参观兵马俑，前往祖母墓地祭拜；上海——希望之旅（5 月 1—2 日）：看望海峡两岸关系协会会长汪道涵，并在上海地区台商午餐会上发表演讲。

2005 年 5 月 5 日至 13 日，台湾地区亲民党主席宋楚瑜率团访问大陆。这是继国共两党携手开创两岸新局之后，两岸政党之间为进一步推动两岸双赢搭起了又一座互信和沟通之桥。评论认为，会谈公报体现了中国共产党和亲民党领导人登高望远、紧跟时代、顺应民意、奋发有为，为促进两岸发展繁荣和实现中华民族伟大复兴做出的巨大努力，也显示了两岸中国人具有足够的智慧和能力结束两岸对峙，搭起两岸之间的互信和沟通之桥，共同开创双赢的崭新局面①。

2005 年 7 月 6—13 日，由台湾地区新党主席郁慕明率领的新党纪念抗日战争胜利 60 周年访问团在大陆访问。访问团先后参观大连日俄监狱，拜谒南京中山陵，参观吊唁南京大屠杀遇难同胞纪念馆，祭奠广州黄花岗七十二烈士，参观"七七事变"发生地——卢沟桥和中国人民抗日战争纪念馆。12 日上午郁慕明在中国人民大学发表演讲；下午在北京饭店举行记者会，总结大陆之行。新党此次访问大陆，选择在抗日战争胜利 60 周年纪念之时，并称之为"民族之旅"，这是具有特别重要的历史意义和政治意义的。郁慕明这样总结新党的大陆之行：在广州，寻找民族之气，浩然正气；在南京，体会民族之痛，抗战之伤痛；在大连，发现未来之光，经济发展的前景；在北京，期盼和

---

① 香港媒体高度评价胡锦涛与宋楚瑜的历史性会见［EB/OL］. 搜狐网，http：//news. sohu. com/20050513/n225550700. shtml.

平之梦。他说，此行使新党获得了一种无形的精神力量。

这些都是具有历史性意义的"和平公关"。它是海峡两岸高层的沟通与协商，是倡导和平安定发展的征途，是关于民族发展团结的联动，同时也是中华民族对世界人民的一次"和平公关"，向世人宣告了中华民族的团结与合作，意义深远。

三、科技中国的"航天公关"

承载着中国人民再次遨游太空梦想的"神舟六号"宇宙飞船①于 2005 年 10 月 12 日成功发射升空，在经过五天的太空飞行后于 17 日成功着陆。这对于不同的组织而言也表现出了不同的公共关系价值。

（一）神舟六号与政府公关

构建和谐社会，是中华民族新的长征。神舟六号载人飞船的成功飞天，是中华民族新长征的重要组成部分，它更是构建和谐社会的里程碑。

神舟六号的顺利升空与安全返回地面，对于国际社会所引起的关注已经远远超过了航天活动本身，更多的是代表了一个国家的国防实力、科技实力，更代表了一个国家的形象，是国家综合实力反映的一个重要指标。

让我们来看看国际以及国内舆论对此次事件的评价，这其中政府所要传达的意义也就在这次非正式意义的公关活动中得到完美表现。

1. 法新社

经过 5 天成功飞行后，中国第二艘载人飞船神舟六号 17 日凌晨安全返回地面，这是中国致力于成为全球太空大国的最新篇章。这是中国迄今开展的第二次载人航天飞行。神舟五号 2003 年 10 月的历史性飞行，使中国成为继苏联和美国之后第三个将人送入太空的国家。在 2003 年的处女航中，孤身一人的航天员杨利伟从没离开过返回舱座位，也没有脱下自己的航天服。与此形成对比的是，神舟六号上的航天员费俊龙和聂海胜从返回舱进入了轨道舱，脱下臃肿的航天服，穿上了能够方便他们活动的普通工作服。整个中国都为这次飞行着迷，无数中国人观看了电视转播。中国政府希望能利用载人航天计划激发爱国主义，培养广大农村人口对科学和技术的兴趣。

---

① 神舟六号载人飞船，是中国神舟号飞船系列之一。"神舟六号"与"神舟五号"在外形上没有差别，仍为推进舱、返回舱、轨道舱的三舱结构，重量基本保持在 8 吨左右，用长征二号 F 型运载火箭进行发射。它是中国第二艘搭载太空人的飞船，也是中国第一艘执行"多人多天"任务的载人飞船。

2. 路透社

神舟六号在围绕地球飞行 5 天后于 17 日"回家"，中国涌动爱国主义热情。两名航天员报告说，他们平安着陆，身体良好。两名航天员共围绕地球完成了 76 圈飞行，他们在返回后受到英雄般的欢迎。在聂海胜的家乡，喜悦的居民们放起烟火，以传统的舞狮相庆。中国宏伟的航天计划是利用相对较少的资金来实施的。据新华社报道，中国整个神舟项目耗资约 23 亿美元，而美国宇航局仅在 2005 年的预算就达到 160 亿美元。中国已利用其可靠性越来越高的长征系列火箭，将 50 多颗卫星送入轨道。

神舟六号升空

（资料来源：央广军事，http://www.8791.org/images/1224295721/）

3. 美联社

经过 5 天轨道飞行，两名中国航天员乘坐的太空舱 17 日黎明前在中国北部沙漠借助降落伞着陆。搜救人员乘坐直升机和汽车等开赴着陆点。电视直播画面显示，两名航天员出舱后走下舷梯，微笑着向欢呼的搜救人员挥手致意，并接受了献花。神舟六号比神舟五号飞行时间长得多，任务也更为复杂。在过去一个星期中，中国媒体对此进行了大量报道，展示了个人化和轻松愉快的航天员形象，其中包括费俊龙在失重条件下翻筋斗以及航天员让食物在失重条件下飘浮的情景。

4. 德新社

中国的第二次载人航天飞行 17 日凌晨以平安着陆结束。神舟六号航天员费俊龙和聂海胜在太空中完成了一系列显然是成功和安全的实验，包括在返回舱和轨道舱之间转移、更换航天服以及在两个舱内运动。按照设计，这些实验将为未来雄心勃勃的太空行走、对接和太空实验室计划铺平道路。航天员们在太空期间，飞船轨道进行了至少两次调整。

5. 法新社

今天，中国实施了第二次载人航天项目，将两名航天员送入轨道，开启了中国致力于成为全球航天大国的新篇章。中国进行第二次载人航天发射表明，经过近半个世纪的发展，中国航天事业已经趋于成熟。

6. 美联社

载有两名中国航天员的火箭 12 日在中国西北沙漠的基地升空。在两年前完成历史性的首次载人飞行后，中国再次实施载人航天计划。中国国家电视台对发射进行了实况直播，这是信心的体现。

7. 路透社

在中国加入航天"精英俱乐部"两年后，中国的第二艘载人飞船 12 日升空。此前一天，中国共产党一次关键性的会议闭幕，会议为中国今后 5 年发展描绘了蓝图。12 日的发射也是在中国第十届全运会召开之际进行。

8. 德新社

中国 12 日进行了第二次载人航天发射。当天清晨，酒泉地区下了雪，气温降到 3 摄氏度，但发射显然未受影响。

9. 共同社

继神舟五号之后，中国再次成功发射神舟六号载人飞船，向世界展示了其航天大国的地位，发扬了国威，强化了凝聚力。

10. 《世界日报》（韩国）

时隔两年，中国再次发射载人航天飞船，在航空领域，中国已成为强国。评论称，中国正加快迈向航天强国的步伐。飞船发射将再一次提高中国人的自信心和自豪感。神舟六号各类零部件的国产化水平得到了大幅度的提高，它是一艘名副其实的"中国制造"航天飞船。

11. 英国广播公司（BBC）

神舟六号绝不是一件"复制品"，科研人员为它做了 100 多处的技术修改，使它更适合进行科学实验。这一航空计划是中国声望提高的表现。

（二）众品牌争食"航天盛宴"：航天赞助与企业公关

中国航天事业冠名商分"合作伙伴""赞助商"和"特许企业"三类。"合作伙伴"是最高级别的冠名商，它同时也是"赞助商"。而中国航天基金会一般在一个行业或领域，只授权一个冠名商。

获得"中国航天事业合作伙伴"称号的共有 8 个企业：内蒙古蒙牛乳业股份有限公司、农夫山泉股份有限公司、深圳飞亚达（集团）有限公司、香港查氏纺织有限公司、科龙集团、中石化长城润滑油、匹克运动鞋、广东凤铝铝业有限公司，其中后 4 家是后来增加的冠名商。"中国航天事业合作伙伴"是中国航天事业最高级别的合作类型，其产品、技术、服务享有在所属领域内唯一可以使用"中国航天事业合作伙伴""中国航天专用产品"标识的相关权。

广东大印象公司、飞亚达、农夫山泉、新时代健康产业集团、福建晋江福原食品、福建雅客食品也被授予其他级别的赞助商身份。其中，广东大印象公司的乾隆御酒成为唯一被授权的中国航天专用庆功酒。中国航天基金会已向国家工商总局申请了 15 大类、174 个品种的产品上相关冠名权。所以，还有相当多的空白领域，可供其他企业来参与冠名。

没有成为赞助商的企业，也通过其他方式充分利用"神六"升空的时机。海尔以及康佳向航天员捐赠了生活电器；康佳集团则为中国航天员中心捐赠了高清数字液晶电视、等离子电视等。云南海鑫茶叶、云南康乐茶叶得到付费提供 10 克云南普洱茶搭载"神六"的机会。

此外，独家直播"神六"升空盛事的央视也推出了天价套播广告以满足企业的需要。套播广告价格为 5 秒 146 万元、15 秒 266 万元和 30 秒 532 万元。

航天事业的发展给企业也带来良好的发展机遇。"中国航天"成为响当当的牌子，成为众多商家赞助的焦点，纷纷运用其进行配套的公共关系宣传，以期达到相应的目标。

1. 农夫山泉

一向在市场运作及商业赞助方面触角灵敏，行动迅速的国内饮料行业著名企业农夫山泉公司又一次捷足先登，在"神舟五号"发射前夕，即与中国航天基金会确定了伙伴关系：农夫山泉出资 1 000 万元用于支持中国航天工程事业，作为回报中国航天基金会授予农夫山泉"中国载人航天工程赞助商"和"中国航天员专用饮用水"两项荣誉称号，并允许企业以此展开商业活动。

作为国内饮料行业的优秀企业，农夫山泉一贯走的是赞助体育的路线，从"一瓶水捐一分钱"支持北京申奥到成为中国奥委会合作伙伴，从乒乓球国家队、CBA 等赞助商到发起向贫困地区中小学捐赠体育器材的阳光工程，农夫山泉的成长历程与长程支持中国体育事业联系在一起。

农夫山泉为什么继体育之后对航天工程大加赞助？农夫山泉总裁助理郑波说："农夫山泉和中国航天事业的结合，完全是水到渠成的。航天事业是体现我国国防和高精尖技术发展的标志，体现了一个国家的国力，能激发整个中华民族的自信心。能为这项光荣的事业作一点贡献，是民族企业的荣幸。希望中国企业能像中国载人飞船一样，不断挑战自我，走向新的成功。"

中国航天基金会的相关人士介绍：农夫山泉作为"中国载人航天工程赞助商"，是经过中国航天基金会慎重考察确定的。"我们对合作伙伴的选择是非常严格的，必须从企业实力、品牌形象、产品品质多方面进行综合考察。农夫山泉无论从企业实力、品牌形象、产品质量都符合这次甄选的要求。"

2. 蒙牛乳业

2003 年 10 月 16 日，中国"第一宇航员"杨利伟返回地球，中国人的

"飞天梦想"终于实现。与此同时，印有"中国航天员专用牛奶"标志的蒙牛牛奶全新登场，出现在全国各大超市、卖场中，配合着身穿宇航服的人物模型和其他各种醒目的航天宣传标志，蒙牛牛奶迅速引起了消费者的关注。

之前，蒙牛就开始在央视相关节目中播放专门设计的航天版电视广告；并且在报刊上相继投放了"航天员牛奶是怎样炼成的"等炒作性软文，对神舟飞船营销事件进行了预热。

10月16日，神舟飞船成功返航后，一夜之间"为中国喝彩"的户外广告就贴遍了北京的大街小巷，与此同时，蒙牛的航天版新广告片、报纸广告开始频频亮相，向世人宣扬蒙牛是"中国航天员专用牛奶"。

蒙牛的航天攻势，是蒙牛牛奶向消费者传达蒙牛"高品质牛奶"定位的延续。纵观蒙牛的广告攻势，不管是"我从草原来""香浓情更浓"还是"中国航天员专用牛奶""蒙牛牛奶，强壮中国人"，这些品牌口号，都非常强烈的传达着共同的信息——蒙牛是一种高品质、上档次的牛奶。

蒙牛的航天攻势取得了良好的效果。在广告播出后，在终端走货上蒙牛的销量立即开始攀升——对于蒙牛来说，在提升了品牌价值的同时，能够提升销量，足够证明他们的营销措施是正确的。

四、中国品牌万里行中的"经济公关"

2006年6月11日，北京中华世纪坛展示了中石化、海尔、红旗、东风、奇瑞等数十个金光闪闪的中国著名品牌的大型商标模型，以长城为主题背景的鲜红的"品牌万里行"活动标识格外显眼。由商务部组织倡导的"商务新长征品牌万里行"活动在这里举行了庄严的启动仪式。中宣部、发改委、科技部、公安部、国资委、工商总局、质检总局、国家知识产权局、国务院新闻办等部门和北京市人民政府的领导同志、地方商务主管部门负责同志、部分中央和地方自主知名品牌企业负责人以及社会各界人士共3 000多人出席了启动仪式。

"品牌万里行"活动是商务部响应党中央、国务院号召，落实创新型国家战略、加快我国自主品牌建设的新举措。商务部将与各有关部门共同努力，通过多种方式促进自主品牌快速发展，逐步培养一批具有国际竞争力的世界级品牌。

此次活动分为东部开放品牌行、中部崛起品牌行、西部开发品牌行、东北振兴品牌行和中国品牌海外行5条线路。"国内行"以各地重大商务活动、知名自主品牌为宣传重点，组织"品牌中国行推广活动志愿者先锋团"车队，深入企业、市场和社区，全程途经51个城市，历时129天，行程14 290公里。

"海外行"主要以世界知名展会为依托，宣传中国自主品牌开拓国际市场所做的努力和取得的成效。

开展"品牌万里行"活动的工作目标是，采用培育、扶持、保护和激励等手段，重振一批历史悠久的老字号品牌，发展一批有广泛影响力的国内知名品牌，培育一批具有较强国际竞争力的世界级品牌。到 2010 年，自主知名品牌的国内市场份额显著提高；自主品牌出口占全国出口总额的比重超过 20％；形成 10 个以上进入世界品牌 500 强的自主品牌。社会各界自主品牌意识明显增强，每个地区、每个行业都有能够发挥龙头带动作用的自主知名品牌；市场秩序基本规范，有利于自主品牌发展的市场和社会环境基本形成，自主品牌发展状况与经济社会发展水平和城乡居民消费需求相适应。

（一）商务部品牌万里行主要的宣传推广活动

1. 指导思想和工作原则

商务部以中共十六届五中全会关于加强自主品牌建设的精神为指导，充分调动社会各方面的积极性，集中开展形式多样、内容丰富、百姓欢迎的宣传推广活动。活动以"在路上"为主题，以"商务新长征品牌万里行"为口号，由媒体、品牌专家、企业、经济学者、社会志愿者等组成"行万里"车队，以"商业长征"的形式调动起全社会对品牌发展的关注度，达到在全社会范围内宣传普及品牌知识，提高民族品牌信心，促进自主品牌发展，展示自主品牌形象，倡导品牌消费平台的目的，努力形成全社会"做品牌、推品牌、用品牌、爱品牌"的良好氛围。各地在开展品牌万里行宣传推广活动时，坚持以正面宣传报道为主，同时兼顾做好侵权受理、举报和打击假冒伪劣产品工作。

2. 宣传推广活动的主要内容

（1）"行万里"活动。分国内行和海外行两部分五条线路，其中，国内行时间为 2006 年 6 月—12 月，相继走访北京、上海、长沙、西安和长春等城市，开展设立自主品牌城市地标、品牌城市广场宣传日活动、组织品牌万里行车队城市巡游、举办"品牌对话"小型论坛和组织寻访中华老字号五个部分的活动；海外行以中国香港地区及英国、美国、德国相关国家主要城市为站点，通过举办经验交流研讨会、参加或举办专业展览、展示等活动，重点宣传自主品牌进军国际市场，特别是终端市场的成功案例。

（2）品牌中国盛典。当年 12 月初在北京举办品牌中国盛典是中国自主品牌的大检阅，是品牌万里行活动成果的集中展示。内容包括：回顾品牌万里行故事，公布"中国畅销品牌"名单，向获得"中国品牌金（银）奖"的企业颁奖，评选产生中国自主品牌年度杰出人物等。盛典期间，配合举办中国品牌国际发展论坛"中国品牌盛典"。

3. 各地区负责落实的主要事项

（1）地方活动是重要的主体。商务部的品牌万里行活动为地方开展品牌万里行活动形成统一的风格。"品牌中国行"总体策划 4 个主要参考项目：

首先，开展品牌城市广场自主品牌宣传日活动。在品牌万里行，车队抵达期间，结合当地的重要经贸活动，组织融品牌知识、品牌文化、品牌游戏等内容为一体的大型互动性活动。

其次，组织品牌万里行车队城市巡游。将商务部近年评出的出口品牌、畅销品牌及各地重点扶持的自主品牌，以展示车、标牌等形式，进行巡游宣传。

再次，举办"品牌对话"小型论坛。组织专家、学者，会同政府管理部门，以产业经济、地方经济为背景，举行品牌论坛、讲堂、咨询等活动，并畅谈培育和发展自主知名品牌的思路和措施。

最后，组织寻访中华老字号。组织采访团与当地媒体了解当地老字号的来历、现状和发展前景，举办中华老字号专题讨论会。

商务部品牌万里行活动领导小组办公室协同中央电视台与地方电视台，共同举办互动性节目。组织摄制大型电视系列专题片《品牌中国之路》，全程拍摄、传播各地"万里行"活动实况。

（2）各地区负责落实的主要事项。各地可根据实际情况组织、策划、开展自主品牌展览、展示等其他推介活动，并做好以下工作：

上报 2006 年品牌万里行活动重点宣传的品牌名单。范围为：商务部重点培育和支持的出口品牌、"三绿工程"畅销品牌、中华老字号品牌以及各地政府扶持的重点品牌。

配合做好"中国畅销品牌"和"中国品牌金（银）奖"及年度人物评价认定工作。

配合做好品牌扶持政策、品牌保护政策，制定相关工作。

此次活动充分调动了社会各界对品牌的关注，从而形成发展自主品牌的良性环境，对于推动国内企业自主品牌的发展，增加社会整体的品牌意识具有重要的现实意义。

4. 品牌国内外之行

（1）东部开放品牌行。6 月 11 日，商务部"品牌万里行——东部开放品牌行"活动开启，宣传推广团近 130 名成员开始了在路上 40 天的行程，由北京南下石家庄，向东进入山东，再南下江苏、上海、浙江、福建直抵广东。活动由"侠义诚信、开拓创新"——河北、"国际品牌、成功畅想"——青岛、"政府支持、刻苦自勉"——江浙、"品牌创新、成就魅力"——上海、"区域经济、彰显特色"——福建五部分组成。

（2）中部崛起品牌行。7月20日，品牌万里行中部崛起品牌行宣传推广团抵达广州，接过东部开放品牌行的接力棒，继续中国品牌在路上的征程。活动由"红色方舟、绿色希望"——江西、"产业兴湘、品牌制胜"——湖南、"中国光谷、世界光谷"——湖北、"汽车搭台、创新唱戏"——安徽、"天下粮仓、中国厨房"——河南、"晋商重镇、任重道远"——山西六部分组成。

（3）西部开发品牌行。8月13日，商务部西部行品牌推广团在山西太原从姜增伟副部长手中接过"品牌万里行"的旗帜。"西部开发品牌行"历时22天，途经6省区11个城市、全程3 900公里，路经丝绸之路，跋涉多彩陇原，历览赛上江南，驰骋绿色草原。活动由"老城焕发新活力"——陕西、"陇原勇走多产业"——甘肃、"塞上显现新江南"——宁夏、"草原大挥绿色旗"——内蒙古组成。

（4）东北振兴品牌行。9月4日，由商务部科技机电产业司带队的东北行（包括41家中央媒体记者在内的105名成员）品牌推广团队伍，从北京出发，沿京沈高速直奔有着"肥沃的黑土地"之称的东北三省，至9月24日返京。本次行程历时21天，全线3 486公里，途经12个城市。活动由"高扬创新风帆、打造品牌航船"——大连、"创数控机床品牌、筑装备制造之基"——辽宁、"兴民族自主品牌、助汽车工业腾飞"——吉林、"增加自主创新能力、实现跨越式发展"——黑龙江几部分组成。

（5）中国品牌海外行。9月7日，"中国品牌海外行"采访团一行飞赴法国，开始了为期25天的海外探寻之旅。中央电视台1、2、4、9套，《人民日报》、新华社、《经济日报》、中新社、《国际商报》和商务部政府网站的记者组成的采访团，在法国、德国、瑞典、意大利的相关城市和中国香港地区，以"中国品牌在欧洲""通过境外展会进入国际市场的中国品牌""走进米兰时装周的中国服装品牌"和"品牌战略与中国经济"高层论坛为主题，实地采访闯入海外市场的中资企业负责人、外方合作伙伴、当地商协会组织，并以高端访谈和国际论坛等方式，深入了解淘金海外的中国企业及其发展现状，总结其品牌国际化的经验，探讨品牌建设理论。

（二）中国品牌万里行与公共关系

可以说，包括宣传推广体系、评价体系、促进体系和保护体系在内的"万里行"，几乎涉及了国家品牌战略的各个方面，即使同日本最完善的品牌战略体系相比较，也算得上是比较系统和全面的。随着"品牌万里行"在世界与全国各地的逐步升温，转变了消费者的民族品牌观念，提高了企业自主品牌意识，规范和引导了社会中介参与品牌建设，这不仅有利于"中国品牌"的发展，同时也关乎中国经济整体竞争力的提升，在国际市场能否变被动为主动的战略层面。

中国品牌万里行本身就是一次成功的公共关系实际操作，中国品牌的促进与发展在这次公共关系活动中得到很好的发挥。从东到西，从南到北，品牌成为炙手可热的话题。从国内到国外，一方面宣传了中国品牌的发展，另一方面也能够国外建立友好的合作，为中国品牌的跨地域发展打造优秀的平台。而这些的实现都离不开公共关系的沟通与协调，可以说人与人、人与组织以及组织与组织之间都无法独立于公共关系的生存。中国品牌万里行是一个非常成功的公共关系案例。

第三节　理论深化：公关理论研究全面展开

中国加入 WTO 后，与世界的距离进一步缩小，中国与国外的公共关系界联系更加紧密，2008 年世界公共关系大会的成功申办，更是让中国公共关系界实现了与国际接轨。

一、公共关系学术成果，各种书籍百花齐放，译著比例明显上升

进入 21 世纪以来出版的公共关系书籍，其主题大都与当前的政治、经济、文化环境关系密切，如朱同丹主编的《公共关系原理与实务》。此外，由于中国国际化步伐的加快，各行业相关的书籍也增多，比如 2000 年国家旅游局人事劳动教育司再版了《饭店公共关系》，谢苏、王明强主编的《旅游企业公共关系》，宋维红专著的《学校公共关系实务》等；2001 年由郑敏主编的《警察公共关系》，2002 年由王伟主编的《商务公共关系》，2003 年由赵红主编的《图书馆公共关系概论》。

为了使得中国企业更好地适应国际化发展的需要，直面 WTO 的挑战，中国企业国际化管理课题组出版了一系列企业公共关系图书，包括《企业公共关系国际化管理案例》《企业公共关系国际化管理表格》《企业公共关系国际化管理制度》《企业公共关系国际化管理文案》《企业公共关系国际化管理模式》《企业公共关系国际化管理方法》《企业公共关系国际化管理系统》等。

在译著方面，为了迎接互联网的挑战，复旦大学出版社出版了《网上公共关系》一书。

此外，有几本书的出版开创了我国公共关系界的先河，值得我们对其进行单列。

　　2002 年，中共中央党校出版社出版了《中国公共关系大百科全书》，该书设"概论""传播""组织"等 13 卷、150 多个大类、近千项分类、上万个条目、300 多万字，系统全面的涵盖了公共关系的所有领域和门类，该书的出版对于中国公共关系事业的发展有积极意义。

　　2006 年 6 月 22 日，中国国际公共关系协会学术委员会扩大会议在北京国宾酒店举行，发布了《中国公共关系教育 20 年》白皮书，全文约 16 000 字，是中国公共关系界阐述中国公共关系教育发展历史、现状和存在的问题，以及为实现规范化发展而采取的战略方针和积极举措。

　　2006 年底，由中国国际公共关系协会会长、中国前驻美国大使李道豫先生作序，李道豫、王国庆、燕爽为顾问，复旦大学国际公共关系研究中心主任孟建教授担任主编，纪华强、钱海红担任副主编的《2005—2006 中国公共关系发展报告》（即"中国公共关系蓝皮书"）由山西教育出版社出版[①]。

二、各种顺应时代主题的公共关系研讨会召开

　　目前，从事公共关系行业专业会议举办的机构大致可分为四类。第一类是各级政府和社会团体；第二类是媒体；第三类是培训、科研机构（特别是社科类的研究院所）和大专院校；第四是各类咨询公司。举办一次成功会议的前提是要有足够的社会影响力和各类资源，因此，一般公司和培训机构举办会议时，首先考虑的就是拉大旗做虎皮，找政府、社团或媒体冠名为主办单位或者开展合作[②]。

　　据中国国际公共关系协会 1999 年第一期《通信》发布的公共关系调查，此时全国共有 100 多家公共关系协会或学会，浙江和江苏两省拥有的数量最多，各有公共关系协会或学会 8 家，其次为河北和河南两省，各有公共关系协会、学会 6 家。全国共有全国性的协会二家，省级公共关系协会 28 家，地市级 70 家。江西省、海南省、西藏自治区目前尚无公共关系协会或学会。

　　为了更清楚地说明我国专业公共关系研讨会的举办情况，我们把专业公共关系研讨会分为国家级公共关系研讨会、省市级公共关系研讨会和院校公共关系研讨会进行分别阐述。

　　（一）国家级公共关系研讨会实现了点和面的结合

　　所谓国家级公共关系研讨会，主要是指由两大国家级公共关系协会举办的

---

①　中国首部《中国公共关系发展报告》正式出版［N］. 中国新闻传播学评论，2006 - 12 - 30.

②　丁来峰. 会议与评选：乱花渐欲迷人眼［J］. 国际公共关系，2006（10）.

研讨会。即由中国公共关系协会和中国国际公共关系协会举办的专业研讨会。公共关系协会的职能之一就是举办专业的公共关系研讨会。

进入 21 世纪，中国国际公共关系协会举办的第一次重要会议是与上海公共关系协会共同举办的"经济全球化下的公共关系"。

中国公共关系协会的关注点较为广泛，其关注点包括"城市形象""危机公关""电子商务""和谐社会""公共关系组织建设""政府公共关系""国际公共关系""企业公共关系"等各个方面，几乎包括了公共关系实务的所有内容。

2003 年 8 月 10 日，在长春市会展中心酒店举行的"中国首届传媒沟通与危机公关研讨会"，则把关注点放在"危机公关"上，特邀了著名公共关系专家余明阳博士、李兴国教授、乔宪金教授到会演讲。他们分别从不同侧面探讨了危机形式、危机管理、危机公关、危机传播、企业危机等问题。

中国国际公共关系协会关注点之二是国际公共关系，2004 年 6 月 24 日至 26 日，由中国国际公共关系协会主办的中国国际公共关系大会在北京举行，主题为"融合与发展"。

2006 年 6 月 23—26 日，"中国公共关系协会第四届全国会员代表大会"和"第四届中国电子商务与公共关系研讨会"在首都北京人民大会堂隆重召开，并取得圆满成功。迟浩田等出席了 25 日在人民大会堂的开幕式，并与全体参会人员合影留念。

根据 1996—2006 年中国国际公共关系大会的主题整理发现，其关注点从 1998 年的全球公共关系、2000 年的网络公共关系、2002 年的"中国公共关系业走进 WTO"、2004 年的"融合与发展"到 2006 年的"突破与创新"，中国国际公共关系协会正在逐步向世界接近，到 2008 年世界公共关系大会在北京的召开，中国公共关系界逐步融入国际公共关系的体系。

综上可知，中国公共关系协会相对于中国国际公共关系协会而言，其关注点更加广泛，关注内容更加全面，在中国公共关系协会全面的研讨形式下，中国国际公共关系协会开辟了一条"让世界了解中国，让中国走向世界"的道路，和中国公共关系协会一同组建了国内公共关系界和国际公共关系界交流的平台。

（二）省市级公共关系研讨会主要探讨时代热点问题

所谓省市级公共关系研讨会，是指由省市公共关系协会或者省市政府主办的以公共关系为主题的研讨会。

在各省市举办的研讨会方面，与中国当前政治、经济和文化局面也是联系密切的。省市级公共关系研讨会的关注点与国家政治主题保持一致，2004 年 12 月 4 日至 5 日，安徽省公共关系协会在合肥召开了第十一届年会暨"构建社会主义和谐社会"学术研讨会。紧贴"和谐社会"的大主题；次年，在由浙江省公共关系协会召开的"公共关系与和谐社会研讨会"上，我们也看到了"和谐社会"的影子，无独有偶，宁波市公共关系协会也在新芝宾馆举行了"公共关系与和谐社会"研讨会。

（三）院校公共关系研讨会朝系统化方向发展

进入 21 世纪，中国公共关系教育向着系统化的方向发展，2004 年 10 月 20 至 24 日，中国高教学会公共关系教育专业委员会在海南儋州召开了"中国高等教育公共关系专业建设研讨会"，开始关注高校公共关系专业建设的问题；2005 年 10 月 21—22 日，由中国高教协会公共关系专业委员会主办，西南大学管理学院承办的"首届中国高教公共关系基础理论高层论坛"上，云集了包括中国传媒大学、浙江大学、中山大学、吉林大学、兰州大学、华东师范大学、东华大学、西南大学等 20 多所高校在公共关系基础理论研究领域卓有建树的众多专家、学者参加，围绕公共关系基础理论中所涉及的公共关系核心概念、公共关系学学科定位、公共关系学与其他交叉学科之间的关系、公共关系学学科理论体系、社会转型时期公共关系发展趋向等问题展开了热烈研讨，对公共关系学科进行了全面而深刻的探讨①。

此时，学界也开始探讨教学质量的问题。2006 年 8 月 1—4 日，在中国高等教育学会公共关系专业委员会在新疆阿克苏市召开的研讨会上，主题设置为"创新公共关系教学方法，大力提高公共关系质量"。可见，教学质量也是我国公共关系教育界希望重点突破的问题。

院校举办的公共关系研讨会也跟国家级公共关系研讨会和省市级公共关系研讨会一样，紧贴时代主题。举例而言，2005 年 5 月 26—30 日，中国高等教育学会公共关系专业委员会在江西南昌召开的十年庆典暨第七届学术年会上，会议的主题是"构建社会主义和谐社会"；2006 年 11 月 18—19 日，由中山大学政治与公共事务管理学院公共传播学系、中山大学公共传播研究所联合主办的"公共危机传播管理国际学术研讨会"在该校举行，会议的主题是"真诚·沟通·和谐"，与会代表围绕"公共危机中的政府""公共危机中的媒体"与"公共危机中的公众"三个议题发表演讲、展开讨论。此次研讨会还特别邀请了美国、日本、中国的二十多位公共危机研究领域富有影响力的专家与学者参加②。

2006 年 5 月 18 日，国际关系学院贯彻落实国务院办公厅《关于进一步改进和加强政府新闻发布制度建设的意见》文件精神，举办了"应对海外媒体"

① 黄东升."首届中国高教公共关系基础理论高层论坛"纪要［EB/OL］.博锐管理在线，2005-11-1.

② 中山大学举办公共危机管理国际学术研讨会［EB/OL］.公共关系资讯网，2006-11-29.

高级论坛。学院邀请美国前总统克林顿政府时期白宫新闻秘书杰克·塞伊沃特（Jake Siewert，参与处理莱温斯基事件）介绍媒体特点以及美国政府多年来沟通媒体、引导媒体、处理危机的经验；邀请博鳌亚洲论坛秘书长龙永图介绍中国入世谈判以来应对媒体、处理危机的经验；邀请业内资深人士、亚宁公共关系有限公司总经理于亚非女士讲授与媒体打交道的基本原则和具体技巧，讲解在危机爆发时如何把握住引导舆论的主动权①。

　　另外，2004 年 12 月 20—24 日，中国高等教育学会公共关系教育专业委员会在海南省儋州市召开了"中国高等教育公共关系专业建设研讨会"，探讨了我国高等院校公共关系师资队伍、教学计划、教材建设、课题研究等方面的问题。

　　总结 21 世纪我国召开的专业公共关系研讨会，主要呈现出以下特点：

　　（1）在研讨会参与者方面，进一步扩大。随着社会对公共关系认识的不断提高，国内外的政府、企业、院校、协会、公共关系公司等各个组织都积极参与到公共关系研讨会中来，这已是 21 世纪的大趋势。

　　（2）在研讨会的宣传方面，由于互联网时代的到来，互联网上关于公共关系研讨会的报道数量越来越多，有的媒体还设立专栏报道公共关系研讨会，加上中国公共关系网、中国国际公共关系协会网、中国公共关系协会等协会网站的开通，关于公共关系研讨会的报道越来越多，也越来越全面。以 2006 年中国国际公共关系大会为例，在中国公共关系网上，有对大会的详细介绍，包括大会实录、现场花絮、颁奖典礼、视频回放、会议介绍等栏目。而在 1996 年首届中国国际公共关系大会召开之时，甚至连会议主题这样的内容都很难找到。

　　（3）在研讨会的内容方面，由于中国加入 WTO，与国际进一步接轨，研讨会的内容更加全面，除了与政治相关的主题研讨外，政府公共关系、国际公共关系、网络公共关系也成为中国公共关系研讨会和国外公共关系研讨会的主题。

第四节　媒体探索：中国公关协会的媒体化起步

　　所谓传播，是指社会信息的传递或社会信息系统的运行②。根据媒介产生和发展的历史脉络，人类传播活动经历了口语传播、文字传播、印刷传播和电子传播四个时代。这四个时代并不是先后顺序，而是渐进发展的状态。世

---

① 应对海外媒体高级论坛开幕［EB/OL］．搜狐网，2006-5-22.
② 郭庆光．传播学教程［M］．北京：中国人民大学出版社，1999.

界今天就处于电子传播时代，电子传播实现了信息的远距离快速传输。

根据这一划分，传播可分为人内传播、人际传播、组织传播和大众传播。所谓公共关系传播，是通过各种传播手段使得公共关系理念得以最大限度地推广。此处所指公共关系传播，主要是指大众传播，即通过大众传媒对公共关系理念和意识进行推广。由于目前正处于电子传播时代，大众传媒包括了报纸、杂志、电视、电台、网络等多种传播方式。

一、从《公共关系》月刊停刊到《公关世界》孤军作战

自现代公共关系理念于 20 世纪 80 年代前后引进中国大陆以来，中国陆续成立了一批公共关系协会，并出现了一批由这些公共关系协会主办的公共关系专业媒体①。在这些公共关系专业媒体中，有在国内外发行的刊号，也有仅仅内部发行的内刊。这些公共关系专业报刊在传递公共关系理念、树立公共关系意识、促进公共关系推广方面起到了无法替代的作用。

经历了 20 世纪末至 21 世纪初的停刊风波，当时闻名遐迩的"两报一刊"，由于机构改革等原因，到 21 世纪初，在拥有国内外正式刊号公共关系媒体中，仅剩《公关世界》杂志。

2002 年《公共关系》月刊的停刊，无疑给了中国公共关系传播重重的一击，这意味着当时风靡中国的公共关系，在 20 世纪末到 21 世纪初经历了很大挫折。然而，由于中国积极迈出的国际化的步伐，从奥运会、世博会的申办，到公共关系界"世界公共关系大会"的申办，无不体现出中国国际化的战略思路。也正是因为"走出去""引进来"等国际化战略的实施，引发了政府对国家公共关系的高度重视，这也是中国公共关系传播的一个转折时期。

在公共关系内刊方面，全国在各省市公共关系协会和部分企业领导下，内部报刊、文摘和通信多达数十种。

在国家级公共关系协会主办的内刊方面，有中国公共关系协会开办的《中国公共关系简报》、中国国际公共关系协会已经出版了多年的协会内部《通讯》和《会员名录》等。

在省级公共关系协会主办的内刊方面，有广东省公共关系协会编辑出版的《会刊》和《广东公共关系集锦》、湖北省公共关系协会的《信誉湖北》、湖南省公共关系协会主办的《湖南公共关系》、江苏省公共关系协会主办的《江苏公共关系通信》、江西省公共关系协会主办的《政务与公共关系》、上海市公共

---

① 和铭. 公共关系媒体发展回眸 [J] . 国际公共关系，2005(04) .

关系协会主办的《上海公共关系》等。

在市级公共关系协会主办的内刊方面，有广州市公共关系协会的《广州公共关系》①、宁波市公共关系协会主办的《宁波公共关系》、济宁市国际国内公共关系协会的《传媒公共关系》、包头市公共关系协会的《公共关系报刊》等。

部分公共关系协会主办的内部刊物

主 办 单 位	刊 物 名 称
中国公共关系协会	《中国公共关系简报》
中国国际公共关系协会	《通讯》
	《会员名录》
广东省公共关系协会	《会刊》
	《广东公共关系集锦》
湖北省公共关系协会	《信誉湖北》
湖南省公共关系协会	《湖南公共关系》
江苏省公共关系协会	《江苏公共关系通讯》
江西省公共关系协会	《政务与公共关系》
上海市公共关系协会	《上海公共关系》
广州市公共关系协会	《广州公共关系》
宁波市公共关系协会	《宁波公共关系》
济宁市公共关系协会	《传媒公共关系》
包头市公共关系协会	《公共关系报刊》

纵观我国公共关系专业报刊的总体发展情况，从报纸的主办单位来看，主办公共关系专业报刊的多是各地的公共关系协会；从报纸的影响范围来看，除了《公关世界》和《国际公共关系》两份杂志具有覆盖全国的影响力以来，其他专业报刊多是在地域内发挥影响；之后，由于报纸媒体的集团化经营，非公共关系专业报刊的公共关系版面越做越好，对我国公共关系专业报刊也带来了一定影响。

总之，专业公共关系传播媒体的发展，极大地推动了公共关系的普及和向纵深的发展。在媒体"碎片化"的时代，只有在拥有广泛受众的基础上，进行全面而纵深的报道，才是公共关系专业报刊的唯一生存之道，定位明确是每个

---

① 《广州公共关系》的前身是《广州公共关系报》《公共关系通信》，于1990年广州市公共关系协会成立之初创刊，是协会传播现代公共关系理念、介绍国内外公共关系资讯，会员交流公共关系信息及公共关系经验的平台，是广州地区公共关系行业专业发展的助推器。

公共关系专业报刊不可忽视的一门课。在电子传播的时代，许多公共关系专业报刊开始了"上网"的道路。

二、公共关系逐渐受到非专业报刊的重视

据华中科技大学新闻与信息传播学院陈先红、郭丽和殷卉 2004 年发表的《中国大陆近十年公共关系研究实证报告》，对中国学术期刊网以"公共关系"所作检索为基础，分析从 20 世纪末到 21 世纪初的非公共关系专业报刊中公共关系文章的刊登情况发现。

文章数量统计下图所示：

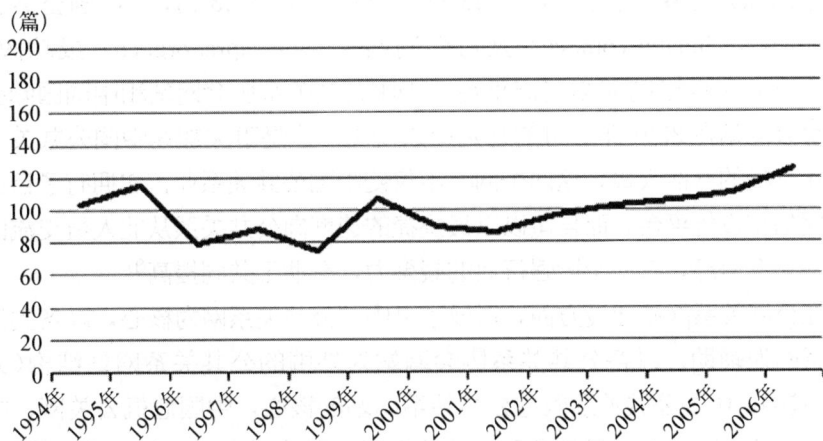

非专业公共关系刊物公共关系文章篇数趋势图

从上图可以看到，在经历了 1995 年的一个公共关系文章数量的小高潮后，我国公共关系文章出现了曲线下滑的状态，这与 20 世纪末整个公共关系事业的不景气有直接关联；到了 1999 年，文章数量又开始有所增长，达到 1995 年之后的最高值。从 2001 年开始，逐年增多，到 2006 年达到最高峰。

另外，开辟的专栏的也越来越多。开辟专栏的情况与中国公共关系文章的数量变化趋势成正比增长。1993 年 10 月和 1994 年 9 月，中国国际公共关系协会与《公共关系报》（浙江）合作推出了"中国公共关系市场"和"公共关系实务界人士眼中的中国公共关系市场"两个专版；1994 年 11 月，又与《中国名牌》杂志推出了"机遇、策略与发展——中国公共关系市场特别报道"；《中国经营报》推出了"中国公共关系业——一个生机勃勃、尚待规范的大市场"专版。

三、相关网站全范围覆盖与公共关系网络结构形成

随着电子时代的到来。2002 年，党的十六大提出了信息化发展战略，2003 年，十六届三中全会提出了发展电子商务的要求，为了响应国家号召，我国各公共关系组织还开展了一系列研讨会，包括 2005 年 6 月 25 日，中国公共关系协会学术委员会、公关世界杂志社联合主办，中国产业信息网协办的"中国首届电子商务研讨会"和 2005 年 11 月 13 日，中国公共关系协会电子商务部主办的"首届电子商务与公共关系研讨会"。

在电子时代的发展趋势下，在国家信息化发展战略的要求下，全国各公共关系组织开始建立自己的官方网站，2001 年 8 月 23 日，"中国公共关系网"（www. chinapr. com. cn）及协会网站（www. cipra. org. cn）成功改版，业内人士有了自己的网络交流平台。中国公共关系协会网站和中国国际公共关系协会网站在 2001 年 8 月的开始投入使用，这是事关加速中国公共关系业信息化进程的一件大事，这两个网站不仅使中国公共关系业首次拥有了自己的门户网站和宣传平台，而且可以以最快捷的速度向公共关系从业人员交流国内外公共关系信息，有助于增强行业的凝聚力，有助于共同提高①。

在公共关系网站建设方面，形成了以中国公共关系网为核心，以各类型公共关系网为辅助，以各公共关系协会网站为外围的公共关系网站结构（如下图）。其中，中国公共关系网是公共关系网站的核心，中国危机公关网、中国政府公共关系网等形成了各类型公共关系网，形成了中国公共关系网的辅助；

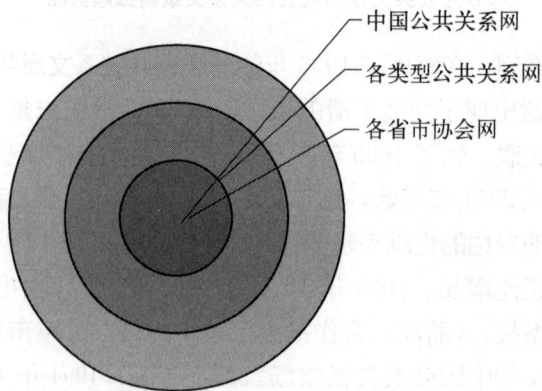

中国公共关系网站核心结构图

---

①　2001 年中国公共关系 10 项要闻 [J] . 公关世界，2002 (2) .

中国各公共关系协会网站构成了公共关系网站的外围，其中，又包含了国家级公共关系协会网站、省市级公共关系协会网站和院校公共关系网站。

在各网站具体建设方面，中国公共关系网建设比较全面，包括了新闻、企业、协会、国际交流等多个页面和板块，中国公共关系协会网站和中国国际公共关系协会网站建设比较简单，中国公共关系协会网站多是对自己日常活动的公告和内部刊物的发布，中国国际公共关系协会则只是对协会章程、协会大事记等各个方面进行了简单介绍；在各省市公共关系协会的网站建设方面，网站多是以介绍自己的机构历史、机构大事记、机构组织结构、机构组成人员和机构动态为主，有的公共关系协会会对国家发生的公共关系大会进行陈述，总体而言，省市公共关系协会网站建设比较单一，有的公共关系协会网站的许多栏目还正在建设当中，在贵州省国际国内论坛中，根据其 2006 年 12 月 13 日 11 点 7 分 39 秒所作论坛人数统计，当时论坛仅有 1 人在线，其中注册用户 0 人，访客 1 人，最高在线 2 人。由此可见，不少省市公共关系协会的网站浏览量不高，面临着网站继续建设的问题。当然，也有建设得比较好的网站，如上海公共关系网、广东省公共关系网、广州公共关系网等，这与当地的发达程度有一定关系。

电子时代的来临，让中国公共关系界经历了从纸媒体向电子媒体的过渡，从纸媒一统天下的局面，转变成纸质媒体、电视媒体和网络媒体三分天下的局面。为了适应这一局面的转变，我国各公共关系协会开始致力于其上网工程，有的已经初见成效，有的还尚待努力。有的公共关系杂志也实现了其上网工程，比如《公关世界》杂志创设了网络版的公关世界。另外，与公共关系相关的网站越来越多，像危机公关网、政府公共关系网等，是对公共关系进行分化，进行深入研究的良好开端。

第五节　日趋规范：中国公关行业走向规范化

一、公共关系行业组织会员服务和对外服务并重的局面形成

公共关系的专业组织是指那些自发组织起来的、从事公共关系理论研究与实务活动的非营利性群众团体或组织，主要包括公共关系学会、公共关系协会及其他专业协会。这些专业组织通过自己的出版物、会议、实践活动等，起着推广和普及公共关系意识、公共关系观念及提高人们公共关系技能的重要作用。为了更进一步了解中国公共关系行业组织的情况，下文分别从会员服务、

对外服务、编辑出版公共关系出版物三个方面对我国的公共关系协会进行盘点和扫描，试图厘清中国公共关系行业组织在进入 21 世纪后的发展状况。

（一）公共关系行业组织发挥号召力，提供了完整的会员服务

所谓会员服务，包括向会员提供组织信息及其他信息，组织会员的学术和经验交流，以及维护协会和会员的正当利益。

在会员服务方面，公共关系行业组织发挥了其自身的号召力，提供了完整的会员服务。以中国公共关系协会和中国国际公共关系协会为例，中国公共关系协会是国家民政部批准致力于国内外公共关系事业发展的全国性、学术性、专业性、非营利性组织。中国公共关系协会规定的章程第二章第一条就是：联络全国各地区、各企事业的公共关系组织和工作者，组织学术和经验交流，研究社会主义公共关系的理论和实践，推动社会主义公共关系事业健康深入发展。进入 21 世纪以来，中国公共关系协会充分地发挥了其"组织学术和经验交流，研究社会主义公共关系的理论和实践，推动社会主义公共关系事业健康深入发展"的作用。

1. 研究社会主义公共政策和实践

中国各公共关系组织没有忘记其"努力为政府服务"的使命。进入 21 世纪以来，中国公共关系协会、中国国际公共关系协会和地方公共关系协会一如既往地履行其服务政府的职责。

自中国 2001 年加入 WTO 以后，我国政府又把其焦点转移到如何应对WTO 的挑战上，在此前提下，中国各公共关系协会也把其焦点转移到应对全球化的挑战上，为此，2003 年 2 月 22—27 日，中国国际公共关系协会主办了"2003 经济全球化下的企业危机管理国际论坛"，实际上是对中国加入 WTO，中国企业"走出去"战略实施的公共政策研究。2003 年 8 月 10 日，在长春市会展中心酒店举行的"中国首届传媒沟通与危机公关研讨会"，也把关注点放在"危机公关"上，特邀了著名公共关系专家余明阳博士、李兴国教授、乔宪金教授到会演讲。2004 年 9 月，中共十六届四中全会决定要"完善新闻发布制度和重大突发事件新闻报道快速反应机制"。这个决定的颁布，引发了公共关系协会对危机公关的新一轮研究。

2006 年 8 月下旬，由中国公共关系协会学术委员会、《公关世界》杂志社联合主办，由辽宁省公共关系协会承办的"公共关系与社会主义荣辱观"理论研讨会，在辽宁省沈阳市举行。在这次研讨会上，深入探讨社会主义荣辱观的基本概念和内涵；社会主义荣辱观与中华民族的传统美德；社会主义荣辱观与"三个代表"思想；社会主义荣辱观与全面建设小康社会。

2007 年，围绕"构建和谐社会、促进经济发展"的主题，中国公共关系

协会有计划、有针对性地组织学习、宣传、贯彻十六大精神的专题调研和高峰论坛。运用公共关系理论，促使其转化为生产力，为社会发展、市场发展和经济建设服务。

从 2001 年开始中国各公共关系协会对"危机公关"的研究，到 2002 年开始对"电子商务"的探讨，到 2004 年开始对"和谐社会"的思考，再到 2007 年开始对"新农村建设""和谐社会"的关注，无不体现了中国各公共关系协会对社会主义公共政策和实践的关注，无不体现各公共关系协会"服务政府"的理念。

2. 组织国内外学术成果和经验、信息交流

中国公共关系行业组织进行学术成果和经验、信息交流的平台主要是研讨会，中国国家级公共关系组织、地方级公共关系组织组织了大量的各种形式的研讨会。

根据之前对公共关系研讨会所作整理，中国公共关系研讨会的主办者主要包括国家级公共关系协会、地方公共关系协会、院校和公共关系学术机构。就国家和地方公共关系协会举办的研讨会而言，中国国家和地方公共关系协会组织的各种研讨会主题变化与时俱进，随着时代的发展和时势的变迁，发生相应的变化。

21 世纪以来，以中国国际公共关系协会举办的中国国际公共关系大会为例，其主题由 2000 年的"中国公共关系业：新世纪的机遇与挑战"、2002 年的"中国公共关系业走近 WTO"、2004 年的"融合与发展"到 2006 年的"突破与创新"，无不表现出我国公共关系业希望迎接新世纪的挑战，把握新时期的机遇，渴望突破、创新、融合、发展的愿望。这也是我国公共关系行业协会组织学术成果与经验、信息交流的最终目的。

国家级公共关系协会如此，地方公共关系协会也把握住了时代的变化趋势。从 1992 年以来，浙江省公共关系协会先后举办了"市场经济与公共关系研讨会""公共关系组织与公共关系市场研讨会""全省企业名牌战略研讨会""全国沿海省市大中型企业公共关系研讨会""中国国际公共关系研讨会""成功者论坛暨浙江之路研讨会"等，每次研讨会都扣住一个主题，抓住一个热点，探讨一些问题。

由此可见，中国各公共关系协会通过学术研讨会的召开，为我国各公共关系协会会员提供服务，为他们提供信息交流的平台，达到经验学习和总结，提升自身公共关系水平的目的。

3. 设立国内外分支与实体机构，加强组织建设

进入 21 世纪以来，我国公共关系协会更加关注自己的机构建设，为了适

应新时期公共关系事业发展的需要，中国公共关系协会和中国国际公共关系协会在这方面做出了很大努力，也取得了一些进展。

2003 年 5 月，经国家民政部批准，中国国际公共关系协会成立了学术工作委员会、公共关系公司工作委员会和组织工作委员会，三个委员会分别承担理论研究、行业发展和地方建设三个方面的工作，有助于推动全国公共关系事业的发展。

2005 年 3 月，中国公共关系协会正式办理变更法人和办公地址，成立了中国公共关系协会"会员俱乐部"，这是为会员提供服务的专门机构，为会员提供咨询服务、代订票务迎送服务、商务考察服务、互联网服务、交通行程服务、会议服务、协调服务、客户服务等多项服务，服务形式多样，服务内容新颖，中国公共关系协会组织建设迈出的创新性的一步。2006 年 6 月 25 日，经中国侨联领导批准，在人民大会堂召开了中国公共关系协会第四届全国会员代表大会，协会根据章程规定的工作内容，设立了 12 个直属职能部门和 7 个分支委员会，12 个职能部门分别是：办公室、人事部、财务部、会员部、培训部、国际部、宣传部、电子商务部、信息部、咨询部、策划部、联络部。已经民政部和中国侨联批准、备案。2006 年 7 月，经报侨联批准，民政部审核批准，协会成立了专家委员会、学术委员会、培训工作委员会、行业标准委员会、国际合作交流委员会、经济科技咨询委员会、文化艺术委员会 7 个专业委员会，并领取了《社团分支机构登记证》。中国公共关系协会对各职能单位的职责范围作了明确的规定，并落实到具体责任人①。

近年来，我们看到公共关系组织内部机构的不断完善和修整，通过分支机构的设立，各公共关系协会的管理水平得到进一步提高，我国公共关系协会的影响得以进一步扩大。正是因为中国各公共关系协会的建立，使我国各个地方的民众都能够更方便快捷地得到公共关系知识的培训，也使我国公共关系事业得以快速发展。

4. 联系促进、指导各地公共关系组织的建立和发展

从 1997 年开始，中国国际公共关系协会展开了"中国公共关系行业调查"，它是目前最客观、科学的行业调查活动。调查在每年年初进行，目前已经发布了多份行业调查报告。这些行业发展基本数据对指导行业健康发展发挥了非常积极的作用。中国公共关系协会的这一举措是对各地公共关系协会的一个指导，也为各地的政府、企业、非营利组织、公共关系公司提供了完整的行业数据。1998 年 12 月，"中国公共关系业工作会议"首次在北京召开，该会

---

① 中国公共关系协会 2006 年度工作总结 ［R］. 中国公共关系协会办公室，2006.

议由各公共关系公司主要负责人参加，发布上一年度行业调查报告，分析当前市场状况，预测未来的行业发展。该工作于每年2月或3月举办。

跨入新千年，中国国际公共关系协会继续举办其每年的例行活动。与此同时，进入21世纪以来，我国继续进行从1988年开始举办的这一联系全国各地公共关系协会的纽带式的会议——全国公共关系组织联席会议。会议的举办加强了各公共关系组织间联系的同时，顺应时势对当时的重要话题展开讨论。

2000年8月，第十三届全国公共关系组织联席会就公共关系界如何运用"三个代表"的思想武装自己，如何在西部大开发战略中发挥作用等重大问题进行了探讨；2001年6月25—29日，第十四届全国公共关系组织联席会在乌鲁木齐市召开，该会议探讨了公共关系工作如何在西部开发中发挥重要作用等议题；2005年10月下旬，第十五届全国公共关系组织联席会议在湖南长沙隆重举行，与会代表围绕新形势下公共关系组织的建设与发展这一主题，就新时期的公共关系组织建设、公共关系行业定位、公共关系活动开展，未来发展趋势等议题进行了热烈的交流和探讨[①]。2006年10月，第十六届全国公共关系组织联席会则提出"坚持科学发展观，构建和谐社会，建立良好的社会形象，已成为政府机构公信力和企业竞争的核心问题"。

为了对中央战略部署进行更有效的探索和努力，促进国家与地方公共关系协会的联系，2001年，中国国际公共关系协会与上海市公共关系协会牵头主办了"经济全球化时代的公共关系论坛"，与贵州省公共关系协会共同牵头主办了"关注西部经济发展经验工作交流会"，与成都国际公共关系协会共同牵头主办了"西部开发经济技术合作交流会"，这些论坛或者交流会的召开，促进了地方的深化改革和经济发展。

从2007年开始，中国公共关系协会主办的"中国公共关系组织联席会"改为"中国公共关系大会"，这个会议是公共关系行业组织的联合会议，也是大家探讨公共关系事业发展、交流工作经验、互相学习的盛会。

（二）公共关系行业组织的对外服务主要是培训

公共关系协会的对外服务项目包括对外的专业培训和资格认证，公共关系理论和实务知识、技巧的普及宣传，以及积极健康的公共关系意识和公共关系观念的宣传推广。这样的服务有的是收费服务，如专业培训，有的为免费服务项目。

在对外服务方面，各公共关系协会可谓不遗余力，进行了对外的专业培训

---

① 齐海潮，周唤民，谢东. 第15届全国公共关系组织联席会议在长沙隆重举行［J］. 公关世界，2005（12）.

和资格认证，同时展开了公共关系意识和公共关系观念的宣传推广。

1. 专业培训和资格认证

21世纪以来，公共关系协会进行的专业培训数不胜数，仅以2006年为例，中国国际公共关系协会与人事部联合举办了"政府公共关系培训"课程，中国公共关系协会与中国人民大学联合推出了"中国公共关系经理工商管理（MBA）高级研修班"课程，2006年11月17—21日，与中经创新文化有限公司联合举办"2006年全国医药保健行业媒体关系与危机公关高级研修班"。由中国公共关系协会学术委员会主办、《公关世界》杂志社组织实施，举办了为公共关系公司（公共关系部）经理进行的职业资格认证培训。

国家级的公共关系专业培训尚且不论，地方公共关系协会也不失时机地进行了各种各样的专业培训。湖北省公共关系协会甚至成立了公共关系教育基地——湖北省公共关系职业培训学院，这几年来操作比较正常，重点培训公共关系、秘书、营销三个专业，每年毕业并经省劳动与社会保障厅批准发予资格证的学员约200人。随着市场经济的需要，经省劳动与社会保障厅批准，对其专业进行了调整，增设了物流、经理人、装饰设计师等专业。为进一步完善教学工作，还增聘了华中农业大学、中国地质大学的公共关系学教授以及研究儒学的知名学者为兼职教授。教学方式采取专业培训和专题讲座相结合，专业培训按计划进行。

天津市公共关系协会下属也有一所公共关系职业技能培训学校，也已取得劳动和社会保障局职业技能培训资质证书。学校有一个由各大院校资深公共关系专业学者组成的讲师团。自建校以来，已培训各类公共关系人员近万名。已颁发认证各级专业证书3 000余件。市公共关系协会遂与天津华夏未来少儿艺术培训中心联手，借助社会力量，将公共关系职业技能培训学校升格为天津市公共关系职业培训学院。

21世纪以来，由于公共关系越来越受到政府、企业和非营利组织的重视，对公共关系的培训也越来越多，各公共关系协会在提供会员服务的同时，更是逐步展开各种各样的培训项目，在为自己提供经费来源的同时，满足了市场对公共关系培训的需求。

2. 公共关系意识和公共关系观念的宣传推广

为了进行公共关系意识和公共关系观念的宣传推广，各公共关系协会和行业组织通过举办各种大型活动来进行全民的公共关系教育，与此同时，对公共关系业的发展产生了积极的作用。

21世纪以来，除了继续进行从1993年起就开始举办的"最佳公共关系案例大赛"、从1996年开始举办的"中国国际公共关系大会"、从1997年开始进行的"中国公共关系行业调查"、从 1998 年开始举行的"行业工作会议"、从 1999 年开始的每年 10 次的专题讲座外，从 2003 年 12 月开始，经中国国际公共关系协会公司委员会提议，中国国际公共关系协会正式确认 12 月 20 日为中国公共关系从业人员的节日，并举办相应的纪念庆祝活动。活动涉及公共关系知识传播、年度十大公共关系事件评选和庆祝晚会，极大地向社会传播了公共关系的职业价值，产生了良好的社会影响和行业凝聚力。

另外，各级公共关系协会通过举行庆典的方式来推广公共关系意识和公共关系理念，树立公共关系从业人员的自信心和凝聚力。2001 年 12 月，中国国际公共关系协会首开先河，在北京人民大会堂举行了 10 周年庆典活动，会议指出，随着中国加入 WTO，公共关系在帮助中外企业进行沟通、促进中国企业与国际接轨以及推动社会进步方面将发挥越来越重大的作用，中国公共关系咨询业将迎来蓬勃发展的最好时机①。

2004 年 12 月 18 日，广东省公共关系协会成立 15 周年庆祝大会在广州隆重举行，在庆祝大会上，广东省政协原副主席、市委统战部原部长郑群给肖耀堂会长颁发了牌证，肖耀堂会长给副会长们颁发了牌证，同时委托工作人员向常务理事、理事单位颁发了牌证，这是广东省公共关系协会成立 15 年来首次如此隆重地颁发精美大型牌证。

继 2004 年 12 月 8 日，上海成功举办首届公共关系新星大赛后，2006 年 4 月 21 日，上海市公共关系协会与上海市学生联合会联合举办了"青春世博"上海市第二届公共关系新星大赛。

除了通过举办庆典的方式推广公共关系理念和公共关系意识外，我国各公共关系协会还通过举办免费报告会、开展咨询活动、分发教学材料等方式对人们进行公共关系的推广。

2001 年以来，在浙江省社会科学界联合会的领导下，浙江省公共关系协会以面向社会为主，先后举办过"现代企业制度离我们有多远""时代变革与公共关系""注意力经济对社会发展的影响和作用"等主题报告会，邀请著名企业家冯根生、浙江大学教授史晋川、国际关系学院教授郭惠民、浙江工业大学教授张雷作主题报告。受教育者 1 000 多人，并在杭州武林广场连续三年分别以"沟通协调""社交形象、塑造自我""公共关系职业资格认证咨询"为主题，设立摊位为公众开展咨询活动，分发了 2 000 多份资料，受教育者达 2 000 多人次，受到了社会的广泛好评。并先后组织了协会专家团成员孙晴义、朱明伟、何俊等七位教授深入中义集团、盾安集团，为企业的创新发展传播知识，

①　中国国际公共关系协会 10 周年庆典 [J]．公关世界，2002（2）．

释疑解惑，深受企业的欢迎。协会先后获得了省委宣传部和省社联授予的科普咨询先进单位和优秀组织奖。

毫无疑问，2007 年是中国公共关系意识的一个"推广年"，有助于中国的公共关系事业再上一个新台阶。2007 年中，"中国公共关系大会"（前中国公共关系组织联席会）在北京召开，该会探讨了如何规范管理本行业、加强行业协会之间的团结、协作，如何利用奥运、世博会的契机，提升行业协会在社会中的地位等。2007 年 6 月 15—18 日，中国公共关系协会利用中国公共关系协会成立 20 周年这一契机，联动全国各地方协会、相关组织和机构，举办一系列庆祝、公共关系策划、理论研讨等活动，让协会自身的活动与社会结合起来，树立协会品牌，提升公共关系在社会的影响力。在树立中国公共关系协会这一协会品牌的同时，无疑也是对公共关系意识和公共关系观念的进一步宣传和推广。

（三）编辑、出版公共关系出版物

首先，两大国家级公共关系协会创办了可公开发行的两大刊物《公关世界》和《国际公关》；其次，各地方公共关系协会基本上都拥有自己的内部刊物，如中国公共关系协会的《中国公共关系简报》、济宁市国际国内公共关系协会的《传媒公共关系》等；再次，各公共关系协会出版了各种课题研究报告、系列会议论文集。

1. 公共关系组织公开发行刊物

除了两大国家级刊物《公关世界》和《国际公关》外，我国各公共关系行业组织也编辑出版了诸多公开发行的刊物。

为弘扬创新精神，打造创新浙商品牌，展现创新浙商风采，揭示浙商艰辛的创业历程，塑造创新浙商良好的社会形象，2006 年 12 月，浙江省公共关系协会与中国经营管理网联合编著出版《创新浙商》。

2. 公共关系组织对内发行刊物

在内部刊物方面，中国国际公共关系协会已经出版了多年的协会内部《通讯》是季刊；协会还从 1999 年开始发行协会《会员名录》，该名录每年发行一册，是中国国际公共关系协会会员联系的"通讯录"。

2006 年 6 月 25 日，中国公共关系协会第四届全员代表大会在北京人民大会堂举行，产生了以苏秋成为会长的新一届中国公共关系协会领导班子。在换届会议后，中国公共关系协会开办了《中国公共关系协会简报》，简报每月一期。每期以邮递的方式寄给理事和各地方协会，并在协会网站上刊登，会员及行业人员可以通过登录协会网站阅读。简报内容涉及工作交流、经验介绍、政策咨询、信息公告、公共关系论坛等方面内容。2006 年 12 月 30 日，中国公共关系协会发出了编辑出版《回顾与展望：中国公共关系协会成立 20 周年纪念文集》征文活动的通知，同时发出了关于编辑出版《中国公共关系二十年》纪念画册的通知。

为了加强会员之间的交流，提高会员素质，宣传服务，经湖北省新闻出版局批准，湖北省公共关系协会创办了《信誉湖北》内刊，主题是以湖北信誉建设为宗旨，以重构诚信为己任，为发展湖北经济服务；另外，广东省公共关系协会编辑出版了广东省公共关系协会《会刊》《庆祝 10 周年专刊》和《广东公共关系集锦》等。

3. 公共关系组织的课题研究报告

2002 年 10 月起，中国国际公共关系协会学术工作委员会就中国首批公共关系学术研究课题的确立和发布，按学术价值、属重大理论问题和实践中亟待解决的问题且具备前瞻性等原则，采用专业调查方法"德尔菲法"，历时数月，在 10 多位委员中进行了四轮调查。经反复征询、归纳、修改，汇总，在最后 20 多个课题的排名中，"突发事件处理与政府危机公关"和"企业风险防范与危机公关"以同样的得分并列首位。入选此次前十大公共关系学术研究课题的还有：公共关系价值评估手段及其应用；国际公共关系前沿课题的追踪与梳理；公共关系教育的架构和内容体系；中国政府形象建设和对外传播策略；2008 年北京奥运会的公共关系机遇；专业公共关系实务操作工具开发；公共关系与营销、品牌管理；中国公共关系业的发展现状、对策与前景[1]。这是首批中国公共关系学术研究课题。

2003 年 11 月 28 日，中国国际公共关系协会学术工作委员会在四川成都召开的 2003 年度学术工作扩大会上发布。通过调研定期发布学术研究课题，可指导、推动学科研究，促进学术与实践相结合，并将科研成果转化为生产力，最终使行业朝着高层次、专业化的方向发展。

在湖北省社科联开展的社会科学优秀成果奖中，湖北省公共关系协会学术委员会副主任蒋春堂教授专著《谈判学》一书，获省政府颁发的省社科优秀成果三等奖。

总结 21 世纪以来中国公共关系行业组织——公共关系协会在会员服务、对外服务等方面的各项举措，从行业机构来看，重整旗鼓以后的中国公共关系协会和稳定发展的中国国际公共关系协会两大全国性组织的运行都已经逐步步入规范化轨道，从 20 世纪末开始，中国举办了多种评优活动，这些评优活动不仅表明了公共关系的实践的繁荣，而且总结了公共关系实践的成功经验，也

---

[1]　首批学术研究课题发布 [N]．新华网，2003 - 12 - 4.

有效地促进了公共关系从业人员不断提高项目策划和实际操作水平。这对推动中国公共关系事业的职业化，规范化的健康发展，对促进中国公共关系与国际公共关系的交流，促进中国公共关系早日纳入国际的轨道，对加入世界公共关系的大家庭，都将有深远的意义。

21世纪以来，中国组织了多次公共关系庆典，这些庆典的召开和奖项的颁发，不仅对于提高公共关系从业人员的凝聚力有重大意义，而且有助于公共关系意识和理念的进一步推广。这是公共关系组织除了开办公共关系研讨会外，最佳的公共关系推广模式。

二、《中国国际公共关系协会会员行为准则》的实施

在市场经济活动中，党和国家对行业协会等中介社团组织越来越重视，十六届四中全会胡锦涛明确提出要"发挥社团、行业组织和社会中介组织提供服务、反映诉求、规范行业行为的作用。"[①] 温家宝也在十六届五中全会的报告中指出："要进一步转变政府职能，继续推进政企分开，坚决把政府不该管的事交给企业、中介组织和市场"[②]，党和国家很重视行业协会的发展，发展行业协会在社会发展、经济建设中的作用，支持和要求政府进一步转变职能，把一些适宜行业协会的职能委托给行业协会。行业协会的地位、作用，现在已十分明确，已逐步成为社会的共识。

各种组织都在日益注重形象，作为专门树立和维护形象的专业公司，更应该以良好的形象出现在世人面前。这就需要制定出公共关系专业组织的成员共同遵守的职业道德标准和行为准则。既然已经拥有了国家对行业协会的重视，行业协会就要发挥其在规范行业市场方面的作用。中国各公共关系协会主要是通过制定公共关系规章制度、法规和制定职业道德标准来规范公共关系市场。

随着公共关系行业的不断壮大，随着国内外公共关系公司的不断登陆，随着公共关系从业人员的不断增多，制定公共关系行业行为准则已经刻不容缓。

相对而言，我国公共关系业起步较晚，1989年才通过了《中国公共关系职业道德准则》，而且，这一准则并没有得到具体实施。直到2001年下半年，中国国际公共关系协会起草《中国国际公共关系协会会员行为准则》，经中国国际公共关系协会理事会审议通过，标志着行业规范化工作正式启动。2002

---

① 人民网. 商会作用与和谐社会组织创新［EB/OL］. 2006 - 10 - 16/2019 - 01 - 01. http：//theory. people. com. cn/GB/49154/49156/4923375. html.

② 人民网. 商会作用与和谐社会组织创新［EB/OL］. 2006 - 10 - 16/2019 - 01 - 01. http：//theory. people. com. cn/GB/49154/49156/4923375. html.

年 12 月 6 日，中国国际公共关系协会第三次全国代表大会通过《会员行为准则》，决定于 2003 年 1 月 1 日开始实施，这一准则原则性地规定了公共关系从业人员的行为规范，成为中国首部较为完善并付诸实施的行为准则①。

另外，2004 年 6 月《中国公共关系顾问服务规范》（指导意见）的正式颁布，也是对公共关系行为准则的进一步阐释，近年来，越来越多的国内和国外公共关系公司进驻中国，需要专门的行为准则对其进行规范，它的颁布预示着中国的公共关系顾问咨询业有了行业服务标准，对于规范公共关系服务市场和从业人员行为以及促进行业的持续、健康发展具有重大的历史意义。

三、《公共关系咨询业服务规范》开始起草并实施

一门学科、一个行业、一种职业的真正成熟，其标志并不是从业人员的大量增加，也不是营业额或客户数量的迅速增长，而是形成该行业的职业道德准则。所谓职业道德，是社会对各种不同行业、职业所提出的专门化的道德要求。任何行业、职业只有认真地履行自己的职业道德准则，才会得到社会的认可、支持和理解。

早在 1989 年 2 月中国公共关系协会于西安举办的第二次全国公共关系组织联席会上，就提出了《中国公共关系职业道德准则（草案）》，随后，在 1991 年 5 月 23 日的第四次联席会议上，正式通过了经过反复修订的《中国公共关系职业道德准则》，这称得上是我国公共关系事业走上专业化、职业化道路的良好开端。尽管这一准则较为笼统，缺乏系统性和针对性，并且由于种种原因没有付诸实施，但制定这一文件本身已充分表明了中国公共关系职业在其发展过程中的自律要求②。

1999 年，国家劳动和社会保障部正式认可公共关系职业，在其"公共关系员"职业资格标准中对公共关系职业道德规范提出了 8 条原则性的规定，即：奉公守法，遵守公德；敬业爱岗，忠于职守；坚持原则，处事公正；求真务实，高效勤奋；顾全大局，严守机密；维护信誉，诚实有信；服务公众，贡献社会；精研业务，锐意创新。2004 年 3 月 5 日，在京通过国家级专家评审的《公共关系员国家职业标准》（新版）中，仍然沿用了这一职业道德守则。可见，这一职业道德守则已经受到各方公共关系人士的认可。

另外，根据中国公共关系咨询业市场发展的需要，中国国际公共关系协会

---

① 陈向阳．公共关系顾问专业指南［M］．合肥：安徽人民出版社，2004.
② 陈向阳．公共关系顾问专业指南［M］．合肥：安徽人民出版社，2004.

于 2003 年 3 月正式开始《公共关系咨询业服务规范》的起草工作，并于 2003 年 11 月 6 日的中国国际公共关系协会公共关系公司工作委员会"2003 年度第四次工作会议"正式审议通过了《公共关系咨询业服务规范》（指导意见），并于 2004 年中国国际公共关系大会期间正式对外发表，2004 年 7 月 1 日开始正式生效。

在《公共关系咨询业服务规范》的第七章"公共关系专业人员的职业道德"第 51 条指出，公共关系顾问们应该严格职业准则，养成良好的职业操守，特别注意 10 项从业原则，即服务意识、教育引导、公正公开、诚实信誉、专业独立、保守秘密、竞争意识、利益冲突（即个人利益服从客户立意，客户服从公众利益）、社会效益和行业繁荣。

四、《公关员国家职业标准》与公共关系职业步入正轨

公关员职业资格认证是为了推进中国公共关系业的职业化、专业化和规范化发展，提高从业人员的地位而设立的。公共关系员职业资格认证是劳动就业制度的一项重要内容，也是一种特殊形式的国家考试制度。它是指按照国家制定的职业技能标准或任职资格条件，通过政府认定的考核鉴定机构，对劳动者的技能水平或职业资格进行客观公正、科学规范的评价和鉴定，对合格者授予相应的国家职业资格证书[①]。

20 世纪末，经过 20 年的改革开放，中国的经济发展取得了显著的成绩，越来越多的外资企业进入中国；21 世纪初，随着经济全球化和加入世界贸易组织，国内市场进一步开放，开放的市场环境，国外企业的进一步登陆中国，中国企业迈出国门的渴望，都使得中国企业面临巨大的竞争压力，在国内市场竞争压力加大，国外市场屡屡碰壁的情况下，中国企业开始注意到政府公共关系的重要性；在国家经济发展水平不断提高，国家综合实力不断加强的情况下，中国政府开始渴望树立良好的国际形象，这就产生了对公共关系的需求。在这种情况下，职业化迫在眉睫。只有建立职业资格认证，才能大面积地选拔公共关系人才，同时，提高公共关系从业人员的职业形象。

在 2004 年 3 月 5 日在北京通过国家级专家评审的《公共关系员国家职业标准》中，对"公共关系员"职业概况、基本要求和工作要求进行了具体阐述，把公共关系员定义为"从事组织机构信息传播、关系协调与形象管理事务的调研、策划、实施和评估以及咨询服务的从业人员"，公共关系员职业等级

① 公共关系员职业资格认证［EB/OL］．中国公共关系网，2004-6-17.

分为三级，分别为初级（国家职业资格五级）、中级（国家职业资格四级）、高级（国家职业资格三级）。

在公共关系员职业确认的基础上，为了规范中国公共关系职业资格认证，各公共关系协会做出了很大努力。为了规范公共关系职业资格认证培训市场，2004 年 6 月，中国国际公共关系协会提出了"公共关系员职业认证培训要求"，该要求对培训期限、培训教师和培训指定教材进行了明确规定①。在培训机构方面，也由明确的规定，确定了全国公共关系员职业资格培训机构，培训机构基本上遍布全国各大城市。

另外，地方对公共关系职业资格认证也表现出极大的关注。从福建省职业技能鉴定指导中心获悉，从 2003 年起，秘书、公共关系员、推销员、企业人力资源管理、物业管理员等国家职业资格全国统一鉴定须加试职业道德内容，占理论成绩的 20%②。地方也在不断对中国职业资格认证进行完善和改进。

当然，在国家公共关系职业资格认证逐渐开展的同时，也存在一些潜在的危机。公共关系员国家职业资格自统一鉴定以来，存在着鉴定人员人数逐年减少的现象，其主要原因是公共关系员的职业资格级别是教学内容体系已不能适应公共关系业多层次人才的需要。为此，从 2003 年起，郑砚农和郭惠民汇聚公共关系界专家，在原有《公共关系员》三级标准基础上，开始启动《公共关系师（国家二级）》和《高级公共关系师（国家一级）》国家职业标准的制定工作，2004 年 3 月 5 日，中国公共关系员通过了五级标准，即初级公共关系员、中级公共关系员、高级公共关系员、公共关系师、高级公共关系师五个等级。这是对中国公共关系职业资格鉴定的进一步界定。使得我国公共关系员的水平进一步提高。

总结 21 世纪以来中国公共关系管理，即公共关系协会在提供会员服务和对外服务、编辑公共关系出版物、制定公共关系行业准则和职业道德、建立职业资格认证体系方面，国家、地方公共关系协会都为此做出了巨大贡献。通过会员服务，即研究社会主义公共政策和实践、组织国内外学术成果和经验信息交流、加强组织建设、联系促进指导各地公共关系组织的建立和发展方面，各公共关系协会紧贴国际国内时势，研究当下最热门和最亟待解决的问题，通过国内公共关系协会的密切联系，通过自身组织的建设和机构的不断细化，试图更加深入地研究公共关系，通过公共关系庆典和活动的举办，扩大公共关系的国内和国际影响力。

---

① 公共关系员职业资格认证 ［EB/OL］. 中国公共关系网，2004 - 6 - 17.
② 职业技能坚定加考职业道德 ［N］. 海峡都市报，2003 - 4 - 16.

通过对外服务，即专业培训和资格认证培训，促使公共关系从业人员的公共关系意识和水平较以往有更大的上升空间。对于公共关系界来说，《公共关系咨询业服务规范》（指导意见）的颁布，是管理细化的一个表现，这一规范主要是针对公共关系咨询市场制定的职业准则；公共关系员五级标准的划分，是管理进一步分化的表现，通过五级标准的划分，让公共关系员的层次和等级得以提高；中国公共关系大会（前全国公共关系组织联席会）和中国国际公共关系大会的召开，更是表明公共关系界的实力正在逐步提高；颁奖典礼的增多、案例大赛评选范围的扩大，都预示着中国公共关系界向着多元化的方向发展。加上各公共关系编辑出版物的出版，更是增大了我国公共关系业的影响力。

公共关系行业准则和职业道德准则的进一步提出和完善，预示着我国公共关系业将更加规范；公共关系职业资格认证体系的建立，预示着我国公共关系业的知识水平更加完善。

在增加交流以促进理论研讨、细化机构以促进深化研究、制定行业标准以促进规范、举办庆典活动以促进推广方面，中国各公共关系行业组织——公共关系协会的力量功不可没。21 世纪将是公共关系的世纪，也是公共关系关系协会大施拳脚、大展宏图之际。

第六节　国际认同：中国公关的国际化表现

随着全球化进程的加快、中国市场的进一步放开、中国加入 WTO，与国外交流的愈加频繁，中国公共关系界也走出国门，增强与国外公共关系界的交流与合作。

进入 21 世纪，中国公共关系界才开始真正意识到全球市场的重要性，并且积极地接触全球市场，促进国内外公共关系界的交流。申奥、申博等的成功，让 21 世纪的头十年充满了渴望的情绪，国家渴望进入国际市场，公共关系界渴望与国际接轨。正是这一系列盛会举办权的成功申办，让中国政府意识到公共关系的重要性，也正是由于政府的关注，为中国公共关系界创造了良好的国际环境，中国公共关系界开始了其真正国际化的道路。

为了更清楚地掌握公共关系国际交流的情况，我们把公共关系国际交流分为出访和来访两个部分，对其进行分别陈述，以求了解进入 21 世纪以来，中国公共关系界尤其是中国国际公共关系协会在开拓国际市场的过程中做出的多方面的努力。

一、我国公共关系界国际出访次数明显增多

随着国际公共关系协会中国分会的成立，中国开始了公共关系国际交流的步伐。从深圳大学大众传播系参加了1990年世界公共关系最佳金奖评选活动，到2000年10月下旬，中国国际公共关系协会组织"中国公共关系业代表团"一行10人首次访问美国，参加在芝加哥举办的世界公共关系大会，并在会上发表书面演讲，间隔正好十年。

2004年是中国公共关系界值得庆祝的一年。2004年10月19日，中国国际公共关系协会常务副会长兼秘书长郑砚农应国际公共关系协会（IPRA）① 的邀请，率中国代表团一行5人专程赴英国伦敦参加IPRA年会，并进行2008年世界公共关系大会申办陈述。此行结果不负众望，当中国国际公共关系协会会长李道豫大使在2004年12月20日晚举办的"第二届中国公共关系界庆典"上，满怀激动地宣布"中国赢得了2008年世界公共关系大会的承办权"时，全场一片欢呼，因为这次世界公共关系大会的成功申办，意味着世界公共关系界对中国公共关系界的认可。

果不其然，自此以后，中国公共关系界和世界公共关系界的联系更加频繁。2005年6月26—28日，中国国际公共关系协会常务副会长兼秘书长郑砚农为团长的中国公共关系业代表团赴土耳其伊斯坦布尔希尔顿酒店国际会议中心参加第十六届世界公共关系大会，这是国内公共关系人士首次大规模组团参加国际公共关系活动，并首次作为独立单元登上国际公共关系论坛。会议期间，郑砚农发表了"中国公共关系业发展状况"的主题演讲。6月28日，郑砚农从IPRA年度主席查尔斯·斯特莱敦先生手中接过了IPRA会旗② 。

由于中日关系的改善，两国公共关系界也开始有了交流。2005年8月7日，中日公共关系界在日本名古屋举办"国际公共关系论坛"，会议以"沟通创造理解——中日交流与对话"为主题，中国国际公共关系协会常务副会长郑砚农、上海市公共关系协会常务副会长陈文炳率团参加了该论坛。会议期间，中国公共关系界代表团与日本各界进行了广泛的交流。

另外，中国公共关系教育、媒体也加强了国际化的交流与合作。2000年以后，美国、欧洲、澳洲已有十几所大学与国内高校联合办学，其中不乏华盛顿大学（2001年与复旦大学合作）这样的一流大学。专业上以MBA和市场营

---

① 国际公共关系协会（IPRA），1955年在伦敦成立。
② 伊斯坦布尔举办世界公共关系大会［N］．中华工商时报，2005 - 7 - 14．

销为主，也有传播学等热门学科。

二、迎接来自世界各地的频繁来访

2004 年 7 月 9 日，中国国际公共关系协会和 IPRA 在京签署合作协议；2004 年 8 月 18 日，日本亚洲友好协会应中国国际公共关系协会邀请访华；2004 年 10 月 12 日，法国总统希拉克开始中国行，胡锦涛举行隆重仪式欢迎希拉克访华，中法签署了一系列合作文件，希拉克承诺，将支助更多优秀中国学生赴法学习，此行希拉克签下了数十亿美元大单。

美国国际公共关系协会（PRSA）对中国国际公共关系协会的访问，象征着中美两国公共关系界展开了最高层次的会晤。2005 年 3 月 4 日，PRSA 应中国国际公共关系协会的邀请，对中国进行为期一周的正式访问。这是美国公共关系界高层首次组团访华，也是中美公共关系界高层领导北京首次会晤。2005 年 3 月 17 日，中国政府支持 BBC 在华录制节目。

2006 年，中美两国领导进行了频繁会晤；两国关系的友好促进了中美公共关系界的和谐。2006 年，中美公共关系界也频频会晤。这一年，中国公共关系协会会晤了美中城市友好协会，双方就各自的工作范围、工作发展方向和合作交流进行的沟通和介绍；会见了美国 CCR 公共关系公司，双方就合作举办公共关系活动进行沟通，达成合作意向。会见了美国万事达公司。2006 年 9 月 11 日上午，苏秋成会长在人民大会堂应邀会见了美国 ITT 公司全球高级副总裁马腾先生和 ITT 流体传播总监冯友乐先生。马腾先生希望 ITT 公司能与协会建立广泛的战略合作伙伴关系。双方约定 2008 年在北京召开一次世界公共关系职业人员大会。2006 年 10 月 13 日，苏秋成会长在人民大会堂应邀会见了美国 Investcorp 总裁齐达礼先生。中国公共关系协会高级顾问、原对外经贸部部长、全国人大财经委员会副主任石广生出席并与他们进行了亲切友好的交谈。对齐达礼先生访问中国表示热烈欢迎，向齐达礼先生介绍了中国改革开放、经济发展的大好形势，特别是西部地区投资的优势。齐达礼总裁介绍了 Investcorp 主要业务开展情况，对中国经济迅速发展及所取得的全世界瞩目的成就表示由衷的钦佩，表达了到中国投资的意愿。并乐意介绍中国的优势品牌企业、专利技术到中东的意愿。李兴国常务副会长到日本担任客座研究员期间拜访了日本广报（公共关系）协会，与日本广报（公共关系）协会远藤荣秘书长等人士进行了友好交谈，交流了中日公共关系的情况，探讨了今后的合作可能。

21 世纪以来，中国与其他国家和地区的公共关系交流也达到了有史以来的一个小高潮。2004 年 11 月 3 日，以新加坡公共关系协会主席巴芙妮（Bhavani）女士为团长的新加坡公共关系协会商务考察团一行抵达上海，参加了 11 月 5 日在上海举办的 2004 年上海国际公共关系峰会。

随着 2008 年世界公共关系大会举办时间的一天天临近，中外公共关系界的交流异常热烈。2006 年 3 月 8 日，全球第九大广告公司、日本第二大广告公司——博报堂的 Corporate Communication（简称 CC 局）局长后藤正彦一行访问了中国国际公共关系协会，与协会常务秘书长兼副会长郑砚农进行了深入会谈。2006 年 3 月 14 日，作为全球 Top10 独立公共关系公司之一的 C&S 公共关系公司总裁兼首席执行官考斯·马洛兹，在其合作伙伴赢虎公共关系公司执行总裁黄晋的陪同下，访问了中国国际公共关系协会。2006 年 3 月 16 日，中国国际公共关系协会会长李道豫大使在郑砚农常务副会长兼秘书长陪同下，在中国国际公共关系协会会见了到访的明思力公共关系顾问公司全球首席执行官马克·哈斯、亚太区总裁格伦·奥萨基。

三、拉近世界：国际交流提高国际地位

中共十六大以来，和平发展成为中国外交政策的主题。加快步伐融入全球化轨道，增进国际间的政治、经济、文化合作，为中国的改革和发展赢得良好的国际环境是当下外交战略的根本任务。中国在国际信息传播中一直处于劣势，加之长久以来与西方国家在政治、文化、意识形态领域的分歧导致了中国国家形象在西方国家的歪曲和误读。这种歪曲和误读势必影响我国在国际中的形象、地位和影响力，影响中国的改革和发展。因而，国家形象的塑造是中国必须高度重视的一个问题。通过国际交流强化国家在国际地位的公关形象，有利于提升国际地位，强化中国在国际社会的影响力。

2006 年 11 月 4 日，中非合作论坛北京峰会召开，48 个非洲国家的元首、政府首脑或代表，非洲联盟委员会主席科纳雷以及地区和国际组织的代表出席。53 个非洲国家中有 48 个国家派出代表团参加，其中有 42 个国家元首亲自带队。11 月 5 日，中非合作论坛北京峰会闭幕，通过了《中非合作论坛北京峰会宣言》和《中非合作论坛——北京行动计划（2007 至 2009 年）》。

亲如兄弟，共叙友情，畅谈合作，热议发展——隆重热烈且成果丰硕的中非合作论坛北京峰会圆满地落下帷幕。这次峰会可以说是中非之间一次和谐的盛会，也是"和谐世界"理念的一次成功实践。

正如一位埃塞俄比亚记者所说："中国新一代领导人提出了建立和谐世界的理念。中非合作论坛北京峰会就是一个建立和谐世界的历史性的会议，北京

峰会将开拓非洲和中国共同进步、繁荣的美好明天！"①

　　建设和谐世界，需要国家及地区之间在和平与发展等重大问题上达成共识。

　　中国和非洲都有着悠久的历史和灿烂的文明，都拥有相同或相近的民族独立和民族解放的血与火的奋斗历程，都对"第三世界""发展中国家"的政治身份予以认同，又都面临着共同的发展目标和任务，以及共同的和平、发展、合作的利益诉求。所有这些，使得中非之间在很多涉及世界和平与发展的重大问题上，能够达成一致的立场。

　　在这次中非峰会上，中非领导人充分交换了意见，达成了许多重要共识。作为峰会两项具体成果的《中非合作论坛北京峰会宣言》和《中非合作论坛——北京行动计划（2007—2009 年）》，则是"凝聚了双方的共识"的"纲领性文件"。

　　建设和谐世界，需要国家及地区之间在交往中相互尊重和平等互利。

　　中国历来主张，国家不论大小，一律平等；国家不分强弱，一律相互尊重。《中非合作论坛北京峰会宣言》强调，要根据和平共处五项原则以及所有倡导多边主义和国际关系民主化的国际准则发展友好合作关系；尊重和维护世界的多样性，世界各国不分大小贫富强弱应彼此尊重、平等相待、和睦相处；不同文明和发展模式应相互借鉴、相互促进、和谐共存。在此基础上，与会领导人郑重宣示，建立和发展"政治上平等互信、经济上合作共赢、文化上交流互鉴"的"中非新型战略伙伴关系"。

　　建设和谐世界，还需要国家及地区之间始终坚持相互支持与相互帮助。

　　世界要实现和谐发展，离不开非洲以及中非关系的和谐发展；而非洲以及中非关系的和谐发展，也必将为世界的和谐发展提供强大的动力。当今世界不和谐的一个重要因素，就是南北发展的差距加大。解决这一问题，一方面要加强南北对话与合作，另一方面要大力增进南南合作，使广大发展中国家团结一致、共谋发展。中国一向重视与包括非洲国家在内的南南合作。中非合作论坛北京峰会的成功召开表明，中国愿意与非洲国家共同努力，尽快摆脱贫困，共享发展成果，走向共同富裕。正如科摩罗总统桑比所说，中国和非洲之间的合作堪称典范。

　　友谊、和平、合作、发展是北京峰会的主题，也是推动中非和谐关系不断前进的力量源泉。北京峰会丰富了建设和谐世界的理论和实践，从而必然载入

----

① 新华社. 中非峰会是和谐世界理念成功实践 ［EB/OL］. 2006 - 11 - 07/2019 - 01 - 01. http：//www. crntt. com/crnwebapp/doc/docDetailCreate. jsp？coluid＝9&docid＝100244660.

中非关系乃至中国对外关系发展的史册。世界上最大的发展中国家中国，与发展中国家最集中的非洲，发展和谐的友好合作关系，必将为建设和谐世界作出新的更大的贡献①。

2006 年 6 月中国举办的上合组织成员国元首理事会第六次会议在上海成功进行。哈萨克斯坦共和国总统纳扎尔巴耶夫、中华人民共和国主席胡锦涛、吉尔吉斯共和国总统巴基耶夫、俄罗斯联邦总统普京、塔吉克斯坦共和国总统拉赫莫诺夫、乌兹别克斯坦共和国总统卡里莫夫与会。

元首们签署了《上海合作组织五周年宣言》和《上海合作组织成员国元首关于国际信息安全的声明》，批准了新版《上海合作组织秘书处条例》和《上海合作组织成员国打击恐怖主义、分裂主义和极端主义 2007 年至 2009 年合作纲要》，通过了一系列有关本组织人事和组织问题的决议，批准努尔加利耶夫（哈萨克斯坦共和国）自 2007 至 2009 年担任该组织秘书长。

该组织成员国全权代表还签署了《关于在上海合作组织成员国境内组织和举行联合反恐行动的程序协定》《关于查明和切断在上海合作组织成员国境内参与恐怖主义、分裂主义和极端主义活动人员渗透渠道的协定》《上海合作组织成员国政府间教育合作协定》《上海合作组织实业家委员会决议》《上海合作组织银行联合体成员行关于支持区域经济合作的行动纲要》。

元首们指出，该组织在落实 2005 年夏阿斯塔纳峰会达成的协议方面做了卓有成效的工作，这为推动该组织各领域多边合作更加蓬勃发展创造了良好条件。此次元首理事会会议通过了关于加强秘书处在本组织机构体系中的作用和把秘书处领导职务称谓改为秘书长的决议，为组织工作注入全新的活力，并提高了工作效率。根据这一方针，国家协调员理事会应在 2006 年底前商定秘书处机构改革问题和在平衡及保持工作连续性基础上轮换本组织常设机构编内人员的问题。

元首们在组织应对威胁地区和平、稳定和安全事态的措施机制的原则立场达成共识，认为秘书处应尽快起草有关协定，使该机制的各项措施有法可依。打击恐怖主义、分裂主义、极端主义的威胁和非法贩运毒品，是组织的优先工作。继续在成员国境内举行包括有防务部门参加的不同形式的联合反恐演习，对提高成员国联合反恐行动的效率是有益的。元首们对组织地区反恐怖机构的工作给予积极评价，同时认为，该机构在更加出色地履行所肩负的职能和任务方面仍有潜力。

元首们指出，目前开展经济合作已具备法律基础和组织机制，多边经贸合

---

① 中非峰会："和谐世界"理念的成功实践［EB/OL］．人民网，2006 - 11 - 7．

作纲要及其落实措施计划的落实工作已经启动。建立该组织实业家委员会和银行联合体将极大地推动本组织经济合作的发展。落实中方提供的 9 亿美元信贷有助于扩大区域合作。各方同意将能源、信息技术和交通作为优先方向。元首们满意地指出，环保、文化、教育、体育等领域多边合作已迈出有益步伐，该组织专家论坛已开始运作。元首们强调，这对增进成员国相互了解、开展组织框架内的民间外交具有与日俱增的意义。

元首们完全支持六国议会领导人在 2006 年 5 月 30 日莫斯科会议上达成的有关协议（"上海合作组织议会倡议"），认为这是巩固本组织和发展成员国议会联系的有益创举。元首们认为，随着国际形势的发展，以及组织活动日趋积极，有必要加强该组织的新闻宣传工作，营造有利于组织发展的公众意见和舆论环境。组织秘书处应协调相关具体建议的制定工作。

四、中国公共关系界开始得到国际认可

获得国际公共关系奖项是中国公共关系界获得国际认可的标准之一。虽然，中国公共关系界刚刚走过 21 世纪的头 7 年，但是，这 7 年所获得的国际公共关系奖项比以往加起来都多。2002 年，上海视点公共关系公司总经理朱艳艳获得由国际商业传播这协会（IABC）颁发的"金鹅毛奖"，成为中国捧回该奖的第一人。她的获奖，充分证明了中国公共关系业的巨大进步和实力。

承办国际性公共关系大会也是获得国际认可的标准之一。2008 年世界公共关系大会的成功申办，无疑说明了我国公共关系界的国际地位得到进一步提高。截至 2007 年，国际公共关系协会已经成功举办了十六届国际公共关系大会——世界公共关系大会，由国际公共关系协会（总部设在伦敦）和举办国公共关系协会共同举办，每三年举行一次。三年一届的世界公共关系大会被视为全球公共关系业的"奥林匹克"盛会。2000 年，中国参加了在芝加哥举行的第十五届世界公共关系大会，这是中国首次参加世界级的公共关系大会。2004 年，中国成功申办了"2008 年第十六届世界公共关系大会"，这无疑证明了中国公共关系界的实力。

第九章
扬帆起航：中国公共关系的历史新纪元
（2008—2011）

本章主题词：国际重大活动公关　负责任大国形象　Web 2.0　网络
公关　第十八届世界公共关系大会　舆情控制

第一节　时代背景：Web2.0时代的发展与
　　　　国际重大活动的举办

一、网络发展撼动主流媒体地位，中国公关进入数字化2.0时代

随着网络发展到 Web 2.0 阶段，网络传播的特点发生了巨大转变，网络逐渐去中心化，受众主体性得到进一步加强，使得传统的公关方式和 Web 1.0 条件下单向传播的网络公关都已经落后于当前整个传播生态的发展，那种发布会加新闻稿的传统公关方式在新型的网络环境下效力递减，更何况在人们关系结构日趋复杂的自媒体时代，很难控制内容和控制时间，也无法控制信息的视觉形象，甚至不能确定信息是否被传达①。

中国互联网络信息中心调研数据显示，截至 2008 年 6 月底，中国网民的数量达到了 2.53 亿，网民规模跃居世界第一，首次大幅度超越美国②。Web 2.0 的到来，互联网、手机等新媒体强势崛起，QQ、MSN、BBS、视频、博客、SNS 的火爆，无不向公关市场透露着"得网民者得天下"的信号。Web

①　阿尔·里斯．公关第一，广告第二 [M]．上海：上海人民出版社，2004.
②　中国互联网络信息中心（CNNIC）．第 22 次中国互联网络发展状况统计报告 [EB/OL].
2008 - 07 - 24/2018 - 07 - 20，http：//www.cac.gov.cn/2014 - 05/26/c_126548659.htm.

2.0正在改变消费者的行为，正在改变公关的格局，长尾化和碎片化成为网络媒体的最大特点。

Web 2.0阶段个性化、平民化的传播方式打破了传统的自上而下的大众传播范式，随着博客、播客等多种新媒体传播技术的涌现，以往只能被动接收信息的公众掌握了极大的网络话语权，以低廉的成本在网络上发表自己的观点，还可以利用个人的力量来制造和推动舆论，人人都可以成为传播者。传统的"把关人"形象在这一时期内逐渐弱化，信息传播的口径控制日益艰难，政府、企业和公关从业人员不再是信息的唯一输出来源，传播的中心由一个变为无数个，一种更开放、更平等、个性化、低门槛、多中心、点对点的网状传播结构已见雏形并日益成形。同时，以往面目模糊的受众因为拥有了网络话语权，开始以个性鲜明的个体形象出现，使得对传播对象的界定和分析工作也更需精细化。

而当危机与网络媒体紧密相连之时，此前网络媒体的所有优点便会骤然变成最致命的痛点。因为当前阶段的危机不再是可以一次性处理完毕的，谁都可以随心所欲地进行无数次传播；危机不能被有效控制在一个范围之内，转瞬之间就会传遍世界；危机也不再是一家媒体、一个群体关注的焦点，而是众目睽睽下的表演和狂欢①。

这些新型的网络传播生态特点给以往依靠大众传媒展开活动的中国公共关系行业带来了严峻的挑战，传统的公共关系在这种状况之下置身于一个亟待改变的境地。因为当前在自身定位、传播对象、传播渠道和传播模式方面都已经有了新的变化，所以公共关系在调研、计划、实施、评估的每个阶段，都需根据其所处的新型传播生态对传统操作思路和方法做出调整，以更开放的姿态和更积极的尝试来寻求更有效的传播方式。这就要求中国公共关系顺时而动，调整自身以适应Web 2.0阶段，并在当前的新传播生态中利用新型技术、渠道和方式面对这个时代的新型受众，同时采用个性化的传播方式，传递个性化的公关信息与媒体和消费者沟通，才能吸引到越来越分散和稀缺的受众资源，从而维护和提升公共形象，达到营销和公关的目的。

二、公关行业的蓬勃发展为中国公共关系开创新时代奠定基石

在2008奥运会结束没多久，由国际公共关系协会主办、中国国际公共关系协会承办的第十八届世界公共关系大会于11月15日在北京落下了帷幕。本

---

① 黄明胜．网络媒体的危机管理［J］．国际公关，2008（1）：31-32.

届大会主题为"公共关系——构建全球化时代的和谐社会"，历时两天，中国国家领导人、部委领导、行业精英和来自全球 47 个国家和地区的跨国企业及著名公关公司高层等 700 多名代表出席了大会，中央电视台 3 个频道及近 80 家媒体在第一时间报道了大会的情况。

第十八届世界公关大会

（资料来源：中国社会组织公共服务平台，http：//www. chinanpo. gov. cn/1908/32000/preindex. html）

除了全国人大常委会副委员长韩启德、全国人大常委会原副委员长何鲁丽、外交部长杨洁篪、国务院新闻办公室副主任王国庆、北京奥委会执行副主席蒋效愚等国家和政府领导人和国际公共关系协会 2008 年度主席罗伯特·格鲁普的主题演讲外，大会还安排了主题为"亚洲及新兴市场的公关趋势""公关教育与培训""品牌全球化及公共关系的角色""新媒体及网络公关""公共关系和公共外交""公共关系价值"，以及"年轻人和品牌，与下一代沟通"的平行论坛共 7 场，场场爆满[1]。

而这一阶段对于公关行业来说，是不平凡的一年。经历 2008 年奥运和金融海啸之后，中国社会、经济、民生以及国家外交等各个方面都发生了巨大的变化，企业与政府及 NGO 组织对于公共关系的重视上升到了一个新的高度，这使中国公共关系行业面临新的机遇和挑战。随着公共关系服务的市场越来越

---

① 丁来峰，蔡桂娟．世界公关大会北京盛开［J］．国际公关，2008（6）：12 - 14.

细分化，涉及的领域越来越广泛，本土公共关系公司爆发出巨大的潜力。2010年2月26日蓝色光标在深圳证券交易所上市（股票代码：30058）。

2010年的两次重要的公关会议为这一重大历史阶段奠定了发展基调。以"创新中的责任"为主题的2010年中国国际公共关系大会在北京国际会议中心隆重开幕。这是继第十八届世界公共关系大会之后的又一行业盛会，是公共关系行业面临新的时代使命、倡导社会责任与绿色发展的背景下召开的两年一届的规格最高、规模最大的综合性论坛。本届大会分别从"公共关系促进社会创新""公共关系引导社会责任""公共关系创造专业价值""公共关系构建国家软实力""公共关系保持可持续发展""公共关系迎接新媒体挑战"六个方面展开研讨，探讨公共关系创新发展中应兼具的责任。中国国际公共关系协会会长李道豫大使在开幕式上说道：当前世界政治、经济和社会正处于重大变革时期，国内改革开放不断深化，信息技术带来的媒体环境和传播方式的革新正日益影响着我们的生活方式。落实科学发展观、履行企业社会责任、实现可持续发展成为当前时代的潮流。我们应更加清醒地认识到公共关系的专业价值和重要责任。在世界舞台上，利用公共关系策略，展现中国和平崛起的魅力；在经济振兴中，强化企业社会责任，履行民生建设的重任；在传播服务领域，倡导绿色公司建设，推动行业可持续发展①。

为发挥公共关系作用，促进国际公关界交流，探索后世博时代"多元文化和公共关系"，上海市公共关系协会举办了2010上海国际公共关系高峰论坛。如何提升后世博时代公共关系的意识和服务水平，这次论坛就公共外交、国家公关、多元文化、城市形象、传媒使命、企业CSR战略、新媒体环境、网络公关、公关人才培养等问题进行了深入探讨。博雅公关公司等12家公关企业根据当前网络传播时代的特点，倡议并通过了《公关行业行为公约》，承诺"以坦诚的态度对待媒体和社会公众，所有在网上发表的内容必须是真实、公正、透明及准确无误的"②。

在研究机构方面，2008年中国人民大学公共传播研究所成立，先后推出了《公共关系学》《中国危机管理年度系列报告》《中国公共关系史》等著作；同年成立的还有上海外国语大学公共关系研究院，先后出版了《中国公共关系20年发展报告》（中英文版）、《中国公共关系发展报告2006—2010》等研究报告，并从2008年开始每两年举办一次"上海公共关系论坛"，还在

---

①　中国公关网. 2010年中国国际公共关系大会在京隆重举行［EB/OL］. 2010 - 07 - 05/2018 - 07 - 05.

②　陈初莹. 探讨"多元文化和公共关系"2010上海国际公关高峰论坛开幕［J］. 公关世界，2010（11）：95.

2010 年发起成立了"全国公共关系学专业院长（系主任）联席会议委员会"。清华大学公共关系与战略传播研究所及华中科技大学公共传播研究所分别于 2010 年和 2011 年成立，成为集教学、科研、培训、咨询为一体的研究机构①。在学术研究方面，这一阶段的学术论文数量则是中国公共关系历史上的一个峰值。2008 年 49 篇（其中 10 篇硕士论文，1 篇博士论文），2009 年 50 篇（其中 11 篇硕士论文），2010 年 38 篇（其中 12 篇硕士论文），2011 年 37 篇（其中 8 篇硕士论文，1 篇博士论文）②。在 2009 年，上海交通大学薛可教授在 *Public Relations Review* 发表公共关系论文，之后，越来越多的中国公关学者开始走出国门，这让中国公共关系理论与实践研究得到更多的国际认可。

三、重大国际活动成功举办推动中国公共关系进一步融入世界

在 2007 年，中国广告行业营业额直逼 2 000 亿元大关，公关行业营业额达到 108 亿元，广告和公关的营业比约为 20∶1，这与较为成熟的欧美市场 4∶1 的比例相比虽然差距甚远，但较之 33∶1 的 5 年前、几乎空白的 10 年、20 年前却是有了飞跃式的进步，这证明中国公共关系行业仍有巨大的市场空间和增长潜力③。这一年公关行业的增长率为 35%，蓝色光标、迪思传媒、宣亚国际等本土公司还在酝酿融资上市，叩开世界资本大门④。

重大国际活动的举办对于中国公共关系的推动作用是不言而喻的。承办重大国际活动本身就是对国家形象的塑造，它具有超越活动本身效果之外的经济、政治、文化等功能。同时，举办重大国际活动作为全球性的媒介事件，使中国站在世界的聚光灯下，一件国际性事件会吸引来自全球不同人种、不同民族人的注意力，成为全球媒体关注的焦点。借用全球媒体的力量让世界了解各项重大国际活动以及承载它们的中国，在这个"注意力经济"的时代，利用全球性媒介事件也将成为中国公共关系新的对外传播方式。

举世瞩目的 2008 年北京奥运会刚刚落下帷幕，首都又迎来公关界的"奥运会"——第十八届世界公共关系大会。而在后奥运时期，又有 2009 年中华人民共和国成立 60 周年庆典，2010 年上海世博会、广州亚运会，2011 年深圳

---

① 中国公共关系年度报告（2014）[M]．武汉：华中科技大学出版社，2015.
② 上海公共关系三十年发展报告（1986—2016）[M]．北京：中国财政经济出版社，2017.
③ 刘泳华．公关奥运会：本土公关的国际机会 [J]．公关世界，2009（01）：47 - 49.
④ 中国国际公共关系协会．2007 年度中国公共关系行业报告 [EB/OL]．2008 - 04 - 18/2018 - 07 - 20,http://www.docin.com/p-1079321434.html.

大运会等一系列的重大国际活动。这么多大型的盛会对于正在蓬勃发展的中国公关业来说，无异于一个进一步融入世界的绝佳契机。中国公共关系在内"优"外"唤"的大好环境中将迎来快速发展的第二春。

这一阶段，中国公共关系的国际化机会众多，一是本土企业的国际化步伐加快，二是跨国公司的本土化步伐加快，三是中国城市国际化的步伐加快。因为在中国这个国际大舞台上，公司想要国际化就更需要国际化的公关；并且，当越来越多的外国游客来中国旅游，中国的大中城市与当地政府也迫切需要国际化的公关来提升城市形象。公共关系，能让世界更加了解中国，也能让中国更好地走向世界。

Web 2.0 时代的发展和国际重大活动的举办必将成为中国公共关系深入国际市场的"新舞台"，使中国获得在更大范围、更广领域提升国际声望和传达中国声音的历史机遇。一旦能够做好充分准备迎接全新的挑战，牢牢地抓住这绝佳的机会，中国公共关系必将书写历史的新纪元。

第二节　昂扬直面：国际重大事件中的国家形象公关

一、中国国家形象的一次空前大展示

2008 年北京奥运会是中国国家形象展示的绝佳机会。中国政府为在全球推广北京奥运会、传播中国文化、塑造良好的国家形象，开展了一系列卓有成效的工作。希望中国的国际形象向现代而温和转变，改善西方对中国的刻板印象。

首先，重视媒体的传播工作。奥组委设置新闻宣传部和媒体运行部，新闻宣传部负责新闻发布、记者接待和社会宣传工作，以及官方网站内容建设和奥林匹克教育工作；媒体运行部负责主新闻中心、国际广播电视中心和场馆媒体中心的规划和运行工作，为注册媒体人员提供工作设施和各项服务。并且，还发布了《北京奥运会及其筹备期间外国记者采访服务指南》，这是继 2007 年初正式实施《北京奥运会及其筹备期间外国记者在华采访规定》后，中国政府和北京奥组委为便利国外媒体报道北京奥运会而实施的又一重要举措。在赛事的媒体报道方面，由于存在文化差异以及不同的国家利益诉求，中国政府在面对国内外不同受众群体时，采用的公关策略并不一样。

其次，引进专业的公关公司进入政府活动。2005 年，北京奥组委在世界

范围招标，全球八大公关公司都来应标。在评估的过程中，北京奥组委要求应标公司提供六个方面的能力证明：（1）较清晰的宣传战略；（2）每天五种语言的国际舆情监测；（3）做形象推广，走出去沟通，也要请国际媒体进来观察；（4）与媒体保持良好的关系，并为其提供服务；（5）帮助奥组委对三百多名官员进行媒体培训；（6）危机管理的能力。这既是随着中国国家崛起而提升国家形象的必然选择，更是政府全能主义的一种姿态转变，由包办一切转而对专业分工、专业价值的认可和引入。最后伟达公共关系顾问公司中标，与北京奥组委签订协议，成为 2008 年奥运会的传播顾问。

再次，与国际媒体的博弈。中国跟别的国家相比，办一场成功的奥运会难度更大一些，因为要处理包括政治外交舆论的各种问题。这一时期的国家公关策略就是"将体育与政治切割"，即只要有问题超出了奥组委的工作范围，就会把相关负责人请来作答；政治的话题由国新办来回答，奥组委专注做好奥运的事情。这些出现在新闻发布会现场的发言人，也都已经过多次培训。外媒都深深地感受到了中国发展环境的变化和政府态度的变化，这些让海外记者十分震惊、感触很大。"中国政府变得主动，也比较克制，"新加坡《联合早报》记者韩咏红评价说，"虽然官员依然严肃，但意识形态正在淡化。"《联合早报》记者于泽远在《奥运已经成功中国仍需努力》一文中写道："在中国金牌一直遥遥领先的情况下，中国主流媒体也都没有炒作'雪耻''爱国'等排他概念。"《纽约时报》专栏作家托马斯·弗里德曼发表文章赞美中国非常强大："如果你从北京往外走，驱车一个小时就会看到中国广阔的第三世界。但中国的富裕部分，例如北京或上海或大连的现代部分，如今比富裕的美国要先进。"① 与以往的国际媒体报道角度不同的是，国际媒体在总结评论中，已经有意将北京奥运会的成功与中国、中国人权、中国政治问题进行分别评论。

第四，是各种公关活动的开展。先后邀请了 18 批、近 200 位国际媒体的记者前来中国，他们大多都没有来过，安排他们和奥组委的领导们交谈，并前往环保、交通等相关部门参观。奥组委领导也去《洛杉矶时报》《纽约时报》《华盛顿邮报》等美国主流报刊走访。在奥运火炬传递阶段，在美国，安排多家当地主流媒体采访北京奥组委火炬中心两位新闻发言人，并实时检测美国的报道是否平和，是否有大量的负面和冲突内容；在澳大利亚，则邀请了一位澳大利亚记者加入火炬手的行列等。而"福娃全球送吉祥"第 29 届奥运会吉祥物海外推广、"迎奥运、讲文化、树新风"活动的社会普及、奥林匹克教育在

---

①　一个国家的公关：解读奥运背后的专业公关力量［EB/OL］. 2008 - 09 - 20/2018 - 07 - 03. http：//www. infzm. com/content/16844/0.

校园内的全面展开等一系列的公关活动都使 2008 年奥运会成为展示和提升中国国家软实力的最好载体。

第五，是对于舆情的检测。早在奥运会正式开始之前，奥组委就要求伟达公关每日撰写一份《北京奥运会国际媒体监测情况汇总》，里面会摘录所有《华尔街日报》、法新社、路透社、《金融时报》等国际主流媒体对奥运会的相关报道。这些舆情焦点的监测是为了分析、预估媒体将要问到的问题。

最后，是处理突发的危机事件。当火炬传递在法国遭遇风波后，公关人员立即飞到火炬传递的下几站与当地媒体沟通。而最难处理的公关事件是奥运会开幕前三个月的抗震救灾，大悲和大喜之间的冲突并不容易转化。曾有人提出，在奥运会的开幕式上为地震的死难者默哀三分钟，但此项建议没有被采纳。权衡后的方案既不是爱国主义，也不是民族主义，而是具有世界级打动力的"以人为本"的情怀，并安排在中国代表团进场时，一位在地震中救人性命的小男孩和姚明并排出现。这样的处理既没有把中国的悲伤强加给全世界，也由此纪念了亡灵，很有分寸[1]。

就在奥运会后一年，2009 年 10 月 1 日在天安门举行的中华人民共和国成立 60 华诞大型阅兵庆典活动令世界震撼。这次盛典再次刷新了世界对中国的看法，胡锦涛在天安门城楼发表的重要讲话强调了中国将走和平与发展的道路，只有社会主义才能救中国。世界各国媒体以惊叹、精彩、壮观、震撼等词汇来形容。政治家、观察家以新异的言论阐释对中国的最新判断，全球数不清的媒体和评论家亢奋地争论着他们关于中国的最新判断。有些外国媒体感叹，"这场活动的规模甚至超过了 2008 年北京奥运会的开幕式""世界现在已经没有人再怀疑中国正在变成一个真正伟大的强国""中国是当今最有发展前景的国家，未来将取代美国在世界的领袖地位""红场阅兵展示的更多的是进攻性武器，与之相比，天安门阅兵展现的更多的是保家卫国的姿态。"而这场振奋人心的仪式同样点燃了海外华人的爱国热情，向所有同胞展示了祖国母亲保护子民那坚实的臂膀[2]。

如果说奥运会是中国在国际舞台的一次"大亮相"，那么第十八届世界公关大会则是本土公关的一次"大阅兵"，是中国公共关系进一步融入世界的"敲门砖"，而新中国成立 60 周年的大阅兵庆典活动则是国家形象的"大刷新"，喧嚣了数年的"中国威胁论"渐行渐远，代之以"负责任大国"的形象。

① 一个国家的公关：解读奥运背后的专业公关力量 [EB/OL]. 2008 - 09 - 20/2018 - 07 - 03, http://www.infzm.com/content/16844/0.

② 60 年华诞大阅兵大联欢 国家形象大刷新 [J]. 公关世界，2009（10）：4 - 5.

二、反驳中国威胁论，彰显负责任大国形象

伴随着中国经济持续的高速增长，"中国崛起""强国战略"等"中国威胁"论调充斥着媒体，而这一时期中国信息时代的到来和网络技术的普及，又使得"中国网络威胁论"甚嚣尘上。

从 2010 年初谷歌高调声称"受中国黑客攻击"以来，一些西方国家对"网络审查""黑客攻击""组建网络部队"等话题的炒作纷纭杂沓，不绝于耳。2011 年 2 月 15 日美国国务卿希拉里发表题为《网络正确与错误：互联网世界的选择与挑战》的演讲，大谈"网络自由"，并对中国进行指责。随之，加拿大广播公司报道称，加拿大政府网站遭到前所未有的黑客攻击，来源追溯到中国的服务器，黑客取得高度机密的联邦资料，因此加拿大至少两个重要政府部门网站被迫紧急关闭。

许多媒体就这些事件进行了密集报道，针对"中国网络威胁论"主要有以下说法：一是"网络审查"之说，指责中国限制了网络言论的自由；二是"黑客攻击"之说，称中国黑客入侵并窃取有关国家政府或军队的情报；三是"组建网络部队"之说，称中国已建几十万人的网络部队，旨在入侵他国网络[1]。

面对不实言论，新华社 2 月 18 日发表了题为《美媒嫉妒中国进军电信市场渲染"中国网络威胁"》的文章，指责美国《华盛顿时报》前天刊登的一篇文章，以《包括美国军事网站在内的互联网通信跳转至中国服务器》为标题，渲染中国网络的威胁，声称"它可能导致非常恶意的行为""然而，盖茨的安全发言和国防部的数据似乎都与互联网数据跳转中国这一现象无关"。新华社也指责美国福克斯新闻网的报道"将污水泼向中国电信""为夸大互联网数据跳转中国涉及安全的现象造势"，并指责美国是"因为嫉妒中国抢占全球电信行业市场和电信设备发展取得进步而大泼脏水"。新华社文章指出，美国国防部 8 月向中方发动攻势，向国会提交了详细介绍"中国网络战争执行能力"的报告，指责中国政府和军队指使民间黑客集团向美国政府和产业界发动网络攻击。美国国会下属美中经济与安全审查委员会在一份呈交国会的报告中说，4 月世界互联网流量的近 15％曾短暂跳转至中国的电脑服务器。这一现象被疑为中国对美国电脑特殊用户和网站进行监视[2]。

这一场舆论公关战，可以说中方打得有条不紊。首先，是中国官方代表新

①　杨丹."中国网络威胁论"不堪一驳［N］.光明日报，2011 - 2 - 23.
②　联合早报网.中国反驳美渲染"中国网络威胁"［J］.国际新闻界，2010（12）：104.

华社出面向公众及时澄清这些不实的报道，并且公开相关信息防止舆论负向演化；随后，针对谣言内涉及的中国电信等有关部门现身，亲自否认曾在 4 月份"劫持"流向美国网站的访问以对抗外媒的诬陷；最后，中国人民解放军于 7 月 19 日在北京举行了"信息保障基地"创设仪式，以实际行动告诉公众："面对美国的挑战书，中国毫无惧色。"①

除了这些及时的应对措施之外，中国政府为打破各种"威胁论"也有长远之计。在 20 世纪 90 年代末的亚洲金融危机中，首次提出做"负责任大国"。之后便积极从理念和实践两个层面构建这种新的国家身份，经过多年的探索与实践，"负责任大国"已成为当今中国在国际舞台上公开践行的外交理念与身份定位，中国负责任的国家形象也日益得到国际社会的认可。

2010 年的海地大地震发生不久，国际社会便纷纷行动起来奔赴海地开展救援。海地救援不仅象征着人道主义光辉的闪烁，更是各国展示软实力、传播国家形象的舞台。

尽管当时中国和海地尚未建立正式外交关系，中国政府仍在第一时间派出由搜救队员、医疗队员和地震专家等组成的中国国际救援队紧急赶赴海地，成为最早抵达海地的国际救援队之一。这不仅仅是一次救援行动，更是在联合国组织框架下，中国利用多边渠道与合作来积极履行国际义务的一次复杂的外交活动。中国国际救援队不仅定期向联合国及其他救援队通报救援情况，分享救援信息，还设立了新闻发言人，负责向外界发布救援信息和管理媒介关系。

中国政府在此次海地地震国际救援行动中快速的反应和及时的行动，吸引了西方主流媒体的眼球。法新社以《中国领先启动海地救援》②为标题，专门配发了中国搜救队在北京集合出发的大幅图片。加拿大广播公司（CBC）在报道海地救援中提道："中国救援队带来大量的食物、药品和其他物资。"③当然在国际舆论的七嘴八舌之中，中国也会听到一些微词与质疑，如《华盛顿邮报》曾以《海地地震考验台海关系》为题将海地地震救援加注了政治符号，以及某些西方媒体甚至批评中国对海地救援的政治意图大于人道主义援助等④。

---

① 新华网. 美媒嫉妒中国进军电信市场渲染"中国网络威胁"［EB/OL］. 2010 - 11 - 18/2019 - 01 - 06.http：//news. cntv. cn/world/20101118/110468 _ 1. shtml.

② 外媒称中国救援队启动国际救援［EB/OL］. 2010 - 01 - 15/2019 - 01 - 06. http：//news. ifeng. com/world/special/haididizhen/zuixin/detail _ 2010 _ 01/15/1175002 _ 0. shtml.

③ 中国海地救助行动受世界关注［EB/OL］. 2010 - 01 - 19/2019 - 01 - 06. http：//news. 163. com/10/0119/18/5TDM2COC000120GR. html.

④ 徐静. 海地救援彰显大国形象［J］. 国际公关，2010（2）：22 - 23.

2010 年 1 月 14 日中国救援队抵达海地

（资料来源：中华人民共和国中央人民政府网，http：//www. gov. cn/jrzg/2010 - 01/14/content _ 1510428. htm）

　　面对国际舆论对中国救援海地事件的质疑，中国对外传播媒体进行了策略性回应，即"通过故事讲事实，摆道理"。比如，CCTV9"对话"栏目在策划第一期海地救援节目时，不仅讲述海地的灾情、国际救援的合作程度、中国救援队的表现，也回顾海地历史，并分析这些历史在多大程度上影响着国际救援过程，影响着海地民众看待某些西方国家的国际救援行动。在这一感性的对话平台上，"对话"栏目选择目标受众易于接受的交流方式、遵循对方习惯的谈话逻辑并采取相对应的语言行为，彼此进行平等的沟通，在平等自然的过程中交流碰撞一些严肃话题。

　　国家形象的公关所面临的是多文化、多种族、多政治体制背景下的受众，他们长期浸润在西方媒体"中国威胁"的论调下，对中国从事对外传播的媒体的诉求各异。在这种众口难调的传播环境下，搭建一个感性的平台，即平等对待、真诚相处的对话平台，来与国外受众探讨有关中国的理性话题，不失为一条实现树立中国负责任大国形象目标的有效途径。

　　2011 年，利比亚发生内乱，中国政府立即积极应对，多部门联合组成撤离工作组，通过"海陆空"三种渠道实施大规模的撤侨行动。这次撤侨行动极大提升了中国的国家形象，可谓是一次优秀的对外公关行动，展示了真正意义

**2011 年利比亚撤侨行动中一名从利比亚撤到希腊的
中国同胞向外国记者展示中国护照**

（资料来源：360 个人图书馆，http：//www. 360doc. com/content/16/1029/00/619913 _
602218582. shtml）

上的大国风范，彰显了一个负责任的大国形象。

在此期间，媒体起了不可忽视的作用。中外媒体都将中国政府撤侨全过程
鲜活地展现在世人面前：

作为国家通信社，新华社极为详尽地报道了撤侨的全过程。从向希腊、马
耳他租用豪华客轮，到从埃及和突尼斯租用近百辆巴士以及卡塔尔航空公司的
航班；从调遣客机直飞的黎波里，到派护卫舰火速奔赴目的地护航；从撤侨人
员的情绪到国内家属的反映等，立体、全方面地将撤侨的整个过程展现在民众
面前。中国的英文媒体也高度关注这次撤侨行动。《中国日报》评价："中国日
益增长的综合国力为如此大规模的撤侨行动，提供了强有力的支持。"《环球时
报》英文版报道："这次撤侨行动展示了中国危机处理能力较之前提高很多。"
美国《华尔街日报》指出："中国官方高度重视在利比亚的民众通过网络向政
府发出的求助消息，并及时进行回应，充分体现了其执政为民的理念。"有美
国媒体甚至反省说，从撤离行动来看，中国比美国表现得更像一个"超级大
国"。法国《欧洲时报》的评论说："中国这次撤离行动不仅表现出一个强大国
家对其海外公民保护能力的提升、处置突发事件能力的增强，以及应急机制的
日益完善，也体现出中国国际影响力的提升。"英国《经济学家》网站的评论
认为："在撤离行动中动用军舰，反映出中国军队日趋重视保护中国公民海外

第九章 扬帆起航：中国公共关系的历史新纪元（2008—2011） **293**

的合法权益。"英国《金融时报》评论称："利比亚撤离行动标志着一个意义深远的变迁，中国有能力保护其远离祖国的公民，同时也表明中国有能力采取全球行动。"①

国家处理突发事件的应变能力，会影响这个国家政府的形象和声誉度，国家形象和危机的关系也显现出来。在突发事件面前，国家形象往往不是孤立或宏观的，在危机中，政府是危机管理的主体。公众对政府行为有一定的期望值和满意度。大规模的公共危机既对国家形象构成挑战，同时也是塑造国家形象的重要契机。中国政府及时、公开地发布撤侨过程中的相关信息，利用媒体充分报道事件进展，是一次成功的让外界了解政府应对危机的案例。面对多元化的信息传播渠道，当危机发生时，政府及时公布信息，通过新闻媒体第一时间发布，既是满足受众知情权、求知心理的需要，也是制止流言，降低恐慌心理的需要，调控了公众的心理情绪。

这些事件都折射出了中国与西方媒体"中国威胁论"描绘下截然不同的另一面。充分展示了中国在大灾大难中的"国家温情"和突发危机处理中的"以人为本"，增强了国家的凝聚力与向心力，在世界树立起负责任大国的形象。

三、中国公共关系的大机遇

继北京奥运会成功举办之后，中国再次成为全球的焦点。2010 年上海世博会给参展的国家、城市以及企业提供了一个交流与沟通的平台，同时也带来了巨大的传播机会。所有参展的国家、城市和企业都利用这次机遇，聘请专业的公共关系机构和人士，制定适当的传播策略，全方位、多渠道地实现自身形象的提升。

媒体传播方面，世博新闻中心吸取北京奥运会的经验，为记者提供的办公设施尽量为中外记者提供便捷、舒适的服务。主办方还设计了 8 条"感知中国"采访服务线路、85 个推荐点，让中外媒体记者实地探访上海环境保护、节能减排、社会保障、城市历史风貌保护。

公关活动方面，在举办之前，上海市政府与国际展览局每年都会共同举办一届上海世博会论坛，以广泛学习各国举办世博会的成功经验，并扩大 2010 年上海世博会的国际影响。同时，制定了上海世博会的沟通推介计划，并开展一系列推广活动。在全国范围内推出了上海世博会系列宣传周活动，主要包括新闻发布会、世博专题讲座、世博校园行、世博知识竞赛、世博主题宣传片播

---

① 刘阳子．撤侨行动提升国家形象［J］．国际公关，2011（2）：22-23．

放等内容。所有的活动均围绕"城市，让生活更美好"的主题展开，在全国各地形成了一个良好的世博宣传氛围①。2009 年 7 月 5 日，在北京首都博物馆举行的"走进世博会——中国 2010 年上海世博会暨世博会历史回顾展"是上海世博会全国巡回宣传最重要的一站，此次展览集中介绍了最新的办博进展，是向全国及海外民众展示世博会精彩内容的巨大的公共关系平台，在全国掀起了倒计时 300 天世博宣传高潮。

2010 上海世博会论坛新闻发布会

（资料来源：腾讯世博，https：//2010. qq. com/a/20100416/000175. htm）

与国内宣传不同，海外宣传策略是重点地区重点推介。上海世博局将有限的推介资源主要集中在一些对世博会比较感兴趣的、参与世博热情比较高的国家和地区，比如日本、韩国、俄罗斯、欧洲等。一方面，在国内举办针对外国驻华机构的上海世博推介会，邀请驻华使节代表、在京外国记者等人士参观、采访；另一方面，上海世博局与中国驻国外使领馆联合开展上海世博的推介工作。2009 年底，上海世博局向中国 55 个驻外使领馆提供了充气海宝、拉网展架、世博宣传折页等相关材料。2010 年初，中国驻美国、德国等大使馆纷纷举行了上海世博推介会。

上海世博会是一个公关大舞台，参展的国家、城市以及企业在这里尽情地展示和表达，而在其精彩纷呈的背后，活跃着一个个公关公司的身影。伟达、万博宣伟、罗德、奥美、灵思、迪思等众多公关公司都参与了上海世博会。曾于 2008 年被北京奥组委聘任为传播顾问的伟达公关，再一次成为指定公关服

---

① 刘晓玲，杜惠清，吴珍. 世博公关力量［J］. 国际公关，2010（3）：32 - 40.

务供应商，而法国最大的广告与传播集团阳狮也同样成为上海世博会公关服务供应商，为上海世博局提供专业建议和策略咨询。世博会组织者和国际主流媒体之间的沟通工作目前已经有了一个好的开端，国际性公关公司的作用正逐渐显现出来。对于企业来说，无论赞助商还是非赞助商，世博都是一道不可错失的营销大餐。很多公关公司除了公司原有客户的世博营销任务外，还承接了不少新的项目。灵思传播机构签约上汽—通用企业馆，负责场馆推广，并向公众传播上汽—通用馆"可持续性的城市移动系统"理念。迪思传媒集团则成为中国航空馆的唯一运营商提供商，负责整个场馆的运营工作①。除了企业馆，国家馆、城市馆和国际组织馆也纷纷借助专业的公关力量，不少公关公司担负起推广国家、城市和组织的场馆的任务。在新西兰馆、以色列馆、马德里馆，万博宣伟的工作团队在紧张地忙碌着；罗德公关的工作人员则不时出现在巴西馆和美国馆；奥美的项目组也分别长期"驻守"澳大利亚馆、西班牙馆、瑞士馆；香港殿堂公关则成为世界贸易中心协会馆、国际信息发展网馆、法语国家商务论坛馆、太平洋联合馆的官方合作伙伴，在世博会期间负责这几个展馆的活动统筹和管理②。

　　除了传统的传播方式，网络公关也备受重视。万博宣伟在为其客户服务时，充分运用了客户的世博官网、微博、社交网站等新媒体平台，与公众展开互动沟通；奥美公关也为其服务的国家馆、企业馆等制定了数字传播策略。此外，上海世博会还首次开办网上世博会，将展馆和景区全部搬到网上，使上海世博会成为了"永不落幕的世博会"。由于网上世博的开放早于实体世博，这无疑对世博会起到了预先推介和宣传作用。

　　从媒体关系到品牌形象传播，从活动管理到危机应对，这个国际盛会的舞台上几乎囊括了公关实务的各项业务。上海世博会是中国公共关系的绝佳机遇，不遗余力地做好对外宣传、推广工作，可以帮助世界充分全面了解中国，让中国最大限度、最真实地展现在世界面前。

　　在2008—2011年间，孔子学院和孔子课堂的数量增长最多。同时，为了适应互联网时代的需求，孔子学院建立了网络孔子学院，于2009年基本建成以北京、上海、香港、伦敦和洛杉矶等城市为辐射点的全球网络传输硬件平台，架设新版网络架构、启动运营48个中英文汉语教学和中华文化频道，与60多家媒体、出版社建立内容合作关系，完成国内外网络调研工作。至当年12月底，网络孔子学院将网站内容分为孔子学院、资源、学习、互动和文化五个中心③。

---

　　① 郭惠民. 解码"公共·关系"[J]. 国际新闻界，2007（12）：17-21.
　　② 刘晓玲，杜惠清，吴珍. 世博公关力量 [J]. 国际公关，2010（3）：32-40.
　　③ 赵启正，雷蔚真. 中国公共外交发展报告（2015）[M]. 北京：社会科学文献出版社，2015.

在一系列国际重大活动、重大会议上的各种交流后，全世界进一步了解了真实的中国，一个有着五千年灿烂文明的中国，一个经历过改革开放 30 年的中国，一个 GDP 总量居世界第二位的发展中国家中国，一个需要进一步融入世界发展行列的中国。

四、国家形象宣传片：开启大国营销新时代

宣传片不仅具有影视剧般的唯美画面和视觉表现力，又具有纪录片似的真实力量，运用摄影、动画、音乐、解说、表演等表现元素，以唤起受众对宣传主体建立认知度，产生认同感或使其接受某种说服意图。

在北京奥运公关的那一年，国家计划生育委员会就与奥美合作，创作了一个系列宣传片，希望改变西方对中国计生政策的负面印象。

片子的素材讲了四个故事：香格里拉地区少数民族婚姻仪式的改变；宁夏回族自治区对女童上学的资助；政府救助河南上蔡艾滋孤儿；云南白族的婚俗正在向男女平等方向转变。题材感人、制作精良的宣传片如今已成为计生委在国际交流时赠送给外国人的礼物①。

标志着进入大国营销时代的是 2011 年推出的两个国家形象宣传片，一部长约一分钟的广告短片和一部近 18 分钟的专题长片。

广告短片即《人物篇》。于美国时间 2011 年 1 月 17 日早晨开始在纽约时代广场户外大屏幕、CNN 和 BBC 播放。在四周时间，这则长约一分钟的宣传片在时代广场从每天早上 6 点至凌晨 2 点，以每天 1 小时 15 次的频率，连续 20 小时滚动播放，总计播放近万次。以 "Stunning Chinese Beauty"（令人惊艳的中国美）开幕，中国影星、舞蹈家和名模作为 "中国式美丽" 的代表作为开篇人物登场，她们或优雅、或妩媚、或可爱，以不同的风格诠释着独具风韵的中国美。除此之外，来自中国科技界、体育界、金融界、思想界、企业界等领域具有较强辨识力、亲和力和沟通力的杰出人才以 "智慧、艺术、财富、文化、勇敢、才能、学术、设计、媒体、航空" 等关键词诠释各行各业的优秀的中国人形象，用一组组群像的形式在短短 60 秒的时间内闪过，没有一句台词，只是站在镜头前凝视或者微笑，以其独特的风度，配合以感性的字幕表达，表现一种强烈的内在张力，向全世界展示立体的中国。

---

① 一个国家的公关：解读奥运背后的专业公关力量 [EB/OL]. 2008 - 09 - 20/2018 - 07 - 03，http：//www. infzm. com/content/16844/0.

2011 年国家形象宣传片 《人物篇》和 《角度篇》广告图片
（资料来源：简书，https：//www. jianshu. com/p/d42aa0eca7a4）

　　与《人物篇》不同，18 分钟的专题片《角度篇》更趋理性。2011 年 1 月 23 日在网上正式亮相，此片主要用于外事活动的播放展示。这部宣传片采取分段编辑的方法，每个段落均包含具有代表性的不同主题，共 11 个章节，通篇以纪实性的自然风格，呈现朴素真实的中国社会，以 800 多个画面的大规模制作，跨越政治、经济、社会、文化、科研、教育、环境、民族等多个中国当下社会备受瞩目甚至遭遇尖刻批评的领域和话题，拍摄地点遍及神州大地，力图多角度地解读中国，展示当代中国的建设成就、开放成就，以及以价值观、道德观和发展观为核心的当代中国精神。18 分钟的《角度篇》开篇即提出了"我们是谁""我们在想什么""传统是一种背负，还是一种推动发展的动力"等五个问题，为整部形象片定下基调，并试图对这些问题做出回答。而在接下来的部分，还出现了少数民族青年在新疆的山坳之间拨打手机，云南山区的法官在民居里判案，北京老人在银行里储蓄人民币等画面，通过"开放而有自信""增长而能持续""发展而能共享""多元而能共荣""自由而有秩序""民主而有权威""贫富而能互尊""富裕而能节俭"等章节来系统、辩证地阐述了当下中国①。

　　这两部国家形象宣传片从艺术的视角切入，而非"橱窗式"的展示，熊猫、京剧、武术、中医、兵马俑、布达拉宫等中国"名片"也悉数在《角度篇》中亮相。创作者在捕捉真实的同时，兼顾观赏性和美感，用真实的镜头反映中国的民生和生动的社会。

　　国家形象的广告宣传是一个长期持续的过程，中国国家形象宣传片的播出

---

① 汤天甜 . 论中国国家形象宣传片的文化公关与价值输出［J］. 南京社会科学，2011（3）：113 - 117.

不在于对提升中国软实力产生多大效果，其播出本身所引发的关注和讨论即达到了其预期的影响力效果。此外，在现代传播环境中，传播媒介的善用与否在很大程度上对传播效果产生巨大影响，互联网等新媒体的优势较之传统媒体越来越突出，能否充分有效地运用 Web 2.0 的新科技和"社会媒体"来做公关，是对国家形象传播的现实考验。

第三节　以人为本：国内重大事件中的
政府形象公关

一、政府网络公关的新发展阶段

随着科技的进步，互联网这一信息和舆论平台正凭借其先天固有的原生性、多元性和广泛性，逐渐成为中国"草根"阶层表达观点、参政议政的重要话语渠道。而秉持"以人为本"治国理念的中国政府也与时俱进，通过其执政行动为其发展源源不断注入强大动力。在这一阶段，许多中央高层不仅会亲自上网倾听民声，同时每天还会看到由有关部门汇编的网络舆情，而对于博客、播客、微博等新兴互联网传播手段，也会去主动了解学习，包括以上网采集民意、在线访谈等方式同网民进行交流互动。

2008 年 6 月 20 日上午，胡锦涛做客人民网同网民在线交流，他在这次交流中说道："平时工作忙碌也会尽量抽时间上网，一是看看国内外新闻；二是从网上了解当前人民群众都关心些什么问题、有些什么看法；三是从网上了解网民朋友们对党和国家工作有些什么意见和建议。"这一次国家最高领导人在网上听民声聚民智的举措是一个前所未有的标志性事件[①]。

在每次全国"两会"中外记者招待会上，温家宝都会主动标示对于网民提问的关注与感谢，并明确表态："中国政府支持互联网的发展和广泛应用。作为人民的政府，应该接受群众的民主监督，也包括在网上广泛听取意见。"从2009 年起，温家宝连续三年通过中国政府网、新华网同海内外网民进行在线交流[②]。

在 2011 年的"政务微博年度高峰论坛"上，新浪总编辑陈彤认为 2011 年可以被称为中国的"政务微博元年"，这一年，各级政府都在迎接微博时代。

---

① 翁阳. 胡锦涛网上听民声聚民智 [J]. 公关世界，2008（7）：1.
② 温总理第 3 次与网友在线交流：20 个热词彰显民生情怀 [EB/OL]. 2011 - 02 - 21/2018 - 07 - 12，http：//politics. people. com. cn/GB/1025/14014128. html.

政务微博是一种新型的载体，能够确保民众的声音被政府听见，促进一些个案的解决，释放社会的焦虑，促进双方的沟通。

据统计显示，截至 2011 年 11 月初，通过新浪微博认证的各级政府机构及官员微博约 2 万个。其中政府机构微博超过 1 万个，官员个人微博近 9 000 个；省部级以上政府机构微博 35 个，省部级以上政府官员微博 14 个。腾讯微博的数据显示，截至 2011 年 9 月底，腾讯微博上全国共有 1.8 万余个政务机构以及公务员开通的微博，其中副厅级以上级别的机构和官员微博接近 300 个①。

2009 年 11 月 2 日，常德市桃源县政府就开通新浪微博开始了政府网络问政的尝试，成为湖南省乃至全国第一个政府微博。作为一个县级政府微博，新闻源有限，工作人员也不够，桃源县政府的微博注定不够抢眼。不过，作为第一个吃螃蟹的人，其勇气和眼光让人称赞。2009 年 11 月 21 日，云南省人民政府新闻办公室的政务信息公开微博平台"微博云南"，第一时间向社会公开公众关心的热点事件和政策信息，一经推出迅速吸引了媒体和网民的注意，一度被封为"首个政府微博"称号②。

2010 年 12 月 24 日，《人民日报》发表文章《这个政府微博可真火》，"成都发布"自 2010 年 6 月 23 日开通以来截至《人民日报》发稿前一天，"粉丝"人数 5.3 万人，这样的"粉丝"数量在内地 59 个政府官方微博中位居第一。2010 年 10 月，第十一届中国西部国际博览会在成都开幕，"成都发布"为此进行了连续 4 天、全程 24 小时的不间断微博图文直播。此举开创了多个官方微博"第一"：第一次直播国家级大型活动、第一次 24 小时不间断直播、第一次直接与网民实时动。"成都发布"将微博纳入政府新闻发布，实现了现场感极强的实时直播，效果明显③。

如此来看，这一阶段互联网已经成了新闻发布的重要传播渠道，微博从诞生到飞速发展，丰富了网络传播的形式，也对政府形象公关提出了更高的要求，政府网络公关业成了这一时期工作的新发展和新需要。

二、突发事件中的政府危机公关

在这一阶段，处于转型期的中国社会的确给我们带来了一系列令人欣喜的

---

① 2011 中国政务微博元年：各级政府迎接微博时代 [EB/OL]. 2011－12－13/2018－07－12，http：//leaders. people. com. cn/GB/16592031. html.

② 胡丹．盘点微博元年里的政府微博 [J]．公关世界，2011（2）：52－53.

③ "成都发布"官方微博：这个政府微博可真火 [EB/OL]. 2010－12－24/2018－07－12，http：//politics. people. com. cn/GB/14562/13567823. html.

发展和变化，但同样面临着新问题和新挑战，公共突发事件的发生也日益频繁。相信若干年以后，当人们回忆起这一历史阶段的中国，令人印象深刻的不只有 2008 北京奥运会、2009 国庆 60 周年大阅兵、2010 上海世博会等，还有公共突发危机事件中全国人民众志成城、团结友爱的精神风貌，以及中国各级政府在事件处理中愈发成熟的危机公关意识和社会协调能力。

正值 2008 年春运高峰期，一场大范围的冰雪灾害波及半个中国，受灾人数过亿，全国大部分地区交通瘫痪，多个机场及众多高速公路关闭，京广铁路主干线和诸多铁路路段及国道停运。数十万急于返乡过节的人由于交通的瘫痪或滞留在火车站、机场，或被阻隔在回家的路上，百年不遇的雪灾和一年一度的春运人流高峰交织在一起，直接让政府在 2008 年开春就面临着重大公共危机的考验。其中，湖南省灾情持续时间最长、破坏性最大。截至 1 月 28 日上午 10 时，全省 14 个市州 122 个县市区 2 915 万人不同程度受灾，因灾死亡 10人，紧急转移安置 25.5 万人（含京珠高速上滞留的旅客 4.7 万人）。全省因灾倒塌房屋 5.4 万间，240 万人饮水困难，农作物受灾面积 200 万公顷，死亡23.3 万大型牲畜，初步估计直接经济损失达 104.7 亿元以上[1]。

1 月 28 日晚，温家宝乘坐军机，在不确定航线和降落地点的情况下紧急飞往南方灾区，前往灾区一线指挥；1 月 29 日，温家宝在长沙听取湖南省抗冰冻灾害汇报，了解电网受损情况，慰问遇难电力工人家属，紧接着又到长沙火车站看望滞留旅客；1 月 30 日，温家宝到广州火车站和汽车站考察指导抗灾工作，并冒雨考察了广东市场供应工作；2 月 1 日，回京 44 个小时后温家宝再回湖南灾区；2 月 5 日，温家宝前往贵州考察，这也是他 9 天之内第三次亲临灾区指挥抗灾[2]。湖南省政府同样深入一线抗灾救灾，2008 年 1 月 27 日下午，湖南省委召开省委常委扩大会议，对全省抗冰救灾工作进行再动员、再部署。要求当前突出抓好保人民群众生命安全、保电力供应、保交通畅通、保重要物资供应和畅通、保市场供应、保困难群众生活等六方面工作。

在危机公关活动方面，随着灾情进展，有关地方和部门先后启动应急预案。气象局宣布启动重大气象灾害应急预案后，贵州、湖南等地迅速启动本地气象灾害预警应急预案，多渠道发布预警信息，主动为相关部门提供预报预警信息；民政部、交通部、铁道部等部门纷纷启动应急预案，成立指挥机构，第一时间派出工作组到灾区一线指导工作。广州市启动春运应急预案，各单位人员迅速到位，采取有效措施严密监控，组织疏散；上海市启动列车大面积晚

① 湖南冰灾损失超百亿，京珠高速滞留 4 万人，京广线已畅通 [EB/OL]. 2008 - 07 - 28/2018 -07 - 17，http：//hn. rednet. cn/c/2008/01/28/1430361. htm.
② 何恽华. 冰雪灾害中的政府公关 [J]. 国际公关，2008（2）：12 - 13.

点、供电、交通、市场供应等应急预案，全力应对，上海电力、燃气、食品等供应基本正常，市民公交出行有序，城市运行情况平稳。此外，人民网、新华网、新浪网等多家媒体都在第一时间开辟了抗击雪灾的专栏，不仅及时发布各类抗灾信息，也为百姓反映情况、建言献策提供了平台。在灾情较重的湖南，省新闻办 11 天开了 13 场新闻发布会，有时甚至是一天两次。很多地方政府还采取了多渠道发布的办法，利用电视、电台、报纸、网络、手机短信等一切可以利用的手段。

在受灾最严重的湖南省郴州市，市委、市政府通过电台宣读了致郴州市民的一封公开信，就冰冻导致全城停水断电给居民生活带来的困难和不便，两度向市民致歉，并表示"市委、市政府将坚定地与人民群众站在一起，在目前这种情况下，大家有怀疑、责问和怨言都是可以理解的"。这封公开信，说明了市委、市政府已经感到的自责、自省、自愧和自励，也传递出政府敢于直面公众，正视失误与困境，主动承担责任的气度，散发出一种坦率与真诚。这些行动都体现了危机公关理念的更新，在党和政府与人民之间建立起一种相互尊重、相互体谅、相互信任的和谐关系，也让广大老百姓看到了最终取得抗灾救灾胜利的希望。

此次面对突发的冰雪灾害，政府刻不容缓的积极行动，灾害相关信息的快速公开，避免了"非典"时期出现的群体性社会恐慌，为政府展开救灾工作营造了良好的社会舆论环境，为团结民众与政府一起抗灾救灾奠定了基础，展现了中国特有的政府效能和高效社会动员能力，网络时代信息的快速传播也给政府快速处理危机事件的能力树立了良好形象。

冰雪灾害过去没多久，2008 年 3 月 14 日，达赖分裂集团勾结境外反华势力在西藏拉萨发动了打砸抢烧暴力事件，在分裂分子的鼓动和组织下，暴乱分子公然上街抢劫、殴打无辜百姓，放火焚烧店铺，甚至冲击学校、医院和政府机关。之后，在四川、甘肃的部分藏族地区也出现了类似的暴力活动，还延续到了境外，中国驻外使领馆和重要外交机构也受到了藏独分子的干扰和冲击。随后，西方少数媒体歪曲的报道更令这一事件火上浇油。国内外反华势力的一唱一和使国际上又掀起了一轮歪曲和妖魔化中国形象的新浪潮[①]。迅速地，中国政府在这次的危机公关中的行动颇有成效。

首先，在信息发布的公关活动方面，虽然这次事件发生在"两会"这个敏感的时间节点，但政府并没有做出延迟相关报道的决定，而是在第一时间公布

---

① 潘月杰. 从 3.14 拉萨暴力事件看中国政府的形象管理能力［J］. 公关世界，2008（6）：22－24.

了相应消息。外交部、公安部、西藏自治区、四川省和甘肃省政府先后多次召开新闻发布会，向海内外的媒体公布事件的真相和后续处理结果。温家宝也在"两会"结束后的新闻发布会上深入地介绍了中国政府对这一事件的态度，通过新闻发布会的形式有力地宣传了政府的主张和措施，满足了媒体的信息需求，有效地避免了谣言和流言。在对外方面，胡锦涛和负责外交事务的主要官员同外国政要通电话，通报事件真相和处理结果。外交部除开新闻发布会外，在国内，组织境外主要媒体和驻华外国使团赴拉萨采访；在国外，驻外使领馆官员会晤所在国政府官员，接受当地媒体的采访，介绍相关信息，让西方国家更好地了解这一事件的真相，维护中国政府形象。

其次，在媒体报道方面，政府不仅通过官方媒体持续不断地进行报道，也允许其他媒体进行现场采访，媒体报道更加自由和开放。3月26日，中国政府还组织了境外媒体入藏，其中还包括先前有过片面或歪曲报道的部分西方媒体。这是中国政府进行境外媒体公关的新尝试，能让媒体对事件真相进行更加公正客观地报道。

最后，在网络舆论的引导方面，中国政府利用网络媒体进行了新闻宣传和报道，这种公众参与性的新闻制造和传播比传统的新闻报道更加有效和可信，是此次危机事件公关的一大亮点。在国内，3月17日，新华网刊登了一则关于拉萨暴力事件的视频新闻，引起了公众的广泛关注和传播。在观看视频后，网民们纷纷表达了对政府制止暴力事件的支持，和对达赖集团倒行逆施的谴责，起到了良好的宣传效果。在政府网络新闻的引导下，网民还自发地组织了揭发西方主流媒体歪曲和污蔑报道的活动，让国人更清晰地认识到国内外反华势力相互勾结，抹黑中国形象的事实。同样，在国外，受益于 Web 2.0 的便捷，新的网络传播技术造就了强大的民间"网军"，使海外华人走到了台前，以西方人不得不正视的姿态、以他们听得懂的语言进行对话，阐述事实真相，为中国政府形象的维护出一份力①。

从这次的突发危机事件来看，网络公关着实成为了在突发事件中政府形象塑造和维护管理中的后起之秀，有着不可替代的效能。

好事多磨的奥运之年一路坎坷，在冰灾、暴乱之后又发生了汶川大地震。5月12日14时28分，四川汶川发生了8.0级特大地震，造成了巨大的人员伤亡和财产损失。在震后的第十天，遇难、受伤、失踪人数高达30万，500多

---

①　胡百精. 权力话语、意义输出与国家公共关系的基本问题——从北京奥运会、拉萨"3·14"事件看中国国家公关战略的建构［J］. 国际新闻界，2008（5）：14-18.

万人无家可归，财产损失难计其数①。这一次的政府危机公关可以说是中国公共关系史上的伟大创举。

首先，在政府行动方面，灾难发生的两个小时内，抗震救灾总指挥部迅速成立并高效运转，震后 13 分钟全军便启动应急机制，胡锦涛即做出尽快抢救伤员，确保灾区人民生命安全的重要指示。震后 4 小时，温家宝乘坐的专机就已经抵达成都，并在一个月的时间内三赴四川，辗转重灾区，亲临现场了解灾情、指挥救灾、慰问百姓。政治局九位常委也先后前往灾区，身体力行地传递中国政府的人性关怀，体现了政府"以人为本"的理念，成为灾区和全国民心稳定的巨大精神力量。在第一时间，受灾地区省委、省政府部署救灾，各级干部奔赴现场指挥。国家减灾委、中国地震局、民政部等启动应急预案，派遣救援队伍并调拨救灾物资。中国红十字会、中华慈善总会等发出紧急呼吁，号召全社会伸出援手。从中央到地方，从政府到民间，统一调度、协同作战，全军和武警部队二十余个专业兵种 11 万精锐短短几天全部到位。近 400 支专业救援队，4.5 万医务人员纷纷赶赴一线。这充分展现了政府有能力、有决心、有信心战胜震灾。

其次，在公关活动方面，国务院和四川省政府的相关部门定时召开多次新闻发布会，在地震发生后第一时间向社会公布汶川地震发生的震级为里氏 7.6 级地震，在当日震级又被修订为里氏 7.8 级，5 月 18 日再次修订为里氏 8.0 级，公布最新灾情信息，向媒体通知救灾情况，并及时向公众发出需求物资情况。然后史无前例地同意接受国际救援人员的入境救助，270 多名来自世界各个国家和组织的国际救援人员分散在各个灾区开展救灾活动；同时主动向美国政府求援，请求提供卫星图像协助救灾；还敢于坦诚校舍建筑可能存在的腐败现象。政府还采纳民间意见，于 5 月 19 日至 21 日，设立全国哀悼日，这是中国几千年来第一次为平民百姓进行全国性哀悼，这也是有史以来中国的国家领导人第一次向逝去的普通百姓默哀。

然后，在媒体报道方面，电视、广播、报纸、期刊、网络、手机等所有的媒介并用，全程进行"实况直播"。地震发生 32 分钟后央视就播出了第一条与灾情相关的新闻，52 分钟后中央一套与新闻频道正式启动直播。这是CCTV 堪称最及时、最迅速、最透明、最长时间的直播。包括 BBC、CNN 在内的 113 个国家和地区的 298 家电视机构转播或部分使用了央视的直播信号。与此同时，此次震灾危机事件中，中国政府历史上第一次允许国外媒体深入到

---

① 乐飞，王先斌，丁晨，王黎．危机公关的伟大创举——四川汶川大地震大营救启示 [J]．公关世界，2008（6）：4－6.

灾区第一线进行采访报道，并毫无隐瞒地回答记者提出的一切问题，信息传播完全透明公开，确保了在信息准确前避免了谣言的同时，也收获了国内外舆论的一致好评，扭转了西方国家及媒体此前因为"奥运圣火传递事件"和"藏独事件"的看法，收获了国际社会的支持和认同[①]。

最后，在网络舆情引导方面，利用其便捷、实时、互动的方式，使相关信息立即被广为传播，在地震发生的 18 分钟后，新华网就首先对地震进行了灾情报道，使更多的民众很快就知道了这场地震的发生。同时，网络传播的便捷性让公众能第一时间了解到政府应对危机的举措，从而感受到了中国政府的负责任的形象，增强对政府的信任。于是，无数网友自发地通过 QQ、论坛发帖等各种方式号召社会各界向灾区捐款捐物、义务献血，甚至提供了救援的宝贵线索和救灾经验，网络公关在抗震救灾中发挥了无可替代的作用。

有了汶川地震危机公关的经验，面对两年后的玉树地震，中国政府的突发事件应对能力明显更为成熟，同时还注意规避之前出现的一些问题，在媒体报道中注重人文关怀并且避免灾难信息的过载等。在这些大灾大难面前，中国政府的公共关系行为使得此前强烈抗议和外交努力所不能化解的误解和敌意在这次原本与外交无关的国内危机处理中化于无形。

2009 年 4 月，世界卫生组织拉响防控甲型 H1N1 流感警报以来，中国政府在危机公关上采取了多种措施，其中，网络公关更为广泛地运用到了政府危机公关的沟通艺术中。

疫情发生以来，中华人民共和国中央政府网页上开设了甲型 H1N1 流感的防治专栏，并将该栏置于热点话题中以供公众阅读。此栏包括了疫情的方方面面：例如疫情的科学常识、国内疫情状况、部门措施、各地应对、各地的紧急联系电话及国外疫情状况等，让公众能全面地了解疫情。中央对甲流疫苗的研发、生产的安全监管给予了详细的信息公示，让公众既了解疫苗防治甲流的原理也能明了甲流疫苗的安全性。但在公众中却依然存在关于怀疑甲流疫苗安全性的谣言，这些谣言对面临危机的群众都有一定蛊惑性。政府直面这些谣言，并及时作出反应：中央政府在网页上开辟专栏回答公众提出的关于接种疫苗的问题及疑虑，并及时公开各类信息——从 11 月 6 日起，卫生部隔日就会将甲流疫苗的接种工作通报中的具体接种人数直接呈现给公众；12 月全国报告 4 例接种甲流疫苗后死亡，其中 3 例与疫苗无关；12 月 24 日用中国疾病预防控制中心统一组织开展的迄今全球规模最大的甲流疫苗临床试验得出的权威研究报告向公众证实我国甲型 H1N1 流感疫苗安全有效、充分可靠。政府这些网

① 王亚莉. 汶川大地震 彰显政府危机处理能力 [J]. 公关世界，2008（7）：4-6.

络公关的努力对于谣言的破除都起到了良好的效果①。

网络技术的发展对于政府危机公关来说亦是一把双刃剑。网络新兴媒介的优点是信息获取渠道广、获得量大，同时较之传统媒体更具有时效性，人人都是传者，信息能在第一时间发布出来；但与此同时，这也给突发事件中的政府危机公关带来了很大的挑战，网络新媒体门槛低、信息传播快，会导致谣言和不良信息也能够迅速扩散，进一步扩大激化危机，使得突发事件的正面舆论引导和政府形象修复都增加了难度。

发生在 2011 年 7 月 23 日的"甬温线特大铁路交通事故"中，这一问题就表露得非常明显。这一天的 20 时 30 分 05 秒，甬温线浙江省温州市境内，由北京南站开往福州站的 D301 次列车与杭州站开往福州南站的 D3115 次列车发生动车组列车追尾事故。此次事故造成 6 节车厢脱轨，40 人死亡、172 人受伤，中断行车 32 小时 35 分，直接经济损失 19 371.65 万元②。

事故发生后的 10 分钟，微博账号为"羊圈圈羊"的博主通过手机发布了事故的第一条求救微博"求救！动车 D301 现在脱轨在距离温州南站不远处！现在车厢里孩子的哭声一片！没有一个工作人员出来！"随后的 10 个小时，这条微博被微博网友转发 10 万余次。当晚 21 时，关于温州动车事故的求救微博已铺天盖地，一些高级官员也加入其中。7 月 24 日凌晨，温州卫生厅官方微博发出血库告急的信息，号召温州市民爱心献血。温州市民迅速响应，一条"温州广大市民自发自驾前来献血导致交通拥堵的壮观场面"的微博在 12 小时内，被转发了超过 17 万次。7 月 24 日上午，一条关于挖土机掩埋车身的"埋葬机密""有图有真相"微博被疯狂转发。同时，公众在新浪微博开始发布一些寻找亲友的内容，这也是整个事故传播过程中被转发频率最高的一条微博。一条"黑丝带"悼念逝者的微博也被转发了 10 万余次。7 月 24 日 17 时，在已经强调"没有生命迹象"后，于 16 号车厢发现了一息尚存的小伊伊。7 月 24 日 22 时 43 分，铁道部召开新闻发布会，但由于新闻发言人信息不足、无法解释技术问题、公开的事件信息前后矛盾，以及一句"至于你信不信，反正我信了"，彻底激怒了公众，使发布会不仅没有起到解惑的作用，反而更加激化了公众的负面情绪和自发探求真相的举动③。

在这次事件中，虽然中央迅速做出反应，成立相应指挥部，第一时间出动

---

① 李娟，彭文刚. 我国政府危机公关的沟通艺术——由政府应对甲型 H1N1 流感说开去 [J]. 公关世界，2010（02）：23-25.

② 国务院处理温州动车追尾事故 54 名责任人 [EB/OL]. 2011-12-28/2018-07-18，http：//news. sina. com. cn/c/2011-12-28/211223711377. shtml.

③ 沈健. 网络公关系列谈之一：当铁老大撞上微博——7.23 温州动车事故带给我们的启示 [EB/OL]. 2011-10-06/2018-07-18，http：//blog. sina. com. cn/s/blog_40e3fcd60100uk3w. html.

救援，国家领导人也亲临灾难现场安抚遇难家属情绪，但这场政府危机公关收到的成效却并不尽如人意。其主要问题如下：

首先，在政府行动方面，事故发生都没有过"黄金24小时"就停止了救援工作，并有"已经没有生命迹象"的言论传出，但却在结束救援行动后又发现了小伊伊；铁道部于25日在没有给出明确的令人信服的事件解释下就恢复了此路段的通车，使更多的人感到身处风险之中。在整个事故发生的初期阶段政府行动的重点给人印象不是在"争分夺秒地救援"而是"掩埋车头""恢复通车"和"处理相关责任人"上，没有体现"以人为本"的处理原则，因此更加加剧了公众的愤怒。

其次，在公关活动方面，政府召开了事故调查组会议、新闻发布会，并有专门的新闻发言人出来面对记者提问。但事故的起初，铁道部给出的解释是由于雷电天气致使动车失去制动功能造成追尾；而在后续的公关处理活动中，上海铁路局局长却又说是由于信号灯在提示红灯时出现了绿灯提醒，而工作人员未对后面的列车给予警示才酿成的悲剧；但后来又说是由于管理不当的原因。不止一次地推翻自己的回答，自相矛盾。削弱了政府言论的权威性，产生了信任危机。公众便试图自己去寻找真相，而此时最好的渠道就是网络了。

最后，在媒体报道和网络舆情引导方面，事故发生后公众第一时间得知消息不是通过政府官方发布的报道，而是网友的一条微博引发了网民对此次事件的关注，因此，微博决定了"7.23温州动车事故"舆论报道的议题与角度，部分主流媒体只能跟在微博后面亦步亦趋。这样滞后的信息公开没能对社会舆论迫切关心的事故相关信息和疑问给出明确回答，使得应急处理时的信息沟通失败，网络新兴媒体的快速发展使得人们更加愿意相信包括网络论坛、QQ、微博等信息渠道，而这时一旦出现虚假夸大的信息或谣言，公众就难以分辨，微博的快速传递与放大使负面报道进一步影响到国内的舆情，再加之没有官方权威的舆论引导，对政府的不满情绪就会不断高涨。

可见由于网络传播的兴起，中国政府危机公关的舆情环境、媒体特点、监控手段、传播渠道、应对技巧等均发生了翻天覆地的变化。在这一阶段，从以上案例我们可以看到政府在进行危机公关时相比以前的成长和进步，能够在第一时间做出反应，树立政府负责任的形象，并且联动各个相关部门协同处理突发的危机事件，还会利用网络及时发布信息并传播自己的正面形象。但随着微博等社交媒体的出现，网络传播的关系网日趋复杂，只有更加与时俱进地改进公共突发事件管理手段和处理方式，才能够有效地引导网络舆情，化危为机。

三、民生事件中的政府公关艺术

改革开放后，中国发生了翻天覆地的变化，人们的思想也有了深刻的改变。随着社会的不断发展，各种社会矛盾也会日益凸显。政府在解决这些问题时，使用传统的行政命令手段已经很难达到令人满意的效果，而公共关系的手段正日益成了重要的解决良策。

2008年11月3日凌晨，重庆市所有的出租车司机集体罢工，给出门首选坐车的山城市民造成了不小的影响，也引发全国的关注。司机罢工主要有几个方面的原因：第一，出租车司机的费用增加，主要是交给出租公司的管理费上涨，而出租车的起步价偏低，一直没有上调，直接影响到出租车司机的收入；第二，司机加油难，影响出租车司机的营运效率；第三，出租车市场秩序混乱，黑车猖獗。其他包括司机吃饭休息等问题。

罢工事件发生后，重庆市委、市政府对此高度重视，迅速启动应急预案，责成市交委、市经委、市公安、市物价等相关部门形成快速处置方案，与运营企业及出租车协会召开紧急会议，研究解决措施。

在罢工后第二天，重庆市政府专门召开了新闻发布会，把出租车司机罢工事件向社会公众作了说明。6日上午，举行市领导与市民、司机代表的座谈会，市委书记与市民、司机代表进行了坦诚的交流。座谈会对解决出租车司机期待的问题及完全恢复出租车运营发挥了重要的作用，同时也确立了重庆市委、市政府高效、勤政、亲民、坦诚的政府形象。在罢工事件发生后的两周内，重庆市政府又一次召开新闻发布会，向社会公众宣布了如何解决出租司机收入、打击非法营运、出租车司机如厕难、加油难等问题，以积极的姿态来回应公众的质询，有效地处理了由罢工事件而暴露出来的各种问题。

这次重庆市政府的危机公关，所有过程在大众传媒上公开，座谈会在电视、电台、网络上同时直播，让所有关心此事、涉及此事的人都有一个清楚明白的了解，不给造谣者留下任何余地，使危机得以迅速化解①。

如果说行业生存问题只是牵动着行业从业者的生计问题，那么食品安全问题就是影响着所有人基本生活的问题。

"三鹿奶粉事件"是2008年中国乳品制造商三鹿集团生产的一批婴幼儿奶粉中受化工原料三聚氰胺污染，导致食用受污染奶粉的婴儿患上肾结石的事

---

① 蒋楠．政府领导对公众直接沟通危机公关解决之道——以重庆市政府成功处理出租车司机罢工事件为例［J］．公关世界，2009（3）：26-27．

件。截至 2008 年 9 月 17 日，临床确诊的泌尿系统结石患儿已达 6 244 人，死亡 3 人，引起社会各界的高度关注和对奶制品安全的担忧。这次事件轰动全国，一个著名的民族品牌轰然倒下，也给石家庄市和当地企业蒙上了阴影①。

2008 年 11 月 8 日，石家庄市人民政府聘请 5 名公关行业的专家作为政府顾问，组成政府智囊团。12 月 6 日，在石家庄文化广场组织策划了"石家庄市建设安全放心城市万人承诺签名活动仪式"。这项公关活动的隆重启动被业界称为"城市最大策划公关案例"。河北省委副书记、代省长胡春华，省委副书记、石家庄市委书记车俊等领导出席万人承诺签名活动仪式，共设有石家庄市级主会场 1 个、县级分会场 17 个、乡级分会场 200 多个，全市参加此次万人签名活动仪式的党政机关和执法部门干部代表、企业代表、从事食品生产销售和种植养殖业的个体从业者代表以及普通市民近 10 万人②。

这次危机公关体现了政府部门将在深刻吸取"三鹿奶粉事件"教训的基础上，重塑食品安全形象，努力建设食品安全放心城市，向全省、全国乃至全世界表明石家庄痛定思痛、狠抓食品安全的决心。政府及相关部门认真吸取了这次事件的惨痛教训，从现在做起，倾力建设食品安全最放心的城市，重塑石家庄的城市和政府形象，赢得了社会的重新认可。

随着公共关系理论在内地的逐步成熟，公共关系的理念也逐渐渗入到社会生活的各个方面。2008 年 12 月初，在猫扑等各大论坛出现了一个"南京市江宁区房管局局长抽烟 1 500 元一条"的帖子，之后点击率一路飙升。发帖者"保存一百年"上传了一组周××开会时的照片，并曝光了其所抽的是南京卷烟厂出产的顶级香烟"九五之尊"，每条市价在 1 500 元以上，引起众网友关注。12 月 15 日，又有一位网友在网上发表了题为"周××局长抽名烟、戴名表"的帖子。发帖者通过以往的新闻资料图片，认为周××所佩戴的手表是世界名牌"江诗丹顿"，这种手表每块售价是 10 万元。接着又有网友发帖说，周××的名表还不止有这一块，在不同的场合他戴的名表也不同，并上传了图片，显示周××还有一块劳力士手表。随后南京市政府马上立案调查，并查出其 5 年内共分 25 次收受贿赂人民币 107 万余元和港币 11 万元，之后立即严肃处理了这位"史上最牛房管局局长"，并向媒体和网络公开所有细节，表现出对贪污受贿、违法乱纪干部的 "零容忍"，维护了政府形象③。2009 年 9 月 25

① 十万人宣言：树立石家庄新形象 兰图智业公关案例 [J]．公关世界，2009（12）：26 - 28．
② 石家庄万人签名承诺努力建设食品安全放心城市 [EB/OL]．2008 - 12 - 07/2018 - 07 - 19，http：//news. sohu. com/20081207/n261060723. shtml．
③ 网络反腐：盘点周久耕案前前后后 [EB/OL]．2008 - 12 - 02/2018 - 07 - 19，http：//news. sohu. com/20091202/n268622760. shtml/feed/atom/．

日上午，北京新街口一餐厅因为燃气泄漏发生爆炸，3 名餐厅员工和过路的行人受伤。因为事件发生在首都的闹市区，时逢国庆 60 周年庆典前夕，不到 2 个小时，20 余家境内外媒体赶到现场。正在有媒体作出"北京国庆前遭受恐怖袭击"的猜测时，北京市政府在距离现场约 100 米处设置了临时媒体接待点，北京市公安局新闻办公室主任现场发布了爆炸事件的第一条官方消息，证实了事发原因是液化气罐爆燃，大众的担忧和疑虑及时化解。

2010 年 7 月 13 日，一个全新的机构——"公共关系领导小组"在北京市公安局挂牌成立，这是中国省一级公安机关成立的首个公共关系部门，它标志着现代公共关系被引入了中国公安队伍。"公共关系领导小组"下设的办公室成员单位涵盖了新闻、外事、信访、网络安全等多个部门，开通博客和微博，与意见领袖和网民交流，从而进行警民互动、部门形象塑造和宣传、危机公关、舆情监测反馈等一系列公共关系建设。用更现代化的传播手段和技术，加强政府部门与群众的沟通[①]。

这个时代的互联网无孔不入，使得大部分事件都暴露在"阳光"下，并被网络舆论场所笼罩，对于民生事件如若处理不得当，便容易上升成行政事件，从一个普通的社会新闻演变成政治新闻，严重损害政府的形象。

陕西省林业厅在 2007 年 10 月 12 日，公布猎人周××用数码相机和胶片相机拍摄的华南虎照片。此前，野生华南虎一度被认为已基本绝迹，已经 24 年未再出现。随后，照片真实性受到来自部分网友、华南虎专家和中科院专家等方面的质疑，从而引发了全国性关注的"华南虎"事件，"××拍虎"一词成为当年中国十大网络热词之首。在这次事件中，互联网时代对于政府公关的冲击作用更为明显，网络舆论的监督给当地政府部门带来了不小的"麻烦"。

在网络论坛和博客上，最早对周××所拍摄的"华南虎"照片的质疑声是从摄影专业论坛"色影无忌"上传出的，之后众多网友、专家在该论坛上展开激烈的讨论。网民还自建了"打虎"的 QQ 群和"华南虎"百度贴吧来讨论这事。随后，中科院植物所研究员傅德志以一个植物学专业的"义妹论坛"为大本营，辅之他的博客"原本山川，极命草木"开始"打虎"。之后，陕西省林业厅信息宣传中心主任关克实名在新浪开通博客，通过极富情感张力的文章为周××构建一个"拍虎英雄"的形象来回应网友质疑，这些网络意见领袖们以自己的观点引导着网络舆论方向。"打虎派"和"挺虎派"两大阵营还在其他几大论坛也展开了激烈的讨论。有人对 2007 年最受网民关注的 20 个事件在天涯社区、凯迪社区、强国论坛这三家论坛的发帖量进行统计，截至 2007 年 11

---

①　公共关系在中国阶段性成熟的标志北京警方引入"公共关系"[J]．公关世界，2010（7）：4-5.

月 20 日，就华南虎真伪事件，天涯社区发帖 1 750 个、凯迪社区发帖 728 个、强国论坛发帖 598 个，共计 3 076 个原帖，发帖数居 20 个事件之首①。

在网站方面，"华南虎"事件引起人们的争论之后，新浪、搜狐、雅虎、网易、人民网、新华网等各大门户新闻网站等都对事件进行了后续的跟进报道，还开设了专题讨论区，为网友提供了讨论的平台。其中网易就独家公布了周××所拍摄的 40 张华南虎数码照片，之后又组织专家对虎照进行鉴定，并得出假老虎的判断。紧接着还牵扯出镇坪县林业局曾向陕西省林业厅派遣的华南虎调查队送礼、送钱的丑闻，使事件进入又一个高潮。

面对网络公众舆论，相关部门非但没有做到正面引导，反而以一些"歪理邪说"和不当行为来进行对抗。在青年法律学者郝劲松向陕西省林业厅和国家林业局提出公开华南虎照相关信息的要求时，陕西省林业厅却以"华南虎照案已进入了调查处理阶段，待工作完结后，我们将会向社会公布相关信息"为由，敷衍了事，不再回应。当事情细节进一步被披露的时候，林业厅为了不让事情败露便一面采取封山、禁止采访的强硬措施，一面寻找伪证回应各方媒体，引得网络民众一片哗然。

终于，在 2008 年初，陕西省政府办公厅就陕西省林业厅未按规定程序履行报批手续擅自召开新闻发布会，草率发布发现华南虎的重大信息一事做出通报批评。陕西省林业厅也迫于外界各方的压力，之后就"草率发布发现华南虎的重大信息"一事发出《向社会公众的致歉信》。

这次事件象征着一向高高在上的政府权力机构正在向着一个新的方向转变，网络舆论的批评与质疑需要高度重视。这个时代想压住事情、封锁消息是不可能的，需要更积极地采取危机公关措施去建立自身的公信力。人民群众可以允许政府在工作中"犯错误"，但是不能原谅政府"撒谎"、缺乏诚信。从危机管理上讲，这就是事件失误与态度失误的不同性：事件失误本身只是导致舆论批评的根源，但主导方错误的态度和立场将导致事件迅速严重化，最终一发不可收拾②。

第四节　遍地开花：城市品牌公关的新态势

一、对外城市形象的传播

这一时期的中国已经进入了快速城市化的阶段，利用举办重大国际活动

① 谭汪洋．从华南虎事件看网络媒介对公共领域的重构 [J]．新闻爱好者（理论版），2008（9）：6-7．

② 林景新．华南虎事件考验政府公关 [J]．国际公关，2008（2）：86．

契机，完善城市的基础设施建设，营造人文环境可以进一步强化城市定位，再辅以系统地开展城市公关，更能促进城市内涵的打造和城市形象的传播。

2010 年 11 月 12—27 日第 16 届亚洲运动会在中国广州举行，并在亚运会后举办第 10 届残疾人亚运会。广州成为第一个同城举行亚运会和亚残运会的城市，也是继北京之后第二个取得亚运会主办权的中国城市。亚运会作为亚洲规格最高、规模最大、影响力仅次于奥运会的综合性体育文化盛会，无疑聚焦了亚洲乃至全世界的目光。对于广州市政府来说，这无疑是一次难得的城市形象推广的好机会，牢牢把握这次机会做好城市公关便能实现广州市国际地位和品牌形象的重大飞跃。

2010 广州亚运会开幕式

（资料来源：搜狐视频，https：//tv.sohu.com/v/dXMvMTk2NDg1MzAvMzE1NzQzMjAuc2h0bWw=.html）

在政府行动方面，广州市为迎亚运，两年间增开 4 条新地铁线路并延长了原线路，部分线路比原规划提前两年建设，使广州机场、三大火车客运站和主要的长途汽车客运站在亚运前都实现与地铁有效接驳，还通过广佛线建设而开通国内首条地级以上城际地铁；广州白云机场也在 2008 年起扩建，在 2010 年一季度投入运行，航线数量和航空港的旅客吞吐量大幅增加；广州还特别加强现有道路的维修，拓宽和新修了部分道路，解决了部分市内交通的"瓶颈"问题。并且在亚运前连续多年对珠江水道进行治理，举办了多次的游珠江活动；后期进一步投入巨资对城内河涌进行治理，把原本封闭的水质恶劣的东濠涌、

荔湾涌等水道变成开放美丽的休闲景观。^①

　　在公关活动方面，广州亚运会主办方设计了"亚洲之路"的大型城市形象公关活动，向世界传播岭南开放、兼容、务实、创新的文化精神，并得到了广州市政府的大力支持和积极配合。通过重走海、陆两条丝绸之路，走访亚洲45个国家和地区。"海路"始于科威特，沿海岸线造访西亚、南亚、东南亚以及东亚各国；"陆路"始于广州，经蒙古、中亚五国到达中东。在广州亚运会倒计时一周年的时候实现"环抱亚洲"的壮举。除了在路上播放广州亚运宣传片之外，还会有专人在停驻的港口扮演广州亚运会的吉祥物"阿祥""阿和""阿如""阿意"和"乐羊羊"，吸引当地居民前来围观并派发宣传册。一系列的活动体现祖国的强盛，让远在海外的华人也感到自豪^②。

　　在媒介推广方面，除了通过互联网普及亚运知识，提高亚运会的趣味性，增加人们对亚运的关注度外，在线下城市的宣传上更注重公益性，公益广告具体体现在：跨越国家民族界限的人类文明的交融性；对承办地区社会物质文明、精神文明的促进性；对受此事件感染的人民产生的教育性。广州亚运前对公共场所商业广告过滥的清理和对亚运和建设文明广州的公益广告的大量投放，提升了城市的品位，室外公益广告深入每一街道社区，也大量经过纸质、电子、交通等载体渗透于全时空，使文明宣传形成空前的广度。在这场盛会中，志愿者也是推广城市品牌形象最好的媒介，6万名赛会志愿者和50多万名城市志愿者以及大批社会志愿者参与到亚运会的服务工作中来，极大地提升了现代城市人的文明形象，塑造了赖以传承的城市文明和文化^③。

　　2011年的世界大学生运动会为深圳对外传播城市形象创造了极其珍贵的契机和平台。数以万计的运动员、技术官和记者们齐聚深圳，对这座城市既是一次全面的检测和考验，也是一场国际化的对话和洗礼。兑现申办时的庄严承诺，让世界看到一个文明、开放、负责任的深圳。

　　自从2007年深圳拿到大运会主办权以来的第一次大型活动就是"北京奥运文化广场·深圳月"的推广宣传。在这一个月的活动中，有《北京奥运中的深圳元素》新闻专题；有邀请著名的深圳籍奥运健儿与活动现场的观众互动联谊；邀请拥有全国100多家重点高校为会员单位的"中国高校传媒联盟"担当大运会志愿宣传推广单位等，共计3次集体采访、3次城市论坛、3场新闻主

　　① 广州白云国际机场的历史 [EB/OL]. 2008 - 08 - 19/2019 - 01 - 06. http：//travel. sina. com. cn/air/2008 - 08 - 19/163117153. shtml.

　　② 刘晓玲. 广州亚运会的城市营销 [J]. 国际公关，2009 (3)：40 - 41.

　　③ 董小麟，陆融. 上海世博会与广州亚运会对城市营销管理的启示 [J]. 岭南学刊，2011 (4)：93 - 97.

题日、3 次重点公关宣传活动、2 场市场推介会、60 余场现场观众互动活动，成了北京奥运会期间深圳城市形象品牌的一次集中展现。而在网络公关方面，三场以"青春城市，创业热土""先锋城市，继续领跑""移民城市，文化激荡"为主题的论坛通过互联网吸引了百位"重量级"专家、学者京深两地在线讨论，并与全球网友即时互动交流，广纳百家良言，为推动深圳的发展出谋划策。在为期一个月的活动期间，有近百万观众亲临现场、数十万网友在网上领略了深圳风采，感受深圳魅力，使得深圳城市品牌形象的传播深入人心，让世界了解中国最早的经济特区深圳的奇迹，向全球传播年轻鹏城的青春气息。

借鉴这次成功经验，在 2009 年 2 月的世界大学生冬季奥运会期间，在哈尔滨举行了"深圳之夜——相聚冰城、相约鹏城联谊会"的活动，并发布了《金融危机不影响深圳办"最成功大运"》与《深圳大运会在大冬会向世界发出邀请》两篇新闻稿，表现出深圳市的信心和决心，新闻稿被媒体广泛采用，央视五套还为此做了长达 5 分钟的专题报道，产生了巨大的传播效应，赢得了世界的肯定和赞赏，并进一步提升了深圳的国际知名度[①]。

2010 年上海世博会的 "深圳日"是城市形象"借世博之船，出世界之海"的又一次良机，以"大运走进世博，深圳邀请世界"。这既充分体现了深圳举办世界大学生运动会这一大型国际体育赛事全球视野的高度，也更加凸显了"办赛事"与"办城市"相辅相成的丰富内涵。其间，以"百名校媒记者推广大运"的活动作为主打，在向海内外的游客发放一万张"2011，深圳邀请你"的明信片的同时，特别邀请正在活动现场的深圳市委副书记、市长许勤亲笔签名并亲手向美国麻省理工大学校长、北京大学校长、北京一户普通市民家庭寄出邀请明信片。众多媒体对此极富创意的新颖之举极为关注，纷纷以《深圳向世界发函》《深圳市长寄明信片邀请世界》等为题进行了报道。在整合媒体资源方面，请世博官网提前挂出采访邀请，并对重要媒体逐家邀请，活动之后，在百度输入"大运走进世博，深圳邀请世界"，有 8 万多篇相关报道，有效地提升了深圳大运会的知名度和深圳城市形象的美誉度。

而在大运会举办期间，富有鲜明特色的新闻发布会成了深圳城市品牌公关活动的最大亮点，以"不一样的发布"为主题呈现大运会"不一样的精彩"，共举办活动 350 场。"印象深圳"城市系列新闻发布会围绕深圳的城市特色和亮点进行，科技之城、创业之城、文化之城、滨海之城等主题策划充分考虑了传播规律与记者需求，集中地展示了深圳充满创新活力的城市魅力和开放包容的国际化城市形象。为展现深圳借大运推动特区一体化的建设成果，策划了

　　① 张荣刚．深圳借力大运会营销城市（上）［J］．公关世界，2012（1）：40－43.

"从远郊到主城——新龙岗新大运"专场新闻发布会，为增强新闻发布的客观性与说服力，专门邀请了龙岗区的土著居民、外来工代表等市民代表走上发布台，以他们的亲身经历和感受来"发布"相关信息，有媒体专门以《大运会请市民做新闻发布》作了头条报道，获得良好的传播效果。为增强外宣的客观性，还大胆策划了"外宾评深圳说大运"专场新闻发布会，邀请英国、美国、加拿大、澳大利亚等多国代表团团长、新闻官来"发布"他们眼中的深圳大运会。外宣"客体"现身说法，一方面激活了媒体的兴奋点，另一方面，使得发布的内容更容易为受众所接受①。

这一系列的城市公关活动，彰显出深圳的青春、活力、包容和开放，树立了中国改革开放前沿城市开放和谐、公开透明的良好形象，赢得国际社会的广泛赞誉。深圳与世界不再有距离，与世界共同创造不一样的精彩。

在对外传播城市形象的时候，首先要对内建设完善好城市的基础设施及社会文化，居民的形象就是城市形象的缩影，要利用好"人"这张名片。然后在进行品牌公关的时候，需要策划一些使不同定位媒体感兴趣并积极采访报道的新闻亮点，再充分利用报刊、广电、互联网等不同媒介各自独特的传播特性，将它们互补、结合，突破常规公共关系活动受时间、空间等方面的限制，从而获得最佳的传播效果。

二、对内城市品牌的打造

在当前阶段，商业竞争无处不在，营销传播也不再局限于企业。一个国家或一座城市的发展，其竞争力固然决定于其内在的质量，但也需要对外的传播和对内的沟通，品牌成为城市竞争力和持续发展的一个重要部分。每一个优秀的城市都应该有其清晰的品牌形象，这种品牌形象可以是城市的主打产业，可以是环境资源，也可以是最具盛名的某一项产品或者是一种精神。而城市公关就是一个城市与该城市公民、旅游者、投资者、媒介、国家和政府等对象之间进行双向沟通和传播，同时对组织形象进行有效管理，其根本是促进城市经济社会的发展，目的是创造有效的舆论环境，塑造城市形象，提升城市的知名度和美誉度，增加城市的无形资产②，在此基础上实现当地旅游、支柱产业和外来投资的繁荣。

在城市品牌定位方面，各级政府已经深刻意识到，体现城市恒久魅力的品

① 张荣刚．深圳借力大运会营销城市（下）[J]．公关世界，2012（2）：32-35.
② 戚建国，张艳玲．公共关系提升城市形象[J]．国际公关，2008（3）：78-79.

牌定位是城市公关的一个重要环节。重庆是中国的老工业基地之一，也是近百年来中西部地区最大的工商重镇，大大小小的企业在重庆的发展中起着重要的支柱作用。2008 年 3 月，重庆市常务副市长黄奇帆在赴北京参加"两会"时，做客新浪网推介"企业重庆"的品牌。云南省会城市昆明也从经济、文化、环境、制度、生活五个方面入手，分别提出了"实力之城、魅力之城、生态之城、活力之城、宜居之城"的概念，推介方式也从具体的城市特色向抽象的城市感悟、城市体验转变，把城市所能带来的精神享受和愉悦作为重点，并围绕这些开展一系列活动。杭州的城市品牌定位"休闲之都""生活品质之城"勾画了旅游资源与生活理念融合的城市神韵。河北省会石家庄以产业进行品牌定位，提出了"中国药都""绿色产业基地""纺织工业基地"的城市定位。而以旅游作为品牌核心的城市，如西藏拉萨、江西婺源、河南嵩县等，虽然缺乏城市品牌的整体战略规划，但是却通过对旅游品牌的培育促进城市品牌的形成。在这一阶段，中国城市品牌公关国际化的趋势愈发明显，其中包括了"东北亚重要的国际城市"大连、"富有湖湘文化特色的国际化城市"长沙、"具有高原和民族特色的国际旅游城市"拉萨、"现代化国际商贸中心和中国清真美食之都"乌鲁木齐等，都在国际化城市公关上走得更远①。

在城市形象推广方面，主要依靠资源合作、大型活动、媒体联动等方式进行城市公关。青岛充分利用奥运资源，在依托城市特色和产品优势，以及与国际城市合作的基础上，紧扣城市品牌定位"帆船之都"，与法国南特市、俄罗斯圣彼得堡市、德国曼海姆市、挪威奥斯陆等友好城市共同组织举办了"相约奥运、扬帆青岛"的城市品牌巡回推介活动。"激情扬帆、心醉青岛"是青岛的全新城市形象，突出了青岛帆、海、人、城的优美与和谐，展示了青岛迈向现代化国际城市的崭新形象。在 2009 年 6 月 26 日上海举行的首届"中国最具软实力城市"颁奖典礼上，青岛凭借出色的城市品牌公关从 50 个候选城市中脱颖而出，获得"中国最具软实力城市"称号②。郑州市充分利用澳大利亚"中原文化澳洲行"所搭建的新年庆祝活动平台，开展经贸洽谈和旅游促销活动，上演了一场别开生面的海外城市品牌推介秀。贵阳则以"避暑节"作为其城市品牌推广的切入点，已打造的"避暑经济论坛""避暑之都歌曲""避暑之都生活地图""避暑之都卡通形象"和"避暑之都生活纪录片"等使得贵阳"中国避暑之都"的品牌定位得以一步确立。杭州的西湖博览会在 2008 年更名为"西湖国际博览会"，增加了很多例如"2008 西湖国际音乐节""2008 西

① 中国城市品牌建设现状 [EB/OL]. 2008 - 08 - 01/2019 - 01 - 09. https：//www. xzbu. com/7/view - 8060651. htm.

② 于风亮. 青岛荣膺中国最具软实力城市 [J]. 青岛画报，2009 (7)：15.

湖国际睡眠论坛""2008西博会国际旅游节""2008年杭州国际友城'城市与旅游'市长峰会"等国际性的活动。与之类似的还有大连国际服装节、哈尔滨冰雕冰灯艺术节、潍坊国际风筝节、惠州国际数码节等大型活动，都是举办城市鲜明特色和长久魅力的有效保证。在与媒体联动方面，近年来央视的城市旅游广告上出现了更多城市的身影，包括无锡、嵩县、宁波、抚顺、信阳等城市在央视集中亮相，而"好客山东""国际旅游岛""七彩云南，彩云之南"等形象生动、简明通俗的宣传语更是让人心生向往①。

城市品牌公关真是"遍地开花"。一些先前基础薄弱的城市纷纷想在这场激烈的城市公关角逐中寻找突破口，而那些已经有一定地位和口碑的城市也继续善用城市公关巩固自己的城市品牌。

2009年4月，在烟台市委宣传部的领导下，市政府新闻办公室联合烟台日报传媒集团共同组织发起了一场"烟台市城市形象标志和宣传广告语征集活动"，面向海内外公开征集城市形象标志设计和城市形象宣传广告语，引发了全民"读城"的盛宴。为了让海内外更多的民众关注并参与此次活动，让它同时具有宣传推广的公关效果，主办方协调联络了海内外各知名媒体机构，如《人民日报》《中国日报》、香港《文汇报》、美国《侨报》、韩国《中央日报》等，陆续刊登了《烟台城市形象标志和宣传广告语征集启事》；水母网则在首页醒目位置添加活动首页链接，并登载介绍烟台历史文化、社会发展情况的文章，以及展现烟台秀美景色的多种视频，方便参与者更好地了解烟台；此外，新华网、新浪网、搜狐网、文化传播网、创意在线网、征集网等大型综合和专业网站大量转载启事内容和活动链接网页。在活动进行过程中，还不定期地在报纸和网络上刊登征集情况介绍，与读者互动，解答参与者的疑问。短短两个月的时间，主办方一共累计收到了来自海内外的应征广告语近30 000件，标志设计2 000余件，平均每天有500多件的作品应征，光是活动官网的展示页面就达到近3 000页。借此次活动造势，有效地提高了烟台的知名度，让更多的人关注了烟台②。

2011年4月，由东莞市委宣传部、市政府新闻办与清华大学新闻与传播学院、清华大学城市品牌研究室共同举办的"中国城市形象论坛暨东莞城市形象专题研讨会"在清华大学的紫光国际交流中心举行。在此次研讨会上，东莞市委宣传部与清华大学城市品牌研究室共同发布了东莞城市形象标识"活力绽放的莞香花"和东莞城市形象宣传口号"每天绽放新精彩"。在研讨会结束后，

---

① 孔琳，蔡文杰. 中国城市品牌建设现状 [J]. 国际公关，2009（5）：39-41.
② 何蓓. 烟台：一场全民读城的盛宴 [J]. 国际公关，2009（5）：51-52.

还在上海、广州、深圳等国内重点城市宣传推广东莞城市形象，并在全市范围内推广使用城市标识和宣传口号①。

2011 年 4 月 13 日中国城市形象论坛暨东莞城市形象专题研讨会

（资料来源：杜惠清、李曼吉：《中国城市形象论坛召开》，《国际公关》，2011 年第 3 期，第 60 - 62 页）

扬州著名的"烟花三月"国际经贸旅游节通过利用扬州现有的旅游资源策划提升，成了扬州城市品牌。为充分展现扬州这座城市的魅力，扬州市相关机构先后到北京、上海、南京和日本进行专门的旅游推介。与其他城市的旅游推介会注重推介景点不同，扬州这一阶段是将整个城市作为一个旅游载体整体推出。在他们的推介会展厅，两侧极富园林气息、动静结合的展示区吸引了大家的眼球。在电视里不断展播的，除开有扬州的著名景点：如诗如画瘦西湖，还有千年古刹大明寺、全国四大名园之一的个园、"晚清第一名园"何园等。还有"城在林中、居在园中、路在绿中、人在景中"的城区秀美景色。在这一阶段，扬州城市公关的重点在于积极推进旅游产品从单一的观光型向观光与休闲度假并重转变，从传统的旅游城市向现代城市旅游转变②。"诗画瘦西湖，人文古扬州；给你宁静，还你活力"的城市旅游形象口号展现给公众的印象就是"古代文明与现代文明交相辉映的名城"，是一次极富感染力的城市公关。

2008 年汶川大地震后，成都市政府动员各方资源，迅速行动，开展种种城市公关的举措来维护城市的品牌形象。就在地震发生后的第二天，成都市政

---

① 高志全．东莞城市形象在京"绽放新精彩"[N]．东莞日报，2011 - 4 - 14（A05）．

② 亦凡．烟花三月下扬州 [J]．公关世界，2008（7）：34.

府便启动了"城市危机公关和城市营销"应急方案，随后成立了"成都城市形象提升协调小组"，下设综合组、城市组、旅游组、投资组、都江堰组、国际民间组织联络组、本地宣传组7个工作部门。首先，启动了"全球快速民意调查"，对全球共计2 000多名意见领袖进行了调查，得出结论：大部分受访者认为地震对成都造成的破坏程度严重。然后，根据调研结果，很快制定了成都的城市品牌重塑战略，从2008年6月起，用一到两年的时间分三个阶段执行。第一阶段，宣传的主题是"安全的成都"，目标是消除公众疑虑，让成都市民恢复到安居乐业的正常状态，使外界形成一个成都安全的清晰定位和认知印象：邀请地质专家召开研讨会，讲述成都的地理位置和地质构造，告诉人们成都为何没有受到损害。同时还开展了"体验成都，感恩之旅"活动、《赤壁》首映晚会、邀请各国驻华文化参赞体验成都生活等一系列活动。并主导发起"正常生活运动"，号召人们按部就班地生活、工作，就是对灾区最大的支持。第二阶段，是"机遇的成都"，目标是激发公众对成都的热爱，坚定到成都来旅游、投资、置业的信心。北京奥运会火炬于2008年8月5日在成都传递，160余名国内外记者来到成都，成都市便借此机会向记者们介绍了成都企业迅速恢复生产的情况。媒体对成都火炬传递的报道在两天内达到1 300余篇，这些报道有利于增强投资者对成都的信心。并且，市中心的主干道、公交车以及成都的平面媒体、网络媒体从2008年9月起都可以看见英特尔、万邦以及神户董事长代言成都投资环境的巨幅广告。第三阶段，是"创造奇迹的成都"，目标是确立"创造奇迹"的城市形象，全面提升成都的美誉度和影响力。由成都知名歌手张靓颖演唱的 *I Love This City* 成为国内第一支城市宣传MV。与此同时，制作了歌手张靓颖、作家洁尘、电台主持人孙静和交警谭乔四位成都名人的系列公益广告，来代言"因为有你，成都更美好"的系列形象宣传，并且在北京、上海、杭州等各大城市的地铁站、公交车站推广，使得成都感恩、坚韧的形象得到人们的广泛认同。而在进行全球推广的时候则把成都定位为"西部门户，熊猫故乡"。随后，与腾讯·大成网合作，建立了震后成都信息发布的"官方"网站——"我的成都"，通过发布成都城市经济发展趋势、城市安全、投资安全等方面的评估信息，刊登对住在成都的外籍人士的专访等报道，同时向公众开通地震常识、房屋安全排查咨询热线和留言平台，使之成为外界了解震后成都信息的窗口。之后又通过开辟"创享之都"网站，让网民参与网络游戏，来为成都的建设添砖加瓦，共同创建成都，共同分享这座城市的奇迹①。在2008年新浪网络盛典城市类评选中，成都被评为了"年度品牌城

① 刘晓玲. 震后成都的城市营销［J］. 国际公关，2009（5）：49-50.

市"。在外地人眼中，今天的成都依然是那个"来了就不想离开的城市"。

虽然说如今中国城市普遍意识到品牌塑造和公共关系对于城市运营的重要性，但大多数政府的宣传官员和城市形象负责部门，对公共关系的内涵理解不深刻，意识不强烈，方法不高明；且对城市品牌的定位不清晰，信息不准确，沟通不到位，传播不专业①。这一点尤其体现在城市公关的危机管理和舆论检测方面。

危机管理是城市公关体系的重要内容，包括舆论监测和声誉管理，同样也是政府需要重点建设的内容。目前已经有不少城市建立了一整套完备的舆情监测体系，包括成立了专门成立的舆情监测处室，负责舆情的收集和处理工作。在舆情监测的渠道和方式手段上，通常采用专业的监控软件进行自动监测，或是借助各种搜索引擎进行人工监测，还有与公安、信访部门进行联动监测，与网络相关版主等意见领袖进行热点互动等。舆情监测范围覆盖城市的政治、经济、社会等方面，包括城市领导和相关部门的热点问题、敏感事件等。虽然很多城市特别是比较发达的城市，对一些重大突发事件基本实现了连续性、动态性的舆情监测。但是就目前而言，多数城市的舆论监测仍处于十分初级的阶段，仅实现了基本信息的收集，在舆论分析、回应和引导上还很不足，这对于城市品牌建设极为不利。

第五节　网络社交：企业网络公关演绎的新形式

一、基于社交网络的病毒传播

这一时期随着以人人网和开心网为代表的社交网站异军突起，因为其全面的人际关系设计架构、利于口碑传播的组件、庞大的活跃用户、真实有效的话题、主动参与的行为习惯和有效的跟踪手段等有利条件，众多企业开始纷纷利用社交网络的病毒传播方式来营造口碑，进行网络公关②。

企业网络公关在进行社交网络上的病毒传播时，一般有以下五个步骤：选择环境、制造"病毒"、选择形式、选择对象和维持活力。

首先，在选择环境上，需要先深入了解该社交网站的用户成分、心理特征和行为特征等，根据产品定位选择一个与之相匹配的社交网站，通过整理、筛选一些权威调查机构和研究平台的数据先有一个大致的认识，然后亲自注册账

① 国际公关编辑部. 公关铸造城市品牌［J］. 国际公关，2009（5）：38.
② 张利，王欢. 我国移动社交网络服务的发展现状与方向研究——以人人网为例［J］. 现代情报，2012，32（11）：68-72.

号体验，印证数据的可参考程度，还可以在抽样调查的时候设置一些筛选条件，估算出每个年龄的占比情况，最终获得此社交网站的各年龄分布情况。如果想了解用户的心理特征和行为特征则可通过观察该用户及其好友使用的组件的频繁度，或直接通过组件的使用程度观察用户的心理特征和行为习惯。之后还可以通过与社交网络资深用户的访谈获得一手信息，并与之前收集到的权威数据进行比对整合，得出更为真实的社交网络用户的现状特点，进而为企业网络公关选择一个最佳的社交网络平台①。

其次，在制造"病毒"上，需要充分结合社交网络用户特性，例如基于娱乐需求的用户关注图片、视频、游戏、活动等信息，基于情感诉求的用户则关注同学，好友的实时动态消息等。此外，社交网络的公关是基于熟人群体间的口碑传播，企业在这时会考虑到传者和受者（受者也会是下一轮的传者）这两种角色的心理特征和行为偏好，并且让这个"病毒"是浅显易懂的、有价值的、能够获得情感共鸣的、是好友常关注的并且是很容易做得到的等，才能够顺利地传播开来。

然后，在选择形式上，企业网络公关会考虑将这个"病毒"以一个什么样的身份传播出去。根据社交用户群体的心理特征和行为偏好，可以选择以下的传播形式进行包装：免费服务，美好祝福，有趣测试，实用资料，争议讨论，在线邀请，有趣内容等。需要根据具体的情境分析用户的需求、偏好等，增强互动性，以高质量内容培养用户黏性。

之后，在选择对象上，企业网络公关在进行社交网络的病毒营销时，其传播对象会选择有影响力的或易于传播的对象：如公共主页的明星、网红们。他们都拥有众多粉丝时刻关注着他们的动态，并渴望通过这种方式与明星、网红们进行交流，同时，他们一般也都是分享达人，可以根据他们平时主要分享的方向与企业网络公关的需求进行匹配，借助他们的力量就可以让"病毒"不断扩散，形成从高到低的传播效果。

最后，在维持活力方面，先要设计有效的升级策略。任何一种病毒都有它自己的生命周期。一种新"病毒"的产生，刚开始会因为其优秀的创意而广受欢迎和追逐，但很快，用户就会感到厌倦。如果不在用户厌倦前进行及时的升级和更新，这些受"病毒"感染的用户就会慢慢流失。因此，可以用连载等形式来持续地吸引用户注意力。再就是要利用大众媒体造势，"病毒"的传播虽然是通过社交网络里的人际渠道，但"病毒"影响力和辐射范围的扩散还是在大众媒体传播更加高效。无论再好的病毒传播策划也仅是策划，也很难设置有

---

① 赵冰. SNS病毒传播操作法［J］. 国际公关，2010（05）：74-75.

效的竞争壁垒，适时地借助大众媒体的力量，让"病毒"走出社交网络平台，才能打到扩大并延续"病毒"的影响力的目的①。

三星摩天手机在选择社交网络作为口碑传播方式之前，对几个社交网站进行深入了解和数据对比。首先，摩天手机社交功能凸显，内置最流行的人人网、开心网等社交网络应用，并支持多程序运行，可以边聊 QQ 边做其他事情；同时，320 万像素的拍摄功能，可以随时拍照上传，这种时尚互动的产品优势与人人网目标群体热爱互联网、拥有自己的"圈子"、实时沟通的生活方式契合并达到了高度统一。在开始设计病毒传播体时，充分考虑到并利用了"主我"与"客我"之间的差异这一点，即网友关心自我评价和对方评价的差异，以及关心客观的评价结果的好奇心理，设计了轻松、简单的活动页面，用奖品鼓励好友间的邀请，打造了真我学堂体验活动，三星摩天的这次"真我"传播主题与人人网的"真实"的社交网络定位相吻合，获得了大量用户的参与。最关键的是该产品的价格定位也充分考虑到人人网的主要用户为学生这一点。因此，企业网络公关的病毒式传播一触即发，口碑爆棚②。

二、微博与企业网络舆情公关

2011 年 4 月 6 日，新浪微博正式启用独立域名 weibo.com，在新浪微博的影响下，其他网站纷纷涉足微博业务，与此同时，以"微"为主题的各种新概念喷薄而出，微电影、微访谈、微营销、微情书等，而一些比较大的社会事件，如"温州动车事件""郭美美事件"等，都是第一时间通过微博获得了大面积的快速传播③。部分对市场较为敏感的企业，率先启动官方微博，通过这一全新的平台发布企业和产品信息，进行企业网络公关。

在高速发展的今天，人们的时间被碎片化了，人们需要随时随地获取信息并发表看法；转型的社会，突发事件的增多又使得微博成为突发事件曝光和信息源。所以，微博热，是当今中国社会发展和技术发展的必然结果。企业只有优先占据了这个"兵家必争之地"，才能更好地抢得网络公关的先机，从而获得丰硕的物质上的盈利和形象上的建构。

在微博兴起前，企业网站、门户网站、论坛、博客等是企业网络公关主要的渠道。随着微博的流行，企业可以更直接、更迅速地与公众沟通，更充分地与受众进行互动。

---

①　赵冰. SNS病毒传播操作法 [J]. 国际公关，2010 (05)：74-75.
②　赵冰. SNS病毒传播操作法 [J]. 国际公关，2010 (5)：74-75.
③　刘泳华. 2011 年中国十大品牌营销事件点评 [J]. 公关世界，2012 (1)：72-74.

　　微博助力企业的网络公关的作用有以下几种：

　　首先，是定期宣传。微博作为企业信息发布的媒介，可以宣传企业的产品形象和组织形象。发布的信息主要为产品信息、专业信息和组织信息。并非所有的信息在微博领域都能获得关注，要塑造良好的企业形象，需要巧妙地筛选与发布信息。以厦门航空为例，厦门航空在微博上以提供航空信息为主，发布出行航班信息、购票信息、打折信息、相关航空资讯和特殊天气情况下航班状况等。由于更新及时，信息丰富，内容亲民，截至 2010 年 12 月 31 日，厦门航空微博数量虽然只有 800 多条，但粉丝超过 36 万人，远超过其他航空公司，排名第一。而如果只是简单地围绕企业自身，发布新闻简报，则难以吸引公众的注意。如当时三星电子的微博公关仍然采取传统的信息单向发布方式，微博内容为"三星精品翻盖手机 S6888 上市""三星与美国运营商联合推出 Galaxy Tab""中国三星总裁为男子田径比赛颁奖"等，采用传统新闻式的标题，让人感觉只是单纯地将同一信息机械地发布于不同媒介，这种生硬的信息传递方式使得三星的粉丝还不到 1 300 人，远低于同期超过六万粉丝的诺基亚官博和两万粉丝的 LG 官博。

　　其次，是互动交际。微博作为企业与受众交际的渠道，可以便捷地与受众进行交流，拉近情感距离，建立良好关系。其特点是沟通直接，形式灵活、信息反馈快、富有人情味，在加强感情联络方面效果突出①。美宝莲始终将微博作为与客户交流的重要渠道，它以友好的态度与消费者交流，对于消费者的问题基本上有问必答。其范围涉及美妆护肤，以及美宝莲自身产品性能以及价格等，美宝莲还在微博中积极寻找产品使用者发布的相关内容，主动转发并表示感谢，注重与消费者互动。使受众具有参与感和被重视感，在微博这个信息加以放大的空间里，吸引了更多的受众参与其中，提升了美宝莲的关注度，提高了受众对该品牌的美誉度，更塑造了良好的企业形象。

　　再次，是提供服务。企业通过微博以实际的服务吸引公众，使组织与公众之间的关系更加融洽和谐，为组织提高社会信誉。相宜本草的微博内容多数围绕女性消费群体而展开。提供大量有关女性保养护肤的常识，比如冬季补水的小贴士，睡眠面膜小知识、熬夜皮肤保健等女性关注的信息。这些专业的护肤信息吸引了众多受众的注意。根据自身企业产品定位，发布相关领域的专业信息，可以使一个品牌或者企业在专业信息发布方面拥有话语权，从而获得受众的青睐，吸引受众的关注。戴尔官方微博的重要功能之一就是为客户提供线上咨询以及售后服务。在重要位置提供了戴尔维修点的查询网址链接，同时提醒

————————
　　①　谢婧．论微博在企业网络公关中的应用［J］．新闻世界，2011（4）：79－80．

用户对购买、报修戴尔电脑有任何疑问或建议皆可以用微博与戴尔中国或者发私信给戴尔中国进行交流。服务式的企业网络公关容易被公众所接受，非常利于提高组织的美誉度。

然后，是策划活动。微博平台设计有一些小程序能够帮助企业在线上进行公关活动。中粮集团于 2010 年 7 月 19 日开通中粮美好生活页面，并随之展开"美好生活@中粮"的微博活动。点击进入活动页即可直接参与活动的各个版块。"发现美好"通过设置过去、现在、未来等主题，受众可以通过文字或图片展示童年记忆等美好的生活记忆；"相约世博"让用户点对点选择与自己同一天去世博的伙伴；"世博闪拍"则为世博园的参观者提供了美好图片的分享平台，而对于世博园外的用户，则可以在"粮呈美景"中，将世博图片转发至个人微博。中粮集团将"美好生活"这个理念融入一系列的公关活动之中，让受众在信息的发布与接收过程中深入体会到这一理念。活动期间揽入大量粉丝积极参与活动，极大程度的提高了品牌的关注度和认知度。艺龙旅行网的转发微博赠送奖品活动十分频繁。而且奖品多以高端产品为主：Zippo 打火机、爱国者 MP3、免费往返机票加四晚星级酒店、iPad 平板电脑等。活动过程中艺龙旅行网只要求转发微博内容并成为艺龙旅行网的粉丝，同时抽奖过程由北京东方公证处进行公证，增强可信度，使得艺龙旅行网的粉丝数量节节攀升，关注度为艺龙旅行网的企业形象塑造提供了巨大的机会和空间。企业官方微博还可以与明星联动进行宣传，2010 年的南非世界杯期间，联想联合著名足球解说员黄健翔进行了有奖竞猜的活动。黄健翔的微博除了发布世界杯资讯和评球的信息之外，随机抽取猜中比赛结果的微博用户赠送礼品联想乐 Phone 手机。这些竞猜引来无数微博用户的关注和参与，联想乐 Phone 收到显著的宣传效果。2011年 3 月，香奈儿邀请微博大 V 姚晨参加巴黎时装周，于是姚晨的微博上连续几日都是与香奈儿有关的信息，使其品牌获得了极高的关注度与美誉度①。

最后，是危机公关。微博能给企业提供第一时间与公众进行有效沟通的危机公关平台。与传统媒体不同，微博具有裂变式、爆炸式的传播效果，其辐射力是以"秒"为单位的传播速度所产生的，一旦企业有负面信息出现，即使在源头能删除，其影响也早就扩散得很远成为既定事实了。当企业出现危机事件时，微博是企业进行危机公关、表明企业态度和立场的一个及时的重要沟通平台，而 CEO 微博在此时通常能发挥巨大的作用。京东商城 CEO 在 2010 年引起普遍关注的笔记本电脑艳照门一案里，就成功地通过微博进行了一次危机公关。这件事情发生后，京东及时通过微博发出回应："京东的进货渠道可以确

① 谢婧，苏畅. 微博助力企业网络公关［J］. 公关世界，2011（4）：48－49.

保产品不会有任何问题。只要该笔记本艳照确在产品售出之前存在，当即赔偿他 10 万元现金！同时给所有看到本微博的网友赠送一把剃须刀。"随后，京东 CEO 通过新浪微博开展微访谈，有效地化解了这场舆论危机。而在当当网在美上市出现破发时，当当网联合总裁李国庆也是通过其官方微博紧急公关，并作了深刻的分析解答公众的疑虑，他认为："一是两家公司因假账被停牌；二是互联网泡沫；三是上市前吹牛皮，上市后业绩没达成；四是马云对支付宝变股'土改'这四大原因导致"，之后才得以稳定各投资人和股民们的情绪①。2010 年 7 月，香港媒体一篇报道称霸王旗下洗发水产品含有被美国列为致癌物质的二恶烷，消息一出，各大媒体纷纷报道，一度让霸王身陷品牌危机。霸王集团当天中午第一时间在官方网站上予以回应，称其产品是安全的，并称报道失实。并且在官网回应后，霸王集团立即开通官方微博，当天从 13 时 33 分到 17 时 25 分的近 4 个小时内，霸王连续发布了 17 条微博，努力向消费者传达"霸王产品是安全的"，之后针对每一个新出现的质疑，霸王都第一时间在官方微博中予以回应；官方微博承担发布预告的功能，包括样品送检结果公布时间和行业协会的新闻说明会举办时间；就在危机爆发的第二天，霸王集团在其官网发布了《致消费者的一封信》，同时官方微博上也贴出了该信的链接地址。通过微博，霸王得以及时地发出事实澄清，并看到消费者的第一反应，挽回品牌形象，拯救危机②。

综上所述，微博助力企业的网络公关具有以下几个特征：一是企业和 CEO 个人都要有其官方微博；二是可以为某项公关活动设立专门的官方活动微博；三是推广的产品或企业形象应该尽可能接近网友偏好；四是需要充分挖掘品牌故事并制造容易引起关注的话题才能在微博上引发共鸣；五是设计的公关活动互动性要强，并将线上线下相结合；六是公关活动的周期要短；七是在公关活动的不同阶段如果有奖品就能更好地刺激网友不断参与，再不断公布获奖信息，树立企业的公信力；八是需要有网络意见领袖参与则公关效果更佳；九是需要整合热门的营销手段如秒杀、团购等；十是必须得安排专人运营官方微博，这样才能在第一时间解答网友的疑问或者发现舆情的动向③。

---

①　吴文治. 当当网破发，李国庆紧急微博公关 [N]. 北京商报，2011‑6‑9.
②　符翩翩. 霸王洗发水的"微博公关"——基于公众流行心理定势的视角 [J]. 新闻世界，2011（5）：89‑90.
③　杨为民. 微博公关成为必争之地 [J]. 国际公关，2011（2）：11.

第十章
乘风破浪：中国公共关系的
"新媒体"时代
（2012—2014）

第一节　时代背景：新媒体时代国家
政策推动公关更上层楼

一、新媒体发展欣欣向荣，国家政策从中助力

自 2009 年 8 月新浪微博上线，2013 年微博注册用户数就已超 5 亿。2014 年 3 月新浪微博更名为"微博"，于次月在纳斯达克上市。

如果说 2009—2011 年是新浪微博的起家与突围时期，那么 2012—2014 年就是微博的爆发与转折时期。2012 年起，新浪微博用户数量继续攀升，其在合作和产品功能更新方面都取得新成绩：2012 年 9 月，新浪微博 PC 端出现"密友"分组，正式宣布微博进入私密社交领域；之后，微博客户端信息流还全面嵌入了"赞"按钮，在转发分享、评论、收藏之外，丰富了用户间的互动方式；随着入驻新浪微博的外国明星越来越多，语言翻译成为了中国粉丝与外国偶像零距离沟通的迫切需求，2013 年 1 月，新浪微博与网易有道宣布达成战略合作，用户在浏览新浪微博的外国明星发布的外语内容时，可以直接通过有道词典获得翻译结果，满足了新浪微博用户的语言类需求。同年 4 月，新浪正式宣布新浪微博与阿里巴巴签署战略合作协议，双方在用户账户互通、数据交换、在线支付、网络营销等领域进行深度合作。2014 年，微博在纳斯达克上市。

值得关注的是，同期微博发展速度减缓也成为不争的事实。2014 年，中

国互联网络信息中心（CNNIC）第 33 次《中国互联网络发展状况统计报告》显示，2013 年是中国微博发展的转折之年，用户规模和使用都均大幅下降。具体来看，2013 年 22.8％的网民减少了微博的使用，而微博产品的使用时间，仅增加了 12.7％。在手机端，使用微博的网民数量也呈下降趋势，使用热度也在下降。截至 2013 年 12 月，中国手机微博用户数为 1.96 亿，较 2012 年底减少了 596 万。同时，手机微博的使用率仅为 39.3％，比 2012 年底降低了8.9 个百分点。微博式微的原因既有其内生原因，也受到了微信发展的强烈冲击①。

　　2011 年 1 月，微信用户已超 5 000 万，2012 年 3 月微信用户数突破 1 亿大关，且新增了相册、多语言支持和"朋友圈"等功能。同年 7 月，微信增加了视频聊天插件，并发布网页版微信界面。微信的产品功能对用户增长起到至关重要的作用，伴随微信功能不断丰富和升级，同年 9 月，微信宣布其注册用户突破 2 亿，获得这新增的 1 亿注册用户微信仅用了 6 个月。此后微信实现爆发式生长，2013 年 1 月，腾讯微信团队在微博上宣布微信用户数突破 3 亿，成为全球下载量和用户量最多的通信软件，影响力遍及中国、东南亚和少数西方国家。同年 10 月，腾讯微信的用户数量已经超过了 6 亿，每日活跃用户 1 亿，此后微信 5.0 上线，添加了表情商店、绑定银行卡、收藏、绑定邮箱、分享信息到朋友圈等功能，微信影响力进一步扩大②。

　　总体而言，2012—2014 年是新媒体的高速发展的关键期，与此同时，多行业的多主体都开始在新媒体上发力，与公关密切相关的媒体、企业、政务类微博和微信账号也如星星之火燎原之势发展起来。以当期影响力和社交力较强的媒体机构账号为例，截至 2013 年 7 月 1 日，媒体微博机构账号总数增长到2 万个左右，增长率为 11.1％，其中具体账户性质占比为：报纸占 12.9％，杂志占 10.2％，电视台占 37.4％，广播电台占 28.6％，通讯社占 1.4％，媒体网站占 8.2％，新媒体占 1.4％③。《2014 年中国企业新媒体白皮书》中显示，当期中国 500 强企业和中央企业中，已有 189 家开通了微信，211 家开通了微博④。政务新媒体更是在本时期发展成果显著。2014 年，政务客户端被大量开发使用，政务微博认证账号 27 万个，累计发布信息 1 782 万条；政务微信达

---

　　① 新浪微博八年兴衰史 [EB/OL]. 2017 - 07 - 24/2018 - 07 - 21，http：//www.sohu.com/a/194200560 _ 104421.

　　② "产品之王"微信的六年成长史 [EB/OL]. 2017 - 06 - 18/2018 - 07 - 21，http：//baijiahao.baidu.com/s? id=1570447428416082&wfr=spider&for=pc.

　　③ 喻国明. 2012—2013 年媒体官方微博发展报告 [J]. 新闻与写作，2013（12）：78 - 81.

　　④ 《2014 年中国企业新媒体白皮书》发布 [EB/OL]. 2014 - 12 - 20/2018 - 07 - 21，http：//news.ifeng.com/a/20141220/42761461 _ 0.shtml.

1.7万，推送微信文章达 1 200 余万次，至此以"两微一端"（政务微博、政务微信、政务客户端）为主要形式的政务新媒体发展新模式也正式形成①。

国家对新媒体发展的大力支持，主要体现在政务新媒体政策发布层面。技术的进步为政务新媒体的发展提供了基础条件，相关指导文件的及时颁布为政务新媒体的发展指明了道路，政务新媒体的发展自此进入了"快车道"，可谓政策"登高望远、明确方向"。2013 年 10 月，国务院办公厅《关于进一步加强政府信息公开回应社会关切提升政府公信力的意见》发布，要求各地区各部门应积极探索利用政务微博、政务微信等新媒体，及时发布各类权威政务信息，尤其是涉及公众重大关切的公众事件和政策法规方面的信息，并充分利用新媒体的互动功能，以及时、便捷的方式与公众进行互动交流②。2014 年，国务院办公厅又在《2014 年政府信息公开工作要点》中明确指出："加强新闻发言人制度和政府网站、政务微博、微信等信息公开平台建设，充分发挥广播电视、报刊、新闻网站、商业网站等媒体的作用，使主流声音和权威准确的政务信息在网络领域和公共信息传播体系中广泛传播。"③

二、外交环境向好，国际盛会闪耀中国世界地位

2012 年，国际局势深刻变化，中国周边安全形势微妙复杂。部分邻国借口领土问题向中国挑起事端。2012 年 4 月，菲律宾军舰公然袭扰在黄岩岛潟湖内正常作业的中国渔船，挑起"黄岩岛事件"；6 月，越南国会通过《越南海洋法》，擅自将中国西沙群岛和南沙群岛纳入所谓越南"主权"范围；9 月，日本政府不顾中方严正交涉，执意对钓鱼岛实施"国有化"，导致中日关系急剧恶化。面对挑衅，中国外交"组合拳"频出，坚定捍卫领土主权。与此同时，中国启动"新型大国"外交，与国际社会携手应对多重挑战，在重大国际和地区事务上以负责任的态度发声，树立负责任大国形象。除对日关系因钓鱼岛局势升级趋冷以外，与其他主要大国均互动频密，双边关系稳定发展④。

2013 年领导人密集出访打开外交局面。3 月，习近平主席访问俄罗斯、坦桑尼亚、南非、刚果四国，并出席在南非举行的金砖国家领导人第五次会晤。

———————————

① 杨倩．新时期政务新媒体发展思考［J］．新媒体研究，2018（2）．

② 国办：加强政府信息公开回应社会关切提升政府公信力［EB/OL］．2013－10－15/2018－07－19，http：//politics．people．com．cn/n/2013/1015/c1001－23204203．html．

③ 政务新媒体发展的"三层境界"　［EB/OL］．2017－04－17/2018－07－19．http：//www．cac．gov．cn/2017－04/17/c_1120824614．htm．

④ 中国启动"新型大国"外交 组合拳频出捍卫主权［EB/OL］．2014－12－20/2018－07－19，http：//www．chinanews．com/gn/2012/12－25/4434984_2．shtml．

5月31日—6月6日，习近平主席访问特立尼达和多巴哥、哥斯达黎加和墨西哥，并于6月7—8日在美与奥巴马总统举行会晤。9月，习近平主席访问土库曼斯坦、哈萨克斯坦、乌兹别克斯坦和吉尔吉斯斯坦，其间出席在俄罗斯举行的二十国集团领导人第八次峰会、在吉尔吉斯斯坦举行的上海合作组织成员国元首理事会第十三次会议。10月，习近平主席对印度尼西亚和马来西亚进行国事访问，并出席在印度尼西亚举行的亚太经合组织（APEC）第二十一次领导人非正式会议。

2013年5月，李克强总理访问了印度、巴基斯坦、瑞士和德国四国。10月，李克强总理出席在文莱斯里巴加湾市举行的第十六次中国—东盟（10+1）领导人会议、第十六次东盟与中日韩（10+3）领导人会议和第八届东亚峰会，并对文莱、泰国、越南进行正式访问。11月，李克强总理出席在罗马尼亚举行的中国—中东欧国家领导人会晤并对罗马尼亚进行正式访问，之后赴乌兹别克斯坦出席上海合作组织成员国总理第十二次会议。

中国领导人的访问覆盖了亚、非、欧、美四大洲22个国家，接待了64位外国元首和政府首脑来华，同300多位外国政要会见交流，与各国达成近800项合作协议，有力地推动了中国同世界各国关系的发展。

习近平主席和李克强总理的出访都经过精心策划，迅速巩固外交布局。大国外交、周边外交、发展中国家外交、多边外交四大战略布局在访问中都得以充分体现。此外，峰会外交的一大特点是：多双边结合，以多边带双边，以双边促多边。

同期，2013年中国的大国外交工作成效显著。一是推进了中美新型大国关系。2013年6月，中美元首进行"庄园会晤"，就构建新型大国关系达成重要共识。二是提升了中俄全面战略协作伙伴关系。习近平总书记就任国家主席之后，出访首站就选择了俄罗斯。中俄元首签署重要联合声明，坚定支持对方维护主权、领土完整、安全等核心利益，树立了大国之间互信合作的典范。三是拉近了中欧关系。欧洲国家更加重视对华关系的趋势明显。中欧高层互动频繁，德、法积极发展对华关系。随着2013年12月初英国首相卡梅伦成功访华，中英关系转暖。四是中国加强了与新兴大国的伙伴关系。中国通过金砖国家合作、二十国集团、上海合作组织、"基础四国"等框架，巩固了与新兴大国的团结合作关系[1]。

2014年是中国外交的丰收之年，具体体现在：第一，为构建新型国际关系弘扬中国理念。中共十八大以来，党中央大力推进外交理论实践创新，继

① 陈须隆. 2013年中国外交总结与未来展望 [J]. 领导科学，2014 (3)：48-50.

2013年提出中国梦、坚持贯彻正确义利观、构建中美新型大国关系和亲诚惠容周边外交理念之后，又相继推出新的理念：建立以合作共赢为核心的新型国际关系、构建全球伙伴关系网、构建亚太梦和提出亚洲安全观。第二，为深化全方位对外交往开展中国实践。第三，为促进世界共同发展作出中国贡献。值得关注的是，中国推进"一带一路"建设，为欧亚大陆共同发展注入强劲动力。"一带一路"着眼弘扬古丝绸之路互学互鉴、和睦共处的精神，拓展中国同欧亚大陆方向国家各领域互利合作，是新形势下中国推进对外合作的总体构想。"一带一路"倡议提出以来，已经有沿线50多个国家积极响应参与，并愿同各自的发展战略相互对接①。

三、公关行业迎风发展，业界学界紧跟时代

随着中国经济的快速发展，中国公共关系市场2012年延续了快速增长的发展势头，但增速有所放缓。据CIPRA的调查估算，整个市场的年营业规模约为303亿元左右，年增长率为16.5%②。2012年度中国公共关系服务市场不再过度倚重汽车行业，服务范围越来越广，呈现出行业进一步扩散的趋势③。同年，由中国国际公共关系协会主办的、两年一届的中国国际公共关系大会于7月26—27日在北京举行，本届大会的主题是：公共关系——创新推动文化产业。会议围绕这一主题，分别从公共关系构建国家软实力、公共关系促进社会创新、公共关系引导社会责任、公共关系迎接新媒体挑战、公共关系保持可持续发展、公共关系创造专业价值六个方面展开研讨④。2012年公关学科回归。从1983年在深圳大学设立第一个公关专科专业以来，公共关系学科在中国的发展历程是非常艰难曲折的，一度被停止目录内招生，直到2012年，才重新回到教育部专业目录中，从传统的新闻传播学学科，调整到公共管理学科之下，成为与行政管理并列的二级学科⑤。

中国公共关系市场2013年继续保持稳定增长。据CIPRA调查估算，整个

① 盘点2014：中国外交丰收之年——王毅出席2014年国际形势与中国外交研讨会开幕式并发表演讲［EB/OL］.2014-12-24/2018-07-19，http：//www.fmprc.gov.cn/web/wjbz_673089/zyjh_673099/t1222375.shtml.
② 中国公共关系业2012年营业规模达303亿元［EB/OL］.2013-04-22/2019-01-06.http：//news.163.com/13/0422/22/8T3O3G9N00014JB6.html.
③ 中国公共关系业2012年度行业调查报告［EB/OL］.2013-12-06/2018-08-09，http：//www.chinapr.com.cn/p/408.html.
④ 2012年中国国际公共关系大会在京举行［EB/OL］.2012-07-27/2018-08-09，http：//media.163.com/12/0727/11/87DSE0SO00762H91.html.
⑤ 陈先红：呼吁加快中国公共关系学科建设与发展的建议［EB/OL］.2017-05-29/2018-08-09，http：//hb.ifeng.com/a/20170529/5706730_0.shtml.

市场的年营业规模约为 341 亿元人民币，年增长率约为 12.5%。行业增长速度继续放缓，这表明公共关系行业也受到了整体经济增长放缓的影响。2013年公共关系市场业务分布较为均衡。数据显示，通信、医疗保健、互联网等行业均呈现稳步增长趋势。尽管 IT、金融和政府及非营利机构业务呈下降趋势，但依然占据了一定的市场份额。这表明，中国公共关系市场业务呈现均衡分布格局。需要注意的是，新媒体环境对公共关系市场产生明显影响。随着数字化时代的到来，传统公关业务增长放缓，而快速整合传统公关和数字传播的新型业务则保持了迅猛的增长势头，部分公关公司此类营业收入比重甚至占到了一半。这表明，公共关系市场与传播环境的关系越来越紧密，公关公司必须适应传播环境的变化，并寻找新的机会①。同年，公关学科建设发展迎来小春天，华中科技大学设置了国内第一个二级学科公共关系学博士点，这标志着中国公共关系教育链的初步健全和完善。值得一提的是，公共关系学专业学生就业率也较高，2013 年浙江传媒学院、大理学院、华东师范大学、上海外国语大学等院校公共关系学专业学生就业率位居本校前三名，2013 年上海外国语大学公共关系学专业本科毕业生首次签约月薪高于 5 000 元的超过 50%，对口就业率高达 64.7%。随着移动互联网时代的到来，公共关系人才的需求日益旺盛②。与此同时，自 2013 年起，上海市公共关系协会每年出资 30 万元设立专项奖学金。其设立目的在于确保公关事业后继有人，不断发展壮大，从而积极发挥上海公共关系行业的人才优势，聚焦行业发展方向，服务于改革、开放、发展的大局，服务于上海城市发展的未来③。

　　2014 年，受国家宏观经济调控的影响，中国公共关系市场增长缓慢。据CIPRA 调查估算，整个市场的年营业规模约为 380 亿元，年增长率为 11.5%左右。④ 随着新媒体时代的不断发展，公共关系业务的结构性变化也逐渐凸显。传统公关业务增速放缓，新兴公关业务（如数字化传播、新媒体营销等）发展迅猛。总体而言，作为新兴产业的公共关系行业，行业的成长速度仍然要高于整体经济发展的增速。医疗保健及互联网行业的迅猛发展，使此领域的公

　　① 中国公共关系行业 2013 年度调查报告发布［EB/OL］. 2014 - 04 - 29/2018 - 08 - 09，http：//opinion. huanqiu. com/opinion_china/2014 - 04/4983277. html.
　　② 专家建议加快中国公共关系学科建设与发展［EB/OL］. 2017 - 06 - 01/2018 - 08 - 09，http：//yuqing. people. com. cn/n1/2017/0601/c210121 - 29311971. html.
　　③ 培育优秀公关人才，上海这个协会连续五年颁发公关专项奖学金［EB/OL］. 2018 - 06 - 14/2018 - 08 - 09，https：//www. thepaper. cn/newsDetail_forward_2195525.
　　④ 中国公共关系业 2014 年度行业调查报告［EB/OL］. 2015 - 04 - 16/2018 - 08 - 09，http：//www. chinapr. com. cn/p/410. html.

共关系业务需求也随之增加①。由 CIPRA 主办的"2014 年中国国际公共关系大会"于 5 月 25 日在京举行。参加会议的还有来自中外公共关系领域的资深专家、专业人士、媒体人士以及政府官员和教育者共约 300 人。本届大会主题是：新机遇·再出发。大会还开设"公关的边界：消失与融合""大数据与公关变革""资本的力量" 3 个分论坛②。同年 12 月 21 日，由中国公共关系协会主办的"2014 中国公共关系发展大会"在北京隆重召开。本次大会的主题是"法治中国的创新传播"，旨在深入贯彻党的十八届四中全会精神，探讨法治中国背景下公共关系行业的机遇和发展路径。来自政府、高校、全国各省、市公共关系协会的代表 150 多人出席了大会。大会发布了《依法治国背景下公共关系行业自律北京宣言》、公共关系从业机构践行《依法治国背景下公共关系行业自律北京宣言》和生态文明理念的倡议，公布了《践行生态文明理念公共关系机构认证标准》③。受益于公关行业的整体发展与成熟，同期的公关学科建设更完善，公关教育开始结合新媒体环境特点，培养更切合时代所需的专业人才。

第二节 蓬勃生长：政务微博的发展与传播策略

一、政务微博发展概述

随着新媒体、新技术的不断发展与综合应用，中国政务微博蓬勃发展，实现了从以信息发布、信息公开为主向深化政民互动、组织舆论引导、提升政务服务为主的方向转变。从 2012 年到 2014 年政务微博普遍兴起，实现大范围应用，其信息内容更加丰富，活跃程度进一步提升，服务水平也有质的飞跃，政务微博在短短几年内成了政务部门权威信息发布、政民互动提升、网络舆论引导和公共服务提供的重要阵地，也成为政务部门进行公关活动和形象提升的窗口。

① 中国公共关系业 2014 年度行业调查报告 ［EB/OL］. 2015 - 04 - 16/2018 - 08 - 09，http：// www. chinapr. com. cn/p/410. html.

② 2014 年中国国际公共关系大会举行 ［EB/OL］. 2014 - 05 - 26/2018 - 08 - 09，http：// www. cipra. org. cn/templates/T _ Second/index. aspx? nodeid=3&page=ContentPage& contentid=819.

③ "2014 中国公共关系发展大会"在京召开 ［EB/OL］. 2014 - 12 - 22/2018 - 08 - 09，http：// news. china. com. cn/live/2014 - 12/22/content _ 30493906. htm.

　　2012 年新浪平台上的政务微博除继续保持数量持续增长外，在覆盖面、微博质量、应用水平、综合影响力等方面呈现出不断提升的趋势。2012 年新浪政务微博数净增 41 932 个，增长率达 231％。新浪微博认证的政务微博总数突破 6 万①。更值得一提的是，新浪政务微博的活跃度保持领先。据统计，当期新浪政务微博发博总数为 31 894 816 条，平均每个政务微博发博数约为 531 条②。国家行政学院发布的《2012 年中国政务微博客评估报告》称：政务微博从最初的以信息发布为主，逐渐发展成集信息公开、舆论引导、政民互动、为民服务等为一体的新媒体平台，政务微博已进入务实应用发展的新阶段③。这一年，基层微博和中央部委微博齐头并进。5.8 万个覆盖了各地、各部门的基层政府机构和公职人员微博成为政务微博发展的中流砥柱，通过微博服务公众，在关键时刻能够通过微博发出大声音，显示出巨大的影响力。同时，包括外交部、公安部、卫生部、铁道部、商务部、文化部等在内的 20 个国家部委及下属三部门积极开通微博倾听民意，体现了中央部委对"微博问政"渠道的重视。2012 年 11 月 9 日，@国务院公报微博通过新浪微博认证，意义重大。新浪政务微博成为各地、各部门、各层级政府执政为民、行政亲民的有力渠道。新浪微博成为我国各地政府部门首选的最具影响力的政务微博平台。与民互动、为民办事，是政务微博的最终发展方向。2012 年，基于 6 万政务微博的数量，新浪微博平台上的政务微博开始进入务实应用的发展阶段。联合万余公安微博举办"派出所的一天"微博直播活动、携手 13 个省地政务微博开办微博办事厅设立"民生服务日"、中共十八大期间邀请各省领导发表微博寄语向新浪微博网友表达执政心声、微打造"微政道"沙龙带动政务微博线下交流运营之道……为助推政务微博应用模式的丰富性和实用性，新浪政务微博在产品服务、联动协作、搭建线下交流平台等方面都做出了积极尝试④。

　　据人民网舆情监测室统计，截至 2013 年 10 月底，新浪平台上的政务微博有 100 151 个，其中包括机构微博 66 830 家，公职人员微博 33 321 位。相比前一年同期增长 4 万余个，增长率超过 60％⑤，保持了较高的发展速度。2013 年，政务微博的发展得到进一步重视。2013 年 10 月 15 日发布的，国务院办

---

① 人民网舆情监测室. 人民网舆情监测室发布《2012 年新浪政务微博报告》[R]. 2012：2-3.
② 人民网舆情监测室. 人民网舆情监测室发布《2012 年新浪政务微博报告》[R]. 2012：2-3.
③ 政务微博：历史、现状与突围 [EB/OL]. 2014-03-25/2018-07-19，http：// media. people. com. cn/n/2014/0325/c150618-24733987. html.
④ 人民网舆情监测室. 2012 年新浪政务微博报告 [R]. 2012.
⑤ 黄膺旭，曾润喜. 官员政务微博传播效果影响因素研究——基于意见领袖的个案分析 [J]. 情报杂志，2014，33（09）：135-140.

公厅《关于进一步加强政府信息公开回应社会关切提升政府公信力的意见》（国办发〔2013〕100号）要求各地区各部门应积极探索利用政务微博、微信等新媒体。2013年10月11日，中央人民政府门户网站官方微博和官方微信上线。中央政府的示范效应和具体的指导意见，为政务微博的发展注入了新动力，对政务微博的进一步发展起到了良好的示范和带动作用。值得关注的是，2013年是我国中央部委微博大发展的一年。据统计，截至2013年12月，共有77家中央部门或其直属机构在新浪开通政务微博①。中国人民银行、国资委、国土资源部、证监会、保监会、中科院等一批"国字头"官方微博陆续开通。12月18日，国务院办公厅政府信息公开办公室在新浪开通"中国政府网"政务微博，引发舆论关注。上述国家级微博的开通，成为2013年政务新媒体发展的最大亮点。部委微博运营良好能起到政府信息公开的表率作用，为基层政务微博提供经验借鉴，对于推动和引领各垂直领域政府部门政务微博发展有着重要意义②。

　　截至2014年12月31日，新浪微博平台认证的政务微博达到130 103个，较13年底增加近3万个。其中党政机构官方微博94 164个，公务人员微博35 939个。2014年之后全国各级政务新媒体活跃度进一步提升，内容更加趋向于多元化，风格更加亲民，互动更加明显，政务微博已成为各级政府部门发布权威信息、加强政民互动、引导网络舆论、提供公共服务的重要阵地和信息化建设的重要组成部分。2014年全国政务微博原创率已超过60%，接近三成政务微博账号的原创率达到80%以上③，越来越多的政府部门更加重视政务微博的运营质量，有地区特色、体现核心职能的优质账号受到网民热捧。更多的政务微博选择用多媒体信息（图片、视频、音乐、漫画等）的形式来进行内容运营，提高了政务微博的亲民性，也更加符合新媒体传播规律。这一年我们看到各级政务机构利用微博进行政务公开。"@最高人民法院"利用新媒体推进司法公开工作，全国四级法院微博开通率达到了90%以上；"@公安部打四黑除四害"成为首个粉丝突破千万的政务微博；基层政务微博成为全国政务微博的发展基石，把许多基层矛盾化解在源头，真正做到了"线上沟通、线上解决"④。

---

① 中华人民共和国民政部. 简析政务机构微博的定位［EB/OL］. 2014 - 06 - 28/2019 - 01 - 06. http://xxzx. mca. gov. cn/article/dzzw/201407/20140700665036. shtml.
② 人民网舆情监测室. 2013年新浪政务微博报告［R］. 2013.
③ 中华人民共和国国家互联网信息办公室. 2014年全国政务新媒体运营分析及发展趋势［EB/OL］. 2014 - 12 - 14/2019 - 01 - 06. http://www. cac. gov. cn/2014 - 12/14/c_1113635818. htm.
④ 人民网舆情监测室. 2014年度人民日报政务指数报告［R］. 2014：1 - 145.

2012—2014 年十大政务机构微博影响力排行榜

影响力排行	2012 年	2013 年	2014 年
1	上海发布	上海发布	公安部打四黑除四害
2	平安北京	成都发布	上海发布
3	成都发布	中国地震台网速报	平安北京
4	平安中原	外交小灵通	江宁公安在线
5	公安部打四黑除四害	公安部打四黑除四害	中国地震台网速报
6	南京发布	平安北京	广州公安
7	广州公安	北京发布	深圳交警
8	警民直通车——上海	中国旅游	成都发布
9	上海铁警分布	平安中原	南京发布
10	外交小灵通	微博云南	深圳公安

（资料来源：整理自人民网舆情监测室：2012、2013、2014 年度《人民日报》政务指数报告）

二、政务微博传播策略

政务微博在群众观念、媒体素养、积极心态、时效性、透明度、理性建设、组织保障、制度建设、管理规范、舆情应对、执政能力和危机管理思维等方面趋于成熟；在社会管理创新、政府信息公开、网络舆论引导、倾听社情民意、接受网民监督、树立政府形象等方面起到了积极的作用。尤其在此阶段政务微博的自媒体意识显著增强，政务微博逐渐成为应对公共突发事件的"标配"①。

根据人民网舆情监测室发布的相关研究报告，政务微博在此阶段经历了六大传播模式的探索（公安微博多元模式、政务微博发布厅模式、"问政银川"模式、突发舆情应对模式、官员微博带动模式、"微博公文"模式）②，从2012年起诸多政务微博发布厅上线，进行资源整合，各级职能部门垂直系统微博和区县基层政务微博朝着集群化、融合化的趋势发展，政务微博经历了由功能单一的问政渠道向办公平台拓展③。

单从账号数量分析来看，近两年政务微博的数量在不断迅猛增长，逐渐成

① 人民网舆情监测室. 2011 年新浪政务微博报告 [R]. 2011：85 - 86.
② 人民网舆情监测室. 2011 年新浪政务微博报告 [R]. 2011：70 - 84.
③ 人民网舆情监测室. 2012 年新浪政务微博报告 [R]. 2012：88 - 89.

为政府机构信息公开的"标准配置"；然而，在政务微博数量爆发式增长的过程中，不少地方存在一哄而上的现象，由于管理和维护制度的缺失，"僵尸微博""作秀微博"等老问题依然比较严重，为数不少的政务微博自其开通之日起，就停留在了只"开"不"发"的状态，不但没有有效利用微博便捷、亲民、高效的特点，反而对政务部门的公众形象带来了不利影响①。

在本阶段，学者们认为政务微博在塑造政府形象，发布政务信息，解决线下问题，畅通民意、网络问政、舆论监督、舆情引导、应急救援、宣传推广等方面取得了相当大的成绩。与此同时，政务微博在发展初期仍存在着概念定位模糊、理念落后、制度机制缺乏、工作事务问题众多、人才匮乏、官员微博公私身份矛盾等问题②。

基于2012—1014年的政务微博影响力排行榜，不可忽视的是影响力一直处于前两位的"上海发布"。"上海发布"是上海市政府新闻办公室的官方微博，也是上海地区乃至全国政务微博重最具权威性和影响力的政务微博，其于2011年11月上线。"上海发布"的微博内容包括发布型、互动型和参与型。发布型包括推送新闻和发布服务类信息为主；互动型表现为微博管理人员和粉丝之间进行的互动，主要以回答公众提出的问题和在线征询网民意见为主；参与型微博则体现在信息传播首先是在公众之间，最后辐射到政府，网民的参与直接影响政府的关注并产生了最终的政策③。

此外，在2012—2014年发展期间，《2014年度人民日报政务指数报告》将"@江宁公安在线"微博认定为基层政务微博中造就了全国影响力的平台，可谓政务微博发展典范。"@江宁公安在线"是南京市公安局江宁分局的微博平台，于2011年试运行，并于同年正式上线，旨在面对群众需求，发布治安、交通、协查等公安信息，宣传公共安全知识。"@江宁公安在线"以其贴近网民生活的微博内容和富有亲和力的语言风格著称，在短短一年的时间里，成功从默默无闻的公安分局微博，被网友称为"史上最萌警察蜀黍""江宁婆婆"，并被媒体评价为"宣传因时制宜""内容突显亲和度"的政务微博。

时刻不忘向网友"卖萌"的"@江宁公安在线"的微博热门关键词中当然少不了"警察蜀黍"等词汇。作为新浪微博社区委员会专家成员，积极参与辟谣活动的"@江宁公安在线"也时常向网友"科普"那些关于迷魂喷雾、短信

---

① 丁艺，王益民，余坦．2013年中国政务微博评估报告：发展特点与建议［J］．电子政务，2014（5）：2-8．

② 李晓娜，陈文权．我国政务微博发展现状及理论研究综述［J］．云南行政学院学报，2014（4）．

③ 王思雪，郑磊．政务微博战略定位评估——以"上海发布"为例［J］．电子政务，2012（6）：29-37．

@江宁公安在线微博内容分析

（资料来源：人民网舆情监测室：《2014年度人民日报政务指数报告》）

诈骗等谣言的真相。此外，"@江宁公安在线"也注重发布南京本地信息，服务本地网友是基层政务微博的重要职责。

"@江宁公安在线"微博传播特色主要体现在：① 定位精准，主打卖萌；② 结合热点设计微博，扩大传播力度；③ 互动频繁，注重服务；④ 做"三观"端正的政务微博①。

第三节 高速前进：政务微信的发展与传播策略

一、政务微信发展概述

微信，作为一种移动式便捷接收、资讯即时抵达、掌上便民服务的新政务媒介，正在日渐影响和改变着我们的生活方式和政民互动的新渠道。政务微信，指政府官方部门注册的微信公众账号，各级各类政府部门在微信平台上发布公共政务信息、时政新闻、政策法规等内容，为用户提供公共服务，实现网络社会管理的创新，被称为"指尖上的政民对话"。

这一继政务微博之后出现的新兴政务平台，逐渐成为推动社会治理创新的

---

① 人民网舆情监测室. 2014年度人民日报政务指数报告 [R]. 2014：58-65.

重要力量①，开创了网络问政的新局面。政务微信作为新媒体使用的典范，正逐渐撬动"社会舆论新格局"，这个撬动的"支点"正是基于微信平台的互动性和精准性②。政府部门与网民的互动越来越多地转移到微信平台上来，形成了"微信治理""微信行政""微信问政"的一体化公共服务平台。

在2012年8月微信正式推出公众账号后，政务微信公众号随之逐步发展。2013年10月1日，国务院办公厅发布《关于进一步加强政府信息公开回应社会关切提升政府公信力的意见》，提出，"各地区各部门应积极探索利用政务微博、微信等新媒体，及时发布各类权威政务信息"。在政策的推动下，政务微信逐渐成为政府信息公开、舆论引导、服务升级的重要平台。

2012年8月30日，广州市白云区政府应急办首开政务微信之先河，设立了"广州应急——白云"公众号，次日便被用于发布广东河源地震信息③。2013年3月11日，北京市公安局正式开通官方微信平台"平安北京"，这是首个通过腾讯微信认证的省级公安机关官方微信。"平安北京"启动上线后的第一条微信，由公安部副部长（兼）、北京市公安局党委书记、公安局长傅政华以"真人原声"首开"第一腔"，这种对政务微信的重视与示范效应，在当时尚对"政务微信"持观望态度的其他省市公安机关给出了肯定和"领跑"的发展方向。以此为标志性时间节点，后续全国公安政务微信进入全面快速发展阶段④。

据不完全统计，截至2014年1月1日零时，全国政务微信发展总量超过3 611家。除台湾地区外，政务微信全面覆盖中国34个省级行政区，以及香港和澳门特别行政区。同时，随着微信国际化的普及发展，其中还包括有我国政府驻外机构政务微信5个，以及外国驻华机构在微信公众平台上所开设的涉外类政治账号43个⑤。而根据腾讯数据显示，在超过5万个经认证的微信公众账号中，政务微信约占6%，与政务微博超16万的总量相比，政务微信方兴未艾⑥。

2014年腾讯研究院联合微信团队发布的报告《"互联网＋"微信政务民生

① 郭泽德.政务微信助力社会治理创新——以"上海发布"为例［J］.电子政务，2014（4）.
② 庞胡瑞，单学刚.政务系统"微信风"已经蔚然成形［J］.人民论坛，2013（22）：68-69.
③ 张军华.新媒体时代下我国政府传播策略研究——以政务微信"广东发布"为例［D］.暨南大学，2015：16.
④ 腾讯互联网与社会研究院，中国传媒大学公共关系研究院.2013政务微信年度报告——发展中的政务微信：新锐与挑战［EB/OL］.2014-12-02/2018-07-23，http：//www.docin.com/p-977392468.html.
⑤ 腾讯互联网与社会研究院，中国传媒大学公共关系研究院.2013政务微信年度报告——发展中的政务微信：新锐与挑战［EB/OL］.2014-12-02/2018-07-23，http：//www.docin.com/p-977392468.html.
⑥ 人民网舆情监测室.2013年腾讯政务微博和政务微信发展研究报告［R］.2013：86-87.

白皮书》显示，2014 年政务微信实现了全面发展，全国总量突破 4 万个。截至 2014 年 12 月 31 日，全国政务微信总量达到 40 924 个，全面覆盖中国 31 个省份的党政部门、直属事业单位和社会团体等主体，东部地区引领全国发展，广东位居榜首，省市级部门开通的政务微信总量占比 84.7%①。越来越多的政务微信顺势而生，用微信接收时事资讯、进行生活缴费等已成为人人生活中不可或缺的一部分。

如果说 2012 年人们对政务微信的认知还停留在信息发布的"第三种途径"，那么 2014 年之后和未来的政务微信已经成为政府与民生、人与公共服务之间的"连接器"，越来越多有价值的、个性化的服务功能在政务微信平台上"生根开花"，政务微信已然成为政府实施政策、提供公共服务、进行社会管理的新平台②。例如，广东省肇庆市公安局推出的官方微信"平安肇庆"，能够为用户提供关于户口、车管所、出入境等信息，让用户足不出户就可以通过微信平台办理各项业务，为民众提供了极大的便利；成都市政府新闻办管理的政务微信平台"微成都"在四川雅安发生地震的 19 分钟后，发布了一条涉及震级、震源、影响范围等信息的微信消息，13 万"微成都"的关注者收到了微信消息后，从广场和空地上散去，恢复了成都市的正常秩序③；广州公安部门开通的政务微信平台"广州公安"能够为关注了公众账号的市民办理港澳通行证再次签注、身份证办理、交通违章查询、机动车年审预约、实时路况查询等业务，市民还能通过微信公众平台与值班干警在线语音，反映治安问题④。

相较于政务微博，政务微信体现出一系列独特之处。微信的指向性和功能性更强，用户更容易在政务微信中找到特定的功能、获得需要的服务；微信公众号所发布的内容不会被大量其他的信息淹没，用户可以方便地随时查看；微信公众号与用户之间的互动更具私密性，不会被其他人看到，有利于受众的隐私保护⑤。

二、政务微信传播策略

政务微信所具备的传播优势包括精准覆盖、点对点的信息传播提高了信息

---

①　微信政务民生白皮书：政务微信总量达 40 924 个 [EB/OL]．2015 - 04 - 22/2018 - 07 - 21，http：//www. techweb. com. cn/data/2015 - 04 - 22/2144784. shtml.

②　李勇，龚小芳，田晶晶．微信平台政民交互的方式及其特点探析 [J]．电子政务，2015 (11)：51 - 58.

③　吴丹．政务微信：指尖上的政民对话 [J]．湖南广播电视大学学报，2014 (3)：61 - 63.

④　王芳，张璐阳．中国政务微信的功能定位及公众利用情况调查研究 [J]．电子政务，2014 (10)：58 - 69.

⑤　王玥，郑磊．中国政务微信研究：特性、内容与互动 [J]．电子政务，2014 (1)：66 - 77.

到达率；对话私密性、隐蔽性强，用户隐私得到保护；一对一的对话能提供零距离的官民互动渠道，更易建立亲密的沟通关系等。借助微信公众平台，政府部门能够扩大政务服务的受众面，打造移动化的民生服务平台和创新型的公共服务空间①。

一方面，在传播主题上，政务微信作为现代政府在社会化媒体时代的服务平台，其传播主题主要为公共服务。微信公众号的信息发布是受限制的，普通公众账号 24 小时内只能发布一次信息，因此它无法像微博账号那样呈现出即时性、碎片化的特点，在传播即时信息和突发信息方面，微信公众号并不具有优势。但另一方面，它的优势在于所发布信息的容量不受限制，恰好公共服务性信息对时效性的要求并不是特别高，因此可成为政务微信最主要的主题，如："上海发布"的内容主题可归纳为公共服务类信息、新闻报道类信息、政策传达类信息、活动动员类信息、文化历史类信息等，其中公共服务类信息占比最重②。

在传播方式方面，微信公众号可提供文字、图像、视频、音频、超链接等多媒体格式信息，其最大的特点在于整合了不同的信息形态。信息传达的准确性和吸引力能够使得社会治理取得更好的效果。无限制的篇幅能够保证信息的具体性和全面性，图像和音频、视频可用以诠释信息情景，弥补文字描述的不足，让用户获得更好的视觉观感。

在传播主体的定位上，政务微信应做到准确定位。由于不同类型的政府机构具有不同的职能，其相对应的政务微信平台的功能也不尽相同。根据发布主体的职能来分类，政府微信可分为以信息发布为主的订阅号（如宣传部门、共青团等）、以公共服务业务办理为主的服务号（如社会保障、医疗服务等民生服务部门）、具有支付功能的服务号（如交警、卫生局、水电气等具有支付要求的政府部门）等③。是综合类信息发布平台，还是针对某一具体分类的服务平台；是面向全国，还是定位本地；是注重规模，还是追求品质，传播主体对这些问题都应有清晰的认知。在微信公众号风格设计、内容策划、语言表达、菜单结构等方面，都要在传播主体目标定位的引导下进行操作，与传播主体的属性保持一致。

在双向互动方面，政府部门能更好地利用公众平台实现回应社会诉求的功能。在微信公众平台上能够设置各种不同的回复方式，对用户各方面的需求提

---

① 张庆娜．政务微信发展策略探析［J］．今传媒，2014（11）：122 - 123.
② 郭泽德．政务微信助力社会治理创新——以"上海发布"为例［J］．电子政务，2014（4）.
③ 王芳，张璐阳．中国政务微信的功能定位及公众利用情况调查研究［J］．电子政务，2014（10）：58 - 69.

供答复，这为政府部门回应社会诉求提供了较大的能动性。微信公众平台具有自动回复和人工回复两种方式。自动回复又包括被添加自动回复、消息自动回复和关键词自动回复三种。政务微信平台可通过设置自动回复方式和对应关键词，让用户方便查询信息，即能够节约社会治理成本，也有助于提高社会治理效率。平台互动还能够体现在自定义菜单上，政务微信平台可通过设置自定义菜单的选项和内容，让用户通过轻松点击即可获取相应信息，极大地提升了公众平台与用户之间的交互性，拉近了政府部门与百姓之间的距离。

在传播路径方面，首先，政务微信通过自身公众号平台进行发布，在内容生产完成之后的第一时间完成首次传播；其次，与政务微博进行联动传播，通过"双微"平台相互配合联动传播，将传递消息与提供服务紧密结合；之后可逐步扩散至政务微信联盟的矩阵传播，如："上海发布"整合了上海教育、上海交通、上海发展改革、乐游上海以及上海各区的政务微信公众号等组建上海政务微信联盟，搭建快速立体的传播管道，建立整体发声机制，利于重大事件中整体协调；最后也可应用至与其他平台合作推广的集群传播，通过借助其他媒介，如政府网站、新媒体等进行宣传联动，扩大服务覆盖面，完成散发式传播①。

在政务微信发展过程中，有一些政务微信号起到引领作用，是当时具有一定特色和借鉴意义的政务微信，比如服务型政务微信，打造创新型便民服务窗口——"武汉交警"公众号，以及微信"国家队"，带头政务公开的"中国政府网"公众号。

"武汉交警"公众号系武汉市公安局交通管理局官方微信，2013年8月上线，旨在为公众提供交通违法查询、服务提醒、交通路况资讯、交管信息等服务。该微信特色一：司机助手，专业搜索。"武汉交警"公众号将"违法查询"设置为独立板块，其中包括"我的违法""违法查询"以及"账号管理"三个内容，只要输入相关号码即可随时查询违法违章情况。此外，该微信还通过后台的技术开发，使得网友在打开路况地图页面后自动定位，为公众的出行提供方便。该微信特色二：动态与规制，尽在掌握中。政务微信核心应用主要侧重于两方面：一是后端的移动政务办事服务平台应用，比如通过智能化信息库建设，让公众足不出户就可以了解办事的业务流程，或者通过及时回应公众的咨询、投诉、举报等，实现政民之间"点对点"的客户服务系统；二是前端的主动发布，比如及时发布辖区的政务信息、民意调查、警情舆情等，使政务微信成为应急管理、舆情应对和组织动员的媒介应用。"武汉交警"则属于"点对点"客户服务系统的典范，特别是它的"办事指南"，条分缕析，为需要办理与交通有关手续的公众提供了"按图索骥"的便利①。

"中国政府网"公众号系国务院办公厅政府信息公开办公室的官方微信，2013 年 10 月上线。其推送内容包括了政治、经济及文化等多个方面。微信功能定位是立足政策、落脚民生，内容主要分为"领导人出行、访问"等 8 大类。"政策解读"与"重大批示"成为"中国政府网"微信的"拳头""主干"内容，并因其信息发布的权威性而备受关注。例如，在"政策解读"类内容中，添加"中央编办负责人就行政审批制度改革答记者问"等；在"重大批示"类内容中，及时添加"李克强总理对浙江温岭医生被刺身亡暴力事件作出重要批示"等，都彰显了政务微信的权威性。"中国政府网"微信所关注的内容均关涉国计民生。大事不缺，"小情"也有。例如，既有《国务院关于化解产能严重过剩矛盾的指导意见》这样的"大事"，也有类似"节假日放假时间的意见征集"这样的身边"小情"。"中国政府网"微信关注的内容以政治与经济领域为主，同时收纳其他重大政策与领导指示。例如，对"统计局新闻发言人介绍 2013 年前三季度国民经济运行情况"的"直播"属于经济领域的内容，而对"十八届三中全会精神"的相关播报则属于政治领域②。

第四节　影响升级：新媒体危机公关的应用策略

一、突发事件的公关应对现状

突发事件中政府的公关活动涉及国家、集体及每一个公民的切身利益③。20 世纪末以来，新媒体日益成为广大民众针对各种公共事件发表各自的意见的重要渠道，尤其是在面对公共危机事件时，通过新媒体"放大"的负面网络舆论，会给各级政府产生极大的压力。

对于政府危机公关而言，针对新媒体的特点，由被动应对民众质疑转为主动进行宣传引导，实现与广大民众的有效沟通，促进公共危机事件的解决，是十分必要的。媒体环境下公共危机事件的发生，以前所未有的速度和广度为人所知，并且由于网民可以随时根据自己所了解的信息而不断追加相关内容，使

①　人民网舆情监测室. 2013 年腾讯政务微博和政务微信发展研究报告 [R]. 2013：67 - 70.
②　人民网舆情监测室. 2013 年腾讯政务微博和政务微信发展研究报告 [R]. 2013：57 - 58.
③　余虹霖. 突发事件中的政府危机公关策略研究 [D]. 南昌：江西财经大学，2014.

政府在应对公共危机事件时面临巨大的挑战①。

不同于传统社会，现代社会随着互联网的普及，公共危机事件的影响力被无限放大，传播呈现"波纹效应"。手机微信、微博等新媒体的兴起使民众快速获取信息的同时，也给予了民众发布信息、交流信息的平台。越来越多的民众也开始关注公共意识和公共话语权的提升，使得公共危机事件的信息发布、舆论管理复杂化②。

新媒体信息的高速传播使政府危机公关的准备时间大为缩短，政府应对公共危机解决问题的难度也相应增加。政府的信息主导权被分散，面对危机信息扩散的情况，很难锁定相关信息的真正来源，难以瞄准某一特定目标群体。此外，从新媒体的传播渠道上看，QQ、MSN、微博等网络信息传播工具向公众提供信息的传播广度、速度，都是过去任何传统媒体所无法比拟的，传统的政府危机公关策略显然已不适应新的需要了。新媒体传播形式和内容的多样性，也影响政府对网络参与者主要诉求的判断使其难以掌握网络舆论的发展方向③。

在新媒体环境下，以微博为例，政府应对危机主要存在以下几个难点：

"把关人"对微博舆情的监管弱化。在微博环境之下，一是微博平台对信息的把关缺乏规范性，"把关人"在数量、质量方面都存在不足。二是微博以商业利益而非政府、公众利益作为把关出发点。三是微博信息传播模式为多对多，增加了微博舆情监管的难度。四是微博舆情监控方面的法律制度尚不完善。

部分政府机关人员存在素质差、能力不足的情况。在对微博舆情危机进行应对的过程中，态度、观念、素质、能力等方面依旧存在较大缺陷，导致政府在对微博舆情危机进行处理的过程中出现处理方法不妥当等问题，且通过封锁、否认等方式对真实情况进行处理，从而使舆情危机再次升级，引发民众对政府更加严重的不满情绪。此外，政府工作人员对微博话语系统适应性较差，在对危机进行处理的过程中会出现用语不当的情况，不利于危机的处理。

政府危机公关管理机制不完善。微博舆情危机具有较大的危害性，通常会引发网络群体性事件，导致政府的形象遭到严重的破坏。在此类事件发生之后，政府需要通过多个部门的配合来共同解决，而政府在处理的过程中难免会

---

① 黄朗，文丰安. 新媒体环境下的政府危机公关策略分析［J］. 河南社会科学，2014（2）：64-67.

② 周枫. 新媒体时代政府公共危机管理研究——基于4R理论视角对于上海外滩踩踏事件的分析［J］. 管理观察，2017（24）：45-49.

③ 黄朗，文丰安. 新媒体环境下的政府危机公关策略分析［J］. 河南社会科学，2014（2）：64-67.

力不从心。主要的原因包括：第一，我国的网络危机检测与预警系统不健全，不能够对负面舆论的传播进行及时的制止。第二，我国政府部门权责分配不明确，在对危机进行处理的过程中缺乏合作与交流，处理效率偏低①。

总之，在新媒体环境下突发的公共危机事件往往会以前所未有的速度和广度为人所知，并且网民可以随时根据自己所了解的信息而不断追加相关内容，这就使政府在应对公共危机事件时，必然面临巨大的压力②。

自 2012 年起新媒体高速发展，危机事件的发生相对来说更为频繁，危机的爆发速度进一步加快，危机的传播辐射面也在不断加大。无论是政府还是企业，甚至个人都可能面临不可预见的危机。而针对新媒体传播多元化、分散化、小众化、情绪化等突出的特点，应对危机的策略亟待及时跟进，避免片面、延时、隐瞒、情绪化等应对失误。

在 2012—2014 年，多起政务微博应对突发事件的案例都值得学习和探索。例如，2012 年的北京微博发布厅应对突发暴雨灾害，通过不断发布灾情实况、网友借力微博传递救援信息等方式，这也成为政务微博在突发事件中良好口碑的典型案例；2013 年的"@雅安芦山抗震救灾"微博在震后 4 小时即开通，发布救援信息快速高效，有效促进了部队与需要救助群众的对接，对公开灾情、普及自救知识、组织救援起到了重要作用。对救灾过程中出现的谣言快速辟谣，有理有据，体现了良好的舆论应对能力。后期的微博则以灾后救助自救为主，如心理咨询等，务实的文字也汇聚各界爱心、正能量，透露人文关怀③。

二、突发事件危机公关：以政府为主体

（一）陕西"微笑表哥"杨××事件的失败新媒体公关

据新华网统计，从 2012 年 12 月 6 日至 2014 年 4 月 11 日，平均每周有 4 名领导干部被通报涉嫌违法违纪行为④。中国人民大学危机管理研究中心唐均表示："2012 年，官员形象危机处于高危状态，危机事件高发、易发，官员形象的形式更加严重，社会负面影响增多。新媒体时代下信息传播的速度和广

---

① 丁智擘，孟祥斌. 微博舆情背景下政府危机公关的现状及应对措施［J］. 新闻研究导刊，2015（3）：12.

② 黄朗，文丰安. 新媒体环境下的政府危机公关策略分析［J］. 河南社会科学，2014（2）：64－67.

③ 人民网舆情监测室. 2013 年新浪政务微博报告［R］. 2013：72－73.

④ 湖北日报. 中纪委：平均每周 4 名"老虎""苍蝇"被打［EB/OL］. 2014－04－16/2019－01－08. http：//news. sohu. com/20140416/n398314971. shtml.

度都发生了变化，官员形象、政府形象的维护都面临巨大挑战。"2012 年，微笑门、"表哥"一时间成为网络热点，引发人们的广泛关注。

2012 年 8 月 26 日，延安包茂线高速公路发生特大交通事故，一辆罐车与一辆长途卧铺车相撞，造成 36 人死亡。在事故现场陕西省安监局局长杨××面露微笑的照片在微博上被曝光，舆论关注度一度走高并引发热议。事件前期的潜伏期：新媒体扮演的角色主要为网络爆料、吸引大众眼球与"人肉搜索"当事人。爆发期：网友关注焦点从微笑转移到手表，大众在微博上纷纷开始讨论"鉴表"话题与"扒表"集体行动，经过发酵式转发后，网友们相继曝光了杨×× 10 多块名表，杨××被贴上"表哥"标签。在扩散期，线上线下媒体进行跟进报道，高潮期舆论形成高压，8 月 30 日，杨××各种"戴表照"在网上曝光后，陕西省纪委回应称，将本着实事求是的态度，对事件所涉及的问题进行认真深入的调查，如确有违纪或腐败问题，将依照有关规定严肃处理。但整整一个月后，直到 9 月 21 日，陕西省纪委才在其官方网站秦风网发布了杨××因存在严重违纪问题被撤职的消息。这也让舆论纷纷倒戈，导致公众对其公信力的质疑声不绝于耳，群情激愤①。在 2012 年复杂且蓬勃发展的新媒体语境下，政府只有主动调查涉案人员的贪腐问题，并及时将结果公之于众，才能较好维护政府的公信力，避免恶化问题。

（二）上海跨年踩踏事件中的成功新媒体公关

2014 年 12 月 31 日晚间发生的上海外滩踩踏事件，不少上海市民仍记忆犹新，此次事件是上海市近年来处理的造成重大伤亡和严重后果的公共安全责任事件②。倒数计时跨年时分，外滩陈毅广场东南角通往黄浦江观景平台的人行通道阶梯处底部，大量向观景台上方行走和从观景台下行的人流拥挤在此，突然有人跌倒，继而引发多人摔倒、叠压，使得拥挤踩踏事件发生，该事件造成 36 人死亡，49 人受伤。

事件发生后，虽然政府部门开展了救援并采取了危机应对措施，但网络上迅速出现了各种猜测情况和原因的信息，不明真相的民众在网上发表和转发各种不实消息，一时间各种流言蜚语迅速扩散③。

事件发生后，市委、市政府主要领导迅速赶赴现场指挥应急处置工作，并分别赶往医院看望慰问受伤人员和伤亡人员家属。同时，连夜召开紧急会议，

① 陈丝丝，范曦．微博环境下的社会动员与集体行动研究——以"杨××事件"为例［J］．教师教育学报，2013（10）：196-200．
② 《上海公共关系三十年发展报告》编委会．上海公共关系三十年发展报告［M］．北京：中国财政经济出版社，2017：55-57．
③ 周枫．新媒体时代政府公共危机管理研究——基于 4R 理论视角对于上海外滩踩踏事件的分析［J］．管理观察，2017（24）：45-49．

决定成立医疗救治、善后处置等专项工作组和联合调查组，各组当即开展工作。在线上通过组织集体采访、书面发布、"上海发布"政务微博及微信等形式，及时向媒体和社会发布相关信息①。

在危机萌芽期，网友@Direction 用手机在微博上发布了一条关于外滩踩踏的消息，比后来官方发布的踩踏事件发生时间早了5分钟。此时，民众已通过在场网友知道了踩踏事件的发生，但政府并没有做出任何响应，同时一些不实消息——关于事故原因的猜测、现场伤亡惨状，也随之扩散。从中看出，政府在危机萌芽期没有及时启动应急预案，更没有应用新媒体对网络传言进行回应，没有对事件情况及时公开。

在危机爆发期，上海市公安局官方微博发布信息称："有游客摔倒，执勤民警立即赶到围成环岛，引导客流绕行。"这一官方消息仅仅提到有游客摔倒，远远没有意识到踩踏事件的严重性。随后，《新民晚报》和《新闻晨报》等多家主流媒体的微博均做出了相关报道。上海发布微博在4:01分时确认外滩踩踏事件发生，并公布死伤人数。5:05分，网友@好火药发布微博，指出"撒钱"事件是踩踏发生的罪魁祸首，该条微博一石激起千层浪，但是直到"撒钱"微博传播了近17个小时，@上海发布微博才发布信息进行辟谣。

这一时期内@上海发布共发布了24条微博，得到了其他主流媒体的转发，成为主要官方信息来源，发布的内容包括公开事故伤亡情况、领导人指示、调查情况、死者名单、善后处置等。@上海发布微信公众号共发布7条信息，发布的内容包括事故说明、政府工作情况、辟谣、伤员救助情况等。政府官方发布在这一阶段着重于信息公开，公开了伤亡情况并驳斥了"撒钱"谣言，试图打消民众的疑虑。同时，也进行了舆论引导，如强调政府救助行动，期望转移群众视线。

在危机处置期，上海市领导发表声明："对外滩踩踏事故深感悲痛和内疚，将严肃问责。"在事件发生7天后，事件的影响力逐渐减弱。随着上一阶段政府信息的公开和舆论引导，上海发布微博所发布的8条信息全部是关于伤员病情和救助情况，此类信息有助于公开信息、打消民众顾虑、避免猜忌，为平复社会情绪起到了铺垫作用。在危机处置后期，政府官方发布达到了一次高潮。@上海发布微博连续发布了18条信息，都是关于"上海拥挤踩踏事件调查报告发布会"的微直播，内容涉及事件过程还原、医疗救治情况、主要原因、性质、责任认定、整改建议、处理决定等。

---

①　《上海公共关系三十年发展报告》编委会. 上海公共关系三十年发展报告［M］. 北京：中国财政经济出版社，2017：55－57.

在危机平息期，微信微博也逐渐归于平静。@上海发布微博一共发布了 3 条信息，@上海发布微信公众号一共发布了 2 条信息，分别是关于抚恤金标准和伤员救助情况。在这一时期，政府逐渐平复危机影响，公开了抚恤金标准以平复遇难者家属的情绪，并且也对受伤后的社会民众进行正能量的舆论引导，减少社会心理伤害①。

无论从危机传播管理，还是从应急管理机制的角度，上海市在大型群众性活动的管理上，积累了相当多的经验。在外滩踩踏事件面前，上海市的政府危机公关做到了尽量将损失最小化，保证社会舆情可控，没有发生次生性危机，并且能够在一个月之内完成整个事件的初步善后处置，并出台调查报告和处理相关责任人。横向比较而言，这已经体现出上海市政府危机公关的较高水准②。

三、突发事件危机公关：以企业为主体

以企业为主体的突发事件，主要牵扯民生问题。民生问题是人民群众最关心、最直接、最现实的利益问题。简单来说，就是与百姓生活密切相关的问题，最主要表现在吃穿住行、养老、就医、子女教育等生活必需上面。2012 年十八大以来，民生问题日益成为热点。一方面是由于民生问题越来越尖锐地摆到我们面前，民生问题的解决程度决定了社会的进步程度。另一方面与新媒体的发展也有关联。新媒体的发展使得信息流通更为便捷，信息内容更为全面，而人们获得信息的渠道也更加多元。同时，新媒体赋予人们发出自己声音的权力，诸如食品安全、环境卫生等与公众切身利益相关的重要民生问题更是成为新媒体平台上人们讨论的焦点。

在诸多民生问题中，食品安全问题是最为尖锐的问题之一——"民以食为天，食以安为先"。有学者研究，自 2004 年 1 月 1 日—2012 年 12 月 31 日，中国累计曝光食品安全事件总计 2 489 件③。通过对 2011—2013 年食品安全热点事件梳理显示，对食品安全热点事件从 2011 年聚焦于方便食品和非法添加，

---

① 黄朗，文丰安. 新媒体环境下的政府危机公关策略分析 [J]. 河南社会科学，2014（2）：64-67.

② 《上海公共关系三十年发展报告》编委会. 上海公共关系三十年发展报告 [M]. 北京：中国财政经济出版社，2017：55-57.

③ 厉曙光，陈莉莉，陈波. 我国 2004—2012 年媒体曝光食品安全事件分析 [J]. 中国食品学报，2014（3）：1-8.

到 2012 年关注标准与过程控制，而 2013 年的舆情则聚集于原料污染与恶意造假①。为了能够较真实地反映社会对中国食品安全问题的担忧和焦虑，真实反映 2013 年国内外食品安全整体发展趋势，中国食品科学技术学会与中国经济网等媒体进行了合作，从食品安全专家与媒体两个层面对食品安全热点数据进行了梳理和分析，通过综合分析各大门户网站新闻点击量、微博传播量、网帖评论量等相关数据筛选出，新西兰奶粉检出双氰胺、镉大米、美素奶粉疑云、农夫山泉被指生产标准不如自来水等 12 个热点事件②。2014 年，中国网盘点出年度重大食品安全事件，如顶新"黑心油"事件，福喜腐肉事件、昆明毒米线事件、粪水臭豆腐事件等③。

2009 年食品安全法颁布实施以来，虽然整体食品安全稳中向好，但每年依然有层出不穷的食品安全事件不断被爆出，尤其是在新媒体平台上，食品安全事件影响扩大，蝴蝶效应更强，一旦发生，往往是对整个行业市场的打击和灾难。

以蒙牛问题奶粉事件为例，新媒体在其中扮演的角色可见一斑。2011 年 12 月，国家质量监督检验检疫总局公布对全国液体乳产品进行抽检的结果公告，蒙牛乳业（眉山）有限公司生产的一批次产品被检出黄曲霉素 M1 超标 140%。黄曲霉素 M1 为已知致癌物，具有很强的致癌性。此消息一出，再一次沉重打击了人们对中国乳业的信心，中国乳业再次拉响危险的警报④。

蒙牛集团于当天在官网上承认这一检测结果并"向全国消费者郑重致歉"，并在次日很快做了进一步说明。蒙牛此次的危机公关，态度诚恳，但网络上针对企业的不利舆情依然汹汹。新媒体环境下，信息传播速度加快，波及范围与影响领域加大。同时，论坛、微博平台转发和评论功能的便捷性，在加快信息传播的同时，也快速形成了一个舆论场。12 月 27 日，网友"男人好苦"在眉山当地论坛中发帖指称蒙牛高管所言不实，问题牛奶确已流入市场。28 日，蒙牛官方网站被黑，事件升级。到 2012 年 7 月，网友在酷 6 网发布原创短剧《蒙牛致癌门》，对蒙牛的致歉回应、加大广告投放、涨价风波等一系列公关手段做了一个集中调侃，再一次引得网上网下一片哗然⑤。新媒体环境下，网

① 2013 食品安全事件多来自原料污染与恶意造假 [EB/OL]. 2014-01-10/2018-07-20, http://www.ce.cn/cysc/sp/info/201401/10/t20140110_2097370.shtml.

② 盘点 2013 年食品安全热点事件 [EB/OL]. 2014-01-10/2018-07-20, http://www.ce.cn/cysc/sp/subject/2014zt/dp2013/.

③ 盘点 2014 年重大食品安全事件 [EB/OL]. 2014-12-18/2018-07-20, http://food.china.com.cn/node_7217894.htm.

④ 欧志葵，钟啸，廖丰. 中国乳业为何如此脆弱 [J]. 北方牧业，2010 (19)：5.

⑤ 张越. "蒙牛致癌门"事件中新媒体舆论的作用 [J]. 新闻世界，2012 (5)：97-98.

民可以根据自己对事件的理解，立即发表自己的意见看法，大家不再满足于官方强硬的回应话语。从蒙牛的危机公关手段来看，蒙牛从迅速致歉回应到加大广告投放、提升产品售价，一直试图利用市场的手段淡化致癌门事件所造成的不利影响，却忽视网民在这一事件中真正关切的真相，自然而然成为新媒体时代下危机公关的反面教材。

第五节　迎接挑战：新媒体特色公关的求新求变

一、公益公关与健康传播：救助渐冻人的冰桶挑战

健康传播学就是医学与社会学在路过传播学这个交叉口时"逗留"下的产物。21世纪是健康的世纪，越来越富足的人类，开始关注人本身，健康已经成为民众、政府和学者一致关心的议题。健康传播就是要满足大众对健康信息的渴求，而传媒在传播健康的过程中发挥着越来越重要的作用。健康传播是指通过各种渠道，运用各种传播媒介和方法，为维护和促进人类健康而收集、制作、传递、分享健康信息的过程[1]。

清华大学国际传播研究中心对2012年11月1日—2013年10月31日的国内外健康传播研究进行梳理、归类，发现这段时间有关健康传播的研究中，关键词"新媒体"出现频率较高，包括对网络传播和手机传播的研究，此外，还有学者将国际新兴概念"大数据"引入了健康传播领域研究[2]。2012年以来，随着媒介技术的进步，进行健康传播的新媒体形式可谓多种多样，可大致分国家和省市级卫生部门的官方网站、国家和省市级教育健康机构开办的健康教育类网站、商业型健康网站等专业类健康媒体，以及博客、手机、社交网站、微博等非专业综合类新媒体[3]。

在各种媒体的推动下，健康传播外延不断扩大，内容日渐丰富，效率显著提升，但其伦理基础始终没有改变，媒体应承担更多样的社会责任。当期，社交媒体在信息发布、寻医问药和情感抚慰方面发挥了积极作用。

而公益传播，是指具有公益成分、以谋求社会公众利益为出发点，关注、理解、支持、参与和推动公益行动、公益事业，推动文化事业发展和社会进步

---

① 李小余．健康传播研究的现状［J］．传媒观察，2014(8)．

② 清华大学国际传播研究中心．走向细分的健康传播——2013年国内外健康传播研究现状分析［C］// 中国健康传播大会．2013．

③ 陈虹，梁俊民．新媒体环境下健康传播发展机遇与挑战［J］，新闻记者，2013（5）．

的非营利性传播活动，如公益广告、公益新闻、公益网站、公益活动、公益项目工程、公益捐赠等。网络、手机等新媒体的蓬勃发展，扩展了公益传播的载体形式。有关新媒体的研究日趋成熟，但是关注新媒体公益传播研究的文章数量非常有限。当前综观国内研究，主要是结合新媒体公益传播特征、存在的问题和解决途径，探讨媒体公益传播，研究对象主要是聚焦网络公益广告①。

　　毫无疑问，自 2012 年微博、微信不断发展以来，传播者与受众随时可能发生转变与重合的"网状传播"模式满足了人们积极能动的信息传播需求，对社会产生了深远的影响。公益传播借助自媒体平台使传播价值得到了进一步的提升。

　　新媒体最经典的健康传播及公益传播案例当属"冰桶挑战"。从 2014 年 8 月 17 日开始，整个互联网最为关注的事件莫过于"ALS 冰桶挑战"，这是一项旨在帮助那些患有"渐冻人症"（ALS）的群体的公益活动，该项挑战要求参与者用冰水淋遍全身，并录下视频上传至互联网。按照规则接受挑战以后，参与者可以点 3 名他人来参与这一活动，被邀请者必须在 24 小时内接受挑战，或者选择捐出 100 美元。这么做是为了让更多人了解名为"肌肉萎缩性侧索硬化病"的罕见疾病，同时达到募款的目的。随着挑战的不断进行，"冰桶挑战"不仅在 IT 行业、体育娱乐界掀起了新的潮流，而且从一个单纯的公益活动发展成一个全球热门的社会事件，在其发展过程中体现出诸多特点，具有很强的研究价值②。

　　"冰桶挑战"半个月内 Facebook 上参与话题讨论的网友达 1 500 万人次。活动发起两个月，美国 ALS 基金会收到约 4 000 万美元捐款，超过其上一财年的总收入③。8 月 18 日，"冰桶挑战"活动蔓延到中国。8 月 17 日晚，"助力罕见病，一起'冻起来'"公益项目在新浪微博微公益平台上线。8 月 20 日，微博上"冰桶挑战"的话题讨论量达到 85.3 万，是其上线以来讨论量最高的一天。截至 8 月 24 日，新浪微博共计发布有关"冰桶挑战"的话题微博约 1 211 万条，其中热门精选微博约 6 万条。8 月 31 日 22 点，"冰桶挑战"的话题阅读量，达到 44.8 亿，讨论量也达到 409.4 万。

　　微博统计数据显示，8 月 21 日微公益平台发布项目就收到捐款 260 多万元，超过去年全年的社会捐款。截至 8 月 31 日，瓷娃娃罕见病关爱基金在微博公益平台上的公益项目已筹款 730 多万。加上微博和秒拍承诺的 200 万捐款，不到半个月时间内，以冰桶挑战为主题的微博募捐在微博上刮起一股募捐

---

①　王炎龙. 我国媒体公益传播研究分析［J］. 中国传媒科技，2013（1）.
②　张艺凝，靖鸣. "ALS 冰桶挑战"事件的传播学思考［J］. 新闻爱好者，2014（10）.
③　王春晓. 从"冰桶挑战"看社交网络科学传播新方式［J］. 传媒，2014（12）.

旋风，瓷娃娃罕见病关爱基金已获得捐款近 1 000 万，达到去年该基金接受社会捐款额的近 5 倍[①]。

这一传播过程具有如下特点：第一，体验式科普唤起受众情感认同，体验式科学传播则是强调受众的主动参与和自我感知。与传统科普活动注重科学信息的理性获取所不同的是，体验式科普是从受众的心理寻求突破口，通过开放式的体验，让受众从感情上认同科普活动，在获得科学知识的同时获得成就感和愉悦感。第二，明星群效应突出，随着互联网技术日新月异的发展，社交网络迅速进入人们的日常生活。现实生活中各行业的知名人物纷纷在社交网站上开设个人账号，他们的言行备受关注，且能对舆论产生广泛的影响。"冰桶挑战"的推广充分利用了公众人物广泛的社会关注度。随着挑战赛在全球范围内的流行，娱乐界、体育界、政界等各界名流纷纷加入。挑战赛传入中国后，相继有雷军、李彦宏、周杰伦、刘德华等各界人士参与。截至 2014 年 8 月底，全球范围内共计超过 110 位不同领域的明星接受挑战。第三，"点名接力"保障传播效率，网络媒体的互动性让信息传受双方关系更加灵活，通常可以实现相互转化。"冰桶挑战"要求参赛者完成挑战后，再选择三人进行接力。这一规定让被点名者很难对挑战置之不理，在众多网友的"监督"下，明星们往往乐于完成挑战，并继续邀请其他好友加入。在这一过程中，信息传受双方的转化关系得到了强化，如此反复，"冰桶挑战"的参与者以几何倍数递增，在短期内火遍社交网络[②]。

以关爱渐冻症为出发点的冰桶挑战，采用一种既亲民又娱乐的形式来募集捐款，激发大众对渐冻症的深入了解与关注。相比于之前国内不接地气的公益形式，在线火爆的冰桶挑战更能给大众带来体验感和参与感，提高民众对公益的信任度，从而获得更好的传播效果。借助微博的力量，"冰桶挑战"在微博平台因低成本、开放性、时效性、互动性等特点，以接力赛的形式传递，很快在社交网络引发一圈又一圈的涟漪效应。无门槛的公益形式，区别于以往正式、大规模的助捐方式，使得每个人都可以参与其中，并且成为传播的借力者。

二、国际赛事与城市公关：成都"大熊猫"跑进伦敦奥运

各种如奥运会、世界杯、马拉松等体育赛事已在全世界蔚然成风。在新媒

---

① 侯远. 社交媒体助力公益营销——以新浪微博"冰桶挑战"为例 [J]. 新闻世界，2014（12）.
② 王春晓. 从"冰桶挑战"看社交网络科学传播新方式 [J]. 传媒，2014（12）.

体时代，赛事的传播手段也发生了翻天覆地的变化，那么如何利用新媒体，在国际赛事中更好地进行城市公关，已然成为 2012 年以来的重要的议题。

（一）国际赛事与城市公关的发展状况与联系

随着经济全球化的不断深入，城市国际化的脚步也正大步迈进。与此同时，国家"十一五"和"十二五"规划对城镇化的肯定，极大地加速了城市的发展进程。从城市发展角度来说，除了加强必要的基础设施建设，提升城市管理水平外，一个城市的发展空间，在很大程度上取决于它的知名度和美誉度。城市公关已经逐渐取代城市营销，成为塑造城市形象，提升城市竞争力的新手段。城市公关在支持城市的发展目标，处理危机事件，塑造城市良好形象，影响周边舆论的发展方向，建立有利于城市发展的环境，吸引外来游客和投资者等方面发挥着越来越重要的作用。

我国城市公关的发展阶段[①]

发展阶段	（20 世纪 90 年代末）萌芽	（21 世纪前 10 年）产生	（21 世纪初期）发展
典型特征	从城市营销中分离	聘请公关机构	传播多样化
	典型的政府营销	城市寻找特色	城市宣传竞争激烈
	政府主导城市传播	目标公众扩展迅速	各城市和品牌确立
	城市品牌众多，竞争激烈		公关更加科学化

2012—2014 年，我国城市公关跨入了第三个发展阶段。随着各大城市的公关意识崛起，城市宣传的竞争也日趋激烈，各城市品牌也在探索中确立下来。例如澳门"世界娱乐之都"、杭州"国际休闲都会"、昆明"国际浪漫春城"的品牌塑造都给人留下了深刻的印象。与此同时，城市公关的手段也日趋多样化与科学化。例如杭州则积极借助城市形象宣传片、媒体事件、舆论热点、影视剧以及名人效应等多种传播形式积极影响潜在公众。从 2011 年起，杭州市大力开发北美、欧洲等旅游市场，通过投放旅游形象广告推动杭州城市形象在海外的传播，在形象宣传片的制作上，聘请国外媒体来拍摄，以引起目标市场的共鸣。城市形象在影视作品中的植入也是新兴的城市形象传播策略，杭州较早就意识到这一点，因此极力让《非诚勿扰》《千山暮雪》《男才女貌》等热播影视剧将其作为主要的外景城市之一，极大地展现了杭州市的魅力风情[②]。

除此之外，国际体育赛事也在此阶段成为城市公关的利器，尤其是国际化程度高、商业价值高的职业联赛，如 F1 赛事、网球 ATP 赛事、高尔夫 PGA

---

① 郝志新. 我国城市公关现状：理论、问题与策略研究 [J]. 科技和产业，2013 (8)：54—57.
② 付马. 从城市公关的角度浅析滕州市形象传播策略 [J]. 传播与版权，2014 (8)：135-136.

赛事、国际田联路跑标识赛事等，每年都会选择在世界各地多个不同的城市举办。如果按照各类赛事等级、联系紧密度等用不同粗细的线条将这些举办城市相互联结起来，最终即构成相互关联、错综复杂的城市国际体育赛事网络体系。以上海为例，近年来，上海围绕增强城市国际竞争力、建设国际化大都市为发展主线，积极打造"国际知名体育城市"，坚定不移地推进赛事精品战略。在此历程中，上海借鉴了纽约、伦敦、巴黎、东京等世界城市的先进经验，逐步形成了F1中国大奖赛、ATP网球上海大师赛、上海国际马拉松赛、高尔夫世界锦标赛等6大精品国际赛事，国际体育竞赛对城市发展的多元价值和作用初步显现。随着上海在国际城市网络中地位的不断提升，上海体育在国际体育网络中也发挥越来越重要的影响①。

（二）成都"大熊猫"跑进伦敦奥运公关活动

2012年世界瞩目的国际赛事——第30届奥林匹克运动会于7月27日在伦敦拉开序幕。在伦敦开辟"体育竞技"之外的另一个战场，一场"中国城市形象公关"的暗战也在悄然上演。据统计，共有10座雄心勃勃的中国城市盯上2012奥运，奥运会成了中国城市的广告牌。杭州引来西湖，南京铺开云锦，潍坊放出风筝，而成都则借助它屡试不爽的重要砝码——熊猫，展开了一系列城市公关活动。

6月1日，成都"大熊猫出租车跑奥运"活动在伦敦闪亮登场。50辆英国最具有代表性的黑色出租车被喷绘成中国大熊猫的图案，出现在伦敦各大标志性建筑旁，开始为伦敦市民和游客提供服务。大熊猫出租车的外形设计将大熊猫圆滚滚的身材与伦敦黑色出租车巧妙地结合在一起，出租车两侧印有"Chengdu，Hometown of Pandas，Spice it up"（成都，大熊猫的故乡，精彩无限）的宣传语，而成都英文官方网站Gochengdu的网址也是首次亮相，出现在出租车上，此外，引擎盖、车顶以及车身两侧分别绘制了一只有奥运五环色彩的大熊猫，让其可爱的形象无处不在。6月3日，女王、威廉王子和王妃的扮演者乘坐"成都大熊猫出租车"，现身英国街头向群众和游客宣传保护大熊猫的理念，由此拉开为期三个月的"大熊猫出租车跑奥运"公益活动。伦敦奥运赛事期间，大熊猫出租车每天向市民和游客免费服务一小时，再次将英国民众对"大熊猫出租车"的关注推向高潮。

7月4日，108只"大熊猫"凌晨空降伦敦市中心四处卖"萌"。代表成都大熊猫繁育研究基地现有108只大熊猫的"熊猫人"，在活动期间通过与路人

① 陈林华，王跃，李荣日．城市国际体育赛事网络联系度研究——以上海六大品牌赛事为样本［J］．中国体育科技，2015（1）：66-72．

的"熊抱"互动等公益行动，呼吁人们增强对包括大熊猫在内的濒危动物的保护意识，鼓励大家积极投身各类动物保护行动。这场"毛茸茸的行为艺术"几乎抢占了所有英国及周边国家主流媒体的版面，甚至远在美国、日本、新加坡的媒体都做了报道。据成都市政府监测发现，全球有 120 多家媒体进行了相关的报道。而这也是成都市伦敦奥运形象宣传活动的一部分①。

成都　"大熊猫"跑进伦敦奥运

（资料来源：https：//dwz. cn/VhIS4Xpe）

在传统公关活动的基础上，在新媒体时代下，成都市政府还积极运动社交平台对活动进行预热造势。据此次活动的主办方成都市对外文化交流协会介绍，大熊猫出租车的造型是由全球网友通过微博等社交平台投票选出的，体现了全球网民对大熊猫的喜爱之情。在此基础上，成都市政府还利用线上参与和线下活动的对接，扩大活动的声势与传播范围。乘客可通过乘坐熊猫出租，登录 Twitter/微博参与网上活动赢取爱丁堡动物园门票，获得亲眼见到大熊猫的机会，使乘客更加深刻地感受保护濒危大熊猫的必要性②。

成都"大熊猫"跑进伦敦奥运公关活动中，利用新媒体打造参与感与互动性是该活动的亮点。公关活动的预热造势是一种常规做法，传统活动通过海报曝光、视频投放等单向方式来吸引公众的注意力，增大活动的声势。而新媒体所天然具有的互动性，则为活动方提供了更加自然、有效的活动告知方式，以熊猫出租车造型投票的方式，吸引公众提前参与活动。同时，这种方式也赋予了参加互动的受众参与感，使其对最终产生的熊猫出租车怀有特殊的情感。在

---

① 中国城市海外传播正能量　成都大熊猫奥运卖萌［EB/OL］. 2012 - 08 - 01/2018 - 07 - 22，http：//news. sohu. com/20120801/n349593634. shtml.

② 成都熊猫出租车跑奥运获 2012 最具社会影响力案例奖［EB/OL］. 2012 - 11 - 23/2018 - 07 - 22，http：//www. chinanews. com/cul/2012/11 - 23/4354356. shtml.

此基础上，通过社交平台的线上活动与线下奖励的对接，则有效地扩大了活动的传播范围。一方面，通过线下活动，赢取爱丁堡动物园门票，获得亲眼见到大熊猫的机会这一奖励，吸引、鼓励受众参与活动；另一方面，利用新媒体信息传播的便捷快速这一优势，进一步扩大受众的接触面。成都市准确把握并有效利用了新媒体的互动新、信息传播的便捷性等特点，实现了较好的城市公关效果，为城市形象的提升产生了一定的作用。

三、善用正能量公关：莫言荣获诺贝尔文学奖

国家公关战略，是一国政府从被动反应国际国内舆论，到主动建立国家声誉的一种建设性的战略传播行为。在国家公关时代，如何化被动为主动，善用正面新闻事件，进行正能量的国家公关成为一个值得讨论的议题。按照公关生态论的观点，国家公关关系是在全球领域管理国际声誉和国际关系，它是对传播、关系、形象、声誉等国家无形资源的一种系统管理，是实现国家软实力的重要战略手段。具体来说，所谓国家公共关系，就是一个国家与其国内外民众的关系生态管理，即一个国家在提高其国家形象和国际声誉的过程中，运用现代公共传播技术和手段，获得国内外民众和国际社会的理解和支持，最终实现国家认同的一门科学和艺术①。

由此来看，我们可以将国家公共关系分为两方面内容：

第一，在权力和利益博弈背景下，国家之间的对外的国家公关活动，在于树立良好的国际形象。中国不但要作为一个政治主体、经济主体参与国际社会的构建和全球市场的博弈，还要作为一个表达的主体，和世界共同协商公共事务。

纵观中国对外的国家公关，经历了从防御、相持再到主动出击的过程。2003 年的"非典"、随后的吉林石化爆炸、食品危机，到 2008 年的拉萨"3·14"事件，这一切都表明，中国国家公关在奥运召开之前，都是消极的防御战——先是被骂，然后沉默，再反击。但以北京奥运会为节点，中国国家公关正从消极防御阶段过渡到积极防御阶段。随后的三聚氰胺毒奶粉事件中，中央政府对内雷厉风行、对外坦诚直率，以"相持—对话"的行动来证明我国国家公关的进步②。而 2010 年以来，随着国家综合实力的提升与对外交往的日

① 陈先红．论国家公共关系的多重属性［J］．对外传播，2014（3）：43-45.
② 叶芳．"国家公关"时代的国家形象传播——以国家形象宣传片亮相纽约时报广场为例［J］．新闻知识，2012（2）：38-39.

益成熟，中国的对外国家公关成为全社会关注的命题①。例如世博会、亚运会、奥运会等大型"媒介事件"的公关活动策划，以及 2011 年由国务院新闻办筹拍的《中国国家形象片》在美国纽约时报广场大型电子显示屏上播出，持续了一个月之久，共计 8 400 次，同时还通过 CNN 各个频道覆盖全球播放。这些都标志着中国开始更加自信、主动地展示自己的"软实力"。2012 年之后，在传媒全球化时代，中国还可以利用对外网络来向外国公众发布信息，这是一种最新、最快捷的传播信息的方式②。

第二，对内的国家公关活动，在于善用社会正能量，主动树立良好的国家形象，培养国内公众的民族自豪感，增强社会凝聚力。2012 年的莫言荣获诺贝尔文学奖就是当期典型案例。北京时间 2012 年 10 月 11 日 19 点，瑞典文学院诺贝尔奖评审委员会向世界宣布，中国作家莫言获得 2012 年诺贝尔文学奖。至此，莫言成为中国第一位获得诺贝尔奖的作家。莫言荣获诺贝尔文学奖，其意义不仅在于中国文学获得国际社会的肯定，也在于我国对外、对内国家公关的进步：

一是对外国家公关：中国立场，国际表达，对外更新中国社会进展。此次莫言荣获诺贝尔文学奖，看上去是一个单纯的文学事件，实际上也正是中国文化逐步被外国人了解、认可的表现。莫言文学的魅力是其获得国际承认的基础，但如果莫言作品没有在中文以外语系的国家传播，那么他被国际文学大奖认识的可能性微乎其微。中国主流文学在国际舞台上展示的机会也微乎其微，由此所进行的对外国家公关更无从谈起。由于历史原因、东西方文化的差异，以及残存的冷战思维模式影响，外国人对中国的了解仍不够全面，甚至还有不少误会。同时，由于英语在传播过程中的强势作用，以及西方传播技术、传播媒介的强势地位，中国始终在国际舆论中处于不利地位。"一方面是西方媒体的报道有偏差，另一方面则是我们自己的宣传力度不够，距离'让全世界全面了解中国'还有一定差距。"全国政协外事委员会主任赵启正曾表示，要改变这种状况，最好的办法就是加强关于中国社会进展的新闻报道的准确性、透明度和及时性，让世界更加准确地了解中国③。莫言荣获诺贝尔文学奖，这一正面事件使全世界的目光聚焦于中国身上。借此大好机会，中国应采取相关行动，如报道、广告视频、活动策划等，向别国民众展现本国的社会进展。其中，关键要"内知国情，外知世界""中国立场，国际表达"，用目标群体习惯

---

① 周庆安. 从国际语境变迁到话语权提升——试论中国国家公关的机遇和挑战 [J]. 新闻与写作，2010（10）：15 - 18.
② 袁月. 传媒全球化时代中国政府国际公关策略 [J]. 公关世界，2014（11）：29 - 31.
③ 潘玥舟. 从莫言获奖看国家形象公关 [J]. 国际公关，2012（6）：34 - 35.

的表达方式和语言，准确地传递中国信息，才不至于被外国民众误解甚至扭曲。

二是对内国家公关：善用正能量，提升民族自豪感。莫言获诺贝尔文学奖的意义不仅在于助力我国国际形象的建设，也在于为对内国家公关的进行提供素材。根据鹰眼舆情观察室通过对整个互联网海量信息的挖掘与分析，监测2012年10月11日19点—12日9点有关"莫言获诺贝尔文学奖"境内外互联网舆情动态所得的舆情报告显示，境内媒体关于"莫言获诺贝尔文学奖"的新闻报道中有不少对"中国崛起"的强调，如《环球时报》所发表的社评《诺贝尔奖不可能永远拒绝中国主流》，称："莫言获奖传递出一些很清晰的信号。第一，在非自然科学奖项中，中国人获奖的密度在增加，无论是'刺激'中国的，还是'正常的'，都反映了西方社会对中国的空前关注。第二，莫言作为中国主流作家获奖，显示了随着中国的崛起，中国的主流不可能长期被西方拒绝。"① 字里行间都在向公众传达中国崛起的民族自豪感，引导公众更加认同自己的民族身份。

四、电子商务新媒体整合营销：淘宝"双十一"的狂欢

"当你的粉丝超过100，你就好像是一本内刊；超过1 000，你就是个布告栏；超过1万，你就像一本杂志；超过10万，你就是一份都市报；超过1亿，你就是CCTV了。"这段在网上广为人知的话，形象地概括了微博营销的市场潜力②。不仅仅是微博，这句话可以用于整个新媒体环境。网络市场的日臻规范并趋于成熟使得各大电子商务企业间的竞争愈演愈烈，随着新媒体的不断衍生，我国B2C电子商务企业的传播方式进行了多元化的媒体组合，以满足市场竞争的需要③。在电商新媒体营销中，淘宝"双十一"无疑是最闪亮的明珠，是所有电商企业的新媒体营销标杆，也正因为"双十一"的成功，才给电商企业有了自创节日营销的参考案例，自此"双十二""618"等电商节日纷纷兴起。

11月11日，俗称"光棍节"，单身族的一个节日，产生于校园并通过网络等媒介广为传播，逐渐演绎为光棍节文化。自2009年来，11月11日成为

① "莫言获诺贝尔文学奖"舆情报告［EB/OL］. 2012 - 10 - 12/2018 - 07 - 22，http：//www.eefung.com/hot-report/12-269.
② 唐敏. 浅谈电子商务营销新媒体——微博营销［J］. 现代商业，2012（19）：50-51.
③ 赵文颉. 中国新媒体环境下B2C电子商务企业媒体传播策略研究［D］. 延安：延安大学，2014.

淘宝精心举办的促销盛宴，并称为"淘宝狂欢节"。2009 年"双十一"销售额 0.5 亿元，共有 27 个品牌参与。2010 年"双十一"销售额 9.36 亿元，共有 711 家店铺参与。2011 年"双十一"销售额 52 亿元，2 200 家店铺参与。2012 年可以看出，淘宝的"造节"消费取得了空前成功，2012 年淘宝集团交易额 191 亿元，同比增长 260%，占到了一天社会消费品零售总额 31.2% 的，更大幅超越了美国电子商务行业创下的最高纪录[1]。2014 年"双十一"，阿里巴巴中国零售平台的交易总额为 571 亿元，其中移动端成交额达到 243 亿元，再创新高[2]。

2012 年新媒体的传播与发展并没有达到铺天盖地、耳目一新的境况，但天猫仍然没有放过一丝一毫的机会。天猫始终看好新媒体推广与传播的潜力，站外利用官方微博发布"抢先关注"活动，采用预售模式，精准把握消费者的市场需求；预先收集商品热度，将上一年度促销量排行靠前的品牌发布的精选产品滚动亮相；利用微博发布各种主题活动（如"综合征大调查"）和促销故事游戏（如五折先生的闯关故事）等、移动媒体、电视广告等各种途径加大力度宣传，活动中进行分时段抢购活动。结束后仍可以活动价格购买，淘宝论坛微博官方频繁发出收货信息，以突出高效。强大的商场折扣辅之以大量品牌参与和全方位的营销推广，产生的效果是惊人的。回过头来看天猫 2012 年前期宣传"双十一"的微博，大部分至今评论也没超过 50，甚至少数转发都不超过 50。但在 2012 年"双十一"创造出令人惊叹的 B2C "奇迹"的第二天，天猫官方微博账号发布的数据微博以令人惊叹的速度转发过 4 万，评论过 1 万，足以证明新媒体传播的受众多多，潜力非凡。

2013 年"双十一"在营销方法上运作得更为精炼和成熟，层层递进的促销手段、宣传 Logo 无处不在，新媒体和传统媒体的结合炉火纯青。第一阶段通过 3 万家线上线下门店派发优惠券，发微博话题赢取红包；第二阶段，5 折好货提前曝光活动，引导消费者浏览添加购物车，并参与互动赢取裂变红包，从而缩短 11 日当天的购物路径，提升购物效率；第三阶段吸引消费者抢红包；第四阶段促使潜在消费者充值支付宝；第五阶段，5 折狂欢日开始。手机客户端用户可提前以活动价拍下带有"无线专场"标识的商品。此外，消费者还可以通过对自己留意的品牌"加关注"来定制属于消费者自己的购物天堂，真正实现个性化定制会场，满足自己的个性化需求[3]。

①　李国英，侯珂. 淘宝"双十一"电子商务营销策略的演变［J］. 科技视界，2013（31）：159.
②　2014 年天猫双十一直播数据成交额——天猫双 11. ［EB/OL］，2014 - 11 - 10/2018 - 07 - 22，http：//www.199it.com/archives/290849.html.
③　李国英，侯珂. 淘宝"双十一"电子商务营销策略的演变［J］. 科技视界，2013（31）：159.

2014 年"双十一"三大方向是"全球化""无线化"和"平台化"，围绕这三个核心策略的具体玩法也随之展开。为点亮全球市场，2014 年淘宝海外和速卖通都加大了平台自身的推广力度，如和台湾地区、香港地区等的便利店、线下场所合作，推广活动，或是在国外的门户网站推广等。无线化是 2014 年"双十一"的另一个重头戏。阿里巴巴无线化的进程可以延展为无线化、社交化、个性化、本地化四个方面的结合探索，打通线上线下实现"全民参与"。2014 年参加"双十一"的全体店铺，可通过"码上淘"包裹码业务提前开启自己店铺的互动到店营销活动。消费者通过扫描包裹二维码，直接参与店铺红包活动。同时，根据大数据为用户定制化属于自己的"双十一"页面，消费者可以发布自己的购物晒图、视频，分享购物乐趣，与品牌互动。"平台化"给予了每个人参与"双十一"的舞台的机会，如有 26 位明星拍档通过个人微博给粉丝发"双十一"红包，更有 1111 微博大号、网络达人共同参与成为红包使者①。

五、大数据与公关：互联网时代公关变革新引擎

2012 年 2 月 13 日《纽约时报》网站刊出了一篇醒目的文章②，宣布"大数据时代"已来临。这篇文章认为随着高性能电脑和互联网络时代的发展，数据的获取和应用越来越普及，与随之表现出的重要性几乎无时不有亦无处不在。因此，在诸多领域里，人们的预测、判断、取舍和抉择正变得更多基于数据和分析，而非源自经验和直觉③。

随着计算机技术的发展，数据正以一种超乎寻常的速度爆发式增长。数据来源主要有：① 政务部门数据系统、企业部门数据系统等传统结构化数据库数据；② 互联网上的电子邮件、新闻、网络日志、微博、视频网站、电子商务网站的海量的视频、图片、文本等非结构化数据；③ 物联网、移动设备、终端中的商品、个人位置、传感器采集的数据；④ 电信、移动、联通等通信和互联网运营商数据；⑤ 天文望远镜拍摄的图像、视频数据、气象学里面的卫星云图数据等。大数据具有四个特点，即海量性（Volume）、多样性（Variety）、高速性（Velocity）和价值性（Value）。大数据是泛指巨量的、多

---

①　解析 2014 天猫双十一战略 [EB/OL]．2014 - 10 - 16/2018 - 07 - 23，https：//www. jieju. cn/News/20141016/Detail382177. shtml.

②　仇筠茜，陈昌凤. 大数据思维下的新闻业创新——英美新闻业的数据化探索 [J]. 中国广播电视学刊，2013（07）：12 - 14.

③　杨旭，褚云茂. 大数据时代的公共关系战略 [J]. 上海管理科学，2015（2）：83 - 86.

类型的高速的数据集，通过对数据的筛选、处理，提炼出有价值的信息资产①。

　　大数据自然而然也融入了公关传播的方方面面，还为公关的发展提供了新的变革契机。公关传播重要主体已经脱离了单一的互联网传播主体的身份，从而成为具有移动化、云端化、物联网化、大数据化等特征的融合主体，公关传播关系也经历了从单一的互联网传播向社会化大数据传播的转变②。

　　大数据时代下，不少企业借助互联网优势与大数据结合，打造了全新传播方式。雪润传播的汽车电商模式就是典例。2012 年，雪润曾经为东风日产做了一个"我为淘车狂"的典型创意设计。通过雪润的传播，把更海量的需求相近的消费者结合起来，进入漏斗凝聚成一定量的团购，把厂商促销成本转化为消费者优惠，同时还达成电商平台下订单化生产与销售，最终达成了集传播、留资、团购、订单化为一体全新汽车电商模式③。

　　不仅仅如此，庞大的数据会彻底改变人们的生活，如何从众多的数据中抽取出自己想要的信息，并解读好数据背后的消费行为与品牌关联，这对大数据时代的品牌影响重大。2012 年京东就讲 8 000 多万网购消费者的购物习惯和生活喜好数据进行的全景呈现，发布了一系列过往无法认知的有趣的消费者行为，细节到各个商品品类的偏好、各地域的人群偏好等④。之后越来越多的研究机构、电商等行业企业，开始挖掘大数据人群特征，相关报告也如雨后春笋般在互联网上出现。

　　大数据是 2013 年被提及最多的词语之一，对大数据的挖掘与利用成为业界关注热点。2013 年 6 月上映的《小时代》票房的成功，正是电影产业运用大数据来制定电影发行营销的一大创举。乐视影业在对《小时代》的宣传方案确定上就运用了大数据的力量。乐视影业之所以参与《小时代》发行权的争夺，就是缘于"3 100 万"这一个数据。当时，还没上映的《小时代》在新浪微博的搜索数量达到了 3 100 万，是之前大热的《致青春》的 8 倍之多。而此前，乐视影业做过一个横向科研项目，证实影片票房和新浪微博搜索量呈一定的正相关。之后在消费者洞察环节，他们再一次运用了大数据的惊人力量，描绘出了《小时代》的目标影迷群体——"互联网原住民"。这些"90 后"既是郭敬明的粉丝，也是当前电影市场的主流消费群体。根据公开数据显示，中国电影观众的平均年龄已经从 2009 年的 25.7 岁下降到了 2013 年的 21.7 岁。

---

①　王岑．大数据时代下的政府管理创新［J］．中共福建省委党校学报，2014（10）：36-44.
②　付玉辉，郭燕溪．从社会化大数据传播视角看公关传播［J］．国际公关，2013（2）：88-89.
③　潘玥舟．大数据下的公关效果评估［J］．国际公关，2015（1）：93-95.
④　邓明．大数据时代的品牌公关策略［J］．公关世界，2014（5）：29.

正是基于大数据下的这一判断，《小时代》充满创意与话题的营销方案出炉了，一种全新角度的电影整合营销模式也随之而生。区别于以往的影迷会、传统媒体、网站推广三驾马车并驱，针对"互联网原住民"的《小时代》充分依靠网络的力量进行营销。他们与腾讯和人人网合作，与百度贴吧合作，充分利用拥有过亿粉丝的主创人员微博传播的力量。其营销模式完全主打新媒体营销，辅以传统的电影营销方式，利用新媒体的平台，结合 O2O 的营销模式，力图更有效地触及目标受众。此外，《小时代》还和 LV、菲拉格慕等奢侈品大牌合作。这除了是出于剧情的考量，很大一部分也是由于大数据显示其主要目标人群"90 后"对奢侈品的强烈关注和敏感[1]。

2014 年 11 月 22 日，以"大数据时代的都市形象和公共关系"为主题的 2014 上海公共关系国际高峰论坛在沪举行。论坛由上海外国语大学、上海市公共关系协会和文汇报社共同主办。来自美国、英国、俄罗斯等国以及北京、上海、香港等地区的著名学者、企业家、社会各界代表 300 余人到会，就大数据时代下的都市发展、公共关系行业变革进行了深入讨论[2]。

不仅仅是企业和公关协会在关注"大数据"，政府公关也在追求运用大数据来提高政府公共服务水平。2012 年 8 月份国务院制定了促进信息消费扩大内需的文件，提出构建大数据产业链，促进创新链与产业链有效嫁接。同时，构建大数据研究平台，整合创新资源，实施"专项计划"，突破关键技术。大力推进国家发改委和中科院基础研究大数据服务平台应用示范项目，广东率先启动大数据战略推动政府转型，北京正积极探索政府公布大数据供社会开发，上海也启动大数据研发三年行动计划[3]。2014 年的《政府工作报告》明确指出，要在新一代移动通信、大数据、先进制造等方面赶超先进[4]。

---

① 王雯．大数据时代下的电影营销新模式——以电影《小时代》为例［J］．中外企业家，2013 (11)：18 - 19.

② 《上海公共关系三十年发展报告》编委会．上海公共关系三十年发展报告［M］．北京：中国财政经济出版社，2017：34 - 35.

③ 2014 我国大数据发展分析报告［EB/OL］．2014 - 11 - 04/2018 - 07 - 22，http：// www.cssn.cn/xwcbx/xwcbx_gcsy/201411/t20141104_1388658_2.shtml.

④ 运用大数据提高政府公共服务水平［EB/OL］．2018 - 04 - 11/2018 - 07 - 22，https：// baijiahao.baidu.com/s? id=1597451630971273475&wfr=spider&for=pc.

第十一章
百花齐放：中国公共关系发展的璀璨流光
（2015—2018）

本章主题词：新时代中国特色公共关系　国家公关　城市公关　个体公关　新型公关媒介运用

第一节　时代背景：新时代中国特色的
公共关系走向世界

　　中共十九大报告描绘了中国未来发展全新蓝图，中国在习近平新时代中国特色社会主义思想的指导下开启新征程，从站起来、富起来走向强起来。习近平总书记以卓越的政治家和战略家的宏大视野和战略思维，高瞻远瞩地提出构建人类命运共同体的重要思想，并提出了一系列全新的论述。2015 年第二届世界互联网大会上，中国提出了"共享共治"的概念。从 20 年前的"按国际游戏规则办事"到如今的"为全球增长开出中国药方"，中国在国际发展中正扮演更为重要的角色①。

　　2015—2018 年，中国面临着经济由高速增长向中高速增长的转轨期，产业结构和生产方式发生深层的调整，互联网技术高速的发展带来整个社会翻天覆地的巨变，中国公共关系行业也在数字科技的推动下迎来崭新的发展契机与巨大的变革挑战。无论是中国经济的新常态还是层出不穷的新技术都给中国公共关系领域带来了诸多新鲜的变化。2018 年是改革开放 40 周年，我们可以清楚地观察到，中国的公共关系伴随着国家改革开放的进程越来越多的与国际接

---

① 余明阳，胡毅伟. 2018：新时代背景下市场发展大趋势［J］. 企业研究，2018（1）：10-17.

2018 中国公共关系发展大会

（资料来源：https://dwz.cn/3vURWsnF）

轨，中国故事被广泛地在全球范围内传播。

公共关系面向国际、走向世界是 2015—2018 年中国公共关系发展历程中最为鲜明的特点。接连举办的在世界范围内有广泛影响力的重要国际会议让中国公共关系形象在世界的舞台上得到了最好的展示，综合国力的不断提升、对外交流的不断增多使得中国公共关系的形象在全球范围内备受瞩目。伴随着互联网创新浪潮发展下涌现出的诸如抖音、快手等新型媒介手段让公关传播的形式趋于多元化。在时代浪潮的推动下，上至国家形象的公关、城市形象的宣传推介、下至一个个自媒体的个体传播，中国涌现出了一大批具有代表性的公关形象，诉说着生动的中国故事，也让世界愈发了解越来越开放、越来越多元化的中国。

2015 年以后，公共关系发展愈发呈现融合的趋势，即与国家重大战略的融合、与管理学和传播学等学科的融合、与国际化的融合，大公关、大视野、大战略成为主流。以中国公共关系协会、中国国际公共关系协会、上海公关协会为代表的公共关系领域组织，紧密围绕重大事件开展了一系列的活动。中国公共关系协会在会长柳斌杰、常务副会长兼秘书长王大平的带领下积极发挥桥梁和纽带作用，在社会服务、文化传播、国家形象塑造等方面取得了长足的发展，诸如"一带一路"年度汉字推介、影像的力量、"镜美华夏"大型影像文化品牌活动等活动深入人心，《中国公共关系发展报告》蓝皮书的发布更是对年度公关历史发展进行了完整系统的梳理。中国国际公共关系协会在吴红波会长的带领下开展高层次、多渠道、多形式的公共关系活动，为政府购买公共服务提供咨询和帮助，推动中国公共关系业的职业化、规范化和国际化发展，取得了显著的成效。在中国国际关系协会的大力推动下，公共关系领域的全球峰会、国际论坛、跨国界的对话论坛等层出不穷，中国公关界与国际相关领域的对接更加紧密，交流更加频繁。上海公关协会自创始以来，毛经权会长就打下了非常扎实的基础，现任会长胡炜接手以后，聚集重大事件，创办两年一次的"上海国际公关论坛"，取得了很好的社会效果。2014 年以"大数据时代的公关"为题，前瞻引领，影响巨大；2016 年以"公关与危机处理"为题，紧抓热点，颇获好评；2018 年 11 月推出"卓越全球城市建设与上海公关形象传播"更是广受称赞。

一、接连举办的重要会议把中国公共关系推上世界舞台

2015 年 12 月 14—15 日，上海合作组织成员国政府首脑（总理）理事会第十四次会议在河南郑州举行。上合组织成员国、观察员国政府首脑和有关国际组织负责人应邀参会。作为国际性会议，凸显的是地处中原的城市郑州的国际化水平和国际化程度，更展现中国的对外国家形象。高规格的会议配备高水平的安保能力、高规格的会务标准，从会议的组织过程中全方位地展现大国外交时的自信。

2016 年 9 月 4—5 日，二十国集团（G20）领导人第十一次峰会在浙江省省会杭州市举行，杭州峰会成果丰硕，亮点频出，"杭州共识"将引领世界发展的新潮流，作为东道主的中国充分展现了好客与包容，向世界展示了中国博大文化与发展成就，为全球经济发展和全球治理贡献中国智慧的同时，也恰到好处地宣传了中国的国家形象。

2017 年 9 月 3—5 日，金砖国家领导人第九次会晤在福建厦门举行，"深化金砖伙伴关系，开辟更加光明未来"是会议的主题，在厦门，金砖国家的合作步入第二个"黄金十年"。"厦庇五洲客，门纳万顷涛"，从天上到地面，本次会议全程中让各国元首感到宾至如归的"中国服务"展现了良好的大国国家形象。

2018 年 4 月 8—11 日，作为 2018 年中国主场外交的开篇之作，博鳌亚洲论坛在海南如期举行，世界的目光再一次聚焦中国，来自亚洲、欧洲等国家和地区的 2 000 多名社会各界嘉宾汇聚一堂，共商合作共赢大计，共谋发展繁荣良方，为亚洲和世界提供"博鳌智慧"，贡献"博鳌力量"。17 年砥砺前行，作为非官方的国际会议组织，博鳌亚洲论坛规模和影响不断扩大，为凝聚各方共识、深化区域合作、促进共同发展、解决亚洲和全球问题发挥了独特作用，逐步成为展示中国改革开放伟大成就的重要窗口，连接中国和世界的重要桥

梁，海南对外开放和发展的助推器。

2018 年 6 月 9—10 日，上海合作组织成员国元首理事会第十八次会议在青岛举行，2018 年是上海合作组织成立 17 周年，上合组织从上海出发，走过了不平凡的历程，体现的是中国作为泱泱大国，坚持与邻为善、以邻为伴，坚持睦邻、安邻、富邻原则，传递构建新型国际关系和人类命运共同体的主张。在国际的舞台上展现中国的大国风范与担当。

2018 上海合作组织成员国元首理事会会议

（资料来源：https：//dwz. cn/yWnRvoTX）

近年来，中国的外交政策伴随着国家综合国力的跃升不断地发生着改变，大型主场外交省会开始成为中国外交的主阵地之一。从杭州 G20 峰会、厦门金砖国家领导人会议、郑州上合总理峰会、海南博鳌亚洲论坛、青岛上合组织峰会，现如今世界提及中国，不再只会说北京、上海、广州、深圳，越来越多的城市崛起代表了中国影响世界的决心。从杭州 G20 到青岛上合峰会，均体现了中国举办世界级省会的沉稳、精细与独到。

对于国家来说，主场外交会议是对外展现国家形象的国家级公共关系活动，能够通过外交会议与各国建立沟通与合作，加深互信，共商发展大计，是国家公共关系形象对外传播的重要窗口与契机。

对于举办的城市而言，能够从中国的整体城市群名片下脱颖而出，聚焦来自世界各国的聚光灯，是不可多得的展示城市风貌，促进城市发展，增强城市对外传播的好机会。博鳌小镇从"名不见经传"到"声名鹊起"的转变，离不开博鳌亚洲论坛的影响和推动。现在的博鳌路网基础设施愈加完善，享受国家赋予的多项含金量极高的政策，逐步成为海南省的靓丽名片，为海南开放发展打下了坚实的基础。G20 峰会期间《最忆是杭州》借用十二分现代的西湖天然水域舞台，将古老唯美的杭州城市形象展现给世界，让全世界惊艳并久久铭记。两天的 G20 峰会备受国人瞩目与全球关注，从召开到闭幕、从过程到结果堪称完美。

回顾 2015—2018 年中国公共关系的发展，我们可以发现最绕不开的话题便是大国外交下的中国国家公关形象。随着一系列重要的国际会议接二连三地在中国召开，世界更加了解中国，中国的国家公关形象更为立体生动，这是这一时期公共关系领域非常深刻鲜明的特点之一。

二、综合国力的不断提升让中国公关形象备受世界瞩目

2018 年是改革开放 40 周年，过去 40 年里，中国的经济蓬勃发展，综合国力不断提升，中国的出口模式发生了深刻的变化，过去中国的出口依赖于劳务输出、OEM 廉价出口，可谓"把污染留在中国，把利润留给老外"。如今，中国的高铁通车里程超过 2.2 万公里，占世界高速铁路运营总里程的 60%[1]，"高铁外交"俨然成为"中国制造"的亮丽名片。从 C919 大飞机试航到 CR929 测试研发，国产大飞机实现跨越式发展。蛟龙号下沉 7 000 多米，可以到达 99.8% 的水域[2]，多项技术世界领先。此外，中国的核电技术、桥梁盾构技术、水稻养殖技术、航空航天技术等同样具有国际领先的水准及技术优势。近年来，中国在细分行业中的大型"隐形冠军产品"越来越多，大量相关领域领先的产品及服务出口海外，"中国制造"形象发生质的变化，由过去的"价格便宜质量差"转变为如今的"价格适当质量好"[3]。

中国的文化输出越来越普遍。越来越多的外国人开始认同中餐及中国的餐饮文化。全球最大的中式快餐熊猫快餐在美国 47 个州拥有 1 800 家连锁店；美国本土品牌麦当劳和肯德基纷纷推出豆浆油条、米饭套餐等中餐；越来越多的外国人开始用筷子；美国总统特朗普的孙女说着一口流利的汉语，唱中文歌背古诗古文，俨然一个十足的"中国通"。越来越多的人到中国旅游学习，越来越多的

① 法制晚报. 蛟龙号突破 7 000 米大关，可到世界 99.8% 的海域 [EB/OL]. 2012 - 06 - 24/2019 - 01 - 06. http：//www. qingdaonews. com/content/201206/24/content _ 9290857. htm.

② 法制晚报. 蛟龙号突破 7 000 米大关，可到世界 99.8% 的海域 [EB/OL]. 2012 - 06 - 24/2019 - 01 - 06. http：//www. qingdaonews. com/content/201206/24/content _ 9290857. htm.

③ 余明阳，胡毅伟. 2018：新时代背景下市场发展大趋势 [J]. 企业研究，2018 (01)：10 - 17.

人接受中国的文化。随着大量非物质文化的输出，中国的国际形象发生根本改观，负责任的大国形象基本确立，中国已然成为推动全球发展的重要力量①。

综合国力的显著提升也让中国的国家公关形象备受世界瞩目。2015—2018年，除了中国作为东道主接二连三地举办具有广泛影响力的会议以外，中国与国际的交往日益深入，这也为国家公共关系形象的塑造和传播提供了可贵的机遇，在这一时期，富有中国特色的大国外交策略深入人心，中国的大国形象正逐步被越来越多的人认可接受。

三、新型媒介手段的层出不穷使得公关形式趋于多元化

在不断地更新换代过程中，我们可以发现媒体的新旧概念其实是相对的。我们传统意义上定义的"新媒体"主要指的是数字化、网络化的新媒体，这是一种区别于传统媒体的包含特定技术与实践的信息传播系统。2015 年后，大数据、云计算、移动互联网技术的成熟给传统的媒介宣传手段带来了裂变式的发展，也给新型媒介手段的涌现带来了新的机遇。

伴随着 Papi 酱等一批自媒体网红的崛起，在新媒体环境下，短视频凭借着娱乐化、碎片化、多感官联动等特点成为新一代网络用户热衷探索的领域。伴随着用户触媒习惯的变迁，移动短视频作为一种新兴的媒体形式和全新的信息传播手段，成了移动互联网时代受众利用碎片化时间接收信息、休闲娱乐的重要途径。越来越多专注于短视频生产与传播的网站、APP 等出现在大众的视野中。在短视频平台的竞争格局当中，以"记录美好生活"为定位的"抖音"短视频发展势头最猛，除了短视频这种传播形式赋予它的独特媒介特性外，内容本身对平台的发展起到了至关重要的作用。"抖音"APP 作为今日头条下的明星产品，定位于专注年轻用户的 15 秒音乐创意短视频社区，2016 年9 月上线，并于 2017 年底至 2018 年初走红。根据艾媒咨询 2018 年 2 月的短视频 APP 排名，抖音以 9 653 万用户位列第三，用户增长率为 76％，高居首位②。

互联网时代，传播的载体主要经历了文字、图片、视频和直播的变迁。在图文时代，静态的照片需要滤镜来增强画面的表现力，通过更精良的图片滤镜和修图技术，用户可以让图文类内容更高效地被消费和传播。新型媒介手段的层出不穷使得公关形式趋于多元化，在当下，人人都是信息的传播者，抖音、快手等短视频的涌现也打破了原有的公关传播过程中以"两微一端"为主导的

---

① 余明阳，胡毅伟．2018：新时代背景下市场发展大趋势［J］．企业研究，2018（01）：10-17.

② 15 秒小视频，日播放量破亿，年轻人的赚钱风口［EB/OL］．2017-10-27/2018-07-19，https：//www.sohu.com/a/200528475_99952267.

格局，也给公共关系的传播带来了新的亮点。抖音、快手等 APP 呈现鲜明的"头部效应"，特色鲜明的内容能够在短时间内一炮而红获得大量的粉丝，而 APP 大 V 又能形成鲜明的流量效应，涌现出一大批多元化的个人公共关系形象，使之呈现"百花齐放、百家争鸣"的现象。

第二节　走出国门：新型国际关系下的
中国国家形象公关

一、中共十九大胜利召开，新时代中国式主动外交引发全球关注

2017 年 10 月 18 日上午 9 时，中国共产党第十九次全国代表大会在北京人民大会堂开幕。习近平代表第十八届中央委员会向大会作了题为《决胜全面建成小康社会夺取新时代中国特色社会主义伟大胜利》的报告。中共十九大，是在全面建成小康社会决胜阶段、中国特色社会主义进入新时代的关键时期召开的一次十分重要的会议。"坚持和平发展道路，推动构建人类命运共同体。"十九大报告中提出了中国在新时代的大国外交方针。十九大后，中国外交掀起一波新热潮。从中美元首会晤、到访周边国家、出席或主办领导人系列会议。2015—2018 年，中国领导人一系列频密的外交活动，颇为引人注目。

十九大胜利召开
（资料来源：https://dwz.cn/PDkVsSl6）

　　G20 峰会在杭州隆重举办是中国国家公关历史上的一个里程碑。抓住这次契机，杭州向世界展示了一个自然环境美丽的千年古城变成经济发展、文化繁荣、社会安定的幸福城市、智慧城市、现代城市的样本，是中国公共关系在国际大舞台上的一次成功实践，在全球各界中产生了巨大的影响，给现代中国的形象增光添彩。从公共关系的角度看，这次重大实践的经验是丰富的。一是坚持四个自信，全面展示中国发展的成就和特色；二是总体规划，全面推进国际新型关系的深化和调整，扩大国际关系网；三是主体交叉、整合力量，把国际公关、政府公关、民间公关融为一体，形成了巨大合力；四是以媒为介，以网为先，借助中外媒体传播杭州城市形象和中国国家形象，形成了大传播的格局①。

　　博鳌亚洲论坛的设立书写了中国国家公关史上浓墨重彩的一笔。2003 年初，博鳌亚洲论坛成立不满两年，在议题影响力、嘉宾咖位等方面远远不及瑞士的达沃斯论坛。早年海南一个不起眼的小渔村经过十几年的筚路蓝缕，俨然成了世界目光的聚焦点，博鳌亚洲论坛的影响力逐年壮大，亦充分展示了中国主场外交的形象。

　　2018 年的博鳌亚洲论坛，在议程设置上与"两会"时间进一步接轨，其国家公关的价值更为提升。首先，是行政级别的对位。国家主席习近平应邀出席 2018 博鳌论坛年会开幕式并发表重要主旨演讲。其次，是议程设置的深化。年会主题"开放创新的亚洲，繁荣发展的世界"及四大论坛版块"全球化与一带一路""开放的亚洲""创新""改革再出发"包含约 60 多场非正式讨论，进一步贯彻了"坚持改革开放，坚持全球化"的经贸策略。再次，"2018 博鳌亚洲论坛——梧桐夜话"等政商研汇聚的民间论坛，加深了国内外参会者的沟通②。"沟通力"迭代、"视野"保障、"接轨"补位，会务组织接待的背后，更是新时代中国大国形象的最好展示。

　　中共十九大后的中国外交掀起的新热潮可以用四个"更加"来概括，即：姿态更加开放，内心更加自信，脚步更加务实，视野更加开阔③。

　　正如中共十九大报告中所提出的"中国开放的大门不会关闭，只会越开越大"，2015 年以来，中国的国家公共关系形象以更加开放的大国姿态示人，高密度的"走出去"与更高频次的"迎进来"正是中国国家形象姿态更加开放的鲜明标志。十九大后与中国领导人互动的既有美俄等大国，又不乏越南、老挝

---

　　① 2016 年中国公共关系发展大会在杭州举行［EB/OL］. 2016 - 10 - 31/2018 - 07 - 21，http：//www. ce. cn/xwzx/gnsz/gdxw/201610/31/t20161031 _ 17354383. shtml.
　　② 国家公关：从全国两会到博鳌论坛［EB/OL］. 2018 - 06 - 22/2018 - 07 - 21，http：//www. chinapr. com. cn/p/1465. html.
　　③ 十九大后中国外交掀热潮，凸显四个"更加"［EB/OL］. 2017 - 11 - 18/2018 - 07 - 21，http：//www. chinanews. com/gn/2017/11 - 18/8379712. shtml.

2018 博鳌亚洲论坛

（资料来源：https：//dwz. cn/yu7pJpCf）

等"一带一路"周边沿线国家，更不乏 APEC 会议、博鳌亚洲论坛、上海合作组织领导人会议、金砖国家领导人会议等多边的外交机制。更为主动的外交姿态，既更好地展现了大国形象，也展示了中国进一步扩大对外开放的坚定决心。

内心更加自信是中共十九大后中国外交的一大鲜明特征。在中国接待来访的行程安排中，更多地安排外国元首在故宫品香茗、赏文物、听京剧。这种自信也体现在中国领导人的言语之间，习近平在故宫对特朗普说，中国的历史可以追溯到五千年前，或者更早。中国的文化是没有断流传承下来的。漫步故宫，特朗普不止一次赞叹中国蔚为壮观、源远流长的文化①。这种自信也得到了外界积极良好的互动。访问期间，特朗普向习近平夫妇展示了外孙女阿拉贝拉演唱中文歌曲、背诵《三字经》和唐诗的视频，她的表演获中国网友"刷屏"称赞。中国几千年文化中蕴含的智慧，是未来我们在国际舞台上进一步发挥影响力的优势，随着中国外交形象的日益拓展渗透，源远流长的文化也将更加自信地走向世界，在世界范围内更具影响力。

在新一轮外交热潮中，务实合作得到了新的拓展。务实合作还体现在与来访国和到访国所签署的合作协议中。譬如，中国同越南、老挝分别签署近20份合作协议，涵盖基础设施建设、经贸、产能、经济合作区、金融、科技、农业、人力资源等领域，显示传统友好优势正越来越多转化为务实合作成果。

---

① 十九大后中国外交掀热潮，凸显四个"更加" ［EB/OL］. 2017 - 11 - 18/2018 - 07 - 21，http：//www.chinanews.com/gn/2017/11 - 18/8379712.shtml.

新时代中国外交注重务实合作的同时，还有着更为开阔的视野，"推动构建人类命运共同体"是中国特色大国外交的总目标。观察中共十九大后的中国外交开局，"人类命运共同体"成为"主题词"。无论是习近平在与美、俄两国总统的互动中，还是在 APEC 峰会这样的多边沟通中，"构建人类命运共同体"的中国主张都被频繁提及。这一主张也获得了外界的认可，包括韩国总统文在寅、越共中央总书记阮富仲等在内的外国领导人，都对此表示了欢迎、支持。结合构建新型国际关系及人类命运共同体这一大框架，中国外交将更加成系统，中国的国家公共关系形象也将更加丰满、鲜明①。

二、中国自主品牌走向海外，开启本土公关国际化的新征程

复兴号、格力、华为、小米、OPPO……随着中国品牌走出去进程的加快，中国企业对于提升国际影响力、融入全球话语体系的需求日趋强烈。中国品牌在海外落地生根的过程中，中国公关服务从本土走向国际。

2015 年，首届中国自主品牌峰会在北京隆重举行。会议以"大国复兴与自主品牌未来"为主题，深入探讨了"新常态"下中国自主品牌崛起的成就、挑战和机遇。一直以来"中国制造"的标签为人所熟知，代表着中国制造规模的宏大和劳动力的充足，但产品质量却缺乏竞争力，长期处于全球产业链的中低端。想要改变这种境况，由"中国制造"向"中国质造"转变、由中国速度向中国品质转变、由中国产品向中国品牌转变，提升产品质量无疑是必然的选择②。近年来在双创的潮流引领下，能够欣喜地发现中国自主品牌的产品质量越来越具有竞争力，凭借创新精神走出国门的中国企业越来越多，在国际化的大平台上，中国自主品牌也越来越耀眼、影响力越来越大，与之相配套的是企业品牌意识也逐步提升，对于专业公关的需求亦日趋强烈。

21 世纪初期，国际公关公司的本土化进程快速推进，众多在国际公关界耳熟能详的一流国际公关公司纷纷在中国各地设立分支机构，业务领域得以迅速拓展，相对而言，本土公关公司的国际化进程较为滞后。近年来，中国本土公司经历了一番战略探索和能量积蓄后，国际化的步伐开始加快。中国公关业首家上市公司蓝色光标传播集团便把国际化作为公司未来十年的核心战略。蓝色光标接连在海外建立几家分支机构，并通过收购国际知名的英国公关公司

① 十九大后中国外交掀热潮，凸显四个"更加"［EB/OL］. 2017 - 11 - 18/2018 - 07 - 21, http：//www.chinanews.com/gn/2017/11 - 18/8379712.shtml.

② 众多中国自主品牌走向国际市场［EB/OL］. 2016 - 04 - 13/2018 - 07 - 23，http：//www.sohu.com/a/68986233_384255.

Huntsworth Group 布局全球化。像蓝色光标这样有实力的本土公关领军企业，其国际化之路的示范作用是立竿见影的，随着其他本土公关公司的发展壮大，中国的公关公司国际化进程步伐将迈得更大。

　　本土公关公司走出国际是跟随者中国企业走向海外、布局全球的步伐的，这一趋势不可逆转且将愈发鲜明。中国公共关系行业近年来的快速发展走向国际得益于中国经济的高速发展，大批以国际化为战略目标的企业走向广阔的国外市场时需要专业的公关团队保驾护航，因此催生了大量的需求。同时中国本土的公关公司在与国际一流公关公司交流的过程中学习了其在内部管理、规范化、专业化方面的经验，自身实力得到了提升。国际化进程的加速是中国公关公司行业走向壮大、走向成熟的标志，中国公共关系行业的发展前景将更为广阔。

三、影视作品突破传统题材，国家正能量的持续传播

　　2016 年上映的《湄公河行动》票房 11.84 亿，2018 年初上映的《红海行动》票房 36.48 亿，2017 年上映的《战狼 2》票房更是达到创纪录的 56.8 亿[①]。据统计，2017 年全年的电影票房已经超过 559 亿元，观影人次达 16.2 亿[②]，影院已经成为受众注意力最集中也是信息传播最重要的通道之一。

　　近年来突破传统的影视题材作品火爆使得许多人不禁惊呼"主旋律电影"终于迎来"正确打开方式"。与电影市场相映成彰的是电视剧市场。《法医秦明》，也让人看到刑侦类型剧的发展似乎一日千里，逼近美剧制作水准。由最高人民检察院影视中心出品的《人民的名义》被誉为"现代版的官场现形记"，是红极一时的电视剧，也是百姓茶余饭后热议的话题。《人民的名义》《战狼 2》收视告捷，引起强烈反响。反腐题材、硬汉形象彰显了正义的力量，助力了社会精神文明建设，持续传播国家正能量。同时，与其深度结合的品牌，也借势释放其社会责任感和正能量。

　　任何题材的兴盛，都少不了市场驱动力。细究这些影视作品，其实隐约包含着所谓"主旋律"和"政治正确"，但它们的市场接受度却远超过去，尤其是在年轻人群和海外人群中。正能量作品必将日益受到民众的欢迎和主动传播，也受到国家政策的支持。这也将成为制作方做出精品正能量作品的驱动。

---

　　① 2017 年全国电影，总票房达 559 亿元 ［EB/OL］. 2018 - 01 - 02/2019 - 01 - 06. http：// news. ifeng. com/a/20180102/54735734 _ 0. shtml.

　　② 2017 年全国电影，总票房达 559 亿元 ［EB/OL］. 2018 - 01 - 02/2019 - 01 - 06. http：// news. ifeng. com/a/20180102/54735734 _ 0. shtml.

其原因在于，在中国国力蒸蒸日上的当下，通过文艺作品发出中国的声音，这不仅仅是政府的倡导，更是民众内心的一种潜意识①。接二连三的突破传统题材的影视作品不仅让观众眼前一脸、耳目一新，同时也能够持续传播国家正能量，展示大国形象与风采。

四、传统文化节目热播，全面展示中华文明深厚底蕴

2015 年以来，《中国诗词大会》《绿水青山看中国》《中国成语大会》《舌尖上的中国》等以传统文化为内容的节目，守文化之重，创时代之新，在探索中创新，激发民众对传统文化的热爱，以传播之力弘扬源远流长的中华传统文化。

近年来，深耕于中华文明的传统文化类综艺节目为中国电视荧屏带来一股股清流。中国博大精深的传统文化在视听艺术的包装之下，在观众喜闻乐见的综艺舞台上，展现出独有的文化韵味，绽放出绚烂多姿的文化魅力。传统文化类综艺节目通过华丽的外表，精深的内涵，非凡的智慧，激发出更多中国观众的文化自信，树立起更多人"保护传统，传承经典"的责任意识，极大增强了观众的文化凝聚力和文化向心力，充分发挥了文艺作品"文以化人"的重要功能。回顾这些传统文化类综艺节目不难发现，均取材于五千年的厚重历史与灿烂文化，让观众陶醉于中华文化的博大精深。中华文明经历了五千年的历史变迁，创造出辉煌灿烂的中华文明，这些是国家和民族精神血脉的承载。诗词歌赋、戏剧戏曲、国宝非遗、饮食文化、四大发明、古代科技以及建筑艺术、名人家书等，均成为传统文化类综艺节目的核心素材。在这些素材的基础上，创作者通常用"故事化"的手法，向观众展示中华文化瑰宝的独特与绚丽，使观众的文化自信和仰慕之情油然而生。在直接展现的同时，通过文化名人的点评将节目中文化符号的相关文史知识进行解读，对其精神内涵进行深度的挖掘，例如《汉字风云会》《国学小名士》《诗书中华》等文化综艺节目中，均有文化名人作为点评人或解读人，旁征博引、深入浅出地对节目中出现的汉字、诗词的背景渊源进行讲解，极大满足了观众对传统文化的求知渴望，使观众能够享受求知的乐趣，从而增加节目的吸引力②。

从国家形象公关的角度，我们欣喜地发现以传统文化为载体的节目在竞争

---

① 正能量内核当代影视作品已进入快车道 [EB/OL]．2016 - 10 - 21/2018 - 07 - 25，https：//wapbaike. baidu. com/tashuo/browse/content? id＝82c735fadb806c2a5af71933.

② 中国国际公共关系协会评选出 2017 年中国十大公关事件 [EB/OL]．2018 - 06 - 14/2018 - 07 - 26,https：//www. bjehl. com/xinwen/503. html.

激烈的市场中脱颖而出，传递的是民众对于具有五千年悠久历史的文化自信，是对于中国泱泱大国的民族自信。

五、提高公关叙事能力，提升国家品牌战略

2017 年，中国推出了与国家品牌宣传有关的两个公关战略。

其一，对内的品牌宣传。2017 年 5 月 10 日，中国国务院批准设立"中国品牌日"，国务院鼓励各级电视台、广播电台以及平面、网络等媒体，在重要时段、重要版面安排的自主品牌公益宣传，其中最重要核心是讲好中国品牌故事，即从叙事学角度为国家公关的品牌战略提出工作重点和努力方向。

设立中国品牌日在中国公关历史上具有里程碑式意义。当下的中国正处在由经济大国向经济强国转变的重要阶段，中国作为制造业大国，一方面一些行业面临产能过程，同时对性价比高的品牌的需求又愈发旺盛，一部分消费需求向国外品牌溢出。因此，必须抓紧强化中国设计，中国创造，凝聚中国力量，发展自主知识产品的品牌，开启自主品牌发展的新时代。

其二，对外的品牌宣传。2017 年 10 月 12 日，国家商务部外贸发展事务局对外宣布"中国之造"（China Made）品牌工作计划正式启动，推广口号是"我爱中国制造，让世界拥抱中国之造"（Proudly China Made，making the world better），并请苏芒、刘雯、鹿晗担任官方公益形象大使。其目的在于扩大中国品牌在全球市场的知名度与美誉度，助力中国企业产品和服务品质创新提升，引导中国品牌自觉承担更多企业社会责任，实现对外贸易转型升级目标[①]。

第三节　拥抱世界：纷纷走向国际舞台的城市公关形象

一、颇具地方特色的城市形象宣传片丰富城市公关形象

城市形象宣传片是城市公共关系形象打造的重要表现形式。随着中国经济

---

① 段弘．后真相：开启自媒体公关元年——2017 年度公关盘点［J］．公关世界，2018（1）：23–31．

的发展，旅游产业蒸蒸日上，中国城市建设日新月异。城市之间的竞争由经济硬实力的竞争越来越转向形象软实力的竞争。作为软实力提升的重要手段之一便是城市形象宣传片的塑造。

城市形象宣传片因内容丰富，形式多样，包含了城市发展的历史文化、经济建设、自然环境和社会风尚等元素。城市形象宣传片的主要目的是树立城市的良好形象，提高城市的知名度和美誉度。城市形象宣传片的塑造早已成为现代城市吸引大量社会公众关注、美化城市形象的重要手段。

不同的城市应有不同的形象定位，这是城市形象宣传片的重要内容。随着2016年住建部等三部委在中国力推特色小镇建设，近年来每座城市在城市宣传片的塑造过程中，都愈发强调自己鲜明的特色。如果城市定位为工业城市，目的是招商引资，则宣传片应以展现城市的投资环境为主。例如，大连城市形象宣传片重点展现大连的特色景观、投资环境、居民的生活环境等元素，彰显出大连是一个朝气蓬勃的投资场所。如果城市定位为旅游城市，则形象宣传片应以展现城市的旅游资源为主。例如，河北承德市的城市定位是"避暑山庄和合承德"。它的城市形象宣传片就相应提出"皇家休闲、畅享承德"的旅游主题。宣传片一开始就展现承德的独特旅游资源：避暑山庄——清朝皇帝的避暑胜地，然后再以一位普通游客的视角从三个方面进行演绎：我在皇帝的别墅度假；我在享受皇家盛宴；我在皇家猎场驰骋。对承德的旅游资源：风景、饮食和玩乐三元素进行了全方位展示，非常成功地塑造了承德市独特的城市形象。

2015—2018年是中国各地城市形象宣传片井喷的时期，越来越多的城市渴望通过高质量的城市宣传片来打造城市良好的公关形象，吸引更多来自世界的目光。随着越来越多的城市推出宣传片，观众对于城市形象宣传片的要求越来越高。厌倦了"中国式宣传片"的观众很期望宣传片能以不太一样的内容和形式，真正助力城市形象的塑造与城市营销的推广。

（一）武汉城市形象宣传片：《大城崛起》

2015年11月，在昆明召开的全国外宣工作协作会上，由中国外文局组织的2015年度"对外传播十大案例"评选活动揭晓。武汉市打造的城市形象视觉名片《大城崛起》入选并受到表彰，是唯一有入选案例的副省级城市。

《大城崛起》城市形象宣传片的成功因素在于两点。其一，在于城市宣传片的内容。评选的专家认为城市形象宣传片《大城崛起》具有鲜明的融合创新特色，紧扣"武汉，每天不一样"的主题，将画面、解说、音乐等元素有机结合，制作精良，恢宏大气。其二，在于其多途径的推广和宣传，武汉市委宣传部在腾讯、优酷、乐视等知名视频网站上载该片，与美国媒体合作，通过推特、脸书推出宣传片；制作英、俄、韩语等不同语种版本，在重要节会赛事和对外交

大城崛起

（资料来源：https：//dwz．cn/0VGQrLTl）

往活动中广泛使用；加强与高校联系，通过海外招生推介等形式，在国外学生中广泛传播①。该片的传播整合多种渠道，突出国际传播，产生广泛影响。

武汉，中国绝对的中部城市，肩负着中部崛起的重担。这几年，武汉无论是城市建设，还是产业布局，无论是交通枢纽建设，还是物流体系打造，无论是商业氛围营造，还是制造产业布局，都得到了长足发展。以武汉大学和华中科技大学为代表，一流的教学资源和科研力量，为武汉的发展，储备了大量的人力资源。使得武汉的经济实力，一直稳居中国前十的行列。

城市综合实力的提升也需要有相应的城市品牌推广做支撑。2017 年，武汉市委宣传部深入开展城市形象宣传工作调研，形成城市形象和对外宣传工作总体方案，运用互联网思维，着力宣传"大话题"、策划"大活动"、构建"大平台"、锻造"大作品"，打造武汉城市形象宣传品牌，大江大海大武汉的城市品牌愈发深入人心。

（二）乌镇：让明星为城市代言

明星为城市代言的案例并不少，但像刘若英般与乌镇结下不解缘的却为数不多。2003 年刘若英在乌镇拍摄的《似水年华》让乌镇水乡成了人们的魂牵梦绕之地，其知性、恬静与淡然的气质，与乌镇的气质可谓浑然天成，而她也因此与乌镇结缘，在 2006 年成了乌镇景区形象代言人。剧中的一句对白"我知道你会来"仿佛成了到乌镇行旅的召唤。时隔多年，刘若英再次为乌镇代言，这一次，无论是她还是乌镇，都已经有了翻天覆地的变化。如今的刘若英已结婚生子，乌镇也从当年的古朴小镇变成了国际化的旅游小镇。

---

① 城市形象宣传片《大城崛起》入选全国对外传播年度十大案例［EB/OL］．2015 - 11 - 09/2018 - 07 - 27,http：//www.changjiangtimes.com/2015/11/516745.html.

乌镇·似水年华
（资料来源：https://dwz. cn/sxfha1l9）

在大量旅游景区还在用传统的"山水—民俗—酒店"拍摄顺序，用威严的男声念百度简介来做宣传片的时候，乌镇作为以体验制胜的新兴景区，在宣传片上也体现了其重视细节，体验为先的一贯风格，在同类型景区中走在了前列。

短片时长1分30秒，安静的画面，通过将刘若英的演绎与抒情的文案相结合，展现了乌镇的特色景点、古楼、街道、风土人情等画面，取得了令人耳目一新的视听效果，给观者留下了震撼且唯美的视觉享受。

宣传片中同时展现了乌镇近年来新打造的旅游节点：国际化的乌镇戏剧节，前沿的互联网大会等，同时也贯穿着乌镇作为百年江南水乡的历史感，新旧交融中的乌镇，既在不断革新自己，也始终不忘初心①。

（三）上海：另类吐槽宣传片，创新之都的创新之举

作为创新之城的上海，2016年6月由以喜欢搞怪著称的上海彩虹室内合唱团演绎了全新上海形象宣传片《魔都·魔都》的单曲以及MV，一天内便刷爆了上海人的微信朋友圈和微博。

以往的城市宣传曲过于注重传递正面积极的信息，不够"接地气"。"吐槽"则是贴近网民的表达形式，在城市宣传曲中发起官方"吐槽"，这足以让

① 丁俊杰：影像城市 | 盘点2017年，那些走出"中国式宣传片"怪圈的城市宣传片们［EB/OL］．2018-01-06/2018-07-27．https：//www.sohu.com/a/215090028_685101.

人们大呼惊喜，而且也能侧面体现上海这座城市的包容。

导演在 MV 中运用了很多上海元素，上海话的市井对白、《夜来香》的配乐、许文强打扮的金承志，老上海风格的服装，以及必不可少的东方明珠等上海地标一一出现。这些内容让 MV 的上海味道更加浓郁，展现上海海纳百川的文化，以及人们温暖优雅生活百态的同时，最后汇集成一句"我爱上海"。

从"吐槽"切入，再解释其中真相，最后呈现城市面貌，这种非同寻常、极度大胆的手法，颠覆了以往城市宣传片正面严肃的套路，鲜明幽默地展现了上海"活力之都""创新之城"的国际风范和新锐品格，让观众通过宣传片从另一层面更深入地了解了上海。

（四）长沙：四个热血青年对城市的献礼

长沙最新的城市宣传片名为《24：05》，向时间索取 5 分钟，还你一个完整的长沙，是四个热血的长沙青年对他们所热爱的城市的献礼。

5 分钟很短，短到甚至不能悠然地品尽一杯红酒，但是只要五分钟，在时间之外，你会邂逅所有长沙最美妙的瞬间，而这也正是城市宣传片的魅力所在。用强烈的视觉冲击力和影像震撼力树立城市形象，概括性地展现一座城市的历史文化与地域文化特色，从而成为这座城市的视觉名片。

2017 年 6 月，很多人的朋友圈儿都被一部长沙城市形象宣传片刷屏。名为《24：05》的片子，是由四位长沙青年：谭宇舸、晟龙、行亨、苍鸿共同拍制的。

任何一部成功的城市形象宣传片制作，都离不开前期的精心策划与创意拍摄。四个热血青年带着微单和无人机，穿梭在长沙的大街小巷，夜以继日拍摄着这座城市的风景、建筑、美食和人们。20 万张定格、数百次飞行，拍摄了上万 G 的素材，他们用脚步丈量长沙 1.18 万平方公里，向时间索取五分钟，呈现了一个魅力四射的长沙。他们利用"上帝视角"、延时摄影等多种方式，向人们展示着熟悉而陌生的长沙，从现代的高楼大厦到传统的老街老巷，向人们娓娓道来一个"长沙从哪里而来、又到哪里而去"的城市故事①。

（五）杭州：不仅是一首诗

杭州，过去因为与上海距离的相邻，在中心城市辐射力上，差强人意，为此，杭州提出了"东方休闲之都，品质生活之城"的城市品牌宣言，提出了"住在杭州，游在杭州，学在杭州，创业在杭州"的四大卖点，使杭州成为独树一帜的新一代城市品牌的典范。

---

① 丁俊杰：影像城市 ｜ 盘点 2017 年，那些走出"中国式宣传片"怪圈的城市宣传片们［EB/OL］. 2018－01－306/2018－07－27，https：//www.sohu.com/a/215090028_685101.

G20 的成功召开让世界认识杭州，记住杭州。而杭州在 G20 之后也愈发重视城市形象的宣传和打造。2018 年 4 月，由中共杭州市委宣传部、杭州市人民政府新闻办公室拍摄制作的 2018 杭州城市形象片正式推出。全新发布的杭州城市形象宣传片主题为《杭州，不仅是一首诗》。

三个章节的词语用得非常有韵味。

"源"：杭州，是历史文化名城。桨声摇曳，由八千年的跨湖桥文化、五千年的良渚文明启"源"，凸显因水而生的厚重底蕴。杭州，是生态文明之都。西湖是她的眼眸、湘湖是她的风韵、运河是她的胸襟、钱塘江是她的气魄，浸透江南韵味，凝结世代匠心。水边少女手执的西湖绸伞又变身雷峰塔的飞檐翼角，诉说着这座城市的活力与灵动。

"汇"：城市的魅力在于以人为本，宜居宜业国际范的杭州，更注重个体对城市的感受。"汇"字彰显了杭州在精致和谐之外的大气开放，只要有梦、无限可能。汇纳百川，船头弄潮，杭州，是创新活力之城。阿里巴巴、海康威视、吉利汽车等信息经济和先进制造业企业，引领先锋趋势；"城市大脑"即将进入 2.0 时代，大数据让城市更聪明；"双十一"狂欢成交 1 682 亿刷新纪录，全球范围首次商用试点"刷脸支付"；从 1 到 N，以梦想小镇为代表的众创空间像阳光雨露，支持每个弄潮儿茁壮成长。

"润"：三面云山一面城，一江春水穿城过。水，世世代代滋"润"着杭州人，也赋予这座城市浪漫、优雅、温暖的风骨。

（六）南京：最潮南京宣传片 The Best of Nanking

2016 年 1 月底，一部被称为"最潮南京宣传片"刷爆了很多人的朋友圈。主题为 The Best of Nanking 的影片中，南京古往今来的地标建筑悉数亮相在镜头中，尽显恢宏与美轮美奂，很多稀松平常的建筑拍出了纽约摩天大楼的即视感，大量的延时和航拍相结合的镜头画面令人耳目一新，堪称好莱坞大片的画面，加之纯正低沉的英文念白，搭配震撼人心的背景音乐，整部片子大气磅礴、动感十足①。

The Best of Nanking 制作团队以一种新颖、独特的视角将南京淋漓尽致地展示在屏幕上，带领观众欣赏一个不一样的南京。这部作品由 5 个刚出校门不久的 90 后历时 17 个月制作而成，团队的小伙伴要么是土生土长的南京人，要么是在南京求学工作，对这座城市很有感情的人。为了完美展现南京，他们登上城市巅峰，追随星空轨迹，运用大范围动态延时摄影和无人机

---

① 丁俊杰：影像城市 ｜ 盘点 2017 年，那些走出"中国式宣传片"怪圈的城市宣传片们［EB/OL］．2018 - 01 - 06/2018 - 07 - 27，https：//www.sohu.com/a/215090028_685101.

航拍高难度拍摄技术，只为影片的每一帧都能够展现最好的效果，留下心中那个最好的南京。宣传片发布后，不仅吸引了南京市民的观看，而且得到了海内外网友的关注。发布仅 3 小时后，点击量就逾 150 万①。

南京是一个古与今相结合的城市，历史文化名城和现代都市重合交融，当你面向朝天宫时，后方是城市楼群。古都是南京的过去，现代化也是今天的南京，看久了历史牢记于心不如让我们展望下未来，南京的现代化的一面往往被人们忽视。最好的南京是未来的发展，而不是沉淀于六朝金粉的虚无。所以用这种现代感的手法去拍摄这样一部"宣传片"，无疑是值得称道的。

2015 年至今，我们可以发现一个很鲜明的现象：随着中国更加重视品牌形象的打造，不仅国家公共关系形象更加鲜明地树立，各省市、各地区亦更加重视品牌形象的打造。各省市纷纷明确自己的品牌定位，如好客山东、七彩云南、多彩贵州、好玩四川、活力广东、清新福建、美好江苏、文化河南、灵秀湖北、风尚辽宁、精彩吉林、大美青海、神奇宁夏、绚丽甘肃、印象重庆、晋善晋美山西、风景独好江西等。围绕着差异化的城市品牌定位，各地纷纷着手推出城市形象宣传片。2015—2018 年是中国城市形象宣传片的井喷期，涌现了一大批脍炙人口的形象宣传片，无论是对于内容选材的精雕细琢，还是对于拍摄手法与创意的精准拿捏，无论是宣传系统的专业人士抑或是市井摄影爱好者的拍摄，都值得称赞。现如今，据不完全统计，大至大型的副省级城市，小至地级市大多都有城市形象宣传片，像南京、杭州、武汉等地更是不断地与时俱进推陈出新，不定期地推出全新的城市形象宣传片。在宣传片刷屏社交媒体朋友圈的过程中，既是当地人提升对于城市文化认同感与归属感的过程，更是城市对外形象展示名片建立的过程。在中国许多城市越发国际化纷纷走向国际舞台，吸引全球关注的过程中，有一部拿得出手的城市宣传片尤为重要。而近年来优质城市形象宣传片接连涌现也意味着中国的城市品牌形象提升上了一个全新的台阶。

二、"姐妹城市"增进国际城市间的公关交流

国际"友好城市"是世界各国地方政府之间通过协议形式建立起来的一种国际联谊与合作关系，是"友好省州与友好城市"的简称，在西方又称"姐妹城市"或"双胞城市"。随着全球化的不断推进，国际关系开始呈现多层化发展的趋势，次国家政府（省、州、市）等日益成为重要的国际行为主体。友好城市，作为次国家政府参与对外事务的主要渠道之一，既是国家总体外交的一部分，又是民间外交的重要表现形式。

中国自 1973 年开展友好城市活动以来，对外结好工作取得不断进展，截至 2019 年 1 月 8 日中国有 31 个省份（不包括台湾省及港、澳特别行政区）和 490 个城市与五大洲 136 个国家的 542 个省（州、县、大区、道等）和 1 699 个城市建立了 2 618 对友好城市（省州）关系[①]。

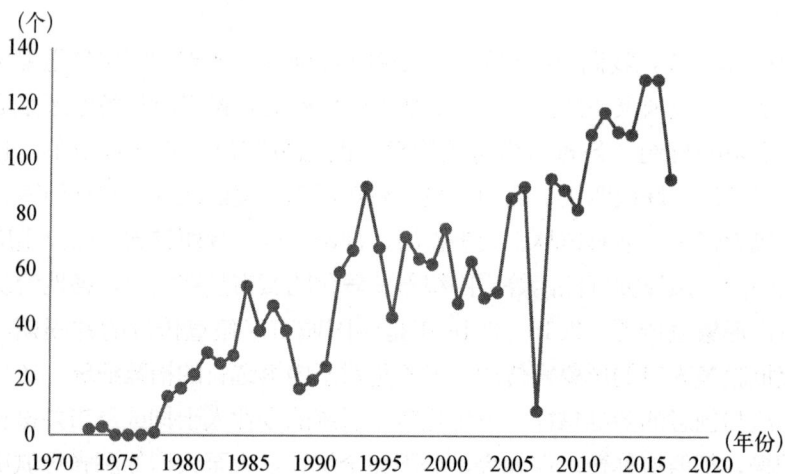

1973—2017 年中国友好城市结对数量

（数据来源：中国国际友好城市联合会）

从 1973—2017 年中国与国际友好城市的结对数量上可以看出，2010 年后中国的城市与国外城市的结对数量大幅攀升。其中在 2015 年和 2016 年达到顶峰，这两年内，分别有 129 个国内城市和外国城市结为国际友好城市。

2015—2017 年中外国际友好城市结对

省/直辖市	中方城市	外方城市	国　别	结好时间
福建省	莆田市	帕拉马塔市	澳大利亚	2015 年 1 月 27 日
黑龙江省	黑龙江省	忠清南道	韩国	2015 年 1 月 28 日
江苏省	江苏省	首都大区	丹麦	2015 年 1 月 30 日

---

① 中国国际友好城市联合会. 友城统计［EB/OL］. 2014 - 04 - 16/2019 - 01 - 08. http：//www. cifca. org. cn/Web/YouChengTongJi. aspx.

（续表）

省/直辖市	中方城市	外方城市	国别	结好时间
云南省	昆明市	岘港市	越南	2015年2月6日
广西壮族自治区	防城港市防城区	海河县	越南	2015年2月12日
广东省	深圳市	伯尔尼州	瑞士	2015年2月13日
江苏省	无锡市	帕特雷市	希腊	2015年3月10日
内蒙古自治区	满洲里市	拜赖焦新村市	匈牙利	2015年3月20日
安徽省	滁州市	拉奎拉市	意大利	2015年3月27日
陕西省	西安市	霍巴特市	澳大利亚	2015年3月29日
四川省	成都市	清迈府	泰国	2015年3月31日
内蒙古自治区	阿拉善盟	南戈壁省	蒙古	2015年4月3日
江西省	南昌市	林肯市	英国	2015年4月15日
四川省	成都市	拉合尔市	巴基斯坦	2015年4月20日
新疆维吾尔自治区	克拉玛依市	瓜达尔市	巴基斯坦	2015年4月20日
广东省	珠海市	瓜达尔市	巴基斯坦	2015年4月20日
江苏省	常州市	埃森市	德国	2015年4月21日
河南省	济源市	漆谷郡	韩国	2015年4月21日
江苏省	常州市新北区	赫尔福德市	德国	2015年4月22日
安徽省	宿州市	巴东市	印度尼西亚	2015年4月23日
北京市	北京市	万象市	老挝	2015年4月24日
河南省	许昌市	蔚山广域市中区	韩国	2015年4月27日
广东省	广东省	万象市	老挝	2015年4月28日
贵州省	贵阳市	本拿比市	加拿大	2015年4月30日
四川省	成都市	哈密尔顿市	新西兰	2015年5月6日
江苏省	江苏省	莫吉廖夫州	白俄罗斯	2015年5月10日
浙江省	浙江省	明斯克州	白俄罗斯	2015年5月10日
广东省	广东省	艾米利亚月罗马涅大区	意大利	2015年5月11日
广东省	河源市	费拉拉市	意大利	2015年5月14日

（续表）

省/直辖市	中方城市	外方城市	国　别	结好时间
四川省	四川省	卡纳塔克邦	印度	2015 年 5 月 15 日
山东省	青岛市	海德拉巴市	印度	2015 年 5 月 15 日
甘肃省	敦煌市	奥兰加巴德市	印度	2015 年 5 月 15 日
重庆市	重庆市	金奈市	印度	2015 年 5 月 15 日
广东省	肇庆市	德米特罗夫斯克区	俄罗斯	2015 年 5 月 15 日
福建省	福州市	鄂木斯克市	俄罗斯	2015 年 5 月 18 日
云南省	云南省	克莱尔郡	爱尔兰	2015 年 5 月 20 日
湖北省	红安县	约巴琳达市	美国	2015 年 5 月 20 日
陕西省	陕西省	世宗特别自治市	韩国	2015 年 5 月 22 日
福建省	福建省	孔敬府	泰国	2015 年 5 月 22 日
黑龙江省	黑河市	雅库茨克市	俄罗斯	2015 年 5 月 22 日
陕西省	商洛市	镇安郡	韩国	2015 年 5 月 25 日
河北省	河北省	勃兰登堡州	德国	2015 年 6 月 3 日
陕西省	陕西省	怀俄明州	美国	2015 年 6 月 3 日
上海市	上海市	休斯敦市	美国	2015 年 6 月 4 日
江西省	江西省	卢克索省	埃及	2015 年 6 月 8 日
陕西省	西安市	久姆里市	亚美尼亚	2015 年 6 月 8 日
上海市	虹口区	巴尔市	黑山	2015 年 6 月 12 日
辽宁省	葫芦岛市	叶尔加瓦市	拉脱维亚	2015 年 6 月 17 日
广西壮族自治区	广西壮族自治区	喀尔巴阡山省	波兰	2015 年 6 月 18 日
山西省	山西省	西弗吉尼亚州	美国	2015 年 6 月 18 日
江苏省	江苏省	霍马斯省	纳米比亚	2015 年 6 月 19 日
江苏省	无锡市	绿山市	波兰	2015 年 6 月 23 日
广东省	广东省	林堡省	比利时	2015 年 6 月 23 日
云南省	云南省	奥洛莫茨州	捷克	2015 年 6 月 26 日
江苏省	常州市	库里蒂巴市	巴西	2015 年 6 月 27 日

（续表）

省/直辖市	中方城市	外方城市	国别	结好时间
四川省	成都市	罗兹市	波兰	2015 年 6 月 29 日
辽宁省	辽宁省	苏赫巴托省	蒙古	2015 年 7 月 13 日
宁夏回族自治区	银川市	琴斯托霍瓦市	波兰	2015 年 7 月 18 日
新疆维吾尔自治区	乌鲁木齐市	奥什市	吉尔吉斯斯坦	2015 年 7 月 25 日
陕西省	陕西省	爱媛县	日本	2015 年 7 月 30 日
湖北省	黄冈市	卡纳兰德市	南非	2015 年 8 月 3 日
安徽省	亳州市	科涅克市	法国	2015 年 8 月 3 日
湖北省	武汉市	萨拉托夫市	俄罗斯	2015 年 8 月 7 日
新疆维吾尔自治区	额敏县	阿亚古兹县	哈萨克斯坦	2015 年 8 月 19 日
内蒙古自治区	赤峰市	后杭盖省	蒙古	2015 年 8 月 26 日
广东省	深圳市	阿皮亚市	萨摩亚	2015 年 8 月 31 日
湖北省	咸宁市	义王市	韩国	2015 年 9 月 6 日
四川省	四川省	中捷克州	捷克	2015 年 9 月 7 日
福建省	福建省	大阿克拉省	加纳	2015 年 9 月 7 日
甘肃省	酒泉市	高兴郡	韩国	2015 年 9 月 7 日
江苏省	无锡市	普埃布拉市	墨西哥	2015 年 9 月 13 日
新疆维吾尔自治区	青河县	布尔干县	蒙古	2015 年 9 月 14 日
山东省	山东省	马佐夫舍省	波兰	2015 年 9 月 14 日
安徽省	安徽省	江原道	韩国	2015 年 9 月 14 日
广西壮族自治区	广西壮族自治区	胡志明市	越南	2015 年 9 月 17 日
山东省	烟台市	米什科尔茨市	匈牙利	2015 年 9 月 18 日
广西壮族自治区	崇左市	他曲市	老挝	2015 年 9 月 18 日
新疆维吾尔自治区	阿勒泰市	乌列盖市	蒙古	2015 年 9 月 18 日
新疆维吾尔自治区	克拉玛依市	乌兰巴托市	蒙古	2015 年 9 月 21 日
广东省	广东省	马六甲州	马来西亚	2015 年 9 月 21 日

（续表）

省/直辖市	中方城市	外方城市	国　别	结好时间
湖南省	湘西土家族苗族自治州	赞扎巴尼市	南非	2015 年 9 月 22 日
黑龙江省	黑龙江省	索罗图恩州	瑞士	2015 年 9 月 24 日
江苏省	扬州市	科切斯特市	英国	2015 年 9 月 29 日
江苏省	扬州市	巴拉瑞特市	澳大利亚	2015 年 9 月 30 日
上海市	嘉定区	沃尔夫斯堡市	德国	2015 年 10 月 8 日
内蒙古自治区	赤峰市	尼克希奇市	黑山	2015 年 10 月 8 日
山西省	临汾市	杰尔顿市	澳大利亚	2015 年 10 月 9 日
江苏省	宿迁市	诺伊维德市	德国	2015 年 10 月 10 日
北京市	通州区	奥西奥拉郡	美国	2015 年 10 月 12 日
甘肃省	永昌县	博拉市	意大利	2015 年 10 月 13 日
新疆维吾尔自治区	乌鲁木齐市	巴统市	格鲁吉亚	2015 年 10 月 14 日
湖南省	湘潭市	莱昂市	西班牙	2015 年 10 月 15 日
广东省	东莞市	乌珀塔尔市	德国	2015 年 10 月 16 日
四川省	成都市	萨博潘市	墨西哥	2015 年 10 月 16 日
江苏省	宜兴市	海威市	美国	2015 年 10 月 19 日
重庆市	合川区	圣莫妮卡市	美国	2015 年 10 月 20 日
广西壮族自治区	东兴市	芒街市	越南	2015 年 10 月 20 日
重庆市	江北区	北拉斯维加斯市	美国	2015 年 10 月 21 日
江苏省	连云港市	比什凯克市	吉尔吉斯斯坦	2015 年 10 月 21 日
新疆维吾尔自治区	喀什地区	巴特肯州	吉尔吉斯斯坦	2015 年 10 月 22 日
广东省	河源市	塔斯廷市	美国	2015 年 10 月 23 日
陕西省	铜川市	约巴琳达市	美国	2015 年 10 月 23 日
陕西省	渭南市	北拉斯维加斯市	美国	2015 年 10 月 24 日
陕西省	咸阳市	圣莫妮卡市	美国	2015 年 10 月 24 日
甘肃省	敦煌市	奥莫尔市	瑞典	2015 年 10 月 26 日

（续表）

省/直辖市	中方城市	外方城市	国　别	结好时间
安徽省	黄山市	施特拉尔松德市	德国	2015 年 10 月 30 日
广西壮族自治区	桂林市七星区	黑维兹市	匈牙利	2015 年 10 月 30 日
广西壮族自治区	梧州市	川圹省	老挝	2015 年 11 月 3 日
四川省	成都市	大邱广域市	韩国	2015 年 11 月 10 日
云南省	云南省	蒂米什省	罗马尼亚	2015 年 11 月 13 日
云南省	楚雄彝族自治州	约阿夫地区	以色列	2015 年 11 月 16 日
新疆维吾尔自治区	伊宁市	塔尔迪库尔干市	哈萨克斯坦	2015 年 11 月 18 日
四川省	双流县	光州广域市南区	韩国	2015 年 11 月 19 日
陕西省	咸阳市	咸阳郡	韩国	2015 年 11 月 19 日
北京市	通州区	圣康坦市	法国	2015 年 11 月 20 日
江西省	宜春市	怀昂市	澳大利亚	2015 年 11 月 23 日
黑龙江省	齐齐哈尔市	乌法市	俄罗斯	2015 年 11 月 27 日
海南省	三亚市	维亚雷焦市	意大利	2015 年 11 月 28 日
广西壮族自治区	贺州市	伍斯特市	英国	2015 年 11 月 30 日
浙江省	台州市	韦恩堡市	美国	2015 年 12 月 3 日
新疆维吾尔自治区	哈巴河县	库尔希姆县	哈萨克斯坦	2015 年 12 月 6 日
江苏省	南通市	昌原市	韩国	2015 年 12 月 9 日
江苏省	南京市	温得和克市	纳米比亚	2015 年 12 月 9 日
青海省	青海省	卡塔戈市	哥斯达黎加	2015 年 12 月 10 日
江苏省	淮安市	奥克维尔市	加拿大	2015 年 12 月 15 日
江苏省	泰州市	帕维亚省	意大利	2015 年 12 月 16 日
广东省	汕头市	海法市	以色列	2015 年 12 月 16 日
江苏省	扬州市	孔亚市	土耳其	2015 年 12 月 23 日
山东省	淄博市	伯恩茅斯市	英国	2015 年 12 月 30 日
安徽省	阜阳市	肖尔黑文市	澳大利亚	2016 年 1 月 15 日
云南省	丽江市	罗阿诺克市	美国	2016 年 1 月 15 日
河南省	郑州市管城回族区	青松郡	韩国	2016 年 1 月 20 日

（续表）

省/直辖市	中方城市	外方城市	国 别	结好时间
广西壮族自治区	广西壮族自治区	登博维察省	罗马尼亚	2016 年 2 月 24 日
广东省	云浮市	卡拉拉市	意大利	2016 年 3 月 1 日
江苏省	徐州市	摩根敦市	美国	2016 年 3 月 23 日
江西省	鹰潭市月湖区	卡尔德达尔市	英国	2016 年 3 月 24 日
湖南省	湖南省	比斯特里察月纳瑟乌德省	罗马尼亚	2016 年 3 月 25 日
新疆维吾尔自治区	福海县	萨格赛县	蒙古	2016 年 3 月 25 日
云南省	昆明市	格拉斯市	法国	2016 年 3 月 27 日
北京市	北京市	布拉格市	捷克	2016 年 3 月 29 日
江苏省	徐州市	莫济里大区	白俄罗斯	2016 年 3 月 30 日
湖北省	武汉市	康塞普西翁市	智利	2016 年 4 月 7 日
北京市	大兴区	新安郡	韩国	2016 年 4 月 8 日
贵州省	毕节市	兹韦尼哥罗德市	俄罗斯	2016 年 4 月 8 日
山东省	临沂市	索尔斯伯里市	澳大利亚	2016 年 4 月 10 日
四川省	大英县	塔玛市	以色列	2016 年 4 月 11 日
山东省	山东省	旁遮普省	巴基斯坦	2016 年 4 月 14 日
山东省	德州市	黑斯廷斯市	新西兰	2016 年 4 月 19 日
广东省	东莞市	坎皮纳斯市	巴西	2016 年 4 月 20 日
江西省	抚州市	斯特拉福德区	英国	2016 年 4 月 22 日
北京市	北京市	明斯克市	白俄罗斯	2016 年 4 月 26 日
广东省	广东省	南摩拉维亚州	捷克	2016 年 4 月 26 日
江苏省	溧阳市	富尔达地区	德国	2016 年 4 月 28 日
湖南省	邵阳市	怀昂市	澳大利亚	2016 年 4 月 29 日
四川省	四川省	罗兹省	波兰	2016 年 4 月 29 日
海南省	海南省	南摩拉维亚州	捷克	2016 年 4 月 29 日
四川省	四川省	鞑靼斯坦共和国	俄罗斯	2016 年 5 月 4 日
四川省	成都市	非斯市	摩洛哥	2016 年 5 月 5 日
吉林省	珲春市	哈桑区	俄罗斯	2016 年 5 月 6 日

（续表）

省/直辖市	中方城市	外方城市	国 别	结好时间
湖南省	湘潭市	姆索马市	坦桑尼亚	2016 年 5 月 9 日
上海市	上海市	曼谷市	泰国	2016 年 5 月 10 日
广东省	广东省	密歇根州	美国	2016 年 5 月 10 日
陕西省	西安市	晋州市	韩国	2016 年 5 月 15 日
辽宁省	沈阳市	贝尔法斯特市	英国	2016 年 5 月 18 日
广东省	惠州市	城南市	韩国	2016 年 5 月 19 日
黑龙江省	伊春市	卡姆罗斯市	加拿大	2016 年 5 月 20 日
江苏省	昆山市	许温凯市	芬兰	2016 年 5 月 20 日
山东省	莱芜市	库塔伊西市	格鲁吉亚	2016 年 5 月 20 日
宁夏回族自治区	宁夏回族自治区	东哈萨克斯坦州	哈萨克斯坦	2016 年 5 月 23 日
陕西省	宝鸡市	醴泉郡	韩国	2016 年 5 月 26 日
江苏省	常州市	明登市	德国	2016 年 5 月 26 日
广东省	深圳市	阿尔梅勒市	荷兰	2016 年 5 月 31 日
江苏省	常州市	拉塞雷纳市	智利	2016 年 6 月 1 日
福建省	福州市	三宝垄市	印度尼西亚	2016 年 6 月 2 日
上海市	上海市	索非亚市	保加利亚	2016 年 6 月 2 日
西藏自治区	西藏自治区	庆尚南道	韩国	2016 年 6 月 9 日
海南省	海南省	佩斯州	匈牙利	2016 年 6 月 12 日
江苏省	苏州市	新松奇市	波兰	2016 年 6 月 14 日
河北省	河北省	南摩拉维亚州	捷克	2016 年 6 月 17 日
安徽省	合肥市	乌法市	俄罗斯	2016 年 6 月 17 日
河北省	河北省	马佐夫舍省	波兰	2016 年 6 月 17 日
河北省	河北省	佩斯州	匈牙利	2016 年 6 月 17 日
河北省	河北省	摩拉维亚月西里西亚州	捷克	2016 年 6 月 17 日
河北省	石家庄市	瑙吉考尼饶市	匈牙利	2016 年 6 月 17 日
陕西省	西安市	克拉古耶瓦茨市	塞尔维亚	2016 年 6 月 18 日
山东省	济南市	奇维塔韦基亚市	意大利	2016 年 6 月 20 日

（续表）

省/直辖市	中方城市	外方城市	国　别	结好时间
贵州省	凯里市	卡尔图济市	波兰	2016 年 6 月 21 日
湖北省	咸宁市	威莱士艾吉哈兹市	匈牙利	2016 年 6 月 22 日
新疆维吾尔自治区	喀什地区	瓜达尔市	巴基斯坦	2016 年 6 月 26 日
山东省	淄博市临淄区	高灵郡	韩国	2016 年 6 月 26 日
新疆维吾尔自治区	喀什地区	吉尔吉特地区	巴基斯坦	2016 年 6 月 26 日
广东省	广东省	忠清南道	韩国	2016 年 6 月 27 日
江苏省	苏州市	黑角市	刚果（布）	2016 年 7 月 5 日
广东省	广东省	奥什州	吉尔吉斯斯坦	2016 年 7 月 5 日
四川省	都江堰市	包纳市	德国	2016 年 7 月 6 日
北京市	昌平区	胡鲁努伊区	新西兰	2016 年 7 月 6 日
贵州省	贵州省	世宗特别自治市	韩国	2016 年 7 月 7 日
黑龙江省	哈尔滨市道里区	第一乌拉尔斯克市	俄罗斯	2016 年 7 月 12 日
江苏省	苏州市	马累市	马尔代夫	2016 年 7 月 15 日
海南省	海南省	琅勃拉邦省	老挝	2016 年 7 月 16 日
湖北省	襄阳市	威克菲尔德市	英国	2016 年 7 月 18 日
湖南省	湘潭市	乌里扬诺夫斯克市	俄罗斯	2016 年 7 月 19 日
湖南省	湖南省	绍莫吉州	匈牙利	2016 年 7 月 25 日
宁夏回族自治区	宁夏回族自治区	巴拉望省	菲律宾	2016 年 7 月 26 日
北京市	通州区	斯皮什新村市	斯洛伐克	2016 年 7 月 27 日
吉林省	珲春市	浦项市	韩国	2016 年 7 月 29 日
青海省	海东市	托克马克市	吉尔吉斯斯坦	2016 年 7 月 29 日
青海省	西宁市	奥什市	吉尔吉斯斯坦	2016 年 8 月 2 日
内蒙古自治区	满洲里市	鄂木斯克市	俄罗斯	2016 年 8 月 7 日

（续表）

省/直辖市	中方城市	外方城市	国　别	结好时间
山东省	青岛市	卡亚俄市	秘鲁	2016 年 8 月 8 日
西藏自治区	山南地区	巴德岗市	尼泊尔	2016 年 8 月 14 日
黑龙江省	哈尔滨市	戈梅利市	白俄罗斯	2016 年 8 月 19 日
湖北省	襄阳市	茶胶省	柬埔寨	2016 年 8 月 22 日
山东省	青岛市	曼海姆市	德国	2016 年 8 月 26 日
广东省	佛山市南海区	沃尔夫斯堡市	德国	2016 年 8 月 27 日
广东省	广东省	夸祖鲁月纳塔尔省	南非	2016 年 8 月 29 日
海南省	三亚市	黑池市	英国	2016 年 9 月 6 日
宁夏回族自治区	宁夏回族自治区	克孜勒奥尔达州	哈萨克斯坦	2016 年 9 月 8 日
黑龙江省	哈尔滨市	摩尔曼斯克市	俄罗斯	2016 年 9 月 9 日
福建省	泉州市	霍尔拜克自治市	丹麦	2016 年 9 月 10 日
安徽省	蚌埠市	索尔诺克市	匈牙利	2016 年 9 月 10 日
甘肃省	甘肃省	戈壁阿尔泰省	蒙古	2016 年 9 月 20 日
甘肃省	庆阳市	埃德蒙市	美国	2016 年 9 月 20 日
甘肃省	兰州市	费里市	阿尔巴尼亚	2016 年 9 月 20 日
甘肃省	天水市	丹加拉市	塔吉克斯坦	2016 年 9 月 20 日
湖南省	郴州市	金伯利市	南非	2016 年 9 月 23 日
新疆维吾尔自治区	乌鲁木齐市	鄂木斯克市	俄罗斯	2016 年 9 月 23 日
新疆维吾尔自治区	乌鲁木齐市	加济安泰普市	土耳其	2016 年 9 月 23 日
四川省	四川省	维多利亚州	澳大利亚	2016 年 9 月 23 日
甘肃省	兰州市	乌兰乌德市	俄罗斯	2016 年 9 月 26 日
江苏省	南京市	莫吉廖夫市	白俄罗斯	2016 年 9 月 27 日
四川省	成都市	累西腓市	巴西	2016 年 9 月 30 日
山西省	山阴县	华威县	美国	2016 年 10 月 1 日
黑龙江省	齐齐哈尔市	纽卡斯尔市	美国	2016 年 10 月 9 日
广东省	深圳市	波尔图市	葡萄牙	2016 年 10 月 18 日

省/直辖市	中方城市	外方城市	国　别	结好时间
贵州省	晴隆县	塔姆沃斯市	澳大利亚	2016 年 10 月 20 日
江苏省	常熟市	务安郡	韩国	2016 年 10 月 21 日
湖南省	湖南省	格罗宁根省	荷兰	2016 年 10 月 22 日
广西壮族自治区	崇左市	腊达那基里省	柬埔寨	2016 年 10 月 22 日
宁夏回族自治区	银川市	塞塔特市	摩洛哥	2016 年 10 月 23 日
广东省	深圳市	比什凯克市	吉尔吉斯斯坦	2016 年 10 月 24 日
广西壮族自治区	贵港市	三宝颜市	菲律宾	2016 年 10 月 24 日
广西壮族自治区	梧州市	本茨弗什市	瑞典	2016 年 10 月 27 日
新疆维吾尔自治区	昌吉回族自治州	江布尔州	哈萨克斯坦	2016 年 10 月 27 日
湖北省	武汉市	比什凯克市	吉尔吉斯斯坦	2016 年 11 月 2 日
江苏省	常州市	新山市	马来西亚	2016 年 11 月 8 日
陕西省	陕西省	内布拉斯加州	美国	2016 年 11 月 9 日
内蒙古自治区	呼伦贝尔市海拉尔区	乔巴山市	蒙古	2016 年 11 月 11 日
青海省	西宁市	拉菲娜月皮开米市	希腊	2016 年 11 月 11 日
青海省	西宁市	卡卢特勒市	斯里兰卡	2016 年 11 月 15 日
山东省	潍坊市	奥尔什丁市	波兰	2016 年 11 月 18 日
贵州省	贵州省	忠清南道	韩国	2016 年 11 月 22 日
广西壮族自治区	东兴市	吴哥迪县	柬埔寨	2016 年 11 月 30 日
云南省	丽江市	阿尔比市	法国	2016 年 12 月 13 日
内蒙古自治区	满洲里市	额尔登特市	蒙古	2016 年 12 月 22 日
四川省	成都市	加德满都市	尼泊尔	2016 年 12 月 23 日
云南省	屏边县	沙巴县	越南	2016 年 12 月 26 日
青海省	青海省	曼托瓦省	意大利	2016 年 12 月 29 日
福建省	福州市	霍巴特市	澳大利亚	2017 年 1 月 3 日

（续表）

省/直辖市	中方城市	外方城市	国 别	结好时间
云南省	云南省	特拉华州	美国	2017年1月11日
四川省	资阳市	纽波特纽斯市	美国	2017年1月14日
江苏省	江苏省	沃州	瑞士	2017年1月16日
江西省	南昌市	乌法市	俄罗斯	2017年1月20日
广东省	佛山市	纳罗福明斯克区	俄罗斯	2017年2月27日
湖南省	岳阳市	萨默塞特郡	英国	2017年3月13日
四川省	成都市	琅勃拉邦省	老挝	2017年3月15日
云南省	大理白族自治州	古晋北市	马来西亚	2017年3月19日
云南省	云南省	沙捞越州	马来西亚	2017年3月21日
重庆市	重庆市	明斯克州	白俄罗斯	2017年3月24日
江西省	九江市	旌善郡	韩国	2017年3月30日
甘肃省	陇南市	格罗德诺市	白俄罗斯	2017年4月2日
广东省	广东省	阿尔伯塔省	加拿大	2017年4月24日
湖南省	湖南省	莫吉廖夫州	白俄罗斯	2017年4月27日
广东省	清远市	达尼丁市	新西兰	2017年5月3日
广西壮族自治区	广西壮族自治区	西爪哇省	印度尼西亚	2017年5月5日
重庆市	重庆市	西爪哇省	印度尼西亚	2017年5月8日
四川省	四川省	西爪哇省	印度尼西亚	2017年5月8日
四川省	四川省	呵叻府	泰国	2017年5月8日
黑龙江省	黑龙江省	西爪哇省	印度尼西亚	2017年5月10日
福建省	厦门市	普吉府	泰国	2017年5月11日
湖北省	武汉市	哈尔基斯市	希腊	2017年5月11日
广东省	珠海市	格丁尼亚市	波兰	2017年5月17日
上海市	上海市	布拉格市	捷克	2017年5月17日
广西壮族自治区	广西壮族自治区	马累市	马尔代夫	2017年5月21日
河南省	焦作市	桑德贝市	加拿大	2017年5月26日
四川省	四川省	加利福尼亚州	美国	2017年6月4日

（续表）

省/直辖市	中方城市	外方城市	国 别	结好时间
四川省	绵阳市	奥布宁斯克市	俄罗斯	2017 年 6 月 6 日
上海市	长宁区	索伯特市	波兰	2017 年 6 月 12 日
广东省	佛山市	维拉港市	瓦努阿图	2017 年 6 月 12 日
安徽省	安徽省	加兹月纳杰孔月索尔诺克州	匈牙利	2017 年 6 月 12 日
黑龙江省	哈尔滨市	符拉迪沃斯托克市	俄罗斯	2017 年 6 月 15 日
重庆市	江津区	塞纳约基市	芬兰	2017 年 6 月 15 日
海南省	海口市	仰光市	缅甸	2017 年 6 月 16 日
湖北省	武汉市	伊热夫斯克市	俄罗斯	2017 年 6 月 16 日
重庆市	渝北区	本拿比市	加拿大	2017 年 6 月 16 日
黑龙江省	黑龙江省	弗里斯兰省	荷兰	2017 年 6 月 19 日
重庆市	重庆市	马里博尔市	斯洛文尼亚	2017 年 6 月 21 日
贵州省	贵州省	暹粒省	柬埔寨	2017 年 6 月 23 日
江西省	贵溪市	托斯诺区	俄罗斯	2017 年 6 月 24 日
黑龙江省	哈尔滨市	罗基什基斯市	立陶宛	2017 年 6 月 26 日
内蒙古自治区	乌海市	圣特拉姆市	意大利	2017 年 6 月 28 日
辽宁省	大连市	恩斯赫德市	荷兰	2017 年 6 月 29 日
云南省	丽江市	采尔马特市	瑞士	2017 年 7 月 5 日
广东省	中山市	如尔市	密克罗尼西亚联邦	2017 年 7 月 5 日
海南省	海南省	威克洛郡	爱尔兰	2017 年 7 月 10 日
广西壮族自治区	防城港市	热舒夫市	波兰	2017 年 7 月 13 日
江苏省	江苏省	摩拉维亚月西里西亚州	捷克	2017 年 7 月 17 日
宁夏回族自治区	宁夏回族自治区	纳库鲁郡	肯尼亚	2017 年 7 月 21 日
海南省	海南省	巴拉望省	菲律宾	2017 年 7 月 21 日
湖南省	湘潭市	加莱市	法国	2017 年 7 月 21 日

（续表）

省/直辖市	中方城市	外方城市	国　别	结好时间
云南省	云南省	老街省	越南	2017 年 8 月 14 日
广东省	揭阳市	安大略市	美国	2017 年 8 月 21 日
福建省	莆田市	朗塞斯顿市	澳大利亚	2017 年 8 月 23 日
陕西省	陕西省	哈特隆州	塔吉克斯坦	2017 年 8 月 31 日
江苏省	常州市金坛区	大谢珀顿市	澳大利亚	2017 年 9 月 4 日
宁夏回族自治区	宁夏回族自治区	马尔堡大区	新西兰	2017 年 9 月 7 日
云南省	昆明市	奥洛莫茨市	捷克	2017 年 9 月 11 日
上海市	长宁区	帕皮提市	法国	2017 年 9 月 11 日
广东省	广州市	圣地亚哥市	智利	2017 年 9 月 13 日
安徽省	安徽省	布列斯特州	白俄罗斯	2017 年 9 月 13 日
北京市	北京市	里加市	拉脱维亚	2017 年 9 月 15 日
四川省	四川省	阿拉木图州	哈萨克斯坦	2017 年 9 月 15 日
陕西省	延安市	堪萨斯城	美国	2017 年 9 月 18 日
北京市	通州区	莫斯科市东北区	俄罗斯	2017 年 9 月 18 日
北京市	通州区	太阳城市	希腊	2017 年 9 月 19 日
广西壮族自治区	南宁市	克雷马市	意大利	2017 年 9 月 19 日
甘肃省	甘肃省	巴米扬省	阿富汗	2017 年 9 月 19 日
宁夏回族自治区	宁夏回族自治区	西努沙登加拉省	印度尼西亚	2017 年 9 月 22 日
湖南省	芷江侗族自治县	基洛夫斯克市	俄罗斯	2017 年 9 月 22 日
江苏省	常州市	索利哈尔市	英国	2017 年 9 月 28 日
福建省	泉州市	古晋南市	马来西亚	2017 年 10 月 19 日
江苏省	常州市天宁区	库比蒂诺市	美国	2017 年 10 月 28 日
江苏省	苏州市吴江区	西南普法尔茨区	德国	2017 年 10 月 30 日
福建省	福建省	卡累利阿自治共和国	俄罗斯	2017 年 11 月 1 日
安徽省	安徽省	德比郡	英国	2017 年 11 月 9 日
云南省	云南省	巴奇月基什孔州	匈牙利	2017 年 11 月 16 日
江苏省	江苏省	科克郡	爱尔兰	2017 年 11 月 17 日

（续表）

省/直辖市	中方城市	外方城市	国　别	结好时间
吉林省	长春市	约灵市	丹麦	2017 年 11 月 17 日
广东省	博罗县	圣马丁·金字塔市	墨西哥	2017 年 11 月 20 日
山西省	山西省	全罗南道	韩国	2017 年 11 月 24 日
广西壮族自治区	广西壮族自治区	克里特省	希腊	2017 年 11 月 24 日
吉林省	吉林省	鸟取县	日本	2017 年 11 月 26 日
海南省	三亚市	姆巴拉拉市	乌干达	2017 年 11 月 27 日
海南省	海南省	罗恰省	乌拉圭	2017 年 11 月 30 日
湖北省	湖北省	北爱尔兰地区	英国	2017 年 12 月 2 日
辽宁省	辽宁省	北爱尔兰地区	英国	2017 年 12 月 2 日
山东省	济南市	那格浦尔市	印度	2017 年 12 月 8 日
广东省	深圳市	金边市	柬埔寨	2017 年 12 月 11 日
福建省	福建省	奥洛莫茨州	捷克	2017 年 12 月 14 日
辽宁省	沈阳市	佛罗里达市	乌拉圭	2017 年 12 月 18 日
江苏省	阜宁县	怀特郡	美国	2017 年 12 月 28 日

（数据来源：中国国际友好城市联合会）

国际友好城市应遵循"讲友谊、讲互利、讲实效"三项原则，积极开展交流合作，促进共同发展。

第一，讲友谊。世界各国城市大小不同、历史文化各异。国际友好城市应该平等相处、真诚相待，倡导彼此尊重、互信包容、相互理解的精神，增进人民的友谊和感情，为实现世界持久和平发挥桥梁和纽带作用。

第二，讲互利。世界各国城市发展水平不一，但各有优势。国际友好城市应该相互学习、取长补短，通过互利互惠的合作，为实现各国共同发展创造良好条件。

第三，讲实效。世界各国城市在经济发展、公共服务、城市管理、社会稳定、环境保护等方面承担着同样或类似的责任。国际友好城市应该加强这些领域的合作，分享彼此的经验，以进一步增进当地人民福祉①。

① 开展国际友好城市活动的意义、原则［EB/OL］. 2013 - 11 - 19/2018 - 07 - 28，http：//www.sohu.com/a/74117331_411617.

　　国际友好城市活动是对外开放的重要平台，是城市外交的重要载体，是我国民间外交的重要内容。国际友好城市活动已成为中国同有关国家双边关系的重要组成部分，促进了中国同各国的交流合作，增进了中国人民同世界各国人民的相互了解和友谊。

　　友好城市的结对是城市公关过程中的重要内容。2015 年来，与国外友好城市结对增多表明，中国对于城市品牌、城市形象打造的重视，更是表明了中国持续扩大对外开放的决心与实际行动，通过交流互助增进友谊，加深相互间的了解，促进彼此间互利互惠。

第四节　姹紫嫣红：自媒体时代崛起的个体品牌形象

一、网红经济与公共关系

　　"网红中的知识分子"罗振宇：2016 年 12 月 31 日，罗振宇和他的团队在深圳春茧体育馆举行了第二次"时间的朋友"跨年演讲，深圳卫视同步直播，总时长近 5 小时，当晚 11 点左右，深圳卫视以 1.69％的收视率居全国同时段第一。

　　"2016 年第一网红"Papi 酱：2016 年 2 月，Papi 酱凭借变音器发布原创短视频内容而走红网络，微博粉丝超过 2 000 万。

　　2016 年作为网红经济爆发元年，网络红人正在创造新媒体经济的奇迹。在这些网红背后，更多被颠覆的是受众接收信息的习惯。能够沉淀粉丝的网红具有三个特点：其一，节目频次不会太低，至少是一周，甚至是每天；其二，节目背后一定有一个主线，吸引和你一样价值观的粉丝与你对话；其三，节目能持续，也意味着网红背后的商业性价值能够开发变现。

二、文体明星的公关形象

（一）@M 鹿 M：鹿晗公布恋情导致微博瘫痪

　　2017 年 10 月 8 日中午，鹿晗发布微博公布恋情，由于瞬间流量过大，新浪微博的服务器不堪重负，不少地区都出现了无法访问的情况。事后统计，此条微博点赞数超过 579 万，转发 122 万，评论 287 万。明星通过自媒体发布信息，从公关处置上来说，一方面更加主动，另一方面是将流量留在自己的平台上，应该说这代表着自媒体公关的一个方向。

（二）傅园慧：使出"洪荒之力"的新晋网红

每届奥运会上，能迅速红遍大江南北、被大家记住的运动员，也就那么一两个人。2016 年的里约奥运会上，傅园慧算其中一个。能够为其提供佐证的是，傅园慧不仅红遍中国的大江南北，国外媒体和网友们，也注意并喜欢上了这个表情丰富的中国姑娘。一向严肃的美国《华盛顿邮报》，干脆把傅园慧称为"里约奥运最可爱的运动员"①。

她接受采访的视频播放量超过了 3 100 万次，微博微信里全是她的表情包，"洪荒之力"一词时隔半年再度走红，直播首秀 1 小时直播累计 1 000 多万观看人数，微博粉丝增长 170 万。这绝对是一种网红新模式，好的公关形象一定是有自我的，这也是为什么秉持真实的傅园慧在信息发达的时代里一炮而红的主要原因。

三、企业家公关形象打造

（一）马云：乡村老师代言人，调侃与自黑相结合的自媒体公关

马云作为阿里巴巴集团董事局主席，开设了自媒体@乡村教师代言人——马云，其粉丝数高达 2 348 万，他的发微博频率并不高，但几乎每一条都是流量担当，他也将这一自媒体作为重要的公关渠道②。

2017 年两会期间，当全国人大代表、广东唯美陶瓷有限公司董事长黄建平公开表示"互联网虚拟经济破坏实体经济，网店假冒伪劣产品居多"，同时点名批评淘宝时，除了阿里公关迅速回应外，马云还在 3 月 7 日上午发布了近 1 500 字的长篇博文，收获了 4 万评论 3 万转发和 22 万点赞。

此外，他还在这一自媒体上发布了有关《功守道》、"马菲组合""双十一"、快递与物流等多个涉及公司形象的微博。作为阿里的核心人物，在自媒体公关上，他很娴熟自如地采用微博话语，常用调侃甚至"自黑"的语言传播相关信息，虽然评论中有"赢家通吃""有钱真好"等评价，但在一定程度上也称得上是自媒体公关的正面典范。

此外，马云也积极为阿里巴巴旗下的新物种线下店站台。2017 年，马云和阿里巴巴集团 CEO 张勇等核心人物一起现身盒马上海金桥店，点了一桌菜，

---

① 傅园慧红了，看似毫无征兆其实水到渠成 [EB/OL]. 2016 - 08 - 18/2018 - 07 - 28, http://news. sznews. com/content/2016 - 08/18/content_13740217. htm.
② 马云自封"全世界乡村教师代言人" 2015 - 09 - 17/2018 - 07 - 28, http://business. sohu. com/20150917/n421325617. shtml.

一起吃了一顿"工作餐"。吃完了马云发现，还有不少菜没吃完。这时候，节约的马云吩咐助理：打包！把没吃完的打包带走！连说了两次。不光把菜都带走了，马云还说，这个酱汁很好吃，把酱汁也打包带走，到飞机上慢慢吃。这些细节都被"有心的"阿里公关看在眼里，随后出现在了以"马云节俭""马云觉得好吃的"等为话题的公关稿中，刷爆社交圈。

（二）马化腾：小马哥的危机公关之道

2017年，人民网一连刊登《人民网一评〈王者荣耀〉：是娱乐大众还是"陷害"人生》等多篇一波比一波更严厉的抨击《王者荣耀》的文章，导致腾讯市值暴跌1 000亿港元。

马化腾在访问人民网的当天，还去了另一个地方：中国铁路总公司。中铁方面欢迎腾讯公司参与铁路企业混合所有制改革，进一步放大高铁的溢出效应。随后12306接入微信支付的消息引发众人围观。一天两波公关，马化腾收获颇丰。这些当然也让股民看在眼里，腾讯控股随即股价上涨1.3%，市值接连创历史新高，这与马化腾的公关之道不无关系①。

现如今越来越多的企业家纷纷从幕后走进了大众的视野为自己企业公关发声。从小米集团董事长雷军到格力电器董事长董明珠，从万达集团董事长王健林到华为集团总裁任正非，无论是出席商业活动，还是私下生活，这些企业大佬们的个人活动都是圈内关注的焦点，并在很大程度上对自身品牌公关起着至关重要的作用。在高曝光度高的大型活动上制造话题，是企业家公关的一种方式。

2015年"两会"期间，雷军上会自带"自拍神器"小米手机比V字手势卖萌自拍，并且在人民大会堂外用"自拍神器"同媒体记者合影，引来围观。在近两年雷军出席会议的现场，自拍、看手机几乎成了他的必备事项，而这种有意无意的话题制造，也总能成功引起媒体关注。

此外，随着直播形式的火热，很多企业家也参与其中。比如在微博之夜庆典上，360董事长周鸿祎作为颁奖嘉宾出席活动。舞台下，作为花椒直播投资人的周鸿祎也不忘在花椒直播与观众分享，并与傅园慧等各路明星合影。每次出席活动，这位"红衣教主"都不忘开起花椒直播，卖力宣传。

总的来看，企业家公关有着以下几方面优势：首先是将企业家个人的形象和企业的形象更加紧密地结合在一起。企业家的个人形象远比一些当红明星更容易控制，不用担心娱乐界分分钟爆出的负面新闻。其次是老板要比明星更熟

---

① 昨天马化腾去了两个地方，引发众人围观［EB/OL］. 2017 - 07 - 17/2018 - 07 - 28，https://baijiahao. baidu. com/s? id=15731307641274402&wfr=spider&for=pc.

悉自己的产品，自己公司的运作，自己做公关更富说服力，也说明了企业家对自己的企业充满自信，这样也让消费者对产品更有信任感。再次是成本低，效果高，企业家从事各种社会活动时，大量的媒体都聚焦在他们身上，通过媒体对活动的报道，企业不用花一分钱就提高了自己品牌的曝光率，树立起了自己以及品牌的形象。

当然，大佬公关必须得合情合法。比如"这届百度公关"又做了一件被不少人诟病的公关。李彦宏在 2017 年 7 月 5 日上午举行的 2017 百度 AI 开发者大会上通过视频直播展示了一段自己乘坐公司研发的无人驾驶汽车的情景，本来是想引起大家的关注，没想到引起了北京交管部门的关注。毕竟，按照中国现行交通法规，无人驾驶汽车未获准上路行驶。所以，塑造好自身形象，企业家自己才是品牌的最佳公关。

第五节　百花争艳：蓬勃发展的新媒体丰富公关方式

自 20 世纪初美国首次出现公关这个概念以来，其行业形式及市场经历了无数变化，唯一不变的是其主要的三个要素：组织、传达和大众。

公关最主要的要素便是传达。不论是古代还是现代社会，传达作用的效果是巨大的。古时统治者要想了解民意，需要通过各种信息机构。现代人们想要了解最新的方针政策，仍需借助某种媒介。有效地传达于政府而言可以提升公信力，于企业而言能够使公众对其的印象改观，塑造企业形象。

而今进入到移动互联网时代后，其形式再次发生变化，公众对于官方渠道的要求也并不是"上传下达"，更多的还要求一种"互动"，在当代，如果做不到公关的"正效果"，落入公关的"负效果"的概率大大增加。

在传播学研究的受众分析中，"使用与满足"研究被给予了高度关注。该理论研究者将受众看作有特定需求的个人，把他们的媒介接触活动看作基于特定的需求动机来"使用"媒介，从而使这些需求得到"满足"。

抖音在上线一年多，经历了 2018 年春节之后，抖音的用户量从 4 000 万暴涨了 50％达到 6 000 万量级。① 抖音的品牌曝光也逐渐增多，开始在大量综

---

① 揭秘：抖音爆火背后的原因是什么？ ［EB/OL］. 2018 - 03 - 26/2019 - 01 - 06. https：// baijiahao. baidu. com/s？ id=1595967733271856344&wfr=spider&for=pc.

艺节目中进行品牌植入，也出现在网站的广告当中，抖音还在浙江卫视《王牌对王牌》的综艺节目中推出了抖音达人。

抖音的火爆令市场对其分析不断、报道也不少。媒体给抖音赋予了很多定义，贴了很多标签，而对于抖音而言，抖音自认为其是一款年轻化的产品，之所以走的特别快，用了不到一年时间便走了别人几年所走的道路，是因为抖音有其精准的定位，抖音制作高清视频和音频，把提升用户体验作为产品定位的核心，从而拉开了与竞争对手之间的距离。

抖音 logo

（资料来源：https：//dwz.cn/mkbdsTxc）

抖音的推出和快速发展得益于消费升级下，手机硬件的提升，高清的视频和音频得以从高端手机走向中低端手机，从而实现了视频质量与音频质量在硬件性能上的适配，从而让用户对视频和音频的质量开始关注起来，而在此时，抖音推出了不同于以往的视频与音频欣赏观看和制作体验。

抖音的走红，离不开对多元的用户需求的满足。

第一，对塑造个性形象需求的满足。在当前的互联网传播条件下，"草根文化"呈现蓬勃发展之势，传播模式逐渐从 PGC（Professionally Generated Content，专业生产内容）向 UGC（User Generated Content，用户生产内容）转变，抖音就是以后者为主要特色的产品。任何用户都可以在抖音这个"前台"尽情"表演"自己独特的一面，用户的个性化、形象塑造的需求得到了满足。

第二，对构建人际关系需求的满足。一方面，抖音创作者通过上传短视频展示技能或分享生活片段，在获得粉丝之后，在媒介环境下会产生"拟态人际关系"，即粉丝会认为自己与创作者之间存在某种关联。同时，又因为抖音源于"草根"，创作者和粉丝之间发展现实人际关系的可能性较大。另一方面，当抖音成为年轻人喜爱的 APP 时，共同谈论抖音成为用户群体的社交渠道，由此也可以增强社会互动，构建人际关系。

第三，对管理个人情绪需求的满足。有研究者认为，网络具有"去抑制"的功能，在现实生活中人们的行为会受到各种社会规范和道德原则的限制，但在网络上这种限制作用会大大减弱。在抖音上，创作者可以通过拍摄视频宣泄情绪，而消费者的情绪也会随之发生变化。

第六节 走向未来：中国公共关系的发展展望

有人说中国公共关系的发展对世界公关的贡献，就好像南非钻石对世界钻石的贡献，因为中国有全球最大的公关市场①。毋庸置疑，中国公关从无到有、从言微到力沉、从被误解到被重视已经成为中国社会乃至世界经济发展不可或缺的重要力量。伴随着世界经济一体化进程地不断加快，中国公关也发生着日新月异的变化②。

一、公关市场国际化

中国公关市场是一个从无到有、从分散发展到逐步规范、从国内化到国际化的过程。公关市场目前在中国早已成为一个被政府认可并拥有广阔服务领域的崭新职业，公关从业者的人数已达到数十万人，这是一个巨大飞跃。中国"一带一路"倡议，这不仅对中国和世界经济的发展，而且对中国和世界公关业的发展必将产生重大影响。这种影响表现在中国公关市场国际化趋势上会更加明显。具体表现在：

（1）更多的国际公关公司将随中国对外开放的步伐跟进中国市场。随着"一带一路"的持续和深入推进，全球化背景下的国家公关意识和策略不断地增强，中国公关行业迎来了更大机遇，服务领域更广，从业人员的视野更开阔，中国的公关业将在不远的将来，步入一个千亿级市场。

（2）中资公关公司将不断壮大发展，业务趋向国际化。发展趋向会有两种模式，一种是纯中资式的，一种是合资式的，他们的服务对象会有所变化，20世纪 90 年代时中资公关公司的绝大多数客户均是国内客户，但近一两年这种情况已发生了变化，中资公关公司的外资客户比例已明显提高，像世界著名的跨国公司，微软、康柏、惠普、诺基亚、摩托罗拉的许多公关业务已置于中资公关公司名下。同时，一些合资公关公司将会增加，中外公关公司合作倾向更加明显，这种联手将更多地带动我们国内的一些著名企业走向世界，创国际品牌创国际市场。这方面现在已有端倪，比如那些较早进入中国市场的外资公关公司已经在四处寻找合作伙伴，希望开拓中资客户在海外的业务，像爱德

---

① 胡春香. 中国公共关系发展趋势 [J]. 生产力研究，2005 (12)：107 - 108.
② 资料来源：http://www.chengxinlw.com/gonggongguanxi/2006/7/2006072512450163321.html.

曼公司早在 1996 年就与大连、沈阳、成都等一些地方公司开展联营业务。
他们拿到的第一批中资客户业务往往是在海外上市的中国企业的财经传播
业务。

公关公司的国际化和国内公关业务的国际化将促进中国公关市场的国际
化，最终走向公关市场的不断成熟壮大。期间表现出来的国际化和本土化相融
合的趋势愈加明显。此外，公关行业的兼并、重组已经成为常态。资本加速进
入公关行业，而公关行业也正在借助资本的力量做大做强。

二、公关实务专业化

经过几十年的磨炼，随着中外公关市场的逐步接轨，市场运作的游戏规则
的更加健全规范，中国公关业将彻底摆脱 80 年代初以来公关业的阴影，真正
走出公关就是所谓"笑脸相迎"的低层次的漩涡而大踏步地迈入公关实务专业
化的轨道。具体表现为：

（1）公关实务从内容到形式将得到极大地丰富。公关从企业公关、政府公
关、发展到各行各业，高科技公关、时尚公关、环境公关、艺术公关、体育公
关等。公关手段和技巧更为丰富多彩，从一般的新闻发布、媒介宣传、市场推
广的营销公关，到政府关系协调，大型活动策划等。

（2）专业服务进一步细分，更加到位。公关公司将从简单项目执行发展到
向高层次整合策划和顾问咨询方面转变。公关公司的业务运作规范更加国际
化、标准化，服务水准将纳入国际统一的标准体系中。从某种程度上讲，中国
公共关系的规范化进程即中国公关业的国际标准化进程。

（3）专门化的公关公司将备受各级组织青睐。针对不同行业组织的专门化
公关公司将层出不穷，比如，金融公关公司、通信公关公司、旅游公关公司
等。这种专门化的公关服务公司将给组织带来更为详尽到位的全方位服务。人
们就像离不开法律顾问一样离不开公关公司，由此而生的公关咨询业将成为新
世纪公关业的新的增长点。咨询业表现出来的强劲的智力劳动的价值将得到尊
重和高度重视。

三、公关手段科技化

随着互联网多媒体时代的到来，组织已越来越认识到信息网络及其他现代
传媒新技术对公关传播的重要意义。这些新技术将完成对公关传播沟通管理的
方法和手段的调整和更新。实际上，网络传播已经实实在在地成为一种主流媒

体，支持着公关传播的开展，像电子邮件（E-mail）、组织形象介绍的网址、主页、网上新闻发布、网上展览、网上市场调查、网上新品推广、微信微博抖音、各类 APP 等，使得公关传播的那种平等性、双向性、反馈性得到更大程度的提升，信息传播双方已成为真正意义上的平等交流伙伴，实现了更深层次含义上的双向互动。随着高科技的发展，人类传播史上的革命还将继续，我们有理由相信，未来的公关手段将是一种更加数字化的手段，人们会在高科技的服务支撑下，实现真正意义的人际互动，这时的高科技不会成为人际之间的异物，它将是人类亲密无间的朋友。人们遨游在信息高速公路上，好比在自己温暖的家中一样自由自在。50 年前的今天我们不会知道计算机会如此改变我们的生活，同样 50 年后，我们所期盼的高科技会再一次让人们欢呼雀跃。同样，公关总是会毫不含糊地选择最先进的高科技传播手段为社会民众服务，为市场经济服务。此外，跨界融合进入新阶段。行业的跨界融合与合作已成为新常态。2017 年前后，公关与广告、营销行业的跨界融合开始提速，目前已形成行业之间优势互补、相互渗透的竞争格局。

四、公关地位战略化

以移动互联网、大数据、人工智能、云计算等为代表的新兴技术的高速发展引发全球经济革命，中国这一最具潜力、全球最大的市场更是吸引了全球投资商的注意，越来越多外国企业进入中国市场，而中国企业也逐步意识到专业公关服务的重要性，这些因素导致了公关咨询业务量的急剧上升。新经济发展为传统公关服务注入新的内容，信息技术、传播技术突飞猛进，媒体多元化、媒体互动化、信息个性化为公关业务的创新发展提供了新的机遇。一大批有识之士已认识到，作为传播顾问的公共关系将在这场经济革命中发挥至关重要的作用。一方面，组织的形象竞争呈白热化状态，公共关系作为一种重要的传播手段和战略，将为组织塑造一种"全球形象"而纳入组织的战略管理层面，其战略性地位日益加强。另一方面，人类面临的一些全球性问题。比如环保、人口膨胀、战争与和平、人权与主权等问题的存在与解决，已非一个国家和一个民族所能承受，它必须通过国际间的沟通对话，形成共识，制定国际化的标准，靠全人类通力合作来解决。而公共关系在解决此类问题的过程中，是最有发言权和成效的。公共关系在未来发展中的这种战略地位越来越明显，随着这种战略地位的确立，公关产业化也将随之形成，公关业将同信息业、咨询业等构筑起中国新兴知识产业的又一道风景。

五、公关教育规模化

2000 年中国国际公共关系大会通过的《新世纪中国公关业宣言》称"振兴公关、教育为本"。中国公关事业的发展，中国公关事业与国际接轨，是与中国公关教育的水平呈正比的。反观 20 世纪 80 年代初中期，中国之所以出现"挂羊头，卖狗肉"、拉关系走后门的公关，且很有市场，原因除了社会上流行着急功近利的思潮外，还因为中国公关教育水平低下，公关从业人员素质差。21 世纪，是世界经济大循环、经济技术快速发展的时代，信息技术、网络经济、生命科学等的发展，将对人类的生活、学习、生产带来前所未有的机遇和挑战。同样，全球公关业面临的新问题也将是前所未有的，这对公关从业人员的数量和质量都将提出更高的要求。一方面，市场迫切需要大量的公共关系人才；另一方面，复合型的公关人才大受青睐。复合型的公关人才既是公关领域的"专才"，又是社会科学领域的"通才"，其知识结构和技能结构应是全面的。这就要求高校来完成复合型人才的基本培养；社会化的公关教育与培训将有增无减，在公关行业发展的推动下、在规范化的高等教育的导引下，全社会的普及型及提高型的公关教育与培训，将有规模有系统地交叉运行；建立完善的公关职业培训体系和理论研究体系，培训一大批掌握公关技能、高素质、敬业的高级公关从业人员，加快引进国际先进的公关技术和最新理论，最终促使整个行业与国际接轨；同时加强行业服务、行业指导，最终建立中国公关行业管理组织。随着公关职业的认定，公关资格考试的规范化，公关事业必将更为成熟，中国公共关系职业化将迈入新时代。

六、公关人才竞争白热化，行业自律更完善

随着中国公关市场的成熟，公共关系教育的规范化，公共关系市场的国际化，公共关系人才的竞争将更为激烈。一方面，公共关系作为一项智力产业，专业化智力劳动的价值将得到前所未有的尊重；另一方面，由于市场经济体制的发展，各类组织均已改变了以往那种大而全的组织管理架构，并接受了专业化的市场新观念，这势必促使组织在开展公共关系活动的时候，考虑吸纳最优秀的公共关系的人才加盟，让组织有限的传播资源取得最大的效益。公共关系市场的发展与不断完善，将激活公共关系的人才市场。实际上，目前公关人才的争夺战已打响，一些外资公共关系公司为开拓中国市场，利用高工资、高待遇想尽一切办法从中资公共关系公司挖人才。据中国国际公共关系协会行业调

查显示，国际公关公司紧缺人才的前三位是：高级咨询顾问、高级管理人员、客户经理；本土公关公司紧缺人才的前三位是：高级文案、客户经理、高级管理人员。国际公关公司人才选拔标准强调沟通能力、外语水平、文案写作能力；而本土公关公司人才选拔标准强调沟通能力、公关工作经验、外语水平，并且非常强调能适应高强度、具挑战性的工作。这样的竞争将大大促进中国公共关系事业的健康发展，也将造就中国公共关系的人才市场的早日形成。当然，发展中同样会存在行业不正当竞争的现象，但公平、公开、公正的基本规则同样会在激烈的竞争中得到确立和维护。公关从业人员恪守职业道德，加强行业自律，这是公关业自身形象和信誉的保证。

附录 1
1978—2018 年公共关系行业研究分析

一、中国公关公司增长概况

中国的公关业是应 1978 年中国的改革开放诞生，随着市场经济的发展而发展起来的。这其中经济全球化和信息技术高速发展为它的生存和发展提供了基础。1984 年美国最大的国际性公关公司之一——伟达公关公司在北京设立办事处。1986 年，历史悠久并素有世界最大公关机构之称的美国博雅公关公司又与新华社合作，成立了中国第一家本土专业公关公司——中国环球公关公司。自此，中国人从不懂公关，到认识公关，公关公司开始在中国生根发芽。真正促使中国本土公关行业爆发的是互联网经济大潮。这之间产生了诸如今天在行业内颇具影响力的蓝色光标、海天网联、道康等公司。一时间，中国的公关公司如雨后春笋般，蓬勃发展。

国内公关公司主要分布于北京、上海、广州，根据调查，截至 2005 年初，全国公共关系公司数量超过 2 000 家，其中，北京最多。另外，在深圳、成都、大连等二三级城市正在陆续建立少量的办事机构，其中北京、上海、广州、成都四个地区市场占全国市场份额的 70%，北京市场保持 40% 以上的市场份额，上海市场继续保持快速的增长势头。从公司规模来看，相对成熟、专业的公关公司员工人数一般在 20—50 人之间，据中国国际公共关系协会调查报告估计，这样的公司超过 150 家，专业从业人员超过 15 000 人。

我国的公关公司呈现出明显的金字塔型的结构，民营企业占了公关公司的绝大多数，而中外合资企业以及外商独资企业相对来说要少得多。但成立年限在 10 年以上的公司基本上为国外公关公司在中国建立的全资或合资公司。他们把先进的专业公关知识和经营理念引入，带动了整个行业的发展。

　　国内行业的主要竞争情况：按照内资、外资的口径进行划分，目前国内公关行业主要机构如附表 1 所示：

附表 1　国内公关行业主要机构

公司名称	公 司 简 介	主 要 客 户
蓝色光标	成立于 1996 年，2010 年登陆创业板，成为国内首家公共关系上市企业。近年来，蓝色光标通过收购兼并，主营业务范围扩展至公共关系服务、广告策划、广告发布、活动管理、展览展示、财经公关业务等领域	TCL、广汽丰田、宝马、索尼、联想、百度、LG、北京现代、红牛、百事可乐、1 号店、滴露、贝舒乐等
迪斯传媒	成立于 2011 年 12 月 14 日，为汽车、IT、通信、金融、食品饮料等行业的企业及机构提供优质的以公共关系为核心，兼有品牌策略与广告创意的全方位整合传播服务	长安汽车、长安铃木、江淮汽车、三星、飞利浦、华硕、神州数码、酷派手机、工商银行、北京银行、交通银行、伊利、万达集团、欧莱雅等
友拓公关	成立于 2010 年 12 月 10 日，主营业务是为快速消费品、电子与高科技、教育、汽车、金融、地产等行业的企业及政府机构、非政府机构提供优质的公共关系	加多宝、昆仑山、特斯拉、金立、蒙牛、中粮、统一、民生银行、杉杉服装等
信诺传播	成立于 2005 年，是一家立足于品牌传播与活动传播的公关机构，为众多知名企业、国际组织、城市及政府机构提供整合传播解决方案	奥迪、宝马、阿斯利康、诺基亚、百度等
海天网联	成立于 1995 年，是我国本土较大的市场营销传播机构之一，在上海、广州、成都、沈阳、香港等地拥有分支机构，服务分布于各个行业内的国内外众多知名品牌，并建立了良好声誉	宝马、奔驰、京东、腾讯、亚马逊、伊利等

4A 广告公司在中国的公关传播公司

公司名称	公 司 简 介	主 要 客 户
奥美公关	1980 年在美国纽约成立，1995 年在中国大陆设立分公司，专长于科技、医药保健、企业财经、公共事务、体育营销和消费者营销	IBM、英特尔、西门子、Thinkpad、美的、摩托罗拉、大众、芬达、LEE、家乐、多芬等
宣亚公关	宣亚国际传播集团成立于 1999 年，2008 年与全球知名整合传播集团宏盟集团建立战略合作伙伴关系	福特、凯迪拉克、马自达、沃尔沃、周大福、浪琴、泸州老窖、德芙、王老吉、伊利、蒙牛、麦当劳、肯德基、多美滋等

（续表）

公司名称	公 司 简 介	主 要 客 户
嘉利公关	嘉利公关成立于1996年，是中国最早的公关服务机构之一，主营业务范围包括数字营销、电子商务、口碑营销等	华为、拜耳、奔驰、尼康、三菱等
际恒公关	成立于1997年，2011年并入全球三大传媒集团之一的阳狮集团	中粮集团、P&G宝洁、阿里巴巴、奔驰（中国）、大众（中国）、强生、中国平安、光大银行、苏宁、网易、海尔集团、北京现代、LG、东风日产、MG名爵、青岛啤酒、方正科技、苏泊尔等

（数据来源：根据公开资料统计）

2016年The Holms Report公布的最新的公关公司排名中，蓝标公关（蓝标数字，以PR为核心的业务）排名第九。公司2015年的业绩增速为36.7%，五倍于其他上榜前十的公关公司。公司数字营销业务依旧保持高速增长。

2017年全球公关公司排行榜TOP250中，有六家中国代理商进入Top 250的榜单，分别是蓝色光标、DT Digital（228名）、中青旅联科（94位）、数字传播公司赞意互动（186名）、众智亚洲（123位）和香港纵横公关（82位）。

（1）从历年The Holmes Report公布的榜单来看，蓝色光标从2007年位列全球公关公司排名第75位，成为唯一一家入选全球公关行业百强的中国本土公关公司开始，十年来蓝色光标从百强到30强、20强，再到连续两年站稳全球10强。

（2）中青旅联科，2016年营收18 123 494美元，同比增长79%，排名从137位提升到94位。

（3）DT Digital，2016年营收500万美元，同比增长11%，位列228名。

（4）赞意互动，2016年营收700万美元，同比增长40%，位列186名。

（5）众智亚洲，2016年营收1 320万美元，同比增长3.5%，位列123名。

（6）香港纵横公关，2016年营收223万美元，同比增长2.3%，位列82名。

二、国际传播集团

在全球广告市场上，最著名的有六大集团：WPP、宏盟、阳狮、埃培智（IPG）、电通（Dentsu Inc）、哈瓦斯（Havas）。他们主要负责为客户提供广告、市场营销、公关、网络营销、客户关系管理和咨询等服务。综合这些广告传播集团的财报来看，我们可以发现亚洲及太平洋市场的广告收入增加比较多，以中国市场为例，这可能受益于经济的较高水平增速，以及本土企业在广告预算上的扩大。

在电通的日本市场的增长为 3.9%。而在国际市场中，欧洲、中东和非洲地区的增长高达 12.2%，来自亚洲及太平洋地区的营收增长也很高，为 11.4%。在简报中，他们提到中国市场有两位数的增速。从地域上来看，宏盟集团（Omnicom，旗下著名的广告公司包括 BBDO、DDB 等）在亚洲太平洋地区的业务增长最快。第二大增长的市场是非洲以及中东地区。在拉丁美洲，他们的营收下滑了 5.3%。阳狮（Publicis Groupe 旗下著名的广告公司包括李奥贝纳等）在亚洲地区的有机增长率最高，达到了 4%。而在拉美地区的业务缩减了 5.3%。值得注意的是，阳狮数字营销的收入占总收入的 52%，比去年同期上涨了 64%。亚洲区的数字媒体业务上涨得尤其多。看来他们在努力转型中。埃培智（IPG，旗下著名的广告公司包括麦肯，公关公司万博宣伟等）的财报中的地域变化没有划分得那么细。他们来自国际市场的收入下降了，来自美国本土的收入倒是增长了 7%（见附图 1）。

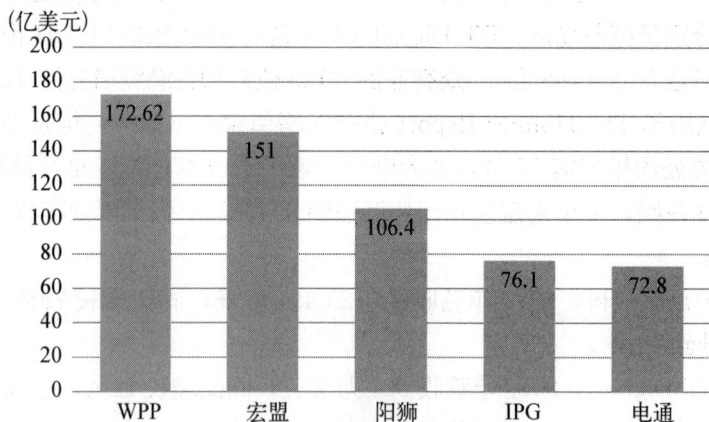

附图 1　国际传播集团财务情况
（数据来源：《全球广告传媒集团半年度财报洞察》）

三、中国公关市场年度营业额变化

2015 年，随着新媒体传播的迅猛发展，中国公共关系市场依然保持稳定而快速增长的势头。据调查估算，整个市场的年营业规模约为 430 亿元人民币，年增长率为 13.2%。相比 2014 年 11.5% 的增长率，增幅略有上升。2016

(亿美元)

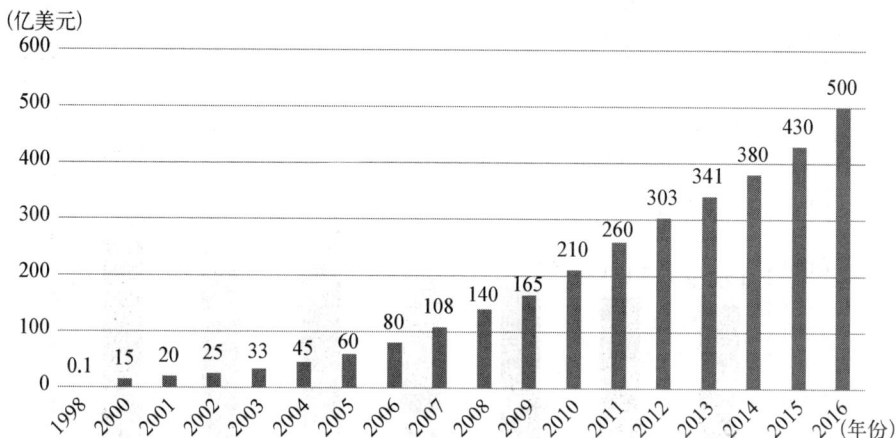

附图 2　年度营业额变化

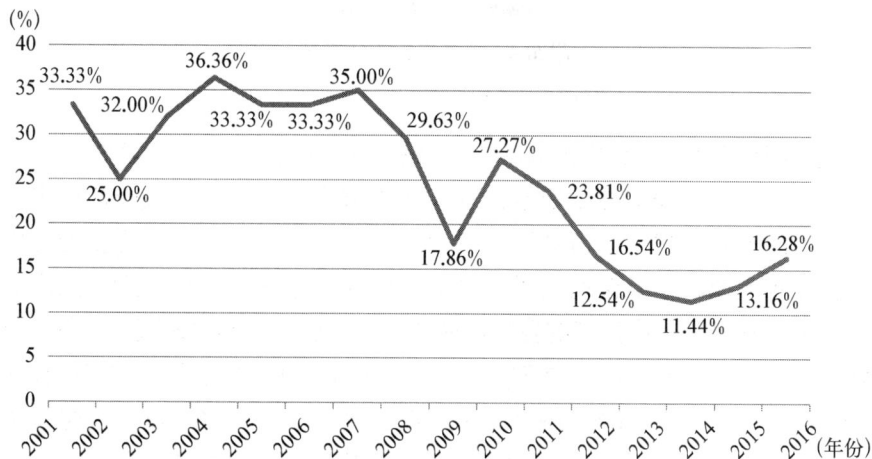

附图 3　年度营业额增长率

(数据来源:《中国公共关系年度调查报告》)

年,伴随"一带一路"国家战略的持续推进和具体实施,中国公共关系市场机遇增大。同时,在"大众创业、万众创新"的背景下,中国公共关系行业新生力量不断涌现,市场保持稳定而快速增长。据调查估算,2016 年整个市场的年营业规模达到 500 亿元人民币,年增长率约为 16.3%。相比 2015 年 13.2% 的增长率,增幅有所上升。2017 年,随着中国公共关系市场不断规范化、专业化的发展,整个行业呈良性竞争的发展趋势,增长率基本趋于稳定。据调查估算,整个市场的年营业规模达到 560 亿元人民币,年增长率约为 12.3%。相比 2016 年 16.3% 的增长率,增幅稍有回落。而就广告市场来说,2020 年全球广告市场规模将达到 6 742.2 亿美金(见附图 4)。

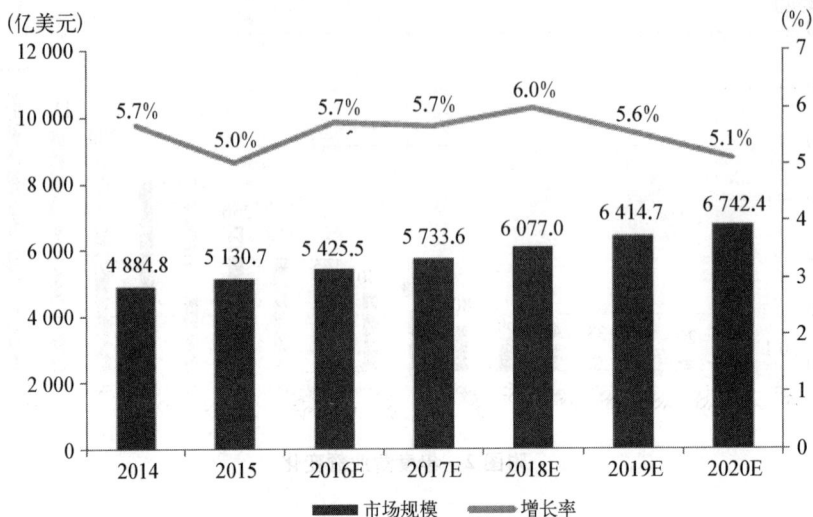

附图4　全球广告市场规模

（资料来源：eMarketer，中金公司研究部）

随着用户生活数字化的加深，网络广告市场规模将继续扩大。根据Analysys易观智库研究数据显示：2014年关键字广告依然是最受广告主青睐的广告投放形式，视频广告继续保持快速增长，这种变化一定程度上是由搜索、视频等大型媒体平台的增长而带动，另外搜索与视频在移动端的商业模式、营销形式最易实现直接的复制，在流量转移后，营销收入跟进。程序化广告加速发展，一方面，越来越多的广告主尝试程序化广告投放，并获得良好的广告效果；另一方面，DSP提供商也加速提高自身技术水平以实现媒体资源对接和人群定向能力的升级，努力积累丰富的程序化广告投放经验。

四、公关业界经营构成

公共关系服务通过调查、策划、实施、评估及咨询等手段，对客户与公众之间的信息加以管理，以满足服务对象的需求，从而形成一套有效的沟通传播渠道。公共关系从信息传递的角度上讲，是一种公众沟通的有效手段。

（一）行业产业链

公共关系行业的上游行业为媒体。公共关系公司提供专业服务时，需要与相关媒体（包括电视、广播、杂志、报纸、网络等传媒机构）相互沟通，根据客户的需要集中采购广告类版面或栏目用于品牌传播或产品推广，因此传媒行业是公共关系行业的上游行业。

随着科技的进步，现代社会媒体介质越来越多，传播方式也越来越丰富。传媒市场供给较为充足，公共关系行业在传播介质的选择上拥有主动权，不存在对传媒行业的业务依赖。因此，传媒行业不会对公共关系行业产生较大影响，公共关系行业对上游行业的依赖程度较低。

下游行业为客户，即公共关系服务最终消费者，包括需要公共关系服务的企业、政府机构及非政府组织。客户的公共关系需求随着所处行业的发展会同步增加，客户所处行业的发展直接影响其公共关系预算的高低，从而影响公共关系行业的发展。

（二）细分行业

根据中国国际公共关系协会发布的行业调查报告，我国公共关系服务内容主要包括：传播顾问、媒体传播服务、品牌传播服务、媒体执行、产品推广、整合传播、危机管理、活动管理、事件营销、网络公关、数字传播、政府关系及企业社会责任服务等。其中，品牌传播、产品推广、危机管理、活动管理、数字媒体营销、企业社会责任为主要的业务。

其中，危机管理服务是指为客户建立系统的危机预警及管理体系，为危机事件提供事前预防、预警及事后处理等服务。

在危机事件发生前，公关公司依托自身高效的全网信息监测系统进行 24 小时危机预警，为客户提供及时有效的舆情监测。全网信息监测系统能够有效地进行全网监测，对包括新闻、论坛、博客、微博、微信、贴吧、网站等各类型媒体，进行海量网络信息的全天候自动采集；通过设定关键词，搜索、整理并分析媒体信息中所包含的行业新闻、用户关注内容、舆论导向及市场评价等，及早发现影响客户品牌和声誉的潜在威胁，对负面信息进行分类管理并实行重大负面项目的单项检测，制作舆情分析报告，制定危机预防和危机处理建议，协助客户预防危机事件的发生。

当危机事件发生时，公关公司即刻分析、评估危机的性质、影响范围、传播速度及危害程度，为客户制定危机管理建议，提供危机管理咨询服务，尽可能地降低危机对客户的影响，并与客户共同制定品牌恢复方案，帮助客户重塑自身形象与品牌声誉。

在危机事件发生的后期，公关公司致力于客户品牌和声誉的恢复，通过覆盖全国的媒体网络资源启动品牌修复工作，高效、快速地重塑客户品牌声誉。

（三）网络公关业务继续呈现较快增长势头

随着互联网时代的到来和信息传播速度的加快，报刊、电视等传统传播途径已经难以满足企业的需求，网络媒体成为公共关系服务的"兵家必争之地"。随着微博、微信等社会化媒体的快速、深入发展，以及在公关行业方面日益广泛的应用，网络营销、危机公关、微博微信沟通等已经成为公共关系公司和客户都非常认可的重要传播手段，部分公共关系公司的新媒体业务已经成为重要的增长点。

2015 年，35 家 Top 公关公司中，4 家以顾问咨询为主（11％），7 家以活动代理为主（20％），10 家以传播代理为主（29％），14 家以新媒体业务为主（40％）（附图 5）。新媒体业务、传播代理为行业内主营业务，这表明随着新媒体时代的不断发展，新兴公关业务需求也在不断增加。

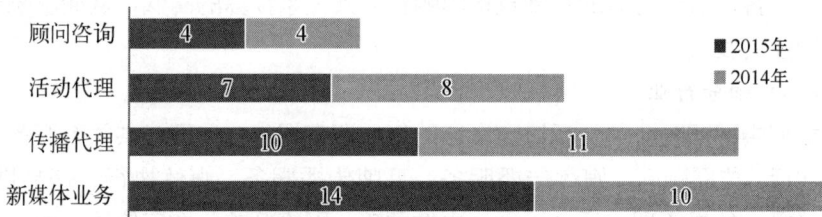

附图 5　业务类型市场构成（公司数）
（数据来源：中国公共关系协会公共关系服务公司调查）

根据中国国际公共关系协会对近 3 年具有代表性的 35 家公共关系服务公司的调查（附表 2），从数量变动关系来看，近 3 年，"顾问咨询"与"活动代理类"公关公司数量基本持平，"传播代理与媒体执行"类公关公司数量总体上呈现递减态势，"网络公关"公司数量总体上呈现递增态势。从业务类型构成来看，2014 年，其中 4 家以顾问咨询为主（11％），11 家以传播代理和媒体执行为主（31％），8 家以活动代理为主（23％），10 家以网络公关为主（29％）。上述数据表明网络公关已经逐步成为公关公司的主要业务之一，传统的公关业务在逐渐减少。

附表 2　公共关系服务公司的调查表

	顾问咨询	传播代理与媒体执行	活动代理	网络公关
2012	4	15	8	4
2013	8	9	6	12
2014	4	11	8	10

（数据来源：《中国公共关系业年度调查报告》）

（四）盈利模式

本土公关公司主要采用了两种收费方式：首先，对于稳定性较高的客户，公关公司通常与之签订固定的公共关系管理合同，并为其提供品牌传播、产品推广、数字媒体传播服务以及企业社会责任服务，对于此类服务，公关公司通常按月收取固定费用。其次，除开按月度收取服务费，公关公司通常还会按照客户的需求，按项目为客户提供专业服务，并按照项目策划至实施完毕的整个过程来收取项目服务费用，此部分服务包含活动管理服务与危机管理服务。

（五）近年中国公共关系市场服务领域

2015 年度中国公共关系服务领域的前 5 位为汽车、快速消费品、互联网、通信、IT。汽车和快速消费品依然是排名前两位的行业，互联网行业则从去年的第五位，跃升到第三位(附表 3)。

附表 3　公共关系服务领域的行业市场份额表

行业市场份额	2014	2015
汽　车	26.90%	31.30%
快速消费品	14.10%	14%
互联网	5.40%	10.70%
通　信	7.70%	8.50%
IT	4.90%	4.60%
制造业	4.80%	4.40%
医　疗	10%	4.20%
金　融	2.10%	4.00%
房地产	4.40%	3.40%

（数据来源：《中国公共关系业年度调查报告》）

2014 年度中国公共关系服务市场的前五位为大型企业主数目较多的汽车行业、快速消费品行业、医疗保健行业、通信行业、互联网行业，合计占比达到 58.70%(附表 4)。与 2013 年相比，汽车行业、快速消费品行业贡献的营业收入占当年公关行业营业总额比重基本保持稳定，占据行业的前两位。然而，医疗保健行业（2013 年占 3.3%）和互联网行业（2013 年占 3.2%）所占比例增长较快，尤其是医疗保健发展迅猛，表明了该行业的公关支出在急剧增长。

附表 4　公共关系服务领域的行业市场份额增长表

排行榜	行业市场份额	2016	2017
1	汽车	30.60%	33.40%
2	IT（通信）	12.30%	13.30%

（续表）

排行榜	行业市场份额	2016	2017
3	快速消费品	11.80%	11.90%
4	互联网	9.40%	7.70%
5	娱乐/文化	4.90%	4.60%
6	制造业	3.90%	3.90%
7	奢侈品	4.40%	3.30%
8	房地产	2.40%	2.80%
9	医疗保健	3.20%	2.30%
10	金融	2.90%	2.20%

（数据来源：《中国公共关系业年度调查报告》）

根据中国公共关系业 2017 年度调查报告显示，2017 年度中国公共关系服务领域的前 5 位分别是汽车、IT（通信）、快速消费品、互联网、娱乐/文化。汽车依然是行业内主要服务客户，且市场份额有所增加。前 5 个领域与 2016 年度排名相同。制造业的排名从去年的第七位上升到第六位。奢侈品市场份额稍有回落，从去年的第六位下降到第七位。房地产本年度市场份额略有增加，从去年的第十位上升到第八位。此外，医疗保健、金融等份额较去年也明显回落，分别位居第九、十位。

五、公关活动推广的媒体分布

新媒体环境对公共关系市场影响越来越大。随着新媒体时代的来临，一些从事传统业务的公关公司不断转型，逐步涉足数字化传播及营销、大数据营销等领域。调查显示，网络公关、传播代理及媒体执行为行业内主营业务，而传统的顾问咨询类业务大幅下降。在整个市场中，新媒体业务占公关总体业务的 30.3%，网络公关的收入占总营业收入的 26.6%。

2014 年，35 家公司在新的服务手段应用进展方面，21 家（60%）开展事件营销业务，14 家（40%）开展娱乐营销业务，6 家（17%）开展体育营销业务，23 家（66%）开展网络公关业务，6 家（17%）开展危机管理业务，6 家（17%）开展议题管理，5 家（14%）开展政府关系业务，2 家（6%）开展 CSR 项目，2 家（6%）开展城市营销业务，2 家（6%）其他业务(附图 6)。

业务潜力市场构成(公司数)

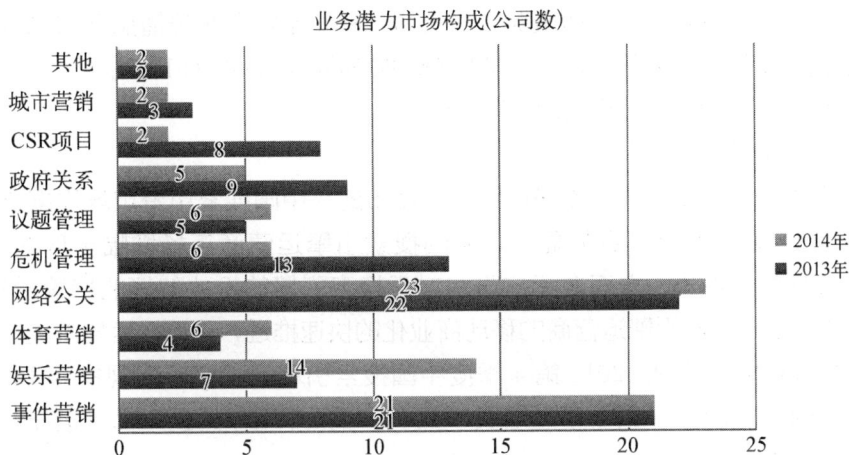

附图 6　业务潜力市场构成图

(数据来源:《中国公共关系业年度调查报告》)

据统计,2014 年 35 家公司中网络公关业务营业收入在 3 000 万元以上的公司为 14 家。整个市场中,新媒体业务占公关总体业务的 30.3%,网络公关的收入占总营业收入的 26.6%。35 家公司中开展网络公关业务的公司中,16 家提供舆情监测服务（46%）,15 家提供危机处理服务（43%）,30 家提供产品推广服务（86%）,30 家提供企业传播服务（86%）,24 家提供事件营销（69%）,22 家提供口碑营销服务（63%）,26 家提供整合传播服务（74%）(附图 7)。

网络公关服务构成(公司数)

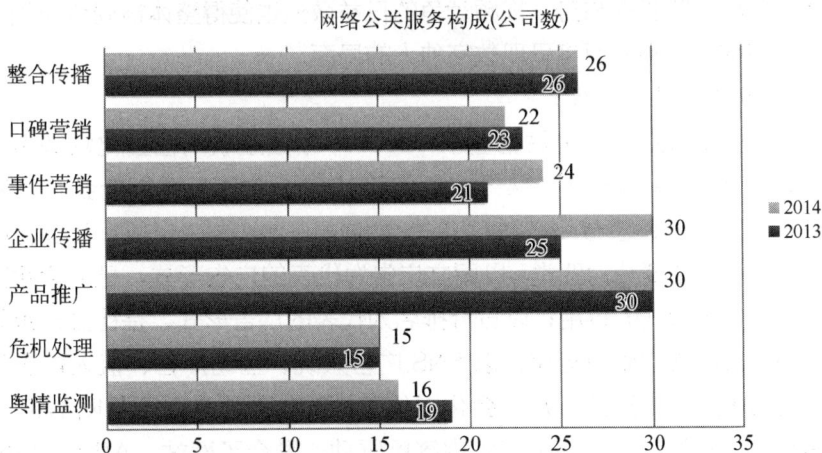

附图 7　网络公关服务构成图

(数据来源:《中国公共关系业年度调查报告》)

据统计,2015 年,35 家公司中开展新媒体业务的公司中,8 家提供危机处理服务（23%）,17 家提供舆情监测服务（49%）,23 家提供事件营销服务

（66％），28 家提供整合传播服务（80％），28 家提供企业传播服务（80％），32 家提供口碑营销服务（91％），32 家提供产品推广服务（91％）。

网络广告细分市场可以做如下分析：

（一）搜索引擎市场

根据 Analysys 易观智库产业数据库发布的《中国搜索引擎市场季度监测报告 2014 第 4 季度》数据显示，中国搜索引擎运营商市场增幅出现提升，2014 年增幅的提升一方面在于广告主对于搜索引擎的投放偏好的持续增长，另一方面在于主流引擎运营商的移动商业化的快速推进，移动搜索凭借成熟的盈利模式和投放机制。2014 第 4 季度中国搜索引擎运营商市场规模为 162.6 亿元，相较于 2014 年第 3 季度增长 3.7％。2014 年全年达到 571.4 亿元，较 2013 年增长 45.2％。

（二）品牌图文广告

2013 年第 1 季度至 2014 年第 4 季度，品牌图文广告快速增长，2014 年第 4 季度虽然增速放缓，但也保持了增长率为 10.1％的稳定增长。

（三）视频广告营销

2014 年第 4 季度在线视频广告市场规模达到 52.7 亿元，环比增长 12.8％，呈现稳步增长。从 2014 年全年来看，中国网络视频广告市场规模将达到 170 亿元，较 2013 年增长 39.2％，至 2017 年，中国网络视频市场规模将达到 480.4 亿元，较 2013 年的复合增长率为 40.80％。从未来几年来看，视频整体呈现稳步增长的态势。视频竞争的日益激烈也使得整体格局逐渐趋于集中化，未来综合视频方面将呈现数家独大的局面。

（四）社会化媒体营销

Analysys 易观智库研究数据显示，2014 年中国互联网社会化营销市场将达到 87.3 亿元规模，增长 52.4％。预计 2016 年，中国互联网社会化营销市场规模将达到 167.9 亿元，较 2012 年符合增长率 29.6％。目前，社会化媒体营销的营销形式主要分为四类：以图文广告为代表的广告形式，是社会化媒体对传统网络广告形式的运用；以竞价排名为代表的广告形式，是社会化媒体对传统网络广告形式的创新运用；以 SNS 广告系统、互动广告、植入广告和公司账户为代表的广告形式，是社会化媒体营销的创新所在；而从网站和 APP 用户体验出发的盈利模式，由广告内容所驱动，融合了网站、APP 本身的广告，使之成为网站、APP 内容的一部分的原生广告，如 Google 搜索广告、Facebook 的 Sponsored Stories 以及 Twitter 的 tweet 式广告也是社会化媒体的创新所在。而微博成中国社会化营销最大平台，在第 3 季度公布的财报中显示，微博广告和营销营收已达 6 540 万美元，较上年同期增长 50％。

（五）程序化营销分析

程序化购买区别于传统的人工购买，指的是通过数字化、自动化、系统化的方式改造广告主、代理公司、媒体平台，进行程序化对接，帮助其找出与受众匹配的广告信息，并通过程序化购买的方式进行广告投放，并实时反馈投放报表。程序化购买把从广告主到媒体的全部投放过程进行了程序化投放，实现了整个数字广告产业链的自动化。程序化购买可以分为实时竞价模式、优选交易模式和私有程序化购买模式三种模式，区别在于对广告资源是否竞价，以及出价模式的不同。

由于程序化购买能够精准定位人群，面对不同人群展示相应的内容，使得内容与人群更加匹配。因此，目前程序化购买已经成为各大品牌在规划市场推广预算中，不可或缺的一个部分。现阶段的程序化购买已经进入了跨屏投放的时代。

根据 Analysys 易观智库研究数据显示，2013 年，中国 DSP 市场规模达到 16 亿元，较 2012 年增长 140.6%，2014 年，中国 DSP 市场规模则达到 34.8 亿元，而 2015 年已经达到了 68.9 亿元。

六、业界发展趋势

随着新媒体的不断发展，公关行业正在发生结构性变化，传统公关业务增速放缓，而新兴公关业务（如数字公关、娱乐公关等）发展迅猛，特别是在互联网和移动互联网的大规模普及，大数据广泛应用，以及微博、微信等社会化媒体快速、深入发展的背景下，数字公关已经成为客户非常认可的重要传播手段。在未来我国经济持续稳定增长的整体背景下，预计作为新兴产业的公共关系行业，行业的成长速度仍然要高于整体经济发展的增速。

2015 年，随着中国经济的进一步转型和升级，借助"互联网＋"深入各行各业的大趋势，中国公共关系市场在 2014 年的基础上继续快速增长。新媒体营销方面（网络公关、社交媒体等）的业务发展迅猛。据调查估算，2015 年整个市场的年营业规模约为 430 亿元人民币，年增长率为 13.2%。

世界各地的公关杰出人士大都对公关业的未来抱有积极态度。他们认为，在今后的五年中，公关业将有望拥有更多战略、创意、文案形式、营销渠道，以及更多衡量业绩的方式。公关公司的管理者预计，在今后五年中，整体业务将从目前的 140 亿美元（数据由 The Holmes Report 提供）上涨至 193 亿美元左右。为了顺应该涨幅，各公关公司的员工总人数也将比往年同期增加约 26%。

（一）"互联网＋"趋势的形成，数字营销（网络公关、社交媒体等）业务发展迅猛，与传统营销平分秋色，且从趋势上看市场份额将进一步扩大

整合营销链条伸向大数据、数字营销、内容营销、体育营销等领域，为广告主提供整合营销方式及细致精准服务，整合营销龙头引领行业发展。

公关公司与客户部负责人在被问起哪些特定服务有助于拉动增长率时表示，他们目前主要在扩大营销方面的内容创作（在各项增长率拉动方式中排名前81％），社交媒体（排名前75％），传统营销活动（如建立品牌知名度等；该项目排名前70％），以及对盈利的测量与评估技术（排名前60％）。虽然传统的媒体营销渠道依然十分重要。然而作为传统媒体营销方式中的一种，广告或者说是付费媒体，排名仅在后18％。

对于公关人员来说，现下各种媒介的营销方式正在发生彻底的改变，因此他们需要通过更多渠道来进行营销。而事实上，如今不足三分之一的企业公关部门把31.9％的媒体营销预算花在赢得媒体（即通过加强用户口碑达到营销效果）上，32.1％的预算花在自有媒体（企业自有的网站和博客），17％用于付费媒体（需付费才能使用的电视、广播等广告），16.4％的用于共享媒体（通过在Facebook，Twitter，Youtube等社交软件上与消费者就产品进行沟通而达到营销目的）。同时，部门负责人也希望未来五年中，公关部门能将投资重心从赢得媒体转向其他媒体。他们预计，到2020年，将有约四分之一（26.6％）的预算被用在赢得媒体，31.3％用于自有媒体，22.8％（所占比重大幅增加）用于共享媒体，剩下17.3％则用于付费媒体。相比之下，公关机构则表示他们目前所创造的营业额中，50％都来自赢得媒体，20.5％来自自有媒体，17.2％来自共享体，9.3％来自付费媒体。

（二）技术成为新创意

数字化营销持续升温：2015年全球数字广告总支出1 710亿美元，移动广告支出继续贡献重要份额687亿美元，2016年移动广告投入有望突破1 000亿美元，成全球数字广告主力。

数字世界的双寡头：Google和Facebook。2015年Google和Facebook广告收入近380亿美元，占美国市场数字广告收入64％。

Verizon技术驱动的并购大王打造新的媒体帝国：花费44亿美元购买Aol，花费48.3亿美金购买Yahoo。购买的是内容、观众、数据。

品牌重视效果营销：品牌广告主优化预算、整合营销资源、提升营销ROI。目前有3 800多营销技术方案，5年增长了近30倍。

（三）行业集中度提升，强者恒强，大者愈大

第一梯队的公司从规模上日益占据行业的主导地位，其中行业龙头蓝色光

标通过一系列并购，已成为具有全球影响力的综合性传播集团。从行业内来看，我国公共关系行业市场化程度较高，业内公司数量多且普遍规模小，竞争激烈并呈高度分散状态。一方面，国内众多中小公关公司同质竞争现象严重，业务模式单一，在专业化程度、行业经验等方面与国外同行存在较大差距。另一方面，随着我国经济全球化不断深化，海外公共关系公司越来越多的涉足国内市场，与国内公司不同，国际公司的主营业务基本上是顾问咨询服务。我国公共关系市场呈现出"内资—外资"的竞争格局，内资公司和外资公司（包括外商独资和合资）无论是客户资源还是人力资源上竞争都较为激烈。

（四）以新媒体为代表的传播格局的改变，营销模式和手段进入公关领域，营销智能化

而广告和营销行业也借助公关的特点，富有创意性地宣传和推广产品，并借此为企业树形象、创品牌，传播与营销整合趋势越来越明显，公关和广告的边界在加快消失。公共关系的服务面临着以内容驱动为核心的大传播及营销整合的转型趋势，公关公司在这一转型趋势上占有先机，有望重新拓展行业的发展空间。

（五）内容营销持续受到关注，行业与资本市场对接趋势加快，引发资本市场的高度关注目前有 29.6％的人认为内容营销是最能推动商业效果的营销活动。60％的品牌计划在未来一年增加内容营销投资。行业公司通过主板、新三板上市以及兼并收购多种形式，打通与资本市场的通道。

（六）国内公共关系市场将呈现一线城市带动二三线城市的态势

北京、上海、广州、成都 4 个主要市场仍将保持良好的发展势头，上海市场和成都市场的发展速度将超过全国平均数；随着我国城市化速度的加快以及二三线城市经济的发展，主要客户将会把更多的公共关系支出投向二三线城市，公共关系公司也将在这些地区大量涌现出来。

（七）国内公共关系的国际化程度进一步加深

未来国内公共关系市场将进一步对外开放，将有更多的跨国公司以合资或独资形式进入中国市场，公共关系服务将进一步延伸和规范，随着国际资源与本土资源之间合作加强，本土公司将加快整合业务资源的步伐，公司间并购将日趋成熟，整体实力将进一步增强，行业集中度也将提高。另外，随着中国"一带一路"战略的实施，更多的中国企业开始悄无声息地进行国际化布局，而这种布局更深远的背景，就是大国战略下的中国企业集体国际化。这对本土公关公司来说，酝酿着新的战略机遇。但同时也对公关公司的专业化、规范化和国际视野提出了更高的要求。

（八）服务领域更加突出，客户范围将进一步扩大

目前，作为公共关系主要消费市场的耐用消费品、快速消费品、IT 和通

信行业将进一步得到巩固，医疗保健、房地产、金融、文化体育、公共事业将成为新的市场热点，政府和非营利机构的专业服务需求将日益增多。

（九）服务模式进一步成熟

战略传播、活动管理、营销传播等仍将是未来公共关系服务的主要手段，危机管理、事件营销、网络公关、战略咨询、增值服务、公共关系培训以及企业社会责任项目等将得到高度重视，重大行业会展活动和大型文化体育活动的策划、管理和传播业务将推动整合营销传播等专业工具和服务手段的不断完善。

（十）新型服务方式将深入开发

专业服务的技术研发和新型服务手段的采用，将促进公共关系服务与营销、广告等其他咨询业务的融合，进一步开发数字营销、数据库营销和网络营销等业务的开发和推广，促进公共关系服务市场的繁荣。

（十一）目前公关业吸纳与留住人才的能力依然不足

人才问题是在达成未来目标过程所遇到的最大挑战。企业客户部负责人指出，人才留用能力（1至5个人才中，流失率高达3.99）与人才吸纳力（流失率达3.81）是他们遇到的重大挑战。对于公关公司而言，人才流失率甚至更高。相关负责人表示，人才留用能力（1至5个人才中，流失率高达4.18）与人才吸纳力（流失率达4.15）也是他们获得更高增长率的重大障碍。除此之外，公关公司与企业公关部对应聘者技能的偏好也十分一致。两者依然认为传统的营销专家是未来五年提高商业增长率的关键。与此同时，文案技能则被客户和公关公司负责人列为重中之重（文案创作人才的录用率达89%）。相比之下，处理传媒关系的人才录用率就远远落后——仅有63%。对于公关人士而言，文案创作技能的重要性不言而喻，其排名超越其他重要技能，如战略部署（重要性占比为84%）、社交媒体经验（76%），及多媒体作品开发（76%）。同时，文案创作技能的重要性还远超商业文案（62%）、数据分析（62%）、调查研究（48%）、搜索引擎优化及行为学（32%）。

七、总结

纵观40年中国公共关系行业，从1978年"解放思想—农村改革—对外开放"三个主驱动轮的驱动、中国改革开放正式起步以来，公共关系作为一种现代管理艺术，在改革开放大方针确定后的相对宽松环境中，开始萌动。20世纪70年代末80年代初，公共关系在受到港台地区影响较大的广东深圳经济特区出现。中国国际公共关系协会（CIPRA）对中国大陆境内主要公共关系公司进行调查活动以来，1998 年阶段才零星出现了显示统计行业情况和特点的具体数据，后期行业发展如火如荼。中国公共关系行业呈现出如下的特点和趋势：

公关行业的兼并重组、跨界融合与合作趋势不断增强。资本加速进入公关行业，2017 年年初国内著名公关公司宣亚国际正式在中国 A 股上市，成为继在蓝标上市 7 年之后又一家正式登陆创业板的老牌公司。公关与广告、营销行业的跨界融合开始提速并且已逐步形成行业间和行业内优势互补、相互渗透的合作竞争格局。

国家的政策战略实施成为公共关系行业发展的普遍机遇。无论是真理标准的讨论、十一届三中全会改革开放还是目前"一带一路"战略的持续和深入推进，全球化背景下的国家公关意识和策略不断地增强使得公共关系行业服务领域更广，从业人员的视野更开阔。政府机构购买公关服务的趋势开始显现，也为行业增长开辟了新的领域，中国的公关业将步入一个千亿级市场。

内容营销日渐成为企业传播的核心要素之一。直播、人工智能、区块链等移动互联技术在内容营销方面的应用驱使现象级的内容营销概念的产生。公关行业正面临着从传统公关到新媒体时代公关的转型。由于行业整体稳定增长带来的人才需求，中国公关市场人才专业化，以及人才培养等问题正日益突出。公关行业人力资源成本上升较快，也给公关公司带来了一定的成本压力。互联网营销、大数据、数字化信息化的不断涌现也倒逼从业人员结合自身业务，学习新技术、研究新问题。转型发展带来的资金、技术，尤其是互联网思维，已成为公关行业关注性较高的问题。

附录 2
1978—2018 年公共关系学术研究数据分析

本研究采用文本分析法，对收录于中国知网（CNKI）的公共关系相关学术论文（包含 SCI、CSSCI、EI、核心期刊及硕博论文）进行了全面而深入的分析，时间跨度为 1978—2018 年。

一、研究情况概览

我们分析了 1978—2018 年 6 月发表于核心期刊上以"公共关系"为题的论文，共 4 133 篇。

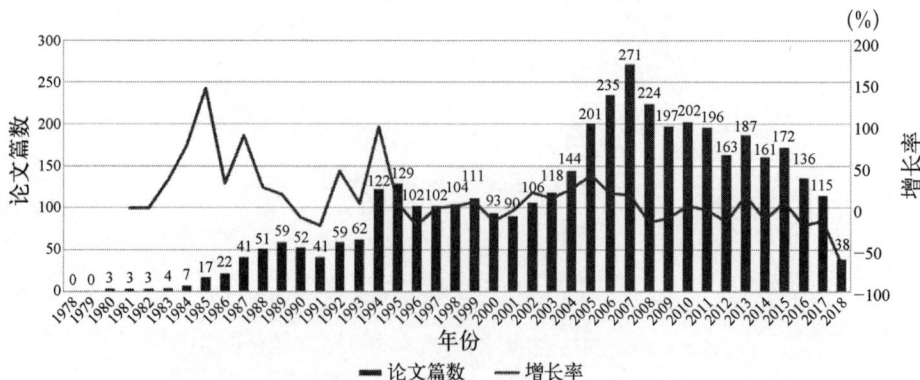

附图 1　1978—2018 年发表的公共关系相关论文数

从总体情况来看，1978—2018 年 6 月这 40 年间，每年发表的论文数量呈波动上升趋势。1994 年增长率最高，比 1993 年增长 96.8%；2005 年增长篇数最多，比 2004 年增长 57 篇。

40 年间，论文数量变化经过了 3 个重大的转折点。

第一个是从无到有，第一个转折点在 1985 年，公共关系研究实现了从无到有，1985 年之前，中国的公共关系研究文章十分少见，公共关系研究基本处于尚未开发的阶段。

第二个转折点在 1994 年，突破了"百篇大关"，在 1994 年论文数量达到了 122 篇，是前一年论文数量的两倍以上，此前公共关系论文发表篇幅不稳定，且数量相对较少，1994 年之后，每年发表公共关系相关论文超过 100 篇，公共关系发表论文数量稳定在一个较高的水平。

第三个转折点在 2005 年，突破了"两百篇大关"，2005 年共有 201 篇文章发表。这 40 年间，2005—2013 年这 8 年，是公关论文刊发的一个高峰时间段，2007 年达到 1978 年以来的最高峰，全年共有 271 篇文章发表。

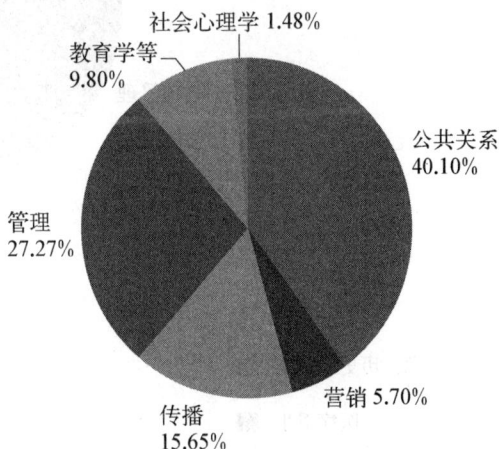

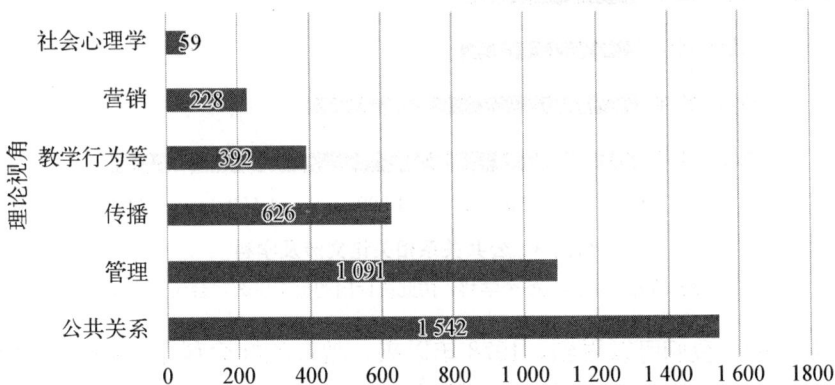

社会心理学 1.48%
教育学等 9.80%
公共关系 40.10%
管理 27.27%
营销 5.70%
传播 15.65%

社会心理学 59
营销 228
教学行为等 392
传播 626
管理 1 091
公共关系 1 542

理论视角

0　200　400　600　800　1 000　1 200　1 400　1 600　1 800

附图 2　公共关系相关论文理论视角

从研究的理论视角来看，占比最高的分别是"公共关系""管理学"和"传播学"三大类，分别占 40.10%、27.27% 和 15.65%。

数据显示，自 1978 年以来，从公共关系和管理这两个角度切入来做研究，一直是主流。然而，论文数量所占比重到 1999 年开始有所下降，在经历短暂"低迷期"后，2005 年—2013 年再次成为主流。而今，从公共关系视角切入所做的研究的数量再次呈现下降趋势。

　　教育和社科、经济与管理、信息科学为三大热门研究领域：

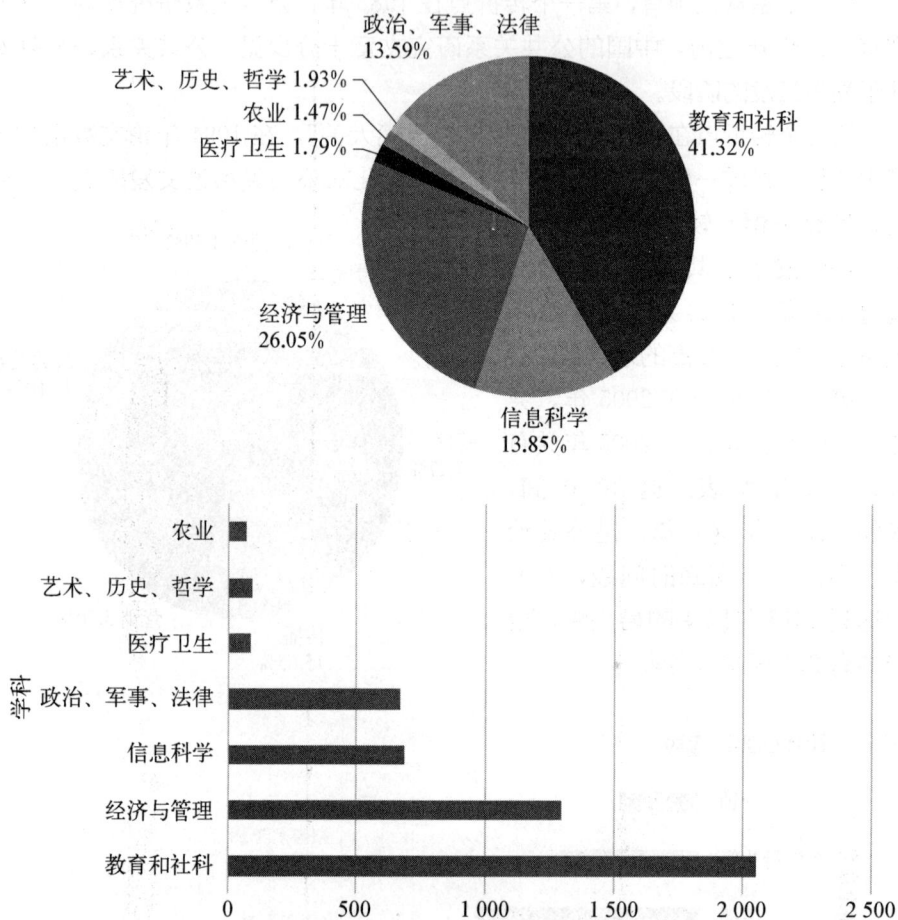

附图 3　公共关系相关论文涉及学科

(注：因部分文章同时涉及多个学科，由此统计出的论文总数，会大于样本总数)

　　从附图 3 我们可以看到，1978 年以来，教育和社会科学、经济管理和信息科学是公共关系研究的三大热点领域，分别占 41.32％、26.05％ 和 13.85％。其中，教育和社会科学领域是最热门的研究领域，这与国家重视教育发展、重视科技创新等举措有不可分割的关系。

二、研究主题分析

　　通过数据分析可以看出，我国公共关系领域的研究主题非常广泛。1978 年

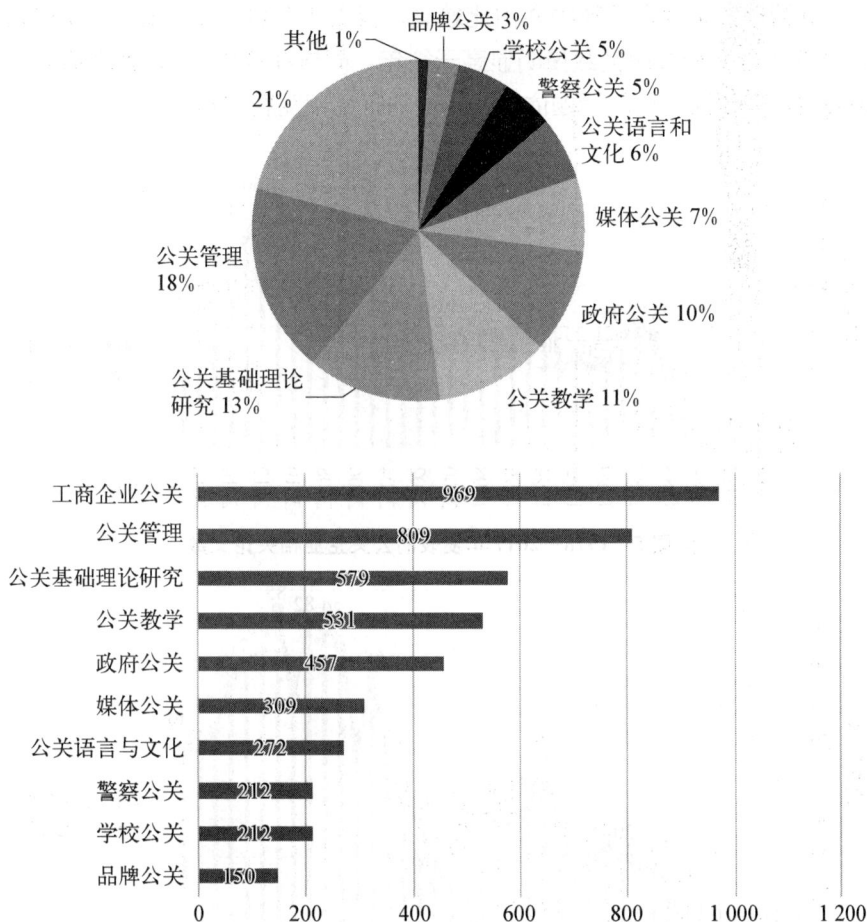

附图 4　公共关系相关论文研究主题

（注：因部分文章会同时涉及不止一个主题，由此统计出的论文总数，会大于样本总数）

以来，占比最高的研究主题分别是"企业公关""公关管理""公关基础理论""公关教学""政府公关"5 个方面，所占比例分别为 21％、18％、13％、13％和 17％。

一方面，随着公共关系日益受到重视，社会需要更多的公关人才，而如何培养适应时代需要、适应复杂多变的社会现实需要的优秀公关人才必然成为一个我们需要认真探讨的问题。

另一方面，而今政府也积极转变角色、适应社会变化，主动打起"公关牌"，这是我国政府管理职能提升的一个侧面表现，也是构建和谐社会的现实需要。

数据显示，工商企业公关的研究在 40 年中一直是热门话题。从总量来看，在所有研究主题数中占比最高。在 2004—2005 年，其研究增速最快，在 2011 年达到峰值 66 篇。说明公关和企业的联系最为紧密和相关。

公共管理的研究在总数中亦占比较高，仅次于工商企业。以 2005 年为节点，2005 年以后相关研究数量明显高于往年，同样在 2011 年达到峰值 85 篇。说明公关管理作为永恒的话题依然有较大的研究和发展空间。

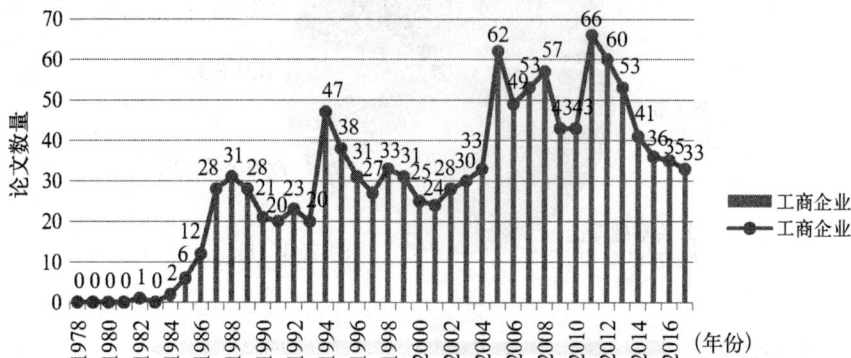

附图 5　1978—2017 年发表的公关企业相关论文数

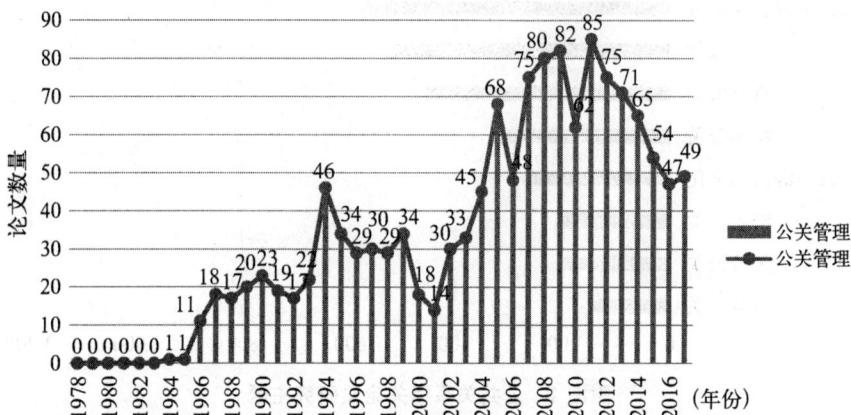

附图 6　1978—2017 年发表的公关管理相关论文数

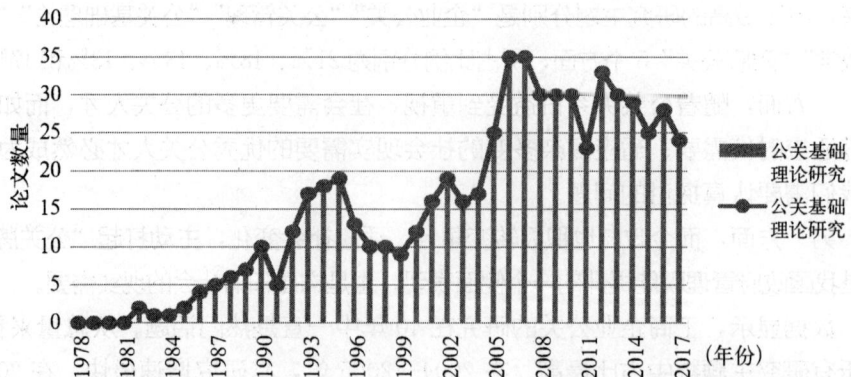

附图 7　1978—2017 年发表的公关基础理论研究相关论文数

　　对公共关系学基础理论的研究一直是一个较热门的话题。1985—1999 年，对公关基础理论的研究在 1993—1995 年达到了一个小高峰。

　　进入 21 世纪以来，对公关基础理论的研究蓬勃发展，并在 2006 年迎来了增速最快的时期，2006 年是 30 年来这一主题的论文发表量最大的一年，也是增速最快的一年，相较于 2005 年，2006 年增加了 40％。（2005 年发文数是 25，2006 年发文数是 35）

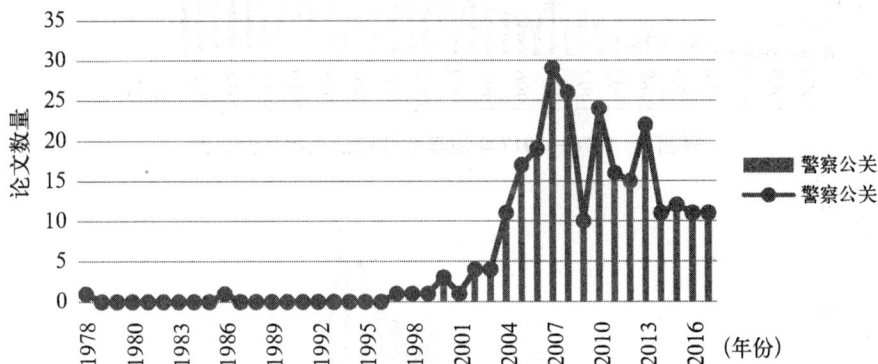

附图 8　1978—2017 年发表的警察公关相关论文数

　　数据显示，1978—2018 年，关于警察公共关系的论文数量大体呈现逐渐增加的趋势，2007 年这一类别的论文数量达到顶峰，有 29 篇，占年度总额的 7％。这充分体现了近年来和谐社会的巨大关注，因为公安机关在建设和谐社会的过程中肩负着特殊的重要使命，警民关系和谐本身就是和谐社会的重要组成部分之一。因此，警察在构建和谐社会中的作用，及其所面临的问题和相应的对策成为非常重要的研究课题。

　　但是我们可以看到的是，2008 年至今，这一领域的研究有所减少，这是因为，2008 年之后，研究视野有所拓展，不再局限于"警察公共关系"这一领域，而是从整个政府的层面做研究。

　　由这张图可以很明显地看出，对"政府公关"的研究 1985—2008 年之间增速迅猛，并在 2008 年达到一个高峰。2008 年中国举办了奥运会，如何向全世界展示一个更好的中国形象、中国政府形象、中国国民形象，提升中国的软实力自然成为一个重要议题。这之后，这一主题的发表论文数量有所回落，但是仍保持在一个较高的水平上，说明，我国政府为适应全新的社会形势，也在积极转变角色，构建更好的自身形象，进一步完善与民众之间的关系。

　　与对"政府公关"的研究类似，以"学校公关"为主题的研究，在 2007 年，之前年之间呈现波动上涨趋势，在 2007 年达到高峰。

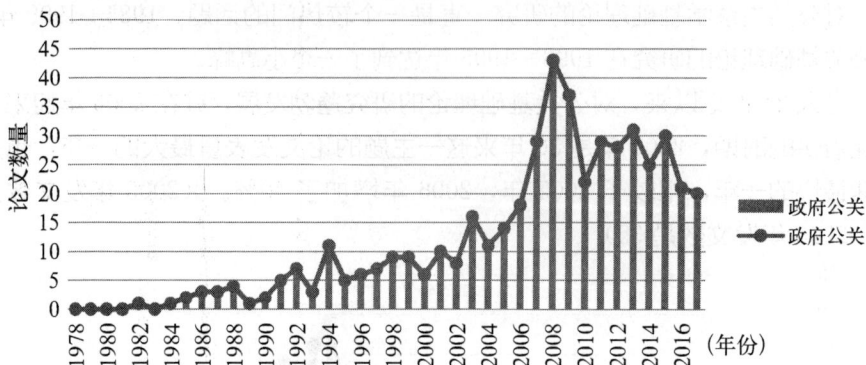

附图 9　1978—2017 年发表的政府公关相关论文数

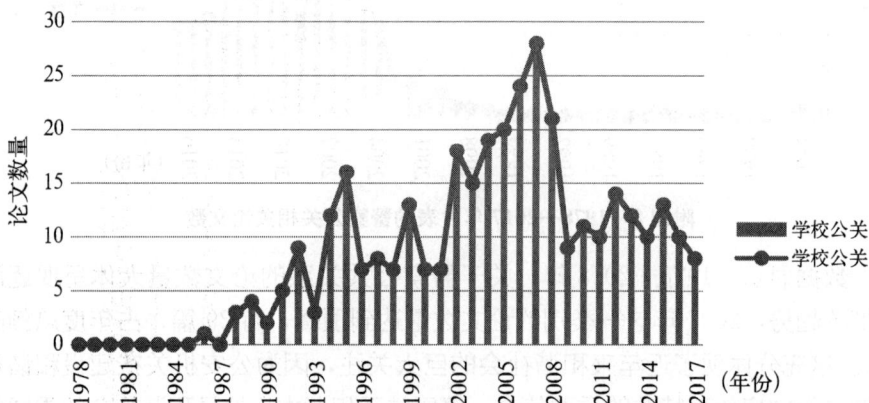

附图 10　1978—2017 年发表的学校公关业相关论文数

　　曾几何时，作为教书育人机构的学校一直处于一种高高在上的姿态，而
尽，随着国家对教育的重视程度日渐提高，学校、家长教育理念的逐渐改变，
学校也更加重视以人为本，一改高高在上的姿态，试图以更"接地气"的方式
贴近学生、贴近家长、贴近社会，塑造良好的学校形象。

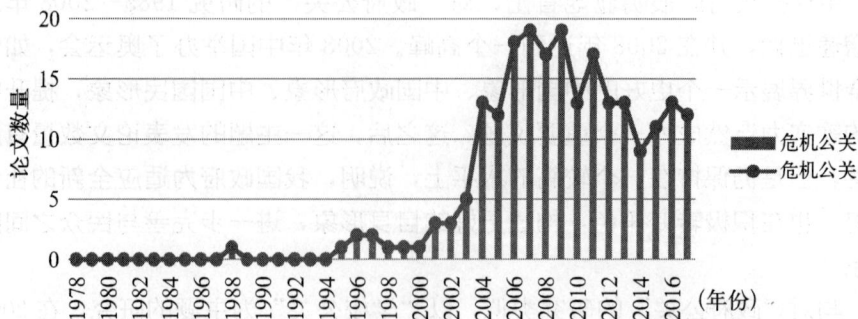

附图 11　1978—2017 年发表的危机公关相关论文数

　　从附图 11 可以清楚地看出，2009 年之前这段时间，关于危机公关的论文数量呈现波动上升趋势。内容分析表明，危机公关的研究主要集中在企业危机管理、政府危机管理和学校危机管理三个领域。

　　进入 21 世纪以来，全球化进程的加速，随着中国加入 WTO，中国持续以开放的姿态面对世界。这个过程中，中国面临既面临着无尽的机遇，也面临着重重挑战，因此，政府、企业、学校等各方面如何积极科学地认识并应对各种挑战，企业、政府和学校如何有效减少危机并提高处理危机的能力，也变得尤为重要。

　　2008 年，对中国来说是非常具有挑战性的一年——承办奥运会、面对金融风暴、应对汶川地震等，重大事件面前如何减少和处理危机是一个重要议题，因此，2008 年前后，"危机管理"方面的论文数量达到一个高峰期。

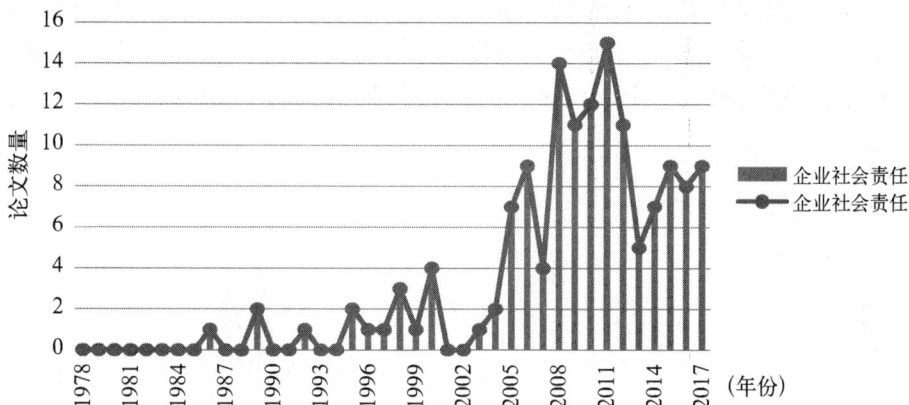

附图 12　1978—2017 年发表的企业社会责任相关论文数

　　以"企业社会责任"为研究主题的论文，从 1985—2011 年间，数量呈现波动上涨趋势，但 2012 年至今，数量有所回落，但从数量上来看仍保持在中高水平上。企业不在只是一个经济组织单位，也积极承担社会责任的意识也日益增强。

　　2008—2011 年这一时间段，是这一主题论文刊发的高峰期。究其原因，这一时间段内，我国面临多次重大自然灾害，同时也承办了包括奥运会、世博会在内的多场重大国际活动。企业作为社会主义市场经济的一个重要参与主体，自然不会缺席。

　　1985—2003 年，关于公关教学的论文的数量每年变化不大。但从 2004 年起，开始迅速增加，并在 2010 年的时候达到高峰。2006—2016 年，除去 2010 年论文数达到 56 外，其余年份，论文数一直维持在 40 左右的较高水准上。

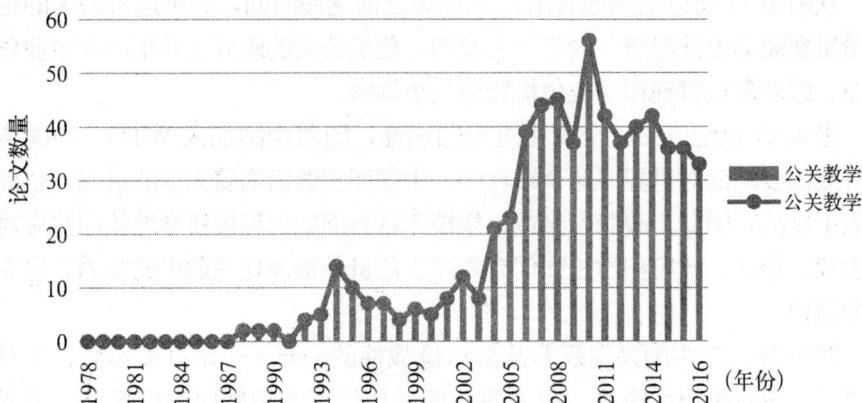

附图 13　1978—2017 年发表的公关教学相关论文数

　　我国政策强调要建立创新型社会，与此相适应，培养新型人才则成为重中之重。创造"以人为本"的大学，改进教育教学方法、完善教学体系是实现这一目标的关键。作为一个新兴的人才培养领域，公关教学也逐渐被各高校重视起来。

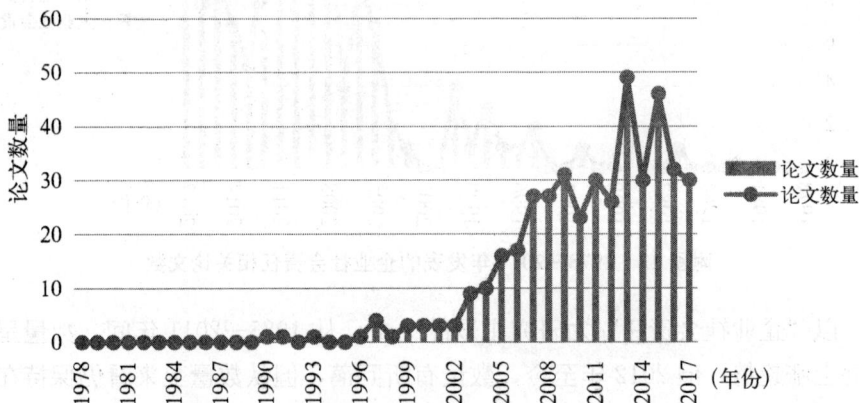

附图 14　1978—2017 年发表的媒体公关相关论文数

　　总体来看，媒体公关的相关论文近年来呈现波动上升的趋势，特别是到了2013 年，增长尤其迅速，相较于 2012 年近乎翻了一番。

　　综上分析可知，从新闻传播学的角度切入来研究公共关系的议题，是我国目前公共关系研究的一大热点。

　　21 世纪以来，随着互联网技术的迅猛发展，媒体形态也日新月异——论坛、门户网站、微博、微信、手机新闻客户端等，特别是 2010 年以后，互联网信息科技更加成熟，媒体形态更新换代日益迅速。

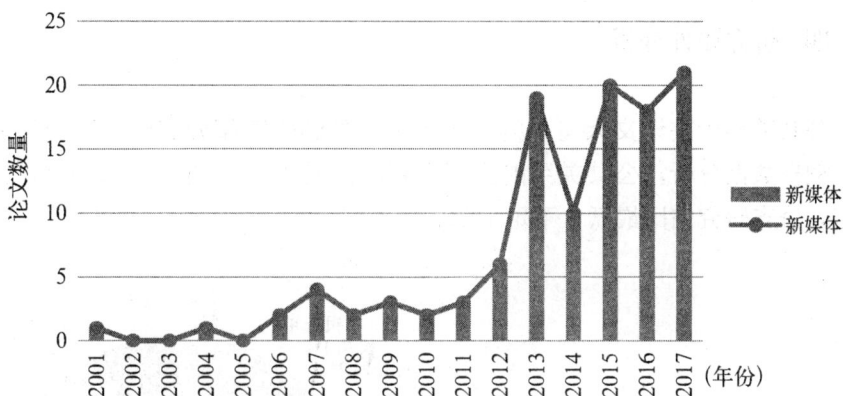

附图 15　2000—2017 年发表的新媒体公关相关论文数

如何更好地应对全新的媒体环境，更好地解决新媒体环境中的各种问题，自然而然被提上公共关系研究的议程之上。

三、研究方法分析

从数据可知，绝大多数公共关系论文使用定性研究方法，其中多为文本分析法和文献分析法，同时访谈法也被运用到公关关系领域的研究中；相对而言，定量研究在公共关系领域占比较小。但纵向比较而言，定量方法的使用在 2003 年之后有小幅度的增长，说明越来越多的研究者将目光转向定量研究。

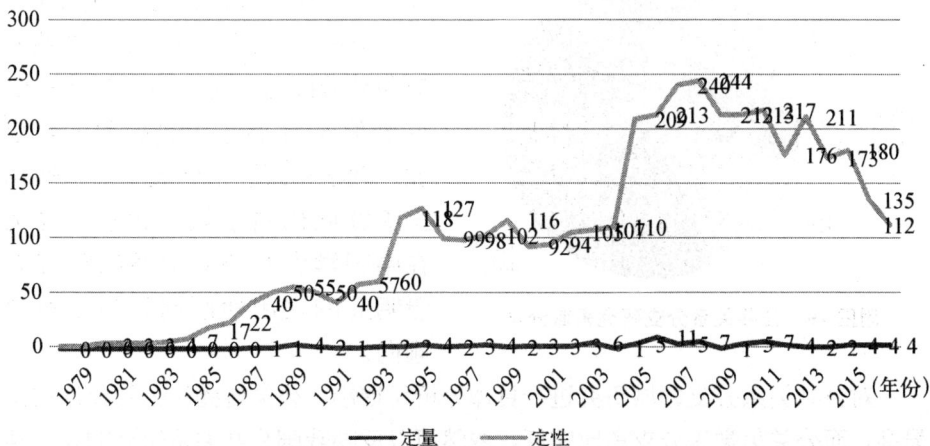

附图 16　1978—2017 年发表的公关论文研究方法相关论文数

四、研究属性分析

公共关系相关论文大可分为应用研究、基础研究和分支研究三个研究属性。根据数据分析，公共关系的应用研究占比近 70%，所占比重最大。相比而言，分支研究占比最低，不足 10%。

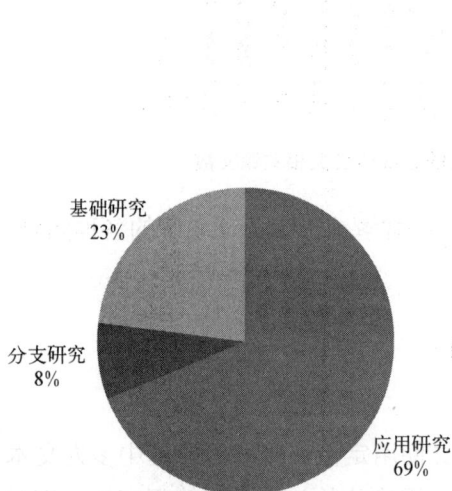

附图 17　公共关系相关论文研究属性

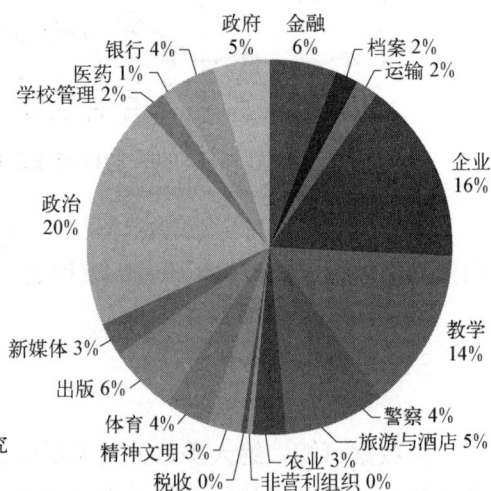

附图 18　公共关系应用领域研究分类

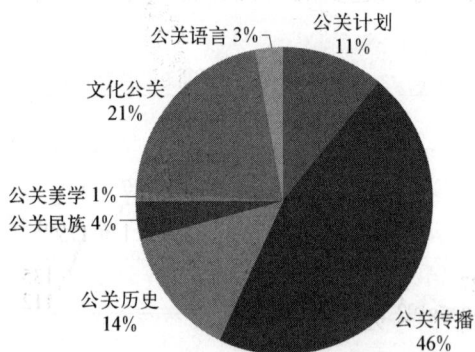

对公共关系的应用研究进行具体分析，可以看到在这一研究属性的分类极为丰富，说明公共关系的应用领域极为广阔且具有较大的研究价值与空间。从数据可知，企业、教学和政治占比最高，金融和出版领域也占了较高比重。说明在中国学者对公共关系的研究有着明显的实用性倾向和市场导向倾向。

附图 19　公共关系分支研究领域分类

对公共关系分支领域研究进行具体分析可得出，公关传播和公关计划占比最高，而公关美学等分支占比较低，依然可以反映我国公共关系研究的实用性倾向。

五、总结

总体而言，对公共关系的研究呈现增长的趋势，且其应用领域极为丰富，说明"公共关系"对于我国政治、经济和文化的发展有着极为重要的作用。随着时代的发展，对公共关系的研究呈现出更为丰富和多样的特点（如新媒体和企业社会责任），公共关系的发展有着更为广阔的空间等待挖掘。

附录 3
公共关系联席会议一览表

会议名称	时间	地点	内容
第一届全国公关组织联席会议	1988.12	杭州	资料缺失
第二届全国公关组织联席会议	1989.9.25—9.29	西安	通过《中国公共关系职业道德准则》草案
第三届全国公关组织联席会议	1990	广州	资料缺失
第四届全国公关组织联席会议	1991.5	武汉	70多位代表集中讨论了如何运用公关，促进经济发展等问题，并通过了《中国公共关系道德准则》
第五届全国公关组织联席会议	1992.11.10	广西桂林	资料缺失
第六届全国公关组织联席会议	1993.9.22—9.26	贵阳	"公共关系如何为社会主义市场经济服务"
第七届全国公关组织联席会议	1994.9.11	资料缺失	资料缺失
第八届全国公关组织联席会议	1995	资料缺失	资料缺失

（续表）

会 议 名 称	时　间	地　点	内　　容
第九届全国公关组织联席会议	1996.10	青岛	资料缺失
第十届全国公关组织联席会议	1997.10.18	江苏南京	"我国十年公关回顾"和"世纪之交中国公共关系展望"
第十一届全国公关组织联席会议	1998.9.18—9.22	河北省石家庄市	城市形象、企业形象和公关组织自身形象建设的新发展、新经验和新问题
第十二届全国公关组织联席会议	1999.8.22	资料缺失	资料缺失
第十三届全国公关组织联席会议	2000.8	内蒙古呼和浩特包头市	公关界如何运用江泽民"三个代表"的思想武装自己,如何在西部大开发战略中发挥作用等重大问题进行了探讨
第十四届全国公关组织联席会议	2001.6.25—6.29	乌鲁木齐	公关工作如何在西部开发中发挥重要作用等议题
第十五届全国公关组织联席会议	2005.10.20—10.22	长沙	新形势下公关组织的建设和发展。新时期的公关组织建设、公关行业定位、公关活动开展、未来发展趋势等议题
第十六届全国公关组织联席会议	2006.11.1—11.2	广西玉林	坚持科学发展观,构建和谐社会,建立良好的社会形象,已成为政府机构公信力和企业竞争的核心问题

附录 4
理论研讨会表

会议名称	时 间	地 点	举办方	内 容
1989 年国际公关研讨会	1989.4.19—4.22	北京	中国公关公司和中国国际经济技术交流中心	来自 12 个国家和地区的专家学者、经济界人士以"公关企业发展"为中心课题进行了研讨。
首届中国沿海开放城市经济技术开发区公共关系工作年会	1989.11.1—11.7	天津		来自大连、烟台、青岛、连云港、南通、宁波、福州、广州、天津等沿海开放城市经济技术开发区的代表与会
全国高等院校公关教学研讨会	1989.12.15—12.20	深圳大学	深圳大学大众传播系	研讨了公共关系专业的课程设置,原则通过了《公共关系教学大纲》。
首届全国公共关系理论研讨会	1990.7.4—7.8	河北省新城	中国公共关系研究所	
企业公共关系国际研讨会	1990.7.4—7.7	深圳湾大酒店	国际公关协会深圳分会	"问题公关、应急公关"
首届全国公关研讨优秀论文"玉环杯"颁奖大会和新闻发布会	1990.12	人民大会堂	中国公关协会、人民日报、市场报	怎样开展公共关系学的研究,以及在公关上还有那些值得注意的问题
中国公共关系策划学研讨会	1991.8	辽阳		创建公共关系策划学的必要性及该学科研究对象等学科建设的理论问题

（续表）

会议名称	时 间	地 点	举办方	内 容
第二届高等院校公关研讨会	1991.11	杭州		50位高校从事公关教学、研究人员对某些理论问题取得共识
第二届全国公关理论研讨会	1991.12	上海	中国公共关系研究所	"公共关系与改革开放"
中外公关界、企业界交流会	1992.5.14—5.18	深圳蛇口	中国国际公关协会	来自32个国家和地区的170余位公关专业人士与来自中国大陆的18个省市近150名公关界、企业界代表参加了会议
第三届全国公关理论研讨会	1992.12.2—12.6	福州	中国公共关系研究所	"公共关系与市场经济"
中国公共关系市场高级研讨会	1994.9.6	北京		
第五届全国公关理论研讨会	1995.8.	石家庄	中国公共关系研究所	"公关策划"
首届海峡两岸公关学术及实务研讨会	1997.4.18—4.22	台北		
全国高校公关理论与公关教育研究研讨会	1998.9.25—9.27	武汉		政府公共关系
经济全球化下的公共关系	2001.11.23	上海	中国国际公关协会与上海市公共关系协会	
经济全球化下的企业危机管理	2003.2.22—2.23	北京国际会议中心	中国国际公关协会与中国工业经济联合会	经济全球化下的企业危机管理
新世纪中国首届市县形象建设论坛	2003.7	蚌埠市	中国公共关系协会学术委员会、《公关世界》杂志	
中国首届传媒沟通与危机公关研讨会	2003.8.10—8.12	长春	中国公共关系协会、中国新闻出版报、中华时报社	

（续表）

会议名称	时 间	地 点	举办方	内 容
中国高等教育公关专业建设研讨会	2004.10.20—10.24	儋州	中国高教学会公共关系教育专业委员会	
第二届现代企业危机管理国际论坛	2004.11.25—11.27	北京	中国国际公共关系协会	"科学、有效、危机管理"
首届电子商务与公共关系研讨会	2005.11.13	北京	中国公共关系协会电子商务委员会	
第四届中国电子商务与公共关系研讨会	2006.6.23—6.24	北京人民大会堂	中国公共关系协会电子商务委员会	
首届中国西部公关传媒与创意产业发展研讨会	2008.9.27	成都	企业研究杂志社、四川省新闻教育学会、四川省扶贫开发协会、四川省创意产业协会、成都市广告行业协会、四川荣昌商会	就如何进一步拓宽公关传媒传播思路，提高经营媒体的水平、畅通公关传媒渠道，传承与创新文化，使公关传媒企业在制度创新、文化创新、品牌塑造、公关传媒的文化内涵，公关传媒与创意产业的困境及其解决方法，公关传媒企业如何与政府部门、其他行业互动等主题进行了深刻的论述
中国公共关系市场发展研讨会	2009.1.11	北京	中国国际公共关系协会公关公司工作委员会	就2008年中国公关业发展现状、2009年市场发展趋势、金融危机对市场影响等议题展开了热烈的讨论
金融危机下的企业公共关系专题研讨会	2009.6.19	上海	上海市公共关系协会	
2009年西部公共关系研讨会	2009.7.24	成都	中国国际公共关系协会公关公司工作委员会	围绕"西部公共关系的发展潜力"，针对政府在公共突发事件中的传播策略、公共关系在品牌战略中的应用、新型公共关系与市场营销、创新的活动传播及传播策略、地产公共关系的营销力、公共关系在世界500强六个内容进行演讲

（续表）

会议名称	时 间	地 点	举办方	内 容
2010 年华东公共关系研讨会	2010.10.23	苏州	中国国际公共关系协会公关公司工作委员会	公共关系打造城市品牌
2010 年华南公共关系研讨会	2010.12.23	中山大学	中国国际公共关系协会公关公司工作委员会	以"新媒体环境下的整合营销传播"为主题，探讨华南公关市场在后亚运时代的发展趋势
"司法公信力与检察公共关系建设"研讨会	2011.10.15	北京	正义网络传媒、北京市怀柔区检察院	"检察公共关系理论研究""检察公共关系的实践""网络语境下的司法公信力建设"三个主题
"国家治理与现代公共关系理论重构"学术研讨会	2015.1.17	北京	复旦大学国际公共关系研究中心、英智传播集团、名道公共传播研究所	重新审视公共关系学科建设，扭转当下公共关系介入社会乏力，理论体系紊乱，学理层次较低等诸多问题，倾力学术攻坚，尽快建构体系
首届企业公关战略研讨会	2015.5.16	北京	中国商业电讯	以"公共关系应用——品牌传播与危机管理"为主题，畅聊企业发展之道，聚焦公关执行力，探讨行业的未来前景
2015 年南京公关论坛暨公共关系与谈判思维学术研讨会	2015.10.12	南京大学	南京公共关系协会、亚太国际谈判学院	以"互联网时代的公共关系""大变革时代下谈判思维"为主题，围绕如何发挥公关在衔接政府、企业、社会组织的重要桥梁纽带作用，探讨公共关系发展的新形势、新问题、新特点，提出塑造新常态下公共关系的相关建议，为新常态下南京经济和社会建设服务
"未来十年公关行业的优势"研讨会	2015.10.23	香港	香港公共关系专业人员协会（PRPA）	就公关在企业管理的角色、在内地的发展及在数码年代的挑战和机遇作分享，从不同角度探讨香港以至大中华地区公关行业的发展方向

（续表）

会议名称	时 间	地 点	举办方	内 容
PRSC 一届二次常务理事会、第二期战略传播与公共关系工作坊暨政府传播与国家形象研讨会	2015.11.27—11. 30	广东外语外贸大学	中国新闻史学会公共关系史专业委员会（PRSC）	就战略传播、公共关系的基础理论、政府传播与国家形象建构的基础理论与实务操作等相关主题进行报告，与参会者分享和讨论
2015 警察公共关系论坛	2015.12.11—12. 13	广东	中国人民公安大学、中国国际公共关系协会	警察社会沟通能力与公信力建设
2016 警察公共关系教育培训研讨会	2016.8.15—8. 17	大连	中国人民公安大学、中国国际公共关系协会	
2016 中国公共关系发展大会暨第 7 届西湖公共关系论坛	2016.10.29	杭州	中国公共关系协会、杭州市人民政府	后 G20 城市国际化与公共关系使命
"中国企业走出去与国际关系"国际学术研讨会	2016.11.26	上海外国语大学	上海外国语大学	中国企业走出去与国际公共关系
公共关系蓝皮书《中国公共关系发展报告（2017）》专家研讨会	2017.7.30	北京	中国公共关系协会	为公共关系蓝皮书建言献策
第二届 PRSC 学术年会 第十届公关与广告国际学术论坛暨第四期战略传播与公共关系工作坊	2017.10.27—10. 29	华中科技大学	华中科技大学新闻与信息传播学院、香港城市大学媒体与传播系、香港浸会大学传理学院与中国新闻史学会公共关系分会（PRSC）	信任与对话：移动智能时代的整合创意传播

附录 5
中国国际公关大会一览表

届次	时 间	地点	主 题	内 容	参 与 者
第一届	1996.4	北京友谊宾馆	资料缺失	资料缺失	詹姆斯·格鲁尼格（James E. Grunig）教授作为特邀演讲人
第二届	1998	北京长城饭店	面向21世纪全球公关的新时代	中国新闻媒介的发展、中国公关现状、名牌战略在中国、中国卓越公关的若干标准、中国最佳公关案例解析、世界公关业面临的问题和挑战、环保公共关系、未来公关传播的新技术、亚洲金融危机与公共关系、全球公关网络组织的作用、科技发展与公共关系等专题	来自世界30多个国家和地区以及中国的200多位从事公关和传播工作的专家和学者
第三届	2000.6.24—6.26	北京国宾宾馆	"中国公关业：新世纪的机遇与挑战"	1. 互联网时代的公关传播、知识管理与公共关系、社会变革与企业公关战略以及我国公关市场规范等课题，进行广泛而深入研讨 2. 发表《新世纪中国公关业宣言》	国际公关组织负责人和国际公关界权威、国内中外公关公司的高级专业人员、中外企业公关经理，以及高等院校的公关教育人员共200多人参加

（续表）

届次	时　间	地点	主　题	内　　容	参　与　者
第四届	2002.6.26—6.27	北京国宾酒店	中国公关业走进WTO	加入WTO后中国咨询业市场发展趋势、中国公关市场建设、公共关系在社会生活中的作用以及公关技术、公关实务、公关管理、市场规范等问题进行深入探讨和交流。	蒋正华副委员长、经叔平副主席、李肇星副部长、龙永图副部长、刘敬民副市长等贵宾300余人
第五届	2004.6.24—6.26	北京国宾宾馆	融合与发展	交流公共关系领域的最新理论与实务成果；引导公共关系理念在全国各行各业的纵深化发展；拓展公关专业服务市场的空间和领域；探讨中国公共关系业可持续发展战略	国际著名公共关系专家、中外著名企业总裁、公关顾问公司资深人士以及政府部门、非营利组织和中外企业的主管人员共300余人参加了本届大会
第六届	2006.6.22—6.24	北京国宾宾馆	突破与创新	全球公关市场及发展、2008公关市场的机遇和挑战、中国公共关系业的突破与创新、企业发展战略中的公关职能、公关教育与学术研究、公共关系市场规范与职业道德	相关部委领导、业内知名企业、专家、媒体
中国国际公共关系协会承办第十八届世界公共关系大会（2008.11.13—15），停办一届					
第七届	2010.7.2—7.3	北京国际会议中心	创新中的责任	公共关系构建国家软实力、公共关系促进社会创新、公共关系引导社会责任、公共关系迎接新媒体挑战、公共关系保持可持续发展、公共关系创造专业价值	外交、新闻、商务等领域的重要嘉宾以及中外知名企业总裁、国际公关公司CEO、著名公关学者等50多人
第八届	2012.7.26—7.27	北京光华路五号国际会展中心	创新推动文化产业	公共关系构建国家软实力、公共关系促进社会创新、公共关系引导社会责任、公共关系迎接新媒体挑战、公共关系保持可持续发展、公共关系创造专业价值	来自中外公共关系领域的资深专家、专业人士、媒体人士以及政府官员和教育者共约400人

（续表）

届次	时 间	地点	主 题	内 容	参 与 者
第九届	2014.5.25	资料缺失	新机遇·再出发	重新审视公共关系行业的角色和价值、展望未来的机遇和征途、公共外交展望、在新的历史起点上展示良好国家形象、当前经济形势与公共关系行业机遇、中国公关行业未来发展趋势与国际化、公关的边界：消失与融合、大数据与公关变革	来自中外公共关系领域的资深专家、专业人士、媒体人士以及政府官员和教育者共约 300 人
第十届	2016.6.23	北京丽晶酒店	变革中前行	新闻发布与讲好中国故事、"一带一路"与公共外交、中国企业走出去与国家形象传播、数据里的自媒体、大公关向何处去、新媒体与公关变革、资本市场与公关全球化	来自中外公共关系领域的资深专家、专业人士、媒体人士以及政府官员和教育者共约 400 人

附录 6
公共关系主要出版物一览表

书　　名	作　　者	日　期
塑造形象的艺术——公共关系学概论	中国社会科学院新闻研究所公共关系课题组编著	1986
公共关系学	王乐夫　廖为建　郭魏青等著	1986
企业公共关系必读	曹小元　黎岳梁编著	1986
赢得公众的信赖——公共关系学描述	黄洁玲编著	1987
公共关系学导论	居延安著	1987
实用公共关系学	崔宝瑛　张在山等译	1987
实用公共关系学	黎元江　保宗恒主编	1987
简明公共关系学	毛经权主编	1987
公共关系学	〔英〕弗兰克·杰弗金斯著　何道隆　朱欣民　晏世经译	1987
管理广告和公共关系	王垂仍编　晏栎　山枥译	1987
公共关系学入门	居易　许有森　梁飞等著	1987
公共关系——巧妙处理人际关系的秘诀	张汉彪　李牧著	1987
公共关系学	张士泽编著	1988
公共关系案例	艾伦·H. 森特　弗兰克·E. 沃尔什著　熊源伟等编译	1988
公共关系原理	方宏进著	1988

（续表）

书　　名	作　　者	日　期
公共关系实务	王凤璋　方宏进编著	1988
实用公共关系 88 例	罗慰年等著	1988
工业企业公共关系　原理·技术·策略	黄翔等编著	1988
公共关系案例选（一）	上海市公共关系协会主编	1988
公共关系心理学	周俊全著	1988
公共关系机构与管理	王海成著	1988
公共关系学百问百答	吴文虎编著	1988
公共关系学趣谈	钟锡知著	1988
公共关系应用文写作	李功达　金舒年编著	1988
实用公共关系技艺	严峰　孙中柱著	1988
中外公共关系趣谈：谋略、方法与技巧	杨张乔主编	1988
企业公共关系学	沙献玉主编	1988
企业公共关系	张历历等编著	1988
公共关系学入门	上海市公共关系协会主编	1988
实用交际技法	余明阳主编	1988
交际成功的奥秘	余明阳等译	1988
幽默艺术	余明阳　李元根著	1989
创造学原理	温元凯　舒泽之　余明阳著	1988
公共关系辞典	公共关系辞典编委会主编	1988
公共关系与企业管理	陆万胜　齐乃贵　金占宝　刘文光著	1988
公共关系百题问答	吴文虎编著	1989
公共关系实用语言	李杰群　奚其智编著	1989
公共关系学概论	刘建新编著	1989
公共关系学简明教程	廖为健著	1989
公共关系学简明教程（修订本）	廖为健著	1989

（续表）

书　　名	作　　者	日　期
公共关系学趣谈	钟锡知　谭启泰　李光羽著	1989
公共关系手册	余明阳等合著	1989
企业公共关系学	周炳权　郭廷辉　朱建国编著	1989
企业公共关系	黄卫东　张展新著	1989
揭示公共关系的奥秘舆论学	孟小平著	1989
现代公共关系学	狄凤山主编	1989
企事业公共关系学	杨槐印主编	1989
公共关系	弗兰克·杰夫金斯著　陆震译	1989
企业公共关系学	汤国辉著	1989
公共关系心理学	周晓虹编著	1989
中国企业公共关系学	陈德维　许敖生　戴先华合著	1989
公共关系·广告·市场营销	F. 杰夫金斯著　王凤端译	1989
现代公共关系的艺术	刘洪　郭东著	1989
中介之道——公共关系对话录	居延安　肖亚编著	1989
公共关系学	周德绪主编	1989
公共关系学	张延军　李雅静　董毅编著	1989
实用公共关系词典	沈东生　王世俊主编	1989
公共关系手册	张春芳主编	1989
商业公共关系学	袁志欣　李志强等主编	1989
公共关系辞典	公共关系辞典编委会编著	1989
公共关系的人际关系	赵玲华　任英伟著	1989
现代公共关系学	赵灵奎编著	1989
争取人心的艺术　公共关系学	王序荪编著	1989
公共关系修辞学	吴士文　唐松波主编	1989
企业公共关系原理与实务	林汉川　吴勤堂主编	1989
公共关系手册	罗伯特·L. 狄思达　丹·J. 福雷斯特等著	1989

（续表）

书　　名	作　　者	日　期
简明公共关系学	宋岭　沈柏亮编著	1989
公共关系理论与实务	邹正方　张志刚编著	1989
公共关系实务大全	王晓进　曾宪植等主编	1989
公共关系实用技巧	汪秀英编著	1989
公共关系学教程（修订本）	方宪玕主编	1989
公共关系学原理	罗刚主编	1989
现代实用公共关系学	单凤儒　张春光主编	1989
公共关系学	徐波主编	1989
饭店公共关系	胡树群　金惠隆主编	1989
公共关系与实践	杜·纽萨姆　艾伦·斯科特著	1989
实用公共关系知识词典	伍梦岚　高源　徐丰编	1989
现代公共关系	周士琳著	1989
新编公共关系学	丁喜春　张立明主编	1989
公共关系学教程	许锡文　解光宇　郑明珍　詹向红编	1989
公共关系学	居延安　赵建华　胡正娥　马建模　褚赣生等著	1989
公共关系学	王辉　张进著	1989
公共关系手册	居易主编	1989
公共关系与成功的管理	弗兰克·杰弗金斯著　袁伟等译	1989
涉外公共关系与谈判交往技巧	赵大生　王鲁捷主编	1989
铁路企业公共关系学	周维政　王崇焕主编	1989
公共关系语言艺术	姚亚平编著	1990
公关素质论	余明阳著	1990
公共关系学	余明阳等著	1990
大众传播学	余明阳　钟文著	1990
公共关系理论与实践	余明阳等著	1990

（续表）

书　　名	作　　者	日　期
政府公共关系概论	张观发编著	1990
公共关系的基本理论与实用技巧	张钦主编	1990
公共关系学概论	张勤编著	1990
竞争之翼	张新胜著	1990
实用公共关系辞典	张新胜主编	1990
公共关系与市场营销	郑泽延编著	1990
公共关系心理学	周晓虹著	1990
企业公共关系	朱永红编著	1990
公关知识与技巧	林厚泰　黄建国著	1990
商业公共关系学	赵翠珍主编	1990
公关语言学	黎运汉主编	1990
金融公共关系艺术	林拾华　汤国辉编著	1990
企业公共关系学	方富楼主编	1990
公关关系学简明教程	李敏慎　周俊卿编著	1990
管理公共关系学	李景泰主编	1990
最新谈判竞争术：实用公关谈判技巧	苏永青编著	1990
企业外部关系指南	王长远编著	1990
实用公共关系学	何明智主编	1990
现代人际心理学	孙奎贞编著	1990
BBC 公共关系英语	重庆大学外语系、重庆人民广播电台社教部编	1990
公共关系原理与实务	丁乐飞主编	1990
现代公共关系的技巧：国内外企业120例剖析	林汉川主编	1990
英汉公共关系词典	马龙海　关兴华主编	1990
企业组织实用公共关系学	李志民编著	1990
高校后勤公共关系概论	王希永主编	1991

（续表）

书　　名	作　　者	日　期
公共关系策划	熊源伟　余明阳编著	1991
人际传播学	熊源伟　余明阳主编	1991
广告策划中的公关技巧	徐二明编著	1991
企业形象	许晨编著	1991
中国公共关系百科全书	许昭晖主编	1991
市场营销与对策	严伍虎　张淑琴编著	1991
中国传统公共关系初探	杨洪璋编著	1991
《孙子兵法》与企业公共关系策划	岳兴录著	1991
公共关系的艺术	詹万生主编	1991
公共关系应用文写作	张文忠编著	1991
公共关系指南	赵宏主编	1991
对外经贸公共关系实务	郑瑞英　刘健明主编	1991
城乡集体企业公共关系	郑兆立　于秀德编著	1991
领导者公共关系方法与艺术	周振林　杨育林主编	1991
交往的名片：企业公关艺术新论	蒋亮平　李家芸主编	1991
公共关系学概论	李强主编	1991
公众关系学原理与应用	汪秀英著	1991
公共关系学概论自学考试指南	王乐夫　廖为建主编	1991
实用乡镇企业公共关系学	王维忠等编著	1991
现代公共关系学	胡税根主编	1991
现代市场营销学	夏光仁主编	1991
外事公关	陆瑜芳等著	1991
公关媒介	徐程　陈家昌著	1991
公共关系学新编	黄兆龙主编	1991
软科学概要	关西普主编	1991
公关之路	顾孝华　余大同著	1991

（续表）

书　　名	作　　者	日　期
企业公关	陆久根　胡放子著	1991
公关礼仪	彭沉雷　徐幸起著	1991
行政公关	孙荣　孔斌著	1991
公共关系学	王伟主编	1991
现代公共关系学	窦胜功编著	1991
幽默与公关	赵康太著	1991
公共关系原理与实务	王金岗主编	1992
公共关系原理与应用	王维平编著	1992
现代管理与公共关系	吴友富主编	1992
公共关系原理与技术	徐文彦主编	1992
企业公共关系实用大全	杨卓舒等编	1992
公共关系百科辞典	袁世全主编	1992
实用公共关系辞典	张新胜　李昕主编	1992
现代公共关系商务秘书必读	张忠钦等编译	1992
现代公共关系商务秘书必读	张忠钦等编译	1992
保险业的宣传·广告·公共关系	中国人民保险公司编	1992
新编现代公共关系学	刘玉玲主编	1992
公关广告	徐白益　张大林著	1992
最新公共关系技巧	夏晓斌等译	1992
企业交际学	周九皋　周游编著	1992
施工企业实用公共关系学	仲跻煜　张学忱主编	1992
公关心理学	张云著	1992
公关艺术 The art of public relations	罗义蕴编著	1992
商贸公共关系原理与应用	欧国祥主编	1993
商业公共关系与推销技巧	欧国祥　刘心平编著	1993
公共关系写作	蒲永川著	1993

（续表）

书　　名	作　　者	日　期
搏击商界	绮君著	1993
点石成金	绮君著	1993
公共关系案例	余明阳主编	1993
公关艺术	余明阳等著	1993
交际学基础	余明阳等著	1993
谈判艺术	余明阳　薛可著	1993
中国公共关系大辞典	张龙祥主编	1993
人际公共关系艺术	万映忠编著	1993
公关世界 Public relations world	汪钦主编	1993
企业实用公共关系	汪秀英主编	1993
决胜千里	汪子为主编	1993
公共关系原理与技巧	王铁等著	1993
现代银行公共关系	王忠民主编	1993
公共关系写作	魏南滨等编著	1993
社交与礼仪	邢颖等编著	1993
公共关系案例	熊源伟主编	1993
公关礼仪基础	徐厚模　高惠等编著	1993
实用公共关系辞典	翟年祥　卜宪群主编	1993
企业公共关系读本	张德新等编	1993
中国公共关系大辞典	张龙祥主编	1993
公共关系原理及应用	张起朴主编	1993
现代青年公共关系学	张斯忠主编	1993
公共关系原理与实务	赵浦根等主编	1993
商业企业公共关系	周仕俭主编	1993
走向社会的名片	周晓虹著	1993

（续表）

书　　　名	作　　　者	日　期
公关示范	王孝哲主编	1993
从艺术到科学：史海拾遗话公关	蒋亮平　黄德林著	1993
国际商务英语口语	裘松梁编著	1993
公共关系学	袁凯锋主编	1993
公关文秘英语	崔刚主编	1993
公关基本法	纪华强著	1993
公共关系学简明教程	廖为建著	1993
公共关系教程	赵浦根等主编	1993
国际贸易交际技巧	程润明　程洁编著	1993
现代公共关系学	黄顺力　朱仁显编著	1993
妇女实用公共关系学	王丽丽　朱纳主编	1993
实用公关日语	王诗荣主编	1993
中国公共关系大辞典	张龙祥主编	1993
商战谋略巨贾谈：公关篇	桂广编著	1993
如何与外国人做生意	李新实等编译	1993
公关技巧与实战大观	周安华　张新胜主编	1993
商业公共关系基础知识	劳动部培训司组织编写	1994
中国公共关系教程	余明阳等著	1994
实用公共关系学	李华伦　何作诗主编	1994
公共关系新概念与实用技巧	李洁　蔡桂芳主编	1994
企业公共关系实务	李兴国　周小普编著	1994
公关警策 200 谈	白巍主编	1994
公关传播基础	王庆同主编	1994
公共关系交际学	吴爱明　刘广起　任曼著	1994
公共关系实务	吴克明主编	1994
公共关系	吴益他　杨雪梅编著	1994

（续表）

书　　名	作　　者	日　期
财务公共关系理论与实务	徐加爱　伍中信主编	1994
市场营销学	徐瑞平主编	1994
实用公共关系	徐文彦主编	1994
公共关系学基础	徐印州主编	1994
公关心理学	杨魁　董雅丽著	1994
现代公关技艺	于新恒著	1994
市场营销学	袁佳峰主编	1994
公共关系	袁礼斌著	1994
中国公共关系教程	翟向东主编	1994
公共关系案例	张百章主编	1994
公共关系伦理学	张桂荣主编	1994
公共关系写作	张海滨主编	1994
社交礼仪	张和平主编	1994
公共关系原理	张起朴　刘杰超主编	1994
企业文化	张沈立等著	1994
公共关系原理	张亚辉主编	1994
公共关系原理与实务	赵利民著	1994
市场营销学	赵岩著	1994
保险公共关系	周海编著	1994
政府公共关系教程	胡宁生主编	1994
新公共关系学	王伟著	1994
企业形象制胜	于显洋　廖菲著	1994
现代实用社交与公关手册	张建华主编	1994
公关成功典范200例	白巍主编	1994
牵着你的手：公关实用秘诀	李隽著	1994
企业形象100问	朱立恩　王瑞华编著	1994

（续表）

书　　名	作　　者	日　期
现代广告策略与艺术	晁钢令　周立公编著	1994
公关秘书英语	林灿初　陈菽浪编	1994
公关心理学	张云著	1994
公共关系学	汪秀英主编	1994
公关实务与案例分析	查灿长主编	1994
企业形象的塑造与传播	程世寿主编	1994
社交手法	李牧编著	1994
公关交际艺术	吕少平主编	1994
西方生活常识	彭世轩编著	1994
公关实用辞典	王玉山等主编	1994
市场营销与公关	叶文琴主编	1994
公关策划与谋略	张克非等著	1994
广结人缘的艺术：人际关系、公共关系概说	陈春花主编	1994
新编公共关系学	戴维新等主编	1994
公共关系学	何慧星　王敏彦主编	1994
公关策划学	林汉川著	1994
公共关系学概论	郑明珍主编	1994
公共关系概论习题集	阮美菊　卢菁珍编	1995
公关·礼仪·推销与谈判	阮美菊等主编	1995
公关与文秘	史玉峤主编	1995
建筑企业实用公共关系艺术	徐长山主编	1995
公共关系理论与技巧	徐书华　涂德钧主编	1995
企业公共关系原理与实务	严伍虎　张淑琴编著	1995
公关礼仪	杨启辰合著	1995
涉外企业公共关系	姚祥宸主编	1995

（续表）

书　　名	作　　者	日　期
创业与公共关系	殷正坤等著	1995
公共关系心理学	于瑛编著	1995
CIS 教程	余明阳　陈先红编著	1995
5 分钟公关经理	余明阳　陈理得著	1995
中国优秀公关案例评选	郭惠民主编	1995
公共关系实务	俞任远主编	1995
公共关系与市场文化	翟向东主编	1995
现代青年公共关系案例精选	张斯忠主编	1995
实用消费心理学	张亚辉主编	1995
现代谈判学	章瑞华等著	1995
学校公共关系管理	赵守仁主编	1995
人际关系艺术	郑召利主编	1995
当代公共关系	郑正元　范珂主编	1995
公关实例典范集成	关立勋主编	1995
交际宝典	郭枫等主编	1995
礼俗宝典	郭枫等主编	1995
秘书宝典	郭枫等主编	1995
演讲宝典	郭枫等主编	1995
公关信息学	谢俊贵等编著	1995
传播与公关	孙顺华主编	1995
现代市场营销学	陈水芬等编著	1995
旅游公关礼仪	杨军　陶犁编	1995
商贸公关英语 900 句	卢荣基主编	1995
现代公关原理与实务	张英华　王金利等编著	1995
公共关系学	赵铁男　张格元主编	1995
公共关系学简明教程	李洪基　黄正泉主编	1995

（续表）

书　　名	作　　者	日　期
公共关系学	罗桂芬主编	1995
推销公关：危机公关的艺术	蒲永川　王玉华著	1995
公关交际学	姚宪弟等编著	1995
中国优秀公关案例选评：首届中国最佳公关案例大赛获奖案例集	朱传贤等主编	1995
公关礼仪学	周裕新　张弘著	1995
公关礼仪	丛杭青编著	1995
现代社交礼仪	何春晖、彭波编著	1995
现代公共关系学	秦启文主编	1995
公关文秘	王序荪主编	1995
公关礼仪	张敬慈等编著	1995
现代公共关系战略	张建明著	1995
公共关系概论	邱大燮主编	1996
公共关系基础	孙宝水著	1996
代企业公共关系	汤雪英主编	1996
公关礼仪	王军编著	1996
现代商业企业公共关系	王岚编著	1996
公共关系原理与实务	王美萃　石颖编著	1996
公共关系与乡镇企业	王庆同编著	1996
涉外公共关系	王圣诵　古光均主编	1996
公共关系实务	卫中玲　张玉雁主编	1996
当代公共关系学	吴建学　何慧星主编	1996
实用演讲与口才教程	谢伯端编著	1996
企业实用公共关系	邢颖编著	1996
交际美学	阎钢著	1996

（续表）

书　　名	作　　者	日　期
现代公共关系	杨家栋主编	1996
公关策划谋略	游为民编著	1996
公共关系基础	于瑞莲主编	1996
现代公共关系实务大全	余明阳主编	1996
广告学导论	余明阳　陈先红主编	1996
现代公共关系实务大全	余明阳主编	1996
谈判学	张河清著	1996
公共关系原理及应用	张起朴等主编	1996
医院公共关系概论	张威编著	1996
公共关系	赵婴著	1996
商战公关 36 计：实例精选	周群等主编	1996
公共关系原理与实务	朱同丹主编	1996
公共关系实务	朱锡城主编	1996
竞争优势：商业银行实用公关礼仪	高燕增等主编	1996
第一流的公关艺术	郭春鸿主编	1996
公关调查	邱伟光、何修猛编著	1996
营销公共关系学	任仲祥等主编	1996
公关礼仪	孙丹薇　陶稀编著	1996
现代公共关系学	张荷英编著	1996
公关技巧	张云等编著	1996
政府与公关	孔德元等著	1996
现代企业与公关	叶文琴　王玉学著	1996
旅游、宾馆与公关	王伟等著	1996
公关演讲与口才	齐冰主编	1996
现代企业公共关系学	唐家乾等主编	1996

（续表）

书　　名	作　　者	日　期
商务公关策划	谢俊贵主编	1996
实用公关礼仪	杨继明　罗来发主编	1996
商务交际 100	殷国明著	1996
实用公关语言学	武占坤主编	1996
公关艺术 100	天行编著	1997
公共关系学（修订版）	张克非编著	1997
公关应用写作	边一民等编著	1997
政府公共关系艺术	王爱英主编	1997
公共关系实务	王凤璋、方宏进著	1997
公共关系实务大全	王晓进等主编	1997
公共关系学	王新华　白银亮　朱广荣编著	1997
工商企业公共关系理论与实务	吴世经主编	1997
现代企业公共关系教程	席春迎等编著	1997
世界上最迷人的公关大师	夏年喜编著	1997
现代交际心理学	肖芳林著	1997
公共关系英语	熊锟编著	1997
邮电公共关系理论与实务	许文中　王应莲编	1997
公共关系理论与实务	杨红英主编	1997
现代公共关系案例	杨家栋主编	1997
环球：专业公关之路	叶茂康著	1997
5 分钟公关经理	余明阳　陈理得编著	1997
现代企业公关策划	余世仁等著	1997
公共关系的谋略与技巧	喻少彬编著	1997
企业公共关系艺术	喻少彬编著	1997
名牌竞争的公共关系战略	翟向东主编	1997

（续表）

书　　名	作　　者	日　期
中国公关之路探索	中国公共关系协会学术委员会　中国公共关系协会培训中心编	1997
公关语言艺术	张成行等编著	1997
公共关系实务论	赵安民著	1997
品牌策划与市场传播	钟育赣　万万编著	1997
讲说学新编	周长楫著	1997
公关策划	周黎民编著	1997
市场营销	朱梅林编著	1997
现代公共关系学	黄顺力著	1997
实用公关英语	吕和发等编著	1997
企业经营管理经典案例评点·公关卷	黄桂芝主编	1997
银行实用公共关系学	陈功　夏兰主编	1997
现代社交礼仪教程	宋全成等编著	1997
中国公关之路	张超著	1997
公共关系学教程	交通部电视中专教材编审委员会编	1997
公共关系学教程　原理·实务·案例	张映红著	1997
社交公关口才	李五一主编	1997
旅游业公共关系	甘朝有　王连义编著	1999
公共关系概论	邱大燮主编	1999
实用公共关系丛书	邵道生编著	1999
公关托出名牌	舒咏平编著	1999
行政公关学	唐跃进　向力力编著	1999
公共关系学（教育部部规教材）	余明阳主编	1999
营销战略与策略	田正育著	1999
公共关系系统论	王碧波著	1999
工商企业公共关系管理	王方华编著	1999

（续表）

书　名	作　者	日　期
公共关系与礼仪	武士勋　朱忠厚主编	1999
银行公共关系学	谢如刚　徐中赛主编	1999
公共关系理论与技巧	杨丽萍主编	1999
旅游公共关系学	杨哲昆主编	1999
现代公关文案写作	袁晓勐编著	1999
饭店运行与服务集萃	张立云著	1999
公共关系学	张迺英主编	1999
企业公关主管	张楠主编	1999
现代实用公共关系	张岩松主编	1999
公共关系学	张在山著	1999
公关关系学	赵宏中　蒋良揆主编	1999
实用公共关系学	周维富著	1999
公共关系教程	周懿方主编	1999
领导与公关	周振林主编	1999
秘书和公共关系	中国高等教育学会秘书学专业委员会主编	2000
企业公共关系	阿迎萍等编著	2000
大学生公共关系理论与技能	徐美恒　尹明丽主编	2000
公共关系策划（全国自学考试教材）	余明阳等著	2000
公共关系基础	张鸣　罗宗科著	2000
公共关系原理与实务	朱同丹主编	2000
大学生公关实务	宁淑惠主编	2000
大学生社交艺术	雷六七主编	2000
大学生公共关系丛书	李远程主编	2000
大学生自我推销	李远程主编	2000
公共关系案例精选精析	张岩松编著	2000
公共关系写作	洪威雷　王颖主编	2000

（续表）

书　　名	作　　者	日　期
公共关系策划学	蒋春堂主编	2000
警察公共关系理论与形象战略	孙娟著	2000
企业形象与策划	孙国辉主编	2000
公共关系策划	余明阳等编著	2000
公共关系学	邢守义主编	2000
公共关系写作自学辅导及习题解答	王颖主编	2000
旅游企业公共关系	谢苏　谢璐著	2000
企业形象学	胡锐著	2000
公共关系策划学自学辅导及习题解答	蒋春堂主编	2000
公共关系原理与实务	郭文臣等编著	2000
公共关系新论	姜广强主编	2000
公共关系实用教程	李兴国编著	2000
公共关系策划谋略	范振杰主编	2000
现代公共关系原理	李健荣主编	2000
公共关系语言艺术	阮兴树等编著	2000
公共关系礼仪文化	邱伟光编著	2000
公共关系实务操作	陈靖主编	2000
公共关系心理策略	胡近编著	2000
公共关系	邱伟光主编	2000
公共关系教程	陈贻新编著	2000
公共关系概论	邱大燹主编	2000
公共关系基础	秦立春主编	2000
公共关系实务	邱伟光主编	2000
商业公共关系基础	劳动和社会保障部教材办公室编	2000
公关语言学	吴波著	2000
学校公共关系实务	宋维红著	2000

（续表）

书　　名	作　　者	日　期
公共关系案例	方光罗主编	2000
涉外公共关系概论	何明宝等编著	2000
企业公共关系危机管理	张岩松编著	2000
电力公共关系丛书	温绪廷主编	2001
公共关系语言（全国自学考试教材）	蒋春堂主编	2001
公共关系案例（第二版）	余明阳执行主编	2001
公共关系与形象策划	裴春秀著	2001
公共关系原理与实务	杨丽萍著	2001
公共关系与礼仪修养读本	马晓红主编	2001
公共关系教程	［美］斯各特·卡特里普等著	2001
如何推进公共关系	［美］艾瑞克·亚威包姆等著	2001
网上公共关系	［美］谢尔·霍兹著	2001
公共关系原理与实务	丁军强编著	2002
公共关系与写作演讲	邢斌　刘绪敏主编	2002
公共关系学（重印版）（教育部部颁教材）	余明阳主编	2002
公共关系策划自学辅导（全国自学考试教材）	余明阳、蒋春堂著	2002
公共关系学(台湾扬智出版社)	余明阳执行主编	2002
公共关系大百科全书	张龙祥主编	2002
公共关系策划（自学考试指导与题解）	刘炳正主编	2002
公共关系实务	郭芳芳主编	2002
自考过关教练，公共关系概论自学考试题解	周修亭　孙恒南主编	2002
公共关系基础	葛金田主编	2002
公共关系概论习题集	邱大燮主编	2002
企业公共关系国际化管理案例	中国企业国际化管理课题组著	2002

（续表）

书　　名	作　　者	日　期
企业公共关系国际化管理表格	中国企业国际化管理课题组著	2002
企业公共关系国际化管理制度	中国企业国际化管理课题组著	2002
企业公共关系国际化管理文案	中国企业国际化管理课题组著	2002
企业公共关系国际化管理模式	中国企业国际化管理课题组著	2002
企业公共关系国际化管理方法	中国企业国际化管理课题组著	2002
企业公共关系国际化管理系统	中国企业国际化管理课题组著	2002
公共关系心理指要	席宝山主编	2002
公共关系管理	张映红著	2002
实用公共关系	姚建平　胡立和主编	2002
公共关系实务	王兴富主编	2002
企业实用公共关系	杨狄主编	2002
案说公共关系	吕维霞编著	2002
成功的公共关系	［美］唐·米德伯格著	2002
强势公关	［美］伦纳德·萨菲尔著	2002
有效的公共关系	［美］格伦·布鲁姆著	2002
商务公共关系	王伟等编著	2002
现代公共关系艺术	李元授主编	2002
学校形象论：学校公共关系的理论与实践	张连生著	2002
公共关系管理学	徐美恒　李明华主编	2002
危机传播：公共关系与语艺观点的理论与实证	吴宜蓁著	2002
公共关系教程	赵浦根等主编	2002
公共关系案例与分析教程	吴建勋　丁华主编	2002
21 世纪企业公共关系构筑	江林著	2002
电力公共关系手册	李文良　张绪刚著	2002

（续表）

书　　名	作　　者	日　期
旅游公共关系	银淑华主编	2002
公共关系教程	付端林主编	2003
中国最佳公共关系案例选评	郭惠民主编	2003
公共关系原理与实务	张玲莉主编	2003
公共关系概论	方光罗著	2003
公共关系案例精选精析	张岩松编著	2003
公共关系：政府公共议题决策管理	卜正珉著	2003
高等教育自学考试指定教材同步配套题解	祝艳萍　张洁梅主编	2003
公共关系实务	劳动和社会保障部教材办公室编	2003
公共关系实务习题册	刘瑞霞编著	2003
饭店公共关系	余春容主编	2003
公共关系实例与运作	段文杰主编	2003
警察形象建设：第一届警察公共关系征文获奖论文选	公安部　政治部编	2003
高等教育自学考试同步辅导/同步训练，公关心理学	高厚礼主编	2003
高等教育自学考试同步辅导/同步训练，公共关系写作	李炳荣主编	2003
公共关系学（第三版）	余明阳执行主编	2003
高等教育自学考试同步辅导/同步训练，公共关系语言	关龙主编	2003
公关礼仪	王铁主编	2003
企业公共关系	张香兰　郭迈正著	2003
公共关系实务与礼仪	张佑青主编	2003
公共关系与企业文宣策划	杨念　鲁建敏编著	2003

（续表）

书　　名	作　　者	日　期
新公共关系手册：成功的传媒关系策略	［美］布雷肯里奇著	2003
公共行政：管理中的角色模拟与案例分析	［美］罗伯特・P. 沃森著	2003
公共关系案例	［美］杰里・A. 亨德里克斯著	2003
实用公共关系写作	［美］纽瑟姆著	2003
酒店公关	［美］阿尔贝特・E. 库德莱著	2003
企业公共关系：创造双赢的沟通时代	萧文亿编著	2003
政府公共关系论［海外中文图书］	卜正岷著	2003
公共关系理论与实务	李次郎著	2003
商务秘书的公共关系	刘建新主编	2004
现代公共关系实务	陈敏主编	2004
公共关系实务实践教程	董明主编	2004
公共关系实务	彭奏平　谢伟光主编	2004
公共关系原理与实务	王珑主编	2004
公共关系学	袁凯锋　刘敏编著	2004
体育公共关系	刘德佩　石岩编著	2004
公共关系四步工作法	蒋楠著	2004
公共关系与实务	张亚编著	2004
战略公关	［英］桑德拉・奥利弗著　李志宏译	2004
公共关系教程	丁乐飞　翟年祥编著	2004
公共关系基础教师参考书	孙宝水主编	2004
公共关系原理与实务	钟文先　林美玉主编	2004
企业公共关系教程	马小红　李宁编著	2004
公共关系：理论、实务与技巧	周安华　苗晋平编著	2004
国际通用公共关系管理表格	中国企业国际化管理研究课题组著	2004

（续表）

书　　名	作　　者	日　期
国际通用公共关系管理案例	中国企业国际化管理研究课题组著	2004
国际通用公共关系管理系统	中国企业国际化管理研究课题组著	2004
国际通用公共关系管理方法	中国企业国际化管理研究课题组著	2004
国际通用公共关系管理制度	中国企业国际化管理研究课题组著	2004
国际通用公共关系管理文案	中国企业国际化管理研究课题组著	2004
国际通用公共关系管理模式	中国企业国际化管理研究课题组著	2004
政府公共关系	詹文都著	2004
公共关系案例评析	边一民主编	2004
现代公共关系实务	胡锐　奕德泉主编	2004
公共关系教程	谢玉华主编	2004
现代公共关系理论与实务	李欣　陈晓阳编著	2004
公共关系与现代礼仪案例	国英编著	2004
现代礼仪教程	胡锐　边一民编著	2004
我在美国做公关：美国公关职场实战策略解析	贺红扬著	2004
公共关系实务	李磊著	2004
公共关系实务	［美］弗雷泽·P. 西泰尔著	2004
公共行政学：概念与案例	［美］理查德·J. 斯蒂尔曼二世著	2004
企业公共关系	萧湘文主编	2004
公共关系与竞选策略：2004 大选连宋总部新闻发布	叶元之著	2004
网络公关	［英］大卫·菲利普斯著	2005
公关经理教程	余明阳主编	2005
公关部门运作	［英］迈克·比尔德著	2005
公共关系原理与实务	赵兴艳　邵翠华编著	2006
公共关系学	余明阳主编	2006
公共关系策划学	余明阳等编著	2006

（续表）

书　　名	作　　者	日　期
公关顾问专业指南	陈向阳编著	2006
新编公共关系简明教程	邓月英主编	2006
公共关系与现代政府	褚云茂著	2006
现代公共关系基础教程	吴友富　于朝晖著	2006
公共关系策划学	余明阳等编著	2006
企业公共关系新编	巴文华编著	2006
公共关系新论：理论与实务	朱力　任正臣　张海波编著	2006
公共关系理论与实务	张勋宗编著	2006
职业道德与职业指导：新版本	杨明娜　张弘编著	2006
公共关系理论与实务	陈晖主编	2006
旅游公共关系	谢苏主编	2006
公共关系原理与实务	倪东辉　鲍娜编著	2006
公共关系理论与实务	郑小兰编著	2006
公共关系基础	曾湘宜主编	2006
公共关系概论	王伟娅主编	2006
公共关系	李菊英　刘志远编著	2006
公共关系实务	刘金同　杨专志　刘水国主编	2006
公共关系实务	熊越强主编	2006
公共关系与交际艺术	刘景凤　李强　庞海云编著	2006
现代公共关系实务教程	徐刚主编	2006
公共关系与礼仪	沈杰　方四平主编	2006
公共关系心理学	魏冬云　蒋光清　刘航潮主编	2006
公共关系原理与实务	何伟祥编著	2006
旅游公共关系	张舒哲　刘颖珊主编	2006
公共关系心理学	吴方钰主编	2006
公共关系理论与实务	方光罗　徐翔编著	2006

（续表）

书　名	作　者	日　期
公共关系基础练习册	孙宝水主编	2006
周恩来的公共关系艺术	艺侠编著	2006
企业公共关系实务	俞宏标著	2006
公共关系原理与实务	蒋楠编著	2006
公共关系案例精选精析	张岩松编著	2006
公共关系基础	冯冰主编	2006
公共关系：原理与实务	谢红霞主编	2006
公共关系	葛梅　张瑞华主编	2006
谈判学概论	刘园编著	2006
公共关系的基本原理与实务	纪华强编著	2006
公共关系原理与实务	陶应虎　顾晓燕著	2006
公共关系原理与实务	陈福明著	2006
公共关系：职业与实践	［美］丹·拉铁摩尔著	2006
公关前沿	［美］理查德·拉尔默著	2006
游击公关：百种以最低投入获取最高收益的成功策略	［美］杰·康瑞德·李文森著	2006
公共关系理论与实务	刘厚钧主编	2007
公关礼仪教程	徐白　高晓梅编著	2007
公共关系基础与实务	段文杰　曲丹辉主编	2007
商务礼仪与公关	徐克美著	2008
公关礼仪	郑健儿　赛来西·阿不都拉主编	2008
公共关系学	张践主编	2008
卓越公共关系与传播管理	［美］詹姆斯·格鲁尼格著	2008
公关的力量	毛经权著	2008
公关礼仪	白巍著	2008
公关口语	徐秋英著	2008

（续表）

书　　名	作　　者	日　期
公关创造力（第二版）	［英］安迪·格林著	2008
公关语言教程	李熙宗主编	2008
公关言语表达学	茅海燕编著	2008
现代公关礼仪	王剑、张岩松著	2009
即学即用公关英语	黎海斌著	2009
物业公关	李春云主编	2010
公关语言学（第四版）	黎运汉主编	2010
公关礼仪与口才	斯静亚主编	2010
体育公关案例评析	易剑东主编	2010
中外危机公关案例启示录	岑丽莹　屈云波著	2010
公关礼仪概论：公共关系·人际关系·礼仪	刘建长　程旭兰著	2010
大型活动公关	陈一收　赵麟斌著	2010
企业公关	吴贤军　赵麟斌著	2010
政府公关	洪建设　赵麟斌主编	2010
危机公关（上）（下）	赵麟斌主编	2010
公关中的孙子兵法	姜巍　陈梅倩编著	2010
新编公关案例教程（第 2 版）	曾琳智主编	2010
关系范式下的公关研究	陈先红著	2010
新型实用公关案例与训练	杨俊　邵喜武著	2010
公关礼仪与面试技巧	陈国庆　么玉贞　陈丹著	2010
秘书公关工作与实训（第 2 版）	杨继昭　李颖杰著	2010
公关礼仪	陈世伟编著	2011
公关 2010：中国企业舆论环境研究	马苏格　曾治编著	2011
公关心理与实务	谭昆智等著	2011
公关·礼仪·谈判	韦宏编著	2011

（续表）

书　名	作　者	日　期
中外公关案例宝典（第3版）	何春晖编著	2011
公关策划	孟繁荣编著	2011
旅游公共关系	谢红霞主编	2011
现代公关实务技巧（第2版）	徐飙编著	2011
企业公关危机管理体系研究	杜岩著	2011
网络公共关系	黎泽潮　郭丽著	2011
公共关系学（第4版）	李道平等著	2011
警察公共关系学	奚邦意编著	2011
秘书公关与礼仪	禹志云主编	2011
公关礼仪	潘彦维著	2011
秘书公关工作与实训	杨继昭　李颖杰编著	2011
公关与秘书礼仪	张丽娟　肖红艳编著	2011
商业银行媒体危机公关与服务管理创新	李锦海著	2011
英语口语大全：公关英语	秦声编著	2011
公共关系原理与实务	蒋楠编著	2011
公共关系学（第2版）	张践主编	2011
公关礼仪教师专业实践能力培训教程	石美珊编著	2011
管理人手册20：高效公关	［英］莫伊·阿里著	2011
公共关系理论与实务	孙光磊著	2012
公关心理学	徐红　汤舒俊编著	2012
公共关系理论与实务（第2版）	舒永久等主编	2012
商务公关与礼仪	徐美萍主编	2012
公关与礼仪	张岩松主编	2012
《论语》的公关思想	白巍著	2012
旅游公共关系	轩福华主编	2012

（续表）

书　　名	作　　者	日　期
酒店公关实务（第 3 版）	尹景明　贺湘辉著	2012
当代公关礼仪	金正昆著	2012
大学生公共关系指导	胡华北　王家明著	2012
生态公关	吴贤军主编	2012
总经理公关一本通	董国用著	2012
公共关系学	冉戎　吴颖主编	2012
公共关系学	张举国主编	2012
公共关系史（17—20 世纪）	［美］斯各特·卡特里普著	2012
企业公关实务手册	［美］罗伯特·L. 戴伦施耐德著	2012
战略公关：理论、方法与例证	寇玉琴著	2012
网络公关	张梅贞主编	2012
公关礼仪教程	徐白主编	2013
30 天掌握一流公关口才	华平生著	2013
信息发布与危机公关	梅文慧著	2013
秘书的人际沟通与公共关系	谭一平　卿建英主编	2013
公关策划学	蒋楠著	2013
新编酒店营销与公关管理	肖云山编著	2013
营销公关与实践	［美］盖唐·小吉安尼编著	2013
礼仪金说：公关礼仪	金正昆著	2013
微时代的危机公关	董英豪　陈玉荣著	2013
秘书公关原理与实务	李玉梅主编	2013
旅游企业公共关系	谢苏等主编	2013
公共关系教程（第 6 版）	李道魁编著	2013
公共关系项目化教程	雷雪　董媛主编	2013
新媒体时代的危机公关：品牌风险管理及案例分析	罗子明　张慧子编著	2013
广告的没落·公关的崛起：彻底颠覆营销传统的公关圣经	［美］艾·里斯等著	2013

（续表）

书　　名	作　　者	日　　期
公关心理学教程（第 3 版）	张云主编	2013
公共关系案例与分析教程（第 2 版）	吴建勋等编著	2013
公关力 7 天养成手册	陈艳蕊编著	2013
旅游公共关系学原理和实务	李海燕　侯天琛主编	2013
即学即用的交际公关话语沟通艺术	向东强编著	2014
声音的竞争：解构企业公共关系影响新闻生产的机制	邓理峰著	2014
公关礼仪与交流沟通技巧	韦克俭主编	2014
实用公关礼仪	姚永敬主编	2014
公关专题活动与经典案例	赛来西·阿布都拉主编	2014
大众媒介与政府危机公关	夏琼、周榕著	2014
公共关系学（第三版）	张克非编著	2014
危机公关道与术	黄太平编著	2014
网络公关实务	齐杏发主编	2014
公关与礼仪（第二版）	林友华主编	2014
公关礼仪（第三版）	何伟祥编著	2014
礼赢天下·中华与世界礼仪全览：公关礼仪	舒静庐主编	2014
做一个专业的公关人员	刘义才编著	2014
专业与美丽：世纪奥美公关董事长的 20 年从业哲学（修订版）	丁菱娟著	2014
中国公共关系史	胡百精著	2014
危机公关：理念、制度与运作路径	于晶主编	2014
新规则：用社会化媒体做营销和公关	［美］大卫·梅尔曼·斯科特著	2015
企业危机公关中的媒体攻略	丁邦杰著	2015
公共关系理论与实务	吴少华主编	2015
现代公关礼仪（第三版）	张岩松等主编	2015

（续表）

书　　名	作　　者	日　期
公关原理与案例剖析（第二版）	谭昆智编著	2015
公关礼仪训练	张宪主编	2015
旅游公关礼仪	黄蓉编著	2015
公关与礼仪（第二版）	张岩松主编	2015
公共关系心理学（第 2 版）	李道魁等编著	2015
星级酒店公关营销经理工作指导手册	中国酒店规范化管理研究组编著	2015
公共关系学	王伟娅主编	2015
企业公关实战手册	董国用著	2015
公共关系与公关礼仪	赵晓明　杨晓梅编著	2015
公关素养：赋权主义视角下的概念探讨	陈欧阳著	2015
公关礼仪训练	佟景渝主编	2016
现代公关礼仪（第四版）	熊卫平主编	2016
公关与商务礼仪（第三版）	姜桂娟主编	2016
公关营销策略	王书会编著	2016
公关礼仪（第 2 版）	邓晓蒨主编	2016
公关礼仪训练	张朝辉　徐飚主编	2016
外资企业公共关系：一位外企公关总监 18 年公关笔记	蒲家彬著	2016
企业公关实务	梁舞　郭明全编著	2016
银行公关执行官	孙军正　冯民科著	2016
公关礼仪与口才（第 2 版）	斯静亚主编	2016
现代公关礼仪教程	赵英　罗元浩编著	2016
《道德经》的公关思想	白巍著	2016
国际公关（英汉双语版）	周思邑主编	2016
商务公关实用教程	张岩松主编	2016

（续表）

书　　名	作　　者	日　期
一个公关人的自我修养	宋睿著	2016
公共关系基础与实务（第3版）	朱权主编	2017
公关策划学（第二版）	蒋楠著	2017
资本品牌与传播：一个财经作家的公关传播文本	汪在满著	2017
公关文案一本通（第二版）	李笑主编	2017
基层干部礼仪与公关	张宇平主编	2017
互联网＋：企业公关案例与策略	利嘉敏著	2017
公共关系学	胡苗苗　胡柳主编	2017
公关礼仪与口才	邢志勤　王淑娟主编	2017
公关礼仪与口才	王芳主编	2017
沟通也要懂套路：怎么有技巧地说服他人	姜朝川著	2018
腾讯公关法	黄洪波　孙伟航　曹逸韵著	2018
新媒体革命2.0：算法时代的媒介、公关与传播	仇勇著	2018
网络环境下地方政府危机公关能力提升研究	杨军著	2018
超级PR：如何为组织和个人赢得超人气	[美]霍华德·布莱格曼等著	2018
餐饮公关力，一本书扭转餐厅形象危机	鹤九著	2018

（注：排名不分先后）

附录 7
国际、国内知名公关公司一览表

公司名称	成立时间	成立地点	主要客户	摘　要
奥美公关	1980	美国纽约	BMW、IBM、诺基亚、辉瑞、亚信	世界十大专业公关公司之一，它和奥美广告等姊妹公司分享同一企业品牌。1995年开始在中国大陆设立分公司，目前已成为国内最大的国际公关企业
博雅公共关系有限公司	1953	美国	无公开资料	全球最大的公共关系和传播咨询公司之一，也是最早进入中国的国际公关公司之一。1986年博雅公关和新华社合作成立了中国第一家专业公关公司——中国环球公关公司。目前，博雅中国通过其在大中华区内的北京、上海、广州和香港办事处，为客户提供公共关系与传播方面的全方位咨询和服务
爱德曼公司	1952	美国	3M、Hilton、Coach、强生、HP、Oracle、星巴克、塔塔集团等	世界上最大的独立公关公司，在全世界拥有40多家分公司和2 000多名专业咨询顾问。1985年，爱德曼进入中国市场，在北京、上海和广州设有办事处，并在全国十八个二级城市设有合作机构

（续表）

公司名称	成立时间	成立地点	主要客户	摘要
伟达公关	1927	美国	中国石油、高盛银行、宝洁公司、摩托罗拉和惠普公司	世界上最早且历史最悠久的公关公司，伟达公司在全球五大洲37个国家有31个办事处，客户达1000多家，曾与国际奥委会有过6年合作。核心业务包括市场营销公关、金融关系公关、企业营销公关等
罗德公共关系有限公司	1968	美国纽约	奥迪、李宁、乐途、蓝博基尼、BP、米其林、波音、大众集团、微软、罗氏等	在中国发展业务已有12年时间，在北京、上海和香港设有办事处，为许多行业的著名跨国公司开展公关活动，具有在全国各地管理公关项目的丰富经验。作为一家国际性公关公司，该公司主要业务骨干有很多中国雇员
凯旋公关公司	1923	美国纽约	宝洁、波音、古驰、麦当劳等	全球十大公关公司之一。香港先驱公关公司成立于1980年，与凯旋结盟之前是香港最大的独资公关公司之一
万博宣伟公关顾问公司	1998	资料缺失	万事达卡国际组织、宝洁、辉瑞制药、安捷伦科技、霍尼维尔、日立环球存储等知名企业	全球最大的广告及市场营销集团Interpublic Group of Companies（NYSE：IPG）中的一员，在中国大陆设有三个办事处，分别在北京、上海、广州，员工总数逾60名。确保公关传播计划达到预期的效果是万博宣伟最为注重的公关传播理念
安可顾问有限公司	1984	美国	西门子、微软、波音、道康宁等跨国公司及新加坡、印度、乌克兰及中国香港特别行政区的政府机构	美国精信全球集团（Grey Worldwide）下属企业，也是一家全球著名的咨询机构，1997年，安可顾问（中国）有限公司进入中国大陆，在北京、上海和深圳设有代表处，地区总部位于香港。其核心业务涵盖企业传播、投资者关系和员工传播、危机管理、专项议题管理诉讼公关等

（续表）

公司名称	成立时间	成立地点	主要客户	摘　要
霍夫曼公关公司（The Hoffman Agency）	1987	美国硅谷	摩托罗拉、GOOGLE等	专注于 IT 领域的国际性公关公司，1999 年 1 月开设北京办事处。霍夫曼公关公司的客户包括惠普、国家半导体、3COM 等。Google 在中国的第一次公关活动就由其操盘
美国科闻100 国际公关公司	1981	英国	富士、IBM、飞利浦、爱立信、思科、索尼和施乐等	2003 年，科闻 100 又将大中华区的业务中心转移到了北京，以满足客户在大陆地区不断增长的公关需求。如今，科闻已在北京、上海、广州、香港及台湾等地区为客户提供专业服务
蓝色光标公关顾问机构	1996	北京	2001 年北京申奥政府公关、新联想的企业形象推广、微软的产品发布、迪士尼中文网站开通等	蓝色光标已经发展成为中国本土规模最大的专业公关代理公司之一，在上海、广州、成都、西安等地设有分支机构，员工总数超过 150 人，上海蓝色光标，是上海地区口碑最好的公关公司之一；广州蓝色光标，以对媒体运作的深刻了解而著称
宣亚智杰公关顾问公司（PFT）	资料缺失		摩托罗拉、爱普生、惠普、中国联通、新浪等	
普乐普（中国）公共关系顾问有限公司	1997	北京	知名跨国公司及政府机构	普乐普提供从企业发言人培训、危机管理，到大型活动策划、产品推广等系列服务
嘉利公关顾问公司	1996		无公开资料	2003 年 9 月，嘉利公关成功并购了另一家本土公关公司——博能公关，开创了本土公关公司资本运作之先河。2004 年初，嘉利公关在英国伦敦开设海外分公司，以加强与国际客户的沟通能力，开始本土公关公司国际化的尝试

（续表）

公司名称	成立时间	成立地点	主要客户	摘　　要
中国环球公共关系公司	1986	北京	可口可乐中国有限公司、德国汉诺威展览公司、瑞士欧米茄公司等	中国第一家本土专业公关公司，是新华社和博雅公关合作的产物，1986年由经贸部批准成立。中国环球有着新华社的官方背景，使她拥有国内同行所无法比拟的信息、人才及技术优势与业务网络，这使环球公关与政府、传媒、社团、同行保持着良好的关系
广通伟业公关策划有限公司	2002	北京	中国移动通信集团公司、松下（中国）移动通信公司、诺基亚（中国）投资有限公司、腾讯公司、奥迪汽车等	在公关公司中，广通伟业的发展速度是惊人的，这种成功与其不一样的公关理念有着根本原因，广通伟业总经理杨为民曾说过，我们在不懈追求最专业服务的同时，也在极力将公关演绎成一种创意迭出、魅力无限的艺术
海天网联公关顾问有限公司	1995	北京	集中在IT、汽车、消费品行业中的国际、国内知名企业	海天网联在成立之初就明确了自己的目标，就是先把一项工作做精做透。公司成立后，将业务重点聚焦于市场活动营销服务上。如今，海天网联已可向客户提供基于市场调研基础上的战略企划、公关、广告策划与实施服务
北京时空视点（eVision）	2000	北京	驴妈妈、奇瑞汽车、柒牌男装、美宝莲、达克宁、中国人寿、招商银行等	时空视点已发展成为北京、上海、广州三家公司三足鼎立，业务范围涵盖企业品牌管理、营销沟通管理、媒介传播管理、事件传播管理等，凝聚了近百名专业公关咨询人员组成的公关团队
汉德凯思公关顾问有限公司	2007	北京	神州数码、洛娃集团、新希望集团、天津金城银行、众泰汽车等	提供系统化的专业危机管理服务，贯穿危机的潜伏期、发展期、爆发期和品牌修复期。我们提供舆情监测、危机公关培训、危机预警响应体系建立、媒体公关、政府公关、财经公关、消费者公关、渠道公关、品牌公关等全方位的专业服务

（续表）

公司名称	成立时间	成立地点	主要客户	摘　要
迪思公关顾问公司	1996	北京	"TOM 在线 2004 欧锦赛主题酒吧夜""盛世华通邀全智贤亲密接触互动视界 CooCoo"	其主要服务宗旨是：为客户提供可实施的长期公关策略、计划和传播咨询服务；维护和改善企业形象；提供产品及品牌传播策略
致蓝经纬	2001	北京	惠普、佳能、菲利浦等	在业界还有另一个称呼，叫作"蓝典"，这是因为公司老总和业务骨干全部都是来自另一个本土公关公司蓝色光标
东方易为公关公司	1994	北京	伊莱克斯、宜家家居、NVIDIA、绝对伏特加、拜耳、Juniper Networks 等	易为的口号是"我们懂！"。意思是说所有的沟通一定要建立在对目标群体和合作伙伴的深入理解之上，就像了解客户的背景、业务及行业一样
帕格索斯传播机构	2002	北京	西门子"自动化之光"中国行活动	服务主要集中在消费品、汽车、房地产、工业自动化、通信以及政府机构等。从公司成立至今，帕格索斯的服务范畴已从传统的公共关系服务，逐渐扩展成为从品牌策略一直到终端推广的纵深的整合营销传播服务
世纪双成	2000	北京	西门子、金蝶、TCL、清华紫光、SWATCH 等	服务网络覆盖全国，是一家扎根本土文化，同时具有国际水准的专业传播咨询公司，为客户提供以公关为核心的整合传播服务
欧赛思公关	2011		三得利、金宝汤、ADM、汉高、七匹狼、波司登、脑白金、太太乐、孩子王、铁达时、波司登、Cartelo、格林豪泰、CR7 等	公司秉承新思维、新视觉、新媒体的品牌服务理念，帮助企业在新经济浪潮中创建一流的品牌，迄今为止已经完成了300 多个企业品牌营销策划经验

（续表）

公司名称	成立时间	成立地点	主要客户	摘要
福莱灵克公关咨询有限公司（FHL）	1994	北京	Smart、康师傅、惠普、飞利浦、李宁、华米科技、惠氏营养品、乐柏美商务用品等	由世界最大的公关公司之一美国福莱国际传播公司与北京灵克公共关系公司共同投资创立。公司服务业务，专注于公共事务和公共政策传播、信息产业和电信市场传播、消费品和市场传播、金融和公司事务传播
博达公关有限公司	1987	香港	计算机、网络、电信、电子/半导体及互联网/万维网等	1995 年 11 月在北京设立中国办事处。多年来博达公关致力于在中国内地、香港及亚洲各国，提供一应俱全的市场传讯及公共关系服务

（注：排名不分先后。）

附录 8
《公关员国家职业标准》

1 职业概况

1.1 职业名称：公关员

1.2 职业定义：

从事组织机构信息传播、关系协调与形象管理事务的调研、策划、实施和评估以及咨询服务的从业人员。

1.3 职业等级：

本职业共设五个等级，分别为初级公关员（国家职业资格五级）、中级公关员（国家职业资格四级）、高级公关员（国家职业资格三级）、公关师（国家职业资格二级）和高级公关师（国家职业资格一级）。

1.4 职业环境：室内。

1.5 职业能力特征：具有一定的分析、推理、判断、表达、交流和运算能力，学习能力强，形体知觉好。

1.6 基本文化程度：高中毕业（或同等学历）。

1.7 培训要求：

1.7.1 培训期限：全日制职业学校教育，根据其培养目标和教学计划确定。晋级培训期限：初级公关员不少于 120 标准学时；中级公关员不少于 100 标准学时；高级公关员不少于 80 标准学时；公关师不少于 60 标准学时；高级公关师不少于 40 标准学时。

1.7.2 培训教师：

培训公关员的教师应具有本职业公关师职业资格证书三年以上或相关专业中级及以上专业技术职务任职资格；培训公关师的教师应具有本职业高级公关

师职业资格证书或相关专业高级专业技术职务任职资格；培训高级公关师的教师应具有本职业高级公关师职业资格证书三年以上或相关专业高级专业技术职务任职资格。

1.7.3　培训场地设备：标准教室和会议室。

1.8　鉴定要求：

1.8.1　适用对象：

准备从事本职业工作的人员，以及正在从事本职业工作的专业人员。

1.8.2　申报条件：

——初级公关员（具备下列条件之一者）：

（一）经本职业初级公关员正规培训达规定标准学时数，并取得合格证书。

（二）连续从事本职业或相关职业（新闻、广告、营销、管理、秘书）2年以上。

（三）取得经劳动保障行政部门审核认定的，中等以上职业学校公共关系或相关专业（新闻、广告、营销、管理、秘书）毕业证书。

——中级公关员（具备下列条件之一者）：

（一）取得本职业初级公关员职业资格证书后，连续从事本职业或相关工作（新闻、广告、营销、管理、秘书）2年以上，经本职业中级公关员正规培训达规定标准学时数，并取得合格证书。

（二）取得本职业初级公关员职业资格证书后，连续从事本职业或相关工作（新闻、广告、营销、管理、秘书）3年以上。

（三）具有公共关系专业或相关专业（新闻、广告、营销、管理、秘书）大学专科以上学历，并从事本职业工作1年以上。

——高级公关员（具备下列条件之一者）：

（一）取得本职业中级公关员职业资格证书后，连续从事本职业或相关工作（新闻、广告、营销、管理、秘书）2年以上，经本职业高级公关员正规培训达规定标准学时数，并取得合格证书。

（二）取得本职业中级公关员职业资格证书后，连续从事本职业工作3年以上。

（三）具有大学本科学历，并连续从事本职业或相关工作（新闻、广告、营销、管理、秘书）2年以上。

（四）具有公共关系本科学历，并从事本职业工作1年以上。

——公关师（具备下列条件之一者）：

（一）取得本职业高级公关员职业资格证书后，连续从事本职业工作4年以上，经本职业公关师正规培训达规定标准学时数，并取得合格证书。

（二）取得本职业高级公关员职业资格证书后，连续从事本职业工作 5 年以上。

（三）具有公共关系本科学历并连续从事本职业工作 5 年以上，或具有大学本科学历并连续从事相关工作（新闻、广告、营销、管理）6 年以上。

（四）具有公共关系（方向）硕士以及 MBA、MPA 学位并从事本职业或相关工作（新闻、广告、营销、管理）1 年以上。

——高级公关师（具备下列条件之一者）：

（一）取得本职业公关师职业资格证书后，连续从事本职业工作 5 年以上，经本职业高级公关师正规培训达规定标准学时数，并取得合格证书。

（二）取得本职业公关师职业资格证书后，连续从事本职业工作 6 年以上。

（三）具有公共关系本科学历并连续从事本职业工作 10 年以上，或具有相关专业（新闻、广告、营销、管理）本科学历并连续从事本职业工作 12 年以上。

（四）具有公共关系硕士（方向）及以上学历或 MBA、MPA 学位并连续从事本职业工作 5 年以上。

（五）具有大学本科学历，职业表现突出者或担任本职业高级管理职务（总经理或总监以上职务），为职业发展和行业建设做出重大贡献的资深专业人士，须由国家职业资格工作委员会公关专业委员会两名委员推荐。

1.8.3 鉴定方式：

分为理论知识（含职业道德）和技能操作考核两种方式。理论知识考试采用闭卷笔试方式，技能操作考核：公关员采用闭卷技能笔试方式；公关师、高级公关师采用现场实际操作方式。理论知识考试和技能操作考核均采用百分制，皆达 60 分以上者为合格。

公关师和高级公关师还须进行专业评审，具体如下：

——公关师：

（一）需提交一份专业技术报告（涉及本职业的、能反映专业能力的项目建议书、研究/开发成果或论文等，并需附上由两位公共关系或相关专业副高级专业技术职务任职资格及以上职称或已获得高级公关师资格两年以上的专家意见书）；

（二）由评审委员会对其所提交的专业技术报告和现场答辩进行审核和评判。

——高级公关师：

（一）需提交一份专业技术报告（涉及本职业的、能反映专业能力的项目建议书、研究/开发成果或论文等，并需附上由两位公共关系或相关专

业正高级专业技术职务任职资格或已获得高级公关师资格三年以上的专家
意见书）；

（二）由评审委员会对所提交的专业技术报告和现场答辩进行审核和评判。

1.8.4　考评人员与考生配比：

公关员考试（考核）均按每 20 名考生配一名考评员。公关师和高级公关
师考评人员与考生配比：理论知识考试考评人员与考生人员配比为 1：10；技
能考核为 1：5；专业评审需同时不少于 3 名评审委员会委员。

1.8.5　鉴定时间：

公关员各等级的理论知识考试（包括职业道德考试）时间为 90 分钟。公
关员各等级技能考核时间为 120 分钟。公关师理论知识考核（包括职业道德考
试）时间为 90 分钟，技能操作考试时间为 90 分钟，专业评审时间为 30 分钟。
高级公关师理论考试（包括职业道德考试）时间为 90 分钟，技能操作考试时
间为 60 分钟；专业评审时间为 60 分钟。

1.8.6　鉴定场地设备：

标准教室和会议室。

2. 基本要求

2.1　职业道德（略）

2.2　基础知识（略）

3. 工作要求

本标准对初、中、高级公关员和公关师、高级公关师的技能要求依次递
进，高级别涵盖低级别的要求。

3.1　初级公关员（略）

3.2　中级公关员（略）

3.3　高级公关员（略）

公关师

职业功能	工作内容	能 力 要 求	相 关 知 识
传播 沟通	（一）业务沟通	1. 能制定和审定业务洽谈策略 2. 能进行高层次的业务谈判	1. 业务沟通的特点和基本要求 2. 业务洽谈的工作流程及技巧

（续表）

职业功能	工作内容	能 力 要 求	相 关 知 识
传播沟通	（二）公众协调	1. 能负责制定全年公众沟通计划 2. 能单独承担主要公众关系（政府、行业、社区等）的协调工作 3. 能有效地进行客户关系管理	1. 长期沟通规划的原则 2. 政府、行业、社区等重要对象的工作特点和沟通渠道 3. 客户关系管理的原则与方法
	（三）公关传播	1. 能制定并执行媒介传播计划 2. 能运用传播工具进行公关传播 3. 能撰写各种专题性新闻稿件 4. 能有效地进行媒介关系管理	1. 媒介概况和新闻报道原则 2. 新闻传播的方式方法 3. 媒介沟通与投放技巧 4. 媒介关系管理知识
创意策划	（一）客户需求	1. 能准确把握客户的市场环境并做出符合实际的判断 2. 能客观分析客户公关工作中需改进的环节	1. 市场信息和数据分析的知识 2. 组织竞争战略的有关知识
	（二）公关策划	1. 能根据客户需求制定有效的公共关系战略和计划 2. 能起草大型公关策划建议书，并提出创意性计划和行动方案 3. 能进行一般性的案例研究分析	1. 公关创意策划的基本方法 2. 决策过程及其理论 3. 创造性思维的有关知识 4. 客户所属行业的市场状况 5. 案例研究的原则和方法
策略管理	（一）公关调查	能运用各种调查研究方法与工具发现一个组织面临的各种公关问题	1. 市场调查的一般知识、方法和步骤 2. 定性与定量的分析方法 3. 调查工作涉及的有关法规
	（二）媒介管理	1. 能规划媒介关系工作框架 2. 能建立并维护媒介数据库 3. 能开展积极的、形式多样的媒介关系活动	1. 媒介关系的工作内容 2. 媒介关系的工作技巧 3. 媒介数据库的有关知识
	（三）市场传播	1. 能运用发布、巡展、论坛、培训等传播工具进行市场传播 2. 能实施全年市场传播计划和行动方案 3. 能帮助组织规划市场传播战略和策略	1. 产品发布、巡展，研讨、论坛、培训等工作的程序、内容和技巧 2. 市场营销的知识和工作原理 3. 整合营销传播的基本理论和技术原理

（续表）

职业功能	工作内容	能 力 要 求	相 关 知 识
策略管理	（四）企业传播	1. 能利用媒介传播、事件策划、品牌战略等工具进行形象传播 2. 能实施全年形象传播计划和行动方案 3. 能帮助组织规划品牌战略	1. 媒介传播、事件策划、品牌战略的工作原理和工作技巧 2. 组织战略、组织文化、组织运作与管理的基本内容
	（五）公共管理	1. 能制定政府关系工作计划 2. 能建立与政府、行业、社区之间良好的工作渠道 3. 善于并保持经常性的沟通	1. 政府关系、社区关系的工作原理和工作技巧 2. 最新政策动向和产业动向 3. 组织赞助的程序和应用
	（六）公关评估	1. 能结合组织的目标，对公关工作的中、长期效果进行评估 2. 能从公关活动的效果出发，鉴别日常公关工作的薄弱环节	1. 组织管理与绩效评估的有关知识、方法和工具 2. 数理统计与分析的基本知识
	（七）网络公关	1. 能运用互联网技术，加强与各类公众的交流与沟通 2. 能及时更新组织网站上的内容资料，构建网上的沟通平台	1. 网页设计的有关知识 2. 网络营销的有关知识
项目管理	（一）项目确认	1. 能有效地进行项目沟通 2. 能快速对公关需求进行鉴别 3. 能进行商业合同谈判	1. 市场环境的有关知识 2. 高级商务谈判的策略与手段 3. 跨文化传播的有关知识
	（二）项目竞标	1. 能客观分析客户工作中存在的薄弱环节 2. 能有效进行项目沟通 3. 能把握项目竞标的各种变化	1. 公关市场预测的基本知识 2. 客户关系管理知识 3. 项目竞标的工作内容和工作流程
	（三）项目执行	1. 能独立承担项目小组的管理工作，并进行全案跟踪和监控 2. 能进行现场的有效管理和监控，并灵活处理各种变化	1. 流程管理的原则与方法 2. 目标管理知识 3. 时间管理知识 4. 财务管理知识
	（四）项目评估	1. 能有效统筹项目实施的有序性与完整性 2. 能在项目结束后与客户保持积极的沟通并总结实施经验	1. 项目管理的核心原则 2. 项目评估方法与手段

（续表）

职业功能	工作内容	能 力 要 求	相 关 知 识
危机管理	（一）计划制定	1. 能制定危机管理计划 2. 能协调危机中相关方面的关系	危机管理计划的撰写要求
	（二）危机处理	1. 能及时处理危机事件 2. 能主持危机管理计划的实施 3. 能监控危机事件信息传播	1. 危机管理的工作程序和技巧 2. 危机传播中的新闻发布要点
	（三）危机传播	1. 能起草危机管理预警方案 2. 能承担危机传播管理工作	1. 危机管理预警方案的要点 2. 危机传播管理工作内容
管理咨询	（一）公关公司管理	1. 能开展公司的业务管理 2. 能对公司业务、财务、人力资源、客户服务等进行有效的管理	1. 企业管理的主要内容 2. 企业财务、税法、劳动法、合同法等有关的法律知识 3. 人力资源管理知识
	（二）公关部门管理	1. 能协调公关部门的各项工作 2. 能对公关部门业务、人力资源和组织战略决策进行管理 3. 能为组织管理层提出公共关系的策略建议 4. 能协调公关部门与其他部门以及外部公关公司的合作	1. 服务营销与品牌管理知识 2. 组织形象识别系统（CIS）知识
	（三）专业咨询	1. 能对组织公共关系的状态进行策略分析 2. 能对组织的公关战略提出建设性建议和成熟的实施方案 3. 能对组织的中长期公关计划提出指导性的策略建议	管理咨询的原则、程序和方法的专门知识
培训指导	（一）培训	1. 能对中级专业人员进行培训 2. 能对非专业人员进行日常培训 3. 能编写专业培训讲义	培训的有关知识
	（二）指导	能对公关员进行业务指导	案例教学法

公共关系专员

职业功能	工作内容	能 力 要 求	相 关 知 识
传播管理	（一）舆论监测	1. 能及时掌握公众舆论动向，并指导组织建立相应的资料库 2. 能对组织与各主要公众间的关系状态进行整体定位	1. 舆论调查的有关知识 2. 舆论分析的原理和技巧 3. 公共关系状态定位研究
传播管理	（二）传播沟通	1. 能审定全年公关传播计划，指导公关传播计划的执行 2. 能制定中长期公关传播战略和规划	1. 长期传播计划的基本内容及其特点 2. 公共关系战略与规划
传播管理	（三）关系协调	1. 能监控与各主要公众关系，维持良好的沟通渠道 2. 能指导客户关系管理	1. 公众关系的沟通原则和策略 2. 主要公众对象的特征和工作环境
策划研究	（一）创意策划	1. 能主持大型公关活动策划 2. 能对公关建议书提出专家意见 3. 能审定大型公关活动方案 4. 能评判公关活动效果	1. 大型活动的有关政策法规 2. 创新思维的工作原理 3. 策划的基本理论和原则 4. 创新管理的基本知识
策划研究	（二）公关研究	1. 能综合进行公众舆论研究与分析，并提出科学建议 2. 能独立进行公关案例研究 3. 能主持开发公关工作工具	1. 舆论及传播研究的有关知识 2. 案例研究与分析 3. 各种研究手段的有关知识 4. 专业发展趋势
危机管理	（一）预案策划	1. 能审定危机管理预警方案 2. 能主持或审定危机管理计划	主持或审定危机管理计划的要点
危机管理	（二）预防与规避	1. 能主持危机管理工作 2. 能提供危机管理建议 3. 能独立提供危机管理顾问服务	1. 公关咨询工作原理和流程 2. 各种应急技巧训练知识
危机管理	（三）危机管理培训	1. 能进行危机管理训练 2. 能根据情况的变化对危机管理预案进行不断更新	1. 专业培训的基本要领 2. 培训工具的有关知识

（续表）

职业功能	工作内容	能力要求	相关知识
网络公关	（一）网络舆论调研与评估	1. 能运用现代传播技术把握组织与公众的关系状态 2. 能对互联网不同公众反应进行整理，建立数据库并及时更新	1. 现代通信科技的有关知识 2. 网络传播的形式、特点和功能等方面的有关知识
	（二）网络工具使用	1. 能使用网络工具，建立组织与公众的互动平台 2. 能规划并审定网络公关计划	与网络传播有关的法律与法规
	（三）网络监测与维护	1. 能监测网上公众的反应 2. 能采取多种互联网沟通手段，保持与公众间日常的积极互动	1. 网络监测的有关知识 2. 网络设计与网络安全方面的有关知识
组织管理	（一）公关公司管理	1. 能独立承担专业公司的运营 2. 能对公司业务、财务、人力资源、客户服务等进行有效监督 3. 能开拓公司新业务和新客户 4. 能规划公司企业文化建设	1. 企业战略、管理等有关知识 2. 营销、质量管理等有关知识 3. 企业使命和社会责任的有关知识
	（二）公关部门管理	1. 能主持公共关系部门工作 2. 能对公关部门的业务、人力资源和公关战略进行有效的监督	1. 卓越公共关系标准 2. 项目预算知识
战略咨询	（一）环境监测	1. 能组织和指导对组织的各类公众进行分门别类的分析，并分别建立相应的资料库 2. 能负责对组织与各主要公众间的关系状态进行整体定位与把握	1. 消费者权益保护法和组织社团法规等方面的法律知识 2. 相关行业的有关知识
	（二）问题诊断	1. 根据组织目标，能指导对组织公关整体运作效果进行评估 2. 能对影响组织环境的因素进行分析和研究	管理决策的有关知识

（续表）

职业功能	工作内容	能 力 要 求	相 关 知 识
战略咨询	（三）战略建议	1. 能负责对组织与各主要公众间的关系进行调整和改善提出建设性建议 2. 能指导撰写并审定组织与公众间关系的咨询报告和建议案	1. 战略管理的有关知识 2. 组织文化建设的有关知识
	（四）趋势预测	1. 能从组织环境的视角把握组织的公关特征 2. 能提出组织公关运作应注意的主要问题清单 3. 能对组织的中长期公关计划提出指导性的策略建议	战略公关和国际公共关系知识
培训指导	（一）培训	1. 能对高级专业人员进行培训 2. 能对组织领导人进行高级培训 3. 能编写专业课件	1. 培训方案的编制方法 2. 专业课件开发的有关知识
	（二）指导	能对公关师进行业务指导和专业指导	1. 公关职业的前沿知识 2. 专业指导的有关知识

附录 9
中国公共关系发展大事记
（1978—2018）

1978 年

5 月 10 日，中央党校内部刊物《理论动态》第 60 期首先发表经胡耀邦同志审定的《实践是检验真理的唯一标准》一文，引发了关于真理标准的大讨论。确立了实践是检验真理的唯一标准，打破了禁锢人民的思想束缚，为中国公共关系的引入作了思想准备。

12 月 18—22 日，中共十一届三中全会的召开标志着中国经济体制市场化改革正式起步，为中国公共关系的引入作了体制上的准备。

1980 年

1980 年，公共关系作为经营管理技术，首先在深圳经济特区的一批中外合资酒店等企业出现。

1980 年，中港合资的深圳蛇口华森建筑设计顾问公司率先成立我国第一个公共关系性质的专业公司。

1982 年

1982 年，深圳竹园宾馆成立公共关系部，开展以招徕顾客为目标的、扩大影响的服务性公共关系活动，成为中国内地第一家设立公共关系部的企业。

1984 年

4 月 28 日，北京长城饭店在其美籍公共关系部经理的策划下，把美国总统访华的答谢宴从人民大会堂的宴会厅搬到了刚刚开业的北京长城饭店。来自全世界各地的 500 余名记者把里根连同长城饭店一起推销到了世界的每一个角落。

10 月，世界第二大公共关系公司：希尔—诺顿（韦达）公司在北京设立办事处。

11月，广州白云山制药厂在国营企业中率先设立公共关系部，这是中国第一个国营工业企业设立公共关系机构。该厂每年从产值中拨出1％作为"信誉投资"，开展公共关系工作，产值利润连年翻番，经济效益和社会效益十分显著。

11月，中国社会科学院新闻研究所成立公共关系课题组，开始进行中国社会主义公共关系学前瞻性研究，并着手编写《公共关系学概论》。

12月2日，国务委员张劲夫为筹办中国公共关系函授大学题词："研究社会主义公共关系，为四化建设服务。"

12月26日，《经济日报》发表中国社会科学院新闻研究所公共关系课题组明安香采写的通信《如虎添翼——记广州白云山制药厂的公共关系工作》和社论《认真研究社会主义公共关系》。

1985年

1月，中国社会科学院新闻研究所公共关系课题组赴湖北、天津、浙江等地考察我国新兴的公共关系事业。

1月，深圳市总工会举办国内第一个公共关系培训班。

2月，经济学家于光远在广州青年经济协会成立典礼上呼吁重视公共关系的研究。

4月，北京师范大学开设公共关系讲座。

5月，我国高等院校第一个研究公共关系学的学术团体——广州中山大学公共关系研究会成立。

6月，北京大学研究生院举办公共关系讲座，中国第一个官方的公共关系学术研究机构——珠海市应用传播研究所成立。

8月31日，世界最大的公共关系公司——博雅公司与中国新华社下属中国新闻发展公司签订协议，共同为在中国从事贸易的外国机构提供公共关系服务，中国新闻发展公司为此特别设立了中国环球公共关系公司，独家代理博雅公司及其客户在中国国内的公共关系事务。同时，博雅公司也可以通过环球公共关系公司的介绍，代理中国企业的海外公共关系事务。

9月，深圳大学大众传播系设立公共关系专业，从此公共关系进入高等学府。

1986年

1月，中山大学公共关系研究会、广州青年经济研究协会、广州经贸管理干部学院共同发起成立了广东地区公共关系俱乐部。

1月，厦门大学新闻传播系聘请香港浸会学院传播系前主任张同教授为本科生开设"公共关系概论"课。

9 月，深圳大学开设公共关系必修和选修课。

11 月，我国第一部比较全面、系统地论述公共关系理论与实践的专著——由中国社科院新闻研究所公共关系课题组编著的《公共关系学概论》出版。

11 月 6 日，我国第一家由官方组织的公共关系机构——上海市公共关系协会成立。

1987 年

5 月，我国第一届向全国招生的公共关系函授，由复旦大学《方法》杂志社、上海闸北业余大学联合举办。

6 月 22 日，中国公共关系协会成立。安岗任协会主席，这标志着公共关系在中国得到了正式确认和接受，公共关系事业的发展进入了一个崭新的时期。

1987 年，国家教委正式把公共关系列入行政管理、工业经济、企业管理、旅游经济、市场营销、广告学、新闻学等专业的必修课。

1988 年

1 月，我国第一家公共关系报纸——《公共关系报》在杭州创刊。

4 月，国际公共关系协会在澳大利亚墨尔本举行的第十一届世界公共关系大会上，深圳大学三位公共关系专家钟文、熊源伟、方宏进申请加入国际公共关系协会，当即获得协会总部批准。在大会闭幕式上，国际公共关系协会主席阿兰·萨杜宣布："作为本届大会的重要成果之一，国际公共关系协会中国分会正式成立。"立即博得会场的热烈掌声。它标志着中国的公共关系事业进入了国际公共关系市场。

9 月，山西省公共关系协会成立。

9 月，黑龙江公共关系协会开办了全国第一所培养大专文化程度公共关系人才的学校——黑龙江公共关系学校，学制二年，全日制教育，毕业合格者发给大专文凭。

10 月，我国第一家公共关系学专业学术团体——中国公共关系专业委员会，在西安成立。

12 月，福建省公共关系协会成立。

12 月，全国第一次省市公共关系组织联席会议在杭州举行。

1989 年

1 月，全国人大副委员长、著名社会学家费孝通教授谈公共关系。他指出：公共关系是现代化一个必要的工作，我国进行现代化生产的分工合作需要发展真正的公共关系。

1月22—23日，"今日公共关系"国际交流会议在曼谷举行，中国公共关系界三位代表钟文、东生和魏强在会上作了精彩发言，引起与会者极大兴趣。

1月25日，中国第一份海内外公开发行的《公共关系》杂志在西安创刊。全国人大常委会副委员长、著名社会学家费孝通教授担任顾问。

2月，费孝通教授在同《人民日报》记者谈话时，倡议在北京大学开一门公共关系课程。时隔不久，北京大学与香港中文大学在北京联合举办了公共关系讲习班，学员来自全国几十所高等院校从事公共关系教学的教授及实际工作者。

4月19—22日，在联合国计划开发署的支持下中国公共关系公司和中国国际经济技术交流中心在北京联合举办1989年国际技术交流中心。来自12个国家和地区的专家学者、经济界人士以"公共关系企业发展"为中心课题进行了研讨。

5月，李瑞环在全国横向经济联合工作会议上指出："现在有一门很时兴的学问已经上了讲台了，这个学问叫公共关系学。"

6月20日，黑龙江公共关系协会被省政府编制委员会批准获副厅级建制，常设机构秘书处为正处级单位。

9月，中共中央办公厅和国务院办公厅主办的中南海业余大学开设公共关系课，北京公共关系学会会长明安香接受邀请，系统讲授政府公共关系。

9月25—29日，全国省市公共关系组织第二次联席会议在西安举行。来自24个省市自治区的160多位代表出席会议。通过了向全国公共关系界推荐的《中国公共关系职业道德准则》草案。

10月16日，安徽大学公共关系学会成立，有关人士200多人参加了会议。

10月22日，广东电视台开播24集电视连续剧《公共关系小姐》，这是我国首次将公共关系职业形象搬上荧幕。

11月1—7日，首届中国沿海开放城市经济技术开发区公共关系工作年会在天津召开。来自大连、烟台、青岛、连云港、南通、宁波、福州、广州、天津等沿海开放城市经济技术开发区的代表与会。

11月13日，北京市公共关系学会、《北京公共关系报》接受北京市政府协调办公室委托，开展亚运会公众心理调查活动，这是我国公共关系界首次承担政府部门交办的大型公共关系调查。

12月8日，《公共关系导报》第1版发表中国公共关系协会副主席石坚对该报记者谈话，提醒公共关系界要区分真假人才。

12月15—20日，由深圳大学、杭州大学（浙江大学）、兰州大学、中山大学、复旦大学发起，深圳大学大众传播系主办的全国高等院校公共关系教学研讨会在深圳大学举行。来自 23 个省、市、自治区 50 多所高等院校的 90 名代表出席会议。会议研讨了公共关系专业的课程设置，原则通过了《公共关系教学大纲》。

1990 年

1990 年，深圳大学开始出版总计 11 种的中国第一套公共关系教材"当代传播与公共关系系列"，其中包括《公共关系原理》《公共关系实务》《公共关系案例》《公关素质论》，许多内容填补了公共关系研究的空白。

1 月，全国人大常委会副委员长彭冲题词："发展公共关系，服务四化建设。"

3 月 30 日，公共关系学者余明阳在《公共关系导报》发表文章指出：专业化是中国公共关系理论界的当务之急。

3 月，《公共关系》杂志第二期发表中国公共关系协会主席安岗在上海的讲话，题为《什么是中国特色的社会主义公共关系》。

4 月，上海市公关协会与市科技协会、市科学会堂、市国际科学技术公司、市科技咨询服务中心联合举办"科技为经济建设服务"技术咨询活动。市科技协会约请了电子、机电、化工、纺织、环保、企业诊断等方面专家，向会员单位代表进行了义务技术咨询。

4 月，上海市公关协会与上海电视台联合摄制电视专题片《公关在上海》。该片主要反映公共关系这门新型学科在上海的逐步兴起和发展，反映了上海市公关协会成立以来所组织的大型公关活动及本市企事业单位如何运用公共关系手段为企业经营和产品经销服务，提高企业经济效益的典型事例。

4 月 12 日，全国政策咨询工作会议在北京闭幕。江泽民、李鹏等领导会见了出席会议的代表并讲了话。会议提出，政府系统的决策咨询机构要加强研究工作，为各级政府的科学决策当好参谋。

6 月，首届"三北地区公关组织联谊会"在哈尔滨召开。在为期三天的会议中，来自西北、华北、东北地区的公共关系组织负责人及兄弟省、市地区公共关系组织领导百余人就公共关系工作的经验和开展进行了广泛的交流与探讨。

7 月 4—8 日，由中国公共关系研究所举办的首届全国公共关系理论研讨会在河北省新城召开，来自颧骨的百余名代表出席了这一公共关系理论界的盛会。

7 月 4—7 日，以"问题公关、应急公关"为题的"企业公共关系国际研讨会"在深圳湾大酒店举行。会议由国际公共关系协会深圳分会主办，全国

15 个省、市的公共关系人士和企业家 100 余人与会。

7 月 10 日，中国公共关系协会主席安岗为《公共关系》杂志题词。

7 月 30 日，北京市公关培训学校建校两周年联谊会在中国记协新闻发布厅举行。该校成立以来，先后举行 7 期培训班，培训学员 800 余人。

8 月，上海市公关协会与上海市旅游协会联合举办"公关与旅游"研讨会。到会的宾馆、旅游、公关界人士为如何抓住时机，塑造上海国际大都市形象，迎接国际旅游复苏等专题共谋良策。

12 月，由中国公共关系协会、人民日报、市场报联合举办的首届全国公共关系研讨优秀论文"玉环杯"颁奖大会和新闻发布会在人民大会堂举行。中国公共关系协会副主席徐虹霞在北京人民大会堂主持首届全国公关研讨优秀论文"玉环杯"颁奖大会期间，接受《公共关系》杂志记者采访时谈，在现阶段，应当怎样开展公共关系学的研究，以及在公共关系上还有那些值得注意的问题。

1991 年

1991 年，深圳大学以其率先创办专科公共关系专业教育这一项目，获国际公共关系协会首届"世界最佳公关"金奖。

1991 年，经济管理出版社出版发行的《实用医院公共关系学》一书，是我国最早系统地论述医院公共关系著作。

1 月，《公共关系》杂志第一期，刊发了朱增朴题为《公关——模糊界限的事业》的文章。

1 月，《公共关系》杂志分别发表李道平、郭惠民的题为《对公共关系几个理论问题的思考》《公众细分原理及有关思考》的文章。

2 月 25 日，澳大利亚公共关系专家格里高里·布鲁克撰文指出，消费品公关与中国的出口市场极其有关，中国出口市场走向世界的产品需借助公共关系。

4 月 26 日，中国国际公共关系协会在北京成立，中国首任驻美大使柴泽民先生担任第一任会长。并提出了"让世界了解中国，让中国走向世界"的宗旨和"知道、协调、服务、监督"的工作方针，由此掀开了中国公共关系业发展的新篇章。

5 月，《公共关系》杂志第三期发表深圳大学熊源伟的文章，题为《契机与转机——现阶段公关发展之我见》。

5 月，全国十年杰出企业公关评优颁奖会暨全国公关工作会议、企业公关交流会在北京召开。许多大中型企业的厂长、经理、公共关系人员从理论和实践的结合上就"走中国式企业公关道路""公共关系与企业发展"等问题进行了较为深刻的探讨。

5 月，全国公关组织第四次联席会议在武汉召开，70 多位代表集中讨论了如何运用公关，促进经济发展等问题，并通过了《中国公共关系道德准则》。

5 月 4，中共中央政治局常委李瑞环为中国十年杰出企业公关评优颁奖大会发电话贺词："中国十年杰出企业公关评优颁奖大会的召开，是一件好事。我因事不能到会，特电话祝贺。中国公共关系事业的发展，是中国改革开放的必然趋势，它以新兴的管理科学，协调社会各方面关系，密切党和广大人民群众的联系，调动各种积极因素，维护安定团结，促进社会主义建设。我相信，在实现十年规划和'八五'计划的奋斗中，中国的公共关系事业一定会有一个更好的发展前景。"中顾委常委薄一波为中国十年杰出企业公关评优颁奖大会发贺词。

5 月 28 日，第十一届中国电视剧"飞天奖"在广州揭晓，广东电视台电视艺术中心于 1989 年录制的 24 集电视连续剧《公关小姐》荣获三等奖。

6 月，全国公关语言教学、教材研讨会在广州暨南大学举行。

6 月，由上海市公关协会会同解放日报、文汇报、新民晚报、上海人民广播电台、上海电视台联合举办"上海市优秀公关案例"评选活动。并在此基础上出版了《公关在上海》一书。

7 月，浙江省《公共关系报》公开发行，与《公共关系》杂志和《公共关系导报》并称"两报一刊"。

7 月 5 日，江苏人民广播电台开辟《公关一角》专栏，连续介绍企业公关个案并进行分析。

7 月 8 日，中国公共关系协会培训学校在北京开学，首批 80 余名学员参加开学典礼。

7 月 18 日，由上海公关协会、解放日报、文汇报、新民报、上海人民广播电台、上海电视台联合举办的"1990 年上海市优秀公关实例评选活动"正式揭晓。18 家企事业单位分获优秀公关实例金、银、铜奖。

8 月，首届中国百家明星企业青年公关艺术大奖赛在大连举行。这次大奖赛由中央电视台、经济日报社、中国公共关系协会、大连市人民政府联合发起主办。

8 月，中国公共关系策划学研讨会在辽阳召开。会议研讨的主要内容是：创建公共关系策划学的必要性及该学科研究对象等学科建设的理论问题。

8 月，上海市公关协会、解放日报、上海市社会科学院联合举办了《700——上海形象》研讨会。市公关协会会长毛经权、上海市社会科学院副院长夏禹龙、解放日报副主编余建华等出席了会议。会上老上海代表唐振常先生、文化局局长孙滨、旅游局副局长张包镐、铁路局总经济师胡志超、作家秦瘦鸥等上海各界人士，围绕城市科技、城市建设、城市交通、城市环境、城市旅游、城市文化等各个问题展开研讨。解放日报新闻专版对此进行了重点报道。

11月，国际公关协会就在内罗毕召开的理事会上通过了《关于环境和发展传播的内罗毕准则》，该准则对从事与环境问题有关的公关工作的公关人员提出了一系列要求。

11月，第二届高等院校公关研讨会在杭州召开。50位高校从事公关教学、研究的人员对一些理论问题取得共识。

11月，上海市公关协会与新民晚报共同举办"影星"杯公关知识竞赛活动，试题分四个部分刊登新民晚报上，评出一等奖6名；二等奖10名；三等奖15名；纪念奖50名。

12月，第二届全国公关理论研讨会在上海召开。来自全国各地的近百位代表围绕"公共关系与改革开放"的主题进行了研讨。

12月，中国国际公共关系协会与美国韦达公关顾问公司在北京举行"高级公共关系与公共事务"研讨会，中美公关专家联袂同台进行学术交流。

12月10日至12日，全国首届明星企业公关演讲复赛在北京举行，来自全国12个省份的40个企业代表参加复赛。

1992 年

1992年，日本的CIS（企业形象识别）之父中西原南先生到中国传播CIS理念，掀起了国内企业的CIS热，重现了日本在60年代工业高速成长时兴起的CI运动景象。

1月，《人民日报》社公关信息部正式成立。该部隶属于人民日报社综合经营办公室。崔秀芝任副主任。

2月20日，颇受企业欢迎的《企业实用公共关系》电视讲座在中央电视台重播。

4月12日，首届上海公关精英电视大赛在上海电视台播出的颁奖大会上揭晓。

5月14—18日，中国国际公共关系协会在深圳蛇口召开的国际公关协会理事会和"走向亚太世纪"的专业研讨会，吸引了海外30多个国家和地区的170多位公关界人士和国内的150多位公关界、企业界代表参加，盛况空前，被该年度国际公关协会主席称为"国际公关协会发展史上的一个里程碑"。大量的国际性公关协会对于加强世界各国公关界的相互联系、促进专业交流、增进彼此了解，起到了积极的作用。

6 月，上海市公关协会与广东、福建、浙江省公关协会在浙江省宁波经济开发区联袂召开"沿海省市大中型企业公关研讨会"，总结交流大中型企业运用公共关系促进企业发展的经验，着重就社会主义公共关系如何为大中型企业服务问题作了研讨。

6 月 5 日，《公共关系导报》开架北京图书馆。

6 月 8 日，青岛—北京的 25/26 次特快列车被冠以"琴岛海尔号"披挂进京，成为首例以企业名称命名的旅客列车。

6 月 10 日，《中国公共关系大辞典》由全国 24 个省市和中央有关部门、38 所高等院校、科研院所的 150 余名专家学者，历时三年半联袂编著的我国第一部大型理论辞书——《中国公共关系大辞典》截稿、审定。这是当代中国所编公关辞书中篇幅最大、资料最新、内容最全的大型理论工具书。

7 月 5 日，中国公共关系特色初探研讨会在山东省莱芜市举行。

11 月 10 日，全国第五届公关组织联席会议在广西桂林举行，来自全国 30 个省份的 300 名代表与会，中国国际公关协会副会长朱传贤做"公关之我见"的讲话，中国公关协会主席安岗、中国国际公关协会会长柴泽民为会议发来了贺词。

12 月，上海市公关协会、上海市消费者协会、"中国质量万里行"杂志社联合举办为期三天的"中国质量万里行"宣传日活动，分别在南浦大桥、人民广场、外滩等主要地段设立宣传点，达到了"宣传质量意识，增加消费观念"的目的。

12 月，全国第二届企业创新与公关策划研讨会在营口召开。

12 月 2 日，为期 4 天的第三届全国公关理论研讨会在福州举行，70 余名专家、学者围绕着"公共关系与市场经济"这一主题进行探讨，收到论文 120 篇。

1993 年

1993 年，由唐·E. 舒尔兹提出的《整合营销传播》理论传入中国。从此，我国的各大媒体走上了整合营销的道路。

1993 年，在石家庄创刊的《公关世界》杂志由中国公共关系协会、中国国际公关协会与河北省国际国内公关协会共同创办。

3 月，上海市公关协会、和上海广告公司联合举办"我最喜爱的广告语"评选活动，历时 7 个多月。全国有 99 家企业报名参加，通过群众推荐和专家评定相结合的办法，评出了 10 条"我最喜爱的广告语"。《解放日报》《文汇报》《新民晚报》等新闻媒介均报道了这次活动的消息。东方电视台"东方大点播"作了长达 50 分钟的介绍。

4 月，中国国际公共关系协会第一届理事会第三次会议提出了"开拓、建立和发展中国公关市场"的战略构想。

6 月，首届中国最佳公共关系案例大赛（1992—1993）正式启动，这是中国公共关系业最具权威的赛事，每两年举办一届。

7 月 15 日，上海公关协会主办的上海市国际公共关系进修学院成立，薄一波亲自为学院题名。

8 月，中国广播电视出版社出版了全球总容量最大的公关书籍《中国公共关系大辞典》。550 万字的《中国公共关系大辞典》由吴学谦、邵华泽为之作序。

8 月 14 日，国务院出台了《国家公务员暂行条例》。为中国行政管理教育的发展提供了很好的历史机遇，同时也面临严峻的挑战。从此，中国行政管理教育进入到一个崭新的发展壮大阶段。与此同时，也标志着我国政府公共关系进入了职业化的发展道路。

9 月 22 日至 26 日，全国省市公关组织联席会议在贵阳举行。主题是"公共关系如何为社会主义市场经济服务"。

10 月，中国国际公共关系协会与《公共关系报》（浙江）合作推出了"中国公共关系市场笔"专版。

10 月 12—15 日，中国公共关系协会学术委员会在郑州召开全国公关报刊座谈会。

10 月 28 日，上海市公共关系协会和超天集团联手主办了盛大的涉外集体婚典："今生今世—超天婚礼"。九对新郎新娘中有五位新郎分别来自美国、加拿大、日本、瑞士和香港的境外人士。这次轰动的涉外婚典，使创建还不到三个月的超天集团知名度大为提高。据事后统计，共有中外 25 家新闻单位对引事作了报道，这一公关案例被中国国际公关协会摄入电视片《中外优秀公关案例精选》之中，并在海内外播出。

1994 年

1994 年，经国家教委批准中山大学创办了我国第一个公共关系本科专业。

1994 年，中山大学开始在行政管理专业硕士点招收公关研究方向的研究生。

3 月，由中国公共关系协会学术委员会主任翟向东先生主编、中国公共关系协会学术委员会联袂编著的《中国公共关系教程》在中国商业出版社出版，这是中国公共关系史上的一件大事，该书在中国公共关系研究方面具有承上启下、继往开来的重要意义。

9 月，中国国际公共关系协会与《公共关系报》（浙江）合作推出了"公关实务界人士眼中的中国公共关系市场"专版。

9 月，中国国际公共关系协会与中国环球公共关系公司合作举办了"中国公共关系市场高级研讨会"。

9 月 6 日，"中国公共关系市场高级研讨会"在京举办。同年《中国经营报》刊登"中国公共关系市场探索"专版，掀起中国公关市场讨论热潮。

11 月，中国国际公共关系协会与《中国名牌》杂志推出了"机遇、策略与发展——中国公共关系市场特别报道"。

年底，华东六省一市公关工作者研讨会在上海举行。与会者就"公关如何适应市场经济发展"等课题进行了研讨。

1995 年

1995 年，山东省莱阳市成立了首家县级协会——莱阳市公关协会。

2 月 1 日，《中华人民共和国广告法》开始施行。

2 月，黑龙江青少年发展基金会与公关事务所共同策划发行希望卡，为希望工程筹资。

3 月 20 日，《中外优秀公关案例精选》10 集电视系列片在北京电视台连续播出，引起社会广泛关注。

5 月 29 日，中国高等教育公共关系委员会在西安成立，同时召开了首届学术研讨会。大会通过了理事会、常务理事会及有关执行机构的组成人选，大会工作报告和章程。

6 月 2 日，在北京的中、外八大公关公司联合签署过了《对在中国开展公关业务的职业标准立场》。其中有 7 家外资或合资公关公司，在全球公关排行榜上名列前十位内。

7 月，上海市公关协会、上海外商投资企业协会与上海家化联合公司联合举办"上海市企业界职业公关市场大讨论"活动，市政协副主席、市公关协会会长毛经权、上海外商投资企业协会副秘书长赵信勋、上海家化联合公司总经理葛文跃以及上海市企业界、理论界、新闻界等有关人士 110 人出席这次活动。

8 月，第五届全国公关理论研讨会在石家庄召开，议题是"公关策划"。

9 月，为迎接第四届国际妇女大会召开，上海市公关协会、《上海公关》杂志和上海教育电视台《阅读上海》栏目共同举办了为期半年的"公关风采录"，每周三次向公众开播，一展上海公关人员的风采。

国庆期间，上海市公关协会与香港广和洋酒公司联合举办了"御鹿家族珍藏干邑慈善义拍会"。这次拍卖的洋酒是干邑极品"御鹿瑰宝"，是御鹿家族为了庆祝其祖先由英国移居法国 2 000 周年而特地推出的珍藏大香槟干邑，身价极为显赫。结果，这次拍卖活动一举成功。广和洋酒公司将所得的 26 万余元全部捐献给上海市慈善基金会。上海市慈善基金会专门给上海市公关协会颁发了奖牌。

11 月，第五届全国企业创新与公关策划研讨会在秦皇岛召开，大会主题为企业策划与现代企业制度。

12 月，复旦大学出版社出版的《公共关系学》和《公关心理学》入选"1995 年全国社科类优秀畅销书评选"，标明我国公关类图书的出版已受到广泛的肯定和赞誉。

1996 年

3 月，上海市公关协会和哈根达斯上海食品有限公司及上海市妇女联合会联合举办了"驻沪海外人士看上海"的活动。这次公关活动以"每个人都希望把自己的所爱与大家一起分享"为主题，把哈根达斯冰激凌的形象塑造巧妙地与评选上海的"十佳"相结合，这个活动取得相当理想的效果。

4 月，中国国际公共关系协会举办了首次中国国际公共关系大会（即友谊宾馆会议），此后每两年举办一次，每次会议都有一个中心议题。这种全国性的中外专业交流活动，极大地推进了中国公共关系业的专业发展，成为行业中一次有着里程碑意义的重要会议。

4 月 22 日，沈阳工业学院公共关系协会正式成立。它是辽宁省高校中首家此类性质的学生团体。

5 月，中国公关协会培训中心，在北京举办"创名牌塑造企业形象高级研讨班"。

6 月 4 日，《中国经营报》上推出了"中国公关业——一个生机勃勃、尚待规范的大市场"专版。极大地激发了本地公关顾问市场的发展，预示着中国公共关系市场的正式启动。

7 月，中国国际公关协会与中国科协等单位联合举办"中国中西部投资洽谈研讨会"，吸引 1 000 多位中外企业及政府代表参加，这是中国首次举办针对中国中西部开放的国际会议。

7 月 9 日，美国、加拿大、泰国非营利机构专家代表团来中华慈善总会访问，总会会长崔乃夫以及总会常务理事、理事等 20 余人与代表团就非营利组织发展问题进行了座谈和交流。这次国际性的交流为我国社团的发展注入了新鲜的血液、建立了与世界沟通的桥梁。

7 月 18 日，由陕西、甘肃、青海、西藏四省联合举办"重振唐蕃古道计划"系列活动，开展集旅游、经贸于一体的"文成公主进藏西部开发考察行"公关活动

10 月，上海市公关协会主办 "96 上海国际公关营销研讨会" 国内外公关界、营销界的专家、学者以及企业界的领导和公关代表约 60 余人出席了会议。毛经权会长在会上提出了 "公关人" 在迈向二十一世纪的最后时机，如何抓住机遇、创造辉煌，实现公关 "质" 的飞跃的新课题。会议还对评选出的十六家公关营销优秀企业和成功案例进行了颁奖。

1997 年

2 月 1 日，颁发的《出版管理条例》为我国规范广告活动，促进广告业的健康发展，保护消费者的合法权益，维护社会经济秩序，发挥广告公关在社会主义市场经济中的积极作用迈出了里程碑的一步。

3 月，中国出现了第一个商业性的网络广告，传播网站是 China byte，广告表现形式为 468×60 像素的动画旗帜广告。Intel 和 IBM 是国内最早在互联网上投放广告的广告主。互联网的产生和发展，在一方面扩大了媒体公关的渠道；另一方面，也加大了媒体市场的竞争力。

4 月 18—22 日，"首届海峡两岸公关学术及实务研讨会" 在台北举办，大陆 10 位专业人士赴台交流。中国国际公关协会副秘书长郭惠民在会上发表了 "中国公关咨询业——国际化与本土化" 的演讲，引起台湾同行的注意。

6 月 10 日，中国国际公共关系协会第二次会员代表大会在北京人民大会堂隆重举行。会议明确了协会全国性公共关系专业组织性质和地位，提出了协会今后的发展战略和主要任务。

当年夏，中山大学和广州创意公共关系有限公司联合设立了 "中山大学创意公共关系专业基金"。这是我国高等学府设立的第一个公关基金。

7 月 1 日，中国政府对香港恢复行使主权，全世界的目光聚焦到中国。我国的国际公共关系迈出了历史性的一步。

7 月 5 日，中国国际公关协会接通互联网，中国公关网（www.chinapr.com）正式开通，标志着协会向信息化建设迈出了可喜的一步。

11 月 15—16 日，由中国国际公关协会柴泽民会长任主任委员、全国十多位公关专家和学者组成的 "全国公共关系职业审定委员会" 在北京举行了成立仪式和首次专家论证会。根据劳动部的要求，该委员会将在广泛听取各方意见的基础上，就公关职业的名称、定义、工作描述、技能标准及签订规范等进行充分的论证。

11 月下旬，"97 中国国际公关研讨会暨浙江省公关协会成立十周年" 庆典活动在杭州举行。

年底，中国国际公关协会进行年度公共关系行业调查，并发布行业调查报告，该报告从行业规模、经营情况、业务发展以及行业发展前景等诸多方面进行了较详细的分析和研究，其数据和基本观点为公共关系行业的发展提供了有效的参考。

1998 年

年初，中国国际公关协会首次对中国公关业进行抽样调查，以后每年进行一次。该项调查从业务发展、行业状况以及战略研究等方面为行业发展提供了非常有效的参考。

3 月，中国国际公关协会与劳动出版社合作拍摄 10 集公关教学录像片《现代企业公关》。这是国内首部用于公关教学的录像片，极大地普及企业公共关系人员的专业知识。

4 月，上海市公关协会为法商投资 5 000 万美元的上海依视路光学有限公司承办开业庆典活动。法国国务秘书、法国驻中国大使、法国驻沪总领事、法国依视路总裁、上海市外经委副主任、上海市公关协会会长毛经权以及松江县有关领导等中外来宾 150 人参加了庆典。上视、东视、有线等新闻媒介对庆典作了较好的报道，依视路公司十分满意。

5 月，上海市公关协会与市政协经济委员会、科技委员会、市科协联合召开"当代企业与科技、金融关系"研讨座谈会。市公关协会会长毛经权、市政协副秘书长梁国扬、市政协经委主任孟庆令等领导出席。金融界、科技界、高科技行业专家以及上实集团、汇丽集团、上海联合实业公司等一批大企业的董事长、总经理出席了会议。为期两天的会议促成一些合作意向。

8 月 7—10 日，全国公关职业审定委员会第三次会议暨第一次扩大会议在上海召开。

9 月 18—22 日，第十一届全国省市公关组织联席会议在河北省石家庄举行，会议集中探讨了城市形象、企业形象和公关组织自身形象建设的新发展、新经验和新问题。

9 月 25 日至 27 日，全国高校公关理论与公关教育研究研讨会在湖北武汉举行。会议的研讨主题是政府公共关系问题。

1999 年

1999 年，根据教育部有关文件精神，公共关系列为高等教育自学考试全国统考专业，并于 2002 年完全执行新的考试计划。

1 月，"高层晚餐聚会"活动每月定期举办。该活动吸引了来自政府司局级领导和著名企业家的积极参与，成为企业和政府之间良好的沟通平台。

1 月 4 日，国家职业分类大典和职业资格委员会办公室致函中国国际公关协会、中国公共关系协会，决定成立"国家职业资格工作委员会公关专业委员会"。该委员会是一个专家性组织，在国家职业资格工作委员会的指导下从事工作。

1 月 26 日，中国公关协会培训中心与《公关世界》杂志社在石家庄联合举办首届公关教师高级研修班。

5 月，上海市公关协会与上海世联公关咨询服务有限公司在上海瑞安广场会议中心联合主办"公关传播的力量"中国案例会议。会上，百余位海内外大型企业的高级管理人员和著名经济专家就公关传播策略和技巧方面的问题进行交流和研讨。

5 月，国家劳动和社会保障部正式将"公关员"作为一种新职业列入《中华人民共和国职业分类大典》，这标志着国家正式承认"公共关系"这一职业。从此，高层次的公关职业教育培训已被提升到中国内地公关教育的议程上来。

6 月 19—21 日，"全国首届省市公关组织秘书长工作会议"在大连召开，来自全国 26 个省、61 个市的公关组织的秘书长及公关界人士参加了会议。会议期间，国家职业资格委员会公关专业委员会举行了指定培训学校授牌仪式，首批接受授牌的有 20 家。

7 月 21 日，国家职业资格工作委员会公关专业委员会组织编写的《公关员职业培训和鉴定教材》在北京通过了国家鉴定。

7 月 23 日，中国城市形象工程国际研讨会在京隆重举行，400 多位政府官员、协会领导、专家学者参加了会议，极大地推进了全国城市形象工程的建设。

10 月，上海市公关协会与上海 BMR 市场研究公司在光大会展中心联合主办《市场研究与企业发展》——产品赢得市场策略研讨会。会上，不仅邀请专家讲述"中国加入 WTO 的市场研究与企业发展趋势"；且有五家企业从各自产品品牌在市场比较的分析入手，详细报告了品牌形象、企业形象、营销策略的转变与市场转变的过程；并由著名学者点评，使与会得受到很大启迪。

12 月 19 日，由中国国际公关协会、中国社会科学院世界经济与政治研究所、人民政协报社、中国国际友谊促进会、中国国际科学和平促进会共同主办的"澳门回归论坛"在人民大会堂澳门厅召开。"论坛"向对澳门回归做出贡献的中国国际公关集团总裁高伟凯颁发了回归贡献奖。

12 月 26 日，广州举行了"1999 年公关员职业资格全国统一鉴定广东分考场"试点统考，是我国首次公关员统考的试点。

年底，上海市公关协会与市侨联、市高科技成果转化服务中心、市信息协会、市科技咨询服务中心在锦江小礼堂联合举办"99 江、浙、沪科技、金融、企业界科技经济促进交流会"。就江、浙、沪三地整合优势资源、新世纪投资管理模式、利用互联网推进高科技产业化及中国进入世贸后的对策等经营管理者普遍关心的问题作了精彩的即席演讲和研讨。会议吸引了江、浙、沪三地250余位企业家、金融家、科技家参加，且发布了400余项高科技和短平快项目的资料、信息，并促成了一些合作项目。

2000 年

年初，中国国际公关协会携同中国环球、海天网联、方圆、爱德曼、博雅等中外公关公司以及壳牌、可口可乐等一些著名的企业公关部，对北京、上海、广州等地几十家公关公司和企业公关部进行了问卷调查或走访调查。调查结果表明，日益活跃的中国公关业，已成为中国经济的一个朝阳产业。

5 月，中国第一个公关专业基金会——广州中山大学创意公共关系基金会举行了颁奖大会。大会除奖励了中山大学一批优秀师生外，还奖励了社会上有突出贡献的两位公关界人士：一位是中国环球公关公司总经理王志文，一位是公关世界杂志社社长汪钦。

8 月，第 13 届全国省市自治区公关组织联席会议在内蒙古呼和浩特、包头市召开。会议就公关界如何运用江泽民"三个代表"的思想武装自己，如何在西部大开发战略中发挥作用等重大问题进行了探讨。

9 月，山西省国际国内公关协会联合《公关世界》《公共关系》杂志社共同发起主办了"2000 年首届公关财富论坛"，集中探讨了"公关理论与市场经济如何做到最佳融合"，并得出了"公关创造财富"这一新理念。

10 月下旬，中国国际公关协会组织"中国公关业代表团"一行 10 人首次访问美国，并参加了在美国芝加哥举办的世界公共关系大会，并在会上发表了书面演讲。

11 月，上海市公关协会与沪港经济杂志社联合主办"上海房地产市场形势与企业对策研讨会"，30 位政府官员、学者专家及沪港两地有关房产企业负责人参加了研讨会。推动上海房地产业健康发展，以适应入世后的新形势的需求。

11 月 1 日，"迎大运——万名大学生签名"活动总结会暨捐赠仪式在京举办。该活动由本届世界大学生运动会组委会与中国国际公关协会共同举办。

12 月，上海市公关协会举办"社会公益与企业形象"研讨会，邀请海内外知名慈善家、学者，成功的慈善企业家，行善企事业单位代表共百余人参加。探讨企业从社会获利的同时，如何回报社会；企业在为社会公益事业作出贡献的同时，从中塑造企业自身良好的形象和声誉。

12 月，上海市公关协会为国内最大的高新技术企业之一，中日合资华虹NEC 电子有限公司举办"走向新世纪职工集体婚礼"。该公司的领导层以先导的管理才能，体会职工劳动成果，比可行性报告提前两年盈利，以此来回报职工。

12 月 3 日，首届全国公关员职业资格统一考试举行，全国 24 个省、自治区、直辖市的近 7 000 人参加了初、中、高三个级别的职业资格统一鉴定考试。大批公关员持证上岗，标志着中国公关业进入了职业化、专业化、规范化的新阶段。

2001 年

4—6 月，中国国际公共关系协会举办"中奥百城支持北京申奥签名活动"，召集国际公共关系公司为北京奥申献计献策，得到北京市及北京奥申委领导的高度评价。

4 月，李岚清副总理访问法国期间与法国外交部长韦德里纳签署了关于中法互设文化中心和互办文化年的《会谈纪要》。双方商定，2003 年 10 月至 2004 年 7 月，中国在法国举办文化年；2004 年秋季至 2005 年 7 月，法国在中国举办文化年。中法文化年的开展是我国政府进行国家公关的一种重要体现。

5 月 10 日，在香港《财富》论坛闭幕的庄严时刻，香港前特区行政长官董建华向与会代表隆重推出了"香港品牌——飞龙标志"，这是又一次成功的政府公关。

5 月 10 日，"马可·波罗奖"颁奖典礼举办。中国国际公共关系协会受美国志愿者协会委托，为对中美关系建设作出突出贡献的美国辉悦顾问公司总裁颁发"马可·波罗奖"。

7 月 13 日，北京成功申办 2008 年奥运会，这是一次成功的政府国际公关，将为我国公共关系业带来难得的发展机遇。

8 月 23 日，"中国公共关系网"（www. chinapr. com. cn）及协会网站（www. cipra. org. cn）成功改版，业内人士有了自己的网络交流平台。

9 月 7—9 日，全国公共关系员培训与职业鉴定工作座谈会在北京召开。会议总结了全国公共关系员培训、交流了工作经验，改选了部分委员，提出增设"公共关系师"和"高级公共关系师"两个职业等级。

9 月 20 日，外资在华医药企业政策沟通会在北京国宾酒店举行。国家经贸委、国家计委、国家工商总局、卫生部、劳动和社会保障部以及国家医药管理局等政府主管官员与在华外资医药企业负责人就医药认证、医药市场等问题进行沟通。

10 月 14 日至 17 日，中国国际公共关系协会郑砚农常务副会长兼秘书长、和铭常务副会长代表中国公共关系界参加柏林国际公共关系大会，并在会上发表"中国公共关系业发展现状及前景展望"的演讲。

10 月 18 日，APEC 会议在上海召开，这次会议取得了圆满成功，是上海的一次成功的国际公关，有助于树立良好的城市形象。

下半年，中国国际公共关系协会起草《中国国际公共关系协会会员行为准则》，经中国国际公共关系协会理事会审议通过，标志着行业规范化工作正式启动。

11月23日，中国国际公共关系协会与上海市公共关系协会共同举办"经济全球化下的公共关系"国际论坛。这是中国加入WTO后的一次重要会议，上海及周边地区的公共关系界、企业界代表参加了本次活动。

12月11日，中国加入WTO，为我国公共关系业的发展创造了良好的国际环境，我国公共关系业走进"大公关时代"。

12月14日，中国国际公共关系协会二届理事会四次会议在北京国宾酒店召开。会议审议通过了理事会工作报告，增补调整了部分理事，审议通过了《中国国际公共关系协会会员行为准则》。

12月14日，中国国际公共关系协会十周年庆典在北京人民大会堂隆重举办。何鲁丽副委员长、经叔平副主席、李肇星副部长等近300位嘉宾参加了庆典活动。

12月21日，上海市优秀公共关系案例评选中，浦东新区政府与黄浦区建委两个公共关系项目获得上海市优秀公共关系金奖。据悉，政府公共关系项目获奖，在全国也是头一回。专家评论说，其意义远远超过了获奖本身。它表明，政府越来越注重对自身形象的塑造。注重沟通与互动，将成为一个现代政府的重要标志。

2002 年

1月，香港公共关系业代表团访问上海。中国国际公共关系协会郑砚农常务副会长兼秘书长亲赴上海接待香港代表团一行，并进行了相关业务交流活动。

截至3月，全球排名前20名的国际公共关系公司已经有一半进入中国，成为加入WTO后中国公共关系公司与国际公共关系业进一步融合的标志和开始。

6月26—27日，第四届中国国际公共关系大会在北京国宾酒店隆重举办。蒋正华副委员长、经叔平副主席、李肇星副部长、龙永图副部长、刘敬民副市长等贵宾参加了本届大会。

6月27日，第五届中国最佳公共关系案例大赛颁奖典礼在京隆重举办。经叔平副委员长将"中国公共关系杰出大奖"奖杯颁发给了北京奥组委秘书长王伟，李肇星副部长向上海通用汽车颁发了"中国公共关系创意奖"，会上还颁发了15个金奖和19个银奖。

11 月 16 日，广东佛山发现第一例"非典"病例，这是我国政府进行危机公共关系的最佳时刻，然而，由于政府当时的经验不足，错失了这一时机，也是政府展开危机公关的一个铺垫。

11 月 27 日，中国国际公共关系协会与中国妇联联合举办"企业社会责任与企业形象论坛"。该活动受到企业界人士和女性企业家的高度评价。

12 月 3 日，上海在五个城市中脱颖而出，获得了 2010 年世博会的主办权，在为上海进行了一次成功的国际公关的同时，再一次证明了政府在国际公关中发挥的重要作用。

12 月 6 日，中国国际公共关系协会第三次会员代表大会在北京国宾酒店隆重举行。会议通过了第二届理事会工作报告，选举产生了第三届理事会和新一届领导机构，同时宣布协会下属三个委员会（学术委员会、专业公司委员会、地方组织委员会）成立。

12 月 29 日，上海公共关系协会与香港大公报主办的中外公共关系专家对话活动在上海图书馆多功能厅举行。中心议题是公共关系的人文价值、创造企业发展的市场空间和整合公共关系传播、开发企业品牌核心竞争力。

年底，上海视点公共关系公司总经理朱艳艳获国际商业传播者协会 IABC 颁发的"金鹅毛奖"，成为捧回该奖的第一人。

2003 年

1 月 22 日，美国波音公司全球公共事务副总裁访问中国国际公共关系协会，双方就今后的合作进行了亲切友好的会谈。

2 月 22 日至 23 日，"经济全球化下的企业危机管理"国际论坛在北京国际会议中心隆重举办。这次会议由中国国际公共关系协会与中国工业经济联合会共同举办，就经济全球化下的企业危机管理深入探讨，对提高中外企业界的认识和危机管理水平具有非常积极的作用。

3 月 25 日，2003 年中国公共关系业工作会议在京召开。会议发表了 2002 年度行业调查报告，对当前公共关系行业发展状况、存在问题及发展战略进行了深入研讨。

3 月 26 日，"信息产业国际高峰论坛"在海口市举办。

3 月 27 日至 4 月 1 日，中国国际公共关系协会李道豫会长率中国内地公共关系业代表团一行 25 人对香港特区进行为期四天的交流访问，在港期间中国国际公共关系协会与香港公共关系专业人员协会签署了内地与香港公共关系业合作协议，正式确立内地与香港的交流形式。

4 月 20 日，国家卫生部召开新闻发布会，卫生部部长高强首次承认，在"非典"期间，"工作中也确实存在一些缺陷和薄弱环节"，"卫生部对北京市的防治工作指导检查也不够有力"，这是我国政府针对非典展开积极危机公关的起步点。

4月28日，联想开始启用新标志——"Lenovo 联想"，这是我国企业开始进行国际公关的重要标志之一，自联想换标以后，我国的许多企业开始了换标活动。

4月24日—5月3日，在加拿大奥素幽士镇（OSOYOOS），首次举办了"中国文化节"，这是中国进行的又一次"文化外交"，也是我国进行的又一次文化公关活动。

5月14日，中国国际公共关系协会秘书长郑砚农主持召开了中国公共关系界抗击非典危机管理电话会议。会议就当前 SARS 疫情造成的危机影响、危机管理对策及危机传播策略进行了探讨，会后，协会专门撰写了有关建议报告送国务院新闻办，受到新闻办领导的高度重视和评价。

6月21—22日，首届中国企业家与公共关系高峰会论坛在北京举行。

7月，中国公共关系协会学术委员会、《公共关系世界》杂志安徽省公共关系协会在安徽省蚌埠市联合主办"新世纪中国首届市县形象建设论坛"。

7月28日，中国首家外资独资公共关系公司"科闻100"在北京开业。

8月10日至12日，由中国公共关系协会、中国新闻出版报、中华时报社联合主办的中国首届传媒沟通与危机公共关系研讨会在长春举行。

8月29日，上海公共关系协会和解放日报报业集团主办的优秀公共关系案例颁奖典礼在上海举行。

9月22日，国新办第一期全国新闻发言人培训班于开课，自此，我国中央和地方政府全面展开了新闻发言人的培训，这是为我国建立"突发事件应急机制"所作准备工作，我国政府开始为"危机公关"作准备。

12月4—18日，在泰国曼谷、清迈、廊开和洛坤府举行了"2003·中国西藏文化周"，这也是我国首次在东南亚地区举办以西藏为主题的大型综合性宣传活动，也是我国首次在东南亚地区开展文化公关。

年底，经教育部批准，我国首个公共关系硕士点在复旦大学新闻学院建立。

2004 年

3月4—5日，国家职业资格工作委员会公共关系专业委员会在北京召开了《公共关系员国家标准》（新版）审定会，并最终通过鉴定。

3月16日，中国国际公共关系协会主办的"中国公共关系业 2004 年工作会议"在北京国宾酒店隆重召开。会议发布第六届中国最佳公共关系案例大赛结果，并发表了《中国公共关系业 2003 年度行业调查报告》。

6月24—26日，由中国国际公共关系协会主办的中国国际公共关系大会在北京举行，主题为"融合与发展"。

8月2日至6日，中国高等教育学会公共关系专业委员会第六届学术年会暨第四期公共关系教师研修班在天津大学和燕山大学召开。

9月16日，中国共产党十六届中央委员会第四次全体会议（简称十六届四中全会）审议通过《中共中央关于加强党的执政能力建设的决定》，提出要把我党"建设成为求真务实、开拓创新、勤政高效、清正廉洁的执政党"，为我国政府内部公关提出了新的要求。

10月15日，新加坡公共医疗机构在对抗非典期间采取直接透明的信息传播策略，再度获得国际组织肯定，继世界卫生组织上个月对我国政府在传达疫症防治讯息方面给予高度评价后，陈笃生医院公共关系部门紧接着又在一项国际公共关系赛中，击败237个来自跨国企业对手，拿下该比赛中的最高荣誉，这是国际公共关系界对非典期间医疗机构进行危机公关的一次鼓励。

10月15—17日，中国公共关系协会、《公共关系世界》杂志主办，湖州市公共关系协会承办的"中国第二届公共关系市场理论研讨会"在湖州召开。

10月20—24日，中国高教学会公共关系教育专业委员会在海南儋州召开"中国高等教育公共关系专业建设研讨会"。

10月28—30日，"2004中国首届咨询业大会"在大连召开。

11月25—27日，中国国际公共关系协会在北京举办"第二届现代企业危机管理国际论坛"。主题是"科学、有效、危机管理"。

12月13日，"PR1000"工程在复旦大学正式启动，它的主要培训目标是地级市以上的秘书长及办公厅负责人。"PR1000"工程开启了政府专门进行公共关系人才培训的先河。

12月20日，由中国国际公共关系协会主办"2004年度中国十大公关事件"评选在北京揭晓。"关爱妇女，抗击艾滋"防止艾滋病宣传月，法国文化年在华成功推广和2008奥运经济市场推介位居前三名。此外，F1成功登陆中国；CCTV推出"中国经验"品牌节目；杜邦"特富龙"事件；联想加入国际奥委会全球合作伙伴计划；南方周末中国内地人物创富榜成功推出；中消协挑战"霸王条款"；康佳倡议积极应对彩电反倾销成为2004年度最受公众关注、最能影响中国的十大事件之一，正式入选本年度中国十大公关事件榜单。

2005年

1月30日，党中央、国务院通过了《关于推进社会主义新农村建设的若干意见》。

4月27日，复旦大学和中国国际公共关系协会联合成立的"国际公共关系研究中心"在北京召开"构建和谐社会主义公共关系的责任与使命座谈会"及国际公共关系研究中心成立新闻发布会。

5月26—30日，中国高等教育学会公共关系专业委员会在江西南昌召开十年庆典暨第七届学术年会。会议以构建社会主义和谐社会为主题。

8月24—26日，由中国公共关系协会、《公共关系世界》联合主办，廊坊公共关系协会承办的"中国公共关系与构建社会主义和谐社会高峰论坛"及"中国公共关系协会学术委员会2005年年会"在河北廊坊召开。

9月22日，上海公共关系协会和解放日报报业集团主办的上海市第三届优秀公共关系案例及优秀公共关系人士颁奖典礼在上海举行。

10月20日至22日，由湖南省政府、中国公共关系协会、中国国际公共关系协会支持，湖南省公共关系协会主办的第15届全国公共关系组织联席会议在长沙举行。

11月，中央电视台"新闻调查"节目一则关于"天价医疗费"的报道引起举国关注，"哈医大二院天价医疗费"的曝光，引发我国医院对危机公关的重视。

11月13日，首届电子商务与公共关系研讨会在北京召开，由中国公共关系协会电子商务委员会主办。

12月20日晚，由中国国际公共关系协会主办的2005年度"中国十大公关事件"评选结果在北京揭晓。经过专家组严格甄选和公众网络投票，三一重工成为股份分置改革成功第一股、2008年奥运会吉祥物发布等十项事件最终成功入选。

2006年

1月9日，以胡锦涛为核心的党的第四代领导人在《全国科学技术大会上的讲话》中再次重申了科学技术的重要性，并加以深化把建设创新型国家提到全国人民面前。

6月22—24日，以"突破与创新"为主题的中国国际公共关系大会在北京召开。

6月24日，第七届中国最佳公共关系案例比赛颁奖典礼在北京国宾酒店举行。

6月25日，中国公共关系协会第四届全员代表大会在北京人民大会堂举行，产生了以苏秋成为会长的新一届中国公共关系协会领导班子。

6月23—24日，第四届中国电子商务与公共关系研讨会在北京人民大会堂举行。

8月1—4日，中国高等教育学会公共关系专业委员会在新疆阿克苏市召开研讨会，主题为"创新公共关系教学方法，大力提高公共关系质量"。

10 月 8—11 日十六届四中全会《中共中央关于加强党的执政能力建设的决定》，《决定》"构建社会主义和谐社会"概念的首次完整提出，将其正式列为中国共产党全面提高执政能力的五大能力之一。

11 月 1—2 日，十六届全国公共关系组织联席会议及中国招商峰会在广西玉林召开。

11 月 2—3 日，中国国际公共关系协会与 AVAIL 公司共同主办的"第六届中国企业与政府公共关系管理峰会"在北京港澳中心瑞士酒店举行。

12 月 19 日，备受业界普遍关注的年度十大公关事件评选活动在"第四届中国公关节暨 CIPRA·15 周年庆典"上正式揭晓。"中非合作论坛北京峰会""北京奥运会 35 个体育项目图标发布""海选红楼梦中人""联想启动奥运联想千县行"等事件入选"2006 年度中国十大公关事件"。

2007 年

1 月 14 日，北京媒体与公关行业沙龙茶会举行，会议主题为"媒体与公关如何能双赢？"。

1 月 27 日，由复旦大学国际公共关系研究中心和中国国际公共关系协会联合主办，安利（中国）日用品有限公司协办的"国家软实力建构与中国公共关系发展高层论坛"在京举行。与会的 70 多位公关界、外交界、新闻界的专家学者以及政府有关部门的领导，围绕国家软实力建构与中国公共关系发展这一战略问题进行了深入研讨。

1 月 28 日，"杰出公关公司评选暨首届财富中国年会"在北京人民大会堂举行。

3 月，在纽约举行的第八届 PRWeek 公关行业奖颁奖典礼上，高诚公关顾问公司荣获"2007 年度大型公关公司奖"。该评选活动由 PRWeek 杂志主办。高诚公关顾问公司隶属于埃培集团旗下机构，成立于 1956 年。到 2006 年，高诚公关顾问公司走过了第 50 个年头。目前高诚公关在中国国内客户有陶氏化学、玩具反斗城、佳沛新西兰奇异果国际行销公司、自然美生物科技有限公司、通用磨坊公司、百时美施贵宝公司、箭牌糖果（中国）有限公司、味全生物科技、统一集团等。据悉，在本次颁奖盛典上，高诚公关还荣获了"年度最佳科技公关奖"和"年度最佳企业内部沟通奖"。

4 月 20 日，"首届大学生公共关系策划大赛"颁奖典礼在中国传媒大学 400 人报告厅落下帷幕，来自中山大学、华中科技大学、中国传媒大学、澳门大学等 9 所高校的 10 支代表队获得十佳优秀奖进入总决赛，此次大赛历时六个多月，全国共有 146 所高校的 443 支大学生队伍参赛。

4月2—3日，东风公司2007年公关宣传工作会在湖北武汉召开，国务院国资委宣传局副局长卢卫东、新闻处处长苏桂锋应邀参加了会议。东风汽车公司总经理、党委书记徐平、党委副书记范仲、总经理助理周强等领导出席了会议并作了重要讲话。会议期间，神龙汽车有限公司和东风汽车有限公司作了公关宣传的经验交流；国务院国资委的领导和奥美公关公司的专家给与会者作了精彩的专题讲座。

6月22日，中国公共关系协会成立20周年庆典。

2008 年

2008年8月8—24日，第29届奥林匹克运动会在中国首都北京举行。奥运会上中国运动员发挥出色，以51枚金牌、100枚奖牌名列奖牌榜首位。北京奥运会是全世界最受关注的事件，中国政府、企业、普通公众在事件中的表现也受到了世界人民的肯定，是一次很好的国家公关形象展示。

2008年9月9日起，河北三鹿集团因涉嫌在奶粉中掺入三聚氰胺而致使全国多省婴幼儿患肾结石事件引发社会关注。三鹿集团在事发前后的一系列表现差强人意让公众彻底失望，是一次失败的危机公关。此次事件影响范围之大、影响之恶劣堪称中国食品安全史上之最。三鹿集团处理方式与态度为人所诟病。

2008年5月12日14时28分，中国四川省汶川县发生了新中国成立以来破坏性最强、波及范围最广、救灾难度最大的一次地震，地震救灾过程是一次国家在危难时候的公关，媒体及时跟进报道为人称道。

2008年11月，由国际公共关系协会（IPRA）主办、中国国际公共关系协会（CIPRA）承办的第十八届世界公共关系大会于11月15日在北京落下了帷幕。本届大会主题为"公共关系——构建全球化时代的和谐社会"，历时两天，中国国家领导人、部委领导、行业精英和来自全球47个国家和地区的跨国企业及著名公关公司高层等700多名代表出席了大会，中央电视台3个频道及近80家媒体在第一时间报道了大会的情况。

2009 年

2009年10月1日，是中华人民共和国的60周年华诞，为了庆祝这一伟大的盛事，我国在天安门前进行了60周年国庆阅兵仪式。天安门广场花团锦簇，60门礼炮齐整地排布在广场最南端，56根民族团结柱分利在广场两侧，为节日增添了喜庆。气势磅礴的国庆阅兵仪式上，14个徒步方队、30个装备方队以及12个空中梯队依次经过天安门广场，接受党和国家领导人的检阅。这是新中国成立60年来，中国军队装备数量最多、规模最大的一次全景展示，也是国家公关形象的一次大展示。

2010 年

2 月，蓝色光标正式登陆创业板，成为中国国内首家上市的公共关系企业，股票代码为 300058。

7 月，上海世博会是一个公关大舞台，参展的国家、城市以及企业在这里尽情地展示和表达，而在其精彩纷呈的背后，则活跃着一个个公关公司的身影。伟达、万博宣伟、罗德、奥美、灵思、迪思等众多公关公司都参与了上海世博会。

11 月，探索后世博时代"多元文化和公共关系"，上海市公共关系协会举办了 2010 上海国际公共关系高峰论坛。如何提升后世博时代公共关系的意识和服务水平，这次论坛就公共外交、国家公关、多元文化、城市形象、传媒使命、企业 CSR 战略、新媒体环境、网络公关、公关人才培养等问题进行了深入探讨。博雅公关公司等 12 家公关企业根据当前网络传播时代的特点，倡议并通过了《公关行业行为公约》，承诺"以坦诚的态度对待媒体和社会公众，所有在网上发表的内容必须是真实、公正、透明及准确无误的"。

2011 年

7 月 1 日上午，庆祝中国共产党成立 90 周年大会在北京人民大会堂隆重举行。

7 月 6 日，"公共关系与国家形象"主题报告会暨中国国际公共关系协会成立 20 周年庆祝活动在北京人民大会堂举行。原人大副委员长何鲁丽和政协副主席李蒙等领导人出席，同时来自外交部、国务院新闻办等单位的领导及全球公共关系领域资深专家、业内人士等近 300 人共聚一堂，共同探讨"公共关系与国家形象"这一话题，并庆祝中国国际公共关系协会成立 20 周年。会上，主办方中国国际公共关系协会还为 39 家单位和 10 名个人颁发了"杰出贡献奖"，并对 22 名个人进行了表彰。会议由中国国际公共关系协会常务副会长兼秘书长赵大力主持。

7 月 23 日 20 时 30 分 05 秒，甬温线浙江省温州市境内，由北京南站开往福州站的 D301 次列车与杭州站开往福州南站的 D3115 次列车发生动车组列车追尾事故。此次事故已确认共有六节车厢脱轨，即 D301 次列车第 1 至 4 位，D3115 次列车第 15、16 位。造成 40 人死亡、172 人受伤，中断行车 32 小时 35 分，直接经济损失 19 371.65 万元。危机事件发生后，政府形象公关引发舆论关注。

2012 年

11 月 9 日，@国务院公报微博通过新浪微博认证，该微博是目前全国政务微博中唯一一个以"国务院"开头的官方微博。

8月30日，广州市白云区政府应急办首开政务微信之先河，设立了"广州应急——白云"公众号，次日便被用于发布广东河源地震信息。

2013 年

3月11日，北京市公安局正式开通官方微信平台"平安北京"，这是首个通过腾讯微信认证的省级公安机关官方微信。

10月，《国务院办公厅关于进一步加强政府信息公开回应社会关切提升政府公信力的意见》发布，意见要求，各地区各部门应积极探索利用政务微博、政务微信等新媒体，及时发布各类权威政务信息，尤其是涉及公众重大关切的公众事件和政策法规方面的信息，并充分利用新媒体的互动功能，以及时、便捷的方式与公众进行互动交流。

10月11日，中央人民政府门户网站官方微博和官方微信上线。

12月18日，国务院办公厅政府信息公开办公室在新浪开通"中国政府网"政务微博，引发舆论关注。

2014 年

2014年，国务院办公厅在《2014年政府信息公开工作要点》中明确提道："加强新闻发言人制度和政府网站、政务微博、微信等信息公开平台建设，充分发挥广播电视、报刊、新闻网站、商业网站等媒体的作用，使主流声音和权威准确的政务信息在网络领域和公共信息传播体系中广泛传播"。

2015 年

3月28日，国家发展改革委、外交部、商务部28日联合发布了《推动共建丝绸之路经济带和21世纪海上丝绸之路的愿景与行动》。一带一路战略走向纵深发展。

2016 年

举世瞩目的G20峰会9月4日在杭州开幕。峰会确立的"构建创新、活力、联动、包容的世界经济"主题意义重大。其中，创新居于四大任务之首，"创新增长方式"成为峰会重点议题，这既是"中国智慧"的体现，也是"中国声音"的彰显。

2017 年

12月29日，中国公共关系协会成立三十周年纪念会在北京召开。会议回顾了中国公共关系30年的发展历程，表彰了一批公共关系先进组织，并发布《中国公共关系发展报告（2017）》蓝皮书。

参考文献

一、政府、组织的文件

[1] 政府工作报告(2000—2017 年)

[2] 全国教育事业发展统计公报(2000—2017 年)

[3] 1999 年,国务院颁布的《关于全面推进依法行政的决定》

[4] 2006 年 8 月公布实施的《产业损害调查信息查阅和信息披露规定》《产业损害调查手册》

[5]《中国互联网络状况发展统计报告》(历年)

[6] 中国国际公共关系协会的《中国公关业年度调查报告》(1999—2017 年)

[7] 黑龙江公共关系学院于 2006 年 2 月 8 日经黑龙江省教育厅批准终止办学（黑教法函
　　［2006］27 号）

[8] 1999 年国务院颁布的《关于全面推进依法行政的决定》

[9] 国务院（1999），《关于全面推进依法行政的决定》

[10]《社团发展与统一战线工作的思考》

二、书籍、论文

[1] 余明阳. 2006 中国品牌报告 ［M］. 上海：上海交通大学出版社，2006.

[2] 余明阳. 2007 中国品牌报告 ［M］. 上海：上海交通大学出版社，2007.

[3] 薛澜，张强，钟开斌. 危机管理——转型期中国面临的挑战 ［M］. 北京：清华大学出
　　版社，2003.

[4] 王长胜. 电子政务蓝皮书：中国电子政务发展报告 ［M］，北京：社会科学文献出版社，2006.

[5] 黄昌年，赵步阳主编. 公共关系学 ［M］. 上海：上海交通大学出版社，2003.

[6] 陈向阳主编. 第六届最佳公共关系案例 ［M］. 合肥：安徽人民出版社，2005.

[7] 蒋春堂主编. 公共关系高程 ［M］. 武汉：武汉大学出版社，2004.

[8] ［美］谢尔·霍兹. 网上公共关系 ［M］. 上海：复旦大学出版社，2001.

[9] 刘金同，杨专志，刘水国. 公共关系实务 ［M］. 北京：清华大学出版社，2006.

[10] 张龙祥，等. 中国公共关系大辞典 ［M］. 北京：中国广播电视出版社，1993.

［11］［日本］池田喜．最新公共关系实务［M］．北京：现代工业出版社，1999.

［12］李磊．公共关系实务［M］．北京：中国广播电视出版社，2004.

［13］何春晖．中国公共关系的回顾与展望［J］．中国传媒报告，2002（3）.

［14］唐卓．非营利组织及其在社会发展中的作用和存在的问题［J］．宁夏党校学报，2003（3）.

［15］邓国胜．非营利组织评估［M］．北京：社会科学文献出版社，2001.

［16］王方华，周洁如．非营利组织营销［M］．上海：上海交通大学出版社，2005.

［17］赵小宁．试论高等院校的营销活动［J］．教育探索，2001（4）.

［18］马伊里，刘汉榜主编．上海社会团体概览［M］．上海：上海人民出版社，1993.

［19］袁凯锋，刘敏编著．公共关系学［M］．沈阳：东北大学出版社，2009.

［20］居延安．公共关系学［M］．上海：复旦大学出版社，2008.

［21］张立伟．都市报市场营销组合——《华西都市报》的实践与思考［J］．新闻与传播研究，1999（4）.

［22］陈向阳编著．公关顾问指南［M］．合肥：安徽人民出版社，2004.

［23］胡百精．危机传播管理［M］．北京：中国传媒大学出版社，2005.

［24］赵宏中主编．公共关系学［M］．武汉：武汉理工大学出版社，2005.

［25］宋原放主编．简明社会科学词典［M］．上海：上海辞书出版社，1982.

［26］郭惠民．国际公共关系教程［M］．上海：复旦大学出版社，1996.

［27］熊源伟．公共关系学［M］．合肥：安徽出版社，1990.

［28］李兴国编著．公共关系实用教程［M］．北京：高等教育出版社，2000.

［29］尹永钦，杨峥晖编著．巨变：1978 年——2004 年中国经济改革历程［M］．北京：当代世界出版社，2004.

［30］何颖，石昆明．中国公共关系兴起、发展的分析与思考［J］．攀登，1994（2）.

［31］熊源伟主编．公共关系案例［M］．合肥：安徽人民出版社，1993.

［32］张龙祥主编．中国公共关系大辞典［M］．北京：中国广播电视出版社，1991.

［33］熊源伟，余明阳．公共关系学［M］．合肥：安徽人民出版社，1990.

［34］崔义中．中国公共关系学［M］．西安：陕西人民出版社，1993.

［35］纪华强．公共关系的基本原理与实务［M］．北京：高等教育出版社，1999.

［36］廖为建．谈谈政府的形象构成与传播［M］．北京：高等教育出版社，2003.

［37］刘金同，杨专志，刘水国．公共关系实务［M］．北京：清华大学出版社，2006.

［38］马伊里，刘汉榜．上海社会团体概览［M］．上海：上海人民出版社，1993.

［39］宋原放．简明社会科学词典［M］．上海：上海辞书出版社，1982.

［40］翟年祥，丁乐飞．公共关系教程［M］．合肥：安徽大学出版社，2004.

［41］Markp. McElreath. *Managing Systematic And Ethical Public Relations Campaigns*, *2nd ed*. USA：Times Mirror Higher Education Group，1997

三、报纸、杂志

［1］《公关世界》

［2］《国际公关》

［3］《福州党校学报》

［4］《传媒》
［5］《企业活力》
［6］《教育发展研究》
［7］《传播》
［8］《中国公共关系协会简报》
［9］《安徽日报》
［10］《在线国际商报》
［11］《星岛日报》
［12］《长江日报》
［13］*Public Relation Quarterly*
［14］《中国公关》
［15］《中国经济周刊》
［16］《医药知识》
［17］《中国计算机报》
［18］《光明日报》
［19］《河南画报》
［20］《国际先驱导报》
［21］《深圳法制报》
［22］《燕赵都市报》
［23］《人才市场报》
［24］《南方都市报》
［25］《厦门日报》
［26］《海峡都市报》
［27］《新闻晚报》
［28］《中华工商时报》
［29］《南方日报》

四、网络与资源

［1］公关世界杂志网
［2］国际公关协会网站
［3］东方网
［4］全球品牌网
［5］和讯网
［6］联合早报网
［7］人民网
［8］网易
［9］中新网
［10］新华网
［11］中国文化网

［12］中国新闻网

［13］经理人世界

［14］南方网

［15］中国公关网

［16］博客中国

［17］博锐管理在线

［18］公关资讯网

［19］搜狐

［20］湖北省公共关系协会

［21］浙江省公共关系协会

［22］中国新闻传播学评论

［23］中国公关博客网

［24］中国公关门户

［25］中国公关营销网

［26］上海公关网

［27］江苏省公共关系协会

［28］贵州公共关系协会

［29］广东省公共关系协会

［30］安徽省国际公共关系协会

［31］湖南省公共关系协会

［32］吉林省公共关系协会

［33］广州市公共关系协会

［34］佛山市公共关系协会

［35］厦门市公共关系协会

［36］重庆市公共关系协会

［37］南京市公共关系协会

［38］宁波市公共关系协会

［39］石家庄市公共关系协会

［40］南宁国际公共关系协会

［41］青岛市公共关系协会

［42］厦门市公共关系协会

［43］长春市公共关系协会

［44］中国国情网

跋

俗话说"隔代修史"，大致是说历史是需要隔代来写的，这样许多问题可能看得更清楚些，评价也更中肯些。但中国的公共关系事业，作为一种职业和一门学科，在中国的发展不足 40 年，远没有到可以修史的程度，只是因为2017 年 6 月是中国公共关系协会 30 周年华诞，作为公共关系中人，有责任把中国公共关系稚嫩又丰富的发展过程梳理出来，供以后的公共关系研究者参考。既然网络时代、信息时代需要颠覆一些原来的习俗，我们也就冒犯忌之嫌来个当代修史。

一、见证中国公共关系

回想自己的成长过程，竟然是与中国公共关系全然结缘的。

1979 年 9 月，即中国恢复高考制度的第三年，我考入了浙江大学哲学系，到 1983 年毕业，四年中最感兴趣的一直是有关人、人与人的关系这些课题的哲学思考。大学毕业以后当记者、当编辑，在社会科学院从事社会学研究，基本关注点一直没有变化过，这为以后的公共关系研究打下了一定的基础。

1985 年，我结识了当时担任《开发》杂志总编辑的居易教授，开始讨论、关注公共关系的问题，当时几乎每周都要去他寓所聊天、喝茶。1986 年我们合作撰写了第一篇公共关系学方面的论文《论关系的价值及其评价》，论文递交并参与了中国公共关系协会成立大会，颇获好评。此文章后来发表在《深圳大学学报（哲学社会科学版）》。1987 年，我参与了居易教授《公共关系入门》（安徽人民出版社 1987 年 12 月版）的撰写工作，1988 年我编写的《实用交际技法》在安徽人民出版社出版。

1988 年 8 月，我调到深圳大学大众传播系任教，与中国公共关系教育的开拓者钟文教授、熊源伟教授共同尝试公共关系教育，并先后担任深圳大学大众传播系主任多年。在当时的公共关系教学和研究团队中，有香港浸会大学林年同教授、香港城市大学祝建华教授、珠海传播研究所所长复旦大学陈韵昭教授、暨南大学吴文虎教授，以及原深圳大学管理系副主任、后任中央电视台"焦点访谈"主持人、东方卫视总策划的方宏进教授等。

1989年9月，应权裕教授（时任陕西省公共关系协会秘书长、《公共关系》杂志总编辑）的邀请，我和熊源伟教授出席了在陕西西安举办的"全国省市公共关系组织第二次联席会议"，经大会推荐，我和权裕教授、齐新潮教授（贵州省公共关系协会常务副会长兼秘书长、贵州民族学院教授）三人共同起草了《中国公共关系职业道德准则》，该准则在第四次联系会议上通过并向全国推荐，当时的会议主席朱传贤先生（时任国际公共关系协会理事兼中国总干事）对准则格外重视，并给予了极高的评价。

1989年12月，由深圳大学、杭州大学（现浙江大学）、兰州大学、中山大学、复旦大学发起，深圳大学大众传播系主办的"全国高校公共关系教学研讨会"在深圳大学举行，来自23个省市自治区五十多所高校的九十多名代表与会，国家教育委员会派人参加。会上，我结识了中山大学廖为建教授、杭州大学（现浙江大学）方宪玎教授、兰州大学李东文教授、复旦大学顾国祥教授和林帆教授、国际关系学院王朝文教授和汪泓教授（原上海工程技术大学校长）。会上我提出的"形象说"与廖为建教授的"传播说"进行了激烈又十分友善的讨论和争论，这引发了迄今依然持续的公共关系核心概论（念）大讨论。会上，我起草的《公共关系教学大纲》被原则通过。

1990年3月30日，我在《公共关系导报》上发表了《专业化是中国公共关系理论界的当务之急》文章，当时影响较大，后来收入了《中国公共关系大辞典》作为大事之一。暑假，在李道平教授（时任安徽人民出版社副总编辑）的积极推动下，我协助钟文教授在黄山编写、修改完成了《公共关系学》（俗称"红皮书"，与后来的《公共关系案例》"蓝皮书"互为姐妹篇，两书均获"全国优秀畅销书奖"），当时参加定稿的有李兴国教授（原北京联合大学公共关系学术带头人、国家行政学院教授、中国公共关系协会常务副会长）、钟育赣教授（原广东商学院管理学院院长）、杨魁教授（原兰州大学教授、现任广东外语外贸大学新闻学院院长）、章瑞华研究员（浙江日报传媒研究院，浙江省新闻公关学会副秘书长）等。当年底，深圳大学开始出版中国第一套公共关系丛书"当代传播与公共关系系列"（共11种，在湖南文艺出版社和中山大学出版社出版）。现在回想起当时的场景，真是"激情燃烧的岁月"。

1991年5月，我与好友孔繁任教授（齐正国际咨询机构主席、浙江大学兼职教授）共同策划并运作了"中国十年企业公关评优"活动，李瑞环电话致贺。7月，深圳大学因为"在中国创立并推进公共关系教育"，在加拿大多伦多获"国际公共关系金奖"。当年11月，方宪矸教授召集的"第二届全国高校公共关系研讨会"在杭州大学（现浙江大学）举行，会上邢颖教授（原北京财贸管理干部学院教授、全聚德集团董事长、现任中国公共关系协会常务副会长）、王潾教授（沈阳大学）、崔秀芝教授（人民日报社）的精彩发言令人印象深刻。

1992年4月，首届上海公关精英电视大赛在上海电视台举行，我与居易教授、廖为建教授、郭惠民教授（国际关系学院副院长、中国国际公共关系协会学术委员会主任）应邀担任评委。会上又结识了沈志屏教授（同济大学）、张安腾教授（上海公共关系协会副会长）、左启华女士（银行宾馆公关部经理）等。那几年，福州、大连等公关理论研讨会上屡屡有精彩讲演，翟向东先生（中国公共关系协会常务副会长兼学术委员会主任）、马文华先生、任景德先生、张超先生等前辈，及舒咏平教授（华中科技大学新闻与信息传播学院副院长）、张云教授（华东师范大学）、汪秀英教授（首都经贸大学）、陈军教授（福建省社会科学院）、李敏慎教授（西安交通大学）、赵传蕙教授（南开大学分校）、赵灵奎教授、沈家模教授、郑明珍教授（安徽大学）、许锡文教授（中国科技大学）、蒋春堂教授（湖北大学）、丁桂兰教授（中南财经大学）、张利庠教授（中国人民大学）、张克非教授（兰州大学）、程德林教授（北京联合大学）、姚曦教授（武汉大学）、纪华强教授（复旦大学）、温德诚教授、梁锦瑞教授、杜建国教授、胡正娥教授（复旦大学）、丁霞萍教授（东华大学）、秦启文教授（西南大学）、黄翔教授（成都大学）、干勤教授（重庆工商大学）、游为民教授（贵州民族学院）、李建荣教授（中国高教学会公共关系专业委员会主任）、陈先红教授（华中科技大学新闻与信息传播学院副院长）等一大批造诣深厚的公共关系学者，总是能发表出许多令人深思的高论，至今历历在目。

90年代的联席会议也开得红红火火，安岗主席、柴泽民会长、张思学先生（新疆）、刘江先生（山西）、柴德昌先生（河南）、毛经权先生（上海）、郑群、肖耀堂先生（广东）、周行先生（浙江）、徐福基先生（武汉）、安迪伟先生（贵州）、齐冰女士（山东）都是联席会议的当然主角。最令人敬佩的是汪钦先生（《公关世界》杂志社社长、总编，原中国公共关系协会专家委员会主任）和哈崎老师，两位老人家不顾高龄，将《公关世界》杂志办得有声有色，真可谓劳苦功高。

90年代的海外交流也值得回忆。1995年，我与郭惠民教授等出席在美国西雅图召开的美国公共关系年会。郭惠民教授早年留学英国，很早便担任了国际公共关系协会的评委，为中外公关交流做了许多工作。90 年代我随中国大陆传播学者团体和公共关系学者团体两次赴台湾地区交流，在传播学界和公共关系界都是第一次，交流中结识了钟荣凯教授、张依依教授等台湾公关界名流，也常与甘惜分、方汉奇、樊凡、吴高福、闵大洪、孙旭培、赵玉明、宁树藩、刘海贵等传播界名师交流，更是结识了涂光晋教授（中国人民大学新闻学院副院长）和程曼丽教授（北京大学新闻与传播学院）两位大才女。

90 年代的中国公共关系界风风雨雨、大浪淘沙，有狂热，也有低谷，但一批热心公共关系的人士一直是痴心不改，他们的精神实在令人难忘。今天提笔写"跋"时，特别怀念翟向东先生，他虽然离开了我们，但他对于公关的执著和对我的教诲，至今激励着我。正是他的极力举荐，当时二十多岁的我便荣幸地成为当时中国公共关系协会最年轻的主席团成员。同样，怀念英年早逝的好朋友、邯郸公共关系协会原秘书长、邯郸社会科学研究所所长韩世平先生，怀念钟文老师、廖为建老师、沈志屏老师、齐冰老师、赵灵奎老师等，每每想起他们总是百感交集，人生如梦啊！

进入 21 世纪，中国公共关系翻开了新的一页，在自己黑发教成白头之时，欣喜地发现一大批公关新人已茁壮成长，不知不觉间，我自己培养的博士研究生已开始在高校主讲公共关系课程了。看到他们深受学生欢迎，兴奋之余，又想起了我自己的恩师，包括我的硕士、博士导师顾国祥教授（复旦大学经济管理系原主任）、我的博士后指导老师郑绍濂教授（复旦大学管理学院原院长）、高汝熹教授（复旦大学管理学院原副院长）、靳云汇教授（北京大学光华管理学院教授），他们尽管都已退休，但师恩难忘。

2000 年，应公众上市公司沱牌曲酒董事长李家顺的邀请，我担任了沱牌曲酒副董事长兼总经理，真正有机会由智囊团变成操盘手。在李元根、罗立、余以游、温德诚等一批才俊的辅佐下，将公共关系理论广泛运用于企业实践，取得了良好的社会效应与经济效益，培育了新的品牌（后来在此基础上推出了"舍得酒"），拓展了新市场，梳理了新体系，对自己的公共关系实战能力的提升起到了很大的推动作用。

此后应华中科技大学新闻与信息传播学院原院长吴廷俊教授的邀请，担任了 10 年"双聘教授"，在吴廷俊、张昆两任院长的支持下，成立了由我担任所长，舒咏平、陈先红两位教授担任副所长的"品牌传播研究所"，创国内该领域之先河。大陆与公共关系学相关的第一篇 CSSCI、SSCI 论文、第一本专著、第一套专业丛书相继问世，将国内公共关系与品牌进行了相关的整合研究，既丰富了公共关系理论，也为品牌研究提供了更多的路径与支撑。这期间我带出了二十多位研究生，其中学生张明新，现已担任华中科技大学新闻与传播学院院长、教授、博士生导师，后生可畏，后生可敬。

2005年，我调入上海交通大学安泰经济与管理学院担任教授、博士生导师，此后担任学院党委书记、中国企业发展研究院院长、国家战略研究院执行院长、上海交通大学发展联络处处长、上海交通大学发展基金会秘书长等行政职务，尽管对学术有不少影响，但对公共关系学的情结丝毫没有衰减，一如既往的写书、讲课、参会发言、国际间的学术交流更是十分频繁，与麻省理工学院、哥伦比亚大学、沃顿商学院、芝加哥大学、剑桥大学、牛津大学、新南威尔士大学、南洋理工大学、大不列颠哥伦比亚大学、南加州大学等大学的公共关系学和品牌学学者之间建立了互动学术交流。

2006年，在苏秋成会长、王大平秘书长的努力下，中国公共关系协会得以重建，我当选为常务副会长兼学术委员会主任。此年，中国公关事业进入高速发展的轨迹，尤其是原新闻出版署署长柳斌杰教授担任会长以后，柳会长及王大平秘书长在红色公关、国际公关、文化公关等领域都做得有声有色，业绩斐然。同时在吴红波会长及赵大力秘书长领导下，中国国际公关协会也风生水起，两大协会有合作有各有所长，共同推进中国公共关系事业的发展。今天重新修订此跋时，苏秋成老会长已驾西鹤，苏会长对中国公关事业勃勃发展的推动和我本人的发展上都帮助极大，还亲自为本书第一版作序，在此也借以缅怀。

2010年以后，公共关系发展呈现融合化趋势，即与国家重大战略的融合、与管理学和传播学等学科的融合、与国际化的融合，大公关、大视野、大战略成为主流。以上海公关协会为例，毛经权会长从创始以来，打下了非常扎实的基础，现任会长胡炜接手以后，聚集重大事件，创办两年一次的"上海国际公关论坛"，取得了很好的社会效果。2014年以"大数据时代的公关"为题，前瞻引领，影响巨大；2016年以"公关与危机处理"为题，紧抓热点，颇获好评；2018年11月将推出"卓越全球城市建设与上海公关形象传播"，我很荣幸成为前两届主旨演讲嘉宾之一并已获邀请继续在第三届论坛中作为主旨演讲嘉宾之一，亲历见证了上海公关大手笔举措。

2017年5月10日，国务院正式确立"中国品牌日"，将品牌中国提到前所未有的高度。连同近年来推出的"一带一路""供给侧改革""特色小镇建设""全民创业、万众创新"等，都为中国公共关系事业的发展提供了巨大的机遇，创造出更为广阔的发展空间。

2018年，是中国改革开放的40周年。40年沧桑巨变，公共关系既是改革开放的产物，也是改革开放的重要推动力量。40年中国公共关系的发展历史，也是中国改革开放历史的见证。

二、思考中国公共关系

站在今天的视角，审视中国公共关系的发展，成就感的背后，总有些忧患，职业规范仍然很弱，诚信机制难以确立，专业高级人才缺乏，理论本土化依然不足，最为重要的是专业化和自身建设问题。

从专业化角度来看，专业公共关系公司和企事业单位的公共关系部运行尚不尽如人意，公共关系产业还比较脆弱，专业成就产业，产业支撑专业。没有专业化构成的公共关系产业，实务运行就缺乏足够的经验与案例，理论提升便无从谈起；没有专业化构成的公共关系产业，高校公共关系专业的毕业生就难以就业，公共关系教育就无法发展；没有专业化构成的公共关系产业，公共关系协会就缺乏足够的专业人士，其发展就成为无源之水、无本之木。无论是创新型社会、工业4.0、人工智能、品牌中国、新全球化，还是国家软实力的建设，都需要公共关系界的参与；无论是网络时代的挑战，还是危机事件的频发，都呼唤公共关系专业水准的提升。尽管，纵向比较起来我们的专业化程度一直在提升，进步还是比较快的，但从横向来看，公共关系界无论从产业到专业都无法与广告界相比，"公关第一，广告第二"，仍是公关人的梦想与安慰。

从自身角度来看，中国公共关系界还需要进一步做好自己的公共关系，需要更宽广的心胸和更为合作的精神，从心态上打造更加的积极与包容，防止门户之见、派系之争、小团体意识，中国公共关系界远没有到可以鼓掌欢庆、各立山头的时候。这一学科、职业还非常幼稚、弱小，需要全体公共关系中人同舟共济、共同开拓这一尚处发育中的事业。否则，不但事业受损，而且有愧于公共关系从业人员这一职业。自己的公共关系都做不好，还谈什么公共关系。坦诚的言论难免会比较刺耳，但愿良药苦口。这一行业中，摸爬滚打了三十多年，最听不得行外人士攻击公共关系界，但最重要的是自己真正做得漂亮，方可正视听。2018年是中国改革开放40周年。40年来，中国的经济环境发生了翻天覆地的变化，综合国力显著提升，国际交流更为频繁，文化影响力日益加强。作为全球第二大经济体的中国越来越多地在国际舞台上发出自己的声音，向外界传递大国公共关系形象。

过去的十年是中国公共关系发展的"黄金十年"。北京奥运会、上海世博会等国际盛会让中国的大国形象走向世界；"一带一路"倡议引领下公关行业迎来崭新的发展契机；G20峰会向世界传递中国力求合作、发展共赢的负责任大国形象；这十年间，中国的企业更加关注国际行业发展的趋势，更加珍惜国际品牌形象，亦更加重视公共关系在企业发展过程中不可替代的作用；以微博、微信、抖音等移动互联网时代新型社交媒体与内容发布平台的兴起使得个体公关形象得以更为广泛的传播，自媒体时代的"网红们"层出不穷。

互联网技术高速的发展带来整个社会的巨变，新的科技革命带给我们新的发展机遇，中国公共关系行业也在数字科技的推动下迎来了崭新的发展契机与巨大的变革挑战。以大数据、智慧城市、云计算、移动互联为代表的"大智云移"所带来的科技革命，给中国公共关系业带来诸多变化。新媒体井喷式发展带来的巨大传播空间，在这一背景下，公共关系的主体更为多元化。在时代环境的助推下，中国公共关系的发展更为迅速。

如今距离我们团队编写《中国公共关系史（1978—2008）》已然过去十年。过去的十年里，我们始终保持对于中国公共关系领域的关注，见证了中国公共关系从蹒跚起步到健步快跑的历程，我们惊讶于中国公共关系在十年里的快速发展，欣慰于中国公共关系领域受到越来越多人的关注以及越来越多优秀的人才进入该行业。作为长期关注公共关系领域的学者，我们将对中国公共关系成长的梳理和记录作为我们的使命，我们深感责任重大。过去的十年，中国公共关系领域有太多里程碑式意义的事件值得记录，中国公共关系亦呈现出诸多新的变化趋势。这也是我们下定决心修订本书的原因之一。

三、研究中国公共关系

最后，把本书写作的来龙去脉做一交代。

2006年，中国公共关系协会会长会议上，苏秋成会长将中国公共关系史编写的重任交给我，并书面向上海交通大学发文以"中国公共关系协会重大纵向课题"的名义启动了本项目，随即我们成立了由上海交通大学、深圳大学、华中科技大学三校构成的课题组，我在薛可博士（上海交通大学媒体与设计学院新闻与传播系主任、教授、博士生导师）的协助下确定了编写方针、体例与结构，由各位编写者分头搜集信息，进行汇总、初选，完成了一百多万字的原始资料统稿。接着，由吴亚楠（第一、二、三部分）、王玺睿（第四、五、六部分）、文俊（第七部分）、仪丽君（第八部分）分头完成初稿，编写小组分别在广西南宁、福建厦门、四川成都三次集中修改，最后成稿。薛可、李元根、吴亚楠、仪丽君、参与了最终的定稿工作。第一版于2007年正式出版。

本书的出版首先感谢苏秋成老会长和中国公共关系协会的信任与支持，苏秋成会长亲自为书稿作序。感谢邢颖教授与李兴国教授对本书的智慧贡献。

第一版《中国公共关系史（1979—2007）》的出版还要感谢上海交通大学出版社原社长、编审韩建民博士和经管项目组鲍正熙先生，是他们的鼎力支持使书稿在很短的时间内得以面世。

2018 年年初，在北京与中国公共关系协会常务副会长兼秘书长王大平同志交流。谈到了中国公共关系协会为纪念成立 30 年周年想出版纪念文集之事，对我深有启发。回到上海后与薛可教授交流，决定将《中国公共关系史（1978—2007）》修订，把《中国公共关系史（1979—2018）》的修订编写工作正式提到议事日程上。

此次再版，除了新增 2008—2018 年最近十年的中国公共关系历史外，我们同时对 1978—2008 的中国公共关系史进行了更新修订。我们相信亲历了近十年中国公共关系的巨变，我们会更加理解过去 30 年中国公共关系的发展，记录与叙述亦会更加贴近史实。

本次修订过程中，我专门邀请上海交通大学媒体与传播学院新闻与传播系主任薛可教授与我共同主编本书。薛可教授长期从事新闻传播与公共关系领域学术研究，也是中国公共关系发展的亲历者，亦是公关领域的行家，是教育部新世纪人才，宝钢教育奖获得者，她在复旦大学取得经济学硕士、南开大学取得管理学博士学位后，曾在麻省理工学院、加州大学圣地亚哥分校和加拿大英属哥伦比亚大学等深造多年，是中国最早在全球顶尖的美国《公共关系评论》上发表论文的学者之一。

本书的出版得到了我的研究助理及研究生们的大量参与和帮助，胡毅伟、王思宇、陈治任、李柔、屈楚博、魏思伦参与了本书的再版修订工作。在此向参与编写的所有同仁表示感谢，同时也向上海交通大学出版社参与本书出版工作的各位老师致以崇高的敬意，他们一直非常支持我们团队的一系列研究工作，为我们一系列书籍的出版提供了很大的帮助。我们更需要向广大的读者朋友致以最高的敬意，同时还请广大读者朋友不吝提出宝贵意见，使我们的研究做得更好。

感谢所有的中国公共关系界的同仁，本书中引用了大量同仁的观点与理论，有的无法一一指出，再次致以深深的谢意。

谨以此书献给中国公共关系协会 30 周年华诞！

2018 年 5 月于上海交通大学